中国社会科学院
法学研究所建所60周年

法学所60年学术精品选萃

丛书主编／李 林 陈 甦

迈向法理社会

胡水君 ／ 主编

Towards Modern Society Based on Law

社会科学文献出版社
SOCIAL SCIENCES ACADEMIC PRESS (CHINA)

总　序

"辉煌一甲子，迈进双百年。"这是我在法学所成立 60 周年所庆纪念徽标上写的一句话，意在表达我对法学所 60 年历程的敬意与感激，以及对法学所未来的期待与信心。"辉煌一甲子"，是指法学所建所 60 年来，法学所人孜孜以求法学繁荣，倾力奉献法治事业，作出了学界称道、社会认可的突出贡献，履行了求真务实、守正出新的学术责任，其专业成就以"辉煌"形容恰如其分。"迈进双百年"，是指在新时代实现"两个一百年"奋斗目标的历史征程中，法学所人再整行装，重新出发，尊重法治规律，恪守学术正道，为人民追求法治的美好生活向往而尽学者职责，为社会实现公平正义的法治机制需求而致专业能力，以期再创佳绩、再铸辉煌，其奋发态势以"迈进"摹状差强人意。

60 年，是一个回思过往、细数家珍的好时刻。法学所 60 年来，几代学人在法治理念更新、法学理论创新、法治实践对策、法学教育树人等方面，创举纷呈，佳作迭出，建树卓著，学界共瞩。但每当回顾成就之时，只能有所例举而难以齐全。说到理论创新，常以为例的是，法学所及其专家学者在改革开放初期法治建设重启之时，率先组织人治与法治大讨论，确立法治的正当性与目标性；在社会主义市场经济体制甫一确立，即提出构建社会主义市场经济法律体系的规划性建议；随着我国法治事业的蓬勃发展，又适时率先提出依法治国、建设社会主义法治国家的方略性倡议。说到社会影响，常以为例的是，改革开放以来，法学所学者有 5 人次担任中南海法制讲座主讲人，4 人次担任中央政治局集体学习主讲人；法学所连年获得中国社会科学院优秀对策信息组织奖；法治蓝皮书连年获得皮书系列排名第一。说到人才培养，常以为例的是，改革开放以来，法学所有

7 人当选中国社会科学院学部委员、7 人当选荣誉学部委员，有 74 人享受国务院政府特殊津贴，有 3 人入选国家百千万人才工程，有 6 人被评为十大青年法学家。当然，这远不是编制只有 120 人的法学所的全部，而只是法学所 60 年来各项成就中代表的代表。编辑"法学所 60 年学术精品选萃"系列，目的在于更全面更系统更有时空感地反映法学所学者的学术贡献。

"法学所 60 年学术精品选萃"系列持以下编辑原则：以法学所各研究室为编辑主体，个别的以学科为编辑主体，各编一本文集，以集约反映法学所各研究室各学科的重要学术贡献，并呈现法学所科研团队的布局结构及其系统效能。将各室或各学科学者在不同时期不同领域最有创新性或代表性的论文予以精选汇集，以反映每一学者在其专业领域的主要学术贡献；原则上一个学者选一篇论文，如果该学者在不同学科不同时期学术建树较多，亦可多选；各室或各学科学者有人事关系变动的，亦将其在法学所工作期间发表的论文选萃收录。各室或各学科文集中均有"导论"一篇，阐释相关学科沿革及团队变动，特别是不同时期不同领域不同事件中学术创作的社会背景、科研因应、选题意义、论文价值及学术影响，由此，"法学所 60 年学术精品选萃"系列不仅具有纪念文集属性，而且具有当代法学研究学术史叙述的意涵，从而增进读者的阅读体验并更多地引发其掩卷沉思。

以今天的法学知识体系和科研学术训练形塑的法律人看来，"法学所 60 年学术精品选萃"系列所选的论文中有一些已经"过时"。诸如，论文选题因时过境迁而发生意义变化，随着社会变迁、体制转型与法治发展，甚至个别选题已无专业价值；有些论文中的观点已经化为常识，甚至还有些许错误或者已被弃用；知识来源不那么丰富，甚至没有引用外文资料；研究方法也过于简陋，甚至看来不那么科学或者讲究；学术上也不那么规范，甚至一篇论文连个脚注都没有。如果脱离选文形成的时空背景，形成这些评议实属自然。但是，如果读者迁移一下阅读参照系，将阅读语境由主体思考所在时空迁移到客体形成所在时空，就会发现平静书桌之上雷鸣电闪。如今看似平常的一段论述、一个建议、一句话语甚或一个概念，在当时或使阅读者眼前一亮，或使聆听者振聋发聩，或使思考者茅塞顿开。那种创新的理论阐释与首倡的对策建议不仅功在当时，其因何得以创新与首倡的缘由、机制、经验与精神亦利在当今。更何况在制度形成范畴，创新与首倡不易，正当其时而又恰如其分的创新与首倡尤为不易。60 年来尤其是改革开放以来，法学所的学术前辈如何做到正当其时而又恰如其分的创新与首倡，是我们更为珍贵的历史经验和学术财富。尽管时光不会倒流（其实未必），主体不能穿越（其实也未必），"法学所 60 年学术精品选萃"系列传达的一些经验提炼与价值判断于今依然有益。那就是：见识比知识更重要，智慧比聪明更重要，胆略比勇气更重要，坚持比技能更重要，还有，信念比权衡更重要，境界比本事更重要，等等。如果读者在阅读时能够体会到这些，编辑"法学所 60 年学术精品选萃"系列也就很值了。

经过 60 年的变迁，中国的法治环境发生了巨大变化，与此相应，中国的法学境遇也发生了巨大变化，居于其中的法学所亦因之变化。法学所因时在变，那是要顺应历史、伴行时代、因应挑战；法学所有所不变，这是要坚持信念、恪守本分、维护特质。法学所当然是一个机构的存在，作为中国社会科学院下设的一个法学科研机构，要实现"三个定位"目标，即建成马克思主义法学和中国特色社会主义法治理论的坚强阵地、法学基础理论与法治重大现实问题研究的最高学术殿堂、党和国家在民主法治人权领域的高端思想库和智囊团。"法学所 60 年学术精品选萃"系列在相当程度上，可以佐证法学所人为此所作的努力及成效。法学所还是一个学术类群的存在，"法学所 60 年学术精品选萃"系列入选论文的作者们，有的一进法学所就沉浸其中直至退休，有的则入所后工作一段时间又华丽转身投向更为精彩的人生舞台。无论作者们人生规划的演绎场合选在哪里，法学所都深深珍惜那些正在或曾在的人生交集，"法学所 60 年学术精品选萃"系列的编辑正欲为此引发回忆与敬意。法学所还是一个气质润染而致精神聚合的存在，尽管法学所人为法治进步法学繁荣选择的专业领域、努力方式、科研理念以及学术风格各有不同，但其深层气质均内化有"正直精邃"即"心正、行直、学精、思邃"的因子，"法学所 60 年学术精品选萃"系列一定是彰显法学所人精神气质的优模良范。

致：所有与法学所有关的人，所有关心支持法学所的人，所有与法学所一起为法治进步法学繁荣努力的人。

陈甦

2018 年 10 月 18 日

于北京市东城区沙滩北街 15 号

目录
Contents

导　论 ………………………………………………………… 胡水君 / 1

上编　法理学科的构建

论比较法研究 ……………………………………………… 吴大英 / 9

法理学：基本问题和新的课题 …………………………… 刘　瀚 / 31

论法哲学 …………………………………………………… 李步云 / 66

论法学与法理学 …………………………………………… 陈春龙 / 89

比较研究与西方法学 …………………… 周新铭　陈为典 / 115

法理两论：法律规范与法律效力 ………………………… 陈世荣 / 144

比较法的研究方法 ………………………………………… 刘兆兴 / 186

法理学的学科定位 ………………………………………… 刘作翔 / 203

法学研究进路的分化与合作 ……………………………… 谢海定 / 217

从特殊法理学到一般法理学 ……………………………… 贺海仁 / 239

迈向中国法理学：文本分析 ……………………………… 胡水君 / 264

下编　法治的中国理论

中国的法治文化建设 ……………………………………… 李　林 / 305

人权理论的历史和发展 ………………………………… 徐　炳 / 347

国家所有的法律表达 …………………………………… 谢海定 / 362

中国的宗教法治 ………………………………………… 陈欣新 / 388

中国的普法规划 ………………………………………… 陈根发 / 402

中国律师的非均衡分布 ………………………………… 冉井富 / 428

自主与监护：中国基层民主观察 ……………………… 黄金荣 / 456

法家传统的现代适域 …………………………………… 王耀海 / 474

法家的法治国家理论 …………………………………… 贺海仁 / 496

中国法治的人文道路 …………………………………… 胡水君 / 534

导　论

　　为纪念中国社会科学院法学研究所法理研究室初创 60 周年、正式成立 40 周年，法理研究室于 2018 年选编了这本学术文集。

　　10 年前，同样是为了纪念，我们编过另一本文集《民主法治之道》。当时选编的主要是法理研究室人员发表在《中国社会科学》和《法学研究》上的文章。此次选编，未再采用这样的标准，而是按照主题分为上、下两编，上编侧重在"学"，下编侧重在"法理"。

　　这两个主题，也是近 10 年法理研究室的两个工作重点。法理研究室这些年的研究工作，大体可用"法理学"、"民主法治" 7 个字来简要概括。在"法理学"方面，我们主编了《法理学的新发展：探寻中国的政道法理》（中国社会科学出版社，2009）、《法理学的新发展（2012）》（中国社会科学出版社，2013），也出版了可视作法理学高级教程的《法理讲义：关于法律的道理与学问》（北京大学出版社，2010）。在"民主法治"方面，我们主编了《民主法治之道》（中国社会科学出版社，2008），连续出版了几卷《民主法治评论》（中国社会科学出版社，2012/2013/2014/2015），还组织召开了"民主法治与中国传统"等学术研讨会。

　　古人有言，"学道贵虚，任道贵实"，而同时具有理论性和实践性的法理学，既需要讲虚，也需要务实，兼顾"学"、"理"与"法"、"治"两个方面。这本文集的编选，在主题上延续了这两个方面，很大程度上是法理研究室这些年工作的深化。

　　作为本书上编主题的"学"，通常是法理学教科书开篇即要讨论的内容，主要涉及法理学的概念、历史、性质、作用、研究对象和方法，法理学与法学以及其他学科的关系等。这是学科意义上的"学"。从这本文集的上编看，法理研究室学者特别是老一辈学者对此有长期的关注和研讨，与法理学相关的学科体系、知识体系、价值体系和方法体系因此得以澄清。而且，比较法研究从一开始就被摆在了重要位置。对比较法研究方法运用的高度重视，以及对外国法学的充分准确了解，可以说是法理研究室创立初期的一个显著努力方向。苏联的国家与法的理论，西方的自然法学、实证法学、法社会学，以及对中国传统学术的钻研和反思，都曾是法理研究室学者的关注点。由此而展开的对权利和法治的现代追求，也成为法理研究室学者一直以来的学术目标。此外，从中也可看到探讨从知识层面向学理层面的转移，诸如"法理学与法哲学究竟是一种什么样的关系"、"法理学一定要对部门法学给予理论指导或作出理论回应吗"之类的问题，随后被提出来并得到深入思考和研究。再后来，鉴于来源上的域外背景，法理学在文化和国家层面的主体性，也开始受到关注。

"学"看上去并未只限于字里行间。编选这样一部文集，阅读老一辈的文字，既是学习，也是通过文字对那代人物的默默感知。学与人、学与行，在这里是契合一致的。有老一辈学者曾谦逊地说，他们当年于风起云涌之时所写所讲，其实只是法学 ABC，学术赶不上后来的年轻辈。然而，细读那些留存于历史中的文字，每每能感受到老一辈学者的治学严谨、下笔不苟、言说有据。制作一盒又一盒的学术卡片、在手上用墨水写满读书笔记……昔年那些学者而又学生般的种种诚恳学习研究方式，对于资讯时代的学术晚辈来说，已经很难再做到了。而自负使命地站在国家、民族乃至人类立场思考建言，对晚辈或学生举一反三式的文字点评和批注，在信封上用铅笔写字以重复利用的节俭细节，长年心平气和微笑对人而不妄生暴躁，对青年时时有意的言语点拨和爱护期许，对同事职员秘而不宣的提携帮助，等等，也都体现出"学"。此种"学"，如同清冽深流，在法理研究室的代代学者之间潜移默化。这称得上与"纸上之学"相对的"身上之学"。此种"身上之学"甚至被看得比"纸上之学"还重。"纸上之学"究竟能走多远，往往受制于这种"身上之学"。

无论是学科知识之学，还是学者德行之学，于法理学而言似乎还不是全部。法理学研究，至高深处，有一个古老的"自然法"问题。正因为"自然法"，在古希腊最初出现的哲学形态中就有法哲学，源远流长。尽管"自然法"因其看不见、摸不着，而被现代实证法学者排除在法理学范围之外，也被一些法律史学家视为虚构，但此种无形无相的"自然法"在古希腊之后的几千年何以一直成为人们思考的对象，仍值得深思。深入至此，古今学者实际都面临着难以触及的宇宙本体或生命实相。用中国话讲，这涉及的是"道"。"朝闻道，夕死可矣"，孔子的这一话语讲出了"学"的极致目标。而知识之学、德行之学似乎都还不足以达到这一目标。若将《论语》开篇"学而时习之"的"学"，只解作知识之学或德行之学，恐怕是小看了孔子的学问。古人有言，"不知《春秋》，不能涉世；不精《老》、《庄》，不能忘世；不参禅，不能出世。此三者，经世、出世之学备矣，缺一则偏，缺二则隘……"或许，只有上升到"道"的层面，才会发现"学"的基要、前提或高深地位。

为学过程中这样一种对"道"的朝夕追问，在此次编选的这本文集中展现得尚不够充分，但在法理研究室的一些学术长辈及其著作那里确有一定体现。至少，学者对此种学问是有所察觉的，或者说，对此种学问的重要性和必要性的认知是有的。从法理学的历史看，作为哲学基本乃至首要问题的本体论，自古就是自然法学的要义所在。然而，现代之后，本体以及本体论在法理学中明显衰退下去直至消失殆尽。在诸如奥斯丁所讲的法理学中，本体以及本体论基于实证立场而被割舍或搁置了。这与康德所讲的人对"物自体世界"不可认知有着紧密联系，由此也造就了现代学术的特质。现代学术中诸如功利主义、历史法学、实证法学以及基于自然权利的古典自然法理论等，并不能说是毫无理据的，但相对古代自然法学看，在本体和本体论层面则是空置或缺的。现代学术愈是朝这些方向精致发展，愈是容易让人觉得本体、本体论或关于"道"的追问，于学术而言可有可无。

如果将法理学乃至现代学术铺设于久远的中国文化底垫上审视，关于本体或道的传统学问也会鲜明地映衬出来。沿此脉络，可以发现法理学在中国的发展有一个发人深省的传统文化维度。这一维度，在古希腊表现为世界本体，在中国文化语境集中表现于"道"，二者共通于"道体"或道德本体。弥合疏通西方法理学中几近断裂的古源与新流，辨明查证中西文化的相通道德本体，可谓现代学术的一个重要使命和方向。"形而上者谓之道，形而下者谓之器"，将器物之学与道体之学融通起来，而不是脱离道体之学而只讲器物之学，甚至沿着器物层面机械生硬地探究言说道体之学，才称得上完整之"学"。这是"道"或本原意义上的学。至此，才可说学得本原，学有本原。少了这样一种"学"，法理学、现代学术以及现代世界，即使能够基于人的情智而一时枝繁叶茂，却也仍可能由于根源滞塞不通而成为无本之木。关于现代世界，有观点认为，21世纪会成为"亚洲世纪"。从文化或"学"的角度看，如果本原之学在亚洲特别是中国不得复兴，很难说"亚洲世纪"真会如期而至。这也透显出东方文化乃至中国理论的世界意义。

法学，为正义之学、权利之学、法律之学，有明显的经世致用品格。务实地寻求治理国家和社会的有效方法，是法家理论、儒家学说、自然法学、实证法学、社会法学所表现出的共同气质。时至今日，"法治"业已成为我国的治国基本方略，亦是得到全球社会普遍认同的治理方式。法理研究室学者几十年来坚持不懈努力推进的重要目标也在于此。自"依法治国"被确立为基本方略以来，每隔10年法学研究所都会专门对依法治国作出回顾和展望。关于法治是什么、现代法治原则、法治理论和体系、中国法治发展道路等的研讨，亦成为法理研究室学者长期反复开展的工作。本书下编以"法理"为主题，部分地收集了不同学者在这方面的研究成果，尤其是中青年学者的文章。这些文章，内容各有侧重，但总体上都未脱离开"民主法治"的大方向。

现代社会选择"法治"作为治理的主要方式，有现代法理作支撑。按照历史学家、社会学家等的看法，近代社会经历着从"礼俗社会"向"法理社会"的转型。以人权和公民权利为基点，构建起保护个人权利的政治体制和法律体系，使政治权力严格依循法定的政治程序和法律机制运转，并将促进个人权利的保障和发展作为自身的价值目标和存续条件，由此，个人权利、经济贸易和社会自由得以免受不必要的人为干扰和侵犯，社会得以沿着刚性体制客观而安定有序地自由伸展，这可谓现代社会的运行逻辑。在理论上，现代法学为此种治理逻辑和方式，既设置了自由和权利价值，也铺就了规范和法律基础。现代法治因而有别于法家自上而下的权威管制，亦有别于中外社会基于宗教或礼教、以道德的法律强制为主要特征的传统治理。对于仍然处于社会转型和现代化进程中的中国而言，这样一种现代法理值得进一步正视和重视。21世纪头20年，是中国全面建设"小康社会"的历史时期。小康社会建成后，中国的民主法治建设应该会迈出更稳步伐，取得更大成就，随之可以期待的当是中国法理社会的真正到来。

法理，在韦伯的理论划分中与"魅力"和"传统"相区分，标示的是人的理性作主的状态。此种状态，也就是康德在论及启蒙时所说的"在一切事情上都有公开运用自己理性的自由"的状态，不同于传统社会对圣贤教诲或习惯方式奉若神明、不经审思的遵从。雅斯贝斯有关"轴心时代"与"新轴心时代"的划分，也触及此种古今差异。就"学"而言，这种差异集中表现于，学者即使缺乏对"道"的觉悟、不曾通解幽微古义、未必读得懂传统经典，在现代条件下也可成为某些方面掌握学术话语权的专家。一如实证法学的开创人物奥斯丁，只在实证领域建立法理学的基础和范围，而将涉及形而上学的古代自然法学存而不论。现代社会在知识来源上对人的理性的依赖，有别于传统社会以圣贤言行或"道统"为渊源和权衡。这是现代性的特质所在。由此特质看，在包括学术体系、法治体系在内的现代体系与"道"之间建立连接，实现融通，仍可谓现代未尽的使命。现代世界在朝技术化方向发展的同时，也需要一种深得本原的"学"作为据以前行的依托。在博大精深的中国文化背景下，这是中国法理社会在形成过程中值得留意的重要方面。自觉涵容中国文化的法理社会所体现出的法理，是实现"道"与人的理性相融通的法理。至此，才呈现"道"的层面的法理。"亚洲世纪"的到来，或许需要从此种具有普遍意义的中国法理呈现的角度去审视。

这本文集，作者都是曾在或正在法理研究室工作的研究人员，收集了建室以来这些人员具有代表性的，与"法理学"和"民主法治"相关的学术论文，至今仍具有一定的现实意义。这本文集，透显出中国社会科学院法学研究所法理研究室不同时期工作人员的研究风范和风格，在很大程度上也可视作见证改革开放以来中国法理学和法治理论发展进程的历史标本。因为篇幅所限、避免重复及其他原因，曾在本室工作过的一些人员的文稿，本该编入但终究未得收入。法理研究室还有70、80乃至百年诞辰，这一遗憾可望在未来弥补。无论如何，我们谨以这本文集，对曾在法理研究室工作过的所有同事及其辛勤卓越的工作，致以由衷的敬意和感谢！

胡水君

2018 年 9 月

上编　法理学科的构建

论比较法研究

吴大英 *

比较法本来是一门老学科。在过去，大学法律系都开过比较宪法的课程。解放后，取消了这门课程。现在，比较法这个名词，对许多人来说是很生疏的。

目前世界各国的法学家，对比较法的概念还没有统一的看法。有些法学家认为，比较法不是一门科学，而是一种研究科学的方法。而有的法学家则认为，比较法是一门科学。还有的法学家认为，比较法既是一种方法，也是一门科学。虽然各国法学家对比较法的概念的看法并不一致，但是，大多数法学家认为，比较法是对各国的不同法系进行比较研究，也就是对两个以上的国家的法系同时进行研究。

比较方法可以具体地分为两种。第一种方法是对同时期的两种或两种以上的对象进行比较。例如，对不同国家或不同地区的同一时期的犯罪现象进行比较。第二种方法是对不同时期的对象进行比较。这也就是历史比较方法。例如，对一个国家或几个国家的不同历史时期的犯罪现象进行比较。这两种方法都是在法学研究中经常采用的。

过去，国外有些法学家认为，比较法是资产阶级法学采用的一种方法。这种观点，在我国也曾流行过。长期以来，有人认为，唯物辩证法是唯一的科学方法，对其他的科学方法和这些方法之间的相互关系问题以及这些方法与唯物辩证法之间的关系问题都置之不顾。事实表明，否认比较方法在法学研究中的作用，是毫无道理的。现在，我国正在制定民法，对

---

* 吴大英，曾任中国社会科学院法学研究所研究员、法理研究室主任，政治学研究所所长。本文部分内容由吴大英与任允正合写。

于其他国家制定民法的经验，需要进行比较研究。

当然，我们也不能夸大比较方法的作用。在法学研究中使用比较方法，并不能保证结论完全正确。如果不正确地使用比较方法，甚至可能得出反科学的结论。关键在于进行比较研究时，必须考虑到各个国家的社会经济条件的不同。例如，在英国，未成年人犯罪案件不是由普通的刑事法院来审理，而由专门的少年法院审理；少年犯不是关押在监狱，而是送到专门的改造所。在土耳其，由于家长制的影响根深蒂固，未成年人必须绝对服从家长，有些进行犯罪活动的家长往往利用儿童来实行犯罪。因此，土耳其的立法对未成年人犯罪案件的处理，比英国的立法严厉得多。如果不考虑两国的社会经济条件不同，在进行比较研究时就会作出不正确的结论。

有些法学家认为，对于不同社会制度的国家和法律，比较研究的首要任务是发现其区别，对于相同社会制度的国家和法律，比较研究的首要任务是发现其共同点。还有人认为，在研究资产阶级国家的法律制度时，必须把它同社会主义国家的法律制度对立起来。这种态度，未免失之偏颇。诚然，资产阶级国家的法律制度同社会主义国家的法律制度有本质上的区别，但是绝不能说资产阶级国家的法律制度就毫无可借鉴的地方。事实上，社会主义国家可以把资产阶级法律形式的一部分保留下来，并且赋予这种形式无产阶级的内容，甚至直接给资产阶级的法律名称加上无产阶级的含义。因此，进行比较研究时，既要发现两种法律制度的区别，也不能故意抹杀它们之间的某些共同的特点。如果不作实事求是的分析，而是采取贴标签的简单化做法，就会失去比较法的科学性。

为了开展对比较法的研究，必须弄清楚比较法的概念、比较法的产生和发展、比较法的现状，以及研究比较法的重要意义。

一　比较法的历史和发展

比较法的产生很早。可以说，自从有了法律和法学以来，就有人研究外国的法律，并对各个国家或各个地区的不同的法律制度进行比较研究。比如，亚里士多德在他的名著《政治学》中，在探讨社会和政治制度时，曾经研究过希腊和其他城邦的许多法律。作为一门学科，比较法自近代以来得到广泛发展。

（一）比较法的产生

我国历史悠久，早在公元前 21 世纪，就形成了夏朝奴隶制国家，出现了《禹刑》。《禹刑》不仅包含调整刑事方面的法律规范，而且包含调整所有权和宗法关系等民事法律规范的内容。公元前 16 世纪至公元前 11 世纪的商朝，参考《禹刑》，有所损益，制定了《汤刑》，其内容比《禹刑》充实。公元前 11 世纪至公元前 770 年的周朝，在制定法律时，参考了《汤刑》中的某些内容。春秋初期，各诸侯国基本上沿用西周的法律。后来，由于社会经济关系的变化，以保护封建私有制为中心内容的成文法在各诸侯国陆续出现。公元前 536 年，郑国子产作《刑书》，后来邓析又制《竹刑》。公元前 513 年，晋国也铸刑鼎。其他各诸侯国群起仿效，如韩国有《刑符》，楚国有《宪令》，齐国有《七法》，赵国有《国律》，秦国有《秦律》，等等。尤其是魏国李悝所编的《法经》最为著名，成为我国历史上第一部完整的封建法典，不仅对当时各诸侯国的封建立法起了蓝本的作用，而且对秦汉及以后的封建立法也产生了一定的影响。据记载，李悝"撰次诸国法，著法经"（《晋书·刑法志》），"集诸国刑典，造法经六篇"（《唐律疏义》）。这表明，李悝对不同的法律制度进行了比较研究，《法经》是集春秋各国立法大成的一部法典。

公元前 6 世纪初，在古希腊，雅典执政官梭伦曾经研究过许多城邦的法律，并对雅典的法律进行了一系列的改革。公元前 5 世纪，被选任从事起草罗马十二铜表法的 10 名执政官，也在希腊各城邦中进行了比较法的调查研究工作。公元前 4 世纪，著名的哲学家柏拉图曾经在许多地方旅行，除了古希腊的城邦国家以外，他还到过意大利和埃及。在雅典，他见到了国宗政权的多次更迭，并对许多国家和地区的法律进行观察和研究，提出了他的社会和政治改革计划（《国家篇》），后来，又制订了他的改革国家体制和立法的方案（《法律篇》）。亚里士多德用比较方法来研究国家的政体，对后世的政治法律思想的发展有巨大的影响。

在古代，由于历史条件的限制，还不可能大规模地开展比较法的研究。特别是由于各个社会集团的地方观念对外国人或"未开化的人"的蔑视，宗教信仰以及世袭法则的不可触犯的观念等，比较法的发展遇到了种种障碍。在古罗马帝国，虽然法学有相当的发展，而且外省的某些诉讼手续和惯例逐渐地渗入罗马法中，但是罗马法学家并没有对比较法予以重视。

中世纪时，欧洲大陆许多法学家的兴趣只是局限于罗马法，他们仅仅对罗马法和宗教法规进行比较研究。11—13 世纪的前期注释法学派的代表人物伊纳留（约 1055—1130 年）、亚佐（1150—1230 年）、阿库索斯（约 1182—1260 年）等人，主要对《国法大全》进行注释，目的在于传播罗马法。13—15 世纪的后期注释法学派的代表人物西纳斯（1270—1336 年）、巴尔多鲁（1314—1357 年）、巴尔道斯（1327—1406 年）等人，主要是进一步论述罗马法，使罗马法与当时的一般社会情况结合起来。但是，当时的法学家都不重视散见于各地的习惯法，有的人认为把地方的习惯法与罗马法相比较，是对罗马法的亵渎。只有法官和律师，为了适应社会的要求，不得不对地方习惯法和罗马法进行比较研究，以便确定如何接受和拒绝某些法律原理和法律规范。

在英国，15 世纪的约翰·福特斯卡和 16 世纪的森·格尔曼等人，都曾经从事普通法与罗马法的比较研究。1623 年，弗朗西斯·培根曾向詹姆士一世提出一项计划草案，打算把关于英国法和苏格兰法的法律解答分两栏加以并列对照，作为这两种制度逐步趋向统一的一个准备。

总的来说，比较法的产生虽然很早，但在相当长的时期中，它在法学研究上只是被偶然地使用，比较法本身还没有被承认为法律科学的一门独立的分科或研究法律科学的一种方法。

（二）比较法的发展

比较法作为一门学科的发展，是近代的事情。有些西方学者认为，法国的孟德斯鸠（1689—1755 年）最早把比较方法用于对国家和法律的研究，是比较法学的创始人。孟德斯鸠对许多国家的政体和法律进行了比较研究，并且试图从比较法学中找到法律发展的规则。他认为："每一个个别的法律都和另一个法律联系着，或是依赖于一个更具有一般性的法律。"[①] 但是，由于时代和阶级的局限，孟德斯鸠并未能真正做到对各国的法律进行科学的考察。例如，孟德斯鸠的国家机关三权分立的学说，是以

---

① 〔法〕孟德斯鸠：《论法的精神》上册，张雁深译，商务印书馆，1961，第 37 页。

当时英国的君主立宪制为蓝本的，孟德斯鸠认为"它的政制的直接目的就是政治自由"。① 但实际上，当时的英国既不完全实行分权，也没有真正的政治自由。而且，孟德斯鸠在对各国的法律进行比较研究时，认为法律归根到底是由气候所决定的，他把地理环境对法律的影响夸大到了十分荒谬的程度，这就使他对比较法学未能提出真正科学的见解。

德国历史学派的代表人物胡果（1764—1844 年）、萨维尼（1779—1861 年）、普赫塔（1789—1846 年）等人对法律进行了历史的比较研究。他们认为，法律是"国民精神"的表现，而这种"国民精神"正像语言一样，是在历史过程中逐渐形成的。他们认为，立法者只是把已经形成的法律记录下来而已，因此他们极力反对通过立法手续修改现行法律。萨维尼说，由于法典的存在主要是作为国家法律的重申或具体化，如果国家在政治、社会和经济上达到成熟之前追求编纂法典，便会使法典成为国家发展的障碍。他宣称，从 19 世纪初期的德国法律情况来看，当时只有 1794 年的普鲁士法典，而这部法典结构松散、文字冗长。所以，德国的法典编纂工作，只能按照《法国民法典》进行复制，否则，就应有一些足智多谋的法律人才，而这是当时德国大学法学院的学者力不能及的。这就是他反对编纂法典的理由。在萨维尼看来，还是保留既有的东拼西凑的德国法律好得多。例如，在莱茵地区各邦可以保留《法国民法典》；在普鲁士和它控制下的地区，则可保留 1794 年的法典；至于其他各邦，可以保留早在 14、15 和 16 世纪就被引进德国的非法典化的普通法，或"公认的罗马法"。同时，历史法学派特别推崇习惯，把习惯放在法律之上，以此来保卫已经过时的封建制度。因此，马克思指出："有个学派以昨天的卑鄙行为来为今天的卑鄙行为进行辩护，把农奴反抗鞭子——只要它是陈旧的、祖传的、历史性的鞭子——的每个呼声宣布为叛乱。"② 这种所谓历史的比较研究，当然谈不上什么科学性。

法学家自觉地系统地把比较法学作为一种科学方法或法学中的一门学科，是 19 世纪中叶的事。随着资本主义制度的确立、国际交往的增加以及近代资本主义国家大量制定法律，对法律的比较研究开始广泛地开展起来。1831 年，法国的法兰西学院设立了第一个比较立法讲座。1850—1852

---

① 〔法〕孟德斯鸠：《论法的精神》上册，张雁深译，商务印书馆，1961，第 37 页。
② 《马克思恩格斯全集》第 1 卷，人民出版社，1956，第 454 页。

年，英国的莱昂尼·莱维出版了一本著作，题为《商法，它的原则和管理：大不列颠商法与罗马法以及其他五十九个国家的法典或法律的比较》。1869 年，在法国巴黎成立了比较立法学会。该会会员广泛地搜集外国的立法材料，同法国的立法进行比较，以改善法国的立法。当时，也有人为了证明拿破仑法典的正确，并论证它对全世界的影响，而对外国法进行研究。1869 年，英国牛津大学也开设了历史比较法学讲座。担任这个讲座的第一任教授梅因（1822—1888 年），主要著作有《古代法》（1861 年）、《古代制度史》（1875 年）和《古代法和习惯》（1883 年），其内容是对各种古代法制加以比较研究。但是，由于受到唯心史观的限制，梅因对材料所作的分析和结论中，有许多错误的观点。1876 年，法国政府在司法部设立外国立法调查会。从 19 世纪 80 年代初期开始，日本政府邀请法国法学家帮助日本法官和公职人员学习法国法，并请他们担任司法部、法院和其他机构的顾问。1887 年，日本东京帝国大学设立了德国法教研室。1894 年，德国成立国际比较法学经济学协会。1895 年，英国成立英国比较立法学会。1900 年，在法国巴黎举行了第一次国际比较法学会议。来自欧洲各地的法学家在会上发表了论文，讨论比较法的性质和目的。由于参加会议的学者几乎都是大陆法系的法学家（英国方面只有弗雷德里克·波洛克一人出席），因此，会议强调比较法的主要作用在于促进法典化国际立法的制定。会议打算制定一个"文明世界的普通法"，但是没有成功。1924 年，国际比较法科学院成立，它每隔 4 年召开一次国际比较法学大会。

在我国，鸦片战争后，清政府仍然顽固守旧，反对一切改革。但是，它们已无法照旧统治下去，为了欺骗人民，清政府派五大臣出洋考察宪法，玩弄假立宪的阴谋。此外，还设立修订法律馆，聘请日本法学家，"待以宾师之礼"，作为法典编纂工作的顾问。该馆先后翻译了几个主要资本主义国家的法典，编订和起草了几部中国法典和一些单行条例。这些法律，明显地表现出其半殖民地半封建的性质。主持修订法律工作的大臣沈家本，提出"参考古今，博稽中外"，要"取人之长以补吾之短"，"彼法之善者，当取之，当取而不取是为之愚"。① 沈家本在对中外古今的法律进行比较研究方面，作出了一定的努力。清末，废除科举，兴办学校，大学

---

① 参见张晋藩《试论沈家本的法律思想》（上、下），《法学研究》1981 年第 4、5 期。

政法科法律门除一般课程外，还有东西各国法制比较、各国宪法、各国民法及民事诉讼法、各国刑法及刑事诉讼法、各国商法、外国法（罗马法、英吉利法、法兰西法、德意志法）等。

我国资产阶级革命的领导者孙中山，在英国侨居时经常阅读外国的政治法律书籍。他以批判的眼光，对欧美各国宪法进行了比较研究，认为"当时的宪法，现在已经是不适用了"，为此，他提出了自己的宪法理论，并制定了《临时约法》。孙中山还认为，为了开展立法工作，必须组织中外专家参加。他说："编纂法典，事体重大，非聚中外硕学，积多年之调查研究，不易告成。"① 辛亥革命后，法科大学或专门学校逐渐增多，开设课程除一般法律课之外，还有外国法（英、德、法任选一种）、比较宪法、比较司法制度等。

在沙皇俄国，比较法学没有得到充分的发展。十月革命胜利后，苏联法学家在他们的著作中通常把苏维埃的法同资产阶级的法加以对比，并对资产阶级的法进行批判。这种批判，当然是有必要的。但是，当时苏联法学界的做法有些失于简单化。他们往往不分析具体的社会经济条件和法律规范的内容，只是一味地对资产阶级的法予以全盘否定。例如，斯图契卡认为，著作权制度是资产阶级的法的特点之一，"无产阶级革命宣布同著作权作坚决的斗争，因为它是一种特权"。他还认为，在社会主义立法中承认著作权，这是一种让步。② 这种简单化的做法，在其他苏联法学家的著作中，也经常可以见到。例如，高隆斯基和斯特罗果维奇曾经认为，比较法是资产阶级法学采用的一种方法。③ 这种观点，在苏联曾经长期地流行过。

（三）比较法的现状

第二次世界大战以后，随着国际交往的日益频繁，比较法得到了国际的公认，有了广泛的发展。

国际比较法科学院在第二次世界大战以后广泛地开展了活动，从1950

---

① 中国科学院近代史研究所史料组编辑《辛亥革命资料》（《近代史资料》总第25号），中华书局，1961，第353页。
② 参见〔苏〕斯图契卡《苏维埃民法教程》第3卷，莫斯科—列宁格勒，1931，第63—65页。
③ 参见〔苏〕高隆斯基、斯特罗果维奇《国家和法的理论》，莫斯科，1940，第3、11页。

年召开第二届国际比较法学大会起，每隔 4 年召开一届大会。第十届大会于 1978 年在匈牙利召开，有 700 多名各国法学家参加。

1950 年，在联合国教科文组织的支持下，建立了国际比较法委员会，其任务是"通过在全世界普及对外国法的研究，并在法律科学中采用比较方法，来鼓励各国相互了解和传布文化"（该会章程第 34 条）。后来，该会改组为国际法律科学协会。现在世界上有 47 个国家的比较法协会作为它的国内委员会，它发起编辑《国际比较法百科全书》，有世界三百多位法学家参加，由德意志联邦共和国汉堡的麦克思·普兰克协会的外国法和国际私法研究所负责编辑，分卷陆续出版。

1960 年，在法国巴黎建立了国际比较法学会。该会的主要目的，是促进比较法学的开展和对外国法的研究，其活动包括建立法律系、法学院、法学研究中心，组织讨论会、学习班，设立图书馆，出版著作，并同其他的比较法团体合作。该会在法国的斯特拉斯堡设立了一个讲授比较法的国际学院，这个学院每年到欧美各地不同的城市举行讲座，讲授比较法的基本知识。1960 年至 1970 年，在 17 个国家举行了 82 次讲座，合作的大学有 46 所，共同工作的有教授 619 人（包括 50 个国籍），大学生 7790 人（包括 94 个国籍）。

此外，还有许多国际性的比较法机构和团体，如国际劳动法和社会保险法学会、国际刑法学会、国际法学图书馆协会、国际行政科学研究所等。有些国际性的法律工作者协会，如国际法律协会、国际律师联盟、国际律师协会等，也组织集会，出版有关比较法问题的报告文集。有相当多的国际学术组织，不管是否采用"比较法"的名称，其活动都是建立在比较研究的基础上的。这些组织举行的学术讨论会，对推动比较法研究起了积极作用。

现在，世界各国都很重视对比较法的研究。美国于 1951 年在纽约成立了美国比较法研究协会，其目的是促进比较法研究和了解外国的法律制度，出版非营利性质的比较法杂志，以及资助有关比较法、外国法和国际私法方面的专著、论文、刊物和小册子的撰写和出版。该会出版有《美国比较法》杂志。

英国国际法和比较法学会创立于 1958 年。这个学会吸收会员不分国籍，现有分散在 90 多个国家的会员 3000 人，并接收团体会员。该会出版有《国际法和比较法季刊》等杂志。

法国比较法学会成立于 1869 年，是法国最早的学术团体。100 多年来，学会的发展同比较法的发展互相促进、密切结合，对国际比较法的发展作出了贡献。1949 年，法国比较法学会举行成立 80 周年纪念大会，这次会议是战后恢复比较法研究的动员大会，推动了比较法的发展。1969年，比较法学会举行成立 100 周年纪念大会，来自英、美、联邦德国、瑞典、日本、土耳其、苏联、波兰、捷克斯洛伐克、罗马尼亚、南斯拉夫等国的比较法学家聚集一堂，总结和交流了各国比较法的发展过程和特点。这次集会既是比较法 100 周年的总结，又是比较法在世界范围取得重要发展的一次大检阅。该会除了国内会员外，还广泛吸收国外会员。国外会员的分布，主要在欧洲各国，其次是美国和加拿大，拉丁美洲、非洲和亚洲少数国家也有法学家为该会的会员。[①] 该会每年定期与各国法学家进行交流和合作，并收集、整理、翻译、出版、研究各国法律资料。该会还编印出版《法国和外国法律年鉴》及《比较法国际评论》（季刊）。此外，1951 年，成立了法国比较法中心，出版《法国比较法机构通报》（年刊）。1953 年，建立了比较法研究会，属法国全国科学研究中心。1969 年，建立了政治制度比较分析中心。在波尔多第一大学、巴黎第二大学、里昂第三大学等学校均设有比较法研究所。

日本也很重视比较法的研究。日本的比较法团体有：（1）比较法协会，成立于 1951 年，该会章程第 3 条规定："本协会的宗旨是推广本国法和外国法的比较研究，以及组织从事研究的人员进行协作，建立同外国各种协会的联系和协作。"章程还规定，在协会中设立各种学术小组。该会出版有《比较法杂志》。（2）日法法律研究协会，成立于 1959 年，出版有《日法法律研究协会通报》。（3）日美法律研究协会，成立于 1964 年，出版有《日本法律年鉴》（英文版）和《美国法律》（日文版）。（4）日德法律研究协会，成立于 1976 年。第二次世界大战以后，一些大学相继成立了比较法研究机构，如中央大学比较法研究所、早稻田大学比较法研究所、东洋大学比较法研究所、东京大学比较法研究所、明治大学法律资料和外国法研究所、神户大学外国法研究所等。

---

① 参见王仲方《访问法国比较法学会》，《法学研究》1980 年第 5 期。

在东欧，捷克斯洛伐克科学院国家和法研究所、匈牙利科学院国家和法研究所都设置了比较法研究室。1955年，南斯拉夫成立了比较法研究所。该所的任务是：（1）对各国的立法、法学研究和司法实践的材料进行搜集和分类；（2）答复国家机关对外国立法的询问；（3）帮助外国法学家了解南斯拉夫的法律；（4）同有关的国际机构合作。

在苏联，法学界对比较法的态度逐渐发生变化。1964年，弗列希茨提出研究外国法的重要性，认为掌握外国法的知识对发展苏联法学家同西方法学家的合作是必要的。吉夫斯、图曼诺夫等人先后发表著作，对开展比较法研究提出了自己的看法。苏联科学院国家和法研究所、苏联司法部所属全苏维埃立法科学研究所都设置了外国法研究室。乌兹别克斯坦科学院哲学和法学研究所设置了比较法研究室，乌克兰科学院国家和法研究所设置了国际法和比较法研究室。近十年来，苏联不仅大量出版本国学者研究外国宪法、刑法、民商法、法学理论等的著作，出版了论述比较法问题的专门著作，而且翻译出版了外国法学家关于比较法的一些著作。

（四）比较法的前景

目前，世界各国对比较法的研究方兴未艾。今后，随着国际形势的发展和各国经济文化合作的开展，比较法的研究将更加活跃。从比较法的发展趋势来看，有以下几个主要特点。

1. 研究人员比过去扩大

过去，从事比较法研究的，主要是法律专业人员，包括教师、科研人员、法官、律师等。近年来，许多国家的政府官员、外贸人员和工商企业界人士都在不同程度上感到需要比较法知识，特别需要了解外国的有关法律，用以处理政府之间的关系、商务往来和法律纠纷，因此，研究比较法的人员也从法律界人士扩大到行政、企业、商务、外贸等各方面的人士。

2. 研究范围比过去广泛

过去，比较法研究的范围主要是对英美法系和大陆法系的法律制度进行比较研究。后来，由于政治、地理、经济联系等原因，美国需要研究拉丁美洲国家的法律，英国则重视研究非洲法和印度法。随着历史的发展，各国法律相互渗透的现象日益明显，各个法系之间的界限已不很清楚。有些国家的法律很难归入某个法系。例如，阿根廷的民法典，吸收了法国、美国、巴西、智利的有关法律条文。土耳其在法律改革中，参照了法国、德国、意大利、英国、美国、苏联的法律。原来属于同一法系的国家的法律，也因为受到其他法系的影响而有许多差别。因此，比较法的研究范围比过去广泛得多。

3. 研究目的比过去明确

过去从事比较法研究的人员认为比较法研究的目的是寻找共同的法律基础，促进法律的"统一"，有人甚至打算制定一部世界性的成文法。随着社会主义国家的产生和亚洲、非洲一系列新独立国家的诞生，比较法研究的范围越来越广泛。现在许多比较法学家已认识到，比较法研究的目的，应该是在承认各种法律制度的根本区别的基础上，研究这种区别的意义及影响。当然，也有一些国际上共同关注的新问题，要求各国立法有某种程度的一致性，如人体器官移植、数据自动化处理、制止恐怖活动、防治污染等，国际比较法研究机构已就这些问题组织各国法学界进行研究。

4. 研究方法比过去进步

过去，在比较法研究工作中，往往只是研究各国法律条文。有的国家在起草法律时，摘用其他国家的法律条文，这种情况颇为常见。美国宪法和法国民法典对许多国家的立法起过重大影响，瑞士契约法典和法国的行政法也受到许多国家的重视。另外，许多国家的司法机关在处理案件时，往往参考外国的判例。近年来，很多法学家认为，在比较法研究工作中，如果仅仅研究法律条文，这只是形式上的比较，因为法律条文同法律的实施情况往往并不一致。例如，马达加斯加法律规定婚姻自由，但实际上种姓通婚仍被禁止。因此，不能只研究法律条文本身，而应该进行综合的比较研究，强调注重实践，进行实质的比较，重视研究法律的指导思想、产生背景和实际效果。同时，还要对法律进行跨学科的比较研究，充分认识法律和经济的互相渗透以及法律的社会作用，对法律作出全面的正确的评价。

5. 研究资料比过去丰富

进行比较法研究时，需要大量的资料。英国的大学和研究机构在收集资料时分工合作，互相提供索引，既可避免重复，节约开支，又可扩大资料使用范围。南斯拉夫有计划地从200多份外国法学杂志上摘录资料，供比较研究之用，同时与其他国家合作，交流资料和研究成果。近年来，有些国家已开始利用信息论、控制论来解决资料问题，并取得了一些经验。今后，在比较法研究工作中将利用科学技术的新成果，大量储存、处理和分析各种法律资料，并逐步形成世界网，解决系统的资料积累问题。

二　比较法的方法和作用

关于比较法是一门独立的学科，还是法学各学科采用的一种方法，是在国际范围内比较法学者长期争论的问题。

自从 1900 年在巴黎举行的第一次国际比较法学会议起，到第二次世界大战以前，各国学者对比较法的性质问题发表了许多看法。这些不同意见的争论，并未取得一致的结果。第二次世界大战以后，世界各国的法学家对比较法的性质仍然没有统一的看法。归纳起来，基本上有三种观点。第一种观点认为，比较法是一门学科，但有些人认为是一门基本学科，有些人则认为是一门辅助性的学科；第二种观点认为，比较法仅仅是研究法学的一种方法；第三种观点认为，比较法既是一种研究法学的方法，也是法学中的一门学科。

我国出版的《法学词典》认为，比较法并不是指任何一个国家的部门法，而是指一种法学研究方法和有关本国和外国法律的知识。[①] 我国学者中也有人认为，比较法是法学中的一个独立的分支学科和法学研究的一个重要方法。

我们认为，毫无疑问，比较法是一种法学研究的方法，法学家采用比较方法研究法学，可以了解各国法律发展的共同规律，以及每个国家的法律的特点。同时，比较法也是一门学科，它虽然不是任何一个国家的部门法，但有自己特殊的研究对象，即对不同国家的法律进行比较研究，也就是对两个以上的国家的法律同时进行研究。而在联邦制国家中，对联邦的法律与联邦组成部分（邦、州、共和国）之间的法律进行比较研究，这也属于比较法的研究范围。因此，比较法既是一种法学的研究方法，也是整个法学中的一门学科。

---

① 参见《法学词典》编辑委员会编《法学词典》，上海辞书出版社，1980，第 54 页。

（一）比较法的方法

比较方法是通过比较来认识事物的一种方法。它通过同已知的事物进行比较而认识未知的事物，通过把一种现象同其他现象进行比较而弄清这一现象。

在自然科学中，比较方法是经常采用的。例如，在生物学的研究领域中，居维叶于 1805 年著《比较解剖学论》，随后，又出现了比较生理学和比较胚胎学的研究及著作。在近代，由于有了系统进行的科学旅行和科学探险，有了许多专家的考察，才有了许多科学的进步。恩格斯指出："这一切积聚了大量的材料，使得应用比较的方法成为可能而且同时成为必要。"① 在人文科学中，比较方法也是经常采用的。"真正的比较文学"始于卢梭。1830 年的浪漫主义运动提出，不从古代而从现代，不从希腊、罗马而从英国、德国的戏剧、诗歌中汲取创作源泉。比较科学和比较文学成了比较法学的先导，带动了法学领域的比较研究。

马克思主义经典作家采用了比较方法，他们所作的科学结论是以不同的国家制度和法律制度的对比与分析为基础的。马克思和恩格斯的《共产党宣言》、恩格斯的《家庭、私有制和国家的起源》、列宁的《国家与革命》和《论国家》等著作，在这方面为我们作出了光辉的榜样。

恩格斯认为，要进行比较，首先必须搜集一定的材料，然后才能对相应的现象进行比较分析。他指出："这首先是自然科学和历史研究的任务；而这些科学部门，由于十分明显的原因，在古典时代的希腊人那里只占有从属地位，因为他们首先必须为这种研究搜集材料。只有当自然和历史的材料搜集到一定程度以后，才能进行批判的分析和比较，并相应地进行纲、目和种的划分。"②

马克思经典作家利用比较方法研究国家和法律的经验，对于法学研究具有重大的意义。恩格斯对古希腊人、古德意志人和易洛魁人的社会制度进行了比较分析，研究了罗马、雅典、斯巴达国家的产生，并得出了结论，阐明了国家的一般概念。他指出，国家是社会划分为阶级的产物，

---

① 《马克思恩格斯选集》第 3 卷，人民出版社，1972，第 453 页。
② 《马克思恩格斯选集》第 3 卷，人民出版社，1972，第 417—418 页。

"国家和旧的氏族组织不同的地方，第一点就是它按地区来划分它的国民……第二个不同点，是公共权力的设立"。① 当摩尔根对易洛魁人的社会制度进行的调查研究引起了反动的历史学家猛烈攻击的时候，恩格斯在1891年11月13日致考茨基的信中写道："目前出现了新的因素，即有了从事比较法律学的法学家，尽管他们有其消极的方面，但或许可以击破这个老朽的小集团。"② 恩格斯还利用比较方法，科学地解释了封建制国家和资产阶级国家在法律中袭用奴隶制国家的罗马法的原因。他指出："罗马法是纯粹私有制占统治的社会的生活条件和冲突的十分经典性的法律表现，以致一切后来的法律都不能对它做任何实质性的修改。"③

列宁在《论国家》一文中，对主要类型的社会经济形态的国家和法律进行了比较分析。列宁在写作《新工厂法》时也利用了比较方法，并全面地研究了过去颁布的俄国法律。列宁指出："如果要作历史类比，那就应当分清并且确切指出不同事件的共同点，否则就不是作历史对比，而是信口开河。"④

一般来说，比较方法有以下两种。第一种方法是横的比较，也就是对同一时期的两种或两种以上的对象进行比较。例如，对不同国家的同一时期的宪法进行比较。第二种方法是纵的比较，也就是对不同时期的对象进行比较，这也就是历史比较方法。例如，对一个国家或几个国家的不同历史时期的宪法进行比较。这两种方法可以单独采用，也可以同时采用。

由于不同国家的法律所包括的情况极为复杂，因此，在横的比较方面，比较法研究还可以具体地分为以下四种：（1）不同社会制度国家的法律之间（如某一资本主义国家的法律和某一社会主义国家的法律）的比较研究；（2）同一社会制度国家的法律之间（如某一社会主义国家的法律和另一社会主义国家的法律）的比较研究；（3）同一社会制度国家却属于不同法律传统或法系的法律之间（如属于英美法系的英国法律和属于大陆法系的法国法律）的比较研究；（4）属于同一法律传统或法系的法律之间（如同属大陆法系的德意志联邦共和国的法律和日本法律）的比较研究。

---

① 《马克思恩格斯选集》第4卷，人民出版社，1972，第166—167页。
② 《马克思恩格斯全集》第38卷，人民出版社，1956，第108页。
③ 《马克思恩格斯全集》第21卷，人民出版社，1956，第454页。
④ 《列宁全集》第17卷，人民出版社，1959，第57页。

有些比较法学家认为，对属于同一法律传统或法系的法律所进行的比较研究，可称为"微观比较"；对具有很大差别的法律，也即对不同社会制度国家或不同法律传统或法系的法律所进行的比较研究，则称为"宏观比较"。瑞典法学家米凯尔·博丹认为，微观比较是在特定的法规或制度之间的比较，宏观比较是在各个法律制度整体之间或在各个法系之间的比较。微观比较和宏观比较之间的差异，常常同实体的比较和形式的比较之间的差异相一致。实体的比较是比较法规的内容，而形式的比较则关注法律制度的形式方面，如法律渊源的结构等。①

从比较法的各种形式来看，主要有以下三种：（1）记叙比较，即研究各个国家的法律解决具体问题的程序；（2）应用比较，即为了完善本国法律而研究外国法律中解决各种问题的办法；（3）对照比较，即找出本国法律同外国法律在基本观念和调整方法方面的重要区别，以便更好地了解外国的法律制度和本国的法律制度。

从比较法的比较单位来看，主要有以下三种：（1）国别比较法，即以两个以上国家的法律为比较的单位；（2）人种别比较法，即以两个以上的人种的法律的起源为比较的单位；（3）法系别比较法，即以两个以上的法系为比较的单位。② 通常把具有某种特征的某一国法律，以及仿效这一法律的其他国法律归属于同一法系。据此可把各国法律分为五大法系，即中华法系、印度法系、伊斯兰法系、大陆法系、英美法系。其中中华法系、印度法系、伊斯兰法系基本上已成为法制史上的概念，大陆法系和英美法系在现代资产阶级法律中仍有重要的影响。③

（二）比较法的作用

第二次世界大战以后，比较法学的研究在世界各国有了重大的发展，其根本的原因在于研究比较法在理论上和实践上都有重大的作用。这种作用大体上可以归纳为以下五个方面。

---

① 参见〔瑞典〕米凯尔·博丹《不同的经济制度与比较法》，《比较法年刊》1978 年第 2 册（1979 年荷兰版）。

② 参见欧阳谿《法学通论》，上海法学编译社，1947，第 30—33 页。

③ 参见陈守一、张宏生主编《法学基础理论》，北京大学出版社，1981，第 171—174 页。

1. 比较法可以推动法律思想和法制史的研究

在探讨法律观念的起源或探索古代社会的某些制度和规则时，比较法可以起很大的作用。法学理论中的许多重要问题，如法律的起源、法律的概念、法律的本质、法律的形式、法律的制定、法律的适用、法律的解释、法律的制裁等，都需要用比较的方法来进行研究。南斯拉夫法学家勃拉戈耶维奇认为，用比较法学获得的有关不同法系的材料，对于理论上的概括，甚至对于法哲学来说，都是必不可少的。

2. 比较法有助于改进国内的立法

近代资产阶级国家的立法和比较法的发展，有着密切的联系。美国、加拿大、澳大利亚、印度和尼日利亚采纳英国的普通法；法语系非洲国家、马达加斯加和埃及采纳法国的法律；土耳其采纳瑞士的法律；日本法律在历史上受到中国法律的影响，明治维新以后采纳德、法两国的法律，第二次世界大战以后兼采美国的普通法。英国 1965 年的《法律委员会法》明文规定，负责从事广泛的法律改革准备工作的法律委员会，必须"搜集该委员会委员认为可能有助于完成其任何一项任务的其他各国法律制度的情报"。以欧洲来说，大多数国家在商法、刑法、环境保护法、劳动法、社会保险法、家庭法、诉讼法和行政法方面立法的发展，都是十分类似的。某个国家对法律所进行的改革如果取得实效，就往往被其他国家引进，再结合本国的具体条件，作某些必要的修改。例如，英国的支票、德国的有限责任公司以及比利时在刑事案件中延期执行的缓刑制度等，都是在其他国家的立法发展中被作为模型仿效的实例。当然，这些都是资产阶级国家，它们的法律可以互相引进。即使是资本主义和社会主义两种根本不同的社会制度的法律，也有可以互相借鉴之处。早在 1922 年，列宁在苏维埃政权制定苏俄民法典时就指出："不要迎合'欧洲'，而应进一步加强国家对'私法关系'和民事案件的干涉"，同时又指出，"凡是西欧各国文献和经验中所有保护劳动人民利益的东西，都一定要吸收"。①

3. 比较法有助于各国之间外交关系的发展和促进国际协议的达成

一个合格的外交官的条件之一，是熟知有关国家的有关法律。早在 16 世纪，英王亨利八世就在各大学设立罗马法讲座，培训英国派往欧洲大陆

---

① 《列宁全集》第 33 卷，人民出版社，1959，第 173 页。

各国的外交官。比较法能使外交家、政治家和法学家在国际会议上了解外国的观点，促进相互之间更好地谅解。1945 年《国际法院规约》第 38 条规定，国际法院所运用的国际法，包括"一般法律原则为文明各国所承认者"。这显然需要借助比较法的研究。联合国教科文组织的章程也提倡在世界范围的规模上研究外国法和比较法，以便促进相互了解。

4. 比较法在对外贸易中有重要的实际用途

商人如果打算在国外投资或签订契约，必须了解外国的法律。1920年，法国里昂设立第一个比较法研究所，就是为了培养法国对外贸易的法律顾问。德意志联邦共和国各大企业除了有自己的法律顾问之外，还与各个比较法研究所保持密切的联系。外贸工作者如果无法确定他们的协定应该遵守哪一个国家的法律，也就是说，有关外贸方面的纠纷要提请哪一个国家的法院来解决，就会使他们踌躇不定、难以决断。因此，需要开展比较法的研究。

5. 比较法有助于提高法律教育的质量

一个国家的法律教育如果只局限于讲授本国的法律，就会使学生目光短浅、知识贫乏，不能胜任将来所要担负的工作任务。因此，现代世界各国都很重视对学生的比较法教育。比较法可以给学生提供一个新的境界，增加许多知识，并提高他们的思考能力。

三　国外比较法教学情况

如前所述，比较法是一种法学研究的方法。法学家采用比较方法研究法学，可以了解各国法律发展的共同规律以及每个国家的法律的特点。同时，比较法也是一门学科，它虽然不是任何一个国家的部门法，但有它自己特殊的研究对象，即对不同国家的法律进行比较研究，也就是对两个以上的国家的法律同时进行研究。因此，比较法既是一种法学的研究方法，也是整个法学中的一门学科。

早在 1831 年，法国的法兰西学院就设立了第一个比较立法讲座。1869年，英国的牛津大学也开设了历史比较法学讲座。第二次世界大战以后，比较法教育有了迅速的发展。这是因为，比较法有助于提高法律教育的质量。1950 年，在伦敦召开的国际比较法委员会及国际法学家协会联席会议上，讨论了比较法与法律教育问题。有些法学家强调，比较法是法学基础教育的一环。1956年，在西班牙巴塞罗那召开的国际法律科学协会会议上，对大学教育中比较法的任务，作出了如下决议："国际法律科学协会第一次比较法会议提出如下建议：（1）希望所有国家在法学研究的各个阶段，把比较法学和比较法方法作为教育的内容（尽可能列为必修课程）。（2）在未设比较法单独讲座的大学，希望设置讲座。（3）对外国人尚未设国内法入门课程者，希望设置这类课程。"1969年，在加拿大渥太华召开的比较法国际学术会议上，也通过一项提案，要求今后把比较法教育作为一个实际的问题来看待。1971年，美国哥伦比亚大学举行"今后三十年比较法教育"学术讨论会，许多法学家就比较法的基础课程的意义进行了讨论。1978年，在匈牙利召开的国际比较法学大会上，也讨论了在大学里讲授比较法课程的问题。

国外比较法教学主要情况如下。

在日本，第二次世界大战以后，随着大学制度的改革，许多国立、公立、私立大学的创办，以及原有各大学法律系的增设，日本法律教育的领域随之扩大，有关比较法的讲座及各种课程一一开设，其名称有比较法、外国法等，英美法已经取代了德国法，在比较法教育中占主要地位，而且逐渐把重点转移到美国法。此外，还开设了苏联法及中国法等课程，后来又添设了比较法概论的课程。日本北海道大学教授五十岚清认为，日本向来主要将英美法、法国法、德国法作为比较法教育的内容，战后，又加授苏联法和中国法，这是势所必然的。今后，应该逐步讲授东南亚各国法律和伊斯兰法律，以及拉丁美洲各国法律和非洲各国法律。他还建议，把比较法概论列为必修课，并作为国家考试科目。

在美国，第二次世界大战以后，比较法教育有了显著的发展。较大的一些法学院常常有若干教师讲授比较法，他们当中许多人专门研究某些法系，例如欧洲或者社会主义国家的法系。在高年级学生或者研究生中，开设比较法导论课程或者较专门的研究课程。

在法国，1955年以来，所有各大学法律系都已开设比较法概论，作为四年级的一门课程。在这门课程中，除了阐述比较法的方法以外，还概要地阐述世界的主要法系，并探讨国际上法律统一化的状况。在四年级，还开设一些更专门的课程，例如，英国法、美国法、伊斯兰法、非洲和马达加斯加的现代公法和私法制度。此外，还讲授国际商法和欧洲共同体法。有些大学还开设外国法律术语课程。从法国其他大学或者从外国来的短期讲课的教授，也常常被邀请讲授专门的课程。

在联邦德国，比较法学会于 1951 年对各大学的比较法教育进行了调查。调查的结果表明，教育的重点是一个或几个外国的法律制度。有五所大学开设比较法总论课程，每周讲授两次。有七所大学开设比较私法研究班。现在有一些大学（如柏林、法兰克福、海德堡、科隆和汉堡大学）已经建立了拥有比较法的重要资料的图书馆。各大学为了测验应试者的法律水平，有时也出比较法方面的考试题目。

在英国，自从参加欧洲共同市场以后，加强了比较法的教育。有些大学把比较法列为必修课，只有六所大学不开设比较法课程。在比较法课程中，一般把英国、法国和联邦德国的法加以比较，更多的是同法国法进行比较。此外，有的大学还开设苏联法、印度法等课程。

在瑞士，所有的大学都开设外国法律制度概论，作为选修课。但在法语区域，比较法课程是必修的，共讲授四个学期，每周两小时。在第一学期，开设比较法和法国、德国、意大利法律制度的总论；在第二学期，开设英美法总论；到了第三、四学期，则开设更详细的法律制度（如合同、侵权行为或婚姻）的课程。

在意大利，大多数大学在三、四年级讲授比较法。有的大学还开设比较公法、比较宪法、比较劳动法、社会主义法、英美法、欧洲共同体法等课程，作为选修课。但在一些政治理论系，比较宪法是必修课。

在奥地利，三、四、五年级讲授国际私法、国际刑法、外国法和比较法。

在瑞典，比较法在法的理论课中讲授。

据统计，选修比较法课程的学生，在瑞士苏黎世大学为 10%—20%，在意大利罗马大学和荷兰阿姆斯特丹大学为 10%，在奥地利维也纳大学为 8%。许多学者认为，学习比较法的障碍是语言不通，因此，必须重视在大学法律系开设外国语的课程，加强对学生的外语训练。汉堡大学法学教授茨威格特和康斯坦茨大学法学教授克茨认为，从事比较法研究的经验表明：如果不能够直接接触外国的法律、判决和学术论述，对于比较法的研究是极为不利的，而且每一位教师有朝一日必须掌握比较法，以便能够第一手地搜集自己需要的各种资料。

四　应当重视比较法研究

在我国，法学研究工作本来就很薄弱，在林彪、"四人帮"横行的时候，法学受到很大的摧残，当时，连公、检、法都要砸烂，对比较法学的研究就更无从谈起了。现在，我国人民正在为在 20 世纪内把我国建设成为具有现代化的农业、工业、国防和科学技术的社会主义强国而奋斗。为了完成这样伟大的历史任务，必须发扬社会主义民主，健全社会主义法制。因此，法学研究面临着十分重大的任务。要加强法学研究工作，就必须重视对比较法学的研究。

研究比较法学有助于提高我国法学研究的理论水平。例如，在当前我国法学界正在开展的"法治"与"人治"问题的讨论中，许多同志对我国古代的孔丘、孟轲、荀况、韩非的学说与古希腊柏拉图、亚里士多德以及近代法国资产阶级法学家孟德斯鸠、卢梭等人的学说进行了历史比较研究，这对于我们分清先秦法家主张的法治、近代资产阶级法学家主张的法治的区别，认识发扬社会主义民主和健全社会主义法制的必要性，是有益的。

研究比较法学也有助于改善我国的立法工作。例如，1979 年，我国公布了《环境保护法（试行）》，这是一项综合性的法律，以后，还要进一步制定大气保护法、水源保护法、噪声控制法，以及有关的实施细则、条例、环境质量标准和排放标准等。在制定环境保护法规的过程中，我们应该吸收外国的有益经验。近 20 年来，工业比较发达和法制比较健全的国家都有相应完备的环境保护法规，不少国家还签订了环境保护公约。由于环境保护是各国所面临的共同问题，在许多情况下具有超出国界的共同利益，加上人类社会同自然界的关系在很大程度上由自然发展的客观规律所决定，各国在环境保护方面有许多共同性。因此，在制定环境保护法规的过程中，加强对各国环境保护法规的比较研究，相互学习，彼此借鉴，是有广泛的余地的。

研究比较法学也是提高我国的法律教育水平所必需的。现在，我国只有北京大学、中国人民大学、安徽大学、吉林大学、湖北财经学院设有法律系，以及北京、华东、西北、西南四所政法学院。同世界上一些国家相比，规模很小，而且课程开设不全。当然，不同国家的法律教育有不同的阶级本质，资产阶级的法律教育是为资产阶级的统治服务的，无产阶级为了维护社会主义制度，保护和发展社会主义经济，也必须加强法律教育。现在，许多国家都在大学中对中国的法律进行研究和教学，难道我国可以对别国的法律不闻不问吗？一般来说，在大学法律课程中关于比较法学的教学工作，大体上可以分为三个方面。一是开设专门的外国宪法、外国民法、外国刑法等课程；二是在外国国家与法的历史、外国政治法律思想史等课程中对外国的法律制度和思想进行综合的比较研究；三是在其他课程如劳动法、经济法、婚姻法等主要讲述中国法的课程中对外国法进行一些比较研究。除此之外，在国家与法的理论这一门课程中可设立比较法的专题。在条件具备的情况下，还可以设立国外法学研究动态的讲座。

研究比较法学有助于对外国情况的了解。由于同我国建立外交关系的国家日益增多，我国同外国的国际交往日益频繁，因此，对国际法和外国法的研究就十分必要。如果不懂得国际法和对方国家的法律制度，就不能很好地同外国人士打交道，这是不言而喻的。

要开展比较法学的研究，必须在思想上打破禁区。在林彪、"四人帮"横行时期，研究外国的法律是犯禁的。我们认为，资产阶级国家的法律，从总的方面来说，当然是资产阶级专政的工具，但是，这并不排除它也有某些维护正常社会秩序和生产秩序的东西。所以，对外国的立法和法学一概抹杀，这绝不是正确的态度。法律是国家制定的并以国家的强制力保证实施的人们的行为规范的概括。这种行为规范，不仅包括人与人之间的相互关系，而且包括人与自然之间的相互关系。对生产的业务领导是与确立生产过程的技术操作规程、劳动保护规定和生产安全技术条例相联系的。在生产过程执行技术规范中，法律规范起很大的作用。在工业、农业、交通运输业、商业等方面的法律规范中，都包括许多技术规范，法律规范可以规定有关人员遵守和完成技术规范的义务，并规定不遵守技术规范的法律责任，技术规范则是法律义务的具体内容。我们国家在制定工业、农业、交通运输业、商业等方面的法律规范中，需要参考外国经济立法的地方，可能是不少的。当然，对于任何国家的立法，我们都不能盲目地模仿，不能照抄。随着社会主义现代化建设的发展，法律规范中规定技术规范的部分将不断增加，因此，需要学习、借鉴外国立法和法学的情况将不断增多，这也可以说是一个必然的趋势。多年来，林彪、"四人帮"把向外国学习，一概扣上"洋奴哲学"、"爬行主义"、"崇洋媚外"等大帽子。这就堵塞了我们的视听，使我们对外国的立法和法学知之甚少。今天，这已经成为我们加强立法和开展法学研究的一个很大的缺陷，我们必须迅速扭转这种状况，才能适应社会主义现代化建设的迫切需要。

为了开展比较法学研究，必须解决许多实际问题。例如，必须有一支从事比较法研究的队伍。现在我国法学研究人员奇缺，青黄不接，已经成为一个十分突出的问题。从事比较法研究，必须具备外语知识，因此，大力提高法学研究人员的外语水平，是十分重要的。当前，除了应该让有真才实学的原有的法学研究人员尽快归队之外，还需要培养新的人才，包括招收研究生，有计划地派遣研究人员出国考察、进修和学习，邀请外国学者来我国讲学或进行学术交流。在条件具备的情况下，应当成立比较法研究会和比较法研究所。此外，需要逐步建立一个法学资料中心，搜集外国法律文件和法学著作，并加强国内外学术情报交流，这也是开展比较法学研究的不可缺少的条件。

（吴大英：《应重视比较法的研究》，《江淮论坛》1980 年第 4 期；吴大英、任允正：《国外的比较法教育》，《现代法学》1982 年第 2 期；吴大英、任允正：《比较法的性质、方法和作用》，《思想战线》1982 年第 5 期；吴大英、任允正：《比较法的产生和发展》，《法学评论》1983 年第 2 期）

法理学：基本问题和新的课题

刘 瀚 *

　　法理学是整个法学的基础理论。它研究的不是某一部门法学或某项法律的具体问题，而是对整个法的原理、原则、概念、范畴和规律性的东西，如法的产生、发展、本质、特征、作用、形式，法与国家和社会其他诸现象的关系，法的制定和实施等普遍性的、深层次的问题，进行理性思考，探求其精神实质。我国的法学理论，除研究上述问题外，还着重研究有中国特色的社会主义民主与法制，依法治国、建设社会主义法治国家，法与物质文明和精神文明建设的关系，人权以及"一国两制"的法律理论与实践等重大问题。这些问题，对各个部门法学具有理论原理和方法论的指导意义，在人们提高法学素养、增强法律意识和法治观念的过程中具有基础性和根本性的作用，是做好立法、执法、司法、普法和法律监督等工作的法理根据和思想向导。

一　法理学的几个基本问题

　　法的概念、法律关系、法的分类、法的效力是法理学的四个基本问题，而每个问题，根据情况，又有所侧重。

（一）法的概念

　　什么是法律？这是法的概念要回答的问题，也是法学理论最基本的一

* 刘瀚，曾任中国社会科学院法学研究所研究员，法学研究所、政治学研究所联合党委书记。本文部分内容由刘瀚与温珍奎等合写。

个问题。概括地说，法是由国家制定或认可的，以权利义务为主要内容的，体现国家意志，并以国家强制力为后盾的人们行为规范的总称。把握法的概念，首先要了解法这一现象内在的、固有的、确定的东西，也就是法的基本特征；其次要把握法这一现象与其他同类现象的区别与联系，尤其是要把握法与道德、法与政策的区别与联系。

1. 法的基本特征

一般认为，法有四大基本特征。其一，法是调节人们行为的规范。人是天生的社会动物，离开了社会、离开了他人，任何人都无法生存下去。所以就必然有一个人们之间的相互关系，也就是社会关系问题。人们在相互交往中常常会发生矛盾、冲突，这就要求有一系列规则，以规范人们的行为，这样人们才能正常有序地进行交往。恩格斯曾经从生产、分配和交换规则的角度，对这个问题作了论述，他说："在社会发展某个很早的阶段，产生了这样一种需要：把每天重复着的生产、分配和交换产品的行为用一个共同的规则概括起来，设法使个人服从生产和交换的一般条件。这个规则首先表现为习惯，后来便成了法律。"① 马克思也说，法律是"肯定的、明确的、普遍的规范"。②

其二，法是由国家制定或认可的一种特殊的行为规范。人们的社会行为规范有多种，如习惯、教义、道德、政策、纪律等，法律规范与它们不同，是由国家制定或认可的、体现国家意志的。在我国，法所体现的国家意志是党的主张和人民意志的高度统一，是客观规律和社会主义初级阶段国情的有机结合，因而具有普遍性和极大的权威性。

其三，法是以规定权利和义务的方式来运作的行为规范。法所规定的权利和义务，包括个人、组织（法人）及国家（作为普通法律关系主体）的权利和义务，还包括国家机关及公职人员在依法执行公务时的职权和责任。它明确地告诉人们应该怎样做，必须怎样做，禁止怎样做。必须做的未做，禁止做的做了，就要追究法律责任。所以，立法机关代表人民作这样的规定时，要力求符合客观规律，充分体现人民的意志和利益。但是，要在这样做时，人们"不但常常受到科学条件和技术条件的限制，而且也

① 《马克思恩格斯选集》第2卷，人民出版社，1972，第538—539页。
② 《马克思恩格斯全集》第1卷，人民出版社，1956，第71页。

受着客观过程的发展及其表现程度的限制（客观过程的方面及本质尚未充分显露）"。① 把毛主席指出的这一点与立法工作结合起来，就要求我们不断地学习，不断地更新知识，深入地调查研究。

其四，法是由国家强制力保证实施的社会行为规范。国家强制力即军队、警察、法庭、监狱等，是法的后盾，其他社会行为规范都不具有这种属性。在通常情况下，这种强制力是不显现的；对少数违法犯罪分子来说，这种强制力就显现出来。如果没有这种强制力，在法的施行过程中遇到障碍，或者有人破坏法律构成犯罪时，就不能排除障碍，就不能使犯罪分子得到应有的制裁。

2. 法律与道德

道德是生活于一定物质条件下的人们以善与恶、正义与非正义、光荣与耻辱、公正与偏私等标准来评价人们的言行，并靠人们的内心信念、传统习惯和社会舆论维持的规范、原则和意识的总称。法律与道德的关系问题是法学理论中的一个永恒的话题。二者有内在的必然的联系，又有明显的区别。了解这个问题，对我们理解法的概念有助益，同时，对我们制定良好的、符合民心和民意的法律是必不可少的。

法律与道德相同之处是：第一，它们都是人们的社会行为规范。第二，它们的内容是互相渗透的。在社会上占统治地位的道德要求常常明文规定在法律里。例如我国宪法第24条、第46条、第51条等条款中，就明确规定了作为社会主义道德基本内容的"五爱"以及社会公德的要求。在宪法的其他条款和一系列法律中，也直接规定或隐含了道德的要求。第三，二者建立在同一经济基础上并随着经济基础的发展变化而发展变化。在经济基础基本不变而经济体制有了变化、生产力有了很大发展的情况下，法和道德也会随之发生变化。例如，我国实行社会主义市场经济体制后，宪法作了修改，法律、法规正在进行大量的立、改、废，道德也发生了变化。第四，二者的目标是竞合的。它们追求的都是社会秩序安定、人际关系和谐、生产力发展、人民生活幸福。

法律与道德的区别是：第一，产生的社会条件不同。道德与人类社会的形成同步，法律是私有制、阶级和国家出现后才有的。第二，表现形式

---

① 《毛泽东选集》第1卷，人民出版社，1991，第294页。

不同。法律不论是成文法还是判例法都以文字形式表现出来，道德的内容则主要存在于人们的道德意识中，表现于人们的言行上。第三，体系结构不同。法律是国家意志的统一体现，有严密的逻辑体系，有不同的位阶和效力。道德虽然有共产主义道德、社会主义道德、社会公德、职业道德以及家庭美德之分，但不具有法律那样的严谨的结构体系。第四，推行的力量不同。法律当然主要是靠广大干部群众自觉守法来推行，但也要靠国家强制力来推行；道德则主要靠人们内心的道德信念和修养来维护。第五，制裁的方式不同。违法犯罪的后果有明确规定，是一种"硬约束"；不道德行为的后果，是自我谴责和舆论压力，是一种"软约束"。

3. 法律与政策

政策有党的政策、国家政策之分，有总政策、基本政策和具体政策之别。党的政策是执政党在政治活动中为实现一定的目的而作出的政治决策。这里主要讲党的政策与法律的区别。第一，意志属性不同。法律是国家意志的体现，而党的政策是党的意志的体现。虽然我们党没有自己任何的私利，党的意志反映和代表了人民的意志，但党的政策在没有通过法定程序上升为国家意志之前，不具有法律的属性。第二，规范形式不同。法律具有规范的明确性，政策则比较原则，常常只规定行为的方向而不规定具体的行为规则。第三，实施方式不同。法律和政策都要靠宣传教育，使广大干部群众掌握和自觉执行，但在执行中遇到障碍时，法律有民事、行政、刑事制裁手段；违反政策则由党的纪律来处理。第四，稳定程度不同。法律有较高的稳定性，党的总政策和基本政策也有较高的稳定性和连续性，这一点邓小平同志讲得很清楚，他说："究竟什么是党的政策的连续性呢？这里当然包括独立自主、民主法制、对外开放、对内搞活等内外政策，这些政策我们是不会改变的。"[1] 但具体政策，就必须随形势的发展变化而随时加以调整。在这一点上，同时体现了政策与法律各自的优点和局限性。

现代国家，没有法律不行，没有政策也不行。在我国，党的领导是立国之本的四项基本原则之一，"我们一定要坚持党的领导"。[2] 现在，我国

---

① 《邓小平文选》第 3 卷，人民出版社，1993，第 146 页。

② 《邓小平文选》第 2 卷，人民出版社，1994，第 273 页。

正在稳步推行"依法治国，建设社会主义法治国家"的基本治国方略，因此，处理好党的政策与法律的关系就显得特别重要。第一，法的制定和实施要以党的政策为指导。党的领导作用实现的基本方式之一是制定和实施政策，以指导国家的活动；而国家活动的基本方式是制定和实施各项法律，以实现国家职能。所以，制定和实施法律就必须以党的政策为指导，这也是在国家活动中坚持党的领导的体现。我们现在制定的法律，都体现着党的"一个中心，两个基本点"的基本路线和其他有关改革开放与现代化建设的政策，或者说是经过法定程序把党的政策条文化、具体化。第二，政策和法律的实施相互促进。政策上升为法律之后，就能以国家强制力为后盾而得到有力推行；法律以政策为指导，就能从政策对实践经验教训的科学总结、对社会发展规律的正确反映、对广大人民利益的集中体现中获得力量，从而使法律得到人民衷心的拥护。第三，政策和法律互相制约。改革开放以来，在邓小平民主与法制思想的指导下，我们大力加强民主与法制建设，按照邓小平同志关于"还是要靠法制，搞法制靠得住些"①的指示，逐步改变了过去主要依靠政策办事的做法；确定了"党必须在宪法和法律的范围内活动"的原则；提出了"党领导国家事务的基本方式是：把党的主张经过法定程序上升为国家意志"；党的十五大报告进一步指出："要把改革和发展的重大决策同立法结合起来"；党中央和全国人大都以正式文件的形式，确认了依法治国的基本治国方略。所以，党在制定政策时，要充分考虑到宪法和法律的有关规定；党领导国家事务的活动，要在宪法和法律的范围之内。党领导人民制定了宪法和法律，党也要带头遵守宪法和法律，否则，就难以树立法律的权威，也难以切实推行依法治国的基本方略。

（二）法律关系

法律关系是社会生活关系的法律形式，是法律所确认和调整的、法律主体之间基于一定的法律事实而形成的权利义务关系。

法律关系包括很多内容，如法律关系主体、客体、类别，法律关系的产生、变更和消灭等。这里主要讲权利与义务，因为权利与义务是法律关

---

① 《邓小平文选》第3卷，人民出版社，1993，第379页。

系的核心内容，也是法律规范本身的核心内容，它存在并贯穿各个法律部门、各项法律及其运作的全过程。概括地说，权利是法律赋予权利人实现其利益的一种力量。义务是法律基于权利而给义务人的一种负担。

1. 权利与义务的理论

古往今来，众多的学者对权利义务作了大量研究，有各种各样的理论，但以下五个观点，从不同角度或层面上触及了它的本质。

（1）利益说，认为法律权利是法律所确认和保护的利益。一项权利之所以能成立，是为了保护某种利益，即利在其中。邓小平同志在《坚持四项基本原则》的讲话中，分析了个人利益、集体利益，局部利益、整体利益，暂时利益、长远利益等各种利益关系后指出："民主和集中的关系，权利和义务的关系，归根到底就是以上所说的各种利益的相互关系在政治上和法律上的表现。"① 权利的实现要有条件，其直接相应的条件就是义务人要履行应尽的义务。相对来说，义务是负担，义务人要付出一定的利益。如国家和社会应尽义务给老年人提供养老金和其他社会保障，以及子女有义务赡养老人，就是明显的例证。

（2）主张说，认为法律权利是正当而具有法律效力的主张。一种利益若无人提出对它的主张，就不可能成为法律权利。提出主张是主动的，相对来说，负担义务是受动的。最常见的事例是合同纠纷。如果双方都履约，双方的权利都得到实现；如果一方违约，另一方不依法主张自己的权利，必要时通过诉讼，强制违约方履行义务，他的权利就不可能实现。

（3）资格说，认为法律权利是法律赋予权利主体作为或不作为的资格。提出主张要有凭有据有条件，对权利主体来说，就是要有资格，而且这种资格是法律所保护的。有了这种资格，就意味着他"可以"做某事；没有这种资格，就意味着他"不可以"做某事。如选举资格，有，就可以去投票；没有，就不可以去投票。

（4）力量说，认为法律权利是法律赋予权利主体实现其利益的一种力量。这种力量被称为权能，包括权威和能力。由法律赋予的利益或资格，是有权威的法律权利，有了这种权利的同时，主体还要具备享有和实现其利益的实际能力。法律权威的力量和权利主体的实际能力构成权利这种法

---

① 《邓小平文选》第 2 卷，人民出版社，1994，第 176 页。

律上的力量，这种力量能够保证主体为实现某种利益而活动，或者改变法律关系。例如，某人把自己的合法财产卖掉或赠送给别人，就表现了某人的这种力量，法律关系也随之改变。

（5）自由说，认为法律权利是法律所允许的权利主体不受干预的自由。权利主体可以按个人意志去行使或放弃某项权利，不受外来的干预或胁迫；外界包括其他公民、法人、社会组织和国家机关就负有一般义务，以使其权利得以实现。作为法律权利的自由，包括意志自由和选择自由。例如婚姻自由，既表现了男女双方的意志自由，也表现了双方的选择自由。但是，自由不是无度的，这个度就是法律规定的尺度。

2. 权利与义务的关系

从法学理论的角度对二者关系的研究论述，主要有以下四点。

（1）法律关系中的对应关系。这种对应关系是指任何一项法律权利都有相对应的法律义务，二者是相互关联、对立统一的。正如马克思指出的："没有无义务的权利，也没有无权利的义务。"[①] 劳动和受教育等则既是权利，又是义务。

（2）社会生活中的对等关系。这主要表现在权利义务的总量是大体相等的。如果权利的总量大于义务的总量，有的权利就是虚设的；如果义务总量大于权利总量，就有特权。在具体的法律关系中，二者的总量也是相等的，如债权与债务是对等、等量的。

（3）功能上的互补关系。法律权利的享有有助于法律义务的积极履行。在许多情况下，权利人不主张权利，义务人就不去履行义务。

例如，由于诉讼成本高等原因，几千元、几万元的欠款，追不回来，为了不耗费更多的精力、损失更多的费用，债权人放弃了债权，债务人就逃避了义务。法律义务也是法律责任，义务规范要求的作为与不作为要令行禁止。法律主体如果都能这样对待义务，就必然有助于权利的实现，建立起良好的秩序。

（4）价值选择中的主从关系。在任何类型的法律体系中，都是既有权利又有义务的，这样，才能通过法律对人们的社会行为进行调整。但是国家本质和社会性质的不同，决定了人们的价值选择不同，因此，有的法律

---

① 《马克思恩格斯选集》第2卷，人民出版社，1972，第173页。

体系以义务为本位，如从奴隶社会开始有法的时候起，历史上一系列法律体系，就"几乎把一切权利赋予一个阶级，另一方面却几乎把一切义务推给另一个阶级"。①

在我国社会主义条件下，由于坚持法律面前人人平等，在基本权利义务分配上一视同仁。正如邓小平同志指出的："人人有依法规定的权利和义务，谁也不能占便宜，谁也不能犯法。"② 也就是说权利义务统一，任何人都既是权利主体，也是义务主体。在国际上，对这个问题有一个新的动向。国际行动理事会于 1997 年 9 月 1 日提出了一个《世界人类责任宣言》，认为"权利更多地与自由相关，而义务则与责任相连"，"自《世界人权宣言》在 1948 年被联合国发表以来，确实全世界在使人权获得国际承认和保护方面已经走了很长的路，现在是为了使人类责任和义务获得接受而展开一场同等重要的探索的时刻了"。的确，人类如果只强调权利和自由，尽情地享受，而不顾及责任和义务，资源被浪费、生态遭破坏，经济不能持续发展，世界就不可能变得更美好。

（三）法的分类

法的分类是从不同角度，按照不同的标准把法分为若干不同的种类。例如，以社会形态为标准，可以把法分为奴隶制法、封建制法、资本主义法、社会主义法；以法规范的内容为标准，可以分为宪法、民法、刑法等；以创制方式和表现形式为标准，可以分为成文法、不成文法；以法的效力范围的不同，可以分为一般法、特别法；等等。这里着重讲以下三个分类。

1. 国际法与国内法

这是以创制主体和适用主体的不同而作的分类。国际法不论在理论上还是实践上，都有一个它与国内法的关系问题，显示了它的特殊性和重要性。邓小平同志在党的十一届三中全会的主题报告中，在强调了要加强立法工作，制定一系列国内法之后指出："我们还要大力加强国际法的研究。"③

概括地说，国际法与国内法关系的理论主要是"两派三论"。所谓两

---

① 《马克思恩格斯选集》第 4 卷，人民出版社，1972，第 174 页。
② 《邓小平文选》第 2 卷，人民出版社，1994，第 332 页。
③ 《邓小平文选》第 2 卷，人民出版社，1994，第 147 页。

派，即一派认为国际法与国内法是一个法律体系，这就是"一元论"；另一派则认为国际法与国内法是两个不同的法律体系，这就是"二元论"。在"一元论"中又有两种不同的论点：一种是国际法优于国内法，另一种是国内法优于国际法，形成了"两派三论"。①

（1）二元论。从历史上看，"二元论"在较长的一段时期内是主流观点。持这一观点的学者认为：国际法与国内法是两个不同的概念，构成两个法律体系，理由如下。

第一，它们规范的社会关系完全不同。国际法是国家之间为在政治、经济、军事、文化等方面的交往中处理好各种关系而通过协议制定或认可的产物，是调节国家之间的关系的；而国内法，不论是宪法、法律或法规，都是规范一个国家之内的、以本国公民为主体的关系和国家与公民的关系，由国家的立法机关和其他有权制定法规、规章的机关制定的。

第二，国际法与国内法的主体不同。国际法的主体主要是国家，个人不是国际法的主体，而国内法的主体主要是作为国家公民的个人。国际法院不受理个人提起的案件，而只受理国家与国家之间的案件。欧洲人权法院虽然受理成员国个人提起的案件，但它是区域性的。所以，从总体上看，国际法与国内法的主体是不同的。

第三，国际法与国内法的性质不同。国内法体现的是一个国家本身的国家意志；国际法体现的也是国家意志，但不是一个国家的意志，而是许多国家以协议的形式表现出来的共同意志。

（2）一元论。在"一元论"这一派中，持国内法优于国际法的见解的思想来源，是黑格尔的国家绝对主权的理论。持这一观点的学者认为，国际法从属于国内法，只是国内法的一个分支，适用于国家的对外关系，其效力在于国家的"自我限制"。有学者认为，这实际上是否定了国际法。从现代国际社会的情况看，绝对主权论不符合实际，因为国家有遵守国际法的义务，也有互相尊重主权的义务。

我们认为：国际法和国内法属于两个不同的法律体系，但不能把它们对立起来，因为实际上二者是相互联系、相互渗透、相互补充的。

___

① 参见王铁崖《国际法引论》，北京大学出版社，1998，第180页。

　　由于各国的情况不同，主要是法律体系不同，在处理国际法与国内法的关系上，呈现复杂的情况。

　　英国实行判例法，没有成文宪法。"国际法是本国法律"的说法，是英国普通法的有效原则并为英国法院所遵行。英国人对这一原则的理解是："所有被普遍或者至少为英国所接受的国际习惯法规则本身就是本国法律的一部分。"但是，国际条约必须经过议会立法才能有国内法的效力。

　　美国与英国都属普通法系，但美国有成文宪法。在国际习惯的适用上两国相似；在国际条约的适用上两国有别。《美国宪法》第6条第2项规定："本宪法和根据本宪法制定的合众国法律，以及根据合众国的授权缔结的条约，应为国家的最高法律"；如果州法律与条约相抵触，条约优于州法律；在联邦法律与条约相抵触时，如果条约是先于联邦法律的，对法院有约束力；如果条约是后于联邦法律的，则"非自执行"的条约不具有优先地位。这类条约要在国内发生效力，需要立法机关的立法行动。同时，按照美国法院的判例，任何条约都不能背离美国宪法。在美国，除条约外，还有"行政协定"，即由总统自行或由国会指定的执行机构缔结的协定，需要立法机关采取行动，或个别批准或通过国内立法才能具有国内法的效力。

　　法国是大陆法系国家，承认国际习惯在国内有法律效力。对国际条约，要经过批准和公布才具有法律的权威，且以缔约他方实施该条约为条件，即以互惠为条件。这样，条约在其国内的效力就处于不确定的地位。法国宪法第54条规定，宪法委员会可以宣告一项条约违宪。在这种情况下，只有宪法经过修改后才能批准或认可该条约。

　　我国宪法对国际法与国内法的关系没有一般性的规定，宪法只对缔结条约的程序作了规定。这就是：①国务院缔结条约（《宪法》第89条第9项）；②全国人大常委会决定条约的批准和废除（《宪法》第67条第15项）；③中华人民共和国主席根据全国人大常委会的决定，批准和废除条约（《宪法》第81条）。从这个程序看，缔结条约的程序与制定国内法的程序基本相同，因此，可以认为只要是我国批准的条约，在国内具有与法律同等的效力。条约是否可以直接适用于国内，在宪法上没有规定，但从一些法律的规定看，是可以直接适用的。如1982年试行的《民事诉讼法》第189条规定："中华人民共和国缔结或者参加的国际条约同本法有不同规定的，适用该国际条约的规定。但是，我国声明保留的条款除外。"1991 年修改后的《民事诉讼法》第 238 条保留了这一规定。此外，《民法通则》、《涉外经济合同法》、《商标法》、《继承法》等也都有同样或基本相同的规定。

这就是说，在国内法与国际条约相冲突时，条约优于国内法。关于国际习惯在我国的适用问题，法律没有一般规定。《民法通则》第 142 条第 3 款规定："中华人民共和国法律和中华人民共和国缔结或者参加的国际条约没有规定的，可以适用国际惯例。"第 150 条规定："依照本章规定适用外国法律或者国际惯例的，不得违背中华人民共和国的社会公共利益。"这就是说，在民商事领域可以适用国际惯例，在其他领域尚无一般规定。目前，我国已经加入了许多国际条约，国际人权两公约也已签署。

随着改革开放和现代化建设事业的发展，我国必定会加入更多的国际条约，积累更多的经验。

2. 实体法与程序法

这是根据法律规定内容的不同所作的划分。实体法是以规定和确认权利与义务或职权与责任为主的法律，如宪法、行政法、民法、刑法等；程序法是以保证权利与义务得以实施或职权与责任得以履行的有关程序为主的法律，如民事诉讼法、刑事诉讼法、行政诉讼法、立法程序法等。但是，这里有两点应该注意。第一，这种划分，并不是绝对的，实体法中往往有少量的程序规定；程序法中往往也规定有关国家机关和诉讼参与人在诉讼活动中的职权、责任和权利、义务。第二，要把程序法与诉讼法加以区别，例如，立法程序法、议事规则等是程序的规定，但不涉及诉讼问题。

在我国，不论在立法上还是在执法、司法实践中，都曾有过重实体、轻程序的问题，所以，这里着重讲一下程序法的意义和作用。

（1）完备而良好的程序法是制约权力的有效机制。例如，当前在一些地方、一些部门的行政执法中，由于少数执法人员不严格按照程序办事，就导致了对公民权利的非法侵犯。而行政实体法又比较分散，如有完备而良好的行政程序法，并切实遵守，就能弥补实体法制约权力的不足，达到权力与权利的平衡、实体合理性与形式合理性的统一，避免不应发生的执法犯法的行为。

（2）完备而良好的程序法是实现权利平等的基本前提。依法治国，实行法治的一个原则要求是"以相同的规则处理同类的人或事"。适用法律就是把抽象的规则适用于具体的人和事,程序法所规定的适用法律的方法、步骤和时序、时效等,虽然是侧重于形式的,但它既能保证案件实质上的公正处理,又能保证效率,使纠纷及时得到解决。

(3)完备而良好的程序法是法律权威的重要保障。程序完备、良好,执行正常、合理,可以使人们亲身感受到法的公正和尊严,增强依法办事的信心,预见步骤,期待合法、合理的结果。相反,程序不正当、执行不正常,步骤紊乱,时序和时效随意,人们就会对法律产生怀疑,失去信心,其行为就会陷入盲目状态。

所以,执法、司法人员严格遵守程序法,就是维护了法律的权威,从而有助于在全社会树立法律的权威。

3. 公法和私法

这种划分因为只在一部分国家(主要是西方民法法系或成文法系国家)适用,所以是法的一种特殊的分类。这种分类来源于罗马法。著名的罗马法学家乌尔比安认为,公法是关于罗马国家的法律,私法是关于个人的法律。但罗马法的内容主要是私法。到了17、18世纪,公法的地位大大提高;19世纪,这种划分被一些国家用于法典编纂和法律改革。进入20世纪,由于国家对经济的干预日益增多,在一些国家出现了"法律社会化"现象,公私法相互渗透,这种传统的划分法日益动摇。西方民法法系的法学家对这种划分的标准也一直争论不休。有的认为应以法律关系的主体是否至少有一方代表公共权力为标准来划分;有的认为应以法律关系是对等还是从属为标准来划分;有的认为应以法律规定是强行法还是任意法的性质为标准来划分;有的认为应以法律的内容维护的是公共利益还是私人利益为标准来划分。在采用这种划分法的国家,一般认为宪法、行政法、刑法、诉讼法是公法,民法、商法是私法。劳动法、保险法、社会福利保障法、环境与自然资源保护法等,既无法列入公法,也无法列入私法,就单列出来,称为"混合法"或"中间法"。

我国有史以来就采用成文法,在制定立法规划,在法律汇编和法学教学、研究中,都采用部门法的划分。如宪法、民商法、行政法、经济法、社会法、刑法、诉讼程序法等。

（四） 法的效力

法的效力通常有广义与狭义之分。广义的是指法的约束力和强制力。规范性法律文件如刑法、民法等，具有普遍的效力；非规范性法律文件如判决书、调解书、公证书等只有具体的、特定的法律效力。狭义的法律效力，是指法的生效范围或适用范围，即对什么人、在什么地方和什么时间适用的效力。

1. 对人的效力

法对人的效力，是指法适用于哪些人。有以下几种原则：①属人主义。凡是本国人，不论在国内或国外，都受本国法约束。对在本国领域内的外国人不适用。②属地主义。不论本国人、外国人，只要在本国法所管辖的区域内，一律有效力。本国人在国外，不受本国法的约束。③保护主义。任何人只要损害了本国利益，不论损害者的国籍和所在地，都受到本国法的追究。④结合主义。以属地主义为主，与属人主义、保护主义相结合。现代国家大多采用这一原则，我国也采用这一原则。

2. 空间效力

法的空间效力是法适用的领域范围，包括领土、领水、领空和底土。驻外国使馆、悬挂本国国旗的船舶和航空器属于领域的延伸，本国法都有效。

法有位阶之分，这样，才构成一个上下有序、左右相连的和谐统一体系。所以，不同位阶的法在本国领域内的效力是有区别的。以我国为例来说：

（1）宪法和全国人大制定的基本法律和决议、决定，全国人大常委会制定的法律和决议、决定，国务院制定的行政法规和发布的决定、命令等，在全国一切领域内有效。

（2）根据宪法或由全国人大授权，由有权制定地方性法规的省、市地方人大及其常委会制定的地方性法规，在本行政区域内有效；民族自治地方的人大制定的地方性法规和自治条例、单行条例在本自治区内有效；特别行政区的立法机关制定的法律在特别行政区有效。

（3）国务院各部委与有权制定地方性法规的人大同级的政府制定的规章，有内部规章和外部规章之分。部委的内部规章只在本部门内部有效；其外部规章只在本部门所管辖的事项范围内有效，即具有行业性。地方政府规章只在本行政区域或本行政区域内的有关行业有效。

（4）有的法，如戒严法，只有在某一地区发生的情况达到该法规定的条件，依法定程序宣布实行戒严的地区和时间内有效。

法和法律在学理上是有区别的，在法的体系中也是有区别的。当我们说法律时，严格意义上仅指全国人大及其常委会制定的基本法律和法律；当我们说法时，如执法、司法、守法，就包括行政法规、地方性法规和规章。我国制定法律、法规和规章的主体很多，因此，必须切实加强立法监督，才能使我国的法的体系内容和谐一致、形式完整统一。

3. 时间效力

法的时间效力是指法从何时开始有效，何时失效，以及对其生效以前的事项是否有效。

（1）法生效的时间一般有四种形式。第一，自法颁布之日起生效。第二，由该法明文规定具体生效时间。第三，由专门的决定规定该法具体生效的时间。第四，明文规定法颁布后经过一定期限开始生效。正规的做法是明文规定（明示）生效的时间，即"以法生效"。

（2）法失效的时间一般有五种形式。第一，新法公布后，原有的同一法即失效。第二，新法取代原有法，同时明文宣布原有法失效。第三，法本身规定有效期届满的即自行失效。第四，由有权机关或受权机关发布专门的文件宣布废止某个或某些法律、法规、规章。第五，法已完成历史任务而自行失效。正规的做法是"以法废法"。

在法的效力问题上，有一个新法与旧法的关系问题。处理这个问题的原则是"新法优于旧法"或"后法优于前法"。在立新法时，由于没有注意到有同一的旧法，或者注意到了但是没有依法明文废止旧法，就会在实践中产生新旧法的矛盾。避免产生这个矛盾的有效方法就是在新法公布时，明文以法废止旧法。在出现新旧法矛盾而运用"新法优于旧法"的原则时，有一个基本的前提，即它只能优于同位阶的、规范同一事项的旧法，不能越位、越界"优于"；相反，如果新制定的法与宪法相抵触，不仅不能优于宪法（尽管宪法是先于该法制定的），而且其本身是无效的，依此类推，都是一样的。因为这里还有一个下位阶的法必须与上位阶的法一致的原则要遵守。新法颁布时明令废止旧法，或在一定的时期内由有权的机关集中清理法律、法规、规章，集中明文废止一批法律、法规、规章，这并不是不尊重旧法，而是形势发展变化了，旧法已经完成了它们的历史任务。但旧法的价值并不因此而全部失去。因为在立新法时，它们有重要的参考、借鉴价值，这是任何其他的资料所不能代替的；在明文废止后，虽然它们的效力终止了，但作为法学教学、研究的资料，它们有永存的法文化遗产的价值。

4. 法的实效

法的实效是指法为了实现其目的而调整社会关系所产生的实际效果，它表现为权利得到享用、义务得到履行、禁令得到遵守，从而实现"依法治国，建设社会主义法治国家"所追求的整个社会良好的法治状态，促进和保障生产力发展、综合国力增强、人民生活水平提高。法的实效与法的效力不同，法的效力是法的约束力，属"应然"范畴；法的实效是法规范通过遵守、执行和适用转化为社会现实，属"实然"范畴。法的效力是法的实效的前提之一，没有这个前提，法就不可能取得实效，但是，仅有这个前提，而不遵守、执行和适用，也不可能有实效。从法的效力与法的实效的角度说，我国立法活动所追求的目的，可以分为两个层次：第一层次是制定良好而完备的法，形成有中国特色的社会主义法的体系。这个法的体系中的所有规范，都是严格按照法定程序制定出来的，因而都具有法的效力。第二层次是使所有法规范取得实效。对立法机关来说，取得法的实效，有一系列工作可做，如提高立法质量，严格而慎重地选举和决定任命国家机构的组成人员，加强立法和执法、司法监督等。但是，法的实效的取得，有多种条件和因素，概括起来主要是政治、经济、文化、道德四个方面。经济提供法的运行过程的物质保障；政治提供民主政治的支持和保障；文化提供公民和公职人员的科学文化知识的支持和保障；道德提供社会主体道德素养的支持和保障。总之，我们只要在邓小平理论指导下，在党中央的统一部署和领导下，加强社会主义物质文明和精神文明建设，加强社会主义民主与法制建设，切实推行"依法治国，建设社会主义法治国家"的基本治国方略，我们就一定能够使我国社会主义的法取得更大的实效。

二　法理学中的政治学论题

我国法理学已经走进了一个新的发展时期，许多现象需要法学去解释，许多症结需要法学去诊断，为法学的发展提供了契机。同时，我国法

学也面临着一系列挑战，而其中最严峻的挑战莫过于人们对于法理学如何
进一步发展的担心。应对挑战最有效的方法就是创新，就是采用新的理论
视角，运用新的方法展开研究，获得新的理论突破。加强法学中的政治学
问题的研究，就有可能使我们对法学和法治实践中的一些重大问题的认识
深化一步，提升法理学说理透彻的科学品格，推进法理学的发展。

（一）什么是法理学中的政治学论题

对这个问题，可以套用一下德国法学家阿图尔·考夫曼关于法哲学定
义的格式，法学中的政治学问题大致可以通俗地界定为"法理学家问，政
治学家答"。[①] 即法理学家在研究法律问题时遇到政治体制、政治运作以及
政治传统方面的问题，向政治学家寻求答案后，在法理学领域中勾画出与
政治学命题紧密结合的一些命题。这些命题既不同于传统的政治学问题，
也不同于传统的法学问题，它是两个学科交叉的结果。法学中的政治学问
题的答案既离不开对传统法理学的路径依赖，也离不开对传统政治学成果
的依赖。因此，我们也许可以把法理学中的政治学问题初步定义为与法学
问题紧密相关的并决定法学问题最终解决的政治学问题。

其实，法学中的政治学问题从法学产生之初就一直存在，也被法学家
们自觉或不自觉地意识到。从柏拉图、亚里士多德、西塞罗到孟德斯鸠、
卢梭再到戴雪、詹宁斯等，他们的法律思想中都含有非常丰富的政治学命
题。柏拉图的法治思想中隐含着"国家是统一和自由"的政治学命题。启
蒙思想家们在构建法治理论大厦的时候都始终关怀着"国家权力制约"的
政治学问题。奥斯丁在《法理学大纲》中就公开提出了"人为人制定的法
律或规则，有些是政治上的优势者、统治者和国民制定的；在独立的国家
或独立的政治社会中，由执行最高的和次一级的政治权力的人所制定"[②]
的政治学命题。拉德布鲁赫也说："由于制定法要以作为立法者的国家为
前提，故我们便将国家作为所有法律的渊源首先加以考察。"[③] 至于博登海

---

① 〔德〕阿图尔·考夫曼等主编《当代法哲学和法律理论导论》，郑永流译，法律出版社，
2002，第3页。

② 〔英〕奥斯丁：《法理学大纲》，载法学教材编辑部、《西方法律思想史》编写组编《西方
法律思想史资料选编》，北京大学出版社，1983，第501—502页。

③ 〔德〕拉德布鲁赫：《法学导论》，米健等译，中国大百科全书出版社，1997，第32页。

默，他在评论德沃金的理论时，更是从政治学的角度论证了其意旨："德沃金的'权利命题'不太可能得到法院的青睐，因为在许多判决中，有关个人权利范围的司法评估都是依据公共政策和共同体一般目标作出的。现在我们对公共福利、公共卫生和生态问题的考虑日益重要，而在这样一个时代，让美国法院在审理争讼案件中放弃重视这些公益考虑的权力，是不可能的。"① 我国台湾地区的法学家曹兢辉说："国家须借法律以维持秩序，推行政令，确定公法上及私法上的权利义务；法律亦有赖国家的公权力，得以顺利施行，发挥其效能。"② 事实上，许多名著，很难分清是法学还是政治学著作。法学中的重大问题，要有政治学介入才能解决；政治学中的重大问题，要有法学介入才能解决。柏拉图的《法律篇》是他设计的第二等好的国家模式。亚里士多德的《政治学》论述了人类最早的关于法治的核心原则。孟德斯鸠的《论法的精神》，影响最大的是他的权力分立与制衡的政治思想。卢梭的《社会契约论》闪耀着主权在民的政治思想光芒。马克思主义的经典著作《共产党宣言》、《家庭、私有制和国家的起源》等，既是学习法学也是学习政治学的必读著作。

法学中的政治学问题既是政治学的，又是法学的，而关键还是解决法学问题时必须研究的政治学问题，是法学家研究的政治学问题。一般政治学问题是解决国家政权的夺取、巩固与发展问题，而法学中的政治学问题毋宁说是为了法学命题成立而需要解决的、涉及政治层面的一些带有前提条件的政治学问题。它们不是纯粹的法学命题，也不是纯粹的政治学命题，而是在政治学命题支持下才能解决的法学命题。法学中的政治学问题很多，这里只列举几个比较典型的问题。

1. 依法治国方略问题

这是典型的法学中的政治学问题。它是法学研究的范围，是法理学研究的重点。但是，在一个后发国家里，实行何种治国方略远比人们想象的复杂。后发国家一个共同的特点是生产力水平较低，人民的文化水平也较低，并且很多后发国家或者是从殖民地半殖民地独立而来，或者是从封建半封建社会过渡而来。这些国家大多缺少较发达的商品经济基础，缺少自

---

① 〔美〕博登海默：《法理学：法律哲学与法律方法》，邓正来译，中国政法大学出版社，1999，第586页。
② 曹兢辉：《法理学》，五南图书出版有限公司，1983，第72页。

由平等的意识，反映到相应的上层建筑的表现就是缺少法治的传统。我国是一个后发国家，历史上也缺乏法治的传统。依法治国方略不是靠学理就能够设计好的，它离不开我国政治体制、政治运作和政治传统等的制约。依法治国目标的实现要经过一个体制内的改革传统政治体制的艰难历程，这个历程决定了在依法治国问题上法学命题与政治学命题的互相依赖和促进。

2. 法治问题

法治问题被称为法理学中一个传统的概念，但这个问题却常看常新、百看不厌，特别是对于像我国这样法治传统比较欠缺的国度，法治的研究更有其独到的价值。同时，法治也是一个政治学的命题，莱斯利·里普森在谈到法治问题时就认为，"（法治的信条）都来源于实践，都是参照各国政府在过去和当时已被证明为有效的政治实践归纳总结而成"；又说，"一个国家在进行制度设计时，必须考虑到如何对其行为进行约束，否则就会失去控制，有所约束的权力犹如套上马具的野马，野性虽存而无法撒野"。① 虽然政治学与法学研究法治的角度是不完全一样的，但其归宿不约而同地汇到了一个焦点上——控制好极易出格、失范的权力，使国家长治久安。

3. 正义问题

博登海默在谈论正义问题时，说"正义有着一张普洛透斯似的脸，变幻无常、随时可呈不同形状并具有极不相同的面貌"。② 无论如何，它是一个经典的法理学的研究范畴，但它也是政治学的核心问题，美国政治学家约翰·罗尔斯为之写下了三大本厚厚的专著《正义论》、《作为公平的正义：正义新论》和《政治自由主义》，并因之而名扬天下。由于正义的作用是二重的，一方面试图保持事物的原状，假定每一个人都得益于社会的稳定，尽管社会秩序中存在弊端；另一方面则试图消除弊端，对权力进行再分配，以便使社会更合理。③ 在研究何为更合理时，进路是法理学的，但在重构更合理的方案时，却不能不是政治学的。正义问题的解决归根结

① 转引自曹兢辉《法理学》，五南图书出版有限公司，1983，第198—199页。
② 〔美〕博登海默：《法理学：法律哲学与法律方法》，邓正来译，中国政法大学出版社，1999，第252页。
③ 参见张文显《二十世纪西方法哲学思潮研究》，法律出版社，1996，第573页。

底还得依靠法学与政治学的共同努力，还要有哲学、伦理学、社会学等学科的参与。

4. 司法改革问题

司法改革是我国法学界近几年的研究热点，它是我国法学研究贴近实际、走向纵深的表现。司法表面上是特定国家机关及其工作人员受理案件、处理纠纷的活动，实质上是维护社会秩序、实现国家职能的一种重要形式。① 司法权是国家权力的重要组成部分，因此，司法权的配置和控制也就不再是一个简单的法学问题，而是政治问题。经过司法改革的西方各国的历史经验说明，司法改革不仅仅是一个简单的法律体制内的制度设计问题，它更是一个复杂的政治问题。我国的司法改革也不能仅仅在法律圈子内打转，而应该求助于政治学。

5. 人权问题

人权问题既是法学问题，也是政治学的课题。瑞士法学家托马斯·弗莱纳说过："支撑着对人权的现代理解的基本观念是这样一种认识：有必要提醒其遵守人权的义务的正是政府，人权标明了国家权力的界限，对立法机关的权力设置了一种限制，要求政府尊重人的尊严，即使这样做使政府不高兴。"② 我国政治学界和法学界都不约而同地把人权纳入了自己的研究领域。人权和主权问题被认为是我国改革开放 20 多年来政治学领域研究中取得重大进展的项目之一，③ 而我国法学界则对人权问题的各个层面——应然的、法定的、实然的人权，国内的、国际的、历史的、现实的人权理念、原理、制度、设施、实效以及如何用法制切实保障人权等，进行了更为广泛、深入的研究。

法学中的政治学问题远不止这些，其他诸如民主问题、中央与地方关系问题、社会治安综合治理问题、"一国两制"问题、基层社会自治问题、反腐倡廉问题等，都是法学要研究的，更是政治学要研究的重大问题。随着改革的全面深入，法学中还将出现一些新的政治学问题。

---

① 参见方立新《西方五国司法通论》，人民法院出版社，2000，第 8 页。
② 〔瑞士〕托马斯·弗莱纳：《人权是什么》，谢鹏程译，中国社会科学出版社，2000，第 1 页。
③ 参见杨海蛟主编《新中国政治学的回顾与展望》，世界知识出版社，2000，第 104 页。

（二）为什么要研究法学中的政治学论题

首先，研究法学中的政治学问题是我国法学创新的需要。

现在是进行理论创新的大好时机。江泽民同志2002年7月在视察中国社会科学院时指出，要推进改革开放和现代化建设，要把建设有中国特色社会主义事业不断推向前进，需要我们加强理论研究和理论创新。在科学技术迅速发展的今天，哲学社会科学纷纷采用新的研究方法，站在新的研究角度，取得了十分突出的成绩，哲学社会科学日益成为我们认识世界和改造世界，推动理论创新和先进文化发展，促进党和国家决策的科学化民主化，推进改革开放和现代化建设的重要力量。

法学有十几个二级学科，法理学是其基础理论学科，是法学中的哲学。在法学的创新中，法理学担负着冲锋陷阵的重要角色，但是，它的历史比较短。据考证，旧中国较早的可以称得上法理学著作的是1929年上海南强书局印行的宁敦武编写的《法学概论》，该书主要论述了法学的性质、法律的性质、法律的沿革、法律的类别、现代法律的合理化和社会化等问题。[1] 第一本马克思主义法理学著作则是1947年李达的《法理学大纲》。[2] 新中国成立以前，我国法理学研究秉持的是英美的学术思路。新中国成立后，我国法理学研究依循的是苏联的国家与法的学术思路，这种学术思路至今仍然有一些影响。近几年来，人们对于英美法理学的研究范式表现出了浓厚的兴趣，值得注意的是，英美范式也好，苏联思路也罢，都是舶来品，都涉及一个中国化的问题。我国法理学只有理论创新，才能获得较大的发展空间。

理论创新，既可以是新事物的发现，也可以是经验的新总结；既可以是研究范式转换导致的创新，也可以是研究领域边缘化而产生的创新。社会科学理论创新的最终依归就是解决现实生活中的问题。之所以说法理学中的政治学问题研究是我国法学创新的需要，是因为随着我国改革开放的深入和依法治国方略的推进，出现了一些单单依靠法学或政治学无法解决的问题。由于这些问题既与法学纠缠在一起，又与政治学交结

---

① 参见刘瀚等编著《法学基础理论研究指南》，天津教育出版社，1988，第195页。

② 参见刘瀚等编著《法学基础理论研究指南》，天津教育出版社，1988，第201页。

在一块，这些问题就要依靠两个学科的共同努力才能解决。同时，考虑到这些问题既有微观层面的，也有宏观层面的，站在微观的角度对于宏观的政治架构提出理论思路，会使宏观的政治体制改革更具可操作性；而在微观的研究中，充分注意到宏观的问题，就能做到视野开阔、预期目标明确。可以想见，开展结合政治学命题的法学研究将为法学的繁荣拓展出一条新路。

其次，研究法理学中的政治学问题是建设社会主义法治国家的现实需要。

"依法治国，建设社会主义法治国家"是我国改革开放和民主法制建设促生的一个新的治国方略和政治目标。它一经提出，就在国内、国际上产生了巨大反响，在实践中，也有了可喜的进展。但是，也必须承认，许多深层次的问题尚没有得到解决。尽管我国法律界和法学界倾注了许多心血，试图开出一副行之有效的方子以确保依法治国方略方针能够得到进一步推进。尽管中央花费了很大的人力、物力和财力，三令五申要求各级地方政府保障依法行政、保障审判独立公正，但实际效果总是与人们的期望有一定的距离。这其中除了其他复杂的历史和现实的原因外，在思想理论上的一个重要原因，就是我们没有很清醒地认识到，依法治国，首先是一个重大政治决策，是一个政治架构问题，是一个对现有的权力配置作出重新调整的问题，同时也是一个政治体制改革目标模式的问题。同这些重大问题相比，依法治国中的法律问题只是后续问题，而不是首要问题。当然，在依法立法、法治行政、审判独立公正等领域，我们所作的努力和作出的成绩，也很重要，并且要继续努力做好，但现代法治在我国的真正实现，还有待于邓小平同志早在 1980 年就明确提出并精辟论述的"党和国家领导制度改革"[①] 的深入，而这就需要政治学和法学的联手，以及其他相关学科的协同配合，逐步在理论上作出周密、详尽透彻的论证，并使之为广大干部群众所掌握，才有望按中央的统一部署，积极而又稳妥地解决。

邓小平同志指出，改革也是一场革命。对改革成果的确认和巩固实际上就是对革命果实的确认和保护。在这个意义上，我国的法治是我国政治

---

① 《邓小平文选》第 2 卷，人民出版社，1994，第 320 页。

发展的产物，也要在政治继续发展中才能逐步实现。

最后，研究法学中的政治学问题是社会发展的需要。

众所周知，法律的发展有其自身规律，但它本身又不是也不可能是自足的，它必须依赖一定的政治、经济、文化等条件。离开了这些外在条件的支持，法律只能是一纸空文。莱斯利·里普森就直言不讳地说："'法律的苍穹'不是独立自存的，它建立在政治的柱石之上。没有政治，法律的天空随时可能坍塌。"① 如果一部法律离开了政治的支持，这部法律很可能就成为摆设。国际上，这样的事例不是个别的。我国 1954 年宪法的遭遇，也说明这一论断是有道理的。

（三）加紧法政治学研究

法学与人文社会科学其他学科乃至自然科学的一些学科的交叉研究，在我国古已有之。宋慈（1186—1249 年）所撰《洗冤集录》，就是在世界法医学史上占有重要地位的一部名著。时至今日，法学与人文社会科学其他学科以及自然科学交叉研究的成果累累，应用性很强，有的早已成为公认的二级学科。现在，我国的法经济学、法社会学、法文化学、法哲学、法逻辑学等学科都有了很大发展，唯独法政治学刚刚提出，需要加紧研究。对法学家来说，这是一个从法学的角度研究政治学的学科；对政治学家来说，这是一个从政治学角度研究法学的学科。对社会主义民主与法制建设的研究来说，它可以使法学家把民主问题的研究展开、深化，作为政治学的一个重大问题，使之更具科学品格；还可以使政治学家把法制问题的研究与民主政治制度更有机地结合起来，揭示现代民主政治制度都是法律化的，而不能游离于法律之外的真谛。对"依法治国，建设社会主义法治国家"的研究来说，它可以使法学家对政治学本体问题更为关注，并以其为依托，探究法律在国家政治架构与运作中的地位和作用；还可以使政治学家对法律本体问题更为关注，探究法治国家与非法治国家②在政治架

---

① 〔美〕莱斯利·里普森：《政治学的重大问题：政治学导论》，刘晓等译，华夏出版社，2001，第 201 页。

② 这里的"非法治国家"指现代国家，即专制的、人治的国家，也泛指在宪法或宪法性法律上规定了"人民主权"，但由于历史传统和现实因素，专制的、人治的影响较深，而没有走上法治轨道的国家。所以，它不是一个国家和社会性质区分的概念，而是一个国家和社会实际上的治理方略不同的概念。

构和运作，特别是权力配置与监督上的带有根本性的区别。

"依法治国，建设社会主义法治国家"这一治国方略和目标的表述本身，就把法学和政治学有机地联系在了一起，它们研究的主要对象在这一表述中是一个不可分割的整体。我们建设的是社会主义法治国家，而非平常意义上的国家，那么，以国家为主要研究对象的政治学，就相应地在研究方法、研究内容、研究重点、研究范式及其追求的学术价值、应用价值等方面有所改变、有所提升，从而把整个政治学研究推向一个新的高度。这对我国法学来说，具有划时代的伟大意义和作用。别的且不论，仅以其研究内容的扩展充实、研究重点的突出明确，就给法学注入了蓬勃发展的新的生机与活力。依法治国，牵涉到上上下下、方方面面，内容非常丰富多样，但最突出的重点，高度概括起来，不外两方面：一是依法切实保护好公民权利（私权利）；二是依法切实配置和控制好国家权力（公权力）。这是事关国家能否持续、稳定发展，乃至国家前途、命运的大问题。依法治国的主要任务和目标，就是要处理好这个权利与权力、人民与政府的关系问题。不切实保护好公民权利，国家和社会主人的积极性、主动性、创造精神发挥不出来，建设、发展就会失去最深厚的动力源泉；不切实配置和控制好国家权力，分散的弱小的公民和法人的权利，极易受到强大的、有系统组织的、有国家强制力作后盾的国家权力的侵犯。类似这样的重大问题的研究，正是法政治学研究的一系列问题的重点。由此可见我们应该加紧法政治学研究的极端重要性。

马克思曾经说过："理论一经掌握群众，也会变成物质力量。理论只要说服人，就能掌握群众；而理论只要彻底，就能说服人。所谓彻底，就是抓住事物的根本。"① 在我们这样一个缺乏民主与法治传统的国家，广大干部群众的政治学知识、法学知识较少，现代公民意识、法治意识相对比较淡薄。因此，在法政治学研究中，除了要努力建立一个法学和政治学交叉的二级学科的体系，研究撰写一些具有较高学术价值的成果外，还要研究撰写一批普及性读物，让广大干部群众掌握最基本的法学知识和政治学知识。这对培养和提高广大干部群众的现代公民意识和法治意识，无疑是会有助益的。

---

① 《马克思恩格斯选集》第 1 卷，人民出版社，1972，第 9 页。

三　法理学所面临的新课题

法理学是一门古老而常青的学科。中国社会的改革开放和现代化建设在呼唤健全法制的同时，也把法理学推到了一个重要位置。我们应该本着解放思想、实事求是的精神，正视、研究和解决法理学面临的新课题，力求使法理学研究有一个新发展。

（一）以建设中国特色社会主义理论为指导，提高法理学的水平

建设中国特色社会主义理论，是在和平与发展成为时代主题的历史条件下，通过我国改革开放和现代化建设的艰难探索，逐步形成和发展起来的。这一理论是对马克思主义的继承和发展，是指引中国向着富强、民主、文明的现代化目标迈进的指南。法理学只有以这一理论为指导，才能沿着科学的道路前进，不断获得新的营养并充满时代气息。

以建设中国特色社会主义理论指导法理学研究，就要使法理学真正具有改革开放精神。中国的改革既是一场深刻、广泛的社会革命，也是一场深刻、广泛的思想革命。改革的目标是要冲破束缚生产力发展的僵化的经济体制，建立充满生机和活力的社会主义市场经济体制，同时相应地改革政治体制和其他方面的体制。改革旧体制，解放生产力，首先是要解放人，即解放人的思想和创造力，彻底告别那种"因循守旧，安于现状，不求发展，不求进步，不愿接受新事物"的"习惯思维方式"。① 在理论上，则要求抛弃那些对马克思主义的教条式理解和对社会主义的不科学甚至扭曲的认识，结合新的历史条件坚持和发展马克思主义。法理学既要积极参与社会经济、政治改革，也要大胆地对自身进行改革。众所周知，法理学一直是法学中受"左"的束缚最严重的学科之一。改革开放十多年来，法理学界的思想不断地获得解放，但在某些问题上，仍然存在保守、僵化的倾向。例如，法理学教科书虽然摆脱了苏联国家与法权理论的模式，但在体系上，仍然没有完全摆脱过去的框架，其中所隐含的法律观念和法学方法是值得认真考虑的。有些同志的思想，或多或少、或明或暗地还停留在

---

① 《邓小平文选》第2卷，人民出版社，1994，第132页。

过去对社会主义和资本主义的公式化、简单化、概念化的理解上，停留在改革开放前那些超越历史阶段、脱离具体国情的不正确的思想和政策上，往往把一些不属于社会主义本质的东西加以固守，又把那些不属于资本主义本质的东西加以拒弃；对那些反映市场经济一般规律、属于人类共同创造的精神财富的原理、制度、规则、惯例以及大量技术性的东西，只要与法律沾边，就立刻警觉起来，不敢大胆吸收、借鉴和移植。这种状况不仅妨碍和影响了我国法学和法制的现代化进程，也大大减弱了法学和法制在改革开放和现代化建设事业中的地位和作用，亟须加以改变。

对法理学来说，要从根本上改变这种状况，首先应该着眼于本学科的基础建设。只有把基础建设搞好，才能提高学科的整体水平，才能避免偏离科学规律和科学品格的学术上的重大失误，也才能真正起到作为法学其他学科的基础理论的向导作用。法理学基础建设的内容可从不同角度作不同的划分，例如，分为关于理想法的理论和关于实在法的理论；或分为法的价值理论、范畴理论、权利理论、历史理论、社会理论、规范理论、解释理论以及方法论；还可以分为本体论、价值论、方法论；等等。学科基础建设不能纸上谈兵，不能急于求成，必须有目的、有意识、有侧重地逐步进行，必须在改革开放和现代化建设的实践中完成并由实践来检验。

实践出真知。必须使法理学成为一门重视实践、面向社会的科学。从根本上说，中国的改革开放和现代化建设道路，是一条勇于实践、不断探索的道路。这就是：强调走自己的路，不把书本当教条，不照搬外国模式，以马克思列宁主义为指导，将实践作为检验真理的唯一标准，解放思想，实事求是，尊重群众的首创精神。这对于法理学有重大的指导意义。

十多年来，我国法理学研究者广泛参与了立法、执法、司法、法律监督和法制宣传教育等方面的实践和一些重大问题的讨论研究，并取得了一定的成绩。但总的看来，作为一门学问，法理学的研究重心或在成果中占有相当大分量的，还是对马克思主义经典著作的学习、领会和解释，或者说，主要是走从书本出发，加上一些实例印证的路子，而不完全是从实践出发，走"实践、认识、再实践、再认识"，从而使我们的认识达到"高一级的程度"，上升为理论的路子。这在法理学教科书和其他一些法学论著以及几次重大的学术争鸣中，都可以找到佐证。有的学者将这一现象概

括为主要是阐述经典著作或个别领导人的论述，过多地重复一般政治理论
课的一些基本概念和原理；反复地搬用根本对立之类的公式，并认为这是
法理学未摆脱长期以来的落后状态的一个重要原因。① 我们认为，法理学
应该根据中国社会发展的需要，将研究重心从本本转向社会，转到对法制
建设的重大理论问题和实际问题的研究，从而增强实践功能，提高其学术
价值和应用价值。

当然，重视实践，面向社会，不是要轻视理论、抛却书本，而是要求
我们转变学术心态和研究方法，善于在社会实践中认识事物，形成理论。
为此，法理学研究者要具备足够的实践主体意识和实践主体所应有的创
造精神。在这个基础上，重视"超前"研究和"应有"研究，力求使法
理学植根于实践，而又能走在法制建设实践的前面，指导法制建设的实
践。在历史上，大凡含有一定科学、合理成分的、在一定的国家或地区
能盛行一时的法律学说或观点，都是参与和总结并指导了一个时代或一
个国家的法律实践的学问。古代罗马法律制度和法律学说之发达，除了
具备商品经济和古希腊哲学等条件外，在很大程度上要归因于罗马法学
家富于务实的精神，而且，这些法学家形成了恩格斯所说的"法学家阶
层"。有的西方学者认为，罗马法发达的一个重要原因是，罗马人"发
展了一种机制，在此机制里，变革比较容易，从事重大变革的权力由最
好的法律思想支配着"。② 我们所熟知的西方自然法学、规范法学和社会法
学这三大法理学流派，都是从不同的方面直接为一定时代、一定国家的社
会实践服务的。

法理学研究应该自觉地建立在对中国国情的科学认识的基础上，真正
具有中国特色和中国气派。"认清中国社会的性质，就是说，认清中国的
国情，乃是认清一切革命问题的基本的根据。"③ 作为一门学问，法理学的
主要任务之一，是从法学角度，研究中国的经济、政治和思想、文化等社
会关系，阐发其中所包含的基本原理，从而为规范、调整和保护这些关系
提供科学依据。

---

① 参见沈宗灵主编《法理学研究》，上海人民出版社，1990，第10—11页。
② Alan Watson, *Ancient Roman's Law* (Southern Methodist University Press, 1979), p.3.
③ 《毛泽东选集》第2卷，人民出版社，1991，第633页。

（二）以建立社会主义市场经济法律体系为契机，使法理学体系出现一个新面貌

建立社会主义市场经济体制，是中国改革开放的重大决策。市场经济是商品经济发展到一定阶段的产物，具有商品经济的一般特征，与原始的、简单的商品经济相比，它还具有市场化、社会化、货币化、规范化和开放化等特点。建立和发展社会主义市场经济是一项极其艰巨而宏大的系统工程，它所面临的困难，需要解决的问题，以及必将导致的社会变革，远不止于经济本身。法理学应该为这一工程作出贡献，并以此为契机，加速改变自己的落后面貌。

从目前情况来看，建立和发展社会主义市场经济体制，面临着十分复杂的环境。高度集权的指令性计划经济体制已基本打破，但还未完全改变；市场发育已经起步，但远未完善，尤其是生产要素市场还相当贫弱；企业特别是国有大中型企业经营机制的转换已经开始，但距到位还任重而道远；政府职能正在转变，但要真正转向"统筹规划，掌握政策，信息引导，组织协调，提供服务和检查监督"，还有许多艰苦细致的工作要做；市场主体地位平等、公平竞争的观念和环境已经出现，但要完全形成，尚需时日；严重破坏正常经济秩序的种种不正之风和贪污受贿等腐败现象，受到全社会的同声谴责和司法机关的打击，但仍然是一大隐患；等等。顺利和妥善地解决上述问题，当然需要通过多种途径、采取多种措施，但其中关键的、贯穿于各种途径和措施之中的一条，是完善法律、健全法制，以肯定、明确、普遍的行为规范，引导、调节、保障有序而合法的行为，排除无序或非法的行为，使建立和逐步完善社会主义市场经济的过程，同时成为实现法治经济的过程，这样，才能同步地建立和完善市场经济法律体系。

社会主义市场经济法律体系同社会主义法律体系不是同一个概念，前者是后者的一个规范群最庞大的子系统，主要由促进与保障改革开放的法律、法规，确认和保护市场主体的地位和关系的法律、法规，管理宏观经济和规范微观经济行为的法律、法规，规范政府调控市场行为的法律，以及涉外经济法律构成。它超出了传统部门法的划分，以民商法和经济法为主干，与国家机构组织法、行政法等部门法关系密切。其他部

门法都要以它为中心，为它服务。因此，在建立市场经济法律体系的过程中，不可避免地要对现有法律体系中的一系列法律、法规进行修改和补充，有的要废止，缺的要加紧制定，使整个社会主义法律体系适应市场经济的需要。

法理学是法学的基础学科，应该发挥它的特点和长处，深入研究和全面阐述社会主义市场经济法律体系的基本原理、原则，及其同社会经济制度、政治制度、法制原则的关系，以及法与其他社会行为规范之间的关系。这一研究既是其他部门法学无法取代的，又是其他部门法学的发展所必需的。加强这一研究，必定会给法理学体系带来新面貌。

大体来说，一门学问的体系是由知识体系、价值体系和方法论体系构成的。知识体系由对学科对象的研究来充实和表现；价值体系主要包括本学科所主张和论证的一系列原则、标准；方法论体系则主要由本学科的逻辑结构、研究态度和手段以及理论来源等方面构成。我国法理学体系的现状，是不大令人满意的。

首先，从知识体系来看，以法理学教科书为例，主要包括三方面的内容。一是关于法的历史知识，这些知识基本上是用法律方面的材料对科学社会主义的社会形态理论所作的阐释，包括法的起源和历史类型；二是马克思主义经典作家和党的文件以及党的领导人关于法的观点和论述，用来解释法的本质、特征、作用以及法与国家、经济、政治、政策、道德的关系等问题；三是社会主义法制知识，包括立法制度和司法制度的基本知识。在知识体系中，对本体意义上的法律问题的研究，对法本身的概念、结构、范畴、术语的研究，还十分薄弱。价值体系也是由三大块组成的：一是关于我国立国之本的四项基本原则；二是被当作资本主义法与社会主义法之根本区别的一些原则；三是我国立法权、司法权运作的一些原则。在价值体系中，我们对法作为一种独特的社会现象所具有的内在原则的研究，以及在这一研究的基础上对社会主义法的内在原则的研究，还比较少见。法理学的方法论体系主要是辩证唯物主义和历史唯物主义的方法论，也引进了其他一些现代科学技术方法，只是在把这些科学方法用来解决实际问题，而不是仅仅作为论辩武器和解释、论证的对象方面，做得还不够。因此，法理学应该以研究市场经济的法律体系为契机，来实现对自己的知识体系、价值体系和方法论体系的调整与充实。

　　法学是权利义务之学。法学知识应该主要是关于权利义务关系的知识。法理学知识体系，无论是历史的、哲学的，还是政治的、经济的、文化的，都应该以关于权利义务关系的知识为主线，这种知识应该从对社会经济、政治、思想和文化所进行的历史的、现实的考察中获得，从对社会权利义务关系的分析中获得。过去，我国法理学研究的社会关系主要是政治关系和一般民事关系，对经济和行政法律关系的研究比较薄弱。而过去所研究的政治关系又主要是纵向的关系，即统治与被统治、领导与被领导、管理与服从的关系。这种研究取向与"法是阶级统治工具"的观念和由此决定的重权力、轻权利，重政策、轻法律以及重刑轻民等倾向直接相关。建立市场经济法律体系，要求法理学认真研究市场经济关系和与此相关的其他社会关系，其中主要是众多市场主体之间的利益关系，包括公民、法人、其他社会组织、政府相互之间的权利义务关系。这意味着法理学的研究领域有一个新的扩展。此其一。其二，由于市场经济具有商品经济的一般特征，即平等、自由、竞争、交换等，这些利益关系就不仅仅是从前为人们所熟知的政治学意义上的整体利益与局部利益、长远利益与眼前利益、集体利益与个人利益、国家利益与企业利益的主导与服从关系，而主要是各个利益主体之间的横向的相索相与、互约互制的关系，主要是比较严格的法学意义上的权利义务关系。对这些关系的研究本身，就要求法理学研究者们具备新知识、新眼光。其三，当前中国的改革与古代的"与民休养"、"无为而治"、"轻徭薄赋"、"选贤任能"有本质区别。市场经济体制的逐步建立和完善，必然导致现存的经济利益关系和政治利益关系的重大调整，其中包含着权力和利益的重新分配。例如，劳动就业关系过去由政府和企业的行政权力直接支配，随着市场机制的发育，劳动力作为市场要素可以自由流动；又如，政府与企业、社会的关系，要从过去的主要是统制与受统制、命令与服从的关系，逐步转变为主要是服务与被服务、监督与被监督的关系。可见，认真研究市场经济条件下的社会关系，从法理角度阐发其原理、原则，必将极大地丰富法理学的知识体系，并使之充满活力。

　　其次，从价值体系来看，法理学要在坚持社会主义原则的前提下，探求、论证和阐述为建立和维护市场经济秩序及与之相适应的新的社会秩序所必需的一系列基本原则。

其一,法治原则。市场经济是法治经济,它要求用法律来规范和调整经济关系。市场经济不是一般地要求有法可依,而是必然严格地要求依法运行。过去,高度集权的指令性计划经济体制不仅使特定的机关或人员拥有极大权威,而且也决定了经济生活中不可能产生对法律的普遍需求。计划经济体制向市场经济体制的转换,意味着国家不再主要依靠行政命令,而是主要依靠法律来规范和调节经济活动。不实行法治的市场经济必然走向混乱。市场经济既然是法治经济,那么,实行市场经济的社会,就不可能不成为法治社会。因为一个社会的经济关系原则必定影响和支配该社会的政治关系原则和其他社会关系原则,影响该社会的内部结构和整体面貌,这是一方面。另一方面,如果一个社会不实行法治,那么,该社会市场经济的法治就不可能有效运转,即单纯的经济法治是不可能推行开的。因此,我们还要开展以下三个方面的研究。一是研究中国社会的法律要求及其特点,从而形成对中国法制现代化模式的基本观点和立场。二是研究市场各主体如何通过一定的程序将自己的利益要求充分表达出来,形成大多数人认同的一致意见,上升为国家意志,成为法律,这就是法制民主化问题。三是研究如何真正树立法律的权威,其中颇为关键的是进一步树立和强化宪法权威,因为宪法权威是普通法律权威的依托和保证,从公民与国家的关系这一现代民主政治的核心问题上看,现代法治首先是"宪治"。

其二,公平原则。在市场经济中,凡是商品,不论是消费资料还是生产资料,不论是产品还是生产要素,其交换和流通都要经过市场;市场里的交换和流通都按等价原则进行,自由竞争,优胜劣汰。这样,市场运行就必须奉行公平原则。不仅如此,各利益主体还应该在法律面前一律平等,受法律的同等保护,也受法律的同等制约。"法律面前人人平等"是公平原则的集中体现。由于我国尚处在社会主义初级阶段,各地经济、政治、文化发展水平不平衡,公民个人情况也各有不同,阶级、阶层差别,城乡差别,脑体劳动差别,贫富差别,以及官民差别等现象,是不容否认的。有些学者认为,在我国现阶段,"法律面前人人平等尚局限于基本权利和义务的平等,在非基本权利和义务领域,公民之间的差别依然存在"。[1] 在市场经济条件

---

① 张文显、马新福、郑成良:《新时期中国法理学的发展与反思》,《中国社会科学》1991年第6期。

下，既有的差别，有的会相应缩小，有的会不可避免地扩大，人们对平等的要求会更加广泛、深刻和复杂。"法律面前人人平等"原则在经受考验的同时，应获得新的时代内容。这些问题也亟须认真加以研究。

其三，自由原则。在市场经济中，市场在资源配置中起基础作用，它像一只"看不见的手"，调节着整个社会的供求。各利益主体自由选择、自主行动，例如，企业是自主经营、自负盈亏、自我发展、自我约束。因此，市场经济中各利益主体必须享有选择自由、行动自由，奉行自由原则。当然，自由不等于放任，社会主义市场经济尤其如此。从法学意义上说，自由原则有两层含义，一是"法律上的自由"（freedom by law），即享有由法律赋予的自由权利，这要求加强立法。二是"法律下的自由"（freedom under law），这包括两个方面，一方面是自由的行为不得违反法律，否则，行为人就失去自由；另一方面是可以为一切不为法律所禁止的行为。

其四，个体利益与社会利益双重本位原则。市场经济理论的鼻祖亚当·斯密曾指出，在市场经济中，"各个人都不断地努力为他自己所能支配的资本找到最有利的用途。固然他所考虑的不是社会的利益，而是他自身的利益，但他对自身利益的研究自然会或者毋宁说必然会引导他选定最有利社会的用途"，"他追求自己的利益，往往使他能比在真正出于本意的情况下更有效地促进社会的利益"。① 这一理论固然道出了市场经济的某些真谛，但它对个体利益和社会利益的"自然"统一或"必然"统一，不免过于乐观，也因此，它受到了一些新的经济学流派的挑战。姑且不论西方近代资本主义条件下阶级和阶层以及利益集团之间的激烈冲突，至少在当代，这一理论不完全适用于发展中国家。当代一些经济学家也看到了这一点。他们认为，发展中国家实现现代化，不能单纯依靠市场机制的调节作用，因为在市场机制不完善的情况下发生的市场失衡，会不利于经济发展；同时，单纯的市场调节本身不利于公共事业的发展、教育的发展，不利于经济的长期发展，并且会加剧收入分配的不平等。因此，必须探讨个体利益和社会利益相结合的有效途径，其中，国家计划仍然是宏观调控的手段之一。在原则上，社会主义市场经济法律体系应该兼顾个体利益和社会利益。法理学应该探讨市场经济中这两类利益协调的原则和模式，并由

① 〔英〕亚当·斯密：《国富论》下卷，郭大力、王亚南译，商务印书馆，1981，第25、27页。

此推动整个社会的利益协调原则和模式的改进。

最后，从方法论体系来看，法理学由于其本身的特点，极易步入从书本到书本、从概念到概念、从原则到原则的迷途。思辨的、定性的、抽象的分析过多，实证的、定量的、具体的分析太少。往往以引经据典代替自己应推导出的结论；往往把含有科学、合理因素的某些西方法学的原理和观点，不加分析地予以批判。有些论辩，游离于现实之外，缺乏引起人们联想和共鸣的效应；有些论辩又随波逐流，牵强附会，缺乏独立思考的精神和科学应有的品格。凡此等等，都不符合"解放思想，实事求是"的思想路线，应该大力加以纠正。方法上存在的问题，固然与现代科学技术手段未能普及有关，但主要的还在于缺乏科学研究应有的态度，即方法论首先是一个思想路线问题。我们应该而且能够较快改变的，是那些不符合"实事求是"原则的思维定式和思维惯性。在这个基础上，广泛采用适合社会科学的一系列现代科学方法，并逐步实现操作层面的技术手段的现代化，以期取得事半功倍之效。

（三） 以新的视角深入研究法学基本理论，给法理学不断注入新内容

法理学研究的现状和面临的任务，要求我们以新的视角深入研究本学科领域的基本理论问题。总的来说，这个新视角，就是着眼于改革开放和现代化建设。前文在论述各自的主题时已经涉及一些应该深入认识和研究的法学基本理论问题。这里再着重谈谈法的概念和其他一些有必要提出来研究的问题。

法的概念是法理学的，也是法学各学科的基本问题。正确表述法的概念，关键在于正确认识法的本质。对法的本质的认识集中表现一定的法律观，直接支配着法理学关于法的定义、法的起源、法的地位和作用、法的历史类型、法的未来发展以及法的制定与施行等重大理论。对法的本质的科学表述，应该是一种既能够客观地、正确地解释法的历史和现实，又能够能动地、有效地指导法学研究和法制建设的认识。它是贯穿于法理学本体论、价值论和方法论的基础性概念，也是各部门法学的基础性概念，对法制建设诸方面和诸环节都有一定的影响。

新中国成立以来，关于法本质的学术争鸣时断时续、高潮迭起。争鸣积极的一面在于推进了对法的本质的认识。这主要体现在形成了以下四个

比较一致的看法。

（1）法是人们的一种有目的、有意识的活动的结果。在对立阶级存在的社会，它主要体现的是掌握国家政权的阶级的意志，同时，也不得不考虑其他阶级、阶层的非根本性的意志和利益，从而形成国家意志，经过制定或认可的程序成为法律。在对立阶级不再存在的社会主义社会，由于工人阶级和广大人民的意志和利益在根本上是一致的，因此，社会主义的法是阶级性和人民性高度统一的法。

（2）法的职能或作用同国家的职能或作用一样，既有执行政治统治职能的一面，又有执行社会公共事务职能的一面，而且，随着社会的发展，后一职能在量度上已远远超出前一职能，并成为实现前一职能的基础。在和平建设时期，国家的富强、政权的巩固、社会的安定、人民生活水平的提高，从根本上说，主要取决于执行后一职能的状况。

（3）社会主义的法，是新型的法，它不仅在本质上符合全体人民的意志和利益、符合社会发展的客观规律，而且能自觉地以促进与保障经济建设为中心任务；它的其他方面的作用，都是围绕这一中心任务，并为顺利完成这一中心任务而展开的。

（4）法所体现的意志的内容，是由物质生活条件决定的，它既不是某一阶级更不是某一个人的任意。自然经济、商品经济、市场经济基础上人们的物质生活条件和生活方式各不相同，决定了人们的思想意识、价值观念和追求目标的不同，也决定了法所体现的意志内容的不同。现代市场经济，不仅要求一个国家内有统一的市场，而且必然进入国际市场。这就决定了规范市场主体法律地位、权利义务和各种经济行为的规则、惯例等，必然趋向国际化，这种趋向也必然会对规范其他社会关系的法产生影响。

上述认识是自1978年以来在法的本质问题研究方面取得的成果。其中的一些新的认识，是法理学界在学习1992年初邓小平同志南方谈话和党的十四大文件过程中取得的。这些认识，对于坚持和发展马克思主义法律观，促进法理学水平的提高，有着积极的意义。

在加快改革步伐，扩大对外开放，建立和逐步完善社会主义市场经济体制的过程中，我们对社会主义法的本质的认识，必然会继续发展；同时，还会对其他一系列法学基本理论问题形成新的认识，从而给法学不断注入新的内容。根据目前的情况，研究法理学的视角，可以考虑作如下调整。

第一，把对社会主义法的本质的认识同对社会主义的本质的认识统一起来。"社会主义的本质是解放生产力，发展生产力，消灭剥削，消除两极分化，最终达到共同富裕。"① 按照历史唯物主义原理，社会的本质，是同该社会的法的本质相一致的。我们应该从这个视角，继续深化对社会主义法的本质的认识。

第二，把对法的作用的认识同对社会主要矛盾的认识统一起来。我们知道，"现阶段我国社会的主要矛盾是人民日益增长的物质文化需要同落后的社会生产之间的矛盾，必须把发展生产力放在首要位置，以经济建设为中心，推动社会全面进步"。社会的主要矛盾决定法的作用，而法的作用又外在地表现法的本质。在现阶段，不愿承认或抹杀法的阶级性，固然是不符合实际的，但是，把我国社会主义的法或者把它作用方向的重点仅仅视为阶级专政的工具，也是不对的。对我国社会的主要矛盾，虽然在1956年党的八大报告中就有正确的阐述，但以这一主要矛盾为根据的工作重点的转移，却是在1978年党的十一届三中全会。党的十四大坚持并重申了这一点。我们应该从这个视角，全面地认识社会主义法的作用，进而加深对社会主义法的本质的认识。

第三，注意从多个侧面探讨和认识法的本质，丰富法的概念。事物的性质和特征，在不同的方面，有不同的表现，但就某一特定的方面而言，事物的本质属性只有一个。对某一方面本质的认识是相互联系的，并且随着事物的变化而变化。任何时代关于法的本质、法的概念的认识和表述，都是为一定的理论体系和现实需要服务的。它从属于一定的哲学体系或意识形态，服从于一定的政治目标或宗教目的，与一定的历史、文化传统相联系。在逻辑结构上，有的认识和表述着眼于"应然"，有的着眼于"实然"，有的着眼于二者的统一；有的着眼于法的内部结构，有的着眼于法的外部条件；有的着眼于一般法，有的着眼于特定形态的法；如此等等。因此，对法的本质的认识、对法的概念的表述，是多种多样的。仅前文所述而言，就已经涉及三种认识法本质的方法。一种是从法反映谁的意志的角度，其中，有单纯强调某一阶级的意志和把某一阶级的意志与人民意志统一起来之分。另一种是从法最终由什么来决定的角度，其中，有物质条

---

① 《中国共产党第十四次全国代表大会文件汇编》，人民出版社，1992，第12—13页。

件决定论和意志决定论之别。还有一种是从法同政治目的和社会发展目标关系的角度，其中，有侧重以阶级专政为目标和以发展生产力，谋求共同富裕为目标的差异。这三者及其强调的各个侧面，有的是真理，有的是谬误；有的正确成分多些，有的则少些。应该把它们置于一定国家的一定历史阶段，加以具体分析。过去正确的认识，现在可能不再正确；过去受到批判的，可能现在是正确的，因为客观实际发生了变化，人们的思想也应随之变化。有些东西要固守，因为它是具有规律性的认识；有些东西要抛弃，因为经实践检验，它是错误的。

第四，根据法制现代化的要求，特别要注意从法学角度丰富对法的本质、法的概念的认识。当代西方法理学家弗里德曼曾指出，在 19 世纪以前，法理学在本质上是哲学、宗教、伦理学或政治学的副产品。伟大的法律思想家大多是哲学家、神职人员或政治学者。"从哲学家或政治学者的法哲学到法学家的法哲学的决定性转变，乃是相当晚近的事……法哲学的新气象，主要是由于职业法律工作者在处理法律事务时，遇到社会正义问题而产生的"，这就是所谓"因职业上从事法律的研究与实务，被迫去考虑法律的终极目的"。[1] 弗氏的这个看法，是很有些道理的。中国的改革开放促进了社会对法律的普遍需求，在法的地位和作用越来越受到人们重视的情况下，法学，首先是法理学，应该研究法究竟是什么，法是怎样和应该怎样调整社会关系，建立社会秩序，以及法究竟应该怎样以自己独特的、不可取代的地位和作用，为改革开放和现代化建设服务，并由此出发，深入展开对法本身所特有的各种要素、表征、范畴、概念和原则等的研究和阐述，深入展开对中国社会的法律关系、权利义务关系、法律意识和观念以及现实法律生活状况的调查和分析。只有这样，才能使法理学具备它应有的科学品格。

（刘瀚等：《法理学面临的新课题》，《法学研究》1993 年第 1 期；刘瀚：《法的概念和法律关系——全国人大常委会法制讲座讲稿摘登》，《人大工作通讯》1999 年第 10 期；刘瀚、温珍奎：《法学中的政治学问题》，《中国社会科学》2003 年第 1 期）

---

[1] W. Friedmann, *Legal Theory* (Columbia University Press, 1967), pp. 1 – 2.

论法哲学

李步云[*]

　　法哲学是法律、法律制度和法律思想中的唯物论和辩证法。当然，法哲学可以有各种内容、各种体系。法律、法律制度和法律思想中的唯物论和辩证法，也就是唯物论和辩证法的基本原理在法律、法律制度和法律思想中的体现。因此，从某种意义上讲，它是法学和哲学的交叉学科。但是，它更多的是法学的一个分支学科，我把它概括为"法学为体，哲学为用"，即用哲学的方法研究法律现象。因此，它应当成为我们现在讲的法学理论的一个分支学科。大家知道，法学分为法学理论、法律史学、刑法学、民法学、宪法学、诉讼法学和国际法学等。法学理论中打头的是法理学。同时，法学理论中还应当包括法哲学、法社会学和经济分析法学等其他分支学科，它们都是法学理论这个二级学科中的三级学科。

一　法哲学与法理学

　　究竟有没有法哲学和部门法哲学？法哲学和法理学、部门法哲学和部门法学原理，它们的区别究竟在哪里？它们之间的关系又是什么？法哲学和部门法哲学是属于法学的范畴，还是属于哲学的范畴，抑或属于一种交叉学科？它们是否有一个严谨的体系来支撑和构建一个完全不同于法理学和部门法学的内容与范畴体系？对这些问题还需要进行深入研究。

　　有学者说，如果法哲学不能指导部门法学或者提供一套各部门法学可

　　* 李步云，中国社会科学院法学研究所研究员，曾任法理研究室主任。

以共同使用的概念、范畴、原理、原则和规律，那就不能称其为法哲学。但也有学者认为，法哲学与部门法学不是指导与被指导的关系，前者是法哲学学者自己给自己下了一个"套"，使我们陷入了一个误区。可见，要使法哲学的概念得到人们广泛认可并在立法、司法、执法中得到良好的实践效果，必须拿出一个完全不同于现在法理学和各部门法学基本原理的体系来，而其内容还必须丰富、具体、生动和有针对性，这需要时间。

我认为法理学与法哲学应该是有区别的。法理学是对法律现象和法的一般原则、规则、概念以及立法、司法等的高度抽象。法哲学则是马克思主义的唯物论、辩证法在法律现象、法律行为、法律思想中抽象出来的理论。它不能替代法学的各个分支学科，更不是至高的和万能的。它是一种法学认识论和方法论，但违背它就要犯错。改革开放几十年来我国法治的进步是同法理学在法治、人权等一系列重大理论问题上取得的突破分不开的。过去法理学的弱点是对部门法学基本原理的研究成果吸收和概括得不够，困难就在于法理学者既要有高度的抽象思维能力，又要有广博的部门法知识。

法哲学的研究对象是法、法律制度与法律思想中的唯物论和辩证法问题，它的对立面是这一领域中的唯心论与形而上学。法哲学的两个基本方面——唯物论和辩证法，是密切地联系在一起的。这也符合马克思主义哲学的根本特点。法哲学的唯物论方面的具体内容，主要包括以下一些范畴，即法的两重性、法的基本规律、法与社会存在、法与客观规律、法与法律意识、法的作用、法的时空观等。法哲学的辩证法方面的具体内容，主要包括以下一些范畴，即法的内容与形式、法的本质与现象、法的一般与个别、法的整体与部分、法的权利与义务、法的秩序与自由、法的公平与效率、法的稳定性与变动性、法的继承与扬弃、法的协调发展、法制定与适用的辩证方法等。

法哲学对法学其他分支学科具有指导作用。任何学科的发展都离不开正确的理论指导。唯物论与唯心论、辩证法与形而上学的对立，同样存在于法学研究中。广泛深入地开展法哲学研究，将会使法学工作者头脑中多一些唯物论与辩证法，少一点唯心论与形而上学。法哲学的研究成果，对法学的各个分支学科都能起到拓展研究视野、深化研究层次、丰富研究方法、提高理论水平的作用。法哲学对法律制定和实施同样具有指导意义。

立法过程实际上是一个认知过程，是人的主观认识如何正确符合现实社会的客观规律与实际需要，如何正确反映法形式自身特点与性质的过程。强调立法要搞调查研究，正是因为立法要遵循从个别到一般的认识规律，因而离不开正确的哲学观念指导。法的适用过程，实质上也是一个认知过程。如何运用法律规范处理千差万别的具体案件，如何分析法事实的因果联系，如何处理法证据的客观性与主观性矛盾等，都同人们的哲学观念与素养分不开。因此，法哲学虽不能代替理论法学的其他分支学科，也不能代替部门法学，但能启迪人的智慧，使人们获得有关法、法律制度和法律思想一系列根本原则的认识。

自新中国成立以来，我们有不少于30本法理学教材。我也查过近代以来旧中国的法理学教材，它们的目录我都收集了。讲来讲去，它们的内容与体系没有太大的区别和突破。包括我主编的中国社会科学院研究生院的《法理学》教材，也没有突破这个框框。当然，有人试图有所突破，把它编成法的本体论、价值论、功能论、结构论和运行论，如此等等，但它下面写的东西和传统法理学研究的东西实际上差不多。概括起来，无非是法的基本概念、基本范畴、基本原则和基本规律，是各种法律现象经过抽象之后形成的一些共同使用的概念、范畴、原理、原则和规律。然而，我的设想与此不同，我考虑将法哲学分为上编和下编。上编是法的唯物论和认识论。它至少包括七章：第一章是法的两重性和基本矛盾；第二章是法与社会存在；第三章是法与法律意识；第四章是法律事实的两重性；第五章是法律规则的两重性；第六章是法律推理的两重性；第七章是法的时空观。下编是法的辩证法和方法论。它可以包括十二章：第一章是法的内容与形式；第二章是法的本质与现象；第三章是法的整体与部分；第四章是法的共性与个性；第五章是法的应然与实然；第六章是法的权利与义务；第七章是法的秩序与自由，第八章是法的确定性与不确定性；第九章是法的独立性与普遍联系；第十章是法的稳定性与变动性；第十一章是法的扬弃与继承；第十二章是法的协调发展。

这是法哲学的初步框架，每一章里还会有很多节。这个框架，大概是所有的法理学教科书都没有的，即使有，也只有个别的东西。比如"权利和义务"，任何一本法理学教科书都不能不讲，法哲学讲权利和义务侧重讲这两者之间的关系，它是在法理学研究成果的基础之上来研究它们之间的关系。法理学中，"秩序和自由"可能在"法的价值"里要讲，最近还讲"法的继承与扬弃"。但法哲学的很多概念在法理学中是没有的。我想重点研究这些关系，把它们都称为法哲学的基本范畴。下面我讲一些具体例子，因为必须说明这些内容是有价值的，必须说明它们对立法和司法有指导作用，否则这些哲学就没有用，是一些空泛的东西。

我先讲法哲学的逻辑起点。我认为，法律的唯物论和认识论的逻辑起点是法的两重性。这是国内的新观点，过去没有人讲过。所谓的"两重性"是什么意思呢？那就是说，宪法、民法、刑法等诸如此类法的原则、规则、概念等，都具有客观性和主观性这两种属性。所谓客观性，首先，法律被制定出来后就是一种客观存在。它一共有多少章、多少节、多少条，是什么内容，它的结构形式是什么，是法典还是单行法规，所有这些，在法律制定出来之后，它就成为一种客观的东西，是一种社会的、客观的存在。尽管人们对它的认识与评价可能不同，但它是客观存在的东西。其次，法律的基本依据也是一种客观存在。法律不可能完全是凭空创造出来的，因为它后面一定有一种现实的客观存在作为它的基本依据。它所调整的社会关系，一般来说，都是客观存在的，不可能是根据完全脱离客观实际的、社会生活中没有的东西，编出一套法律规则来，这是不可能的。所以，法律在这一点上也是客观的。那么，法律的主观性表现在哪里呢？因为法律是人主观制定的，立法者可以这么写，也可以那么写；可以这么规定，也可以那么规定。

所以，这就产生了法律的基本矛盾。第一个矛盾是各种法律以及立法、司法和执法等一套法律制度必须符合社会生活的实际、符合它的精神、符合它的社会现实条件、符合它的需要和它的可能，这是一对矛盾。这对矛盾如何处理？谁来处理？立法工作者、法官和检察官等司法工作者、律师及其他法律工作者，必须把这对矛盾处理好。立法者所立的法和法官所作的判决，都必须符合现实社会生活。这个矛盾主要由他们来解决。第二个矛盾是什么呢？那就是法律规则和法律制度与法律思想的矛盾，是人们头脑中关于法的意识、概念、理论和观念与社会现实中存在的一些规则和制度的内容及其运作和发展变化的矛盾。这个矛盾谁来解决？是法学家们。这就形成了法律自身发展的内在矛盾，这是两对基本矛盾。

社会生活的需要和它的发展变化导致了我们的立法和司法的发展变

化，而我们的立法和司法又需要人们的法学理论和思想来指导，这就是为什么我们需要有法律理论。社会生活推动了法律的发展变化，反过来，法律和它的制度又影响到社会生活的发展变化，它们是相互推动的，是一种能动的反作用。法律理论和观念来源于什么？它们来源于法律和法律制度的现实，反过来，先进的法律思想和法律理论又影响到法律和法律制度的发展，这就形成了法律自身发展的两对基本矛盾。我的法哲学的第一章就要讲这个基本矛盾。这个观点是以前没有过的，我写过一篇这方面的文章发表在北京大学《中外法学》杂志上。这是一个新的观点。这究竟是个什么问题呢？是针对什么传统观念来说的呢？我在《中国法学》杂志发表过一篇《法律意识的本源》，就说明了这一点。

过去，我们把法律这个现象看成纯主观的东西，在很多教科书里，都认为法和法律意识是分不开的，将两者混为一谈，这是以前教科书中普遍存在的现象。法律意识是从哪里来的？有人说，法律意识来源于社会物质生活条件，我们所有的法理学教科书都是这么认为的。这对不对呢？根据马克思主义的传统理论，"社会物质生活条件"这个定义是斯大林于1938年在《联共党史简明教程》中最新发明的，他认为，"社会物质生活条件是生产方式加人口地理"。生产方式中的生产力和生产关系，加上人口地理这些条件，就构成了社会的物质生活条件。教科书说，人们头脑中的法律观念和法律理论都来源于社会物质生活条件。这对不对？这是不准确的。那么，它来源于什么呢？它来源于法和法律制度以及它们的运作和发展变化的现实。我们的法律理论是法律现象（包括法律规则、法律制度及其运作）以及它的规律性的东西在我们头脑中的反映。我们的认识是从这里来的，而不是从社会物质生活条件中来的。人口问题是人口学要研究的，地理问题是地理学要研究的，生产方式是经济学要研究的。因此，法律不是来源于人口、地理或生产方式。法律意识的来源，用四个字概括，就是法律现实。

这里涉及的问题是：法律是一种意识形态的东西，还是一种社会存在？这是一个根本理论问题，一个哲学问题。我们的传统观点有经济基础和上层建筑之分。上层建筑是指一个社会中的政治、经济和法律制度以及哲学和其他意识形态这两部分。在这两部分中，我国的传统哲学又认为制度是一种思想的外壳，归根结底是人制定的，爱怎么制定就怎么制定，完全是人主观创造的。这不符合马克思的本意。其实，经济关系和生产关系也都是人创造的。不然的话，为什么过去要搞土改？为什么过去搞计划经济，现在却搞市场经济？马克思说过，任何社会现象都是人创造出来的，都是依靠人的主观能动性创造出来的。为什么我们过去讲"两大文明"一起抓？为什么是物质文明和精神文明一起抓？从 1986 年我们出台了一个关于精神文明问题的决定，到后来所有党中央的文件，都是讲两大文明一起抓，都是把民主制度和法律制度放在精神文明里。党的十五大之前，我在讲"依法治国"时，就提出了一个观点，"应该是三大文明一起抓"，是物质文明、制度文明和精神文明这三大文明一起抓。民主思想和法律观念是人们头脑中的东西，这是精神文明的一部分，但民主制度和法律制度是社会生活中实际存在的，人们在这些制度中生活，受制度的约束，受它的规制。民主制度和法律制度不是精神文明里的东西，它不是精神文明的一部分。

那么，它们属于什么呢？我给它们取了个名字，叫"制度文明"。党的十五大没有解决这个问题，但意识到以前的理论模式不对了，党的十五大报告里有一句："我们的目标是建设社会主义的经济，建设社会主义的政治，建设社会主义的文化。""社会主义的经济"相当于物质文明，"社会主义的文化"包括思想道德和科学文化教育，这些相当于精神文明。"社会主义的政治"属于什么文明呢？党的十五大报告没有说。到党的十六大时，取了个名字，叫"政治文明"。什么原因呢？为什么法学界把法律看成与法律意识完全分不开的东西呢？为什么以前是"两大文明"一起抓？根源在于我们以前的理论模式是有问题的。社会意识和社会存在，经济基础和上层建筑，人们对这些概念的理解有问题。社会存在等同于物质生活，那么，除了物质生活之外，家庭和民族这些现象是不是社会现象？它们在社会存在里就没有。传统的看法是，所谓社会存在，就是物质生活条件，就是生产方式加人口地理。其实，社会存在的第一个存在就是人自己，其次是家庭和民族这些社会现象。它们过去既不属于上层建筑，又不属于经济基础，那它们属于什么呢？马克思提出的经济基础和上层建筑的概念是新概念，西方不采纳，这些是马克思主义特有的。当时，上层建筑和经济基础是一个大概的一分为二的分类，并没有详细地分析各种社会现象，它们没有也不可能概括一切。我提出的法的两重性和基本矛盾以及

"三大文明"一起抓等，值得进一步思考研究。

我再举个例子。证据是我们亟须改革、需要深入研究的问题。这次刑诉法修改究竟是证据法独立于诉讼法，还是在诉讼法中将证据作为一编，然后进一步完善？这也有待研究。有一个省检察长曾是我们的博士后，他作了一个调查，调查了很多错案，总结错案的产生原因。他认为，错案的原因主要有两个。第一，是我们的水平低，证据运用不好。第二，是司法不独立，到处打招呼，写条子，个人拍板，地方保护，如此等等。证据具有两重性，过去争得一塌糊涂，有人说证据是主观的，也有人说证据是客观的。实际上，证据既有主观性，又有客观性。证据的客观性在于，在通常情况下，证据是客观存在的东西，是已经发生过的，事实上存在的东西。同时，我们也要求它必须有客观性。但是，证据之所以成为证据，是经过侦查人员、检察人员和法官认定以后才能作为证据。在认定过程中，加入了警察、检察官和法官的主观判断，加入了他们自己的看法。这就使得有些证据是真的，有些证据是假的，有些证据半真半假。这使我联想到现在西方一个很热门的题目，也就是西方法理学家所说的"法的不确定性"问题。他们认为：没有哪一个判决是完全正确的。实际上，我的法哲学里就有一章，叫"法的确定性与不确定性"。它是一个矛盾的统一体，我们必须从两个方面去看法律事实、证据、法律规则、法律判决和法律推理，因为它们都有法的确定性，也有它的不确定性。

因为人们是可以认识世界的，是可以把握世界的，所以，在一般情况下，证据是确实的，规则是确定的，判决是合乎实际的。但是，判决有可能是错误的。举例来说，堕胎究竟是怀孕三个月、两个月还是一个半月？究竟哪一刻成了婴儿？这个界限不好划。在某种特殊情况下，证据标准也是不易确定的。这是事物本身的问题。已经发生的法律事实在变为证据的时候，人们有个认识问题，这也是客观的。再如，公园挂"车辆不得入内"的公告牌，这里说的"车"包括什么车呢？是卡车？是三轮车或自行车？还是包括婴儿的小推车？因为语言有不确定的地方。法律规则、法律概念和法律原则都有它们的不确定性。法律规则有一个量刑的界限，有一个幅度，这个幅度就是一个不确定的东西。而且，法官在进行推理的时候，将法律规则和法律事实连在一起，作出推理的时候，每个法官对法律的认识、对事实的认定，他的理论甚至他的道德观念都会影响到他的判决。综上，由于种种原因，每个环节都有它的不确定性。所以，我们的立法、司法和法学研究要尽力克服这种不确定性来达到相对的确定性。但首先我们要承认它有不确定的一面，知道原因在哪里，我们怎样防止它。我们的前提是要承认它，然后才能采取措施去避免它。

我举一个例子。我搞了十几年人权研究与呼吁，从 1979 年开始就注意这个问题。我一辈子经历的遭受批判和政治压力的比较大的历史事件不太多。其中，关于罪犯的法律权利的文章所引起的那场风波可算一件。那篇文章是在 1979 年的《人民日报》发表的，结果监狱闹开了，罪犯拿着《人民日报》找监狱领导，说他们这个权利没有得到保障，那个权利也遭到了侵犯。按理说，《人民日报》的那篇文章说的权利，罪犯都应该有。结果，司法机关在一个文件中还是批评了我，现在看来当然是批评错了。

从那时起关注人权研究，我就遇到过很多问题。我举个例子。人权的普遍性和特殊性问题，是东方和西方、美国和中国关于人权争论的问题之一。我们过去的宣传口径从来不提人权具有普遍性，只讲特殊性。而西方大讲人权的普遍性。1992 年下半年，江泽民同志要中国社会科学院写一本书，描述中国特色的社会主义是什么样子。这本书一共 22 章，我写人权这一章。我写了八条理论，有关部门转告我有五条修改意见，其中一条是"少讲人权的普遍性"。但我只采纳了另外的一条，就是"生存权是首要人权"，加上这一条一共九条理论。我认为，人权是普遍性和特殊性的统一，这个不能不讲，我也不同意修改。在我去美国访问时，没经过我同意，就把这条删掉了。半年之后，1993 年 6 月 25 日上午，我国经过反复研究，同意了第二次世界人权大会起草的《维也纳宣言及行动纲领》。这个文件有四个地方强烈地表达了人权具有普遍性，有一个地方讲了人权的特殊性。当天上午开完会之后，代表团团长刘华秋等人举行记者招待会，第二天《人民日报》就登出了中国主张人权的普遍性的文章。这是我国第一次正式和明确承认人权的普遍性。在此以前，我国有两位很有名的哲学家，在这个问题上就错了。有一位哲学家在一本书里说，"人权不是抽象的，是具体的"。这话是不全面的。应该说，人权既是抽象的，也是具体的；民主既是抽象的，也是具体的。人权就是各种具体人权，如生命权、人身安全权和人身自由权等的抽象。民主包括这样的民主、那样的民主，概括起来，我们叫民主。所以民主既是抽象的，又是具体的；既是一般的，又是个别的；是抽象和具体、共性和个性、一般和个别的统一。世界上的万事万物，都毫无例外。水果是梨、桃等具体水果的抽象，任何事物都是这样的。还有一个哲学家，也是中国社会科学院的，他在《人民日报》发表文章写道，人权有三大难题很难解决，其中之一，就是"人权有没有普遍性"。他这样提问题就不对。因为人权不是有没有普遍性的问题，人权肯定有普遍性，问题是普遍性表现在哪里，根源在哪里，什么原因造成了这种普遍性。所以他这样提问题本身就违背了唯物论和辩证法。

我专门写了文章，说明人权的普遍性是什么，根源在哪里。人权的普遍性的根源有三个：第一，人的本性是一样的，人类有共同的价值、追求和尊严；第二，全人类有共同的利益；第三，全人类有共同的道德。但人权也有其特殊性，一共有四个原因：经济与社会发展水平不同，政治经济文化制度不同，历史文化传统不同，宗教民族特点不同，这些导致了人权的特殊性。人权的普遍性是因为前面的三条，普遍性导致了人权有共同的标准、共同的价值和共同的合作行动。人权源于人的本性。这种本性包含自然属性和社会属性两个方面。自然属性即人性，它由人的天性、德性与理性三要素所构成。这是人权存在的目的和意义，是人权产生的内因。人的社会性对于人权的意义有两个，一是人权存在于人与人的关系中；二是社会制度尤其是经济制度的文明程度影响与制约着人权的发展，这是人权产生与发展的外因。我们讲哲学，在分析现实的各种问题时，先要把握好这个东西，在这个框架下，然后再具体分析。当然，具体问题具体分析是具体科学的事情，法哲学管不了那么多，它就管大的、总的分析框架。或者说，法哲学是以其微观的无用，成其宏观的大用。

我再举一个例子，在我发表的关于法哲学的论文中，有一篇是关于"法的应然与实然"的问题。过去教科书中认为，"法的应然与实然"是一种西方的观点，我们不能用。这是不对的。因为判断法律好与不好需要有一个标准，那就是良法。最近我有一篇文章给了《法学研究》，写了良法的九个标准。那就是真（符合社会规律、符合时代精神、符合现实需要）、善（符合社会正义、促进社会进步、实现人民利益）、美（形式科学、内部和谐、外部协调）。良法必须是一种应然的法，这种应然的法是根据法律本身的伦理价值和工具价值而产生的，它必须符合客观实际，符合人类正义，促进社会进步，增进人民利益。形式本身也应当是科学的。对于西方讲的自然法，有位学者曾说，世界上没有任何一种理论像自然法理论那么影响深远。当然，这也许言过其实，但他说的确实有某种道理。而我们有的思想家说自然法完全是虚构的，是骗人的东西。这是不可能的，它一定包含了某些合理的东西。所以，我们一定要找出良法的基本标准，然后我们再考虑某个具体的实际的法律，才能判断出它有哪些是好的，哪些是不好的，哪些是违背人类正义的。我还指导了一篇博士学位论文，题目就是《论法的应然和实然》。

未来几年我的一个比较大的愿望是，把刚才这个思路写出来，形成一本理论比较系统的著作，题目就叫《法哲学》。另外，我自己再写一本《法理学》。如果把这两本加以比较，两者是不会重复的。现在最大的问题是相关知识还缺乏足够的积累，它需要有大量的古今中外的思想资料和立法、司法实践中成败得失的典型例子来说明这些观点。思维方法不离开唯物辩证法的基本原理，这是需要下功夫的。

二　法学中的"五个主义"批判

我们法学界过去受危害最大的有"五个主义"。这"五个主义"把中国的法学界搞得很落后。这"五个主义"就是：（1）法学教条主义。人们曾把马克思的每一句话、经典著作中的每一句话和领袖人物的每一句话都视为真理，认为把他们的言论编在一块，就是马克思主义法学，这是法学教条主义。（2）法律经验主义。那时，人们十分强调法律实务，不尊重法学理论，不尊重人类共同创造的文明成果，只是强调凭自己的经验，这是法律经验主义。（3）法律虚无主义（或者叫人治主义）。这种观点导致人们视法律为可有可无的东西。（4）法律工具主义。不尊重法律自身的伦理价值，只把法律看成一种工具。工具可以用，也可以不用，因此，就可以用政策代替法律，将法律看成一种可有可无的东西，没有把法律看成社会文明的一个很重要的标志。（5）法学实用主义。所谓的"为阶级斗争服务"、"为无产阶级专政服务"等，这些政治口号都表现为一种法学实用主义。这种实用主义表现为一切都要为党的路线服务，而党的路线又往往只反映少数人的意志，所以法学就成了为少数人的意志服务，不怎么讲法的正义，不怎么讲法的原则，不怎么讲法的规律，不尊重这些东西，所以我把它概括为法学实用主义。这就是危害法学界的"五个主义"。"五个主义"有一个共同的特点，就是理论观念脱离客观实际。这归根结底是个哲学问题，背离了唯物辩证法。这"五个主义"作怪，形成了社会主义制度下的人治。而以党的十一届三中全会为起点的改革开放新时期，中国能够走上依法治国的道路，开始建设社会主义法治国家的历史进程，其直接的原因，就是经过艰巨努力摒弃了这"五个主义"。当然，直到现在在极少数学者或官员中它们仍然经常会通过这样或那样的形式顽固地表现出来，成为加快建设社会主义法治国家进程的阻力。因此，从认识论和价值论的高度认真反思中国法学的基本经验与教训，深入剖析这"五个主义"的本质及其危害，具有重大的理论意义和现实意义。

（一）法学教条主义

法学教条主义有"土教条"和"洋教条"之分。新中国成立后，前30年的主要危害是前者，即将马克思主义经典作家的言论当作"教条"，认为句句是真理，无论时间、地点和条件发生了怎样的变化，都得照办。将马克思、恩格斯、列宁有关法学与法律的一些言论汇编在一起加以注解，认为这就是马克思主义法学。如果有人对马克思的法学见解稍有不同看法，就会被视为异端而横遭讨伐。这是在很长一个时期里存在的普遍现象。其实，这种立场和态度是同马克思主义的世界观完全背道而驰的。人的正确思想不是从天上掉下来和地下冒出来的，也不是人们头脑中固有的和凭空想象出来的，而只能来源于人们改造客观世界和主观世界的实践，是外部世界包括自然界、人类社会和人们已经创造出来的各种文化现象的本质及其发展规律在人们头脑中的"映像"。人们的各种理论、观念都不能不受他所生活的那个国度和时代的现实生活及条件的影响和制约。世界上没有万古不变的"教条"。生活在100多年前的德国的马克思、恩格斯的各种著述和言论，有的具体结论在当时可能就是不正确的；有的正确，但随着时间、地点、条件的改变，就会变得不正确或不完全正确；有的具有普遍性，但随着不同时代、不同国家社会现实的变迁，它们的具体内容和表现形式都会不断发生变化。法学教条主义却与此相背离，把马克思等革命领袖的话当作金科玉律，而不顾社会的发展。一个典型的例子，就是在中国现时代，一些人曾长期坚持马列的某些观点，认为法是阶级斗争的产物，是统治阶级意志的体现，是阶级斗争的工具，今后必然"消亡"。这是完全不符合历史与现实状况的。这种对法的产生、本质、作用与未来发展的看法，在 1978 年以后已经为我国的绝大多学者所摒弃。我个人认为，法应当是人类社会自始至终都存在的三个基本矛盾的必然产物。它们是社会秩序与个人自由的矛盾，人在物质与精神利益需求上彼此之间的矛盾，社会管理与被管理、权威与服从的矛盾。如果没有法律这一社会关系的调节器去规范这些社会关系和矛盾冲突，社会文明将不复存在，社会亦难以存续与发展。"法是统治阶级意志的体现"在奴隶制和封建制社会阶级和阶层存在根本对立的条件下有其合理性，但在当代中国，已经没有什么"被统治阶级"，既然如此，当然也就没有了所谓的"统治阶级"。因此说社会主义的法仍然是"统治阶级意志的体现"，就既不符合事实，也不符合逻辑。在过去很长一个时期，立法和司法工作中的"阶级分析"曾盛行一时。如果一个刑事被告人出身于地主、富农家庭或参加过国民党、"三青团"，就很有可能将原本是"无意"说成"有意"，把技术事故定性为政治事故。改革开放以来，这种现象是完全没有了。已经没有哪个立法或司法工作者会把法律还当成"阶级斗争的工具"。根据差异、矛盾永远存在的原理和社会三个基本矛盾将永远存在的事实，国家和法律的性质与特点、内容与形式将不断发生变化，但它们将永远存在而不会"消亡"。当然，今天我们在反对"土教条"的同时，也要反对"洋教条"，即把西方一些著名法学家的理论当作永恒真理，不顾中国的具体国情而生搬硬套。这种现象是确实存在的。同时，我们也必须坚持，不能用"土教条"去反"洋教条"，或者相反，而是一切应当从中国和世界的现实出发，来提出新理论、新观念，设计新制度或完善现有制度中已经不能完全适应新形势、新条件的部分内容。

（二）法律经验主义

法律经验主义同法学教条主义正好相反，在理论和实践的关系问题上，走向了另一极端。它的基本特点是否定理论对法治建设实践的指导意义，或否认理论的普遍价值。这种"主义"曾经在一些官员和司法实务工作者中盛行，还美其名曰"摸着石头过河"。1957 年"反右"时，"法的继承性"理论遭到批判,这是一种对全人类共同创造的法律文化的否定态度。拒绝借鉴他国有益经验,也与这种否定态度密不可分。其极端表现,就是曾流行一时的"凡是敌人反对的,我们就拥护;凡是敌人拥护的,我们就反对","不是东风压倒西风,就是西风压倒东风",视马克思主义的法律观同"西方的"其他各种法律观绝对对立,水火不能相容。在一个时期里,中国的法学理论,除了照搬苏联的理论,剩下来属于自己的"创造",一是"党的领导",二是"群众路线"。其后果,不仅法学理论极其贫乏,法学家的地位和作用得不到应有的承认与尊重,而且法制建设实践处于可有可无与停滞不前的状态。其极端的恶果,就是仅有一点点的法律思想,都被当成"封资修的黑货","公检法"也都被砸烂。中国进入改革开放新时期后,这种轻视法学理论的状况很快就得到改变,法学理论开始繁荣起来,各种法学著述如雨后春笋般地涌现,法学理论的指导作用得到了执政党和政府的充分肯定,法学家的地位得到了应有的尊重。这方面近来有两个最生动的例子。一是党中央和全国人大的领导带头学法,并已形成制度。二是最近召开的中国法学会第六次全国会员代表大会,以胡锦涛同志为首的党中央政治局五位常委都出席了开幕式。这几十年来我国法治建设所取得的飞速进步和举世公认的成就,同广大法学家们的努力是分不开的,同正确的法学理论的指导也是分不开的。

(三) 法律虚无主义

法律虚无主义是新中国成立后的前30年为害最烈的一种思潮,其表现形式就是把法律看成可有可无的东西,其直接的危害则是人治主义。也可以这样讲,法律虚无主义不过是人治主义的代名词。它开端于1956年末1957年春。党的创始人之一董必武同志在中共第八次党代会上的发言是坚持要走法治道路的,但国外的"波匈事件"和国内积聚已久的个人迷信和"唯意志论"彻底打断了这一进程。随后开始的"反右"斗争则正式揭开了"以阶级斗争为纲"的政治路线序幕。法律虚无主义或人治主义在党的最高领导人的一段话里有集中而生动的表述,这就是1958年8月24日在北戴河召开的中共中央政治局扩大会议上毛泽东的那段著名谈话:"不能靠法律治多数人……韩非子是讲法治的,后来儒家是讲人治的……我们的各种规章制度,大多数、90%是司局搞的,我们基本上不靠那些,主要靠决议、开会，一年搞四次，不靠民法、刑法来维护秩序。"① 实际上，这里涉及的是中外两千多年历史上，思想家和政治家们所反复争论的究竟法治好还是人治好的一个核心理论认识问题，即一个国家的兴旺发达和长治久安，关键的决定性因素和条件，是应当寄希望于一两个圣主贤君，还是良好的和有权威的法律和制度？邓小平正是凭借自己丰富的人生阅历和深厚的理论功底，总结了国际国内正反两方面的历史经验，特别是"文化大革命"的深刻教训，作出了科学的回答。他认为，"我们过去发生的各种错误，固然与某些领导人的思想、作风有关，但组织制度、工作制度方面的问题更重要。这些方面的制度好可以使坏人无法任意横行，制度不好可以使好人无法充分做好事，甚至会走向反面。即使像毛泽东同志这样伟大的人物，也受到一些不好制度的严重影响，以至对党对国家对他个人都造成了很大的不幸"。他指出，由于毛泽东同志"没有在实际上解决好领导制度问题以及其他一些原因，仍然导致了'文化大革命'的十年浩劫。这个教训是极其深刻的。不是说个人没有责任，而是说领导制度、组织制度问题更带有根本性、全局性、稳定性和长期性"。② 他还认为，"一个国家把希望寄托在一两个人的威望上，并不很健康。那样，只要这个人一有变动，就会出现不稳定"。③ 这一重要思想，他还在其他场合反复讲过，并且成了邓小平民主法制思想的灵魂和精髓，为依法治国方略的确立奠定了坚实的理论基础，从而结束了法律虚无主义和人治主义的历史。这是马克思主义发展史上一个重大创新和杰出贡献。当然，20世纪80年代初中国法学家们广泛而深入开展的关于法治与人治问题的"三大派"论争，其重大作用也不应低估。

（四）法律工具主义

法律工具主义的特点是，只看到或仅承认法律的工具性价值，而看不到或不尊重法的伦理性价值。新中国成立后的前20年，也不是一点法律都没有。但即使有一点，也只是将其视为纯粹的工具。值得注意的是，董必

---

① 转引自全国人大常委会办公厅研究室编著《人民代表大会制度建设四十年》，中国民主法制出版社，1991，第102页。
② 《邓小平文选》第2卷，人民出版社，1994，第333页。
③ 《邓小平文选》第3卷，人民出版社，1993，第272页。

武曾讲过，说到现代文明，法制要算一项。但是，人们并没有重视这个思想，因为他讲话不久后就开始了"反右"运动，他自己也遭到内部"批评"。当时，视法制为手段同视民主为手段有着同样的理论根源。毛泽东曾说过："民主表面看来似乎是目的，其实是一种手段。归根到底，它是为经济基础服务的。"而这种片面认识持续了很长一段时间，其消极的破坏性后果是显而易见的。既然法律只是手段和工具，那便是可以用也可以不用的。讲法制和法治是必须讲民主、讲程序的。讲法制使工作"束手束脚"；讲民主、讲程序导致"效率不高"。这正是在一个很长时期里，以长官意志代替法律、以党的政策代替法律的主要认识根源。同时，否认法律的伦理价值，不将其视为人类社会文明的一大标志，就势必视其为可有可无的东西，而且将法律所体现的公平正义与人权保障等价值追求在立法、司法、执法活动中置于不顾。这也正是新中国成立后的前 20 年有"法制"而无"法治"的重要表现和思想根源。

彻底克服法律工具主义，强调和重视法律的伦理价值，经历了一个长久的过程。在改革开放初期，人们的注意力集中在人治与法治的讨论上，只是到了争论的后期，这个问题才凸显出来。在很长的一个时期只强调"两大文明"一起抓就是证明。当然，我们在强调法律的伦理价值时，并没有也不能否认法的工具性价值，因为它是认识与改造世界的一种重要手段。人们通过民主或多种形式的集思广益，将调整社会关系的客观需要和现实条件制定成法律，并使其符合事物的本性和客观规律，法律就可以成为认识世界的手段，它比一个人或少数几个人单纯依靠自己的认识和变化不定的看法来决定和处理问题肯定要高明。法律具有规范、指引、统一、预测、评价、教育、惩戒等社会功能，人们又可以运用它能动地改造世界。顺便需要指出的是，法律的这种工具性价值，在只有"法制"而没有"法治"的条件下，其作用也是受很大局限的。

法的伦理性价值，主要表现在以下三个方面。一是由其自身的特性所决定，法律具有一般性。它是为社会所有成员制定的，大家必须一体遵行，任何人都不能享有法外特权。法律具有公开性，如果运用他人并不知晓的内部规定去处理人们的行为，那是不公道的。法律具有平等性，如果法律面前可以不平等，法的权威就会遭受严重损害。法律具有不溯及既往性，如果用今天才制定的规则去处理过去人们所发生的行为，当然是不公道的。而这些也正是中国古代的法字和西方许多种语言的"法"字往往是个多义词，除规则、规律之意外，还大多具有公平、正义内涵的重要原因。二是由法产生和存在的社会客观要求所决定。社会自始至终存在三个基本矛盾，必须用法来调整，否则就将出现这样一种状况，即只有秩序没有自由或只有自由没有秩序，要么无政府主义猖獗，要么专制主义盛行，他人可能侵犯自己的利益，自己也可能侵犯他人的利益。在这样的情况下，社会文明将不复存在。三是由法必然承载的社会文明理念与价值以及相关制度所决定。不仅现代社会，即使在奴隶制与封建制的历史条件下，符合当时发展水平的各种社会文明，各种具有人民性和能够促进社会生产力发展的进步政策和措施，都不能不通过法律予以认可和保障，从而成为各种社会文明的载体与形式。

长期以来，人们把民主制度与法律制度同民主思想与法律理念混为一谈，因而将民主制度和法律制度纳入"精神文明"的范畴。这同我们以往的哲学思想存在重大失误直接有关。本来，依照人们的常识并不难理解，民主思想和法制观念存在于人们的头脑里，当然是属于"精神文明"的范畴。民主制度和法律制度则与此完全不同。尽管法律及其相关制度是立法者通过有意识的活动制定和确立下来的，但一旦制定出来和确立后，它们就存在于人们的理念之外，成为独立于人们思想之外的一种客观存在、一种社会现象。过去之所以将民主和法律错误地视为精神现象，同人们不正确地解读所谓"上层建筑和经济基础"有关，即将"上层建筑"中的政治法律制度解释为一种精神现象，是所谓"思想的外壳"。同时又将"上层建筑"中这一部分同所谓"社会意识"画等号，并对"社会存在"作了内容很狭窄的理解，即相当于"社会物质生活"。政治、法律以至于家庭、民族等独立于人们的社会意识之外的看得见、摸得着的活生生的社会现象，不被视为"社会存在"，反而成了"社会意识"。①

批判与澄清法律工具主义，重视和彰显法律的伦理价值，对于坚持和实行"实质法治"也很重要。有人曾提出"形式法治"比"实质法治"好，意思和理由是"法的形式"和程序法比"法的内容"和实体法还重要。这是一种不正确的理解。因为它同中外历史上人们通过"约定俗成"

---

① 李步云：《法律意识的本原》，《中国法学》1992年第5期。

所形成的对"实质法治"和"形式法治"的通常理解完全不同，即前者是指"良法之治"，后者是不论法律的好坏，只要"严格依法办事"就行。几十年来，我一直主张将"法制"和"法治"这两个概念区别开来，一个重要理由也是出于这一考虑。因为"有法可依，有法必依，执法必严，违法必究"并未包括"法律要好"。现代法治应当体现和贯彻人权保障、权力制约以及民主、平等、正义、公平等价值。

（五）法学实用主义

法学实用主义和法律实用主义，既有联系，又有区别。它们涉及的主要问题都是法律和法学同"政治"的关系问题。法律和政治既是不可分的，又是可分的。立法、执法、司法同政治分不开，也是广义上的政治行为，但在某些领域或在某种意义上，法律和政治又是可分的。例如，我们说宪法和法律是党的主张和人民意志的统一，并不只是代表哪个党或哪个派、哪个地区或哪个阶层的利益和意志。宪法和法律是国家统一制定和实施的，中国的执政党和各民主党派的纲领和政策是通过各自党的代表大会制定的，并通过不同的方式予以实现。不同政党的纲领和政策是代表该党该派的政治主张，其章程也只能对自己的党组织和党员具有约束力。这同宪法和法律对该国全体公民都具有约束力是完全不同的。正是基于这样一些最简单明白的道理，1989 年 7 月，江泽民同志曾经这样郑重宣告："我们绝不能以党代政，也绝不能以党代法。这也是新闻界讲的究竟是人治还是法治的问题，我想我们一定要遵循法治的方针。"[①] 为了解决新中国成立后的 30 年长期存在的"以党代政"、"以党代法"的问题，邓小平同志在理论上和实践上曾经作出过重大努力，尤其是解决"权力过分集中"的现象。其主要表现是：党的权力和国家权力相比，权力过分集中在执政党；中央权力和地方权力相比，权力过分集中在中央；领导个人和领导集体相比，权力过分集中在个人；国家权力和个人权利相比，权力过分集中在国家。他甚至在自己的文选第 1 卷中重新发表那篇振聋发聩的文章，即 1941 年写的《党与抗日民主政权》。该文说："我们反对国民党以党治国"，因为那是"'以党治国'的国民党遗毒，是麻痹党、腐化党、破坏党、使党

脱离群众的最有效的办法"。① 实行改革开放以后的几十年，我们在改革政治体制的这些方面都取得了重大进步。其中一个重要原因，就是开始摒弃法律实用主义。因为法律实用主义的基本含义就是，为了这样或那样的"政治"考虑而置现代法律和法治的基本价值、原则和自身的特殊规律于不顾。除了"以党代政"和"以党代法"，一度实行党委审批案件，取消律师制度，审判不公开，搞"有罪推定"等同现代法治原则完全背道而驰的做法，都是法律实用主义的表现。

　　法学同法律有着很大的区别。法学就更不能搞"实用主义"。法学研究是一种认识活动。它的生命在创新。它要求发现问题，分析问题，提出新见解，找到存在问题的解决办法和方案。真理是客观的，不是根据某种"政治需要"而可以任意剪裁的"布娃娃"或任意鼓捣的"小泥人"。人们经常说"学术无禁区，宣传有纪律"。提出新问题、新观点、新方案是学者的职责；否则，他们就没有存在的必要。学者的意见和建议是否采纳，那是政治家们的权力，没有哪个学者有权力可以强迫执政党或政府该做什么、不做什么，也没有哪位政治家有权力可以命令某位学者该说什么、不该说什么。搞研究，就难免有对有错，对那些即使是被证明观点已经错了的人，也要宽容与不施加任何压力，这是实行"双百方针"的起码要求。倡导和保护学术自由，是繁荣和发展学术的客观规律，违背这一规律势必受到惩罚，这是古今中外的历史所一再证明了的。法学实用主义就是从这样或那样的"政治"需要出发，实行"鸟笼"政策，不允许对现行政策或制度说个"不"字，甚至对领导人讲的话只能说对，不能说不对，否则就动辄"抓辫子、扣帽子、打棍子"。新中国成立后的前 30 年，党和国家吃这样的亏太多太大了。从 1957 年反右派到 1959 年党内反右倾，结果是把党外和党内的嘴都封了。"文化大革命"这场历史浩劫，也是发端于对知识分子言论和学术观点的批判和镇压。1976 年天安门前的"四五运动"和 1978 年的真理标准问题大讨论，为冲破思想理论禁区奠定了第一块政治基石；党的十一届三中全会的召开，就是一次号召全党全国人民思想大解放的动员大会。从此，中国的法学研究也迎来了新的春天。在这以后的 30 多年，中国法学家们之所以能够为我们国家的法治建设作出自己应

---

① 《邓小平文选》第 1 卷，人民出版社，1994，第 12 页。

有的贡献，在很大程度上首先应当归功于党和国家所创造的宽松的学术环境，对学者的职责和政治家的权力的定位比较适当，基本上摒弃了"法学实用主义"。

必须指出，上述"五个主义"并不是彼此没有联系和孤立的，而是相互影响与制约的。虽然它们涉及认识论和价值论的不同领域，但是同人类所共同创造的文明都是不能相容的，不仅同马克思主义的哲学世界观格格不入，也同一切进步的科学的哲学世界观背道而驰。因此，认真开展马克思主义法哲学的研究，对繁荣中国法学，使其在世界法学之林也能独树一帜，具有非常重要的意义。应当看到，中国社会主义法治国家的建设还需要经历一个长久的过程。尽管经过30多年的努力，对这"五个主义"的批判和克服已经取得重大进展，但远未彻底摒弃，有些问题仍然比较严重地存在。中国法学如果要起到它指导中国法治建设实践所应当起的作用，并为人类法律文化宝库作出贡献，继续反对和彻底摒弃这"五个主义"具有决定性作用。

三　法哲学与马克思主义

我国马克思主义法理学还处于青年时代。随着法制建设经验的逐步积累和人们认识水平的不断提高，它必定在广度和深度上获得大的发展，其体系也必将日益完善。应该说，这是一种必然趋势。而要将马克思主义法理学发展到一个新的层次和新的高度，就需要法学知识人在思想观念、学术视域和研究方法上不断地进行开拓和创新。换言之，现阶段的法理学研究需要在已经取得的成就的基础之上，朝着"法理学自觉"的方向发展。它应该回到中国的社会生活，回到中国的社会政治实践，回到民族文化本身，走出教条化的僵硬模式，回应"法治社会"与"和谐社会"之构建所蕴含的一系列重大理论问题。这就需要用哲学的眼光来研究法律和法学问题。

马克思主义法哲学的研究对象是作为一种社会现象的法以及作为思想现象的法律意识的唯物论与辩证法问题。这些为研究法的最一般的概念、范畴、原理、原则与规律的马克思主义法理学提供了基本方法。马克思主义法理学必须具备中国学术背景，必须具有强烈的现实针对性。它在理论上要想提升到新的层次、发展到应有的高度，就必须建立起体现时代精神的马克思主义法哲学，为其奠定坚实的思想和方法论基础。

马克思主义法哲学体系的要素最主要涉及法的本体论和认识论。就法的本体论而言，法的结构由法的内容、法的形式和法的精神三个部分构成。法的内容涉及经济、政治、文化、家庭、民族等社会现象的各个方面，这诸多方面的存在和发展受其规律性的支配，立法者必须很好地理解和掌握这种规律性。法的形式体现了"法"作为一种特殊社会现象，有自己质的规定性和特殊本质，不应将"法"作为社会意识的范畴来加以理解和把握。法的精神具有抽象性，它贯穿和体现在法的内容和法的形式中，集中地表现为法律原则和立法旨意。法的结构既关注"法实际是什么"的问题，又不抛弃"法应当是什么"的价值关切。中国要成功地创建社会主义法治国家，需要切实地建立完备的法律制度体系，这是高度技术性的科学问题，但与此同时还需要符合人类文明发展方向的基本价值的指引。法的"实然"与"应然"乃是新的法理学中的重要范畴，必须高度重视立法的技术问题和现代法的精神问题。

就法的认识论而言，它所要解决的是人们法律生活世界的真理问题，实质上是一个主客观关系的问题，这与法的本体问题紧密关联。法的本体论就是法的存在论，所要解决的是作为社会现象的法存在的根据问题。它乃是一个确立批判实在法之标准的重大问题，目的在于防止实在法的非理性，以保证自由和人权的实现。我们强调法的客观性和物质性，并非要简单套用盛行已久的"马克思主义哲学原理"中的句子或者词汇，而在于守护法的本体，守护合乎理性和人道价值的法的标准。而法的认识论应以现实法律生活为立足点，对于立法和司法的现实经验加以研究。法律应当是对人类事物（关系）之本质的普遍而真实的表达。法调节着各种客观的社会关系，这些社会关系有着不同的性质、特点和发展规律，这就是孟德斯鸠所谓"事物的法的本质"。立法必须以客观事实为基础，以事物的本性为前提，以客观发展规律为依据，以合理地处理利益与伦理关系为原则，充分考虑客观需要与可能，而不能主观臆断。法律人和法学研究者都必须从客观存在的事物的本质和规律出发，而不能从某些先验的原理和原则出发，也不能从人们的主观看法和愿望出发，以达到对法律现象的科学认识和把握。

回首 20 世纪 80 年代以来我国法理学研究的历史，我们不难发现，人们对于法的外部联系——法律与道德、法律与民主、法律与政策等——研究得比较多，但对法律自身的特点和内部规律，如法的规范、法律体系、法的形式、法的特征、权利与义务、法的稳定性与变动性等，则研究得较少，或者研究得不够深入。例如，法的稳定性与变动性的辩证统一，是法律发展的一条重要规律，然而，什么是法的稳定性，它有什么意义，等等，这些问题尚未取得真正有意义的研究成果。从总体上看，这与法哲学研究的薄弱有很大的关系。

法的演变和发展是由它自身的基本矛盾所决定的，法既具有客观性、物质性，同时又具有主观性、意识性。对立面之间必然存在既相适应又相矛盾的情况。但正是对立面之间的运动决定了不同历史时期法的不同性质和特点，推动着法律得以不断变化和发展。这就是我所谓的"法的两重性"。法的两重性充分反映了马克思主义法哲学之法的辩证论和法的发展观，应该是构建马克思主义法哲学体系的逻辑起点。

根据法的客观性要求，法的内容要正确反映它所调整的现实社会关系与社会秩序的状况。法及其制度本身是客观的，有自己独立的品格，有自己的质与量、内容与形式、逻辑与规律，有自己发生与发展的历史，并非以人的主观意志为转移。人的认识只能发现它、表述它，而不能发明它、创造它。过去有的同志否认或不尊重法律这一社会现象自身的规律性，任意采取一些不符合法自身特点与规律的做法，结果给国家的政治法律生活造成了巨大灾难。

法的主观性则表明了法的人为性，人们在制定法与实施法的过程中，总是以某种法律意识为指导。法意识渗透、体现、贯穿在法现象的各个领域与方面。承认法具有主观性、意识性，并非提倡、鼓励或默许立法、司法、执法、守法与护法的任意性。强调法的主观性的根本意图，在于反对机械反映论，坚持辩证唯物论的能动的反映论，充分肯定人的能动性，承认法对社会的巨大的能动作用。明确法与法律意识之间的区别，从本性上把法理解成一种外在于人们的思维和意志的客观的社会存在，同时又不否定贯穿于法的各个领域的主观属性，由此就揭示出现实的社会关系与法律之间、法律与人的法律意识之间存在的相互影响、促进与制约的基本关系。它们之间的矛盾运动，内在地决定着法的性质与面貌，推动法向前发展。人类法律存在的整体图景也由此而得以逻辑地呈现。

　　法以维护一定社会关系与社会秩序为目的。一方面，社会关系的不断变化、发展推动着法的不断变化、发展；另一方面，一定历史发展阶段之社会关系的性质与状况，决定着法的内容，从而也决定着整个法的性质与状况，由此而呈现人类历史上不同类型的法与法的演进序列。法由低级向高级的发展，是由各种社会关系的性质与状况由低级向高级的发展所决定的，而法的形式是否科学合理，是否适应一定时代之经济政治文化的性质、状况与客观要求，也在很大程度上决定了法的类型和本质。然而，法一经制定，必定通过对一定社会关系的调整与社会秩序的维护，而产生对社会、政治、文化等各方面的重大反作用。因此，法本身的内容是否正确、形式是否科学、是否具备良好的法实施的主、客观条件，就绝非一个小问题。现实的社会关系与法这对矛盾是主要的、基本的，具有决定性意义的。法的全部内容，包括法规范、法原则、法概念，都必须真实地反映与体现现实社会关系的现状、规律与需求。也就是说，法的变化与发展取决于现实社会关系的变化与发展。

　　总而言之，马克思主义法理学的研究需要严格遵循马克思主义法哲学的基本立场和方法，对法的一系列基本概念与范畴的含义、演变与运用作进一步的科学界说与分析，深入探讨法现象与法思想中主客观的关系问题。在此前提下，我以为我国马克思主义法理学今后的发展从总体来说应当具有四个方面的特点。第一，它应当成为开放型的法理学。正如马克思主义总结和吸取了以往一切优秀文化遗产一样，马克思主义法理学也必须批判地吸取其他法理学中一切有科学价值的成果和各种合理的因素以丰富自己，而不能把自己封闭起来，拒绝接受各种有益的东西。第二，它应当成为发展型的法理学。正如任何事物都是处于永不停息的运动中一样，马克思主义法理学也应当不断地发展，而不能停留在一个水平上。它不能把自己现在已经达到的科学水平看成已穷尽了真理，而应当为不断发现真理、接近真理的全体而开辟道路。第三，它应当成为指导型的法理学。一方面，对于社会主义法制建设中一切合理的东西，对于其他法学分支学科中一切正确的观点，马克思主义法理学应当从理论上作出论证与辩护；另一方面，对于社会主义法制建设中一切不合理的东西，对于其他法学分支学科中一切不正确的观点，马克思主义法理学也应当从理论上予以否定和纠正。马克思主义法理学不仅要说明现在，而且要指导未来，不断为法制的完善与法学的发展指明方向。第四，它应当成为实践型的法理学。实践性应是马克思主义法理学的一个重要特征，它的每一条原理和原则，都应当来自实践，又为实践服务，在实践中得到检验与发展，从而永葆自己的青春和强大生命力。

（李步云：《关于法哲学的几个问题》，《中国社会科学院研究生院学报》2006 年第 2 期；李步云：《"五个主义"的摒弃与中国法学的未来》，《现代法学》2009 年第 5 期；李步云：《法哲学为法学研究提供智慧》，《人民日报》2014 年 6 月 20 日）

论法学与法理学

陈春龙[*]

  法学，亦称法律学或法律科学。春秋战国时，我国即已出现近似用法，如"以法为教"（《韩非子·五蠹》），"喜刑名法术之学"（《史记·老子韩非列传》）。自魏晋设"律学博士"官职，教授法律，掌管律令以后，又有"律学"之称。[①] 学者指出，"从律学上以言其变：（甲）法学之盛限于战国；（乙）律家之著仅在汉魏；（丙）律学之衰确自东晋"。[②] 而"法学"一词在中国的普遍使用，则是在19世纪末20世纪初西方文化广泛传入之时。

  "法学"，在英语和法语中称为 Jurisprudence，在德语中称为 Jurisprudeny，在俄语中称为 ЮРИСПРУдЕНЦNЯ 。上述语言中的"法学"一词，都导源于拉丁语 Jurisprudetia，而这个词义由 Jus 和 Providere 演变而来。Jus 解释为义理、正义，引申为法律；Providere 解释为先见，引申为知识。二者结合起来，则成为有系统有组织的法律知识，这就是"法学"一词的由来。在西方语言中，法学一词也是在19世纪后期才广泛使用的。

  在世界主要语言中，表示"法学"意义的词汇有：（1）英语：Jurisprudence；Science of law；Legal science。（2）法语：Jurisprudence；Droit；Science du droit。 （3）西班牙语：Jurisprudencia。 （4）意大利语：Diritto；

---

  * 陈春龙，中国社会科学院法学研究所研究员，曾任法理研究室主任。

  ① 《通典·职官》："律学博士，晋置，属廷尉。卫觊奏请置律学博士，转相教授，东晋以下因之。梁曰胄子律博士，属廷尉。陈亦有律博士。后魏、北齐并有之。隋大理寺官属有律博士八人。大唐因之，而置一人移属国学。助教一人，从九品上。"

  ② 陈顾远：《中国法制史》，商务印书馆，1935，第二章。

Scienza del diritto。（5）德语：Rechts-wissenschaft。（6）俄语：ЮРИСПРУ
дЕНЦNЯ；ЮРИдИЧЕСkKNE；Hay KN。（7）拉丁语：Juris prudentia；Ju-
ris doctrina。（8）日语：ほら ガく；ほらりつガく。（9）汉语：法学、法
律学、法律科学、律学。

在外国语言中，"法学"与"法理学"往往由一个词来表示。如英语、
法语中的 Jurisprudence 和西班牙语中的 Jurisprudencia 一词，不仅指总体意
义上的法学，而且常用来指法学的某一分支学科，还作法理学、法哲学
解；俄语中的 ЮРИСПРУдЕНЦNЯ 一词也称为法理学，有时还用它来表示
法律实际工作者所从事的专门业务活动。在英语国家中，"法学"与"法
律"有时可以互相代用。俄国的法学 Jurisprudence of Russia，实指俄国的
法律；法国的法学 Jurisprudence of France，也实指法国的法律。出现这种
情况，是基于下述认识：必须具备有系统、有组织的知识，而自成为一种
科学的，才能称之为法学。

一　法学的概念

什么是法学？古往今来的法学家、思想家从各自的阶级立场、学术观点和
思维方式出发，受各自所处时代的历史局限，对此问题作出了不同的回答。

（一）乌尔比安的法学概念

最早最著名回答该问题的，当推古罗马"五大法学家"之一的乌尔比
安。他认为，法学者，关于人事及神事之知识，而剖别正与不正之学科
也。就是说，法学是有关人与神的知识，判别正义与非正义的学问。这个
法学概念将法律、宗教和道德混同一体，从现在的观点看，它不够科学，
但这本身恰恰反映了当时法学的状况。

乌尔比安处于罗马帝国前期，当时出现了一个新的法学家集团。他们
协助皇帝立法，出任高级行政、司法官吏，编写法学著作，解答法律问
题。有的法学家的解答被皇帝授权赋予法律效力，成为罗马法的一个重要
组成部分。正因为如此，与其说这些人是理论家，毋宁说他们是政治家。
他们的主要任务，是解决当时急需的、具体的问题，用精确的措辞和严密
的逻辑作出结论，以适应当权者的统治。在理论色彩上，他们大多墨守成

规，创见甚微。所以，虽然乌尔比安处于罗马奴隶制法学发展的全盛时代，但他关于法学的概念，也只能如实反映当时法律规范与宗教戒条、道德规范融为一体的状况。这在当时，应该是最适当的法学概念。

（二）格老秀斯的法学概念

17 世纪，新兴资产阶级思想家、法学家、近代国际法学奠基人格老秀斯等人提出了一种新的自然法学说（现在通称为古典自然法学派）。他们也将法的本质归结为理性和人性，但与以往的自然法学说不同，他们着重的是人的理性和本性，而不是什么宇宙、自然的理性，特别不是神的理性或意志。对于神学，他们都是以不同形式持反对态度的。这种观点反映在对法学的认识上，就形成了格老秀斯给法学下的定义：法学者，从正义而生活之学科也。就是说，法学是研究人们如何依据正义而生活的学问。这个法学概念有三个特点。

第一，从法学概念的角度冲破了中世纪神学对法学的束缚，使法学从神学分支的附属地位而自立成一门独立的学科。

第二，将法学的基础置于正义之上。以正义为法学的基础，是西方法学的传统。从词源上看，法与正义或与正义的同义词，如公平、公道和公正等，是不可分的，法学与正义也就紧密相联。上述乌尔比安关于法学是判别正义与非正义的学科的概念就是一例。但在乌尔比安看来，所谓正义，首先是指是否符合神或上帝的意志。作为资产阶级法学家，格老秀斯更强调法学与正义的紧密联系，虽然还不能完全摆脱宗教的影响，但与古代和中世纪法学家的正义观不同，他将正义归结为自由、平等和人权。平等是近代意义上的公民在法律面前人人平等，包括政治上（公法上）的平等。应该肯定，法学可以也应该研究法与正义的关系，但问题在于：在阶级社会中，正义观念同法一样，具有阶级性。不指明正义的阶级属性，就无从辨明某一行为是否合乎正义。另外，从今天的科学分类法看，法学的研究对象仅限于正义，也与伦理学相混淆。

第三，格老秀斯的法学概念注重实践性，即注重法律在现实生活中的具体应用，而对法学上的理论问题则未提及。这是由当时法学的发展尚处于初创阶段，法学家均致力于法律的解释和适用，对于法学上的原理原则研究不够所造成的。

（三）莱布尼茨的法学概念

在格老秀斯稍后的著名资产阶级哲学家、法学家莱布尼茨提出了典型的资产阶级法学概念。他认为：法学者，权利之学问也。就是说，法学是研究个人权利的学科。而法则是用以保护个人自由、限制国家权力非法侵犯个人权利的手段。

权利是法学的基本范畴，以权利为法学的研究对象，标志着法学自此进入一个新阶段，在法学史上具有重要意义。莱布尼茨所指的权利，是针对封建专制主义的政治压迫而提出的人的生命权、安全权、自由权、平等权、财产权、追求幸福权和反抗压迫权等，这在当时无疑具有进步性，但从阶级实质上看，则主要是指资产阶级一个阶级的权利，广大劳动人民实质上是被排除在外的。而且，权利与义务不可分割，没有无权利的义务，也没有无义务的权利。该法学概念只讲权利不讲义务，也很不科学。

（四）现代西方法学概念

近代法学产生以后，由于资产阶级的重视，发展十分迅速，著述繁多，学派林立，对法学的研究逐步深入，对法学概念的认识也日益明确。

现在，资产阶级法学家一般都认为法学是以法为研究对象的科学。例如，"法学即法律学。最广泛的解释，是指以法为研究对象的各种学问的总称"；[1] "法学是关于法律的制定、实施、研究及教育等领域的各种科学性活动的总体"；[2] "法律学是法律的学术或理论，是研究法律原理和现象的学科"。[3]

这些关于法学的概念，从形式上看，反映了现代法学的状况，具有一定的规范性和科学性。但从实质上看，当然只能是为资产阶级利益服务的。

---

[1] 《世界大百科事典》第 28 卷，日本平凡社，第 96 页；上海社会科学院法学研究所编译《法学总论》，知识出版社，1981，第 51 页。

[2] 法国《拉鲁斯百科全书》第 11 卷，华夏出版社，2004，第 6770 页；上海社会科学院法学研究所编译《法学总论》，知识出版社，1981，第 42 页。

[3] 余文景编译《英国法律辞典》，香港大块出版公司，1980，第 158 页。

（五）马克思主义法学概念

19 世纪 40 年代，马克思主义的出现为法学领域带来了根本性变革。依据马克思主义的观点，我们认为，法学的概念应该是：法学是以阶级社会中的法为对象，全面系统地研究法的一门社会科学。

这个概念有三个特征。第一，法学以法为研究对象，而不仅以法学基本范畴之一的权利为对象，也不以正义、神事等为对象。这从概念上划清了法学与伦理学、宗教学的界限，使法学具有独立的完整的研究对象，增强了该学科的科学性，使马克思主义法学与前资本主义法学相区别。第二，指明了这种法是阶级社会中的，突出了法学的阶级性，使马克思主义法学同现代资本主义法学相区别。第三，指出法学是社会科学的一种，明确了法学在科学中的地位。马克思主义的法学概念将法学置于真正的科学基础之上，为法学的深入发展指明了方向。

二 法学的对象

根据什么原则确定一门科学的研究对象？恩格斯说："每一门科学都是分析某一个别的运动形式或一系列互相关联和互相转化的运动形式的。"① 毛泽东同志说："科学研究的区分，就是根据科学对象所具有的特殊的矛盾性。因此，对于某一现象的领域所特有的某一种矛盾的研究，就构成某一门科学的对象。例如，数学中的正数和负数，机械学中的作用和反作用，物理学中的阴电和阳电，化学中的化分和化合，社会科学中的生产力和生产关系、阶级和阶级的互相斗争，军事学中的攻击和防御，哲学中的唯心论和唯物论、形而上学观和辩证法观等等，都是因为具有特殊的矛盾和特殊的本质，才构成了不同的科学研究的对象。"② 因此，要解决法学的研究对象问题，必须把握法学这门科学的矛盾特殊性，分清这门科学同其他科学的联系和区别，尤其要分清它与社会科学中各具体学科如政治学等的联系和区别。

---

① 恩格斯：《自然辩证法》，人民出版社，1971，第 227 页。
② 《毛泽东选集》第 1 卷，人民出版社，1991，第 284 页。

马克思主义认为，建立在经济基础之上的政治法律制度和与之相适应的社会意识形态，是社会的上层建筑。法是社会上层建筑的重要组成部分，它同其他部分的区别，就在于法是国家制定或认可的、调整统治阶级与被统治阶级之间及统治阶级内部关系的特殊行为规则，它以国家强制力为后盾，以保证其遵守和执行。不是别的，正是法的这一特殊本质，把法学同包括政治学在内的其他社会科学严格地区分开来。基于上述认识，我们认为：法学，是以阶级社会中的法为对象，全面系统地研究法的一门社会科学。它主要研究法的内容、形式、本质、特点和作用，研究法的产生、发展和消亡的规律，研究法同其他社会现象的关系，研究统治阶级如何制定法律、实施法律，使法律有效地为阶级统治服务等。

（一）法学研究法的规范

法的规范即法律规范，是国家机关通过和颁布的一切法律文件中所包含的规范的总称，这些文件包括宪法、行政法、刑法、民法、经济法、婚姻家庭法、诉讼法等具体的法律、法令和其他法规。社会关系是错综复杂的，作为调整这些关系的法律也就多种多样。法学首先要以这些法的规范为对象，研究它的内容、形式、本质、作用以及各种法律之间的联系，使这些复杂纷繁的法律文件形成一个有条理、有系统的整体。

（二）法学研究法的规律

法学不仅研究法的规范本身，而且要研究法的起源和发展，剥削阶级国家的法的类型和演变，社会主义国家的法的产生、发展和最后消亡。所有这些过程都是有规律地发生的。在这些过程中，反映了不以人的意志为转移的客观规律的作用。研究和揭示法的产生、发展和消亡的客观规律，正是马克思主义法学的重要内容。

（三）法学研究法同其他社会现象的关系

在纷繁复杂的社会现象中，法只是其中之一。在研究法的规范、法的规律时，必须深入研究复杂的社会现象，研究法同其他社会现象，如国家、经济、道德、政策、宗教等之间的关系，深入理解社会发展规律。

马克思指出："社会不是以法律为基础的，那是法学家们的幻想。相反地，法律应该以社会为基础。法律应该是社会共同的，由一定物质生产方式所产生的利益和需要的表现，而不是单个的个人恣意横行。现在我手里拿着的这本《拿破仑法典》（*Napoleon Code*），并没有创立现代的资产阶级社会。相反地，产生于 18 世纪并在 19 世纪继续发展的资产阶级社会，只是在这本法典中找到了它的法律的表现。这一法典一旦不再适应社会关系，它就会变成一叠不值钱的废纸。"① 19 世纪初，普鲁士国王弗里德里希·威廉四世违背社会经济关系的客观要求，不顾新兴资产阶级势力集团的反对，"把法律看作是统治者的意志的一时灵感"，制定与社会关系相脱节的法律，"因而经常发现法律在世界的'硬绷绷的东西'上碰得头破血流"。② 这就是违背"法律应该以社会为基础"的结果。制定法律时不能脱离社会关系，对法律进行研究时同样不能如此。如果离开社会关系来研究法律，就不可能理解法律的精神，并作出正确的解释。

（四）法学研究法的制定和实施

如果法学把自己研究的范围局限在简单地记录法律资料，分析和注释现行法律条文，抽象地表述法的发展规律，那它就不是一门真正的科学，不是一门实用的科学。在这种情况下，正如德国的一位老法学家曾经指出的，立法者的笔一动，整部的法律丛书就都成了废纸。法学的任务还应研究为什么要制定这种法律，能否制定这种法律，怎样制定这种法律，即研究立法思想、立法原则、立法技术和立法程序等问题。对于我们来说，应该着重研究怎样在社会主义法律中反映人民的意志，怎样总结实践经验制定法律，为健全社会主义法制和促进现代化建设服务。法律制定出来以后必须实行。如不实行，再好的法律规定也是一纸空文。所以，马克思主义法学不仅要研究如何制定出符合人民利益的法律，而且要研究如何保证人民的法律在实践中得到贯彻执行，保证法律面前人人平等的原则不折不扣地实现。

（五）法学研究法律思想

一定社会的法律思想，也是法学研究的重要对象和内容。任何法律制

---

① 《马克思恩格斯全集》第 6 卷，人民出版社，1956，第 291—292 页。
② 《马克思恩格斯全集》第 3 卷，人民出版社，1956，第 379 页。

度都与在一定社会中占统治地位的法律思想有不可分割的联系；同时，在被统治阶级和统治阶级中还存在反对现存的社会制度和法律制度的法律思想。因此，法学也必须研究这些法律思想的内容，研究法律产生的历史条件和阶级基础。

三　法学的分类

任何一门独立的学科，如经济学、文学、史学等，在其内部又都科学地划分为许多分支学科，这些分支学科共同构成这一学科的一个有机体系。分支学科的划分与否，对于该学科体系的建立和该学科的深入发展有着重要意义。法学研究的法律现象错综复杂。为了使研究工作专门化、科学化，人们在长期的法学研究实践中，按照法律现象的种类、范围和研究目的的差异，将法学分为一些具体的门类。由于人们掌握的事实和材料不同，由于观察和研究问题的角度不同，由于总结和概括问题的方法和途径不同，关于法学的分类，也就有各种不同的观点。

（一）法律哲学与现实法学①

法律哲学即法理学，研究各种法律现象的最高原理，又称一般穷极原理之学，具有一般性和穷极性两个特点。

现实法学，又称成法学，即就一国一时代的法律现象而研究其理论的学问。现实法学的形成晚于法律哲学。因为在法律与宗教、道德相混的时代，国家无独立的成法，现实法学也无从谈起，而那时的法律哲学则早具规模。如柏拉图、亚里士多德的法律哲学早倡于古希腊，而成法学则是后来由古罗马法学家奠基。

（二）一般法学与特别法学②

一般法学研究法学的全体概念。它不拘泥于具体的法律现象，而综合其共同的东西，或比照其类似的现象，以获得学识的概要为主。所以，从

---

① 参见欧阳谿《法学通论》，上海法学编译社，1947，第 10—13 页。
② 参见欧阳谿《法学通论》，上海法学编译社，1947，第 10—13 页。

事法学者，必先研究一般法学，然后再进一步从事特别法学的研究。

特别法学，是研究特殊社会的特殊法律现象的学问。如民法学、商法学、行政法学、宪法学等。特别法学的研究范围有限，所以研究的结果较之一般法学，也更为精详。

（三）法律哲学与法律科学①

法律哲学包括法律对象论、法律价值论和法律认识论。法律对象论，以明确法的本质和法律现象的要件为目的。法律价值论，以研究法及法律生活的理想、法的目的——正义公平和法的价值为目的。法律认识论，以研究法及法律现象的真理和法学的研究方法为目的。

法律科学包括一般法学、法律史学、比较法学、法律解释学和立法政策学。一般法学，又称法学纲要、法学通论、法学原论。法律史学，研究法律制度史和法律学史。法律制度史已有完全系统的分科，法律学史则不发达，尚未建立独立的体系，仅在法律哲学中谈及。比较法学，比较不同法系、民族、国家的法律制度，明确相互间的异同，为将来的立法和对现行法的解释提供资料。法律解释学，又称注释法学、理论法学，以正确认识现行法规的内容为目的。它的实用价值大，所以最为发达，占法律科学的主要部分，是法学研究的中心。法律解释学包括公法学与私法学两部分。属于公法学的有宪法学、行政法学、刑法学、诉讼法学、国际公法学等。属于私法学的有民法学、国际私法学等。立法政策学，又称批判法学、法律政策学、法律社会学。它研究现行法规与社会实际生活之间的关系，研究如何确立和改进法律制度理论，使之与社会生活的现状及发展相适应。立法政策学以全部现行法规为对象，以自由的立场，超越既成法域，评论、批判现行法规的社会价值。

（四）法律史学、法律科学和法律哲学②

法律史学包括法制史和法律学史。法制史即法律制度史，有编年体与纪事本末体之分。编年体最初以时代为序，在各时代中，分别记叙民事、

---

① 参见吴学义《法学纲要》，中华书局，1935，第73—81页。
② 参见张映南《法学通论》，大东书局，1933，第231—235页。

刑事等部门法。纪事本末体，最初即以民事、刑事等部门法为纲，在每一部门法中再以时代为序。法律学史研究法律学的沿革变化。

法律科学，主要是对现行法的解释，也包括对立法的研究在内，下分民法、宪法、刑法等。

法律哲学研究法和法律关系的渊源、本质，以及法律的社会评价等，下分总论和各论两部分。各论又包括私法哲学、刑法哲学、国法哲学。法律哲学总论，以研究法、权利和义务的本质为主。法律哲学各论，则对各种权利存在的根据和本质进行研究。上述研究的结果，是就法律对社会和国家的价值问题作出评价，制定将来法的总政策。而从来称之为法理学或法律哲学的，都不过限于总论一方面，各论部分不包括在内，这是不适当的。

（五）沿革法学、比较法学、系统法学和法理学①

沿革法学研究法律的历史、沿革变迁情况。

比较法学研究世界各国的立法，与本国法律比较其优劣而折中取之，作为立法和说明法理的材料。

系统法学，全面系统研究一国法律的基本原理。

法理学即法律哲学，为哲学的一种，以研究法律的基本观念和最高原理为目的，如法律的性质、产生原因等。

（六）法学理论、现实法学和法律史学

法学理论是从总的方面，探求各种法律现象基本的、普遍的原理，包括法哲学、立法学、法律社会学、比较法学等。

现实法学研究现行的各种法律规范，包括宪法学、组织法学、选举法学、行政法学、刑法学、民法学、婚姻家庭法学、诉讼法学、国际法学等。

法律史学研究历史上不同国家、不同类型的法律制度和法律思想的形式、实质、特点及其产生、发展和消亡的规律，包括法学史学、法律制度史学、法律思想史学等。

---

① 参见朱采真《现代法学通论》，世界书局，1935，第1—3页。

（七）理论法学、法律史学、国际法学、外国法和比较法学、立法学和法律社会学、法学与其他学科之间的边缘学科、部门法学①

理论法学包括法学基础理论、现代西方法律哲学、苏联法律理论、中国法律思想史、外国法律思想史。其中，中国法律思想史和外国法律思想史介乎理论法学和法律史学之间。

法律史学包括中国法制史和外国法制史。中、外法制史和中、外法律思想史，又均可分为通史、专史、国别史、断代史等。

国际法学包括国际公法学、国际私法学、国际民商法学、国际经济法学、国际刑法学等。

外国法和比较法学包括各国法律制度、比较法总论、比较宪法学、比较刑法学、比较民法学等。

立法学研究立法的原则、技术、程序及对立法的评价等。法律社会学研究法律在社会中是否实施、如何实施，研究法律的社会作用和效果等问题。

法学与其他学科之间的边缘学科包括法律心理学、刑事侦查学、证据学、法医学、司法鉴定学、司法精神病学、法律统计学、法律教育学等。

部门法学包括宪法学、行政法和行政诉讼程序法学、民法学、经济法学、劳动法和社会福利法学、自然资源法和环境保护法学、家庭法学、刑法学、司法诉讼程序法学、军法学等。

上述七种分类法，基本上反映了新中国成立前后我国法学界关于法学分类的主要观点。这些主张各有其依据，从不同角度反映了我国当时法学研究的状况，其中第七种分类法则较为准确、细致一些。然而，旧中国法学家关于法学的各种分类今天显得过于陈旧，科学性、完整性与系统性较差。第七种分类法又似烦琐，且有些地方还可进一步商榷。例如理论法学中标明现代西方法律哲学和苏联法律理论，是其细致之处，但除此二者之外的其他法系和国家的现代法学理论如何安排，未作交代。又如部门法学问题。我们认为，部门法学是相对于总体意义上的"法学"而言的。就是说，法学的各个分支学科，无一例外都是法学的各个部门。所有部门法学

---

① 参见陈守一、沈宗灵《论法学的范围和分科》，载北京市法学会首届年会论文集编辑组编《法学论集》，法学杂志社，1981。还有一种分类法，将法学分为八类，但与此种分类法相似，只是将其中的法律史学分为中外法律思想史和中外法律制度史。

的总和才构成总体意义上的"法学",缺少任何一个部门法学都不行。而第七种分类法的"部门法学"中,则明确地把理论法学、法律史学等六类分支学科排除在外,是不符合部门法学的本来意义的。第七种分类法中的"部门法学"以部门法为根据,这是比较流行的做法,其正确性在于部门法的划分是法学分科的基础。但这仅仅是基础,并不能由此推论出有多少部门法,就只有多少部门法学。因为部门法中的"部门"是相对于一个国家的全部法律说的,部门法学中的"部门",则是相对于整个法学来说的。法律不等于法学,法律体系不等于法学体系。比如没有哪个国家制定过关于法学理论的法律,可法理学一直存在,是法学不可缺少的组成部分。忽视部门法与部门法学中"部门"二字的不同依据,将二者等同起来的做法,是不足取的。而如果第七种分类法中的"部门法学"包括理论法学、法律史学等在内的话,则该种分类法就难以成立。另外,七类法学中未开列法学史学,亦有碍其完整性。

四 法学的体系

体系,指若干有关事物互相联系、互相制约而构成的一个整体。体系的概念可以应用于整个自然界,如恩格斯说过,"我们所面对着的整个自然界形成一个体系,即各种物体相互联系的总体",[①] 也可以应用于自然界和人类社会的某一领域,如工业体系、农业体系、理论体系、语言体系等。举凡世界上较复杂之事物或群体,一般都有自己的体系,并且在总体系下还可分成若干层次的分支体系。科学是一种体系,它是人们关于自然、社会和思维的知识体系。在科学这个总的知识体系下存在自然科学体系和社会科学体系,社会科学体系下又有文学体系、史学体系、经济学体系、政治学体系和法学体系等之分。

法学体系,亦称法律科学体系、法学理论体系,它是在一定的法学思想和原则的指导下,由各部门法学组成的一个科学的、有机联系的统一整体。社会科学中的不少学科都研究法,专门研究法的法学本身又分为若干部门,形成一个互相联系、互相制约的有机体系。古往今来的法学,如中

---

① 《马克思恩格斯全集》第20卷,人民出版社,1956,第409页。

国古代的法学、中国半封建半殖民地时期的法学、近现代资产阶级各种流派的法学等，虽各有特点、情况不一，但都在各自的长期研究中形成了自己独立的体系。法学体系，从其研究对象——法律由经济基础决定来讲，是不能由人们随意创造的。离开以经济为基础的社会客观需要的任何法学体系，都经不起实践的检验。但是，从社会意识对于社会存在的相对独立性讲，法学体系又是人们在遵守客观规律的条件下通过长期深入的研究而形成的。促使具有中国特色的马克思主义法学体系的形成，是摆在我国法学工作者面前的迫切任务。这包含下列意思：（1）阐明我国法学研究的对象、方法、基本原则和具体内容；（2）规定我国法学的分类；（3）阐明各部门法学之间的联系和区别。

我们认为，我国法学体系的构成，应该借鉴其他法学体系的长处，但主要还是应从中国法学研究的现状出发，充分反映中国的特点，并尽量做到简明扼要、脉络清晰、条理分明、体系完整。据此，我们设想的我国马克思主义法学体系，由三个层次、四个类别、各部门法学和各种具体学科所组成（见图1）。

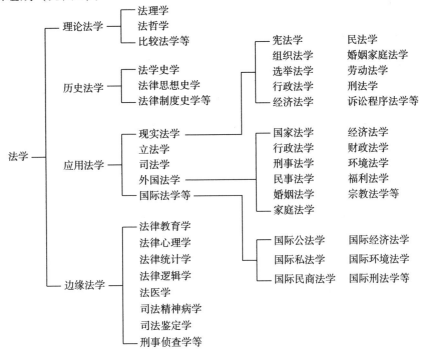

图1　法学的体系

在第一层次中，我们将整个法学综合归纳为理论法学、历史法学、应用法学和边缘法学四类。这样划分的目的，是考虑到法学门类众多、头绪纷繁，如按其基本特征分为四类，或能使眉目清楚一些。当然，由于纷繁多样的社会现象之间，有着各种错综复杂的联系，任何试图对其进行分类的做法，都不可能十全十美、无懈可击。只不过看哪一种分类法比较接近客观实际，比较易于为人们所接受罢了。

第二层次由各部门法学组成。各部门法学中，法理学作为一门部门法学，一方面，同其他部门法学一样，有其特定研究对象；另一方面，它与其他所有部门法学关系最密切，在各部门法学中居于主导和统帅的地位。法哲学在这里是作为与法理学并列的一门部门法学列入法学体系之中。传统意义上的法哲学只是法理学的别名，未真正在哲学的意义上使用，而法学领域中存在的许多问题，有待从辩证唯物主义和历史唯物主义基本规律和范畴的角度进行阐释和论证。抛弃陈旧的、名不副实的法哲学概念，在我国法学体系中建立和发展一门真正的法哲学，是有必要的。长期以来，对法学史学的研究未受到应有重视。法学作为一门独立的科学，有其本身发展变化的历史。研究这种历史的法学史学，应是我国法学体系中不可缺少的组成部分。

第三层次是部门法学下属的具体学科。图 1 只列举了现实法学、外国法学和国际法学的具体学科。这是因为，这三个部门法学下属的具体学科众多，自成系统，并不是说其他部门法学没有下属的具体学科。如法理学、法学史学、立法学和法律教育学等所有的部门法学，也都可以按照时间、国别或其他标准划分为若干具体学科。部门法学下属具体学科的划分，对于法学教学中课程的设置，对于法学研究中课题的选择，都有指导意义。

由上述三个层次组成的我国马克思主义法学体系，分开来看，是分门别类的各个部门法学和各个具体学科，各有其不同的研究对象；合起来看，则是一个层次分明、结构完整、和谐一致的有机体系。和谐一致，是构成任何体系的内部要素。法学体系的和谐一致，除必须重视其结构形式外，根本的还是要看组成该体系的各部门法学、各具体学科是否贯彻法理学的基本原则，看各部门法学和各具体学科本身的结构和体系是否严密完整。体系本身也是多层次的。除整个法学有自己的体系外，每一部门法学、每一具体学科也都有自己的科学体系，而在各部门法学之间、各具体学科之间又存在若干互相交叉重叠的情况。因此，各部门法学和各具体学科本身体系的和谐一致，是整个法学体系和谐一致的基础。

（一）理论法学

在法学分类和法学体系中，理论法学是法学中理论性、概括性、抽象性和普遍性较强的一类分支学科的总称。它从总的方面探求法学各个分支学科的基本原理，研究整个法律的性质和意义。它阐述的原理和规律，对全部法学均起指导作用。因之，它在各类法学中居于核心和主导地位。理论法学包括法理学、法哲学、比较法学等分支学科。法理学与法哲学可进一步分为中、外法理学和中、外法哲学。比较法学分为比较法总论与比较法各论。

（二）历史法学

一切事物都有其产生和发展的过程。列宁指出："为了解决社会科学问题，为了真正获得正确处理这个问题的本领而不被一大堆细节或各种争执意见所迷惑，为了用科学眼光观察这个问题，最可靠、最必需、最重要的就是不要忘记基本的历史联系，考察每个问题都要看某种现象在历史上怎样产生，在发展中经过了哪些主要阶段，并根据它的这种发展去考察这一事物现在是怎样的。"[①] 考察法学问题自不例外。要获得关于法学的真正知识，使法学真正建立在科学的基础之上，就必须考察研究法学在历史上是怎样产生的，经历了哪些发展阶段，有何规律可循。正是在对法学进行这种历史考察的过程中，形成了历史法学。

历史法学是法学中历史性、资料性和规律性较强的一类分支学科的总称。它从历史的角度探求曾经存在过的不同国家、不同类型的法学、法律思想和法律制度的内容、形式、特点、实质及其产生和发展的规律。历史法学包括法学史学、法律思想史学、法律制度史学等分支学科。法学史学、法律思想史学和法律制度史学均可依据国家、类型、时代等的不同，分为国别史、断代史、通史、专史等。如中国法学史、自然法学史、西方

---

① 《列宁选集》第4卷，人民出版社，1959，第43页。

法律思想史、印度法律思想史、世界法律制度通史、中国唐代法律制度史、刑法史、婚姻家庭法史等。

1. 法学史学

法学史学研究法学的产生、沿革和发展变化。法学作为一门独立的社会科学，有其本身发展变化的历史，研究这种历史的法学史学是整个历史法学的有机组成部分，正如经济史中包括经济学史一样。应该承认，人们对法学史学的名称是比较陌生的，造成这种陌生的原因，则是对法学史学的研究开展不够。早在 20 世纪 30 年代，就有法学家曾经指出，关于法律学史之组织的研究，尚未充分发达。是则不可不有待于法律学之发达，以期其进步。在我国法学蓬勃发展的今天，认真开展对法学史学的研究，是十分必要的。

2. 法律思想史学

法律思想史学研究不同时代、不同国家的不同阶级关于法律和法律现象的思想、观点、看法和主张，研究这些法律思想的产生、发展和变化的规律。

法律思想与法理学有密切关系。法理学是以一定的法律思想为基础，并对它加以自觉提炼升华，使之系统化、理论化。一般来说，法律思想是先于法律理论而存在的。凡有法律制度的地方，即使尚未形成某种法律理论，也必然有一定的法律思想存在。正因为法律思想同法理学关系密切，所以，法律思想史学在法学的分类上处于一种介乎理论法学与历史法学之间的地位。

任何时代、任何国家的法律思想，都不会是单调划一、一成不变的。不同的时代，同一时代的不同国家，同一国家的不同阶级，同一阶级的不同阶层，同一阶层的不同人士的法律思想，都会存在不同的差别，呈现五彩缤纷、百花齐放的局面。这种局面，在社会急剧变革的时期，尤其显著。但总的来说，不管任何时代，至少都可以找到一定的占统治地位的法律思想。这种法律思想，自然是同当时居于统治地位的阶级或阶层相联系的。

3. 法律制度史学

在历史法学中，对法律制度史学的研究比较充分，著述颇多。但由于对法律制度史学的研究对象认识不一，各学者之间所确认的法律制度史的体系和内容也大相径庭。只是在法学的研究对象基本明确之后，我国法律制度史的对象问题才大致确定了下来。即法律制度史学是研究历史上不同类型的法律制度的形式、内容、特点、实质及其产生和发展规律的科学。

法律制度史学与政治制度史学有密切的联系，但它不是一般地研究国家的历史问题。它所研究的，只是历史上的国家作为法律的制定者和维护者的活动和作用，以及法律对历史上的国家的存在所起的作用。法律制度史学要研究经济制度史学中的经济立法和经济司法，研究军事制度史学中的军法的制定和执行等问题。但它对历史上的田赋制度、货币制度、土地制度和兵制等，不进行全面研究。法律制度史学要研究历代法律的制定、编纂和沿革，但它不仅限于立法史，还包括司法、军法等方面的内容。由于中国历史上刑民不分、以刑为主的特点，中国法律制度史学的内容自然亦是以刑法的制定、内容、沿革及其对后世的影响为主，但它与中国刑法史不同，它还需要研究其他部门法的历史。

（三）应用法学

应用法学是法学中针对性、实践性较强的一类分支学科的总称。之所以称这类部门法学为应用法学，并不是说它们没有各自的理论（如刑法学有刑法理论，经济法学有经济法理论，国际法学有国际法理论，等等），而只是指这些理论同上述理论法学有所不同：它们主要是研究国内或国际的现行法律规范及其制定和执行情况。这些规范和情况，相对来说是比较具体的，同社会实践直接联系的。而理论法学相对来说是比较抽象的，是从应用法学中概括出来又用以指导应用法学的。毛泽东同志说："对于马克思主义的理论，要能够精通它、应用它，精通的目的全在于应用。"① 如果有了正确的理论，只是把它空谈一阵，束之高阁，并不实行，那么，这种理论再好，也只是停留在纯理性的阶段上。虽然从科学研究的角度讲，这种基础性、理论性的研究是不可缺少的，但不用它指导实践、加以应用，其意义和作用即受局限。法学产生于法律，法律起源于应用。故就基本方面讲，法学是一门应用的科学。失去应用性，法学本身也就所剩无几了。所以，在法学的所有学科中，应用法学是内容最丰富、研究最深入的

---

① 《毛泽东选集》第 3 卷，人民出版社，1991，第 817 页。

一类学科。

应用法学包括现实法学、立法学、司法学、外国法学和国际法学等分支学科。现实法学是指对一个国家全部现行法律规范的研究，可细分为宪法学、组织法学、选举法学、行政法学、经济法学、民法学、婚姻家庭法学、劳动法学、刑法学、军法学、诉讼程序法学等。立法学研究一国现行法律的制定、修改和废除。包括立法机关、立法原则、立法程序、立法技术等。司法学研究现行法律的执行和遵守，研究现行法律与社会生活之间的关系。外国法学与现实法学相对称，指除本国现实法学之外的其他国家的现实法学。这里则是指除中国现实法学之外的其他国家的现实法学。上述立法学和司法学也可分中外立法学和中外司法学，那么，为什么不将外国法学包括在现实法学之中，分为中外现实法学呢？这主要是从我国目前实际情况出发的。考虑到长期以来"左"倾思想对我国法学研究的影响，我们对外国法学的基本情况缺乏了解，将外国法学单列出来，引起重视，有利于开展对外国法的研究。外国法学又可按类型、法系和国别进一步分为各种具体学科，但从内容上讲，一般由国家法学、行政法学、刑事法学、婚姻法学、家庭法学、民事法学、经济法学、财政法学、保险法学、环境法学、福利法学、宗教法学或公法学、私法学、社会法学等组成。国际法学主要研究调整国际交往中国家间相互关系的原则、规则和规章、制度，包括国际法的主体、渊源、基本原则、执法方式等内容。国际法学的分类目前做法不一，通常可分为国际公法学、国际私法学及国际民商法学、国际经济法学、国际经济组织法学、国际货币法学、国际环境法学、国际旅游法学、国际刑法学、国际武器管制法学、空间法学、海洋法学等。

（四）边缘法学

边缘法学是法学与其他社会科学和自然科学相交接而产生的一类分支法学的总称。随着科学技术的发展和人类思维的进步，人们对各种事物间相互联系的认识愈加深刻。对某一学科的研究往往突破自身局限，站在诸学科之上的高度，从整体和联系上把握事物的本质。因此，随着科学的发展，在科学研究上同时出现了高度分化和高度综合两股潮流。高度分化的潮流使研究的对象愈来愈窄、愈来愈专，使各学科之间的分工愈来愈细、愈来愈严格；高度综合的潮流又使各学科之间相互渗透、相互结合，注重对各学科间的联系和交界部位的研究，使边缘科学、横断科学和综合科学层出不穷。正是在后一股潮流的推动下，形成了边缘法学。边缘法学是法学与其他社会科学和自然科学相交接而产生的一类部门法学的总称。边缘法学同应用法学一样，具有针对性和实践性的特征，也是一类应用法学。之所以把它从应用法学中单列出来，是考虑到它在具有针对性和实践性的同时，还具有其他应用法学所没有的边缘性、交叉性。正是这一特殊性质，使它在整个法学体系中赢得一席之地。

边缘法学内容很多，主要有法律教育学、法律心理学、法律统计学、法律逻辑学、法医学、司法精神病学、司法鉴定学、刑事侦查学等。上述学科既可以把它们都看作法学的分支，也可以把它们分别看作教育学、心理学、统计学、逻辑学、医学、技术学等分支。一身兼二任，正是边缘学科的独到之处。当然，前述应用法学中的司法学，亦称法律社会学，也是一种介乎法学与社会学之间的边缘学科。但由于它主要研究法律在社会生活中的实行情况，与立法学相对应一起放在应用法学中，则更为合适。

总起来看，这四类法学中，前两类侧重理论性，后两类侧重实践性。

五　法学与法理学

在法学体系中有这样一门学科，它的对象不同于其他各分支学科，又与各分支学科有最密切的联系。这门学科就是法理学。法理学是一门独立的学科，在整个法学中出现最早。它主要研究各种法律现象的基本的、普遍的概念、范畴、原理和规律。其研究对象具体包括：（1）关于法学的概念、对象、本质、分类和研究方法，法学与其他学科的关系，法学的历史发展规律；（2）关于法的概念、起源、本质、类型、作用、体系，法律解释，法律关系，法律意识，以及法同经济、政治、国家、道德等其他社会现象的关系等；（3）关于各种历史类型（奴隶制、封建制、资本主义、社会主义）的法的本质、特征和发展规律；（4）关于法的消亡等。

从以上对象看，法理学，就是新中国成立后被我国法学界称为"国家与法的理论"，现在去掉了"国家"而称为"法学基础理论"的学科。为什么不叫"法学基础理论"而称"法理学"呢？因为法理学作为法学的一门独立学科的名称，具有科学性、确定性和连续性。"学"者，精密确定、系统知识之整体也。其中包括众多理论，而绝非仅指某一种基础理论。举凡一门独立学科的名称，无不冠以学字，即此道理。如"刑法学"，其中既有关于刑法的基本理论，也有关于犯罪与刑罚的各种具体原理；既有世界各个国家、各个阶级在各个历史时期的刑法理论，又有关于犯罪与刑罚的总论与各论。在"刑法学"方面的著作中，不乏称之为《刑法基本问题》或《刑法基础理论》之类的著作，但并未因此将"刑法学"称为"刑法基础理论"。那么，为何出现以"法学基础理论"来代替"法理学"的情形呢？这主要是历史造成的，其根源则在于我们法学研究工作中长期存在的"左"的倾向。新中国成立初期，政治上我们学习苏联，于是在法学这个"政治性最强的"学科的教学和研究上，也全盘照搬苏联的模式。苏联称"国家和法的理论"，我们亦同样名之，除由于翻译原因，有时将"和"译作"与"之外，一字未改。至于"法理学"，则认为是资产阶级法学思想的代名词，无产阶级是不屑一顾的。近年来，在我国法学研究的对象问题上取得了进展，基本上统一了认识，将"国家与法的理论"中的"国家"去掉了，代之出现了"法学基础理论"，致使法理学之名一时难以登上社会主义法学的大雅之堂。我们认为，法理学的名称尽管是资产阶级学者提出的，但从学科名称上看，具有科学性，国内外法学界习用已久，内涵确定，易于同法学的其他分支学科相区别，易于以平等之地位与其他分支学科一起，并列于法学体系之中。资产阶级有自己的法理学，无产阶级也应有自己的法理学。

（一）法理学与法哲学

资产阶级法学家认为"法理学"与"法哲学"是同一学科，二者可相互通用。

1821 年，德国著名哲学家黑格尔把他的关于国家和法的著作称为《法哲学原理》。此后，"法哲学"名称即在黑格尔学派和其他法学流派关于国家和法律的一般问题的著作中得到使用。如奥地利实证主义法学家贝格博姆把他的论述法律一般问题的著作命名为《法律学和法哲学》（1892 年）；英国分析法学派的奠基人奥斯丁的著作名为《法律科学讲义或真正的法哲学》（1832 年）。但总的来说，在整个资产阶级法学界，除某些代表人物使用"法哲学"这个名称外，大多数法学家更喜欢用另外一些名称，如法学原理等。1881 年，日本法学家穗积陈重在日本开成学校讲授理论法学时，认为当时日本流行的"法哲学"名称形而上学的色彩太浓，提出并使用"法理学"这一新名称。自此，法哲学与法理学成为同义词，可以互为代用。①

传统法哲学，是资产阶级法学的一个分科，是资产阶级法学家用唯心主义哲学的方法抽象地、形式地研究法的一般问题的思想学说。他们不考虑具体的社会关系，而用逻辑抽象的办法来研究法律。虽然这种研究在法学上也有其价值，但其缺陷正如恩格斯指出的："在这里，历史哲学、法哲学、宗教哲学等等也都是以哲学家头脑中臆造的联系来代替应当在事变中指出的现实的联系。"② 传统法哲学的名称虽然一直在法理学的意义上使用至今，但现代资产阶级法学家也尴尬地觉得，虽名为"法哲学"，但实际不是讲哲学问题，"只有将这里所称的'哲学'从它的最非专业性的和最广泛的意义来解释，'法律哲学'这名称才不是用词不当"。③ 既然连发明此用法的资产阶级法学家，也因"法哲学"不具有哲学的专业性而苦恼，在法学分支学科愈来愈细、对象愈来愈单一明确，法理学又能科学地反映法学理论问题内容的情形下，我们还有什么理由不让"法哲学"从"法理学"的同义语中解放出来，赋予它真正哲学的含义，从而推动整个理论法学的发展呢？

我们认为，"法哲学"应该研究辩证唯物主义和历史唯物主义的基本范畴在法学领域的具体表现。如本质和现象、形式和内容、原因和结果、必然和偶然、可能和现实、矛盾的普遍性和特殊性、矛盾的同一性和斗争性、矛盾的对抗性和非对抗性、经济基础和上层建筑等范畴在法律领域的具体反映和应用。我们把关于法的一般理论问题的研究划归"法理学"。尽管法理学的研究也要以马克思主义哲学为指导，但与专门从哲学角度研究法律现象的法哲学，不是一回事。

① "法哲学"是德文 Rechtsphilosophie 的意译，"法理学"则近似英文 Jurisprudence 一词。
② 《马克思恩格斯选集》第 4 卷，人民出版社，1972，第 242 页。
③ 语见《不列颠百科全书》第 15 版。

（二）法理学与马克思主义哲学

马克思主义哲学，是研究整个自然界、人类社会和思维发展的最一般规律的科学。它的两个组成部分——辩证唯物主义和历史唯物主义的基本原理，对法理学的研究都具有指导作用。其中尤以历史唯物主义与法理学的关系最为密切。

历史唯物主义，是研究整个社会发展的普遍规律的科学。它也揭示社会现象中法这种现象的本质，及法与其他社会现象的联系。那么，是否可以因此取消法理学，用马克思主义哲学代替呢？不能。因为历史唯物主义有它自己的研究对象。它研究法，是从一切社会现象在一般历史进程中的地位这种角度来进行研究的。它揭示社会各个方面的本质，包括法的本质。但是本质并不等于法本身具有的全部内容。历史唯物主义研究法，是为了依靠法这种社会现象的材料，确定法这种上层建筑在一般历史过程中、在整个社会发展中的地位。所以，认识法的本质并不排斥必须有专门的科学来全面研究法、深刻认识法这种特殊社会现象的特殊发展规律。

有些现象是历史唯物主义和法理学都要研究的，比如民主问题。历史唯物主义全面研究各类民主的阶级内容、政治背景和经济基础，以及它在社会向前发展中的作用。而法理学则只从法的角度研究民主，研究民主与法制的关系，研究与民主相适应的法律制度、国家制度，即民主的制度化、法律化等。所以，历史唯物主义不能代替法理学。相反，只有在法理学研究的基础上，历史唯物主义关于国家与法的基本原理，才有可能完整系统、全面准确。

（三）法理学与其他分支法学

法理学与现实法学不同，它研究整个法律的性质和意义；现实法学只研究调整社会关系一定领域、一定种类的法律规范的性质和特点。法理学研究对任何法律部门都适用的法学概念，如一般的法律规范和法律关系的概念；而现实法学只研究本部门的法学概念，如行政法学只研究行政法规范和行政法关系，民法学则只研究民法规范和民法关系等。

因之，从方法论角度看，法理学是一门比较一般的科学。然而这个"一般"，不是普通意义上的一般，不是指其地位和作用的一般，而是相对于"特殊"的一般。它在事物具有的众多特殊性的基础之上概括、提炼出来，从各种原始的个性中，升华为适用于所有个性的普遍规律，反过来对各种具体事物加以指导。从这个意义上说，法理学在整个法学中的地位，不仅不一般，而且比其他所有分支学科都更为重要。学习、研究法理学，是学习和研究任何其他分支法学的基础，对于国家法制建设，对于人们融会贯通地理解社会主义法律，以便正确地执行和遵守，也起着指导作用。

法理学与历史法学有着紧密的联系。法理学要利用法的历史的事实材料，以作出自己的结论，要研究和揭示法的发展中典型的和有规律的东西。但是，法理学与法律制度史不同。它不研究历史上具体国家的法律制度，而是阐明各种历史类型的法和法律制度的基本特征；它不研究法和法律制度的具体历史发展过程，而是研究法和法律制度在历史发展过程中的一般规律。历史材料是研究法理学基本问题的素材，法理学则为法的历史现象的科学解释，提供理论依据。法学史、法律思想史与法理学的关系，同法律制度史有些不同。法学史应主要研究法理学的历史。法律思想史也具有一定的理论法学色彩，是介乎理论法学与历史法学之间的一门学科。

比较法学，是法学的一个分支学科，是一门独立的科学。它以世界各种法律为对象，采用比较、对照的方法，研究各种法律制度之间的同异及相互关系，促进对其他国家法律的了解，推动本国法律和国际法的发展，增进各国政府和人民之间的往来。有学者认为，比较法学不是一门独立的学科，仅仅是一种研究法学的方法。[①]

第一，不可否认，比较法学是从在法学研究中采用比较方法而逐渐成长起来的，如公元前6世纪，古希腊的梭罗担任了汇编雅典法律的任务，曾把各个城邦的法律搜集起来。公元前4世纪，亚里士多德为了设计一部典范的法律，曾经参照过不下158个城邦的法规等。但自从18世纪法国孟德斯鸠出版了他对东西方各国许多法律制度进行比较研究的著作——《论法的精神》之后，情形就有了质的变化。《论法的精神》的产生，不再仅仅是在法学研究中采用比较方法的问题，而是一项在全体规模上取得的比较研究的学术成果。因而在西方法学著作中，孟德斯鸠被认为是比较法学

---

① 如英国剑桥大学教授戈特里奇：《比较法》，剑桥，1945，第2—3页；苏联科学院通讯院士齐希克瓦节：《国家、民主、法制》，莫斯科，1967，第32页。

的奠基人。尽管该书从现在比较法学的角度看，有很多不足之处，但它为比较法学的诞生奠定了一块基石。自此以后，比较方法日益引起法学家的兴趣，比较法学的胚胎也逐渐在母腹中成长而愈来愈临近诞生期。1831年，法国法兰西学院第一次开设"比较立法讲座"，比较法学这个怀胎足月的婴儿作为整个分支法学大家庭中的一员正式诞生了。自19世纪初比较法的名称被确认之后，比较法学这一新生事物，以其迅猛之势飞速发展，如今已形成一个对象确定、门类齐全、研究深入、机构林立、著述繁多的兴旺学科。可以说，比较法学的繁荣，是现代法学的一个显著特点，反映和代表了现代法学的发展趋势。在这种情形下，我们还能以比较法学是从采用比较方法演变而来的理由，置现实于不顾，仍只承认它还是一种方法，不是一门独立科学吗？人是胚胎发育而来的，能因为这一点，就说婴儿不是人而是胚胎吗？何况比较法学已经不是婴儿，已经成长为一个朝气蓬勃的少年了。

第二，进行法学研究时采用的方法很多，如社会调查的方法、历史考察的方法、分析的方法等，比较方法仅是其中之一。由比较的方法产生比较法学，并不是特殊现象。如分析法律，实质上就是对法律进行解释、注释，中外历史上的注释法学（或称法解释学）和19世纪以来迄今的分析法学、规范法学，不就是从分析方法中产生的吗？更不用提社会调查的方法产生社会学、历史考察的方法产生历史学了。

比较法学有多种分类法。我们认为，大致可分为比较法总论和比较法各论两大类。比较法总论，包括对不同社会制度（如社会主义制度和资本主义制度）、不同法系（如英美法系和大陆法系）、不同国家（如美国和英国）和同一个国家的不同地区（如法国各省）、不同时代（如中国的唐朝和明朝）的法律制度进行比较，也包括对联邦制国家的联邦法与邦法或各邦法之间进行比较。从总的方面研究它们之间的共同点和差异点、继承性和发展性、现状和趋势等。比较法各论，则是就某一现实法或某个特定法律制度进行分门别类的具体比较，如比较宪法学、比较刑法学、比较民法学或审判制度的比较研究，立法制度的比较研究，国籍问题的比较研究，等等。

（四）法理学与"法理"

"法理"亦称条理，是指为社会多数人所公认的维持共同生活的原则、道理，如正义、公平等；或指从法的角度对事物的性质、道理和规律的理解。我国新中国成立前和现在台湾地区的法学家认为，法理是法的一种形式，可补充成文法和习惯法的不足，作为审判民事案件的依据。在台湾地区实施的"民法"第 1 条规定："民事，法律所未规定者，依习惯；无习惯者，依法理。"世界许多国家亦认为法理具有补充成文法和习惯法的效力。但也有人认为，法理本身并不具有法源的性质，只有通过判例法，即当依据法理所作的判决作为先例受到尊重和支持时，始得成为法源。从"法理"的含义看，法理自应成为法理学研究的对象之一。但不可因二者文字相同，望文生义，误认为"法理"即"法学理论"，法理学就是研究"法理"的科学，使法理成为法理学的唯一研究对象。

总体看，同世界主要国家比较，我国法学的研究状况是落后的，其中包括法理学。但在我国法学体系内部各学科之间进行比较，法理学的研究又是较为先进的。这是因为，新中国成立后诞生的新中国法学，一开始即以苏维埃法学为模式，法理学更以苏联国家和法的理论为蓝本，以国家与法两种社会现象为对象。在以后 30 余年的政治风雨中，对法的评价时起时落，政法院系的法律专业课大砍大减，严重阻碍了现实法学的研究。而法理学由于是法学的基础理论，不能不讲。而且，法让少讲，国家可以多讲。既讲，还得从法的角度讲。所以，法理学凭借一是基础，二有国家问题作屏障两项优越条件，虽然也研究肤浅、人云亦云，但与法学其他学科相比还算得天独厚、有所成绩。

1976 年特别是 1978 年以后，中国大地的新鲜空气为中国奄奄一息的法学带来了生机和希望。在党中央"发扬社会主义民主，加强社会主义法制"方针的指引下，我国法学界积蓄了 30 年的热情，以火山喷发之势迸射出来，就我国法律的各种问题、法学的各个领域展开了热烈的大讨论。诸如什么是法，国家为什么不能没有法，是否可以只要政策不要法，领导人的话是否就是法，法大还是党委大，无产阶级专政是否不受自己法的限制，如何理解法的阶级性，如何对待古代和外国的法，法律面前人人平等包含什么内容，要人治还是要法治，怎样评价"三权分立"，什么是法制，民主和法制是什么关系，法和道德是什么关系，党委审批案件是否必要、合法，如何独立审判只服从法律，如何评价无罪推定、诬告反坐等原则，经济法与民法是何关系，什么是经济法，法学的研究对象应否包括国家，等等。这些问题大部分属于法理学研究的范围。因此，人们常说，粉碎"四人帮"后是我国法学的春天，应该更准确地说，主要是法理学的春天。

然而，如何将关于法学基础理论问题的讨论推向深入，使我国法理学在已有基础上向前发展，仍是摆在我国法学界尤其是法理学界面前的一项重要课题。我们认为，要使我国法理学向前发展，第一，在总结前一段讨论的基础上，集中力量研究探讨当前国家法制建设和经济建设中提出的必须着重解决的问题。理论联系实际，把掌握的法学知识直接运用到立法实践、司法实践和法制宣传教育上，向全社会普及法律知识，可为法学研究提供原料、扩大视野、启迪思路。第二，在努力掌握马列主义理论的前提下，积极地展开新的讨论。第三，要学习和吸收社会科学其他学科和自然科学中的研究成果，开阔眼界、扩大知识面，要研究和掌握古今中外法理学的全部成果。第四，法理学的原理靠从其他分支法学中抽象出来，法理学的发展有赖于所有其他分支学科的前进。如果有些基本理论问题一时难以有新的突破，也可结合法理学研究，对分支法学理论进行研究。这样既利于分支法学具体理论的发展，也有助于对基本理论问题的突破。

（陈春龙：《试论法学》，《现代法学》1980 年第 3 期；陈春龙：《法学体系初论》，《法学研究》1983 年第 4 期；陈春龙：《关于我国法学研究对象问题的两次大讨论》，《中国法学》1984 年第 2 期）

比较研究与西方法学

周新铭　陈为典[*]

　　比较，是人们认识事物的一个基本方法。有比较才能鉴别，有鉴别才能发展。马克思主义经典作家历来十分重视比较方法，并把它卓有成效地运用于研究国家和法的理论方面，写下了许多光辉著作。为了繁荣我国社会主义法学，毫无疑问，我们应当提倡用比较方法研究法学。特别是在现阶段，随着全党工作着重点的转移，法学研究工作的着重点也应当转移到社会主义现代化建设上来。社会主义现代化建设为法学研究工作提供了前所未有的广阔前景，提出了许多新的理论课题。用比较方法研究法学，能够为立法工作提供大量资料，拓展法学教学与研究的广度和深度，较好地适应"四化建设"对法律科学的需要，有利于多出成果、快出人才，因而是我国法学发展合乎逻辑的要求。

一　比较研究：意义及必要性

　　比较法学作为一门科学所涉及的问题很多。它既有内部比较，即对社会主义国家法律制度的比较，又有外部比较，即对剥削阶级国家法律制度的比较。这些都需要深入地研究探讨。接下来不准备论述比较法学的实质性问题，而是着重就法学研究的比较方法的意义及其必要性，谈一些粗浅看法。

---

* 周新铭、陈为典，中国社会科学院法学研究所原研究人员。

（一）法学有阶级性，但并不排斥比较研究

提倡用比较方法研究法学，必须克服种种思想障碍。在阶级社会中，任何法学都有阶级性。同一类型的法学无疑是可以比较的，然而不同类型的法学可不可以比较呢？鉴于过去一段时期的历史教训，人们对此不免心有余悸，这就是一个思想障碍。因此，要提倡用比较方法研究法学。当前特别要继续排除极"左"思潮的干扰，解放思想，冲破禁区，拨乱反正，正本清源，从理论和实践上解决这一问题。

我国社会主义法学是以马列主义、毛泽东思想为指导，结合我国的具体实际产生和发展起来的。我国社会主义法学和一切剥削阶级法学没有连续性，不能混淆两者的原则界限。然而，法学是以法为主要研究对象的科学。法作为社会上层建筑的一部分，它由经济基础所决定，又反作用于经济基础，具有相对的独立性。所以，各种类型的法在其形成和发展过程中必然存在某些因素的历史联系性。剥削阶级的法诚然是剥削阶级意志的体现，但其中也有可供我们借鉴之处。社会主义法学和一切剥削阶级法学诚然有本质的区别，但我们也不能否定在古今中外的剥削阶级法学里，确也存在一些有益的经验和有用的东西。因此，我们的法学确有必要根据自己的需要批判地借鉴和吸收过去法学中某些有用的成分。

我国历史上许多有价值的法学遗产和法律制度，是可以被我们批判地吸收和利用的。例如，历代某些统治者为了处理好本阶级的内部关系，维护本阶级的根本利益，有时也要求统治阶级内部遵守他们自己制定的法律。春秋时期，齐国政治家管仲曾经提出："君臣上下贵贱皆从法，此谓为大治"（《管子·任法》），"禁不胜于亲贵"（《管子·重令》），"禁胜于身"（《管子·法法》）。个别封建统治者还提出了立法立信、执法守信思想。据史书记载，汉高祖刘邦破秦入咸阳，知民苦于秦法，乃召集父老，约法三章，这是我国有约法的开始。日本学者太宰春台的《经济录》卷8中"论约法"写道："凡立法之难，由于自上犯之，上能守法，则民必慎守而不敢犯，此约法之利也。""夫守法以由上守之为最美，上不守，下必不守，上下相守，则其法可垂千古，而无敢犯者矣，是之谓约法。"① 再

---

① 〔日〕穗积陈重：《法律进化论》第 2 册，第 39—40 页。

如，还有些封建统治者和思想家主张"慎刑"，认为对刑狱应持慎重态度。我国封建社会某些刑律规定了一套死刑复核制度。在《十五贯》这部戏里，苏州太守况钟抓住了"自擂堂鼓"、"凡死囚临刑叫冤者，再勘问陈奏"等规定，来平反冤狱。这些不是仍可供我们借鉴吗？

外国法学也有值得我们研究和借鉴之处。例如，17—18 世纪资产阶级思想家格老秀斯（1583—1645 年）、洛克（1632—1704 年）和卢梭（1712—1778 年）等人提出的自然法学说，就马克思主义关于国家与法律理论来分析，它纯属虚构。尽管如此，我们也不能简单否定它在西方法学史上的影响和作用。洛克虽然强调自由是只照着自己的意志做事，而不受别人意志的支配。但是，他又指出，自由在自然状态中要受自然法即人类理性的支配，在政治社会中又要受自己同意的制定法的支配。他写道："法律的目的不是废除或限制自由，而是保护和扩大自由。这是因为在一切能够接受法律支配的人类的状态中，哪里没有法律，那里就没有自由。这是因为自由意味着不受他人的束缚和强暴，而哪里没有法律，那里就不能有这种自由。"① 这就是说，在洛克的心目中，一方面，法律与自由并不是互相冲突的东西，法律的目的并不在废除或限制自由，而是保护和扩大自由；另一方面，自由不论在自然状态还是在政治社会中都要受到制约。目前，在我们国家有些人片面理解自由。在他们看来，自由就是"随心所欲"，自由就不能有所限制。这是对自由的一种曲解。洛克对自由与法律相互关系的论述，不是也值得我们借鉴吗？

毛泽东同志说过："我们决不可拒绝继承和借鉴古人和外国人，哪怕是封建阶级和资产阶级的东西。但是继承和借鉴决不可以变成替代自己的创造，这是决不能替代的。"② 事物都是互相联系的，要了解事物，必须从联系中去了解，从比较中去分析。真理和谬误，香花和毒草，真善美和假恶丑，都是相对立而存在的。对于同一类型的法学，运用比较方法，可以揭示共同的规律性，以及个别国家的特点，并且可以探索共同的法学问题。对于不同类型的法学，我们既不能全盘肯定，也不能简单否定。我们要根据实践是检验真理的唯一标准这一原则，运用比较方法，搜集材料，

---

① 〔英〕洛克：《政府论》下篇，叶启芳、瞿菊农译，商务印书馆，1964，第 36 页。

② 《毛泽东选集》第 3 卷，人民出版社，1991，第 882 页。

去伪存真，去粗取精，从我国实际出发，实事求是，有选择地学习和借鉴，择其所长，为我所用。

（二）对法学进行比较研究，是开展立法工作的需要

当前，举国上下正在发扬社会主义民主和健全社会主义法制，立法工作日趋完备。在起草法规的时候，既要从本国的实际出发，总结本国经验，也要了解国外的情况，参考国际经验。我们绝不能像林彪、"四人帮"那样，故步自封，夜郎自大，搞闭关锁国政策。在起草我国法规的时候，应当根据需要和可能，参考一些外国的立法资料。列宁在谈到立法工作时曾明确指出："凡是西欧各国文献和经验中所有保护劳动人民利益的东西，都一定要吸收。"[1] 我们应当看到，法律规范所调整的关系，既包括人与人之间的关系，也包括人和自然之间的关系。例如，为了保护环境，防止环境污染，需要制定环境保护方面的法规；为了保护自然资源，需要制定保护森林资源、水产资源以及野生动物资源等方面的法规。在现阶段，随着社会主义现代化建设的发展，需要学习、借鉴外国立法和法学的情况将不断增多，这可以说是一个必然的趋势。

还应当指出的是，现代世界上国家与国家之间交流频繁，公民与公民之间往来增多，一国的立法不仅有其国内意义，而且也有其国际影响。所以，我们在起草法规的时候，一定要注意现代法律发展趋势。就这一点来说，提倡用比较方法研究法学，对改善我国立法工作是必要的和有益的。

19世纪后期，比较立法学首先盛行于法国。1896年，法国在司法部设置"外国立法调查会"。1895年，在伦敦成立"英国比较立法学会"，并在一些大学里开办了比较立法讲座。这些学者研究的课题就是通过对世界各国许多新法典的比较研究，了解本国立法是否可以有所借鉴。实际上，近一个世纪以来，欧洲大多数国家的立法所走过的道路，特别是在民法、刑法、诉讼法以及行政法等方面的立法发展，都是彼此借鉴的。在最近20年、10年或者更短的期间内，某个国家所进行的立法改革如取得实效，更会很快地被其他国家引进，再结合本国的具体条件，作某些必要的修改。例如，英国的支票、德国的有限责任公司以及比利时在刑事案件中延期执

---

① 《列宁全集》第3卷，人民出版社，1959，第173页。

行的缓刑制度等，都是在其他国家的立法发展中被作为模型仿效的实例。当然，这些国家是资产阶级国家，共同的国家性质决定了它们的法律可以互相引进。我们是社会主义国家，我们的法律同它们的法律有本质的区别。然而，我们也要看到，由于资产阶级是资本主义生产方式的代表，他们为了巩固其统治地位，需要社会化大生产和稳定的社会秩序，以满足资产阶级最大限度地获取利润的需要。为了达到这一目的，他们不得不在局部的范围内，不断发展科学技术，改进生产管理，在组织社会化大生产、维持生产秩序、管理社会经济等方面，形成一套制度，并使之法律化。如环境保护法、发明奖励法以及经济合同制、岗位责任制等。这些经济立法既有压迫和剥削人民的一面，又包含科学方法的结晶。其中合乎科学的合理部分，可以供我们学习借鉴，可以供我们比较研究。

（三）对法学进行比较研究，是推动教学与研究工作的需要

恩格斯在晚年时曾经严厉地批评了当时在德国青年作家中流行的"贴标签"的研究方法。他指出："无论如何，对德国的许多青年作家来说，'唯物主义的'这个词只是一个套语，他们把这个套语当作标签贴到各种事物上去，再不作进一步的研究，就是说，他们一把这个标签贴上去，就以为问题已经解决了。"① 多年以来，由于极"左"思潮的干扰，我国法学界也曾经出现这种类似的"贴标签"的研究方法。这种方法的主要特点是离开实事求是、从实际出发以及具体问题具体分析这些马克思主义的若干原则，把"法律有阶级性"当作"标签"张贴。这一情况特别明显地表现在对资产阶级法学的研究上。长期以来，资产阶级法学成为"是非之地"、"政治禁区"，很多法学研究工作者望而生畏、裹足不前、不敢问津，致使这门学科长期徘徊，成为我国法学教学与研究中的一个薄弱环节。这种"贴标签"的方法，容易流于以偏概全，把本来复杂的事物简单化，从而容易产生概念化和公式化的倾向。将这种"贴标签"的方法用于教学与研究，其讲稿与作品不免内容单薄、言之无物，从而影响教学与研究的质量。

提倡用比较方法研究法学，其重要目的之一就在于改变类似这种"贴

---

① 《马克思恩格斯选集》第 4 卷，人民出版社，1972，第 475 页。

标签"的方法，应进一步提高法学的教学与研究水平。因为运用比较方法，必须查找资料，立足本国，开阔眼界，有利于扩大知识面，经过认真的比较研究，去伪存真，去粗取精，为法学的教学与研究提供可靠的依据。提倡用比较方法研究法学，或以本国为主，或以专题为主，兼采各国法律条文或法学学说之所长，这样内容自然较为丰实，能使学习的人扩大知识面，得到比较完整的、系统的知识。当前，我国法制建设已进入了一个新阶段。一些政法院校和法学研究机构正在陆续恢复和新建，法学战线形势喜人、形势逼人。在这种新形势下，法学的教学与研究人员不够的矛盾更加突出，更需要集中精力，避免分散，讲求实效。因此，提倡用比较方法研究法学，实在也是当前法学战线快出成果、多出人才的需要。

应当指出，提倡用比较方法研究法学，并不意味着排斥别的研究方法。恰恰相反，我们的比较方法应当而且要求同其他研究方法相结合。例如，可以把比较方法同历史方法和社会学方法结合起来。我们的比较方法应当广泛地依靠政治、经济资料和历史等各方面的资料。如果只从法律规范本身相比较，而同社会的政治、经济和历史诸因素相脱节，就必然得出脱离实际的错误结论。此外，提倡用比较方法研究法学，还应当注意从实际出发，实事求是，根据目前情况，是否可以在一些有条件的院校选择一些学科先做（如比较宪法、比较民法、比较刑法等），或开设专题讲座，编制国内外法学书目，交流期刊目录和简介，组织编译力量以及恢复法律专业出版机构等。目前看来，这些都是十分必要的，也是切实可行的。

二　法治思想：亚里士多德

不同国家的历史常有惊人的相似之处。我国历史上曾有人治和法治的论题。同样，在古希腊也有过"由最好的一人或由最好的法律统治"（所谓王治还是法治）的论题。① 亚里士多德（公元前 384—前 322 年）的老师、古希腊著名哲学家柏拉图（公元前 427—前 347 年）在《理想国》、《法律篇》等著作中，系统地阐述了这个论题。柏拉图的本旨是尚法不如尚智、尚律不如尚学。他立论的重点在明哲（智慧）而不在王权，他轻视

---

① 〔古希腊〕亚里士多德：《政治学》，吴寿彭译，商务印书馆，1965，第 162 页，注③。

呆板的法律而主张由"哲理家"治理。他把政治比作医学，把统治者比作医生，把被统治者比作"病人"，认为只要有好的医生，且病人听从医生的诊治，病自然就会治好。政治也是如此，只要有深知哲理的统治者，且人民服从他的聪明统治，政治自然也就会良好。柏拉图既然主张哲人政治，就必然尚王治而轻法治。虽然他并不全盘否定法律的作用，但在他看来，法律仅仅是智慧的或道德的准则。在他心目中，法律仅仅是劝告的，而并不是强制的。当然，他也并不完全否定法律的强制性质，特别是刑法具有的强制性质。他认为人们犯罪是理性的欠缺，如果有人不服从善意的劝告，国家可以用暴力来加以惩罚。若单纯用法律治理，就会把哲理家的手束缚住，犹如让高明的医生依照教科书去看病一样的狂妄。柏拉图到了晚年，特别是在《法律篇》中，他的思想观点有了显著的变化。他认为，如果治者不是哲理家，并且一时也没有好的方法使治者变成哲理家，则法治仍然比人治为好。他还说，这虽然不能称作最好的政治，却也可以叫作"第二等好的政治"。然而，由于他把法律仅仅看作智慧的或道德的准则，所以他始终还是把人治摆在第一位，向往着以理智、知识来统治的哲人政治。因此可以说，柏拉图作为人治论者的根本政治立场，到了晚年也仍然没有改变。

亚里士多德高度评价了柏拉图的学说，认为柏拉图的学说非常富有创造性，但他并不拘泥于自己老师的现成结论。他本着"吾爱吾师，吾尤爱真理"的科学精神，不仅大胆地对柏拉图"尚法不如尚智、尚律不如尚学"的人治主张提出了质疑，而且对人治和法治的论题进行了深入的研究，明确表示自己主张法治，系统地阐发了自己的法律观点。他的法律思想与前辈相比，有了更进一步的发展。

（一）比较研究与亚里士多德

亚里士多德生活于公元前4世纪，是奴隶主阶级的思想家。他主张法治优于人治，但并不抹杀人的智虑。他重视发挥法律的重要作用，又考虑到法律不能包罗无遗，而并不完全否定贤者的作用。但即使是在这种情况下，他也反对一人之治，而主张众人共治，不能搞个人专断。他强调制定良好的法律，保持其稳定，并保证获得普遍的遵行，反对凭借财富或朋从，取得特殊权力，反对任何人享有凌驾于法律之上的特权和不受法律约束的随心所欲的"自由观念"。列宁曾经指出,在评价某个思想家的思想时,应当时刻记住,"判断历史的功绩,不是根据历史活动家有没有提供现代所要求的东西,而是根据他们比他们的前辈提供了新的东西"。① 我们在分析某个思想家的观点时,自然应当注意他所生活的那个时代和他所在的那个国家的社会政治经济条件。由于历史和阶级条件的限制,亚里士多德的法律思想有其局限性,最突出的表现就是,像他对国家的看法一样,他是根本否定法律的阶级性的。我们知道,在阶级社会中,法律只能是统治阶级意志的表现,只能是统治阶级专政的工具;没有对各阶级都一视同仁的法律。任何统治阶级的法律都不能不渗透着这个阶级的感情,事实上不可能存在什么"没有感情的智慧"的法律。尽管这样,我们仍然不能不承认亚里士多德关于建立法制的本旨在于谋求长治久安,维护和巩固自己政体于"不坠"。主张立良法、皆服从等法律观点是在 17~18 世纪资产阶级革命初期正式提出来的,然而,早在公元前 4 世纪,亚里士多德就已经注意到,"一个城邦要有适当的法制,使任何人都不至于凭借他的财富或朋从,取得特殊的权力,成为邦国的隐忧"。② 从历史唯物主义的观点来看,应当肯定他的上述思想是非凡的,也是值得研究和借鉴的。

众所周知,我国是一个有几千年封建传统的国家,历来重人治而轻法治。法律虚无主义思想在我国有深厚的历史根源和社会根源。当然,我国历史上也出现过不少有识之士,从维护其本阶级的利益出发,竭力主张法治。如战国时期赵国思想家慎到曾经指出,人治的弊病在于"以心裁轻重"。他说过:"君人者舍法而以身治,则诛赏予夺从君心出矣。然则受赏者虽当,望多无穷;受罚者虽当,望轻无已。君舍法而以心裁轻重,则同功殊赏、同罪殊罚矣,怨之所由生也"(《慎子·君人》)。可见,"诛赏予夺从君心出","以心裁轻重",不能不说是人治难以克服的弊病。亚里士多德将法律看作"没有感情的智慧",虽然有抹杀法律阶级性的一面,但如果从法律并非个人意志,立法要立信这方面来讲,也不能说没有一点道理。直至今天,"法不徇情"的原则不是仍然值得提倡和坚持的吗?法律作为集体的智慧,依法办事,总比一言堂、个人说了算,更合情理;有法

---

① 《列宁全集》第 2 卷,人民出版社,1959,第 150 页。
② 〔古希腊〕亚里士多德:《政治学》,吴寿彭译,商务印书馆,1965,第 268 页。

可依，总比以言代法、独断专行，更顺民意。因此，探讨、研究和借鉴亚里士多德的法治思想，应该说具有一定现实意义。

亚里士多德是西方学术史上的杰出人物。马克思称他为"古代最大的思想家"，① 恩格斯也曾称他是古希腊哲学家中"最博学的人"。② 马克思、恩格斯在赞誉亚里士多德那"百科全书式的科学"时，肯定了他卓越的、多方面的学术造诣。事实也的确如此。亚里士多德毕生从事巨大的学术理论工作，不仅兴趣非常广泛，研究范围遍及各个领域，而且学问十分渊博，学术成果名列许多学科，为后世留下了大量而珍贵的文化遗产。除了政治学之外，对哲学、伦理学、逻辑学、心理学、物理学、美学等学科，他都进行了深入的研究，并分别写下了开创的或重要的论著。亚里士多德不仅博学多能、才智过人，而且治学严谨、孜孜不倦。据说他的名著《政治学》一书，是在对古希腊和其他城邦的150多种政治体制作过比较研究之后写成的。这既是一部专门讨论政治理论问题的论著，同时又是一部讨论国家和法律等现实政制问题的著作。它堪称一部创立了剥削阶级政治学体系的巨著。尽管资产阶级学者对《政治学》一书的评价不尽一致，但资产阶级政治学在体系和内容上，都与它有着密切的联系，可以说在基本的方面都没有摆脱它的影响。《政治学》实际上一直为其后欧洲各个历史阶段的剥削阶级政治学者所继承。因此，亚里士多德作为剥削阶级政治学的创始人，其《政治学》一书作为剥削阶级政治学的开山之作，不仅在西方政治思想史上，而且在世界学术发展史上，都占有重要地位并具有不容否定的价值。其中关于法律和法治思想的论述尤其值得探讨。

（二）人治与法治

亚里士多德法律思想的一个重要内容是，他高度评价了法制的作用。他认为，一般政体之所以要建立法制，"其本旨就在于谋求一个城邦的长治久安"。③ 因此，"为政最重要的一个规律是：一切政体都应订立法制并安排它的经济体系，使执政和属官不能假借公职，营求私利"；④ "使任何

① 〔德〕马克思：《资本论》第1卷，人民出版社，1975，第494页。
② 转引自《哲学史》第1卷，三联书店，1972，第117页。
③ 〔古希腊〕亚里士多德：《政治学》，吴寿彭译，商务印书馆，1965，第273页。
④ 〔古希腊〕亚里士多德：《政治学》，吴寿彭译，商务印书馆，1965，第269页。

人都不至于凭借他的财富或朋从，取得特殊的权力"。① 在他看来，法律是一种"没有感情的智慧"，具有一种人治所不能做到的"公正性质"。他明确地指出："法律是最优良的统治者。"② 在《政治学》一书中，他系统地论证了法治之所以优越于人治的理由。

首先，他认为人治难免感情用事，法治才能避免偏私。他说："虽最好的人们（贤良）也未免有热忱，这就往往在执政的时候引起偏向。法律恰恰正是免除一切情欲影响的神祇和理智的体现。"③ 他强调指出："凡是不凭感情因素治事的统治者总比感情用事的人们较为优良。法律恰是全没有感情的；人类的本性（灵魂）使谁都难免有感情"；④ "要使事物合于正义（公平），须有毫无偏私的权衡；法律恰恰正是这样一个中道的权衡"。⑤ 在他心目中，人治中的人，尽管有贤哲的，然而他有感情，因之难免会产生不公道，从而会使政治腐化。用法律来统治，则可以避免政治腐化或个人专制的弊病。

其次，他认为实行法治并不意味着会抹杀人们的智虑。一方面，他写道："法律确实不能完备无遗，不能写定一切细节，这些原可留待人们去审议。主张法治的人并不想抹杀人们的智虑，他们就认为这种审议与其寄托一人，毋宁交给众人。"⑥ 另一方面，他又提出了一个很重要的论点："对若干事例，法律可能规定得并不周详，无法作断，但遇到这些事例，个人的智虑是否一定能够作出判断，也是未能肯定的。"⑦ 我国历史上人治与法治的问题之所以长期争论不休，除了社会制度等根本原因外，一个重要原因就是在争论中双方各执一词。主张法治的人认为，有治法而后有治人，批评对方"人存政举，人亡政息"；主张人治的人又认为有治人而后有治法，批评对方"徒法不足以自行"。诚然，法律由人制定并依靠人去执行，再好的法律也确实做不到包罗无遗。亚里士多德认为，主张法治的人"并不想抹杀人们的智虑"。他又强调，在法律规定并不周详而无法作

---

① 〔古希腊〕亚里士多德：《政治学》，吴寿彭译，商务印书馆，1965，第268页。
② 〔古希腊〕亚里士多德：《政治学》，吴寿彭译，商务印书馆，1965，第171页。
③ 〔古希腊〕亚里士多德：《政治学》，吴寿彭译，商务印书馆，1965，第169页。
④ 〔古希腊〕亚里士多德：《政治学》，吴寿彭译，商务印书馆，1965，第163页。
⑤ 〔古希腊〕亚里士多德：《政治学》，吴寿彭译，商务印书馆，1965，第109页。
⑥ 〔古希腊〕亚里士多德：《政治学》，吴寿彭译，商务印书馆，1965，第171页。
⑦ 〔古希腊〕亚里士多德：《政治学》，吴寿彭译，商务印书馆，1965，第168页。

出判断的情况下，"个人的智虑是否一定能够作出判断，也是未能肯定的"。我们认为，这个观点不仅明显反映了他倾向于法治，同时应当承认他的立论是很精辟的。

最后，他主张发挥集体的智慧和众人的监督作用，来保证法律的实施。他进一步问道："法律所未及的问题或法律虽有所涉及而并不周详的问题确实是有的。这时候，即需要运用理智，那么应该求之于最好的一人抑或求之于全体人民？"① 他明显地排斥了一人之治。他说："（除了不能无所偏私以外），一人之治还有一个困难，他实际上不能独理万机。"他认为，对于一人之治可以这样推想：这个人的智虑虽然可能比成文法周详，却未必比所有不成文法更广博。② 所以，在他看来，不成文法（习惯法）比成文法更有权威，他更承认习惯法的效力。

（三）变革与稳定

法律制定之后，既不应该一成不变，又要维持其必要的稳定性，这是亚里士多德法律思想的另一个重要内容。

他针对有些思想家考虑变革法制的利弊，明确写道：人类一般都择善而从，不完全蹈习父亲的故常而专守祖辈的旧制。因此，他表示，不仅"原始的许多习俗（不成文规律）必须废改，而且随后所立的成文规律也不应该一成不变"。③ 为此，他从多方面作了论证，概括起来主要有三点。其一，他认为，"有时确实可说变革是有益的，在其他各种学术方面已屡经证明因变革而获得进步，例如医疗、体育以及其他种种技术和工艺"。④ 其二，他认为，"在政治方面，恰恰同其他学艺相似，不可能每一条通例都能精确而且无遗漏地编写出来：用普遍词汇所叙录的每一成规总不能完全概括人们千差万殊的行为"。⑤ 其三，他认为，事实上"初期的法令律例都是不很周详而又欠明确，必须凭人类无数的个别经验进行日新又日新的变革"。⑥ 这就是说，在亚里士多德看来，法律之所以不应该一成不变，而

---

① 〔古希腊〕亚里士多德：《政治学》，吴寿彭译，商务印书馆，1965，第163页。
② 〔古希腊〕亚里士多德：《政治学》，吴寿彭译，商务印书馆，1965，第170页。
③ 〔古希腊〕亚里士多德：《政治学》，吴寿彭译，商务印书馆，1965，第80—81页。
④ 〔古希腊〕亚里士多德：《政治学》，吴寿彭译，商务印书馆，1965，第79页。
⑤ 〔古希腊〕亚里士多德：《政治学》，吴寿彭译，商务印书馆，1965，第81页。
⑥ 〔古希腊〕亚里士多德：《政治学》，吴寿彭译，商务印书馆，1965，第81页。

必须不断地予以废、改、立，原因就在于，不仅法律如同其他事物一样，必然随着人类社会的不断发展变化而发展变化，而且法律作为一种人们的行为规范，"也允许人们根据积累的经验，修订或补充现行各种规章，以求日臻完备"。①

亚里士多德在承认法律应该实行变革的同时，也很强调要注意法律的相对稳定，反对"轻率的变革"。② 他说，法律的"变革实在是一件应当慎重考虑的大事。人们倘使习惯于轻率的变革，这不是社会的幸福"。③ 因此，他主张法律的变革不仅要权衡利弊，研究这种变革是否在全部法律和政制上要全面进行或应该局部进行，而且要研究"变革可以由任何有志革新的人来执行还是只能由某些人来办理"。④ 他认为这些问题的"抉择都是很重要的"。

亚里士多德强调维护法律的相对稳定，反对轻率变革，其主要理由是：第一，他认为"要是变革所得的利益不大"，或者"变革所得的一些利益也许不足以抵偿更张所受的损失"，"则法律和政府方面所包含的一些缺点还是姑且让它沿袭的好"。⑤ 第二，他认为变法这个问题同其他技艺的变革有相似之处，但"并不完全相符；变革一项法律大不同于变革一门技艺"。⑥ 第三，他认为"法律所以能见成效，全靠民众的服从，而遵守法律的习性须经长期的培养，如果轻易地对这种或那种法制常常作这样或那样的废改，民众守法的习性必然消减，而法律的威信也就跟着削弱了"。⑦ 这就是说，在他看来，法律变革与否，如何废、改、立，不能以人们的主观愿望为转移，而必须以"社会的幸福"、"法律的威信"为依据。很显然，法律如同国家一样，具有强烈的阶级性。只有适应这一个或那一个阶级的阶级统治需要的法律，而没有也不可能有对各个阶级都"一视同仁"的超阶级的法律。在阶级社会中，任何统治阶级立法的目的，都在于体现自己的意志和维护自己的利益。因此，任何统治阶级不仅关心法律的废、改、

---

① 〔古希腊〕亚里士多德：《政治学》，吴寿彭译，商务印书馆，1965，第168页。
② 〔古希腊〕亚里士多德：《政治学》，吴寿彭译，商务印书馆，1965，第81页。
③ 〔古希腊〕亚里士多德：《政治学》，吴寿彭译，商务印书馆，1965，第91页。
④ 〔古希腊〕亚里士多德：《政治学》，吴寿彭译，商务印书馆，1965，第81页。
⑤ 〔古希腊〕亚里士多德：《政治学》，吴寿彭译，商务印书馆，1965，第81页。
⑥ 〔古希腊〕亚里士多德：《政治学》，吴寿彭译，商务印书馆，1965，第81页。
⑦ 〔古希腊〕亚里士多德：《政治学》，吴寿彭译，商务印书馆，1965，第81页。

立，使之日益完善，而且注意法律的稳定，维护其权威，保障其实施。如果法律颁布之后不能实施，或者朝令夕改、变化无常，那么法律就会失去稳定，立而无信，如同具文。当然，亚里士多德所讲的法律，是指古希腊奴隶主阶级的法律，归根到底是维护奴隶主阶级利益的。亚里士多德主张法律既要不断地废、改、立，又要保持相对稳定性，树立极大的权威性，这是很有见地的观点。

（四）良法与守法

亚里士多德的法律思想的再一个重要内容，是他不仅主张制定良好的法律，而且强调必须使其获得普遍的一体遵行，既反对超越法律之上的特权，又反对不受法律约束的"自由观念"。

他写道："我们应该注意到邦国虽有良法，要是人民不能全部遵循，仍然不能实现法治。"他认为，"法治应包含两重意义：已成立的法律获得普遍的服从，而大家所服从的法律又应该本身是制定得良好的法律"。① 可见，他所主张的法治是有条件的，一方面要制定法律，而且必须立出良法；另一方面有法必依，而且必须得到普遍遵守。

什么是亚里士多德心目中的良法呢？在他看来，"法律的实际意义却应该是促成全邦人民都能进于正义和善德的（永久）制度"。② 他说，政治学上的善就是"正义"，正义以公共利益为依归。按照一般的认识，正义是某些事物的"平等"（均等）观念；"相应于城邦政体的好坏，法律也有好坏，或者是合乎正义或者是不合乎正义。这里，只有一点是可以确定的，法律必然是根据政体（宪法）制定的；既然如此，那么符合于正宗政体所制定的法律就一定合乎正义，而符合于变态或乖戾的政体所制定的法律就不合正义"。③

至于如何才能使法律得到一体遵行，他认为，主要应该通过法制教育，使人民养成守法的习惯，树立守法的自觉性。他说，"人类的欲望比他的财产更须使它平均；这就必须用法律来订立有效的教育，人欲没有止

---

① 〔古希腊〕亚里士多德：《政治学》，吴寿彭译，商务印书馆，1965，第199页。
② 〔古希腊〕亚里士多德：《政治学》，吴寿彭译，商务印书馆，1965，第138页。
③ 〔古希腊〕亚里士多德：《政治学》，吴寿彭译，商务印书馆，1965，第148页。

境，除了教育，别无节制的方法"。① 他强调指出："在我们所曾讲到的保全政体诸方法中，最重大的一端还是按照政体（宪法）的精神实施公民教育——这一端也正是被当代各邦所普遍忽视的。"②

关于法制教育的重点，他特别强调两个方面：一方面，他认为"立法家的首要责任应当在全邦杜绝一切秽亵的语言。人如果轻率地口出任何性质的恶言，他就离恶行不远了"。③ 另一方面，他认为"大家当一致同意少年的教育为立法家最应关心的事业"。④ 在他看来，要想保证法律得到一体遵行，不仅要反对营私和特权，而且特别要反对无视法律的"自由观念"。他认为，自由与法律并不是相互对立的。自由的行使，必须遵守法律规定的共同生活规则，绝不允许"各自放纵于随心所欲的生活"，而不受任何约束，否则，只能导致社会的混乱。他说："平民主义者先假定了正义（公道）在于'平等'；进而又认为平等就是至高无上的民意；最后则说'自由和平等'就是'人人各行其意愿'。在这种极端形式的平民政体中，各自放纵于随心所欲的生活，结果正如欧里庇特所谓'人人都各如其妄想'（而实际上成为一个混乱的城邦）。这种自由观念是卑劣的。公民们都应遵守一邦所定的生活规则，让各人的行为有所约束，法律不应该被看作（和自由相对的）奴役，法律毋宁是拯救。"⑤

把自由限制在法律所许可的范围以内，这是亚里士多德法律思想的一个重要组成部分。我们知道，近代一些资产阶级启蒙思想家明显地承袭了他的这个论点。例如，伏尔泰说过："自由只服从法律。"孟德斯鸠也说过："自由是做法律所许可的一切事情的权利；如果一个公民能够做法律所禁止的事情，他就不再有自由了，因为其他的人也同样会有这个权利。"⑥ 1789 年法国《人权宣言》也作过类似的规定："自由就是指有权从事一切无害于他人的行为"；"各个公民都有言论、著述和出版的自由，但在法律所规定的情况下，应对滥用此项自由负担责任。"在阶级社会中，任何自由都不是抽象的，不要任何秩序的自由是根本不存在的。即使是在

---

① 〔古希腊〕亚里士多德：《政治学》，吴寿彭译，商务印书馆，1965，第 70 页。
② 〔古希腊〕亚里士多德：《政治学》，吴寿彭译，商务印书馆，1965，第 275 页。
③ 〔古希腊〕亚里士多德：《政治学》，吴寿彭译，商务印书馆，1965，第 403 页。
④ 〔古希腊〕亚里士多德：《政治学》，吴寿彭译，商务印书馆，1965，第 406 页。
⑤ 〔古希腊〕亚里士多德：《政治学》，吴寿彭译，商务印书馆，1965，第 276 页。
⑥ 〔法〕孟德斯鸠：《论法的精神》上册，张雁深译，商务印书馆，1961，第 154 页。

资产阶级国家，他们也要使资产阶级民主制度化、法律化，也不能不运用制度和法律的力量，以协调本阶级内部的矛盾，从而更有效地对人民群众实行专政。在我们社会主义国家里，人民群众享有法律保护的各项自由权利。但这种自由权利也不是绝对的、无义务的。我们所讲的自由，只能是为绝大多数人享受的自由，绝不是少数人压迫多数人的自由，因而绝不允许出现以践踏、牺牲其他公民的自由为条件的所谓"自由"。广大人民群众有享受和行使民主权利的充分自由，同时，任何人的民主、自由又必须以不影响他人的民主、自由和不危害人民民主专政的社会主义制度为条件，必须以承担宪法所规定的公民义务为前提，这是我们社会主义民主生活的起码准则。在我国现实生活中，有些人往往喜欢大谈抽象的"自由"，他们认为：或者是自由，或者是不自由，自由就不能有条件，有条件就不算自由。这是一种形而上学的片面的错误的观点。当然，我们所讲的自由和两千多年前亚里士多德的自由观是有本质区别的。但是，他主张自由要受法律约束，要把自由限制在法律所许可的范围内，自由只能依法行使，反对各行其是、随心所欲、无拘无束的"自由观念"。无疑，这些观点直到现在对我们也仍有可供借鉴之处。

三　自然法学：历史演变

自然法学说是资产阶级法学中的一种历史最久、起源最早的法学理论。这种法学理论在西方法学的历史上曾经有过重大影响、起过重大作用。我们要研究西方法学理论，不能不首先研究自然法学说。

我们知道，在阶级社会中，法律只能是统治阶级意志的表现，事实上，也只有掌握了国家权力的统治阶级，才有可能运用国家权力把自己的意志变为国家意志，并制定或认可为法律。在法律之上或法律之外，绝没有也不可能存在什么"自然法"。因此，就马克思主义关于国家与法律理论来分析，自然法学说完完全全是剥削阶级法学家的一种虚构。但尽管如此，我们也不能简单否定自然法学说在西方法学史上的影响和作用。恩格斯曾经指出：思想家"在每一科学部门中都有一定的材料，这些材料是从以前的各代人的思维中独立形成的，并且在这些世代相继的人们的头脑中经过了自己的独立的发展道路"。① 自然法学说在它的历史演变过程中，即从它的产生、发展、衰落和复兴的过程来看，这个学说的每个重大演变，都是同它所处的历史条件和时代背景紧密地联系着的。在不同的历史时期，自然法学说曾经为不同的剥削阶级服务，并对社会发展起着不同的作用。我们应当根据马克思主义关于国家与法律的理论，运用历史唯物主义和辩证唯物主义原理，对自然法学说予以认真研究。

（一）古代自然法学

自然法学说最早可以追溯到古代希腊、罗马时期。约在公元前 5 世纪，在古希腊，诡辩学派及其著名代表人物普洛泰哥拉斯（公元前481—前411年）提出了关于知识的相对性以及人类善恶观念的相对性学说。在他们看来，正义是主观的，一切取决于人是怎样地知觉和评价客观存在的事物。所谓"人为万物的尺度"，就是他们的最高原则。他们否定了法律与国家制度的客观性，而认为这是人类任意创造出来的。在他们之后，苏格拉底（公元前469—前399年）以"神"来代替诡辩学派的"人"，以"神为万物的尺度"来代替诡辩学派的"人为万物的尺度"。他认为法律是正义的表现。他把法律分为两种：一种是制定法，另一种是不成文法。制定法是市民行为的准则；不成文法则为世界人类行为的准则，这是神的立法。他以为神的立法在人的立法之上。如果神法与制定法发生冲突，则应舍弃制定法而服从神法。苏格拉底提出不成文的、自然的法律观念，并不是用来批评现行法律，而是为了论证服从现行法律的必要性。正是由于这些主张，有人曾称他为自然法学说的创始人。

亚里士多德发展了自然法学说。他把法分为两种：一种是自然法，是自然存在的，它不问人的愿意与否，到处都存在；另一种是制定法，因法律的规定而有一定的内容。他认为，从效力方面说，自然法是以同一的人性为基础，所以到处都有使人类去恶从善的力量。再就原因方面说，自然法并不是基于人类的意见，而是基于普遍理性。他的这一论点，对于后来的自然法学说发生了很大的影响。在他之后，斯多葛学派认为正义不是人定的而是基于自然的。他们所说的自然正义就是指自然法。他们认为，时

---

① 《马克思恩格斯书信选集》，人民出版社，1962，第 509 页。

不分古今，地无论东西，自然法都是固定不变的。人们所确立的制定法应该符合体现普遍理性的、不变的自然法。自然法是评价制定法的标准。我们知道，苏格拉底的自然法观点是用来为服从实在法制造论证的；而斯多葛学派的论点则被用来作为批判现行法的武器。应当指出，这是自然法学说演变过程中的一个重大变化。

古罗马最重要的法律思想家西塞罗（公元前106—前43年）重复着古希腊哲学家主要是斯多葛学派的自然法学说，并加以若干修改。他认为自然法的实质就在于纯正理性，这种理性就是正义的表现。他说，真正的法律（自然法），乃合于自然的纯正理性者。它的效力为普遍的，并且是不变的和永久的。在罗马及雅典不会有不同的法律，在现在及将来也不会有不同的法律，所有的只是一种永久不变适用于一切时代一切国家的法律。他认为自然法是一切事物的主宰，而神则为自然法的创造者。不服从自然法的人，就是对纯正理性的否定，就是对自己的背叛。

古罗马查士丁尼法典接受了传统的自然法学说，它将法律分为自然法、万民法及市民法三大类，而以自然法为最基本的法律。它认为：自然法是一切规则的总和，这种总和出自万物的本性（理性自然法不仅决定人的行为，也决定动物的行为）。万民法是自然的理性对一切民族所确立的规则的总和，对所有的人都是共同的。市民法是指每一民族自己所制定的实在法，是根据它所在的国家而命名的。这种对法律的划分，后来为西欧封建时代法的理论甚至也为某些资产阶级法学家所接受。

在中世纪，自然法学说成为维护封建统治的重要工具，它起到了为封建所有制、封建等级制、封建主专政辩护的作用。托马斯·阿奎那（1225—1274年）认为法律可以分为三种，即永恒法、自然法及人定法。永恒法是支配世界的神之理性，是最高的法律；其次是自然法，即人类可以以其理性而认识的法律；最低的是人定法，即特定国家的法律。永恒法代表神的全部意思。自然法代表神的局部意思，人类如利用其理性，就可以认识神的局部意思。应当指出，在古希腊思想家的心目中，自然法是最高的法律。可是，在托马斯的学说里，自然法的地位降低了，在它上面还有神的法律。这样，人的法律，亦即各个国家的成文法的权威也就更为低下了。中世纪的自然法学说，到了托马斯·阿奎那时期已经发展到了高峰，不久就慢慢走上了衰落的道路。

（二）近代自然法学

近代资产阶级法学家明确论证了只有人类理性才是自然法学说的精华，这是自然法学说的历史演变中的又一个重大变化。

17—18 世纪，西欧各国资本主义因素已经有了发展。当时，日益强大的资产阶级不满意自己的政治地位，强烈要求取消封建等级制和封建特权等。资产阶级把自己渴望建立的新的社会秩序，描写成是与"自然"和人类理性相适应的，从而为他们的政治思想披上一件华丽的、似乎有着科学根据的自然法学说的外衣。为了替新兴的资产阶级作辩护而求助于自然法，17—18 世纪的自然法学家们编造了一套近代自然法学说，荷兰的格老秀斯（1583—1645 年）、斯宾诺莎（1632—1677 年），英国的霍布斯（1588—1679 年）、洛克（1632—1704 年），德国的普芬道夫（1632—1694 年）等人，是早期提倡近代自然法学说的著名代表人物，他们为这个学说奠定了基础。到了 18 世纪，近代自然法学说更加流行，法国资产阶级启蒙思想家孟德斯鸠（1689—1755 年）、伏尔泰（1694—1778 年）、卢梭（1712—1778 年）和德国的莱布尼茨（1646—1716 年）、托马秀斯（1655—1728 年）、华尔夫（1679—1754 年）等人，是这个学说的积极提倡者。近代自然法学说的主要论点，大体上可以归纳如下。

1. 主张自然法以人类理性为基础

我们知道，自然法学说的基本原则，在于认为除国家实际制定、实际存在的法律即实在法之外，还存在一种凌驾于实在法之上的"超法律"的自然法。自然法高于实在法，是实在法的基础，是监督实在法的手段。如前所述，古希腊和古罗马法学家认为自然法是从自然中产生的，中世纪经院主义法学视自然法为神意。近代自然法学则把自然法解释为人类理性的表现，是自然存在和永恒不变的、一切人共同的行为规范。近代自然法学说的创始人格老秀斯在他的名著《战争与和平法》中，论述了自然法以人类理性为基础，而不是基于"天启"。即令神不存在或者存在而不处理人间事务，自然法还是存在的。他写道："自然法是真正理性的命令，是一切行为的善恶的指示。"[1] 凡行为合乎这个标准的就是对的，否则就是错

---

[1] 〔荷〕格老秀斯：《战争与和平法》，1625，序言。

的；凡是对的行为都是理性所许可的，错的行为都是理性所禁止的。他还认为自然法是不可改变的，就是上帝自己也不能变更。他说："上帝自己，不能使二加二不等于四；也不能把理性上认为恶的变成不恶的……所以就是上帝自己也不得不受自然法的支配。"① 自然法的效力不是来自上帝，而是来自人类理性；人类理性之中就有自然法存在。所以，凡是有理性的人类都要受自然法的支配。

2. 鼓吹"天赋人权"和自由平等

近代自然法学家们假设在国家成立之前，存在一个"自然状态"。霍布斯认为，在这个"自然状态"里，无法律、无政府，人们终日互相争杀，以求自存。各人保存自己，才是唯一的自然法。洛克认为，那时候，人类都是平等自由的。虽然还没有国家，却有一种自然法。人类皆为有理性动物，故无不受自然法限制。卢梭认为，在"自然状态"里，人类几乎是处于"自由的黄金时代"，人们后来为了保障这种自由平等和幸福，就缔约建立国家。正是由于上述种种原因，人民与人民之间或人民与政府之间订立契约组织国家。应当指出的是，洛克与霍布斯不同。霍布斯虽主张君权民授，但他主张君主专制，认为君主权力不受契约限制；而洛克则主张君主立宪，认为君主权力来自契约，与被统治者同受契约的约束。洛克所谓的人权，实际是指人与生俱来的权利。他认为这些权利是人民最初缔结契约组织国家所保留的权利。统治者的权力以人民在订立契约时所割让的为限，而不能侵犯人民所保留的基本权利，否则人民可以起来将它推翻。卢梭则主张"主权在民"，建立能体现人民"共同意志"的"理性王国"。

3. 主张契约自由和私有财产不可侵犯

财产的确保和契约的遵守是近代自然法学说的重要内容之一。格老秀斯认为，同意即拘束；人类依据契约，可以放弃自己的自由。在洛克看来，财产是合乎自然法的，也是合乎人类理性的。他认为，人们还在"自然状态"中的时候就有了财产，因之保护那从"自然状态"中带来的维持生命必要手段的财产就是合乎自然法。所以，他主张政府的主要目的是保护财产，政府未经全体人民或人民的代表即议会的同意，就不能随意征税。这些正是在为当时新兴的资产阶级取得政治上和经济上的权利进行辩

---

① 〔荷〕格老秀斯：《战争与和平法》，1625，第 1 卷第 1 章。

护。当然，洛克所说的保护财产合乎人类理性，说穿了也不过是合乎资产阶级的阶级性而已。

近代自然法学说成了资产阶级摧毁封建制度和夺取政权斗争的思想武器，它打击了王权神授这一中世纪的旧观念，摧毁了作为封建国家思想武器的封建的宗教世界观；它宣布了封建制度和封建秩序是不合理的，是和自然法相抵触的；并在这个基础上要求建立新的资产阶级社会关系和资产阶级国家。我们知道，1776 年《美国独立宣言》的起草者杰弗逊等人明显地引用了洛克的学说。如该宣言第二段的上半段规定："我们认为这些真理是不言而喻的：人人生而平等，他们都从他们的'造物主'那边被赋予了某些不可转让的权利，其中包括生命权、自由权和追求幸福的权利。为保障此种权利，所以才在人们中间成立政府。而政府所具有之权力，应基于被统治者的同意。"这段话后来对美国各州宪法和南美各国宪法发生过重大影响。此外，近代自然法学说特别是卢梭的"主权在民"说对促进1789 年法国大革命也发生过重大影响。诚然，近代自然法学说虽在历史上起过一定进步作用，但它毕竟是一种资产阶级法学理论，归根到底，它是为资产阶级利益服务的。

（三）自然法的复兴

19 世纪以来，伴随着资产阶级专政的建立和新的阶级斗争的要求，资产阶级法律学说也发生了变化。这时另外一些新的法学流派，如以德国萨维尼（1779—1861 年）为首的历史法学派和以英国奥斯丁（1790—1859 年）为首的分析法学派，取代了近代自然法学说。边沁在《政府片论》中说过，目前再有人搬用那种"虚构"就会被人骂作"僭越"或"欺骗"；如果再有人提出这类新的虚构学说，那就是一种"罪恶"。这个道理很明显，既然资产阶级可以利用近代自然法学说向封建主阶级要求自由和平等，那么，劳动群众同样可以利用这个学说向资产阶级提出类似要求。这就是为什么在资产阶级掌握了国家政权以后，特别是在 19 世纪最初几十年，在欧洲一些国家，自然法学说趋向衰落的一个重要原因。

然而，到了 19 世纪末 20 世纪初，却出现了自然法的"复兴"。德国资产阶级法理学家施塔姆勒（1856—1938 年）从保护统治阶级利益的角度出发，提出了所谓"内容可变的自然法"学说。他认为法律在逻辑上应先于社会及经济的现象而存在，不是经济决定法，而是法（社会的"形式"）决定经济（社会的"物质"）。他把法区分为"正当的法"与"不正当的法"，并认为"正当的法"是由"不正当的法"演变而成的。他所谓"正当"或"不正当"，不在于法的内容而在于法的形式。只要法的形式与所定的标准相适合就为"正当的法"。至于法的内容，则可以随时代的推移与社会状况的变化而变化。法国社会连带主义法学创始人狄骥（1859—1928 年）虽标榜他的学说是纯实证主义的，却包含着完整的自然法体系。肖尔孟在《自然法的复兴》一书中称狄骥为"冒牌的实证派"。不过肖尔孟认为"复兴的自然法"与旧时的自然法不同，它调和着进化的思想与效用的思想，而认定自然法具有流动性。所有这些都不同程度地为自然法的"复兴"提供了某些理论依据。

当然，自然法的"复兴"也绝不是偶然发生的现象，而是有时代特点的，其主要原因是：（1）现代资产阶级法学家利用了自然法学说，可以声称将实在法与凌驾于实在法之上的"超法律"的自然法加以对比，凭借这种方法，使自己一跃而居于评判地位，来品评他们国家的各种法律制度。他们可以宣布某些带有民主原则的资产阶级早期立法以及在人民群众压力下通过的某些法律条文与自然法相抵触，而予以废除或修改，从而有效地保护垄断资产阶级的利益。（2）他们利用了自然法学说，并将它同鼓吹世界法的理论结合起来，为帝国主义国家对外扩张制造舆论。（3）战后天主教教会作用的加强和天主教思想影响的扩大，引起自然法学说中的僧权扩张论的"复兴"。

当代"复兴自然法学派"大致可分为两部分：一部分法学家信奉天主教教义，亦称"新经院主义法学派"（"新托马斯法学派"）。他们复活中世纪托马斯·阿奎那关于自然法出于神意的学说，鼓吹私有制和人剥削人的制度是"自然秩序"，是神的意志。例如，新托马斯主义的著名代表法国人雅克·马利旦（1882—1973 年）说："私人占有物质财富的权利属于自然法"，[1] 而"自然法之为法，又因为它是对于永恒法的分有"。[2] 他还说："永恒法是神的理性的秩序"，"人所具有的每一权利都是由于上帝所有的权利而有的"。[3] 不难看出，马利旦的目的在于肯定生产资料私有制是

---

① 〔法〕马利旦：《人与国家》，1951，第100页。
② 〔法〕马利旦：《人与国家》，1951，第96页。
③ 〔法〕马利旦：《人与国家》，1951，第96页。

"永恒的"，人剥削人的制度是合乎"自然法"的。另一部分法学家虽不公开站在宗教立场上，却悄悄地贩卖信仰主义，提倡理性服从信仰，把自然法解释为一种理想的"永恒正义"。例如，意大利法理学家迭尔维寇表述了关于法的"自然"渊源的论点。他写道："人类的本性，也就是说，在个人意识中闪耀着的精神，就是法的渊源……从这一种渊源派生出不变的正义原则，就是自然法。"① 奥地利法学家黑尔茨在《公共秩序和自然法》中，也把自然法说成法律秩序所永久固有的、"超法律"原则，而这些原则被理解为"精神的自然规律"。

"复兴自然法学派"，特别是在第二次世界大战后流传于美国和西欧。如美国的圣母大学就是研究自然法的一个中心，该校在 1947 年设立自然法学院，1956 年创办《自然法论坛》双月刊。在西欧一些国家里，如联邦德国的马尼克、斯德、希霖以及法国的蒲格斯、鎏奈等人，都是现代的自然法学家。

尽管自然法学说在理论上确实是虚构的，但是从古希腊、古罗马直到现在，它已有两千多年的历史，有其不容忽视的影响。我们不能割断历史，对历史抱虚无主义态度。列宁曾经指出，在评介某个思想家的观点时，应当时刻记住，"判断历史的功绩，不是根据历史活动家有没有提供现代所要求的东西，而是根据他们比他们的前辈提供了新的东西"。② 自然法学说是西方法理学的一个重要组成部分，我们研究它，不仅有助于对西方的法学理论和法制史的理解，同时也可以为进一步研究西方的法学理论和法制史打下一定的基础。

四 规范法学：凯尔森学派

凯尔森学派，亦称规范法学派、纯粹法学派，是现代资产阶级法学中比较有影响的派别之一。它产生于 20 世纪初，创始人是奥地利（后加入美国籍）资产阶级法学家汉斯·凯尔森（Hans Kelsen，1881—1973 年）。

（一）凯尔森及其规范法学

在现代资产阶级法学界中，凯尔森是一位较有影响、颇为著名的人

---

① 〔意〕迭尔维寇：《法哲学》，第 302 页。
② 《列宁全集》第 2 卷，人民出版社，1959，第 150 页。

物。从 1911 年起，他就开始了传播规范法学理论的活动。1919 年，任维也纳大学的正教授（教国家法和行政法）。1920 年，参加起草奥地利宪法，任奥地利最高宪法法院法官达 10 年。1930—1933 年在科隆大学任教。1934 年他的代表作《纯粹法学》一书出版，使他在现代资产阶级法学界颇负盛名。1940 年定居美国，曾担任"霍尔姆斯讲座"教授两年，先后在哈佛大学、加利福尼亚大学等校任教。他的主要著作有：《国际法学说的主要问题》（1911 年）、《一般国家学说》（1925 年）、《纯粹法学》（1934 年）、《法与国家的一般理论》（1945 年）、《布尔什维主义的政治理论》（1948 年）、《国际法原理》（1952 年）和《共产主义的法律理论》（1955 年）等。

据截至 1969 年的统计，凯尔森的著作、论文及其他文件（包括译作在内）共达 620 种，[①] 终其一生最重要的学术活动是传播他的规范法学理论。1961 年 10 月 11 日是凯尔森 80 岁生日，他的得意门生编辑论文集以示庆贺。出乎人们的意料，凯尔森本人再版了他在 1934 年写的《纯粹法学》一书。西方学者指出这种情况并非偶然，这应当视为凯尔森主张他的学说具有连续性的一种表现，显示几十年来他的学说的基本观点并没有改变。[②] 历经两次世界大战，凯尔森学说在欧美法学界传播甚广。美国社会法学派首脑、哈佛大学法学院院长庞德早在 1934 年就说过："现在施塔姆勒退休了，凯尔森无疑是当代主要的法学家，他的跟随者或许是当代法律学界中最活跃的集团。"哈佛大学校长科南特在授予他学位的典礼上也说："汉斯·凯尔森，一位法律思想界的领袖，维也纳、科隆和日内瓦的教授，他的教义形成了一个洲的法理学。"[③] 凯尔森在南美洲的信徒拉开勃拉将凯尔森的著作翻译出版后，南美洲曾经出现了一个讨论凯尔森的热潮。用拉开勃拉自己的话说："这一世纪的法学不能不是一个同凯尔森的对话。"[④] 仅就我们所知道的，现代研究凯尔森学说的著名学者是山德（Fritz Sander）、考夫曼（Felix Kaufmann）、许拉忧（Fritz Shreier）和费尔德罗斯（Alfred Verdross）等人。

---

① 《汉斯·凯尔森》，《美国国际法杂志》1973 年第 3 期。

② 〔联邦德国〕基墨尔：《凯尔森的现代意义》，《法律与社会哲学文存》1961 年第 3 期。

③ 《汉斯·凯尔森》，《美国国际法杂志》1973 年第 3 期。

④ 〔联邦德国〕基墨尔：《凯尔森的现代意义》，《法律与社会哲学文存》1961 年第 3 期。

（二）法律实证主义与新康德主义的结合

凯尔森的规范法学说，是由法律实证主义基本原理和新康德主义哲学结合而成的。

规范法学属于法律实证主义的范畴。法律实证主义就是资产阶级哲学中的实证主义在法学领域中的表现。实证主义的创始人是法国哲学家孔德。孔德认为，只有经验事实或经验现象才是"确实的"或"实证的"，所以哲学不应以抽象推理而应以"实证的"、"确定的""事实"为依据，实际上就是以主观的感觉为依据，宣称人们只能认识事物的现象而不能认识事物的本质，从而否定客观世界和客观规律的可知性。列宁曾经指出实证主义是"……不可知论，它否认在一切'认识'和一切人以前和以外存在着的自然界的客观必然性"。① 实证主义者标榜自己是只以"实证"的事实为依据的，是凌驾于唯心主义和唯物主义之上的，事实上，这只能是主观唯心主义和不可知论的一种变种而已。法律实证主义者认为：法学研究的对象仅仅是或只能是实在法，即国家的主权者实际制定、实际存在的法律；这种法学要求脱离社会的政治、经济和历史条件来研究法的本身，就严格意义来说，仅仅是研究法律规范本身；法学家的唯一任务就在于研究、分类和解释法律规范。

法律实证主义在 19 世纪上半期以来得到传播，绝非偶然，而是有其时代特征的。第一，它是资产阶级法学家企图彻底抛弃 17—18 世纪自然法学说中的历史进步因素的反映。我们知道，在资产阶级革命初期，资产阶级法学家利用自然法学说，在反封建的斗争中曾起过历史进步作用，鼓吹"天赋人权"和"人类理性"。但是，在资产阶级夺得了政权以后，便感到再宣传自然法学说对他们自己不利了。这是因为，新的被剥削阶级也可以要求自由和平等，也可以争取他们的"天赋人权"。因此，资产阶级法学家一面宣传"人的自然权利"和"人类理性"已经贯穿在资产阶级现行法律之中；另一面又竭力排除可能被用来批判现行资产阶级法律的各种法学理论。正因为如此，他们才把"实在法"作为唯一真正的法加以维护，并否定自然法的"形而上学"观念。第二，法律实证主义之所以得到传播，

---

① 《列宁全集》第 14 卷，人民出版社，1959，第 171 页。

还反映了当时资产阶级对它所创制的法律体系的牢固性和不可动摇的信念。当时正处在资本主义上升时期，资产阶级为了使他们制定的法律更好地适应资产阶级统治的需要，要求他们的法学家进一步研究现行法律规范，使之形成在他们看来比较严谨的定义、结构和体系。

凯尔森的规范法学说的另一个来源是新康德主义。所谓新康德主义究竟"新"在哪里？我们知道，"康德哲学的基本特征是调和唯物主义和唯心主义，使二者妥协，使各种相互对立的哲学派别结合在一个体系中"。① 康德一方面承认在我们意识之外存在实物世界，即"自在之物"的世界，但另一方面，在康德看来，"自在之物"根本是不可认识的，对于我们的认识来说，它是彼岸的（"超验的"）。"当康德承认我们以外的某种东西、某种自在之物和我们表象相符合的时候，他是唯物主义者；当康德宣称这个自在之物是不可认识的、超验的、彼岸的时候，他是唯心主义者。"② 应当指出，19 世纪后半期以来，随着欧洲大陆资本主义的发展，资本主义社会不可克服的矛盾更加突出、更加激化。以康德为标榜的新康德主义者抛弃了康德哲学中仅有的一点唯物主义因素，走向了彻底的形而上学唯心主义。严格来说，新康德主义并不是康德哲学的复活，它只是接受了康德哲学中的"现象"部分，抛弃康德体系中的"物自体"，而使它完完全全地变为唯心的哲学思想。这就是说，新康德主义的所谓"新理论"，则使康德哲学完全与现实相脱离，而推进到极端的形式主义。新康德主义者认为：法是不以实际为转移的"应有"，是与"存在"相对立的；法学的使命就是把法律规范看作某种与世隔绝的东西，从而企图论证法学的"先验性"和它对于研究社会现实的科学的完全独立性。

联邦德国法学家基墨尔说："认为他（凯尔森）是一个实证主义者时，往往忽略了他是一个康德主义者；相反，认为他是一个康德主义者时往往忽略了他是一个实证主义者。"③ 这主要是因为，当说凯尔森是一个实证主义者时，是指他认为法学的研究对象仅仅是实在法，而当说他是一个新康德主义者时，是指他认为，法虽是通过意志产生的，但法并不是来自意志，规范只能由规范中得来。凯尔森的规范法学说的特点，也就在于企图

---

① 《列宁全集》第 14 卷，人民出版社，1959，第 203 页。

② 《列宁全集》第 14 卷，人民出版社，1959，第 203 页。

③ 〔联邦德国〕基墨尔：《凯尔森的现代意义》，《法律与社会哲学文存》1961 年第 3 期。

"从理论上论证"他的实证主义前辈所固有的规范主义，并且同新康德主义者所具有的法同社会生活相脱节的唯心主义特征相结合。

（三）纯粹法学与基本规范

从法律实证主义基本原理和新康德主义哲学出发，凯尔森宣称有一"纯粹必然"领域的所谓"应有世界"高于现实世界。他采用了把"应有"和"存在"这两个范畴对立起来的手法，把法和真正的现实割裂开来，声言法是应有，而应有乃是永远不同于现实、不同于存在的某种东西。他认为法只是法的规范的总和，只是一种独立存在的现象，是不与其他社会现象相联系的。法只有在政治以外去研究才能认识。他说："法仅仅来自法"，"规范效力的根据永远是规范，而不是事实。所以规范效力的根据，不能到现实中去寻找，而应当到原规范所赖以产生的其他规范中去寻找。"① 正如恩格斯所指出的，资产阶级法学家曾宣称，似乎"法律规范的产生，不是有赖于经济关系，而是有赖于国家的正式规定"，② 由此便产生了一种法律规范同社会物质生活条件相脱节的现象。凯尔森主张法律科学应当成为像法律代数学或法律逻辑学之类的东西。在研究法的时候，应该完全脱离"社会存在"。法应该是纯粹逻辑的和形式分析的对象，这种分析是排除任何"社会学的杂质"的。法学应当是一种标准的科学，它遵守方法论的"纯洁"，并且避免把"应有"和"存在"混为一谈。它的任务只是研究由规范所表现的"应有"。法学应从逻辑形式上分析"法的外壳"，而不应研究法律思想和它的本质。法的产生和变化是"超法学的问题"，这个问题不属于法学的范围，法学家就本身而言，应该只研究法律规范，并对规范进行逻辑分析。

凯尔森把他的规范法学说标榜为"纯粹法学"。他写道："纯粹法学是法律学，并不是法律政策。纯粹法学之所以名为纯粹，就是因为纯粹法学要保证对法的单一的认识，因为它要正确地排除不属于由法所规定的对象的一切事物的认识。换言之，纯粹法学要使法律学从一切异质的分子当中解放出来"。③ 他所谓的"异质的分子"实际上是指政治的、社会的诸因

① 〔奥〕汉斯·凯尔森：《法与国家的一般理论》，第111页。
② 《马克思恩格斯全集》第16卷，人民出版社，1956，第296页。
③ 〔奥〕汉斯·凯尔森：《纯粹法学》，第1章第1节。

素。他本人就这样说过："所谓纯粹的法律理论，就是使法律理论从一切政治的意识形态和一切自然科学的分子当中解放出来，依其固有的法则性而恢复它的特质。"[1]

凯尔森把一切法律都归结为一个抽象的所谓逻辑体系，这个体系是由层层相属的法律规范所组成的。在这个法的体系里，凯尔森假设了一个基本规范，作为实在法的基础，而使一切实在法规都还原于这个基本规范。凯尔森写道："纯粹法学，以基本规范为假设的基础。而在'此基本规范是妥当的'假设之上，则以此为基础的法律秩序，也是妥当的。"[2] 他又说："所谓法律秩序，并不是同位的或并列的法律规范体系，而是由法律规范的各阶层所构成的阶段的秩序。一种规范的假设及其妥当性，可以还原于其他种规范；而他种规范的假设，则又为其他规范所规定；而这种关系，树立了上述秩序的统一。此种还原，最后归着于基本规范，即假设的根本原则，亦即最高妥当根据。"[3] 凯尔森认为，法之所以妥当，就是因为它能还原于妥当性的根据，即上级法律规范。例如，命令之所以妥当，因为它可以还原于立法；立法之所以妥当，因为它可以还原于宪法。他不仅把他所称之为"一般规范"的法律和其他规范性的文件看作规范，而且把所谓"个别规范"，例如，人们彼此间签订的合同和其他法律行为、公职人员的行为等看作规范。因此，在凯尔森的实在法的观念中，不仅包括国家所颁布的法规，而且包括实际上存在的个别规范等。

凯尔森提出了著名的法的"阶梯式"结构的论点。他认为，整个法的体系是一个法律规范的大金字塔。法律规范按照从属关系而互相联系在一起，低级规范借助于对高级规范的服从而获得效力。最高一级是所谓"基本规范"。凯尔森写道："在基本规范的前提下，宪法（实质的意义）为实在法的最高阶段。次于宪法的阶段，是以立法程序所制定的一般规范。个别的规范，通常由法院与行政官厅制定。"[4] 这就是说，在凯尔森规范法学说的整个法的体系中，"基本规范"处于规范阶梯等级结构的顶峰，再往上是立法者规定的或来自习惯的"一般性规范"，最后一级是"个别性的

---

[1] 〔奥〕汉斯·凯尔森：《纯粹法学》，序言。
[2] 〔奥〕汉斯·凯尔森：《纯粹法学》，第5章第29节。
[3] 〔奥〕汉斯·凯尔森：《纯粹法学》，第5章第31节。
[4] 〔奥〕汉斯·凯尔森：《纯粹法学》，第5章第31节。

规范"，即司法判决和行政机关对个别事件的命令。

可以看出，凯尔森的论点只限于纯形式主义地分析法律规范，揭示法律规范所包含的那些概念的意义，他号召人们去认识的只是法的形式。很明显，他的立论中心就在于使他所广义理解的实在法完全脱离现实社会生活，并使之转到新康德主义的、不以现实为转移的"应有世界"之中；就在于把法的体系同现实生活、现实社会关系割裂开来；就在于把法律规范当作某种孤立的、独自存在的东西来研究。

（四）作为法律秩序的国家

凯尔森还把国家和法律规范等同起来。他指出："说国家是'站在法的后面的力量'是不正确的，因为这样就强调了两种不同现象的存在，实则两者是一回事，都是法律秩序。"他又说："国家是社会的强制秩序，这种强制秩序，与法律秩序是同一的。因为两者的特征，是同一的强制行为；而同一的社会团体，不能由两种不同的秩序所构成。国家是法律秩序。任何法律秩序，都不过是法律秩序，所以最初并没有国家的名义"，"总之，从法律的见地来说，国家并不在法之上，也不在法之下，而是与法完全同一的东西"。① 在这里，我们可以看出，凯尔森对于国家的观点在许多方面接近康德的观点。例如，康德认为，"国家是依法律组成的多数人的团体"（转引自克拉勃《近代的国家观念》）。在凯尔森看来，国家仿佛不是别的而是一种法律秩序；国家政权的威力仿佛来自法的力量，国家政权仿佛是法律秩序起作用的结果。他把国家与法完全视为同一个东西，认为国家与法都是社会的强制秩序，两者都是以强制行为为其特征。所以国家也是一种法律秩序，它与其他的法律秩序，只有量的差异，而没有质的区别。我们知道，法是由国家制定的，并由国家的强制力来保证其实施的。没有国家，何以有法？凯尔森在这里显然是把国家描写成纯法律组织，把法和国家等量齐观。既然国家等于法律秩序，而法律又是与政治经济无关的纯粹规范体系，那么，国家也自然成为没有阶级内容的东西了；既然国家等于法律，那么，国家的概念也就不存在了。这样，资产阶级国家机器的本质及其内容也就被掩盖起来了。

---

① 〔奥〕汉斯·凯尔森：《纯粹法学》，第 8 章第 48 节。

　　凯尔森认为，法官在司法实践中，可以根据法律，也可以创造法律。他说："法官应当起立法者的作用。"① 他不同意"法官适用法律"的说法。他认为法官可以根据法律规范来制定精确的规范，并可以越出所根据的法律规范的范围。他说过："判决的本身就是个别的法律规范。"② 他还认为，在缺乏一般的规范条件下，并拥有广泛的权力首先主动制定规范，法官拥有广泛的自由裁量权。这就抛弃了资产阶级及其学者过去所标榜的"三权分立"原则。在现代资产阶级国家中，法官享有不受法律限制的自由裁量权的情况比较普遍。很多资产阶级法学家为了达到这个目的，都在利用唯心主义的法学理论。凯尔森的规范法学说在这方面的论点也是很突出的。

　　还应当指出的是，凯尔森坚持国际法应当优先于国内法的论点。正如他把宪法作为国内法律秩序的基本规范一样，他把国际法作为国际法律秩序的基本规范。他认为，国家本来不是最高的法律秩序，国家这个法律秩序之所以被认为是最高的，乃是我们把它同国际法的规范割裂开来的缘故。所以，一国的法律秩序不应当违反国际的法律秩序，国际的法律秩序应当优先于本国的法律秩序。当国际法规范同国内法规范发生矛盾、相抵触的时候，这在性质上是高级规范同低级规范之间的冲突，后者应当服从前者。他宣称规范法学就是要使"国家观念相对化"，使国内法的规范服从国际法的规范。总之，凯尔森在他的一系列著作中表述了他的"世界主义"、"世界政府"等观点。

　　[周新铭：《略论自然法学说的历史演变》，《现代法学》1980 年第 3 期；周新铭：《试论法学研究的比较方法》，《现代法学》1981 年第 1 期；周新铭：《现代资产阶级法学中的凯尔逊学派》，《国外法学》1981 年第 2 期；周新铭、陈为典：《亚里士多德法律思想初探》，《河南师范大学学报》(社会科学版) 1982 年第 1 期]

---

① 〔奥〕汉斯·凯尔森：《法与国家的一般理论》，第 145 页。
② 〔奥〕汉斯·凯尔森：《纯粹法学》，第 5 章第 3 节。

法理两论：法律规范与法律效力

陈世荣[*]

  法律，作为社会行为规则的一种，较之其他规则，最突出的特点之一就在于，它是以军队、警察、法庭、监狱和有关的国家机关等暴力组织所构成的国家强制力来保证实施的规范体系。不容否认，法律所具有的施加于有关主体的法律效力，包括赋予效力和约束效力，对于影响有关主体关于涉法行为的选择，以及保证法律自身的实施等方面，有着十分重要的意义。以 1993 年《北京市关于禁止燃放烟花爆竹的规定》（以下简称《规定》）为例来说，在《规定》开始实施的前几天，北京市内烟花爆竹声此起彼伏、不绝于耳。然而，至 1993 年 12 月 1 日零点，全市禁放区内烟花爆竹声却戛然而止。何以如此？首先应该说是《规定》的法律效力——约束人们不得燃放烟花爆竹之力所使然。可见，在所适用的时间、空间范围内的社会生活当中，法律效力对于影响有关主体关于涉法行为的选择，保证法律规范的实施，的确是一种现实的和强劲的作用力。不过，也必须看到，法律效力这种作用力本身，毕竟不过是一种非物质性的力量，或者说，它只是一双"无形的手"。就一般情况而言，法律效力，无论是赋予效力还是约束效力，都只有通过有关主体的自主意识的中介，才能发挥作用。与法律效力相比，国家强制力则有自己的特点。国家强制力，是一种实实在在的物质性力量，或者说，它是一双"有形的手"。它在法律的赋予效力和约束效力受到妨碍和抵制时，会依法出现，而且可以无须通过有关主体（义务主体）自主意识的中介，直接通过拘留、逮捕、审判、罚

  * 陈世荣，北京交通大学教授，中国社会科学院法学研究所原研究人员。

款、强制拆除、划拨存款等手段发挥作用，强制有关主体履行义务（或责任），保障有关主体的权利（或权力）得以行使和实现。可见，法律效力这种来源于国家法律的作用力，只有与来源于国家暴力组织的国家强制力相联系，并以之为后盾，才能现实地发生、保持和最终实现。法律规范和法律效力都是以国家强制力为保证的。这是法律效力与政策效力、道德效力、习惯效力以及宗教教规效力等其他社会行为规则的效力之间最本质的区别，或者最重要的"种差"。规范与效力，是法律定义中的两个相互联系的基本元素，本文对此分别展开专门论述。

一　法律规范概论

一部法律的内容的构成成分是多方面的，诸如法律的名称，法律的制定机关及制定日期，法律的公布机关及公布日期，法律的立法依据、立法目的，法律条文中某些用语含义的说明，法律所附的图例和表格，法律的生效日期，等等。这些都是法律内容的有机构成成分。然而，法律的基本的或核心的内容，则是法律规范。

（一）法律规范的含义

有学者认为，"法律规范属于社会规范的一种，是由国家制定和认可，反映占统治地位的阶级或阶级联盟的意志，并以国家强制力保证其实施的一种行为规范"。① 另有学者认为，"社会主义法律规范是由社会主义国家制定或认可的，体现着被社会主义社会发展的规律性所制约的工人阶级为领导的广大人民的共同意志的，人人必须遵守的行为规则，是规定社会关系参加者法律上的权利和义务，并以社会主义国家教育的、组织的和强制的措施保证其实现，以确认、保护和发展有利于社会主义的社会关系的重要手段"。② 此类定义虽然经常出现在法理学教科书中，但它混淆了法律规范与作为一种社会行为规则的法律这两个概念，将二者当成一回事来看待，因而是不正确的。

---

① 王晓玲主编《法理学》，中国法制出版社，1996，第191—192页。
② 孙国华主编《法理学教程》，中国人民大学出版社，1994，第335页。

1. 法律规范的概念界定

人类社会生活中，存在多种多样的关于个人和组织的行为规则，比如政策、纪律、道德、教规、风俗习惯和法律等。各种行为规则中，一般都包含着数量众多的关于个人和组织——法学上称之为主体——如何行为及其相应后果的具体的行为标准或行为尺度。行为规则当中这些具体的行为标准或行为尺度，我们称为行为规范。① 如政策当中具体的行为标准或行为尺度，称为政策规范；道德当中具体的行为标准或行为尺度，称为道德规范；而法律当中具体的行为标准或行为尺度，则称为法律规范。由此分析，法律规范就是法律当中所包含的，关于有关主体在社会生活各个领域里的一定条件下，可以或者应当如何行为及其相应法律后果的具体的行为标准或行为尺度。应该指出的是，这里的"法律"是广义的，包括宪法、法律、行政法规、地方性法规、民族自治条例和单行条例等。法律规范表明了国家对个人和组织在社会生活各个领域里如何行为的具体要求，为他们对自身的社会行为进行合法性选择，为国家和社会对其行为进行法律评价，也为国家机关及其工作人员执行法律提供了依据。

2. 法律规范与法律条文

从内容关系的角度看，每一个法律规范都是由若干个法律规定搭配组合而构成的；而从形式关系的角度看，法律规范又是靠法律条文来表现的。尽管法律规范靠法律条文来表现，但二者又不完全是一回事。譬如，《外商投资企业和外国企业所得税法》共有条文 30 个，但这并不等于该部法律就只包含 30 个法律规范。这是因为，在立法的时候，既要考虑法律规范必须表述得明确、具体、严谨，又要考虑法律条文不能写得冗长、烦琐、重复。二者之间的关系，一般有以下几种情况。

（1）一个法律规范的四个构成要素（包括省略的），集中记载在一部法律的一个法律条文里。如宪法中的一个权利性规范："中华人民共和国公民在年老、疾病或者丧失劳动能力的情况下，有从国家和社会获得物质帮助的权利"。该规范的四个构成要素：适用主体——中华人民共和国公

---

① 一般而言，可以认为行为规则、行为准则、行为标准、行为尺度和行为规范等用语的含义彼此并无特定和严格的区别，只是为了说清楚问题，我们才将"行为规则"视为层次较高的类概念，将"行为标准"、"行为尺度"、"行为规范"等视为层次较低的具体概念。

民；适用条件——年老、疾病或者丧失劳动能力；行为模式——从国家和社会获得物质帮助；法律后果——（省略：国家给予允许和保护），均记载在《宪法》第 45 条。

（2）一个法律规范的四个构成要素，分别记载在一部法律的两个法律条文里。如刑法中的一个义务性规范："凡在中华人民共和国领域内犯罪的，除法律有特别规定的以外，都适用本法"；"铁路职工违反规章制度，致使发生铁路运营安全事故，造成严重后果的，处三年以下有期徒刑或者拘役"。该规范的四个构成要素：适用主体——"凡在中华人民共和国领域内"的"铁路职工"；行为模式——不得作出"违反规章制度，致使发生铁路运营安全事故，造成严重后果"的行为；适用条件——某铁路职工作出上述行为；法律后果——该铁路职工将被处 3 年以下有期徒刑或者拘役，分别记载在《刑法》第 6 条和第 132 条。

（3）一个法律规范的四个构成要素，分别记载在一部法律的三个法律条文里。如《北京市电信通信条例》中的一个义务性规范："本条例适用于本市行政区域内的电信通信工作"；"新建、改建、扩建工程，必须根据国家和本市有关规定，配套建设电信通信设施，并与主体工程同时设计、同时施工、同时验收"；"违反本条例……规定，妨害电信通信设施安全，影响电信通信畅通的，由电信通信管理部门责令停止妨害行为，或者根据情节，分别给予警告、限期改正、责令停工（的处罚），可以并处罚款"。该规范的构成要素：适用主体——北京市行政区域内的所有个人和组织，记载在该条例第 2 条；适用条件（之一）——新建、改建、扩建工程，以及行为模式——必须作出根据国家和本市有关规定，配套建设电信通信设施，并与主体工程同时设计、同时施工、同时验收的行为，记载在该条例第 10 条；适用条件（之二）——适用主体未作出上述行为且妨害电信通信设施安全，影响电信通信畅通的以及法律后果——该适用主体被责令停止妨害行为，或者根据情节，受到警告或者限期改正或者停工的处罚，可能被并处罚款等，则记载在该条例第 32 条。

（4）一个法律规范的四个构成要素，分别记载在不同法律的法律条文里。如这样一个义务性规范，"在中国境内有住所，或者无住所而在境内居住满一年的个人，从中国境内和境外取得的所得，依照本法规定缴纳个人所得税"；"以暴力、威胁方法拒不缴纳税款的，处三年以下有期徒刑或者拘役，并处拒缴税款一倍以上五倍以下罚金"。该规范的构成要素：适用主体——在中国境内有住所，或者无住所而在境内居住满一年的个人；适用条件（之一）——从中国境内和境外取得所得，行为模式——依照本法规定缴纳个人所得税，记载在《个人所得税法》第1条；而适用条件（之二）——以暴力、威胁方法拒不缴纳税款，以及法律后果——处3年以下有期徒刑或者拘役，并处拒缴税款1倍以上5倍以下罚金，则记载在《刑法》第202条。

（5）几个法律规范的同一个构成要素，集中记载在一部法律的不同法律条文里。如《企业职工奖惩条例》中几个权利性规范的行为模式，"（一）在完成生产任务或者工作任务、提高产品质量或者服务质量，节约国家资财和能源等方面，做出显著成绩；（二）在生产、科学研究、工艺设计、产品设计、改善劳动条件等方面，有发明、技术改进或者提出合理化建议，取得重大成果或者显著成绩；……"，集中记载在该条例第5条。而法律后果——记功，记大功，晋级，通令嘉奖，授予先进生产（工作）者、劳动模范等荣誉称号，发给一次性奖金等，集中记载在该条例第6条。

法律规范与法律条文的关系除上述五种外，其实还有其他多种情况存在。

3. 法律规范的隐在含义

法律规范具有显在含义，即人们通过阅读记载法律规范的文字便可以直接了解到的含义。此外，法律规范还有一定的隐在含义。对法律规范隐在含义的概念，可以作多种理解。本文所述是指，法律规范所具有的，以其显在含义为起点，依据法律精神、理论、原则以及自然界和人类社会某些事物发展变化的客观规律等，可以推导出并应该和可能形成新的法律规范的含义。

例如，《全国人民代表大会和地方各级人民代表大会选举法》第3条第1款规定："年满十八周岁的中华人民共和国公民，不分民族、种族、性别、职业、社会出身、宗教信仰、教育程度、财产状况和居住期限，都有选举权和被选举权。"依照行为模式的性质，可以认定该法律规范是个权利性规范。从该法律规范的文字表述可知，其具体含义是：适用主体可以作出选举他人为人民代表的行为，以及作出接受他人选举自己为人民代表的行为。此种含义是该法律规范的显在含义。该法律规范除具有上述显在含义之外，还有着一定的隐在含义。该法律规范的隐在含义是什么？如果我们以该法律规范的显在含义为起点，或者说以该法律规范赋予适用主体的上述权利的实现为出发点，依据我国法律精神、理论、原则以及选举事项的有关规律进行推导，那么，即可得知该法律规范的隐在含义至少包括：适用主体在选举前、选举中和选举后应当享有一系列相关的权利和必须履行相应义务；其他任何个人和组织应当承担不得侵犯适用主体的选举权和被选举权的义务；有关的国家机关（人民代表大会常务委员会、选举委员会、人民法院等）及其工作人员为保证这些权利得以行使、义务得以履行应当承担一定的职权或职责等。上述作为该规范隐在含义的一系列权利、义务、职权或职责当中，应该并可能进入立法的内容，有的已为国家现行法律与其他的法律规范所记载，成为这些法律规范的显在含义。如适用主体被列入选民名单并予以公布以及领取选民证等权利；适用主体和其他任何个人或组织不得伪造选举文件、虚报选举票数等义务；以及人民法院及其司法工作人员对使用暴力、威胁、欺骗、贿赂等非法手段，破坏选举或者妨害选民和代表自由行使选举权和被选举权的犯罪分子，判处徒刑、拘役或者剥夺政治权利的职权或职责；等等。有的则尚未为国家现行法律所记载，依然保留在该规范的隐在含义之中，或者依然是作为该规范的隐在含义的内容而存在。如适用主体有不参加人民代表选举和不接受被他人选举为人民代表的权利；选举委员会有不得在未征得本人同意的情况下将其列入选民名单并予以公布的义务；等等。本文所述的法律规范的隐在含义，正是就法律规范的这种意义上的含义而言。

　　法律规范的隐在含义如何，一般可以在以下几个方面进行推导：（1）从权利性法律规范可以推导出，该法律规范适用主体还应该享有较该规范所赋予他的权利更为细致化、具体化的权利；（2）从权利性法律规范可以推导出，该规范适用主体之外的任何个人或组织都承担了不得侵犯该规范所赋予适用主体的权利的义务；（3）从权利性法律规范可以推导出，有关的国家机关及其工作人员享有并承担了保证该规范适用主体行使该规范所赋予他的权利的职权或职责；（4）从义务性法律规范可以推导出，有关的国家机关及其工作人员享有并承担了保障该规范适用主体必须履行该规范所约束他的义务的职权或职责；（5）从关于实体性的权利和义务的法律规范可以推导出，适用主体还应该分别享有程序性的权利和必须承担程序性的义务；（6）从职务性法律规范可以推导出，有关的国家机关及其工作人员还应该享有并承担较该规范所赋予并约束他们的职权或职责更为细致化、具体化的职权或职责；（7）从职务性法律规范可以推导出，任何有关的个人或组织都承担了服从国家机关及其工作人员行使该规范所赋予并约束他们的职权或职责的义务，同时也享有监督他们行使其上述职权或职责的权利；等等。

探讨法律规范的隐在含义问题，不仅在法理学教学和研究方面有一定价值，而且有助于搜索立法的盲点、盲区，推动国家立法工作的开展，促进国家整个法律规范体系的完善。同时，在保证国家执法机关既能在有法可依时做到严格依法执法，又能在无法可依时，面对客观情况做到自觉遵循法律规范隐在含义理论，正确地依照法律精神、理论、原则及事物发展变化的客观规律去执法等方面，也都有重要的启发意义。

（二）法律规范的要素

关于法律规范的构成要素，我国法理学界流行多种看法，最有代表性的是关于法律规范的三要素说。这种理论认为，从逻辑结构上讲，每一个法律规范都包括假定、处理和制裁三个要素。所谓假定是指，某一个法律规范中关于适用该规范的条件的部分。只有在该规范规定的条件具备时，才可适用。所谓处理是指，关于规范中行为规则的具体规定。也就是关于可以如何行为、应该如何行为、禁止如何行为的权利和义务的规定。所谓制裁是指，法律规范中规定的违反该规范必须承担的法律后果，包括民事制裁、行政制裁和刑事制裁。

本文认为，法律规范的三要素说，有如下几点缺陷。第一，它缺少了适用主体要素。我们知道，法律是关于个人和组织的社会行为规则。一部法律适用于哪些主体，是首先必须明确的，法律当中的法律规范也应当这样。所以，适用主体理所当然应该是法律规范的第一个要素；而没有适用主体的法律规范要素理论，显然是有缺陷的理论。第二，它把法律规范的法律后果部分一概而论地归结为"制裁"，实属片面。针对这种一概而论的归结，人们要问：权利性法律规范是不是法律规范？如果是，那么，权利人依照规范的规定享受和行使权利，其法律后果难道不是应该受到国家的允许和保护，反而是应该受到国家的某种"制裁"吗？即使是义务性规

范，如果义务人没有依照规范的规定履行义务，那么，其法律后果当然是
"制裁"；而如果义务人依照规范的规定履行了义务，那么其法律后果是什
么？也是"制裁"吗？第三，三要素说源于苏联的国家与法的理论，所
以，恐因翻译所致，三要素中除"制裁"外，其余两个要素——"假定"
和"处理"的名词的使用，与其实际含义不甚符合，不便于人们理解。有
鉴于此，本文在原则上不支持上述关于法律规范三要素的理论。

本文认为，各种社会行为规则中的具体的行为标准或行为尺度，一般
由主体、条件、行为和后果等几部分要素构成，法律亦不例外。详而言
之，法律规范的构成要素应该包括适用主体、适用条件、行为模式和法律
后果四个部分。它们的具体情况如下。

1. 适用主体

法律是关于个人和组织的社会行为规则，因此，适用主体应该是法律
规范的第一个构成要素。这里的"适用"与司法机关适用法律的"适用"，
是两个不同的概念。司法机关"适用"法律是指，司法机关及其工作人
员，按照法定职权（或职责）及法定程序，运用法律审理案件的专门活
动。而这里的"适用"则是指，法律规范与哪些主体有关。具体而言是
指，法律通过法律规范赋予了哪些主体一定的权利，约束了哪些主体一定
的义务，以及同时既赋予又约束了哪些主体一定的职权或职责。

概括地说，法律规范所适用的主体包括个人和组织两大类。个人亦称
自然人，组织则可分为法人组织和非法人组织。在我国，法人组织分为营
利法人，包括有限责任公司、股份有限公司和其他企业法人等；非营利法
人，包括事业单位、社会团体、基金会、社会服务机构等；特别法人，包
括机关法人、农村集体经济组织法人、城镇农村合作经济组织法人、基层
群众性自治组织法人。非法人组织包括个人独资企业、合伙企业、不具有
法人资格的专业服务机构等。不同的法律往往适用于不同的个人和组织。
具体地说，关于个人，有些法律规范适用于一般的公民个人（本国公民和
外国公民），有些法律规范则适用于国家机关工作人员个人；当然，国家
机关工作人员个人，在有些法律规范（如赋予民事权利、政治权利、刑事
诉讼权利以及约束民事义务、政治义务、刑事诉讼义务等规范）中，也以
一般公民个人身份出现。关于组织，有些法律规范适用于一般的社会组织
（如企业、事业单位、基金会等），有些法律规范则适用于各类各级国家机

关；同样，各类各级国家机关，在有些法律规范（如赋予民事权利和约束民事义务等规范）中，也以一般社会组织身份出现。

2. 适用条件

法律是关于个人和组织的社会行为规则。一方面，个人和组织的社会行为，离不开一定的条件；另一方面，在不同的条件下，个人和组织的社会行为的方式、性质和意义等则不相同。因此，法律规范适用于具体主体时的条件——适用条件，成为法律规范的第二个构成要素。适用条件一般包括主体自身条件即主观条件，以及非主体自身条件即客观条件两大类。主观条件，就个人来说，如国籍、性别、年龄、身份、资历、财产等；就组织来说，如企业的性质、资产，机关的级别、职权，等等。客观条件，如时间条件、地域条件、环境条件、情况条件、工具条件和行为后果条件等。

一般来说，法律规范的适用条件总是多重的。例如，《刑法》第 131 条规定："航空人员违反规章制度，致使发生重大飞行事故，造成严重后果的，处三年以下有期徒刑或者拘役……"这是一个以"航空人员"为适用主体、以不得"违反规章制度"为行为模式的义务性法律规范。该法律规范的适用条件主要包括以下三个方面：（1）有关主体作出违反规章制度的行为；（2）该行为致使发生重大飞行事故；（3）该行为造成严重后果。

3. 行为模式

法律是关于个人和组织的社会行为规则，所以对于个人和组织在一定条件下如何行为的规定，即行为模式，自然是法律规范的核心内容或核心构成要素。

行为模式具体是指，适用主体在适用条件下，可以作出什么行为、可以不作出什么行为、必须作出什么行为、不得作出什么行为以及既可以又必须作出什么行为。如《继承法》第 16 条第 1 款规定，公民可以依照本法规定立遗嘱处分个人财产，并可以指定遗嘱执行人。《会计法》第 19 条第 1 款规定，会计机构、会计人员对违法的收支，不予办理。《刑事诉讼法》第 48 条第 1 款规定，凡是知道案件情况的人，都有作证的义务。原《公司法》第 218 条第 2 款规定，清算组成员利用职权徇私舞弊、谋取非法收入或者侵占公司财产的，责令退还公司财产，没收违法所得，并可处以违法所得 1 倍以上 5 倍以下的罚款。《人民警察法》第 11 条规定："为制止严重违法犯罪活动的需要，公安机关的人民警察依照国家有关规定可以使用警械。"其中的"立遗嘱"、"指定遗嘱执行人"，"办理"，"作证"，"徇私舞弊"、"谋取非法收入"、"侵占公司财产"，"使用警械"等，即分别为上述各法律规范中适用主体可以作出、可以不作出、必须作出、不得作出以及既可以又必须作出什么行为的行为模式。

4. 法律后果

法律是关于个人和组织的社会行为规则。法律不仅要通过法律规范对个人和组织在一定条件下如何行为提出要求，同时还要对个人和组织的依法行为和违法行为分别作出评价和处理，否则，法律将不成其为法律。这种评价和处理的内容，就为法律规范的法律后果部分，亦即法律规范的第四个构成要素。

法律后果可以划分为肯定性法律后果和否定性法律后果两类。肯定性法律后果是指，法律对适用主体作出（或未作出）规范规定其可以作出的行为；未作出规范规定其可以不作出的行为；作出了规范规定其必须作出的行为；未作出规范规定其不得作出的行为，以及作出了规范规定其既可以又必须作出的行为时，给予允许、保护以至奖励（鼓励），表示认可和支持其依法行为。否定性法律后果是指，法律对适用主体未作出规范规定其必须作出的行为；作出了规范规定其不得作出的行为，以及未作出规范规定其既可以又必须作出的行为时，给予一定的处罚，并强制其作出或不作出一定行为，表示不认可、不支持其违法行为。

应该指出的是，法律规范中肯定性法律后果的具体内容，在法律条文里一般作省略处理，并不逐一作出规定。例如，《香港特别行政区基本法》第32条第2款规定，"香港居民有宗教信仰的自由，有公开传教和举行、参加宗教活动的自由"；《票据法》第83条第1款规定，"开立支票存款账户，申请人必须使用其本名，并提交证明其身份的合法证件"，这些法律规范中，肯定性的法律后果——适用主体依照上述法律规范之规定行为时，法律将给予允许和保护——均省略了。这是因为，第一，依法行为是社会上大量存在的、普遍性的行为；第二，法律对依法行为无须作性质、数量、后果等方面的认定和区分。所以，对依法行为的后果的具体内容逐一作出规定，既显重复，又显烦琐。只有在给行为人或组织的依法行为一定的奖励（或鼓励）时，法律才作明确规定。而法律规范中否定性行为后果的具体内容，在法律条文里一般有（或应该有）明确规定。不然，法律将无以体现自身所具有的强制性并影响法律的实施和执行，损害法律的权威。

法律规范中除适用主体要素外，其他三个构成要素的划分均具有一定的相对性。这里所讲的相对性主要是指，某个构成要素在这一法律规范中以适用条件存在，而在另一法律规范中则可能以行为模式或法律后果存在，反之亦然。我们称这种现象为法律规范构成要素划分的相对性。例如，《刑法》第 115 条第 1 款规定："放火、决水、爆炸、投毒或者以其他危险方法致人重伤、死亡或者使公私财产遭受重大损失的，处十年以上有期徒刑、无期徒刑或者死刑。"其中，"放火、决水……遭受重大损失"和"处……或者死刑"这两个要素在以公民个人为适用主体而形成完整的法律规范（规范一）时，它们分别是以不得作出什么行为的行为模式要素和否定性的法律后果要素存在的；同样是上述两个要素，在以司法工作人员为适用主体而形成完整的法律规范（规范二）时，它们又分别是以适用条件要素和既可以又必须作出什么行为的行为模式要素存在的。上述两个法律规范的完整内容如下：

规范一：适用主体——公民个人；

行为模式——不得作出放火、决水、爆炸……且致人重伤、死亡或者使公私财产遭受重大损失的行为；

适用条件（之一）——如果适用主体未作出上述行为；

法律后果（之一）——那么法律给予允许和保护；

适用条件（之二）——如果某适用主体作出了上述行为；

法律后果（之二）——那么该适用主体将被处 10 年以上有期徒刑、无期徒刑或者死刑。

规范二：适用主体——司法工作人员；

适用条件——某公民个人作出了放火、决水、爆炸……且致人重伤、死亡或者使公私财产遭受重大损失的行为；

行为模式——处该公民个人 10 年以上有期徒刑、无期徒刑或者死刑；

法律后果（之一）——如果有关的司法工作人员作出了行为模式要求的行为，那么，其法律后果是肯定性的，即法律将给予允许和保护；

法律后果（之二）——如果有关的司法工作人员未作出行为模式要求的行为，那么，其法律后果是否定性的。具体规定在《刑法》第399条："司法工作人员徇私枉法、徇情枉法，对明知是无罪的人而使他受追诉、对明知是有罪的人而故意包庇不使他受追诉，或者在刑事审判活动中故意违背事实和法律作枉法裁判的，处五年以下有期徒刑或者拘役；情节严重的，处五年以上十年以下有期徒刑；情节特别严重的，处十年以上有期徒刑。"

（三）法律规范的种类

法律规范依照不同的标准有不同的分类。比如，依照法律规范内容的特点，可划分为实体性法律规范和程序性法律规范；依照法律规范所在的法律部门的不同，可划分为宪法法律规范、行政法法律规范、民法法律规范、刑法法律规范等。此外，在我国的法理学教科书中，还通行着以下多种分类：有的认为，按照法律规范的不同职能，可分为调整性规范和保护性规范。有的认为，按照法律规范内容确定性程度的不同，可分为确定性规范、委任性规范和准用性规范。有的认为，按照法律规范强制性程度的不同，可分为强制性规范和任意性规范。所谓强制性规范是指，它所规定的权利和义务十分明确，不允许人们以任何方式变更和违反。它一般表现为义务性规范。所谓任意性规范则允许行为人按照法律规范的规定自行确定其权利和义务的具体内容。还有的认为，按照法律规范调整方式的不同，可分为授权性规范和义务性规范。所谓授权性规范是指，规定人们可以作出某种行为的法律规范。在法律中，有关权利、自由的规定均属于授权性规范。所谓义务性规范是指，规定人们必须作出某种行为或不得作出某种行为的法律规范。按照法律规范后果的不同性质，可分为保护性规范、奖励性规范和制裁性规范等。

1. 法律规范的类型

本文依照法律规范中行为模式的不同性质，将法律规范划分为权利性法律规范、义务性法律规范和职务性法律规范三种类型。

（1）权利性法律规范

所谓权利性法律规范是指，法律当中，以适用主体在适用条件下，可以作出或不作出一定行为及其相应法律后果为内容的法律规范。简言之，即法律赋予适用主体一定权利的法律规范。此类法律规范包括三种情况。

第一种情况是规定适用主体可以作出什么行为。如《行政复议条例》第 9 条规定，"公民、法人和其他组织对下列具体行政行为不服可以向行政机关申请复议：（一）对拘留、罚款、吊销许可证和执照、责令停产停业、没收财物等行政处罚不服的；（二）对限制人身自由或者对财产的查封、扣押、冻结等行政强制措施不服的；（三）认为行政机关侵犯法律、法规规定的经营自主权的……"，即规定了公民、法人和其他组织等适用主体，在适用条件［具备上述（一）、（二）、（三）等情况］出现时，可以作出向行政机关"申请复议"的行为，或者说赋予了他们可以向行政机关"申请复议"的权利。

第二种情况是规定适用主体可以不作出什么行为。如《刑事诉讼法》第 93 条规定，"侦查人员在讯问犯罪嫌疑人的时候……犯罪嫌疑人……对与本案无关的问题，有拒绝回答的权利"，即规定了作为适用主体的犯罪嫌疑人，在适用条件具备——被侦查人员讯问到与本案无关的问题时，可以不作出"回答"的行为。

第三种情况是法律当中关于适用主体作出一定行为将会得到国家有关部门的奖励或鼓励的法律规范，也属于权利性法律规范。如《文物保护法》第 29 条规定："有下列事迹的单位或者个人，由国家给予适当的精神鼓励或者物质奖励：（一）认真执行文物政策法令，保护文物成绩显著的；（二）为保护文物与违法犯罪行为作坚决斗争的；（三）将个人收藏的重要文物捐献给国家的……"这类规范也属于权利性法律规范。法律规范中（一）、（二）、（三）等内容，均为适用主体——单位或者个人有权利作出的行为。

（2）义务性法律规范

所谓义务性法律规范是指，法律当中，以适用主体在适用条件下，必须作出什么行为和不得作出什么行为及其相应法律后果为内容的法律规范。简言之，即法律约束适用主体一定义务的法律规范。此类规范也包括以下三种情况。

第一种情况是规定适用主体必须作出什么行为。如《土地管理法》第39条规定，"乡（镇）村企业建设需要使用土地的，必须持县级以上地方人民政府批准的设计任务书或者其他批准文件，向县级人民政府土地管理部门提出申请……"，即规定了适用主体——乡（镇）村企业，在适用条件——建设需用土地——出现时，必须作出"持县级以上地方人民政府批准的设计任务书或者其他批准文件，向县级人民政府土地管理部门提出申请"的行为。

第二种情况是规定适用主体不得作出什么行为。如《水污染防治法》第32条规定，"禁止企业事业单位利用渗井、渗坑、裂隙和溶洞排放、倾倒含有毒污染物的废水、含病原体的污水和其他废弃物"，即规定了适用主体——企业事业单位，在适用条件——任何情况下，都不得作出"利用渗井、渗坑、裂隙和溶洞排放、倾倒含有毒污染物的废水、含病原体的污水和其他废弃物"的行为。

第三种情况是虽然从法律条文上看，没有规定适用主体不得作出什么行为，或必须作出什么行为，但是，法律当中凡是规定适用主体在适用条件下作出或者不作出什么行为要受到一定处罚的法律规范，也是义务性法律规范。如刑法分则中的全部规范，从某个角度讲，均为义务性法律规范，虽然在其相关的法律条文中未见规定适用主体必须作出什么行为和不得作出什么行为的内容。如《刑法》第247条规定，司法工作人员对犯罪嫌疑人、被告人实行刑讯逼供或者使用暴力逼取证人证言的，处三年以下有期徒刑或者拘役。该规范对其适用主体——司法工作人员而言，就是一个义务性规范，即约束他们不得对犯罪嫌疑人、被告人作出"刑讯逼供或者使用暴力逼取证人证言"的行为。否则将受到一定处罚。

（3）职务性法律规范

所谓职务性法律规范是指，法律当中，以适用主体（仅为国家机关及其工作人员等）在适用条件下可以作出同时也必须作出什么行为及其相应法律后果为内容的法律规范。简言之，即法律同时赋予和约束适用主体一定职权和职责的法律规范。如《宪法》第89条规定，"国务院行使下列职权：（一）根据宪法和法律，规定行政措施，制定行政法规，发布决定和命令；（二）向全国人民代表大会或者全国人民代表大会常务委员会提出议案；（三）……"；《人民警察法》第8条规定，"公安机关的人民警察对严重危害社会治安秩序或者威胁公共安全的人员，可以强行带离现场、依法予以拘留或者采取法律规定的其他措施"；等等。这些均为职务性法律规范。

与权利性和义务性法律规范相比较，职务性法律规范在适用主体、行为模式的性质和法律后果等方面，都有自己的特点。

第一，关于适用主体。

职务性法律规范的适用主体只能是我国各级各类国家机关及其工作人员，如立法机关、行政机关、司法机关等及其工作人员。此外，由国家机关委托的组织和个人，如根据国务院《特别重大事故调查程序暂行规定》的有关内容，接受省级人民政府或者国务院归口管理部门组织成立的特大事故调查组的聘请，参加调查组的其他部门或者单位的人员，虽然其中有些本身并非国家机关工作人员，但由于调查组是由国家机关组织的并且是代表国家负责调查工作的，所以，这些人员在调查组工作期间，应视为《特别重大事故调查程序暂行规定》中职务性法律规范的适用主体。应予注意的是，有的法律虽然以职务性规范的形式，对某些社会组织或者人员的行为作出规定，但由于这些社会组织或者人员既非国家机关及其工作人员，又非接受国家机关委托代表国家从事某项工作，所以，严格地说，此类规范只属于一般的权利性法律规范，而不能归入职务性法律规范之列。如《公司法》第98条规定："股份有限公司股东大会由全体股东组成。股东大会是公司的权力机构，依照本法行使职权。"这里的"股东大会"只是权利性法律规范的适用主体，而不是职务性法律规范的适用主体。

第二，关于行为模式的性质。

前述权利性和义务性法律规范行为模式中的行为，都只具有单一的权利或者义务的性质，也就是说，权利性法律规范的适用主体对自己的权利，可以行使和享受，也可以不行使和享受，有些权利甚至可以转让给他人行使和享受；而义务性法律规范的适用主体对于自己的义务则非按规范的要求履行不可。职务性法律规范则不然。职务性法律规范行为模式中的行为，既是适用主体可以作出的行为，又是适用主体必须作出的行为。不过，由于职务性法律规范的适用主体是国家机关及其工作人员，以及受国家机关委托的组织和个人，他们是代表国家作出行为模式中的行为，因此，法律赋予和约束他们的不是一般的权利和义务，而是与国家管理职能相联系，与他们的工作性质、职务和身份相联系的职权和职责；并且赋予和约束同时出现。正是在这种意义上，我们说职务性法律规范行为模式中的行为，既是法律赋予适用主体可以行使的职权，又是法律约束适用主体必须履行的职责，具有职权和职责的双重性质。

第三，关于法律后果。

职务性法律规范的法律后果有两种情况。一种是在适用条件具备时，如果有关的国家机关及其工作人员作出规范所要求作出的行为，则属依法行使职权和履行职责。如国务院"规定行政措施"，"制定行政法规"，"发布决定和命令"；公安机关的人民警察对某些个人"强行带离现场、依法予以拘留"；等等。此时，其法律后果是肯定性的——国家予以认可、支持和保护。另一种是适用主体在适用条件具备时，不作出规范所要求作出的行为，则属未依法行使职权和履行职责，这样便构成失职违法。此时，有关责任人员就要承担否定性的法律后果——违法情节轻微者将受到批评教育；违法情节严重者将受到行政的甚至刑事的法律处罚。

2. 法律规范的识别

识别不同类型的法律规范，主要根据法律规范行为模式部分的文字表述形式。具体有以下几种情况。

（1）权利性法律规范的文字表述形式多为：适用主体在适用条件下"可以……"；"有权……"；"有……的权利"；"……权利（或自由）不受侵犯"；以及"允许（适用主体）……"。另外，如前所述，凡行为后果部分规定有给予适用主体一定奖励或鼓励的法律规范，亦属权利性法律规范。

（2）义务性法律规范的文字表述形式多为：适用主体在适用条件下"必须……"；"应当……"；"有……的义务"；以及"不准……"；"不得……"；"无权……"；"禁止……"；"严禁……"。另外，如前所述，凡行为后果部分规定有给予适用主体一定处罚内容的法律规范，亦属义务性法律规范。

上述权利性和义务性法律规范的立法表述形式，一般来说比较简明并趋于定型化。

（3）职务性法律规范的文字表述形式较为复杂，常见的情况有以下几种。

①职务性法律规范的适用主体均为国家机关及其工作人员，或受国家

委托的组织和个人，所以有时法律通过对适用主体的工作职能进行定位，来表述职务性法律规范。如《人民检察院组织法》第 1 条规定："中华人民共和国人民检察院是国家的法律监督机关。"《科学技术进步法》第 7 条规定："国务院制定科学技术发展规划，确定科学技术的重大项目、与科学技术密切相关的重大项目……"上述两例是法律分别对人民检察院的工作职能和国务院的部分工作职能进行定位。从这种定位即可看出，监督法律的实施以及制定某些规划、确定某些项目等，分别是作为国家机关的人民检察院和国务院可以作出同时也必须作出的行为，或者是它们可以行使的职权，同时也是它们必须履行的职责。从其适用主体和行为模式的特点可见，这类规范是职务性法律规范。

②法律通过具体列举适用主体的某些工作职能，来表述职务性法律规范。如《药品行政保护条例》第 4 条规定："国务院药品生产经营行政主管部门受理和审查药品行政保护的申请，对符合本条例规定的药品给予行政保护，对申请人颁发药品行政保护证书。"此例中"受理和审查……"，"对……给予……"，"对……颁发……"，是法律对国务院药品生产经营行政主管部门具体工作职能的列举。法律通过这种形式表述职务性法律规范。

③法律以规定适用主体"可以……"、"有权……"、"有……权"、"行使……权（力）"以及"行使……职权"等的形式，表述职务性法律规范。如《刑事诉讼法》第 50 条规定："人民法院、人民检察院和公安机关根据案件情况，对犯罪嫌疑人、被告人可以拘传、取保候审或者监视居住。"《海关法》第 4 条规定："海关可以行使下列权力：（一）检查进出境运输工具，查验进出境货物、物品；对违反本法或者其他有关法律、法规的，可以扣留。（二）查阅进出境人员的证件；查问违反本法或者其他有关法律、法规的嫌疑人，调查其违法行为。（三）……"《反不正当竞争法》第 17 条规定："监督检查部门在监督检查不正当竞争行为时，有权行使下列职权：（一）按照规定程序询问被检查的经营者、利害关系人、证明人，并要求提供证明材料或者与不正当竞争行为有关的其他资料；（二）查询、复制与不正当竞争行为有关的协议、账册、单据、文件、记录、业务函电和其他资料；（三）……"

④法律以规定适用主体"必须……"、"应当……"、"职责是……"、"负责……"以及"履行……职责"等的形式，表述职务性法律规范。如

《刑事诉讼法》第 161 条规定："在法庭审判过程中，如果诉讼参与人或者旁听人员违反法庭秩序，审判长应当警告制止……"《北京市文化娱乐市场管理条例》第 6 条规定："市和区、县文化行政机关在文化娱乐市场管理方面的主要职责是：（一）宣传、贯彻国家有关法律、法规和本条例；（二）制定文化娱乐市场的发展规划；（三）负责文化娱乐经营项目的登记和审批工作；（四）……"《公司登记管理条例》第 6 条规定："国家工商行政管理局负责下列公司的登记：（一）国务院授权部门批准设立的股份有限公司；（二）国务院授权投资的公司；（三）……"

上述③、④两种形式，前者规定适用主体"可以……"、"行使……职权"等；后者规定适用主体"必须……"、"履行……职责"等，文字虽然不同，但其含义并无区别，法律规范的类型也并无两样。它们都表示在适用条件具备或情况需要时，适用主体即有关的国家机关及其工作人员，不仅可以依照规范中行为模式的内容作出一定行为，以行使职权，而且必须依照规范中行为模式的内容作出这些行为，以履行职责。两种形式均表述的是职务性法律规范。

二　法律效力概论

一般来说，法律作用于社会的现实力量，始于其效力的发生，而终于其效力的废止，就此而论，法律效力无异于法律的生命力。因此，法律效力问题是法理学教学和研究中的一个重要问题。

（一）法律效力的含义

西方法理学或法哲学，无论是以逻辑的效力观、心理的效力观以及伦理的效力观研究法效力，还是从法律效力即法律的合法性的理念出发，从立法是否遵循一定的程序和管辖规则的角度出发审视法律效力，仿佛都不屑于正面回答到底什么是法律效力的问题。这一点，从著名的《布莱克法律词典》（第 5 版）和与之齐名的《牛津法律大辞典》的有关内容，可得到印证。前者（英文版）的条目中，只有"Valid（有效的；经过正当手续的）"、"Validate（使生效；使合法化）"、"Validity（有效、效力、合法性）"以及"Validating statute（生效的法规）"等，而无"Validity of law

（法律效力或法律的效力）"。① 后者（中译本）在全部 250 余个以"法"或"法律"为词头的条目中，自始至终未见"法律效力"这个词。

有的学者从法律的制定和实施的角度考察法律效力。比如美国学者埃德加·博登海默说："在一些联邦制国家中，法律的效力不仅取决于对某些立法形式程序的遵守，而且还取决于对立法管辖规则的服从。"② 英国学者哈特说："说某一规则是有效力的，就是承认它通过了承认规则所提供的一切检验，因而承认它为该法律制度的一个规则"；又说："断言一个规则的效力就是预言它将由法院或某一官方的行为强制实施。"③ 有的学者，例如凯尔森则认为，"我们所说的'效力'，意思就是指规范的特殊存在，或者就是说，我们假定它对那些其行为由它所调整的人具有'约束力'"。④ 这些观点是很有代表性的。

在我国法学界，对法律效力问题的研究，仿佛也未给予足够重视。自1979 年至 1994 年，在全国报纸、杂志上公开发表的近 2000 篇法理学论文中，专门论述法律效力的只有五六篇。1995 年之后的 20 余年，专题论述法律效力的文章，也只有 20 多篇。法律效力作为法理学以至法学学科中的一个重要概念，未被足够重视，在西方恐因其法学研究的实用主义色彩浓厚，深究学科中某些具体概念的内涵、外延等，乃非其所长；在我国则是因为，长期以来法理学教学和研究多着眼于学科中的宏观问题，诸如法的产生、法的制定、法的阶级性、法的功能、法的价值等，而对于这些问题当中所涉及的众多具体概念以及概念与概念之间的关系等较为微观的问题，则涉及较少。

综合来看，我国学者对什么是法律效力问题最具代表性的解释主要有以下三种。第一，法律效力即法律生效的范围，指法律规范对什么人，在什么地方和什么时间发生效力。⑤ 这种解释实际上是所答非所问。它只讲了法律效力发生作用的范围，包括人员方面、空间方面和时间方面的范

① Bryan A. Garner, *Black's Law Dictionary* (5th edition), West Group Publishing, 1979, p. 1390.
② 〔美〕埃德加·博登海默：《法理学——法哲学及其方法》，邓正来、姬敬武译，华夏出版社，1987，第 323 页。
③ 〔英〕哈特：《法律的概念》，张文显等译，中国大百科全书出版社，1996，第 104 页。
④ 〔奥〕凯尔森：《法与国家的一般理论》，沈宗灵译，中国大百科全书出版社，1996，第 32 页。
⑤ 参见中国大百科全书总编辑委员会编《中国大百科全书·法学卷》，中国大百科全书出版社，1984，第 85 页；法学词典编辑委员会编《法学词典》，上海辞书出版社，1984，第 626 页。

围，而并没有对什么是法律效力的问题作出回答。虽然法律效力本身及其作用范围之间有着密切联系，但二者毕竟不是一回事，在它们之间画上等号，显属不当。第二，"法律效力首先指法律规范的合法性、有效性"。① 其意思可以理解为，法律（或法律规范）只有是合法的和正在生效的，才是具有法律效力的。这种近乎同义反复的回答，实际上同样没有说清楚什么是法律效力，也很难令人满意。第三，"法学理论上所说的法律效力，是指法律规范对人们的行为所产生的普遍的约束作用"；② "法律的效力是指法律本身的存在，指法律具有这样一种特征，对凡行为受法律调整的人都有某种约束力。不仅对一般公民、组织，而且对执法、司法机关或人员都有约束力"；③ 或一言以蔽之："所谓法律效力，是指法律所具有的约束力和强制力。"④ 这种颇为流行并具有一定权威性的解释，普遍存在于我国法学的教科书中。虽然从正面接触问题，而且把法律效力视为法律所具有的，施加于个人和组织等有关主体的某种作用力，也很有可取之处，但是解释也存在明显的不足。其一，它并没有给法律效力这个概念下一个完整的定义；其二，它把约束力作为法律效力对有关主体的作用力的唯一表现形式，未免失于片面；其三，它没有涉及法律效力的其他载体；其四，它没有把法律效力同保证法律实施的国家强制力相联系。应该说，这种对什么是法律效力问题的解释或回答，也不是很理想。

本文认为，法律效力是法律及其部分派生文件、文书所具有的，以国家强制力为保证的，在所适用的时间、空间范围内，赋予有关主体行使其权利（或者权力、职权）的作用力以及约束有关主体履行其义务（或者职责、责任）的作用力之总和。

（二）法律效力的范围

法律效力通常包括对人的效力、时间效力和空间效力。

1. 法律对人（或称对有关主体）的效力

法律对人的效力是指，法律及其部分派生文件、文书通过其所包含的

---

① 潘晓娣：《法律效力的再认识》，《河北法学》1993 年第 1 期。
② 张楚：《法律效力定义刍议》，《法学与实践》1988 年第 1 期。
③ 沈宗灵：《论法律的实行》，《法学研究》1988 年第 2 期。
④ 张友渔主编《中国法学文集》第 1 辑，法律出版社，1984，第 114 页。

具体法律规范、决定和约定，赋予哪些人一定的权利或者职权，以及约束哪些人一定的义务或者职责。被赋予一定权利或者职权，以及被约束一定义务或者职责的人，我们说法律对其有效力或者发生效力；反之，未被赋予权利、职权，以及未被约束义务、职责的人，我们说法律对其无效力或者不发生效力。应该注意的是，这里所说的"人"（或者称有关主体），既指自然人（个人），也指作为社会组织的法人和其他组织。

一般来说，由于人总会有其国籍问题以及所活动的国家领域问题，一个国家的法律对人的效力，实际上可分为两种情况：一种是对在本国领域内的本国人和外国人（包括无国籍人）的效力问题；另一种是对在本国领域外的本国人和外国人的效力问题。对此，学界有三种不同的主张。（1）属人原则。主张本国法律对所有本国人都有效力，而不论他们是否活动于本国领域内。（2）属地原则。主张本国法律只对活动于本国领域内的一切人有效力，而不论其是本国人还是外国人。（3）保护原则。主张从维护本国利益出发，确定本国法律对外国人的效力，即只有当外国人与侵害本国的国家利益、社会利益和本国人的合法权益事项相联系时，法律才对其有效力。由于上述属人和属地原则各有不足之处，而保护原则又总不能与属人和属地原则相脱离，所以，近代以来，各国在确定本国法律对人的效力时，都主张将维护本国利益与属人和属地原则相结合。这种主张，称为综合性原则。

我国法律对人的效力是根据综合性原则确定的。具体情况是：（1）我国法律对本国人（公民）的效力。我国法律对于在我国领域内的我国全体公民都有效力。正如我国《宪法》第33条第3款规定："任何公民享有宪法和法律规定的权利，同时必须履行宪法和法律规定的义务。"我国法律对于在国外的我国公民原则上也有效力，这尤其表现在约束他们必须遵守我国刑事法律的义务。《刑法》第7条第1款规定，中华人民共和国公民在中华人民共和国领域外犯本法规定之罪的，适用本法。如此确定我国法律对在国外的我国公民的效力，既维护了我国主权，尊重了他国主权，同时也符合有关的国际公约和惯例。（2）我国法律对外国人的效力。我国法律对于在我国领域内的外国人也有其效力。当然，法律另有规定的除外。对此，我国《宪法》第32条第1款作了原则性规定："中华人民共和国保护在中国境内的外国人的合法权利和利益，在中国境内的外国人必须遵守中华人民共和国的法律。"此外，我国还通过其他法律赋予在我国领域内的外国人某些具体的权利，并约束他们某些具体的义务。（3）我国有的法律，对于在我国领域外的外国人也有效力。例如《刑法》第 8 条规定："外国人在中华人民共和国领域外对中华人民共和国国家或者公民犯罪，而按本法规定的最低刑为三年以上有期徒刑的，可以适用本法，但是按照犯罪地的法律不受处罚的除外。"

2. 法律的时间效力

法律的时间效力是指，法律及其部分派生文件、文书对有关主体的赋予效力、约束效力和复合效力开始于什么时间、终止于什么时间，以及法律对其生效之前发生的某些行为和事件中的有关主体是否有效力的问题。

（1）法律开始生效的时间

我国法律开始生效的时间，一般有如下两种情况。一是法律自公布之日起开始生效。二是法律自公布后的某一具体日期开始生效。

（2）法律终止生效的时间

法律终止生效，也称法律效力的废止，即法律对有关主体的赋予效力、约束效力和复合效力的消灭。我国法律终止生效的时间，有如下几种情况。一是新的法律开始生效，同时具体规定某些旧的法律终止生效。二是有关国家机关通过发布文件废止某些法律的效力。三是新的法律开始生效后，根据法理——"新法淘汰旧法"，使原有的相同名称的旧法律或者相同调整对象的旧法律的效力废止。四是有的法律，由于适用期已过，调整对象消失或者不适应发展变化了的新情况等，其效力自行废止。上述几种情况，前两种称为"明示废止"，后两种称为"自行废止"。此外，在我国的立法实践中，还有这样一种情况：新的法律规定该法律生效后，从前颁行的与该法律调整对象相同的其他法律或者法律规范，其内容凡与该法律相抵触的部分，效力废止。

（3）法律的溯及效力

法律的溯及效力是指，法律对其生效之前发生的某些行为和事件中有关主体是否适用，即是否将他们的某些行为追认为该法律所赋予的权利而加以保护，以及是否将他们的某些行为追认为未履行该法律所约束的义务而给予处罚。如果是，那么该法律具有溯及效力；如果不是，则该法律不具有溯及效力，或者称不具有溯及既往的效力。由于法律效力同法律的执行、遵守等密切相关，而且，法律的重要功能之一就在于，它对于人们在各个社会生活领域里应该如何行为有先导性指引和规范作用，因而从原则上讲，法律的效力只能指向现在和以后，而不能指向过去，不能通过现在制定的法律去处理、解决已经成为历史的某些行为和事件。也就是说，法律不应该具有溯及既往的效力。这应当是法律的一项重要原则。有的国家甚至将这一原则记载于宪法之中。如《美国宪法》第 1 条第 9 款之三规定："不得通过公民权利剥夺法案或追溯既往的法律。"

在原则上坚持法律无溯及既往的效力是完全必要的。然而事情还有另一方面，即国家机关在执法过程中难免碰到一些虽然是存在和发生于某项法律生效之前，但又在法律生效之后必须处理、解决的行为和事件。在这种情况下，便会出现如何灵活看待法律溯及既往的效力问题。对此，在执行刑事法律方面，多数国家采用"从旧兼从轻"的原则——对新刑法生效之前的行为，如果旧刑法不认为是犯罪的，则依旧刑法认定；如果旧刑法认为是犯罪，而新刑法不认为是犯罪的，则依新刑法认定；如果新、旧刑法均认为是犯罪，则依处罚轻的刑法认定。我国刑法也采用这种做法。

在执行民事、行政等法律方面，各国亦多坚持法律无溯及既往效力的原则。如著名的《法国民法典》第 2 条规定："法律仅适用于将来，无溯及效力。"我国民事等方面的法律，对法律的溯及效力问题少有明文规定。执法实践中遇到相关问题时，一般由最高人民法院以法律解释的形式酌情处理。

3. 法律的空间效力

法律的空间效力是指，法律及其部分派生文件、文书对处于什么空间范围内的有关主体具有赋予效力、约束效力或者复合效力。一般而言，法律的空间效力的范围，由法律的制定机关所决定，同时也与法律的内容相关联。

我国法律的空间效力的具体情况包括：（1）由中央国家机关制定的法律，除本身有特殊规定者外，在国家全部领域内发生效力。所谓国家全部领域是指国家主权的范围，包括领土、领水、领空以及驻外使馆、领馆和在领域外的本国的交通工具内等。（2）由中央国家机关制定的法律，在国家的部分领域内发生效力。如《香港特别行政区基本法》和《澳门特别行政区基本法》。（3）由地方国家机关制定的法律——地方性法规和民族自治条例、单行条例等，在其所辖的行政区域内发生效力。

上述法律的空间效力，既包括法律对其身体或者机构在一定空间范围内的有关个人或者机构发生的效力，也包括法律对其身体或者机构虽不在一定空间范围内，但其行为的结果发生在该范围内的个人或者组织发生的效力。比如我国《海洋环境保护法》第 2 条第 1 款规定，"本法适用于中华人民共和国的内海、领海以及中华人民共和国管辖的一切其他海域"；第 3 条规定，"进入中华人民共和国管辖海域的一切单位和个人，都有责任保护海洋环境，并有义务对污染损害海洋环境的行为进行监督和检举"；第 2 条第 3 款同时又规定，"在中华人民共和国管辖海域以外，排放有害物质，倾倒废弃物，造成中华人民共和国管辖海域污染损害的，也适用本法"。

（三）法律效力的载体

法律效力首先是作为法律所具有的特殊的作用力，因此，法律自然为其载体。这里所说的法律，是指现行的和广义上的法律，即包括宪法、法律、行政法规、地方性法规、民族自治条例和单行条例在内的我国法律体系的全部规范性文件。另外，在法律实施的复杂过程中，会派生出许多不同类型的文件、文书。这些文件、文书虽然并不属于法律的范畴，但它们在各自适用的时间、空间范围内，同样具有以国家强制力为保证的、赋予有关主体行使其权利（或权力）以及约束有关主体履行其义务（或责任）的作用力——法律效力，所以，它们也是法律效力的载体。

这些载体在我国主要包括：（1）由全国人民代表大会常务委员会对宪法和法律所作的立法解释；由国家最高司法机关（最高人民法院、最高人民检察院）对具体应用法律所作的审判解释、检察解释或联合解释；由国家最高行政机关对有关法律和行政法规所作的解释；国家省级地方政权机关对地方性法规和规章所作的解释。（2）按照我国《行政诉讼法》第 53 条规定的精神，参照国务院部、委根据法律和国务院的行政法规、决定、命令制定、发布的规章以及省、自治区、直辖市和省、自治区的人民政府所在地的市和经国务院批准的较大的市的人民政府根据法律和国务院的行政法规制定、发布的规章，涉讼后，除经国务院解释或者裁决为不能作为人民法院审理行政案件的参照文件者外，都具有法律效力，是法律效力的载体。（3）根据我国《刑事诉讼法》、《行政诉讼法》、《民事诉讼法》、

《经济合同仲裁条例》等有关法律法规的规定，下列文书具有法律效力，是法律效力的载体：①人民法院在审理刑事、行政、民事案件中，分别制作的终审判决书和裁定书；超过法定期限未上诉、抗诉的判决书和裁定书；经双方当事人签收后的调解书；最高人民法院核准的死刑的判决书和高级人民法院核准的死刑缓期二年执行的判决书等。②经济合同仲裁机关在处理案件过程中所制作的已送达的调解书和期满不起诉的仲裁决定书。（4）个人之间、法人之间、非法人组织之间，以及它们相互之间依法订立的各种合同书、协议书。

在上述法律效力的两大部分载体中，法律为法律效力的本源载体，其他载体为法律效力的派生载体。本源载体和派生载体中的两类规章，全国人大常委会、国务院、最高人民法院、最高人民检察院，以及国家省级地方政权机关，因解释宪法、法律、行政法规和地方性法规、规章而形成的规范性文件，其法律效力具有统一性和普遍性。派生载体中其余的文件、文书，其法律效力则不具有统一性和普遍性，只能作用于包括国家有关机关及其工作人员在内的特定的或者具体的组织和个人。

1. 法律效力与法律公布

一部法律的法律效力，来源于该法律的诞生——法律草案依照立法程序经由立法机关通过或批准。在这个过程中，法律被注入国家意志，开始与国家强制力相联系，同时获得自身的法律效力。法律的诞生以及在诞生中获得效力，对于法律本身来说固然重要，但是要使法律所具有的效力得以现实地发生，即以赋予、约束及复合的形式，直接施加于有关组织和公民，从而在实现法律调整社会关系的功能以达到立法目的的过程中发挥一定的作用，则还需要经过另一个重要的立法程序——法律的公布。没有法律的公布，法律自己不能迈过立法机关的门槛，正式向社会面对有关组织和公民显示法律效力。当然，法律的公布与法律效力的发生也并非同一概念。因为法律公布之后，只有达到了立法机关所规定的某个具体的日期，法律效力方始发生。然而，这一具体日期，是与公布同日，还是间隔一段时间后的某日，也往往需要经过法律的公布，才能为社会所知晓。可见，法律的公布对于法律效力的发生具有关键性的意义。

（1）法律效力与法律公布的机关

法律在立法机关获得通过以后，由哪个机关向社会公布，应该有法可依，并依法办事，这不仅具有程序上的意义，而且也关系到法律效力的发生问题。我国《宪法》第 80 条规定："中华人民共和国主席根据全国人民代表大会的决定和全国人民代表大会常务委员会的决定，公布法律……"这一规定，从与法律效力的关系方面分析，有三点含义。第一，全国人民代表大会及其常委会制定的法律（包括修改、补充法律的决定和其他有关法律问题的决定），只能由国家主席公布，其他任何机关或个人均无权公布。第二，法律由国家主席公布，才能发生法律效力。第三，法律如果是由其他机关或个人公布的，则不发生法律效力。上述含义告诉人们，宪法关于法律的公布机关的规定，直接关系到法律的效力是否能够发生，是极为严肃的。在公布法律的问题上，我们应该严格地依照宪法的规定办事，以维护宪法的尊严，维护国家主席的尊严，同时，也维护法律及其效力的尊严。过去在这方面，我们国家有时做得不好。如 1978 年《宪法》生效后，有些法律没有按宪法规定由全国人大常委会委员长公布，而是由全国人大主席团或全国人大常委会公布。现行宪法生效后，类似的问题依然出现。例如，同为 1983 年第六届全国人大常委会第二次会议通过的《关于严惩严重危害社会治安的犯罪分子的决定》和《关于国家安全机关行使公安机关的侦查、拘留、预审和执行逮捕的职权的决定》，前者是由国家主席公布的，后者则不是。对于依照宪法规定，本该由国家主席公布而未由国家主席公布的法律，人们难免从法理和法治的角度对其法律效力的发生问题提出质疑。为维护我国法律的法律效力的统一，以上问题今后应避免再出现。

（2）法律效力与必须公布的法律文件

凡法律都必须公布，这似乎无须多论，因为法律不仅是国家的，而且是社会的，甚至是国际社会的。不向社会公布的法律，其在诞生时所获得并内含于自身的法律效力，则无法现实地发生。由于不公布而无现实效力的法律，于国家、于社会、于公民何用之有？在我国，从立法的角度讲，法律的公布问题日益受到重视。一般地说，我国的宪法（修正案）、法律、行政法规、地方性法规、部门规章和地方政府规章等，都能依法公布。然而，上述这些毕竟还只是我国具有法律效力的全部法律文件的一部分。还有其他一些由法律所派生的、具有法律效力的法律文件，未能"完全彻底"地向社会公布，因而影响了其法律效力的最佳发挥。这些文件主要是指由国家最高司法机关——最高人民法院和最高人民检察院单独或联合对法律所作的规范性的司法解释。

这些司法解释，尽管表现形式不一，但其基本内容都是司法机关依照其对有关法律的精神、原则和规定的理解而作出的，在涉及这些法律的诉讼过程中，关于司法机关自身的某些职权，以及其他有关组织和公民的某些权利和义务的、较原法律更为具体的规定。这些司法解释不仅对于司法机关具体应用法律处理有关案件具有重要的指导意义，而且对于其他社会组织和公民依法履行义务以及用法律维护自身利益（包括行使某些诉讼权利）、监督司法机关依法司法等，也同样具有重要的指导意义。因此，这些司法解释在按规定发送有关司法机关的同时，还应该进一步扩大公开程度，尽可能及时地全部向社会公布，以使其在更长时间、更大空间和更多主体范围内，发挥其所具有的赋予形式、约束形式和复合形式的法律效力，为社会和国家的稳定与发展服务。

除上述司法解释外，国务院及其主管部门对法律、行政法规的解释；各省、直辖市、自治区人大常委会和人民政府主管部门对地方性法规的解释等法律文件，也应该及时地全部向社会公布。如果上述法律文件中，有些是不可以公布或只能由"内部"掌握的，那么，这些文件本身或者不合法，或者不具有法律效力，起码不具有现实的法律效力。

（3）法律效力与法律公布的载体

法律效力的现实发生，有赖于法律的公布，而法律的公布，又有赖于法律公布的载体。现今，可以公开传播法律于社会的载体是多种多样的，如广播、电视、电传、电报、各种内部文件刊物、资料及各种公开出版的刊物和书籍等。它们为公民了解和研究法律的内容，依照法律的规定行使权利、履行义务，提供了极大的方便。然而，从法理学角度来看，由国家有关部门通过的法律，只有在国家规定或认可的刊物上公布，方可作为立法程序之一的正式的法律公布。

世界上很多国家有由国家规定或认可的正式公布法律的刊物。目前在我国，《中华人民共和国全国人民代表大会常务委员会公报》和《中华人民共和国国务院公报》，分别是公布法律和行政法规、部门规章的正式刊物；省、直辖市、自治区人大常委会的《会刊》或《公报》，以及人民政府的《政报》等，则分别是公布地方性法规和地方政府规章的正式刊物；

还有些省、直辖市、自治区的地方报纸，也是公布地方性法规和地方政府规章的正式刊物。同时，根据1990年国务院公布的《法规汇编编辑出版管理规定》的有关内容，由国家指定的有关部门编辑、国家出版行政管理部门审核批准的出版社出版的法律汇编、行政法规汇编、军事法规汇编、部门规章汇编、地方性法规和政府规章汇编以及各种综合性法规汇编，是国家出版的法规汇编的正式版本。

本文之所以强调由国家有关部门通过的法律，只有在国家规定或认可的刊物上公布，方可作为立法程序之一的正式的法律的公布；之所以特别指出何种法规汇编版本是国家出版的法规汇编的正式版本，其用意全在于表明以下这样一种认识：虽然在各种载体上所刊登、收录、编辑或输入的法律文件，对于人们知晓法律的内容，依法行使权力和权利、履行责任和义务等，都是十分必要和重要的；同时，这些法律文件也是具有法律效力的，但是，对于国家司法部门和行政执法部门及其工作人员来说，法律、行政法规、地方性法规、部门规章和地方政府规章等这些法律文件，只有在国家规定或认可的刊物上公布，以及编辑在国家出版的法规汇编正式版本里，换言之，这些法律文件只有以上述刊物和书籍为载体，才可以作为处理刑事、民事和行政等各类案件时作出裁判或决定的正式依据。这不仅仅是考虑到这些法律文件的内容必须准确无误，以及印刷质量良好，而且，更重要的是考虑到维护国家法律的统一和尊严，维护上述法律文件的法律效力的权威性的需要。

2. 关于法律生效的规定

任何一部法律，都必须有关于自身法律效力发生的记载。如我国《刑法》第9条规定："本法自一九八○年一月一日起生效"即是。否则，这部法律起码在形式上是不完整的，甚至会被认为没有存在的价值和必要。而且，这种记载从用词到方式，都应力求规范化和科学化，特别是在强调厉行法治的今天。然而，资料表明，新中国成立以来直至最近，我国颁行的法律文件，包括宪法、法律、行政法规、地方性法规、部门规章和地方政府规章等，在记载关于自身法律效力的发生时，不仅用词很不统一，而且记载方式也颇为混乱。这类问题虽然无伤我国法制建设之大雅，但如果我们在"立法无小事"的认识上思想是一致的话，那么，就应该认为，它确实必须引起人们尤其是立法界的注意。

先看很不统一的用词：（1）有的（大多数）法律（或法规、规章等，下同）用"施行"，如《宪法》、《民法通则》、《法官法》、《法规汇编编辑出版管理规定》、《浙江省计划生育条例》等；（2）有的法律用"实施"，如《香港特别行政区基本法》、《澳门特别行政区基本法》、《国营企业成本管理条例》等；（3）有的法律用"实行"，如《自然科学奖励条例》、《发明奖励条例》等；（4）有的法律用"执行"，如《征收排污费暂行办法》、《国家能源交通重点建设基金征集办法》等；（5）有的法律用"生效"，如《刑法》、《海洋环境保护法》等。

再看颇为混乱的记载方式：（1）有的法律只在公布时，在法律名称下的说明里记载本法律的"施行"，在正式条文里无任何记载，如《宪法》、《刑事诉讼法》等；（2）有的法律只在说明里记载"实施"，在正式条文里无任何记载，如《香港特别行政区基本法》、《澳门特别行政区基本法》、《铁路货物运输规程》等；（3）有的法律在说明和正式条文里重复记载"施行"，如《国籍法》、《法官法》、《惩治军人违反职责罪暂行条例》等；（4）有的法律在说明里记载"施行"，而在正式条文里则记载"实施"，如《经济合同法》；（5）有的法律在说明里记载"施行"，而在正式条文里记载"执行"，如《一般商品进口配额管理暂行办法》；（6）有的法律在说明里记载"施行"，而在正式条文里记载"生效"，如《刑法》、《海洋环境保护法》等；（7）有的法律在说明里无记载，而在正式条文里记载"执行"，如《进出口锅炉压力容器监督管理办法（试行）》；（8）有的法律在说明里无记载，而在正式条文里记载"施行"，如《国家赔偿法》；（9）有的法律在说明里无记载，且无公布日期，但在正式条文里记载"自公布之日起施行"，如《北京市国防教育条例》。如此等等，不胜枚举。

对于上述涉及我国法律的法律效力发生的记载的有关问题，本文提出两点认识和建议。

第一，关于记载用词。上述诸种记载法律效力发生的用词，除"生效"以外，其余如"施行"、"实施"等，均属不规范、不科学，因而在立法中均不可取。

首先，这些用词与现行宪法中相关内容的用词不一致。《宪法》第116条在确认民族自治地方自治条例和单行条例的法律效力的发生时规定，"自治区的自治条例和单行条例，报全国人民代表大会常务委员会批准后生效。自治州、自治县的自治条例和单行条例，报省或者自治区的人民代表大会常务委员会批准后生效"。这里用的是"生效"，而非"施行"、"实施"或其他。既然宪法在确认作为法律的自治条例和单行条例的法律效力的发生时，使用的是"生效"一词，那么，其他法律（尤指现行宪法颁行后所制定的法律）在记载自身法律效力的发生时，就没有理由也没有必要不跟宪法保持一致，而另行采取其他用词。另外，1979 年 11 月 29 日第五届全国人大常委会第十二次会议通过的《关于中华人民共和国建国以来制定的法律、法令效力问题的决议》里，使用的也是继续"有效"，而非继续"施行"、继续"实施"或其他。

其次，法律的施行（或实施、实行、执行等，下同）与法律的生效二者基本含义不同。所谓法律的施行，亦可称施行法律，是指社会的有关主体，包括国家机关、社会组织和公民，依照法律的规定行使权力和权利以及履行责任和义务的实际操作法律使其运行的活动。法律的生效，则是指法律效力的现实发生，即法律向社会宣示其所具有的赋予人们行使权力和权利的作用力以及约束人们履行责任和义务的作用力，开始施加于有关主体。如果作更具体的区分，那么可以说，（1）二者的行为主体不同。法律的施行，其主体是有关的国家机关、社会组织和公民；[①] 而法律的生效，其主体当然是法律本身。（2）二者的起始时间不同。虽然从实践（或相对意义）上说，二者可以也应该同时起始，但从理论（或绝对意义）上说，法律的生效必然在前，法律的施行必然在后，或者说，法律生效之后，方能予以施行，而绝不应该相反。[②]（3）在彼此的相互关系中，二者各自的地位不同。简言之，法律的施行，是法律生效的逻辑上的必然和结果；而法律的生效，则是法律施行的法理上的根据和前提。可见，法律的施行与法律的生效，这两个概念在基本含义上是迥然相异的。基于以上三个方面的理由，本文认为，任何一部法律在记载自身法律效力的发生时，均应依照宪法之例，使用"生效"一词，以求规范化和科学化，而不可以其他用词如"施行"、"实施"等取而代之。

---

① 倘若结合我国传统的法律文化背景来看，法律的施行，在立法工作者的意识中，更多的还是指以有关的国家机关为主体所进行的司法、执法等活动。

② 如果读一读 1980 年 4 月 16 日第五届全国人大常委会第十四次会议通过的《关于实施刑事诉讼法规划问题的决议》，恐怕更能认可这一观点。

第二，关于记载方式。一部法律要能够成其为法律，从内部结构上讲有两大部分内容，缺一不可。一是关于法律自身需要记载的若干事项，包括法律的名称、法律的制定机关和制定日期、法律的公布机关和公布日期、法律效力的发生及日期等；二是关于调整社会关系的若干法律规范。法律通过序数化的法律条文来表述法律规范的内容，这已经是立法技术中的定型做法，无须多议。问题是关于法律自身的上述若干事项，在法律中应当如何记载。像我国目前五花八门、各行其是的记载方式，确实需要加以改变，以求规范化和科学化。

法律自身需要记载的若干事项，都是法律的有机组成部分，无一项不重要，但鉴于其中法律效力的发生一项具有特殊的意义和作用——直接决定有关主体开始依法行使权力和权利以及履行责任和义务，从而使法律的社会价值和功能得以实现，所以本文认为，立法时，法律的这一事项，应在法律正文的最后开列专条予以记载，并采取统一的标准格式和用词："本法（或条例、细则、办法等）自×年×月×日起生效。"倘若如此，那么，在法律名称下的说明中，则可只记载法律的制定机关和制定日期、法律的公布机关和公布日期等事项，而无须记载法律效力的发生及日期，以免重复。

3. 法律效力与人的行为

对行为与法律之关系的研究，在法律科学包括法理学中居于十分重要的地位，这是很自然的。因为，对于法律来说，除了人的行为以外，人是根本不存在的；而法律本身，终究也不过是关于人的行为的准则。既然如此，那么，行为与法律效力二者的关系又是怎样的？或者更直接地说，行为是否具有法律效力呢？依目前法学界之通说，违法行为当然无法律效力可言；而有些合法行为则具有法律效力。[①] 本文对此种观点不敢苟同。笔者认为，行为，无论是违法行为还是合法行为，都一概不具有法律效力。

首先，从逻辑角度分析，法律效力是指，只有法律及其部分派生文件、文书才具有的，施加于有关主体，以影响其对自身涉法行为的选择的特殊的作用力；而行为一般是指，有关主体为了某种利益的需要，在自主意识支配下（有时在一定客观条件配合下），所进行的整个身体的或者身

---

① 参见沈宗灵主编《法学基础理论》，北京大学出版社，1993，第434页。

体某些部位的活动，其本身正是法律及其派生文件、文书所规范和调整的对象。所以，行为不能与法律或者由其派生的文件、文书并列，作为法律效力的载体。从这种意义上说，行为是不可能具有法律效力的。其次，从实证角度分析，现实生活中大量存在的营业、诉讼、结婚、继承、植树造林、参加或者放弃选举、渎职、盗窃、拐卖人口、审讯、判决等行为，不论是个人的行为还是组织的行为，也不论是作为的行为还是不作为的行为，它们的发生往往会引起有关主体之间某些方面的法律关系，即权利（或权力）与义务（或责任）关系的发生、变更和消灭。但是，在这些法律关系之中，有关主体各自的权利（或权力）、义务（或责任）的内容如何，是由相关的法律或者由其派生的文件、文书所确定的。同时，以国家强制力为保证的、赋予有关主体行使其权利（或权力），以及约束有关主体履行其义务（或责任）的作用力——法律效力，也是来源于这些相关的法律或者由其派生的文件、文书本身的。可见，任何行为都并不决定于某些法律关系之中，有关主体的权利（或权力）和义务（或责任）的具体内容，也更不具有赋予有关主体行使其权利（或权力）、约束有关主体履行其义务（或责任）的法律效力。无论是合法行为还是违法行为，一概莫不如此。

　　以结婚行为为例。男女双方依法结婚之后，双方之间会产生多种权利、义务关系，如地位平等关系、姓名权关系、财产处理权关系、相互扶养关系以及遗产继承关系等。这些权利、义务关系的具体内容，由婚姻法所规定，而不是由男女双方结婚的行为所决定；同时，以国家强制力为保证、赋予双方行使各自权利以及约束双方履行各自义务的作用力——法律效力，也是来源于婚姻法，而不是来源于男女双方结婚的行为。再以拐卖人口行为为例。拐卖人口这种犯罪行为发生后，会引起一系列有关主体之间的权利（或权力）和义务（或责任）关系的产生。比如，有关组织和个人向有关部门提出控告和检举的权利和义务；国家公安、检察、审判机关及其工作人员追诉犯罪行为的权力和责任，以及自行回避，拘留、逮捕相关犯罪嫌疑人时出示拘留证、逮捕证等的义务；被告人要求有关人员回避，自己或者委托他人辩护的权利以及接受追诉和承担刑事处罚的义务；等等。这些权利（或权力）和义务（或责任）关系的内容，是由刑法、刑事诉讼法等法律规定的，而不是由拐卖人口的行为决定的。同时，以国家强制力为保证的、赋予和约束上述有关主体行使权利（或权力）以及履行义务（或责任）的作用力——法律效力，同样是来源于刑法和刑事诉讼法等法律，而不是来源于拐卖人口的行为。因此，行为，无论是谁的行为，也无论是什么性质的行为，都不具有所谓的法律效力，不能与法律及其部分派生文件、文书并列，作为法律效力的载体。

在我国的立法实践中，一些法律在涉及某项具体行为时，一般只规定其"有效"、"有效力"、"发生效力"或"无效"、"无效力"、"不发生效力"等，而不规定其是否具有或是否发生"法律效力"。比如，《民法总则》第156条规定："民事法律行为部分无效，不影响其他部分效力的，其他部分仍然有效。"《民事诉讼法》第52条第2款规定："共同诉讼的一方当事人对诉讼标的有共同权利义务的，其中一人的诉讼行为经其他共同诉讼人承认，对其他共同诉讼人发生效力；对诉讼标的没有共同权利义务的，其中一人的诉讼行为对其他共同诉讼人不发生效力。"第220条第2款规定："公示催告期间，转让票据权利的行为无效。"《律师暂行条例》第5条第2款规定："律师在代理权限内的诉讼行为和法律行为，与委托人自己的诉讼行为和法律行为有同等效力。"上述规定是正确的，而且也并非偶然和随意的。因为，从法理学上讲，这些规定中有效、无效、有效力、无效力、发生效力、不发生效力等用语，不能认为是有无或者是否发生"法律效力"的简略说法，而应该是有其特定含义，即指某项行为是否合法，是否在法律上有意义和作用，是否产生特定的法律后果，是否能够得到法律的认可，等等。

法律的本质往往被归结为立法者及其所代表的人们的意志，这无疑是正确的。然而，意志——人们在社会生活各个领域里，为追求自身物质利益、精神利益而产生的理想以及各个方面具体的意愿、主张和要求等，不过是人们头脑里的东西。如果它们永远只存在于人的头脑，而不同人的行为相结合，那么，人们的意志就永远不会变成人们的利益。换言之，人们的理想、意愿、主张和要求等，也就永远不可能得到实现。这是因为，只有人的行为，才是人的头脑里的东西以及人本身与客观世界（包括自然界和人类社会）发生联系的中介或纽带。立法者及其所代表的人们，也只有通过自己的行为，才能在客观条件允许的情况下，依照自己的理想、意愿、主张和要求等在实践上影响、作用于自然界和人类社会，并且在这种影响、作用的过程和结果中，把自己的意志变为自己的利益。虽然人的行为对于人的意志的实现和利益的获得具有如此决定性的意义，但是，在法律面前，或者说在与法律的关系上，人的行为终归是被规范、被评价的对象，其本身只存在是合法还是违法，是否在法律上有一定的意义和作用，以及能否得到法律的认可等问题，而根本谈不上具有所谓的法律效力。

最容易被误认为具有所谓的法律效力的行为——审判行为和立法行为也是如此。先看审判行为。对有关案件进行审判，是国家司法工作人员的一种职权行为，这种行为必须依法进行。国家司法工作人员对某一案件的审判，如果是在审判组织、管辖、回避、辩护、证据以及其他一系列程序都合于法律规定的情况下进行的，那么，我们可以说，这次审判行为是合法的，是能够得到法律的认可的。但是，不能说这次审判行为是具有法律效力的。实际上具有法律效力的，不是审判行为，而是由审判行为所产生的判决书和裁定书。因为，只有判决书和裁定书，才具体记载作为审判行为的结果的案件中有关组织和公民的一定的权利和义务；同时，只有判决书和裁定书，才具有赋予有关组织和公民行使权利的作用力或约束有关组织和公民履行义务的作用力，并由国家强制力保证其权利的实现和义务的履行。所以，由依法进行的审判行为所产生的某些法律文书，如判决书和裁定书，才具有所谓的法律效力，而审判行为本身则不具有。再看立法行为。如 1995 年 3 月 18 日第八届全国人大第三次会议通过《中华人民共和国教育法》的行为。由于这次会议的出席人数、审议过程和表决过程等，都符合宪法和其他有关法律的规定，因而可以说这次会议通过《中华人民共和国教育法》的行为是合法的，是能够得到宪法的认可的。但是，同样不能说，这次会议通过《中华人民共和国教育法》的行为，是具有法律效力的。实际上具有法律效力的，是作为这次行为所产生的结果的《中华人民共和国教育法》，而不是通过该法的行为。

可以说，在法理学上，只有法律及其部分派生的文件、文书，才是法律效力的载体，才具有赋予有关组织和公民行使其权力或权利的作用力以及约束有关组织和公民履行其责任或义务的作用力，即法律效力。任何组织和公民的任何行为本身，都一概不具有所谓法律效力。这正如种瓜的行为固然重要，没有种瓜的行为便没有瓜，但含有营养成分、可供食用的是瓜，而不是种瓜的行为。任何行为人自己或其他有关的组织或个人，因主观要求或客观需要，欲在法律面前，特别是在诉讼过程中，证明某个或某些行为是合法还是违法，或证明其有一定的意义和作用，或求得法律的认可，都必须将行为本身转换或表现为一定的文字材料形式。例如，立法机关的立法行为，要有立法会议记录；司法人员的审判、勘验、搜查、询问等行为，要有相应的笔录材料；犯罪行为，要有现场勘查笔录、被害人口述笔录或本人书写的文字材料，以及犯罪分子本人的口供笔录或书面交代等；订立合同的行为，要有合同书；支付款项的行为，要有支付人和证明人的口述笔录或亲自书写的文字材料以及收款方开出的收据；教员讲课的行为，要有教员本人书写的关于讲课时间、地点、内容、学生情况等文字材料，学生书写的证明材料，以及校方的课程安排表等。总之，人的行为是以行为人的身体与相关条件（人和物）交互作用的物质性运动为其表现形式的，它易变化、易封闭、易消逝，却不易察视、不易固定、不易存留，因此，它只有在被转换或表现为一定的文字材料形式的时候，方可与作为评价尺度或准绳的、以文字材料为其标准表现形式的法律进行比对，接受评价，从而确定其是否合法，是否在法律上有一定的意义和作用，以及能否得到法律的认可，等等。

三　法律规范与法律效力

　　法律的基本成分或核心内容是法律规范。法律效力及其表现形式，基本上要通过法律规范得以体现。法律在依照国家意志，为有关主体规定其在政治、经济、文化、婚姻家庭等社会生活领域里各个方面的行为准则时所形成的法律规范，大体可分为三种类型：权利性规范、义务性规范和职权性规范。由于这三种法律规范的基本内容和特征不同，对有关主体的行为的要求不同，体现于它们之中的法律效力的具体表现形式，当然也是彼此各异的。

　　首先，我们看在义务性规范中，法律效力的表现形式。义务性规范是我国法律规范体系中的基本规范之一。例如，《民法总则》第26条第1款规定，"父母对未成年子女负有抚养、教育和保护的义务"；《人民法院诉讼收费办法》第1条第1款规定，"当事人进行民事、经济、海事和行政诉讼，应当向人民法院交纳案件受理费"；《海上交通安全法》第5条规定，"船舶必须持有船舶国籍证书，或船舶登记证书，或船舶执照"；《水污染防治法》第21条规定，"禁止向水体排放油类、酸液、碱液或者剧毒废液"；《公司法》第11条规定，"设立公司必须依法制定公司章程"；等等。另外，凡法律之中规定，组织或者个人作出或者不作出某些行为，要接受处罚的规范，亦属义务性规范。例如，《治安管理处罚法》第23条规定，"有下列行为之一的，处警告或者二百元以下罚款；情节较重的，处五日以上十日以下拘留，可以并处五百元以下罚款：（一）扰乱机关、团体、企业、事业单位秩序，致使工作、生产、营业、医疗、教学、科研不能正常进行，尚未造成严重损失的；（二）扰乱车站、港口、码头、机场、商场、公园、展览馆或者其他公共场所秩序的……"其中，不作出扰乱秩序的行为，是每个人必须履行的义务，否则便会受到处罚。

义务性规范的主要内容或特征是：第一，它规定有关主体必须作出一定行为或者必须怎样作出一定行为，以及不准作出一定行为或者不准怎样作出一定行为；第二，有关主体如果不依照规范的要求履行义务，那么，或者有关主体的相关权利得不到法律的保护，或者不仅如此，有关主体还要被代表国家强制力的有关机关强制履行义务并施加一定的处罚。从义务性规范的上述内容或者特征，我们不难看出，对有关主体来说，规范所施加于己的法律效力，确实是表现为约束的作用力。这是法律效力的一种表现形式。

其次，让我们看权利性规范。权利性规范也是我国法律规范体系中的基本规范。例如，《宪法》第34条规定，"中华人民共和国年满十八周岁的公民……都有选举权和被选举权"；《人民法院组织法》第8条第3款规定，"被告人有权获得辩护"；《继承法》第16条规定，"公民可以立遗嘱将个人财产赠给国家、集体或者法定继承人以外的人"；《消费者权益保护法》第10条第2款规定，"消费者在购买商品或者接受服务时……有权拒绝经营者的强制交易行为"；《最高人民法院关于人民法院审理借贷案件的若干意见》第6条规定，"民间借贷的利率可以适当高于银行的利率"；等等。另外，凡法律之中规定，有关组织或者个人作出某些行为，国家有关部门要给予鼓励或者奖励的，对相关组织和个人来说，也属于权利性规范。例如，《文物保护法》第12条规定："有下列事迹的单位或者个人，由国家给予精神鼓励或者物质奖励：（一）认真执行文物保护法律、法规，保护文物成绩显著的；（二）为保护文物与违法犯罪行为作坚决斗争的……（五）在考古发掘工作中作出重大贡献的。"

权利性规范的基本内容或特征是：第一，它规定有关主体可以（或有资格）作出或者不作出一定行为；第二，有关主体行使或享受权利与否，由其自主决定；第三，有关主体决定不行使或不享受权利，不受法律追究；第四，有关主体可以自主决定，将自己的某些权利转由他人行使或者享受；第五，有关主体决定行使或享受权利时，相对的义务人（包括国家机关及其工作人员）必须履行其相应的义务，使有关主体的权利得以行使和实现；第六，有关主体行使和实现权利受到非法阻碍时，可以请求代表国家强制力的有关机关，依法给予必要的支持和保护，从而达到行使和实现权利的目的。不难看出，对有关主体来说，规范所施加于己的法律效力，非但不是表现为约束的作用力，恰恰相反，是表现为一种赋予的作用力。

由前文可知，法律对有关主体的法律效力，在义务性规范里表现为约束的作用力，而在权利性规范里，则表现为赋予的作用力。简言之，法律效力有约束力和赋予力两种基本的表现形式。把法律效力单纯地归结为约束力的认识，显然是幼稚的和片面的。此种不当思想认识，存在于部分学者当中，更存在于相当多的群众当中。在他们的头脑里，"法就是罚，甚至就是刑罚，所以，生活中千万别跟法沾上边儿，离法越远越好"。可以说，解决此种思想认识问题，是我们在全体公民中树立信法、尊法、守法、护法的良好社会风气，推进依法治国、建设社会主义法治国家的重要任务之一。

从价值认识的角度分析，法律的赋予效力总是第一重要的，是法律的第一效力。这是因为，归根结底，一个国家的法律毕竟掌握在该国家立法者及其所代表的人们手中，是表达他们的意志的工具，他们认可和制定法律，从指导思想、基本原则到具体内容，必然以巩固、发展和维护自己在国家的政治、经济、文化和其他社会生活领域里的各方面的利益为宗旨，首先规定自己在上述各社会生活领域里可以做什么，即赋予自己必要的权力和权利，并规定以国家强制力支持这种赋予的效力，保证其权力和权利得以行使和实现。当然，与此同时，立法者认可和制定法律，也要规定包括自己在内的社会全体成员在社会生活各个领域里必须做什么和不准做什么，即约束人们一定的义务或责任。而且，这种约束效力的背后，也有国家强制力的支持，以保证这些义务或责任的履行。但是，从根本上说，只有立法者及其所代表的人们的权力和权利的行使和实现，才是他们的利益获得满足的直接形式，而包括立法者及其所代表的人们在内的社会全体成员的义务或责任的履行，则只不过是保证立法者的利益获得满足所必需的手段和条件而已。所以，赋予立法者及其所代表的人们必要的权力和权利，并以国家强制力保证其行使和实现，就成为法律的最基本、最重要的价值所在。正是在这种意义上，与法律的约束效力相比，法律的赋予效力——法律所具有的、坚定地站在依法行使权力和权利的人们身后，给予他们认可、支持和保护，使其顺利实现和享受自己的权力和权利的作用力，是法律的第一位重要的作用力，是法律的第一效力。或许，也正是在这种意义上，我们才能够理解，为什么说人民的法律是人民自由的圣经；为什么我国人民总是对自己国家包括立法在内的法制建设所取得的成就欢欣鼓舞、拍手称快！

此外，值得注意的是，法律效力的约束力和赋予力这样两种不同性质的表现形式，有时是同时发生并存在于一种法律规范里，这种法律规范，就是职权性法律规范。① 例如，《宪法》第 89 条规定："国务院行使下列职权：（一）根据宪法和法律，规定行政措施，制定行政法规，发布决定和命令；（二）向全国人民代表大会或者全国人民代表大会常务委员会提出议案；（三）……"《刑事诉讼法》第 3 条第 1 款规定："对刑事案件的侦查、拘留、预审，由公安机关负责。批准逮捕和检察（包括侦查）、提起公诉，由人民检察院负责。审判由人民法院负责。其他任何机关、团体和个人都无法行使这些权力。"《刑事诉讼法》第 112 条第 2 款规定："出庭的检察人员发现审判活动有违法情况，有权向法庭提出纠正意见。"《经济合同法》第 7 条第 3 款规定："经济合同的无效，由人民法院或者仲裁机构确认。"《人民法院审理治安行政案件具体应用法律的若干问题的暂行规定》第 1 条规定："涉外治安行政案件由中级人民法院管辖。"《合同法》

---

① 关于职权性法律规范的概念、特征等的详细论述，参见陈世荣《论职权性法律规范与国家机关及其工作人员守法》，《政法学刊》1985 年第 2 期；陈世荣等《法学初步》，红旗出版社，1987，第 151—154 页。

第 127 条规定："工商行政管理部门和其他有关行政主管部门在各自的职权范围内，依照法律、行政法规的规定，对利用合同危害国家利益、社会公共利益的违法行为，负责监督处理；构成犯罪的，依法追究刑事责任。"《行政诉讼法》第 96 条规定，"行政机关拒绝履行判决、裁定、调解书的，第一审人民法院可以采取下列措施：（一）对应当归还的罚款或者应当给付的款额，通知银行从该行政机关的账户内划拨……（三）将行政机关拒绝履行的情况予以公告"；等等。

同义务性规范和权利性规范相比较，职权性规范有着自己独具的内容或特征：第一，它所规范的主体，只是有关的国家机关及其工作人员，根据国务院《生产安全事故报告和调查处理条例》，参加调查组的技术专家亦属此类规范主体；第二，规范中行为模式的内容，既是有关主体的权力（职权），又是同一主体的义务（职责）。具体来说，一方面，有关主体依照相关规范享有了作出一定行为的权力（或资格），可以根据客观情况，自主决定作出这些行为；除法律有特殊规定外，其他任何主体都无权作出这些行为。在有关主体作出这些行为时，受到国家强制力的支持和保障，相对的义务人必须服从。另一方面，同一主体也依照该规范同时承担了作出同一行为的职责（或责任），在客观情况需要时，必须作出这些行为，否则就是失职或者渎职违法，就要受到法律的追究。例如，《人民警察法》第 8 条规定："公安机关的人民警察对严重危害社会治安秩序或者威胁公共安全的人员，可以强行带离现场、依法予以拘留或者采取法律规定的其他措施。"在公共场合，一旦有上述人员出现，在场的人民警察不仅有权力而且必须采取上述措施进行处理，否则便是失职、渎职违法，造成严重后果的，可能构成犯罪。

可见，对有关主体来说，职权性规范施加于己的法律效力，同时具有两种表现形式：从要求其必须作出一定行为以履行责任，不得失职渎职违法的角度讲，法律效力表现为一种约束的作用力；而从其作出一定行为时，能够得到国家强制力的支持和保障，且相对的义务人必须服从的角度讲，法律效力又表现为一种赋予的作用力。

综上所述，法律对有关主体的法律效力，在权利性规范里，表现为赋予的作用力，简称赋予效力；在义务性规范里，表现为约束的作用力，简称约束效力；而在职权性规范里，则既表现为赋予的作用力，又表现为约束的作用力，这种综合性的或双重性质的作用力，可简称为复合效力。正确地认识法律规范以及法律效力的表现形式，不仅在法理学上具有一定价值，而且，对于人们科学地认识法律的社会功能、克服法制宣传教育和立法、执法指导思想方面的片面性，以及更好地监督国家机关及其工作人员依法司法、执法，依法行政，不滥用职权和以权谋私等，都有着直接的、重要的实践意义。

如前所述，法律规范不仅是法律内容的核心，而且法律效力及其具体形式，也基本上要通过法律规范得以体现。因此，法律规范本身的结构是否完善，便成了法律的赋予效力、约束效力以及复合效力能否充分发挥的必要条件。由于指导思想、理论认识和操作技术上的原因，我国立法在法律规范结构的完善性方面存在的问题不少，这在很大程度上影响了法律效力的充分发挥。

问题一：某些义务性法律规范，即关于约束人们义务或责任的法律规范，有的只有适用条件和行为模式的内容，而没有关于违反约束不履行义务或责任的行为人必须承担何种法律后果的规定。例如，我国《刑事诉讼法》中，约束司法机关工作人员义务或责任的法律规范多达 20 多处；可是，这些法律规范大部分只有适用条件和"应当"如何做、"必须"如何做、"有义务"如何做等行为模式，而没有关于如果他们不那样做时所应承担的相应的法律后果的规定。有的法律中的义务性法律规范，虽然不缺少法律后果的规定，但其内容十分抽象、空洞，如"应当追究责任"、"必须受法律追究"等，实际上形同虚设。还有的法律中的义务性法律规范，法律后果的处罚力度甚弱，对违反义务或责任的行为人，起不到惩戒作用，无助于切实发挥体现于其中的法律的约束效力。

问题二：职权性法律规范所体现的法律效力是一种复合效力，即它既表现为赋予效力，又表现为约束效力，然而，这类法律规范有时被立法者当成了单纯的权力性法律规范，只注意它所体现的对有关国家机关及其工作人员的赋予效力，而未认识到或者忽略了它同时所具有的对他们的约束效力。因此，在这类法律规范中，对于有关国家机关及其工作人员违反约束，不履行义务或责任所引起的法律后果的规定，往往付诸阙如，致使职权性法律规范所体现的约束效力无以发挥。这不能不说是导致在某些国家机关及其工作人员中出现有法不依、执法不严、以权谋私、滥用权力等问题的一个法律漏洞。

问题三：传统的理论把法律规范结构中的法律后果部分归结为"制裁"，这种理论值得商榷。它实际上等于在法律规范概念的外延里，排除了权利性法律规范，起码是否定了在权利性法律规范的结构中，应该有法律后果的规定。因为，有关组织和公民依照权利性法律规范中行为模式的内容行使或享受权利所引起的法律后果，绝不应该是"制裁"。本来权利性法律规范和义务性法律规范、职权性法律规范一样，在其结构中，法律后果部分也是不可或缺的，只不过因为法律对权利主体依法行使或享受权利的行为，一概给予认可、支持和保护，所以，在法律条文中出现的权利性法律规范，绝大部分只有适用条件和行为模式两部分，法律后果部分则被省略了。例如，我国《刑事诉讼法》第 10 条第 3 款规定："诉讼参与人对于审判人员、检察人员和侦查人员侵犯公民诉讼权利和人身侮辱的行为，有权提出控告。"这就是权利性法律规范。在该规范中，"诉讼参与人"是权利主体；"审判人员、检察人员和侦查人员"有"侵犯公民诉讼权利和人身侮辱的行为"是适用条件；"提出控告"是行为模式；被省略了的法律后果，应为"法律予以支持和保护"，即对诉讼参与人"提出控告"的行为予以支持和保护，使其合法权利得以行使和实现。权利性法律规范是我国法律规范体系的基本规范之一。法律的第一效力——赋予效力，对公民和一般社会组织来说，就是通过权利性法律规范而得以发挥的。有鉴于此，我们一方面应该注意在司法、执法活动中加强对权利主体依法行使和享受权利的支持和保护，从而体现法律的赋予效力；另一方面，也应注意通过法制宣传教育，使公民更多地了解权利性法律规范结构的特点，积极地、主动地依法行使权利，争取自身利益的满足。

另外，在立法工作中，与制定权利性法律规范有关的问题，还有两点应该指出。其一，在某些权利性法律规范中，行为模式的内容缺乏明确性和具体性，不便于权利主体依法操作，以行使和享受权利。其二，与某些权利性法律规范相配套的、有关权利主体行使和享受权利的方式、途径及程序等方面的具体规定，或者出台甚迟，或者总也提不上立法的议事日程。这些都在很大程度上影响了法律的赋予效力的发挥，影响了广大公民和社会组织对自身合法权利的行使和享受，同时也从一个侧面损害了法律本身的严肃性和权威性。对此，无论是中央立法还是地方立法，都应给予足够重视，并逐步切实解决。

　　［陈世荣：《法律效力论》，《法学研究》1994 年第 4 期；陈世荣：《法律效力补论》，《法学研究》1995 年第 3 期；陈世荣：《职权性法律规范论》，《法学杂志》1995 年第 5 期；陈世荣：《论法律规范的若干问题》，《北方交通大学学报》（社会科学版）2002 年第 1 期］

比较法的研究方法

刘兆兴[*]

当今世界，随着经济全球化的不断发展，法律全球化的发展趋势越来越明显。法律全球化体现出全球范围内的法律理念、法律价值观、法律制度、执法标准与原则的趋同化。在承认和坚持国家主权原则的前提下，已经开始形成某些区域性和全球性的规范系统，即体现出趋同化和一体化。在此，我们既要研究多方面的差异性，又要研究不同国家和民族法律发展的全球一致性，以及在全球范围内已经形成和不断形成的，旨在全球治理和国际法治领域中的各种法律。

一 比较法研究的方法论

综观当代世界各国的许多比较法学家，对于比较法的研究方法这一传统性的争议问题有多种不同理解。基于研究的视角、立论和目的的不同，比较法的方法论大体包含以下几种观点：宏观比较与微观比较、规范比较与功能比较、文化比较、静态比较与动态比较等。

（一）宏观比较与微观比较

法国比较法学家勒内·达维结合涉及世界绝大多数法律制度的比较研究，论述了宏观比较与微观比较的方法。他认为，宏观比较是对属于不同法系国家的法律、法律制度的比较研究，主要是指对大陆法系、英美法系

---

* 刘兆兴，中国社会科学院法学研究所研究员。

与社会主义法系的比较。对于宏观比较的运用，主要是受到法哲学家和政治学家注重，运用于比较宪法和政治学方面的研究。达维认为，微观比较是指对属于同一法系的法律、法律制度的比较研究。德国比较法学家莱因斯坦认为，宏观比较是"关于整个法律制度的比较，微观比较是具体法律规则和制度的比较。当然，二者是相互交错的"。① 瑞典比较法学家米凯尔·博丹认为，比较可以是双边的（两个法律制度之间）或者是多边的（三个以上法律制度之间）。宏观比较是在法律制度整体之间或不同法系之间；微观比较是将具体法律制度、法规放在其法律的和"非法律的背景和环境中进行考察"。② 匈牙利比较法学家伊姆雷·萨博从划分法律的层次的角度，认为宏观比较是"把法律作为一个整体进行比较"，即"与法律理论相联系的一般的法律比较"；微观比较是"法律部门一级的比较和法律制度一级的比较。这种比较既可获得理论性的结论，又可体现直接的社会功能"。③

我国一些比较法学家认为，宏观比较是指不同法系或不同社会制度国家的法律、法律制度的比较。在此，至少有三种情况。第一，相同社会制度国家但属于不同法系或法律传统的法律之间的比较，最普遍的就是属于普通法系国家（英、美等国）的法律与属于大陆法系国家（法、德、意等国）的法律之间的比较。第二，不同社会制度国家的法律、法律制度之间的比较。第三，在同一个国家内，由于存在不同社会制度或者是在同一个国家内存在不同的法系或不同的法律传统，因此同一个国家内的属于不同社会制度或不同法系的法律和法律制度之间的比较，同样是宏观比较。

微观比较是指对不同法律概念、规则、制度、部门法等方面的细节比较。例如，比较英美法系与大陆法系中的合同，或者比较同属于大陆法系的法国与德国法中的"占有"，或者比较英美法系的对价学说与大陆法系的"约因"概念等，均属于微观比较。

（二）规范比较与功能比较

规范比较主要指对不同国家的法律规范体系的比较或具体法律规范的

---

① "Legal Systems", *International Encyclopedia of Social Science* 9 (1968), p. 207.
② M. Bogden, "Different Economic Systems and Comparative Law", *Comparative Law Yearbook* 2 (1978), p. 93.
③ 〔匈〕伊姆雷·萨博：《比较法的各种理论问题》，潘汉典译，《法学译丛》1983 年第 2 期。

比较，是比较法方法论的重要原则。规范比较需要具备以下条件：一是不同的国家具有相同的法律结构，即被比较的国家法律部门的划分及其法律概念、规则等具有同一性或相似性，使它们之间具有可比性。二是被比较的法律制度、规则在不同的国家中具有相同的社会功能。如果被比较国家的法律的社会功能相同而法律结构不同，或是法律结构相同而社会功能不同，则不具有可比性，也就不能进行规范比较。规范比较仅注重文本上的法律而忽视法律产生的社会条件及其在社会中的实际功能，往往仅从本国的法律概念、法律结构、法律制度和法律方式出发，与其他国家的法律及其制度相比较，容易产生狭隘的民族中心主义。

功能比较则突破了规范比较的局限性。功能比较解决的是社会问题，被比较的国家有相同的或相似的社会问题或需要，可以对其运用的不同的解决方式进行比较。功能比较冲破了规范比较受本国法律概念、法律结构等方面的限制，摆脱了规范比较只从本国的法律概念、法律结构和法律思维方式出发与其他国家的法律进行比较而产生的民族偏见。对于不同的法律规范但具有相同或相似功能时，可对相应部分进行功能比较。[1]

当代德国比较法学家茨威格特和克茨深刻地指出，全部比较法的方法论的原则是功能性原则，由此产生诸如对被比较法律的选择、探讨范围、比较法律体系的构成等方法论的规则。他们认为"任何在比较法研究中作为起点的问题都必须从纯粹功能角度提出"，"从事比较法活动必须彻底地摆脱其本国法律教条主义的先入为主的观点"。[2] 显然，他们主张运用功能比较方法，突破了规范比较的局限性，扩大了比较的范围，使"纯粹功能"成为比较法研究的"共同的起点"。他们认为，各种不同的法律制度，只要是能够解决相同的实际问题，即满足相同的法律需要，就是可以比较的。荷兰比较法学家科基尼·亚特里道否定了纯粹功能主义观点。他引证法国法学家罗兹马林提出的应当把规范比较与功能比较相结合的观点，认为"纯粹的结构主义会导致形式主义和教条主义；纯粹的功能主义忘记了法律制度涉及调整日常生活"，只有把这二者结合起来，才能克服规范主义和功能主义的局限性。他认为，研究外国法需要熟悉其结构和满足社会

---

[1] 参见刘兆兴主编《比较法学》，社会科学文献出版社，2004，第15—21页。

[2] Konrad Zweigert und Hein Koetz, Einfuenhrung in die Rechtsvergleichung（auf dem Gebiete des privatrechts），Band I Gruendlagen. J. C. mohr（paul Siebeck）Tuebingen, 1984, Kapite 12.

需要的方法。他还指出，"在任何比较研究中，绝对重要的是要考察所有的情况，即经济的、政治的、文化的、司法和超司法的情况等"。①

规范比较与功能比较之间是相互协调和相互补充的关系，不可偏重于哪一方面。不同国家的法律及其法律制度之间的比较，可以依据法律概念、法律结构等方面的不同，或者依据所要由法律解决的社会问题和社会需要的不同，分别运用以法律规范为中心的规范比较或者以社会问题为中心的功能比较进行研究。

（三）文化比较方法

我国一些比较法学家认为，文化比较方法是指在对法律的理解上，把法律视为一种文化现象。从文化的角度理解，法律不仅是一种解决社会问题或满足社会需要的工具，也是表达或传递意义——人们对世界、社会、秩序、正义等问题的看法、态度、情感、信仰、理想——的符号。一些外国的文化比较方法论者认为，比较法就是法律文化的比较。德国比较法学家伯恩哈德·格罗斯菲尔德认为，"法律即文化或文化即法律"。他把比较法看作各种法律文化的对比，而且是对待比较法唯一有意义的方式。② 比利时法学家霍克和沃林顿等人提出，以"作为文化的法"的比较法新范式，取代传统的"作为规则的法"的比较法范式。③ 美国比较法学家库里兰认为，要对某一法律体系进行有效考察，必须置身于塑造这种法律体系的历史—文化背景中，理解并说明该法律体系的文化精神。她提出了"文化介入"方法认识和理解法律文化。④ 弗里德曼认为，法律文化自身被理解为法律发展中的一个原因性因素，文化决定了法律和法律思维的发展变化。⑤

---

① 〔荷〕科基尼·亚特里道：《比较法的某些方法论方面的问题》，《荷兰国际法评论》1986年第 2 期。
② 〔德〕伯恩哈德·格罗斯菲尔德：《比较法的力量与弱点》，孙世彦、姚建宗译，清华大学出版社，2003，第 13、68—69 页。
③ Mark von Hoecke and Mark Warrington, "Legal Cultures, Legal Paradigms and Legal Doctrine: Towards A New Model for Comparative Law", *International & Comparative Law Quarterly* 47 (1998): 495 – 536.
④ V. G. Curran, "Culture Immersion, Difference and Categories in U. S. Comparative Law", *American Journal of Comparative Law* 46 (1998): 43 – 92.
⑤ 参见 L. M. Friedman, *The Republic of Choice*: *Law*, *Authority and Culture* (Cambridge, Mass.: Harvard University Press, 1990), p. 197。

文化是研究法律和比较法研究的一个重要因素，不同的文化对于不同的法律和法律制度的产生和变化具有一定影响。但是，在法律的产生和发展过程中，文化并不是唯一的终极的决定的影响因素。因此，我们进行比较法的研究，在运用文化比较方法时，一方面，我们必须运用马克思主义法律观，正确认识法律、文化等上层建筑组成部分之间，以及它们与社会经济基础之间的关系；另一方面，要重视西方学者关于法律文化方面的论述，引进和借鉴各种比较研究的方法论。

（四）静态比较与动态比较

综合一些中外比较法学家的观点，静态比较研究是指对法律条文的研究，静态地观察法律制度，即在横断面上、在特定时间点上研究它们。动态比较研究是指，除研究法律条文外，还包括对法律的产生、本质、发展、功能、形式，以至法律的制定和实行等问题的研究。[1] 当然，有的西方法学家对上述概念也有不同理解。

意大利比较法学家萨科在 20 世纪末提出了"法律共振峰"理论，并声称是对比较法的动态研究。他认为，动态研究是基于对特定法律制度运行中的各种成分的实际观察，而静态研究则是基于分析推理的教条主义方法，它仅提供抽象定义。按照萨科的理论，在同一个法律体系内对同一法律问题可能有不同的法律规则。无论是在不同的国家之间还是在同一个国家中，在同一个法律问题上存在不同的法律规则，比较法的研究"不能谈论一个国家的'法律规则'，而必须谈论宪法的规则、立法机关的规则、法院的规则和阐释法理的法学家的规则"。[2] 他把包含着不同法律规则的制定法规则、判例法、法学家的学理解释等法律表现形式，以及立法者、法学家、法官为了对规则进行抽象阐释和论证而提出的非行为规则的各种成分等，均包括在"法律共振峰"的范围。他认为，这种动态研究分析影响法律的各种成分的变化，与静态比较研究相对立。美国法学家马泰认为，萨科的"法律共振峰"学说"有助于使比较法的研究方向从叙述法系之间区别的静态研究转变为对世界主要法律制度关系的动态研究，即将这种关

---

[1] 参见沈宗灵《比较法研究》，北京大学出版社，1998，第 46 页。

[2] Rodolfo Sacco, "Lega Formants: A Dynamic Approach to Comparative Law", *American Journal of Comparative Law* 39 (1991): 1 – 34.

系看作一个不断演变的过程"。① 萨科的"法律共振峰"理论指出，动态比较研究方法对于研究和比较不同法律体系和法律制度，是一种科学的、全面的方法，打破了单纯静态比较的局限。

不过，萨科的"法律共振峰"学说也有其局限性。例如，它强调法官判决即判例法和法学家的阐释作用，将其作为法的渊源，而中国不实行判例法制度；它强调法官个人在创制和发展法律方面的作用，强调法官的审判独立性，而中国是由宪法和相应的法律规定法官依法独立行使审判权，在本质上不同于西方国家的司法独立。因此，萨科的"法律共振峰"理论不适宜中国比较法学家运用而进行动态比较研究。我们应当把静态比较和动态比较有机地结合起来，使之相互配合而不是对立，进行比较法研究。

二　比较法研究方法的运用

上述研究方法对当代东北亚各国的法律、法律制度及其法律体系之间的比较研究，同样是适用的。这也就是说，我们研究中国、日本、韩国、朝鲜、蒙古国和俄罗斯②各国之间的法律渊源、法律传统及其所属法系、法律制度的发展变化和法律体系的构建的异同，研究它们基于各自经济、政治、文化、传统的不同，以及不同时期受到世界主流法系的深刻影响的不同，进而进行深层的探究和比较研究，同样适用上述比较研究方法。

（一）宏观比较与微观比较的运用

从宏观比较看，中国与日本、韩国等国的社会制度不同，基于不同的社会制度所产生的法律、法律制度及其构成的法律体系显然不同，就此而言，它们之间的比较法研究是对不同性质的法律、法律制度之间的比较，因为不同类型的社会形态都有与自己的法律概念相关联而制定的法律和法律制度。宏观比较还包括相同社会制度国家但属于不同法系或法律传统的法律之间的比较研究。例如，当代日本和韩国，尽管它们的社会制度基本

---

① Ugo Mattei, "Why The Wind Changed: Intellectual Leadership in Western Law", *American Journal of Comparative Law* 42 (1994): 195–218.

② 从传统上划分，俄罗斯属于欧洲国家，但是由于它广阔的疆域位于东北亚，我们又视其为东北亚国家。

相同，尽管它们的法律和法律制度大体属于同一个法系和具有相似的法律传统，但是它们之间仍有许多不同的方面。而且，日本和韩国近现代法律和法律制度自身的变革也是不同的，甚至在其各自的发展阶段中法律及其法律制度所属的法系亦有不同，因此，我们应当运用宏观比较方法进行探究。

研究当代日本和韩国的法律制度绝对不可脱离其自身的法律传统，同样不可脱离与古代中国的法律和近现代西方两大法系国家法律及其法律制度的联系。这就必须以宏观的视角进行比较研究。自 7 世纪以来，中国唐朝的律令制度就被引进日本和韩国，形成当时这两个国家法律制度的基本内容。19 世纪以后，日本、韩国又不同程度地开始继受西方法律，在 19 世纪末，日本引进和借鉴属于大陆法系的法国法和德国法，制定了民法典。最早引进西方法律的日本又成了亚洲其他国家仿效的对象。第二次世界大战以后，日本、韩国又同时在很大程度上接受了属于英美法系的美国法的影响。① 由此可见，在东北亚区域内，日本和韩国的法律制度的形成和发展，不但与中国古代法律制度紧密相联，而且与东北亚区域外的不同法系国家的法律制度紧密相联。因此，东北亚的比较法，不但要研究日本和韩国如何引进中国古代法，研究它们如何引进或移植西方法，而且要深入地探究它们各自吸收外国法的途径的异同。

依据微观比较的方法论，东北亚的比较法研究东北亚各国的具体的法律制度或部门法律，以及法律概念、规则等的异同。我们研究当代日本和韩国的宪法制度的确立特别是违宪审查制度的建立和发展，是微观比较的很好实例。应当明确，违宪审查制度是国家法律制度的一个具体的制度。本文在此就日本和韩国的违宪审查制度的建立和演进，进行微观比较研究。

当代日本的违宪审查制度是依据 1946 年《日本国宪法》第 81 条关于日本最高法院的违宪审查权的规定建立起来的，其特征是美国式的附带型违宪审查，就是说，在法院审理具体民事、刑事和行政案件的过程中，对当事人提出的法院所适用的法律、法规是否违宪进行审查。② 依据日本的法院审级制度，由审理具体案件的法院对法律、法规是否违宪进行审查，

---

① 参见李秀清等《20 世纪比较法学》，商务印书馆，2006，第 342—343 页。
② 参见〔日〕高田敏《法治主义与法的支配》，载《现代违宪审查论·觉道丰治先生古稀纪念论文集》，法律文化社，1996，第 48 页。

并且由最高法院进行最终的违宪审查。早在19世纪末日本明治时代所制定的第一部成文宪法《大日本帝国宪法》（1889年）中，就融合了近代宪法的立宪主义精神，但是并未建立现代意义上的违宪审查制度。此后，日本的法律及其制度的发展一直是主要仿效法国、德国等大陆法系国家，特别是在民事立法等方面。而在第二次世界大战后，开始摒弃大陆法系的法律传统，转而接受美国式的宪法价值，确立了美国式的附带型的违宪审查制度。这种被动型的违宪审查制度显然与德国等大陆法系国家的宪法法院违宪审查制度在实体和程序方面具有很多差别。其中最主要的差别就是日本的违宪审查权不具有像德国等国宪法法院那样独立的审查权和抽象审查权。

在此，对日本的违宪审查制度进行微观分析就要思考以下问题：为什么日本自近代以来至第二次世界大战前一贯大体仿效大陆法系国家的立法和法律制度，结合本国法律传统建立日本的法律制度，而在第二次世界大战以后却在许多方面转而吸收和仿效英美法系国家的法律制度的做法？就具体研究日本违宪审查制度而言，它涉及与两大法系国家不同的违宪审查制度之间的比较；涉及日本与其他东北亚国家，例如韩国、朝鲜、中国、蒙古国和俄罗斯联邦的该种制度的比较；更涉及日本自身的法律传统与宪法制度的产生及其特征的研究。

我们再对韩国的违宪审查制度的建立及其变更和发展状况进行微观分析。韩国自1948年产生第一部宪法起至1987年的现行宪法，经历了9次修宪和5次违宪审查制度模式的变更。（1）1948年宪法规定设立行使违宪审查权的宪法委员会制度。该宪法委员会的构成和性质，既不像法国的宪法委员会那样是政治机构，也不像德国宪法法院那样是司法机构。（2）1960年宪法修改后设立德国式的宪法法院制度。（3）1962年宪法修改后废止了宪法法院制度，设置了美国模式的违宪审查制度，即实行普通法院行使违宪审查权制度。（4）1972年和1980年宪法修改后，又重新设立了宪法委员会而废止普通法院的违宪审查权制度，与第一次设立的宪法委员会的管辖权相比较，它的管辖权延伸到弹劾案和政党解散案等。（5）1987年宪法即现行宪法重新设置了宪法法院违宪审查制度，并且制定了《韩国宪法法院法》。① 由此可见，韩国在违宪审查制度的建立和变更过程中，对于欧洲大

---

① 参见莫纪宏主编《违宪审查的理论与实践》，法律出版社，2006，第303—308页。

陆法系国家（主要是法国、德国）模式、英美法系国家主要是美国模式和混合型模式的司法审查模式，均采取过，其变更次数之多实为少见。

　　我们对韩国违宪审查制度进行微观比较研究，就必然涉及：韩国违宪审查制度模式的建立为什么有如此频繁的变更？当然，除了与其不同时期社会政治力量对比关系的变化导致政权的更迭和宪法随之不断修正密不可分外，还必然有其他缘由。韩国违宪审查制度先后采取的不同模式，既与两大法系国家的模式有着不同程度的联系，又在许多方面不同于它们，这同样存在不同层面的原因。再扩展到韩国与日本或与中国的违宪审查制度的微观比较研究，就更加具有理论价值了。

（二）规范比较与功能比较的运用

　　东北亚各国的法律体系及其各个相应的部门法，其多种法律概念、规则和法律结构等，都具有可比性；从它们各自相应的部门法或不同的部门法规范的社会功能比较，同样具有相同性或相似性。这也就是说，东北亚诸国法律制度、规则之间比较，在社会功能和满足社会需要方面存在诸多方面的相同性或相似性，对此可以进行功能比较研究。如果只是运用规范比较方法，还远远不可能进行广泛的、深入的、实质性的研究。因此，功能比较研究必然成为东北亚比较法研究的主要方法。

　　当代世界各国法律现代化的发展，使许多部门法律的社会功能和为满足社会需要的目的都显露出一致性。同时，由于现代各国都各自为本国法律制度和法律体系的需要，不断地借鉴和吸收别国法律，这就必然逐渐形成不同国家的法律之间具有不同程度的一致性。我们知道，日本在历史上经历了三次较大的法律移植活动，第一次是从中国唐代引进了"律令"制度；第二次是明治维新时期从德国、法国等欧洲国家引进了近代资本主义法制；第三次是第二次世界大战后，从美国引进了宪法、垄断禁止法、证券交易法、现代公司法等法律制度。就内容而言，第三次不仅引进了宪法制度模式这种公法内容，而且在私法领域诸如民法、商法（证券交易法、现代公司法等）和经济法（垄断禁止法）领域，同样引进或移植了大量内容。同样地，韩国和近几十年来的中国，也不同程度地吸收和借鉴了西方国家公法立法和私法立法等方面的法律。这就充分地说明了，东北亚各国尽管社会制度不同，但在借鉴外国法律方面以及在各自的同类部门立法方面有许多一致性，即存在社会功能和满足社会需要的相同性，这正是进行功能比较研究的重要前提和内容。

在当代各国的民事法律和商事法律中，离不开对外国法的借鉴或移植。在此，我们且不论当代许多大陆法系国家，例如德国、法国、瑞士、荷兰、比利时、西班牙、意大利、秘鲁、巴拉圭、委内瑞拉等，在法典重构与解法典化的进程中，都不同程度地借鉴、吸收或移植了不同法系、不同国家法典编纂的内容和经验，都运用了比较法的功能比较研究方法对相应的或共同的问题进行分析和研究。[①] 就中国而言，在 1987 年实施的《民法通则》和之后制定的许多民商法律中，都运用比较法研究，吸收借鉴了不同社会制度、不同法系国家的立法精神和法律文化，包括对日本、韩国等东北亚国家的民商立法经验的借鉴。正是由于当代各国的民商法具有趋同的内在基础，体现出人类一些相同的法律信仰和基本需求，如生命权和生存权的保障、财产权的保障、自由平等的要求等，才使得民商法规范范围比起其他法律领域更加国际趋同化。另外，世界各国科学技术、经济发展的全球化成为各国民商法不断融合的客观条件。[②]

正如日本著名的商法学家、法哲学家、大法官田中耕太郎指出的，如果经济中存在统一性的话，就能够进一步找出调整经济的法律统一性。"商法交易的性质本来就是世界性的，基于人类一般理性和合理习惯的东西……商法中最容易形成世界统一法。"[③] 这就表明，当代世界各国的民商法律的不断融合趋势，更加体现了其社会功能和满足社会需要的一致性。因此，运用功能比较研究的方法能够揭示出各国法律的本质、功能，比较各国不同法律的相同的社会功能和满足同样的社会需求，这正是比较法的重要理论意义和实践价值的充分体现。

如前所述，功能比较的基本前提是，尽管各国法律结构不同，但都有相同或相似的问题的可比性。现代世界各国的法律体系、部门法律在结构上千差万别，但都存在不同程度和范围的可比性，有的部门法之间的可比性范围相对狭小，但有的具有相当广泛甚至大体一致的可比内容。例如，

---

① 参见刘兆兴《比较法视野下的法典编纂与解法典化》，《环球法律评论》2008 年第 1 期。
② 参见何勤华、李秀清《外国法与中国法——20 世纪中国移植外国法反思》，中国政法大学出版社，2003，第 361 页。
③ 〔日〕田中耕太郎：《法律哲学论集》第 2 卷，岩波书店，1944，第 143 页。

社会法律体系就是如此。就东北亚各国而言，日本、韩国、中国的社会法体系的构成，虽然在立法的完善、法律制度的架构上有差别，但是其规范和调整的内容很相近。日本、韩国的社会法体系的形成和发展，深受德国社会法的影响。德国社会法自 19 世纪末产生以来直到现代，已经相当完善，主要包括社会保障法、社会福利法和社会救济法，其中又涵盖各种保险法等。一方面日本社会法吸收和移植了德国社会法的内容，但是另一方面日本社会法体系中还包括了许多经济法的内容。中国自改革开放以来，在结合本国国情和借鉴德国、日本等国经验的基础上，社会法体系正在不断建立，当然还要经过一定时间的努力，才能使之完善。在此，我们应当进一步运用功能比较对外国的相应社会法的法律结构、规范的内容和范围等，进行深层的研究，以解决相同的社会问题和满足相同的社会需要。

（三）文化比较方法的运用

从法律文化比较的视角分析，中国、日本和韩国的法律文化传统，具有许多相同因素的渊源，尤其是中国对东北亚诸国传统的深刻影响。按照日本法学家穗积陈重的观点，传统的"日本法律属于中国法族者盖一千六百年矣。虽自大化改革以后经历极多巨大之变化，而日本法制之基础仍属于中国之道德哲学与崇拜祖宗之习惯及封建制度"。[①] 尽管日本在现代法制发展的进程中，继受了西方两大法系的内容，但是，中国和日本的现代法律文化仍然是具有许多共同性的、被一些东西方法学家称为"东亚法系"中的内容。由于中、日两国在政治、文化、法律传统等方面的相似性，两国的现代法律文化又被西方认为接近于大陆法系。[②]

事实上，运用法律文化方法的比较，在东北亚诸国之间的比较法研究，是非常具有特性的，它是一种不亚于两大法系国家之间法律文化研究的另一种"新的法系"国家之间的法律文化研究。日本法学家五十岚清认为，在中国大陆和中国台湾地区以及日本、韩国等各国和地区之间，存在可称之为"东亚法系"的法系。[③] 法国法学家达维和德国法学家茨威格特都曾提出过以中国和日本为中心的远东法系的存在，但是之后茨威格特在

① 杨鸿烈：《中国法律对东亚诸国之影响》，中国政法大学出版社，1999，第 173 页。
② 参见陈根发《论日本法的精神》，北京大学出版社，2005，第 8—9、48、211 页。
③ 〔日〕五十岚清：《东亚法系的建立》，林青译，《环球法律评论》2001 年秋季号。

其《比较法总论》第 3 版中开始否定"远东法系"的概念。五十岚清认为，东亚法系在上述国家和地区之间事实上确实存在，这体现在法制上，东亚各国都有着以中国为中心的历史文化传统。

近些年来，东亚一些国家和地区的法学家越来越注重本区域内的比较法学研究，特别是日本法学家，除五十岚清之外，今井弘道和铃本贤等教授，在法国达维和德国茨威格特提出的"远东法系"观点的基础上，提倡建立包括中国、日本、韩国在内的"东亚法系"和"东亚法哲学"，从而提倡在亚洲各国之间推进横向的比较法研究，进而公正客观地对世界各国的法律文化进行比较研究。

在中国，同样存在不同法系法律文化的比较研究。大陆与台湾、内地与香港和澳门之间，存在具有中华法系特征的中华法律文化传统，同时具有大陆法系、英美法系特征的法律文化内容。大陆与台湾地区的法律文化本来就是一体的传统，只不过在近几十年来，两地实行的社会制度不同，因而其法律制度的性质也不同。台湾地区更多地吸收了欧洲大陆法系国家的法律文化，使两地的法律文化传统既一脉相承，又各自发展。尽管香港法律属于英美法系、澳门法律属于大陆法系，但是，这两地的一些立法及其法律传统，仍然与历史悠久的祖国内地的法律传统具有血肉相连的关系，特别是与明代和清代的立法和法律文化，联系得更为紧密。

因此，我们运用法律文化方法，比较研究中国内地与其不同地区的法律文化传统，同样是东北亚比较法研究的重要组成部分。同样地，中国古老的法律文化传统不但深深影响了日本、韩国和朝鲜，同时也在不同程度上长期影响了蒙古国的法律渊源和法律文化传统。当然，我们在研究当代蒙古国的法律和法律制度时，同样要注意苏联主要是俄罗斯联邦法律和法律文化对蒙古国的影响。

总之，我们运用法律文化比较研究的方法，研究和比较东北亚各国和地区的法律、法律制度和法律文化传统，其范围广泛、历史源远流长，深层的法律文化内涵丰富充实。从法律文化比较的视野，观察和探究东北亚各国和地区的法律制度和法律体系的形成及其特征，一方面从历史的角度找出它们形成的基础，即法律传统的共性和异性；另一方面从现代视角，分析和比较它们各自发展和吸收、借鉴或继受世界其他法系国家法律、法律文化内容的途径，进而为东北亚各国和地区之间的相互借鉴提供有益经验。这正是法律文化比较研究的重要价值所在。

（四）静态比较与动态比较的运用

首先，东北亚各国之间可以运用萨科的"法律共振峰"理论对于各自的宪法规则、立法机关的规则、法院的规则以及法学家的学理解释等，找出其可比性进行比较研究。其次，因为当代日本、韩国等在第二次世界大战前后，分别在不同角度和程度上对于两大法系特别是大陆法系国家的法律制度中的宪法制度和司法制度进行借鉴或移植，因此，日韩之间在法律制度的许多方面具有可比性，这就更加适用静态比较与动态比较相结合的方法进行比较研究。与此同时，日韩各国又能够各自分别与两大法系的西方国家例如对其影响深远的法国、德国、美国的法律制度进行动态比较研究。

运用静态比较与动态比较方法同样适用于苏联解体之后的俄罗斯联邦法律与苏联各加盟共和国法律的比较研究。例如，苏联的各加盟共和国在近十几年来的立法，以民法典体系架构为典型，这些苏维埃国家的立法者在编纂法典的过程中已经成为"比较法折中主义者"。① 在比较法视野下，这种多方借鉴、吸纳和融合的方式并未在实质上模糊这些法典主要是模仿"母法秩序"。考察这些民法典的体系架构及其内容、用语的表达等，根据各个法典编纂所仰赖的"母法秩序"的不同，大体分为三种类型：一是主要渊源于俄罗斯联邦民法典（草案）以及与其相关的独联体示范民法典的"俄式民法典"；二是主要渊源于德国民法典的"德式民法典"：三是渊源于多元的"母法秩序"的"杂式民法典"。② 很显然，一方面，俄罗斯联邦与苏联各加盟共和国的法律可以进行比较研究；另一方面，原各加盟共和国法律之间同样可以进行多方位的比较研究。在此，我们运用静态比较与动态比较相结合的方法，对于当代俄罗斯联邦法律与上述诸国法律之间的比较研究，便成为内容丰富、范围广泛的"辐射性"研究了。

---

① 〔德〕K. 茨威格特、H. 克茨：《比较法总论》，潘汉典等译，法律出版社，2003，第27页。

② 魏磊杰：《后苏联时代的法律移植与民法典编纂》，《比较法研究》2008年第5期。

三 比较法研究的范式转换

随着全球化和法律趋同化的发展，不同国家和地区法律体系及各种相应的法律制度之间的联系更加密切和深入，任何国家国内法的发展变化、法律体系的不断完善和法律制度的变革，都不再仅仅是由单纯的国内诸如社会、经济、政治、文化及其传统等因素的发展变化所致，而是必然会同时受到其他国家或国际因素的深刻影响。例如，在民法中物权法和合同法的变革、发展和不断完善早已不仅限于一国之内标准，而是与国际统一的标准相一致，即体现出国际化。又如，商法交易的性质原本就是世界性的，基于人类一般理性和合理习惯，最容易形成世界统一法。知识产权法、环境法、契约法，以及贸易投资、土地租赁、公司行为、公司证券的上市与交易、金融管理等所涉及的技术性强的法律已经超越了国界。公法领域同样具有国际统一化的发展方向，在此并非指具有相同或相近似的法律规范，而是指具有相同或相近的价值观和法治精神。再如，宪法和宪法制度，有关公民权利、自由和人权保障制度，行政法治原则，刑事法特别是刑诉法诸多立法精神、原则及运作规程等。此外，世界范围内的打击"三股势力"（宗教极端势力、民族分裂势力、国际恐怖势力）的规范、打击各种跨国犯罪的规范及机制、各国反贪反腐倡廉法律及其制度等，都充分体现出各国法律制度之间的许多共性，都存在国际统一性的发展趋势。与此相适应，我们从人类共同价值观和共同需求出发，在全球化时代必须转换比较法研究的范式。这种转换主要体现在以下方面。

（一）要扩展比较法研究的范围

在我国，以往传统的比较法研究范围和对象主要是对不同法系或相同法系国家的法律体系、法律规范和法律制度的比较，以及对不同法系或相同法系国家的相应部门法之间法律规范及其功能的比较。法律全球化趋势的发展，不仅要求对大陆法系与英美法系等主要法系之间进行比较，而且必须依据现实两大法系各自发展变化及其之间的融合趋势，重新审视比较研究的范围和视野。此外，要注重对其他重要法系例如伊斯兰法系等发展、变革及其影响的研究；更要注重近些年来在不同地域或不同国家形成的"混合法"或称"二元或多元法律"之间的比较。例如，苏联各个加盟共和国近 20 年的民事立法，至今已经形成了"比较法折中主义"状况，依据不同的渊源，经过多方借鉴、吸纳和融合，已经构成了"俄式民法典"、"德式民法典"和"杂式民法典"，将原来的体系"裂变"为多种形式。又如，现行土耳其法是从瑞士、意大利、法国以及近些年从美国、欧盟输入的结果。当今世界许多国家的法律都呈现"二元"或"多元"法系的性质，近年来甚至德国、法国、荷兰、意大利等传统的大陆法系国家，也分别在各自的立法中不同程度地吸收、借鉴或移植了不同法系的内容。扩展比较法的研究范围，同样要将长时期以来忽视或很少研究的地域范围纳入重点研究范围。例如，当今亚洲和非洲一些国家的"混合型"法律制度和其深厚的习惯性；拉丁美洲一些国家在民商立法中出现的"解法典化"和法典重构以及确立的"微观法律制度"等状况，都是比较法研究的新的范围。

（二）应当从更深的层面上运用微观比较研究方法，揭示不同法律体系的异同，以及它们之间的包容性和融合趋势

运用宏观与微观比较方法对于不同法系和不同法律体系作比较研究，是比较法传统的研究方式。随着法律全球化的发展，我们必须将这种研究方式引向更深的层面，特别是要运用微观比较研究方法。当今世界不同的法系和法律体系充满了多样性，在特定的法律体系内各具多元因素，这就构成了不同法律体系之间多方面的相似性和差异性，正如萨科指出的，它们的相似性和差异性分布在各个"法律共振峰"之内。因此，比较法研究就必须从微观上阐明法律体系中的所有"共振峰"，然后再具体地寻找出不同法律体系之间的异同。特别是对法律移植的研究，更加需要运用微观比较方式。任何一种法律及其制度都是源于本土社会、价值、传统而生成的，并且深嵌于本土整体文化之中。传统的法律移植理论侧重于研究特定的法律文化传统的独特性，而在全球化时代必须打破这种局限性，运用微观的、多视角的分析研究方式，不断发现不同法律之间的共性和包容性，以便寻找被移植国的哪些法律及其制度适合于继受国，从而进一步逐渐形成具有国际统一性的规范。

（三）要充分发挥功能比较研究的作用

功能比较同样是比较法的传统研究方式，但是，在法律全球化时代，更要突出这种研究方式，充分发挥它的作用。功能比较的出发点、基础和归宿，就是社会问题和社会需要。功能比较能够突破和摆脱某一国或几国的法律概念、法律结构和法律思维方式的偏见。世界各国的法律体系和各个部门法在结构上千差万别，但是都存在不同程度的可比性，甚至具有相当一致的可比内容，例如，社会法、环境法等体系。这样，可以从同一性的角度找出相对应的相近或相同功能的法律制度，进行比较研究，从而解决人们共同存在的实际问题和社会需求。功能比较研究目的的实现，必须与其他学科的研究方式有机地结合，例如，它与法律社会学在对法律实践的经验研究中是相互依存的合作者。比较法的功能比较研究与法律社会学实践性研究的结合，能够达到将法律理解为社会中的规范治理的效果。同时，这也就体现了比较法的研究从单纯的理论研究方式转向功能应用的实践型的比较法研究。

（四）以全球化的视野建立"多极化"的比较法研究领域

多年来，比较法研究从来就是西方学者们从事的研究领域，从来就是追源罗马法为主的大陆法系生成和演进过程，追源普通法和衡平法是如何形成英美法系的发展史，以及这两大法系又是如何遍及和影响到世界各地。我们从来不否认而且总是认真地学习和研究伟大的罗马法及其生成的大陆法系，学习和研究英美法系对我们有益的丰富内涵。尽管过去的比较法研究同样涉及世界其他法系及其领域，但是与前者相比显得十分薄弱。因此，我们必须改变以两大法系和欧美学者研究为中心的狭隘的局面，以全球化的视野，建立"多极化"的比较法研究领域。例如，已经遍及50余个伊斯兰国家的伊斯兰法系、古老的埃及法系、中华法系、印度法系等，以及世界各大洲的许多国家和地区的各种法律渊源。当今世界，从政治、经济等方面已经构成了一些超越国家的组织，与此相适应，我们可以比较研究相应的法律及其制度。例如，对欧洲联盟各国的法律、东北亚各国法律、非洲联盟各国和其他非洲各国的法律、拉丁美洲各国法律的比较等，这种"多极化"的比较法研究，正是在法律全球化的发展过程中不断全面地寻找各民族国家法律的异同及其发展规律，促使各国的法律不断地形成国际化、一体化以至相互融合的趋势。

（刘兆兴：《试论比较法的研究方法》，《中国社会科学报》2006 年 8 月 17 日；刘兆兴：《论东北亚比较法的研究方法》，《河北法学》2009 年第 12 期；刘兆兴：《比较法学研究应当转换研究范式》，《检察日报》2012 年 7 月 5 日）

法理学的学科定位

刘作翔[*]

　　法理学是一门独立的法学学科，它有自己的知识体系及其独立存在的价值。但多少年来，法理学被赋予了同它的学科性质不太相符的学科定位，使它遭到很多误解与责难。本文试从法理学与部门法学、部门法理学、法律实践、法官判案等几层关系，来探讨法理学的学科性质、特点、功能以及法理学名称等问题，以给法理学这门学科准确定位。

一　法理学与部门法学的关系

　　多少年来，在法理学的研究以及法理学教科书中，我们给法理学这门学科赋予了一个不恰当的定位，总是认为法理学与部门法学是指导与被指导的关系。这样的定位使我们陷入了一个认识误区，也是法理学者自己给自己下了一个"套"，使中国的法理学研究一直受到部门法学的责难，成为部门法学经常"攻击"的口实。其中一个最大的且经常性的责难是"法理学无用论"，认为法理学对部门法学乃至法律实践提供不了什么具有指导性的理论和学说。其实，这样一种责难根源于对法理学学科性质和学科特点的不当认识。

　　法理学究竟是一个什么性质的学科，它有哪些研究特点，在这些问题上至今仍有争议。在总体上，教育部学科目录表上将法学学科定位为"应用学科"，也可叫实践性学科。这样的定位应该是没有问题的。因为法学

---

　　* 刘作翔，上海师范大学教授，曾任中国社会科学院法学研究所研究员、法理研究室主任。

的研究对象是法律及其法律现象，而法律及其法律现象是实践性极强的社会规范和制度体系。但具体到法学学科体系内部，它又有不同的属性和特点，宏观上可以分为"理论法学"和"应用法学"（当然，也有人不同意这一分类）。法理学则属于"理论法学"中的牵头性学科。理论法学属于思想性、思维性学科，它相对区别于法学中的直接以具体法律制度为研究对象的部门法学。当然，这样讲并不意味着部门法学不需要理论性，而是就其主要特点和功能而言。法理学中的"理"字，本身就标明了这门学科是一门理论性学科。这里的"理论性"，主要是指它的"思维性"，说明它是一门思维性学科。正是在这一层意义上，它具有哲学的特点。法理学可能回答的不是法律实践中的具体问题，比如案件如何审理，程序如何进行，引用何种法律，适用何种制裁，等等，它所关心的是法律的原理性问题，而对这些原理性问题的分析说明，则必然是理论性的和思维性的。

"抽象性、概括性、一般性、普遍性，以及概而言之的理论性"是法理学这门学科的应有属性和特色。[①] 对于法理学的研究特点，国外一些著名的法理学家也有论述，如美国法学家德沃金教授就用十分肯定的语气指出："法律的一般理论肯定是抽象的，因为它们旨在阐释法律实践的主要特点和基本结构而不是法律实践的某一具体方面或具体部分。"[②] 抽象性是"法律的一般理论"即法理学的显著特点，这种抽象性是同法律实践的具体性相对而言的。法律实践一般而言是具体的，它或者涉及某一法律制度、法律规范，或者涉及某类具体的案件或某一具体的个案。而法理学所关涉的则是对整个法律现象、法律实践的阐释，这种阐释可能是对制度本身的抽象思考，也可能是对制度之外、制度背后因素的抽象思考。

对法理学抽象性特点的认识，有助于我们把握法理学这门法学基础学科的一些本质属性或规定性。这些年来，在实用功利主义学术思潮的影响下，加之中国传统文化中的"学以致用"的深厚积淀，一切都追求"有用性"，而将这种"有用性"又具体地阐释为对社会生活和社会实践的具体

① 刘作翔：《我们需要什么样的法理学——比较·借鉴·创新》，《法学》1994年第8期。
② 〔美〕德沃金：《法律帝国》，李常青译，中国大百科全书出版社，1996，第83页。

的实际的功效，有时甚至就等同于经济效用。这种思潮不加区别地要求一切学问、学术、学科都为实践服务，要求产生一种"立竿见影"的直接效用，而忽略了各种学问、学术、学科性质间的差别。比如忽略了自然科学和社会科学之间的差别，在社会科学中又忽略了基础性理论科学和实用性应用科学之间的差别。此外，在"有用性"的追求上，也严重忽略了"直接有用"、"直接效用"和"间接有用"、"间接效用"的区别，用一把尺子来度量所有的学问和学术的价值，自然会导致对理论学科的非难和无端指责。所谓"理论无用论"、"法理学无用论"等正是这种学术思潮影响下的当然产物。似乎一切抽象的、不能为实践带来直接效用的学问、学术和学科都失去了它存在的价值。

　　法理学就其学科本性而言，是理论思维科学，而这种理论思维科学必定是抽象的而非具体的，是形而上的而非形而下的。它具有较浓厚的哲学色彩。正是在此种意义上，法理学有时也被称为"法哲学"。但法理学的抽象性并不是空想性，它不是空灵之物，而是有其坚实的基础，这个坚实的基础便是丰富的法律实践；法理学正是在对大量丰富的法律实践和法律现象考察的基础上，抽象出其带有共同性和规律性的理论来。因此，任何对法理学的指责和非难，要么是对法理学抽象性特点的不甚了解，要么是从实用功利主义思潮角度对法理学的苛刻要求，而这种苛刻要求无助于发展这一具有抽象性、思维性特征的学科，同时也反映了对法理学学科性质认识上的盲区。

　　而法理学的另一个重要特点是它的概括性。法理学的概括性是指它将许许多多个别的、具体的法律现象作为研究对象，从中概括出一些带有共性的、普遍性的结论，这种结论对那些具体的、个别的法律现象具有普遍性的阐释作用。概括性在法理学学科和研究中处处体现出来。比如，关于权力学说，法律实践中所呈现的是一个个具体的、个别的权力形态，如立法权力、司法权力、行政权力、监督权力等；而法理学则在这种多样性的具体的权力形态基础上，概括出、抽象出具有普遍性特征的一般权力理论，而对许多具体权力形态的研究则分属于具体法学。又如，关于权利学说，法律规范所规定的权利形态有许多种类，仅公民基本权利形态就自成一个庞大的权利体系，如财产权利，选举权利和被选举权利，言论、出版、集会、结社、游行、示威等自由权利，宗教信仰自由权利，人身自由权利，人格尊严权利，住宅不受侵犯权利，通信自由权利，劳动权利，休息权利，受教育权利，科学研究和创作自由权利，男女平等权利，婚姻家庭自由权利，等等。再如，关于法律关系理论，在法律实践中有宪法法律关系、民法法律关系、刑法法律关系、行政法法律关系等，而法理学范畴中的法律关系理论，既要建立在这些具体的法律关系的理论基础之上，又要从其中抽象出带有共性的，能够说明、阐释各种具体法律关系形态的一般法律关系理论，这才真正称得上是法理学的法律关系理论。

不仅仅上述一些具体的法理学问题具有概括性，而且法理学所使用的概念、命题均具有概括性。如法律、法律的起源、法律的本质、法律的作用、法律的价值、法律的发展规律等，这些概念和命题都是一些概括性的概念和命题。比如，法理学在研究"法律的作用"时，并不具体地去阐释刑法的作用、民法的作用、宪法的作用等，而是研究作为整体的法律的作用。法理学在研究法律价值时，也并不研究具体的法律诸如刑法、民法、宪法、商法等法律价值，而是研究作为整体形态的法律的价值。

对法理学概括性特点的揭示，有助于我们区分法理学与部门法学的界限及其研究对象，也有助于更深入地认识法理学与其他法学学科之间的相互关系。它们之间既相互区别，又相互联系。一方面，法理学离不开具体的法律实践，离不开部门法学的研究成果。另一方面，法理学所概括和抽象出的一般法律理论，应该对具体的法律实践和部门法学具有普遍的适用性，只有达到了"普遍适用性"这一标准，法理学才能真正起到"指导"部门法学和法律实践的作用。否则，仅一味地主观地强调法理学的"指导"作用和地位，但其理论本身难以对具体法律实践和部门法学作出有说服力的阐释，则这种"指导"地位和作用势必落空。比如，中国法理学中的"法律关系"理论，就很难概括各种形态的具体法律关系实践，因而常常受到来自部门法学的质疑，原因就在于它不具有概括性。

因此，法理学应该是一门独立的法学学科，它有自己的知识体系，有其独立存在的价值。法理学与部门法学都是法学学科中平等的一员。但它们之间有区别，其中最大的区别是：部门法学是以某个单一的部门法体系为依托和研究对象，而法理学则以所有的法律制度和法律现象为依托和研究对象，视野更开阔、更广泛。因此，我们一方面不可把法理学抬到"云端"的高度；另一方面，在我们把法理学回归到自己应有地位的同时，也不能降低其特有的功能，必须肯定法理学有其独立存在的必要与价值。

二 法理学与部门法理学的关系

法理学与部门法理学之间是有区别的，它们的研究对象不同，但相互之间有很多原理是相通的，只不过部门法理学研究时将法理学的一些原理"下移"而已。这种"下移"不仅仅是研究论题和原理的下移，更重要的是要结合研究对象的下移，部门法理学应该有成套的体系化的理论，并不是仅具有注释性。这涉及对"法理"的理解。可以说，每一部法律里面，都有法理问题。不管是一个制度、一个法令、一条规则，或者法官的一个判决，都有其背后的法理，否则，无法解释它成立和存在的根据和理由。从这个角度讲，任何法律问题中都有法理问题存在。这也可以解释十多年前在中国有些部门法学者开始的有关部门法理学的研究以及对部门法理学的理论解说。部门法理学及其理论有其依赖的特定的部门法律制度，比如民法法理学以民事法律制度及其现象为依据，刑法法理学以刑事法律制度及其现象为依据，宪法法理学以宪法制度及其现象为依据，行政法法理学则以行政法律制度及其现象为依据，这些部门法理学的理论都有其相对固定的特定的法律制度为研究对象。而法理学则没有自身固定的特定的法律制度为依据，法理学是建立在所有法律制度及其现象之上的宏观的理论思维。所以，我们可以说，法理学是"超法律"的，这里的"超法律"，即超越具体法律制度。只有超越具体法律制度，法理学才能建立具有普遍性意义的理论形态和范式，才能形成具有抽象思维特征的理论体系。所以，法理学既在法律之中，又在法律之外。说它在法律之中，是因为它以所有法律现象为其研究对象、为其基础，离开法律现象，法理学将不成为法学学科；说它在法律之外，是指它必须超越具体法律现象，去抽象出对所有法律现象具有宏观意义的思维结论。这种思维结论不仅仅具有阐释功能和实证功能，它还应具有预见功能和创造功能；它不仅对现实法律实践进行总结和概括，还担负着探讨法律发展规律、实现法律价值、创造法律实践、推动法律进步和发展的多重任务。正是在这种意义上，法理学是思维性的、是理论性的，这种思维性和理论性必然包含创造性在内。只有具有创造性，法理学才能起到指导法制实践和推动法制发展的作用。关于法理学的这种对实践的创造功能和指导作用，我国当代著名学者李达先生早在20世纪40年代撰著的《法理学大纲》一书中，就作了精确的说明，李达讲："法理学的研究，首先要阐明世界法律发展的普遍原理，认识法律的发展与世界发展的关系，认识特定历史阶段上的法律与社会的关系；其次要应用那个普遍原理来认识中国的法律与特殊的中国社会的关系，由中国社会发展的特殊路线，展开与之相适应而又能促进其发展的法律理论，作为改造法律充实法律的指导。"[1]

目前，我国的部门法理学还处于起步阶段，因此，我们不要追求学科性质的部门法理学，应该以部门法理学的问题为视点，从实际问题出发，对具体问题展开研究和拓展，在我们有了一定的问题研究积累之后，水到渠成，自然就能形成一个理论体系。《牛津法律大辞典》的作者将法理学分为"普通法理学"、"特殊法理学"、"比较法理学"三个类型。具体的解释是：普通法理学的任务在于研究法律制度中具有一般性意义的理论；特殊法理学是以某一种法律制度为研究对象；比较法理学则通过分析来自不同法律制度中的材料，研究其相互关系。[2] 这样的解释可以部分地消除人们的上述疑惑，也使法理学——作为研究法律制度中具有一般性意义的理论的普通法理学——有了存在的理由。对某一种法律制度或某一个法律问题的具体研究属于特殊法理学的研究范围和对象。另外，笔者还曾设想在中国发展出一种案例法理学来，但目前看来，还是应该以具体案例的问题研究为切入点。

三　法理学与法律实践的关系

法理学和法律实践的关系应该是非常密切的。法理学和法律实践相互

---

① 李达：《法理学大纲》，法律出版社，1983，第14页。
② 参见《牛津法律大辞典》中译本，光明日报出版社，1988，第489页。

渗透，法理学渗透于法律实践之中，而法律实践又离不开法理学。

在当代中国法律实务界，乃至法学界，有一种普遍的认识，即认为法理学只是法理学界自身的事情，法律实践、法律实务乃至其他法学不怎么需要法理学。60 多年前李达先生曾揭示过这一现象。李达先生讲道："法理学的研究，在中国这样不发达，据我看来，主要的是由于法学家的不予重视，好像认为是一个冷门，教者不感兴趣，学生也勉强听讲。因为应考试、做法官或律师，都不需要法理学。在培养注释法学的师资与司法人才的今日法学教育环境中，这许是法理学的研究所以不发达的原因了。"① 当然，60 多年后的中国法理学的命运比起李达先生当年描绘的状况有较大改观。法理学作为法学的一门基础学科，被置于法学的 15 个二级学科之首；各种法律职业类资格考试（如国家统一司法考试等资格考试）中，法理学也有了一席之地；等等，但这些仅是一些表面上的变化。问题的实质在于：法理学是否真正地深入法律实践中，也即法律实践是否需要法理学，这是法理学发挥功能的主要标志之一。

法律实践是否需要法理学？德沃金讲道："在法理学与判案或法律实践的任何其他方面之间，不能画出一条固定不变的界线……任何实际的法律论证，不论其内容多么具体和有限，都采用法理学所提供的一种抽象基础，而且当这些对立的基础产生矛盾时，法律论证就只能采用其中之一而反对其他。因此，任何法官的意见本身就是法哲学的一个片段……法理学是判决的一般组成部分，亦即任何依法判决的无声开场白。"② 在德沃金教授的这段精辟的论述中，他淋漓尽致地表达了法理学与法律实践的关系以及法理学对法律实践所起的不可替代的作用。

法理学尽管是抽象性的、概括性的、一般性的、普遍性的和理论性的，但法律实践不能没有法理学。试想，一个立法者，如果他没有对法律的深刻理解力和洞察力，没有对法律的深刻预见和社会关系对法律的需求的精确判断，他如何去创制为社会所需要的法律？一个立法者如果不了解法律规范的科学合理结构，不懂得立法的一些技术性要求，他如何去从事具体的立法工作？一个立法者没有对法律的目的、价值的深刻理解，他又

---

① 李达：《法理学大纲》，法律出版社，1983，第 12 页。
② 〔美〕德沃金：《法律帝国》，李常青译，中国大百科全书出版社，1996，第 83 页。

如何创制出蕴含民主、正义、公平、公正等价值的法律？再比如，一个执法者，或者一个司法者，没有对法律精神、价值、理念、原则等的深刻认识，他又如何能保证公正地执法和司法？尤其是在法律出现漏洞、空白、不完善等情况下，他又根据法律的哪些原则、精神、价值等去合理地使用自由裁量权，公正地判决案件？即使对一个守法者而言，如果他没有确立正确的法治意识和观念，以及对法律的信仰，他又如何去遵守法律、使用法律？而所有这些，都需要具有法理学的基本素养。正是在这些意义上，德沃金所讲的"抽象基础"即法理学所建立的一套抽象理论。具体的法律论证需要采用法理学所提供的抽象理论。而当这些抽象理论之间产生矛盾时，法律论证就只能采用其中一种理论而反对（排斥）其他理论。《布莱克法律辞典》（第5版）则从另一个角度论述了法理学对解决案件的功用。该辞典作者布赖恩·加纳讲道："当针对一个新的或疑难案件的解决，实际被选择的两个法律条文似乎对其有同样的可适用性时，这时或许，而且通常是从法理学的角度，来考虑这些规则适用于该类案件时所产生的最终影响（实效），然后，选择能对社会产生最大效益的那条规则。"[①] 其意是指法理学对于在判案中选择合适的法律规则以解决具体案件有着不可替代的作用。

　另一个重要的问题是法官、法律判决需不需要法理学？在中国，恐怕没有多少人会认为法官也需要法理学，认为法官只要熟读法律条文就可判案，而法律判决则主要是对法律条文的引用和案件事实的说明，不可能有法理学在其中，法理学只属于学者们研究的问题。如前所述，德沃金提到，任何法官的意见本身就是法哲学的一个片段，甚至哲学被掩盖，人们只能被引证和一系列事实支配，其情况也是如此，法理学是判决的一般组成部分，亦即任何依法判决的无声开场白。有些人也许会认为，德沃金讲的这种情况是判例法制度下的做法，而在以制定法为主的国家，判决重要的是案件事实的认定和法律条文的援引，无须作更多的理由说明。我们中国的现实法律判决，主要是由法院确认的案件事实和适用该案的法律条文两大内容构成，很少有判决理由的说明。近几年虽有所改变，但总体上没有大的改观。笔者认为，无论是判例法传统，还是制定法国家，一个完整

---

① Bryan A. Garner, *Black's Law Dictionary* (5th edition), West Group Publishing, 1979, p. 767.

的判决不能没有判决理由，判决理由集合了法官对案件事实的分析、适用的法律条文，以及为什么作如此裁断而不作其他裁断的理由和根据，全部法律判决的"理"就体现在这个判决理由之中。英国女王王室法律顾问路易斯曾写道："陈述判决理由是公平之精髓。在现代民主社会中，越来越多的人承认，受到判决的人有权知道判决是如何做出的。"[1] 即使在制定法国家，如果我们承认法律不可能设定一切可能发生的情况，法律总是存在不周全之处，那么，当一个新的案件出现，而又找不到可援引的法律条文依据时，要处理此案，就必须运用法理学中的法律原则、法律推论、正义观念等进行实际处理，并最终要体现在判词的判决理由之中。比如，美国最高法院关于埃尔默杀死其祖父以欲获得其遗产继承权一案，经过美国最高法院大法官的激烈争论，最后以压倒性优势同意了厄尔法官所确立的这样一条法律原则：任何人不得从其错误行为中获得利益。[2] 这是一个典型的法理学命题，并且也成为此后判案的一个法律原则。这比起那种机械地理解并执行遗嘱继承法，无疑是一个更合理的很大的法律进步。这一法理学命题和原则确立了以下一个新的发展：遗嘱法应被理解为否认以杀人来获得遗产的继承权。我们从中可以看出法理学在法律实践、法官判决中所起的无可替代的巨大作用。任何一个法律判决，总得建立在"理"的基础之上，离开"理"，法律判决将有可能背离法律的目的和初衷。近几年有一个可喜的现象是，中国的立法部门以及司法和行政执法部门对法理学的重视程度在增加，其主要表现之一就是法理学者介入这些法律实践机构的活动比过去多了许多。

四　法理学的"名称之争"

"法理学"这一学科及其名称在中国被使用，大约经历了 80 多年的"奋斗"历程和发展变化过程。作为一门现代社会科学门类的法理学在中

---

[1] 转引自〔英〕彼得·斯坦、约翰·香德《西方社会的法律价值》，王献平译，中国人民公安大学出版社，1990，第99页。

[2] 参见〔美〕德沃金《法律帝国》，李常青译，中国大百科全书出版社，1996，第14—19页。

国的出现，约始于 20 世纪初，于 1900 年由日本译介而来。[①] 1949 年 10 月
中华人民共和国成立后，受苏联法学教育及其理论影响，我国的法理学被
冠以"国家与法权理论"或"国家与法的理论"之名称。20 世纪 50 年代
由我国学者撰写、翻译、出版的著作大多以这两者命名，这种状况一直延
续到 70 年代末。党的十一届三中全会召开之后，国家重新重视法制，法学
院逐渐恢复和重建，作为法学院学生基础必修课之一的法理学，仍是以
"国家与法的理论"之名目和内容讲授，一个小小的变化是去掉了 50 年代
的"国家与法权理论"之名。"法权"概念的被废弃大概同 70 年代国内批
判"资产阶级法权"有关。[②] 大约到了 80 年代初，随着政治学学科的恢复
和重建，同时也由于法理学界对法学学科体系尤其是对其中的"国家与法
的理论"学科的探讨和争论，原有的国家理论逐渐从这门学科中分离出
去，归属于政治学学科范畴。这时，与现代法理学意义较为接近的"法学
基础理论"名称得以产生。在起初的几年间，这门学科有以下几种名称：
"法学基础理论"、"法学基本理论"、"法的基本理论"等。1982 年由孙国华
教授主编、法学教材编辑部审订、法律出版社出版的高等学校法学教材，将
此学科定名为"法学基础理论"。这一名称一直延续到 90 年代。

随着改革开放的逐步深入，对外文化交流的逐步扩大，西方的法理学
不断被介绍进来。尽管"法学基础理论"作为一种"官定"的法学学科名
称，但法学界已不满意于此。于是，将"法理学"作为学科命名的教材、

---

① 得出此结论，是依据《中国法学图书目录》所介绍的情况。已故学者张友渔为此书所写
的题词称："这个目录基本上展示了我国法学、法律图书的出版、收藏、分布概貌。"据
对《中国法学图书目录》一书介绍的资料统计，20 世纪初至 40 年代末，即新中国成立前
由我国学者撰写、翻译的与"法理学"较接近的法学著作、教材和讲义近 200 部，其名
称主要有"法学通论"、"法学大纲"、"法学总论"、"法学绪论"、"法学概论"、"法学
概要"、"法学精华"、"法学要义"、"法律学"、"法律原理学"等，这些著作有些是正
式出版，有些则是内部印行。其中，最早的一部是清光绪二十六年（1900）由薛莹中翻
译、日本学者户水宽人撰著的《法律学纲领》一书，而由我国学者自己撰写较早的著作
是杨度于 1905 年出版的《法学通论》一书。从严格意义上讲，上述著作距现代法理学甚
远，属目前通用的"法学概论"门类。而我国出版的最早一部现代意义上的法理学，则
是由李鹤鸣（李达）翻译、日本学者穗积重远撰著、上海商务印书馆 1928 年出版的《法
理学大纲》一书。其后，还有 1929 年由王传璧编的《法理学史概论》，1931 年、1936 年
分别由赵琛、沈祥龙编的《法理学讲义》以及其他几部法理学著作。参见中国法学会编
《中国法学图书目录》，群众出版社，1986，第 20—34 页。
② 20 世纪 50 年代末，国内也开展过批判资产阶级法权运动，但冠以"国家与法权理论"之
名的教材大多是 50 年代上半叶和中叶出版的。

讲义、著作等已逐渐在我国的部分区域和院校内施行和使用，原来的以"法学基础理论"为专业的研究生招生，也冠以"法学理论"或"法理学"专业之名。"法理学"作为一种较为通用的法学学科名称，已逐渐为法理学界人士所接受。1994 年由国家教委组织、沈宗灵主编、高等教育出版社出版的高等学校法学教材《法理学》是第一本以"法理学"命名的"官方版本"。① 由此，"法理学"名称得以正式确立。当时，我们都认为，这是同国际接轨的一个重要标志，是因应了法学的发展大趋势，为此而欢欣鼓舞。可以说："国家与法权理论"—"国家与法的理论"—"法学基础理论"—"法理学"的变化，无不打上了历史时代的烙印和痕迹。由最初的对"法理学"持排斥批判态度，到后来的被接受并使用，其中无不反映了政治上的变化和思想观念上的变化。②

但经过这些年的实践，诸如"法理学"、"法哲学"这些名称本身存在模糊之意，需要对此进行反思。这些年在中国法学界不断有争论：有一元论和二元论之争（法理学和法哲学是一回事还是两回事）；有大陆法化与英美法化之争（有大陆法系国家学术背景的人一般将法理学和法哲学分隔，而有英美法系国家学术背景的人一般将二者合一）；有法学和哲学之争（法学家一般认为法理学、法哲学属于法学，而哲学家一般认为法哲学属于哲学）；等等。上述争论反映了"法理学"、"法哲学"概念在移入中国后的本土化过程中所面临的困境和遭遇。

既然这样，我们不如将这些从 20 世纪初由日本传入中国的概念"退"一步，回到它的准确的名称上去，即"法律的一般理论"。这样的"退"并不是一种妥协或权宜之策，也不是为了避免学术争论，而是这样的名称最能体现和反映这门学科的性质和内容及其内涵。如前文所提到的，德沃金教授在论述法理学时就采用过这一概念：法律的一般理论肯定是抽象的，因为它们旨在阐释法律实践的主要特点和基本结构而不是法律实践的某一具体方面或具体部分。法哲学家们对任何法律论证所必须具备的一般要素和阐释基础展开争论。法理学是判决的一般组成部分，亦即任何依法

---

① 在《中国审判》2007 年第 2 期封面人物沈宗灵先生的文字介绍中，还特意提到"法学的理论学科基础课程从'国家与法的理论'发展到'法学基础理论'，再发展为'法理学'，沈先生功不可没"。

② 参见刘作翔《迈向民主与法治的国度》，山东人民出版社，1999，第 349—350 页。

判决的无声开场白。这段话中他用了几个"一般"。另一位美国著名的法学家波斯纳教授在其著作《法理学问题》的"序言"中,也对法理学的特点进行了简略而精确的描述。他讲道:"所谓'法理学',我指的是关于法律这种社会现象的最基本的、最一般的和最理论化的分析。"① 法理学的一般性,既指它所研究的是一般法律问题,也指它所得出的结论是一般结论。法理学的一般性是相对于特殊性而言的。它一般不过多涉及那些具有特殊性的法律问题。这里的"一般",即奥斯丁所讲的"凡论题之为各种法律的共通,而非仅与任何特种法律相关者"。② "一般"即"共通"。凡属法律共通的问题,即为法律的一般问题;凡属法律共通的结论,即为法律的一般结论。因此,在苏联时期,以及一些西方法学家那里,法理学这门学科有时也被称为"法的一般理论"。

法理学的一般性,并非常人所理解的"不重要性"。这里,"一般"和"重要"不是一对概念,而是和"特殊"构成相对概念。这里的"一般性"强调它关注的是作为社会现象之重要构成的法律现象的整体问题、共通问题。法理学的一般性同其概括性、抽象性特点一样,体现在法理学的概念、命题、结论之中。比如,法理学对法、法律概念的研究,不局限在具体的特殊的刑法、民法、商法、合同法等概念的研究上,而是在种类繁多的特殊具体的法律概念基础上,概括出作为整体的所有法律的共通适用的一般法律概念来。同样是对法律概念的研究,法理学也不能只局限在一个特定的社会历史阶段上,只研究奴隶制法律或封建制、资本主义制度下的法律概念,而应该研究作为人类法律现象的共通的一般的法律概念。正是在此种意义上,波斯纳教授说,"法理学的许多问题是跨越原理、时间和民族的界限的"。③ 有人也许会指责波斯纳对法理学的这一定性抹杀了法理学的阶级性特征,宣扬的是一种抽象的非意识形态的法理学观。但波斯纳正是从法理学的一般性特征出发,得出此结论的。它同法理学的阶级性不是同一层面的问题。"跨越原理、时间和民族的界限"强调的是法理学问题的文化性特征、技术性特征,它并未涉及法理学的意识形态问题。因

---

① 〔美〕波斯纳:《法理学问题》,苏力译,中国政法大学出版社,1994,"序言"。

② 王云五名誉总编辑《云五社会科学大辞典》第6册《法律学》,台湾商务印书馆,1971,第144页。

③ 〔美〕波斯纳:《法理学问题》,苏力译,中国政法大学出版社,1994,"序言"。

为即使按照我们现有的理论，原始社会解体后的任何社会，都有法律存在，法律现象是人类社会共通的社会现象，那么，就有共通的法律问题之存在，对这些共通的法律问题的研究，就是法理学研究的任务，也是法理学研究的对象和特点。因此，法理学的一般性主要是从共通性上来理解的。

同时，法理学的一般性同法理学的普遍性又是相通的。法理学的普遍性主要体现在三个方面：一是法理学的研究对象具有普遍性；二是法理学的研究论题具有普遍性；三是法理学的研究结论具有普遍性。

首先，从研究对象看，法理学的研究对象是具有普遍性意义的法律现象、法律制度、法律规范等。比如，法律是如何产生（起源）的？法律具有哪些不同于其他社会规范种类的独特特征？法律是如何发生作用的？法律的运行机制有哪些？法律同其他社会现象是如何发生关系的？法律规范的构成要素有哪些？法律责任承担的条件是什么？法律制裁的方式是什么？法律权利和法律义务的规定性是什么？所有这些研究对象，都是具有普遍性意义的法律现象，它并不局限于个别的法律现象。

其次，从研究论题看，法理学的研究论题都是具有普遍性意义的研究论题。比如，关于法律的概念、法律的本质、法律的作用、法律的价值、法律的特征、法律的原则、法律的调整机制、法律的渊源、法律的效力、法律的解释、法律关系等，这些研究论题都是具有普遍性意义的研究论题。它涉及所有法律内容，而并不单单局限于回答某一类法律现象和问题。任何一部具体的法律，都离不开上述这些问题。因此，这些问题是所有法律都要回答的普遍性问题，也是不管哪个时代、哪个社会形态都要回答的普遍性问题。正是从这一点出发，《牛津法律大辞典》指出："尽管对法律哲学问题的回答多种多样，但是，贯穿这几个世纪的法律哲学问题是不会改变的。"[①]

最后，从研究结论看，法理学的研究结论也是具有普遍性意义的。这里的普遍性，主要是指"普遍适用性"，即法理学从具有普遍性意义的法律现象（研究对象）出发，提炼、抽象出具有普遍性意义的法律问题（研究论题），通过对这些具有普遍性意义的法律问题的研究而得出的结论，应该能够普遍地适用于所有具体的法律现象和制度形态。这也是检验法理学作为法理学的一个标尺。如果对象是普遍的，论题也是普遍的，而得出

---

① 《牛津法律大辞典》中译本，光明日报出版社，1988，第541页。

的结论却不能普遍地适用于所有具体法律现象，那就失去了法理学的自身功能，也无益于完成法理学的任务和使命。这里所谓的"适用"主要指它的解释或阐释功能，即它的结论能够对具体法律现象作出合理的自圆其说的说明。它的普遍性要体现在对所有法律现象的说明上，不能局限于只对一部分法律现象的说明上，而无法解释另一部分法律现象。用德沃金的话说："它们力图充分地说明整个法律实践，同时还力图在探明法律实践和对这种实践的最佳论证之间保持平衡。"比如，中国现有法理学对法律关系的理论，只能部分地解释民事法律关系，而不能充分地说明刑事法律关系、行政法律关系、宪法法律关系。因此，中国现有法理学关于法律关系的理论，常常在法学实践中和法律实践中不具有充分的说服力和阐释力，原因就在于它不具有普遍性。再如，中国过去法理学中关于法、法律概念的理论，就很难说它具有普遍性意义。原因在于它所选取的是以阶级对立社会为主的法律为研究对象，以这一研究对象为主而得出的关于法的概念理论，就很难适用于剥削阶级作为一个阶级已被消灭、社会的主要矛盾已不是阶级斗争关系的现时代的中国社会主义法的概念理论。于是乎，我们的法学理论就常常需要作出两个关于法的概念解释。一为法的一般概念（其实并不是真正意义上的"一般"概念，而是阶级对立社会的法的概念）。二为社会主义法的概念。唯独缺少的是能够概括和抽象人类所有法律现象的具有普遍性意义的法的一般概念。这种具有普遍性意义的法的一般概念，要既能够阐释和说明阶级对立社会的法律，也能够说明阶级对立消失后的社会的法律。这也是中国法理学界关于法的概念争论长久而难以取得共识和统一的主要原因之一。

因此，法理学要真正实现自己的使命，就必须将普遍性特点作为学科的"生命线"，真正地从研究对象、研究论题、研究结论（理论）上牢牢把握住普遍性这一主线，选取那些具有普遍性意义的研究对象，抽象出那些具有普遍性意义的研究论题（法理学问题），概括出、总结出一些具有普遍性意义的结论（理论）。这样，才能真正使法理学起到对部门法学和具体法律实践的"指导"作用。当然，要做到这一点并非易事，需要对原有的理论进行梳理，需要进行大量的艰苦的探索和研究。

（刘作翔：《法理学的定位——关于法理学学科性质、特点、功能、名称等的思考》，《环球法律评论》2008年第4期）

法学研究进路的分化与合作

谢海定[*]

　　近年来，中国法学研究领域日益呈现两种研究进路之间的竞争和较量。以一些理论法学者为代表的社科法学倡导者，强调"不断从各个学科汲取新的知识"去"发现法律制度或具体规则与社会生活诸多因素的相互影响和制约"，[①] 认为社科法学应当成为当前法学研究的主要进路之一，成为发展中国法学理论的基础性学术进路。[②] 而以一些部门法学尤其是民法、刑法学者为代表的法教义学倡导者，则强调以法律文本为依据，"遵循逻辑与体系的要求，以原则、规则、概念等要素制定、编纂与发展法律以及通过适当的解释规则运用和阐释法律"。[③] 前者预测，若按照目前的法学发展趋势乐观估计，"大约20—30年后，即便在中国，法教义学也将从中国顶尖高校法学院的顶尖学者中逐渐转移，会主要转移到二流或三流法学院中去"。[④] 后者也断言，"为法律人解释法律和处理案件提供框架性的知识指引的法教义学就是法学的核心工作，舍此无法落实法学的基本功能"，如果"法学研究不能确立或者至少是理解法教义学的视角，中国未来的法治很难让人有乐观的期待"。[⑤]

---

[*] 谢海定，中国社会科学院法学研究所研究员。

[①] 苏力：《也许正在发生——中国当代法学发展的一个概览》，《比较法研究》2001年第3期。

[②] 参见陈柏峰《社科法学及其功用》，"社科法学与法教义学对话"学术研讨会论文，武汉，2014年5月31日至6月1日。

[③] 许德风：《法教义学的应用》，《中外法学》2013年第5期。

[④] 苏力：《回望与前瞻》，"社科法学与法教义学对话"学术研讨会论文，武汉，2014年5月31日至6月1日。

[⑤] 张翔：《形式法治与法教义学》，《法学研究》2012年第6期。

社科法学与法教义学的分立与竞争是如何形成的？竞争主要触及哪些问题？如何评价它们之间的竞争在中国法学发展方面的意义？对这些问题的尝试性思考，既有利于"骑墙派"避免陷入面对双方攻防混战局面的无所适从之惑，或许也可以激发论战者将自己的立场、前提、论证及目标指向都更加清晰化。由于"社科法学"、"法教义学"的提出以及二者间分歧的形成是在改革开放以来的历史过程中发生的，它们本身也是这一时段中国法学分化发展的重要表现，将其放置于中国法学发展的大背景下进行解读，可能是一种相对适当的方式。

基于上述考虑，本文先回溯社科法学与法教义学分立的形成过程，然后梳理二者之间竞争较量的具体问题点，最后尝试归纳这场正在发生的竞争所提出的问题及其意义。

一　社科法学与法教义学的分立

20世纪70年代末，随着"文化大革命"的结束，法律制度的恢复重建，法学也开始了恢复重启的旅程。随后，在涉及法的阶级性和社会性、法有无继承性、法治和人治、民主与法制、法与党的政策、权利本位和义务本位、法律文化、商品经济与法制建设、法制与法治、法与人权等论题的讨论中，政治对真理的绝对垄断逐渐褪去，法学研究的学术性不断加强。分化是学术研究的常态，向学术轨道的回归，使法学研究有了理论来源、立场、进路走向分化的必然性，而法学研究的分化也加速了去意识形态化的进程。

法学的分化从20世纪80年代初开始即已出现。虽然在回归学术化的开始阶段，不同论题上的讨论因为论题本身的政治敏感程度差异，表现出不同的学术化策略，而且受法学整体知识积累以及研究者此前的个人生活经历（尤其是政治生活经历）和知识背景的影响，法学研究在学术表达、学术深度、学术进路的自觉等方面，整体上都还显得相当朴素，但是，如果以法学进路的粗略分殊加以梳理，当代中国法学所呈现的研究进路的枝蔓在这个阶段其实已基本开始发育生长。大致来说，有以下5种。

第一，理论社会学的进路。作为中国主流政治法律意识形态来源的马克思、恩格斯的法律理论，主要是社会理论取向的，可以说采取了理论社会学的研究进路。不过，在社会主义革命尤其是社会主义改造和"文化大革命"过程中，这种学术理论被彻底政治化，成为垄断性的真理。20世纪70年代末开始的法学恢复重启，尽管受到政治的外部限制和研究者的主动自我审查，在最初一个阶段内，多数法学著述还表现出对马克思主义经典作家、党和国家领导人的著述或讲话，以及党的重要文件的习惯性、依赖性引用和阐述，但是从论题的选择及相关观点的分歧上，从引用的目的和对所引用文字的理解上，学术性论辩得到加强，马恩理论社会学的法学研究进路开始部分得以体现。例如，20世纪80年代初关于法的阶级性和社会性、法的继承性的讨论，关于人治与法治的讨论，关于法律文化的研究，等等。之后，系统论、功能主义、社会进化论、冲突理论、交换理论、互动理论、结构主义等社会理论及其概念工具，也被不同程度地引入对法律问题的探讨。

第二，经验社会学的进路，常称作经验研究、经验实证研究。它大体是指，针对具体现象、问题或事件，运用调查、试验、数据统计等方法搜集资料，定性或定量地描述事实，揭示事物间因果关系或关联度，以此为基础提出解决问题的方案。采用社会调查方法研究某个法律问题或法律规范、法律改革的效果，在改革开放之初的中国法学界即已有不少成果。[①]经验社会学的立场和方法，后来在立法调查、法律评估、司法效果分析、调解研究、司法改革（尤其是乡村司法）等诸多主题领域均有拓展，也是目前社科法学的最主要构成部分。

第三，价值法学的进路。从西方自然法学说中汲取营养，以人类对法律的需求和法律对这类需求的满足为中心，着重探讨"法律应当是什么"的价值法学进路，在某种程度上契合了"文化大革命"结束后人们的心理需要。20世纪70年代末80年代初，关于民主与法制、人治与法治、法律平等的讨论，体现了这一点。价值法学在理论法学中的发展，除了围绕价

---

① 参见梁慧星、王金浓《关于重庆市推行合同制的调查报告》，《法学研究》1980年第2期；杨紫烜等《关于扩大企业自主权与加强经济立法的调查报告》，《法学研究》1980年第2期；黄卓著等《关于上海城市集体工业企业所有权和自主权问题的调查》，《法学研究》1980年第3期；梁钦汉《处理经济纠纷案件应着重调解——北京市中级人民法院经济审判庭处理经济纠纷案件的调查》，《法学研究》1981年第4期。

值法学自身的一些讨论外，主要表现在权利本位、法治与人权等主题上；在部门法领域，刑法、民法、诉讼法等学科的"价值构造"研究也一度相当热门。

第四，法经济学的进路。马克思研究法律现象的政治经济学进路，更多是社会理论取向的，与后来的西方法经济学并不是一回事，改革开放后最初以"法经济学"为名的讨论，实际上是延续政治经济学思路从法律与经济关系出发对"经济法学"前提的研究。① 稍后，在对西方法经济学的评介中，逐渐明确它是"分析具体法规所产生的经济效用，预测法律的未来经济效果，以便为立法、执法提供参考"的效益分析思路。② 党的十三大提出建设"有计划的商品经济"后，经济学在我国开始大热，法经济学随之得到发展。从 20 世纪 90 年代开始，波斯纳的法经济学理论、科斯的制度经济学理论（尤其是产权理论）、布坎南的公共选择理论等在法学领域的引入，逐步产生了对立法、司法、执法等法制环节的经济分析，也诞生了各种部门法经济学。

第五，规范研究进路，包括规范建构和规范实证的进路。20 世纪 80 年代初期关于法律制度的研究，为适应国家整个法律制度恢复重建的需要，除了对法律体系理论及立法技术表现出极大关注热情外，对具体制度、法律规则、原则的设计和理解，以及各部门法内部体系化建设的讨论，③ 迅速升温。而鉴于法律实施的需要，法律解释也成为学者们关注的

---

① 参见种明钊《马克思主义法学的理论基础与法经济学的建立》，《现代法学》1983 年第 2 期；倪继信、任祖耀《法经济学研究对象初探》，《现代法学》1983 年第 3 期。

② 参见种明钊、顾培东《西方法经济学评介》，《现代法学》1985 年第 1 期。

③ 对具体法律制度、法律原则的讨论，论文很多，不作列举。对部门法内部体系化建设的讨论，相关论文主要参见文伯屏《试论环境保护法的体系》，《环境管理》1984 年第 1 期；吴峰《试论我国商业法的调整对象和主要内容》，《政治与法律》1984 年第 4 期；张翔宇《中国外资法体系初探》，《中国社会科学》1985 年第 5 期；肖清《我国经济法体系的内部结构》，《政治与法律》1985 年第 5 期；等等。比较重要的是，对环境保护法的研究，不仅较少掺杂政治性论辩，随着 1979 年《环境保护法（试行）》的颁布，学者们还展开了针对环境"现行法规范"的解释性研究。相关论文参见文伯屏《略论我国的环境保护法》，《法学研究》1980 年第 1 期；宋殿棠《关于地方政府环境保护职责的几点浅见》，《环境保护科学》1980 年第 2 期；蔡守秋《环境法是一个独立的法律部门——论环境法的特点》，《法学研究》1981 年第 3 期；程正康《谈谈环境法中的无过失责任问题》，《环境保护》1982 年第 1 期；丘国堂《浅谈环境法中的损害赔偿问题》，《武汉大学学报》（社会科学版）1984 年第 5 期；蔡守秋《析环境法律关系》，《法学评论》1984 年第 4 期；等等。

主题。① 这些以具体法律制度、原则、技术为着重点的研究，倾向于勾画或大或小的"有机联系"的规则体系和概念体系，在研究进路上偏向规范分析，初具后来称为"法教义学"的某些特征。

上述粗略梳理的研究进路之间，在20世纪八九十年代前半期整体上处于各行其是、互不排斥的状态。很多时候，秉持"既要……又要……"的思维习惯，不少研究者更倾向于强调不同研究进路的交叉互补。② 而且，从研究实践来看，也很少有研究者彻底地坚持某一种进路而排斥其他进路的运用。不过，在各种进路整体和谐共荣的大背景下，也有对特定研究取向比较一致的批判。经历了学术政治化的历史负累之后开始重新回归学术轨道的中国法学，对意识形态教条的危害具有很高程度的共识，这种共识很容易移转为对法学研究中"教条主义"的批判，并将其贴上"概念法学"、"法条主义"或"注释法学"的标签。

虽然规范研究进路注重法律规范技术、注重概念体系和理论体系的构筑，表面上与"概念法学"有亲缘性，但一方面，这个时期的规范研究与欧洲19世纪法学中的实证主义思潮其实相去甚远，③ 其围绕规范体系的创制、解释和实施，实际上综合运用了理论社会学、价值法学甚至经验社会学、法经济学中的研究成果和方法要素，从而总体上保持着研究方法上的开放性。另一方面，规范研究也特别注意与"概念法学"、"注释法学"类标签划清界限，④ 因此，整体上并未受到"教条主义批判"的多大影响。相反，受法律制度创制和实施、法律职业形成和发展、法律教育普及的实际需要的支撑，无论从研究队伍、成果数量还是对立法和法律实施的实际影响来说，规范研究在众多研究进路中逐渐脱颖而出，越来越具有主导性

---

① 相关论文主要参见刘升平《谈谈法律解释》，《法学杂志》1981年第5期；吴大英、刘翠霄《我国社会主义法律的解释》，《政治与法律》1984年第4期；罗耀培《法律解释对法制协调发展所起的作用》，《法学》1984年第7期；刘升平《中国社会主义法律解释问题研究》，《政法论坛》1985年第5期；等等。

② 参见葛洪义《实证法学和价值法学的协调与我国法学研究》，《法学》1987年第5期；张志铭《价值追求和经验实证：中国法学理论发展的取向》，《法学》1988年第12期。

③ 关于19世纪法学实证主义的介绍，参见张超《法学实证主义初探》，《环球法律评论》2009年第3期。

④ 比如，强调法解释学不同于概念法学。参见梁慧星《法解释方法论的基本问题》，《中外法学》1993年第1期。

地位。① 这种主导性地位的形成，既容易使其可能的局限与不足得以放大、明显，也容易使其成为众矢之的，法学领域的知识竞争逐渐表面化。

2001 年，苏力比照美国法学在 20 世纪后半期的变化，并基于对中国当代法学变迁的整体性思考而提出的中国法学"三个范式"，捅破了其他研究进路与规范研究进路之间知识竞争的"窗户纸"。基于阶段划分的考虑，苏力将前述学术化回归时期的法学称为"政法法学"，把这里说的规范研究称为"诠释法学"，把包括理论社会学、经验社会学、价值法学、法经济学在内的其他研究统称为"社科法学"。② 苏力预测，就中国法学的未来发展而言，"社科法学更可能在法学领域中，而不是在法律实务领域中，扮演一个突出的角色"，而如果比照美国法学的发展情况及其社会条件或原因，"甚至应当对社科法学的前景持一种更为'乐观'的态度"。③ 尽管苏力并没有在文中对"诠释法学"进行系统批判，但"社科法学"概念的提出和对未来前景的乐观预测，多少有点类似于"举旗"，实际上有在一定范围内建立"社科法学统一战线"的意味。

苏力的文章发表于法学界开始有意识地思考中国法学未来走向的大背景下。例如，1999 年 12 月，《法学研究》和《法商研究》期刊编辑部联合举办了"法理学向何处去"专题研讨会。这次研讨会上，民法、刑法学者与法理学、法史学者一起，就中国法理学研究现状、作用进行了反思，对未来的使命、创新方向和侧重点进行了探讨，④ 一方面使规范法学与法律社会学、法律哲学之间的分化得以凸显，另一方面，关于法理学使命、侧重点、何种进路应是主导性进路的讨论，激发了不同法学研究进路之间

---

① 如果能够认为大多数部门法学偏向规范研究，并考虑到相较理论法学，部门法学的研究队伍更为庞大，参与立法和法律应用的实践更多，招生更热和专业更细，这个结论其实并不唐突。当然，规范研究与非规范研究在整个法学研究领域的比重是动态的、变化的。

② 苏力在其文章中并没有直接使用，也未必会同意本文的"理论社会学"、"经验社会学"等表达，但从其文中"人文传统的社科法学"、"社会科学传统的社科法学"、"经济学、社会学理论"等表述看，本文认为苏力在使用"社科法学"一词时实际上将这些研究进路置于"社科法学"概念内。至于这些研究进路能否置于"社科法学"概念中，以及其他社科法学倡导者是否认同这一做法，本文暂不作讨论。

③ 参见苏力《也许正在发生——中国当代法学发展的一个概览》，《比较法研究》2001 年第 3 期。

④ 专题研讨会纪要分成两个部分，分别刊载于《法学研究》2000 年第 1 期、《法商研究》2000 年第 2 期。

的争论和相互批判。2005 年，《政法论坛》接连 4 期发表邓正来的《中国法学向何处去》，对"权利本位论"、"法条主义"、"本土资源论"、"法律文化论"等理论模式系统地进行了归纳和批评，引发了一场关于中国法学未来走向的大讨论。

或许是基于越来越明确的"前途"式思考以及自身在整个中国法学格局中应有位置的考量，各种不同研究进路都较过去更注重对自身方法论前提、准则的归纳和提炼。而通过阅读拉伦茨、考夫曼、阿列克西等人的作品并追溯法教义学的历史传统，规范研究寻到了方法论层面的支撑。以现行法秩序为本，通过构建各个部门法理论体系，并依照这些理论体系的内在逻辑去解释、应用及发展法律的正当性，在规范研究内部得到确立。大约自 2005 年开始，刑法教义学、民商法教义学、宪法教义学研究在中国逐渐全面展开。① 至此，经由"社科法学"概念的提出、"法教义学"概念的引入，中国改革开放以来法学研究进路的分化，开始演变成社科法学与法教义学的分立和竞争。

二　社科法学与法教义学的竞争

一方面，自苏力提出"社科法学"概念以来，即使社科法学的倡导者，如苏力、侯猛、陈柏峰、贺欣等，都承认社科法学很难有统一的立场、问题和方法；而另一方面，"在中国，法教义学并非如某些批评者说的那样已经是法学的主流，相反，自觉的法教义学反思只是正在发生，距离概念清晰、逻辑谨严、体系完整的目标还甚为遥远，其与法律实践的良好互动也未形成"，② 法教义学者关于教义学方法论的阐述主要也还是借鉴

---

① 相关论文主要参见陈兴良《刑法教义学方法论》，《法学研究》2005 年第 2 期；林来梵、郑磊《宪法学方法论》，载《宪政与行政法治评论》第 3 卷，中国人民大学出版社，2007；许德风《论法教义学与价值判断——以民法方法为重点》，《中外法学》2008 年第 2 期；蒋大兴《商法：如何面对实践？——走向/改造"商法教义学"的立场》，《法学家》2010 年第 4 期；黄卉《论法学通说》，《北大法律评论》2011 年第 2 期；陈兴良《刑法教义学与刑事政策的关系：从李斯特鸿沟到罗克辛贯通——中国语境下的展开》，《中外法学》2013 年第 5 期；冯军《刑法教义学的立场和方法》，《中外法学》2014 年第 1 期；等等。

② 张翔：《形式法治与法教义学》，《法学研究》2012 年第 6 期。

其德国传统。而且，不同的研究者关于"社科法学"、"法教义学"的理解也存在差异。① 所以，以下的梳理和辨析，既包括笔者有限阅读范围内文献作者的看法，文献所引介并持认同态度的相关国外学者的看法，也包括笔者对社科法学和法教义学的"想当然"理解。

（一）基本预设的差异

关于法律与社会之间关系的认识，在思想史上主要有三种：一是法律代表着神或上帝的意志，或者代表着统治自然万物的理性规则，因而高于社会，社会由法律产生，以法律为基础；二是法律与政治、道德、习俗等相分离，构成一个相对独立自足的世界，在这个世界里，法律规则、原则按照等级次序发生效力，通过确定的法律机构对法律的解释，对法律规则、原则的增补，以及将法律适用于现实，就能形成一个逻辑严密的"法律帝国"，人们需要做的不过是遵守确定的法律规则而已，也就是说，法律外在于社会；三是法律内在于社会，根源于社会的物质生产结构和阶级力量的对比，表现着社会中人与人之间的利益关系，法律是在社会中产生和运行的，受各种社会因素的影响，是"社会中的法律"。

法教义学和社科法学关于法律及其与社会关系的认识，分别接近于第二种、第三种。不过，法教义学对法律与政治、道德、习俗等的分离，法律世界独立自主的主张，是应然意义上的。通过区分立法与法的实施，法教义学把法律体系对政治、道德、习俗等因素的容纳，交由规范逻辑指引下的立法过程去完成，而对于现行法规范的运行则坚持以法律规范为依

---

① 需要特别说明的是，由于社科法学和法教义学各自内部尚没有形成统一而明确的共识，也由于笔者阅读范围有限和学术概括能力不足，本文关于社科法学与法教义学之间竞争的粗描，必定既不全面也不完全准确。实际上，由于个体研究者所持价值立场、对法治进程和法律实践的判断的悬异，以及在专业训练、知识背景、研究旨趣、选题偏好、学术能力上的差别，加上对法教义学与社科法学的认识还存在分歧，这两种研究进路之间的差异在具体的研究者身上表现出一定程度的复杂性。有研究者自认为是在作社科法学的研究，但其作品可能走的是法教义学的路线；反之，有研究者自认为作的是法教义学研究，但其作品可能在很多方面用了社会科学的思路和方法；还有不少研究者在这个问题上采取法教义学的立场，而换一个论题则可能选择社科法学的进路，很难确定地将其归为社科法学者还是法教义学者。这种在具体研究者身上所呈现的复杂性，削弱和消减了二者对立或紧张的程度，或许也寓示了它们之间并不是非此即彼的关系，但二者之间的差异和竞争确实客观存在。

据，只有在现行规范不明确、互相冲突的"疑难案件"中，才可以在体系逻辑指引下适当考虑经验知识和价值判断。① 社科法学关于法律与社会关系的理解，则是实然意义上的。通过区分书本上的法律和现实中的法律，社科法学把关注的重心放在后者，因而注重所研究的行为在理论上的统一性，侧重于看是否能用现有理论解释这些行为，还是创造一种新的理论进行解释。相较于法教义学的法律一元观，社科法学从经验事实出发，多主张法律多元观。②

（二）法学知识科学性问题争辩

知识的科学性问题主要涉及知识的正当（正确）性或可接受性。在此问题上，社科法学主要集中于对法教义学的"体系预设"进行批判，而其自身着重于因果关系解释的研究方法，虽然未有来自法教义学的对等批判，却也同样遭遇质疑。

邓正来对中国"法条主义"的批判之一，就是针对法律实证主义"体系预设"的可能性及其背后的理性主义思维作出的。"建构一个在概念系统上比较完整、逻辑自洽、传达便利和运用有效的有关各部门法的规则体系"的预设，"惟有根据那种'方法论本质主义'在把那些独立于立法机构而存在的自生自发规则切割掉或者统合进立法之中的前提下方有可能得到成立；而且这种对立法所做的'方法论本质主义'设定本身，也表明了他们相信理性能够解决法律发展中所存在的问题"。③ 陈瑞华不反对逻辑实

---

① 雷磊提出，法教义学在裁判理论上主张"认真对待法律规范"，即以法律规范为司法裁判的依据、框架和基础，但并不反对甚至必然接纳经验知识和价值判断；在法概念论上，主张"法律是一种规范"，作为具有规范性的事物，法律既不同于经验事实也不同于价值；在法学理论上，法教义学主张"法学应持规范性研究的立场"，因为它本质上是以建构性活动为中心的实践科学。参见雷磊《法教义学的基本立场》，"社科法学与法教义学对话"学术研讨会论文，武汉，2014 年 5 月 31 日至 6 月 1 日。

② 参见〔英〕罗杰·科特威尔《法律社会学导论》，潘大松等译，华夏出版社，1989，第 5 页；J. M. Irwin, *A Sociological Evaluation of the Development of Sociology of Law* (Vantange Press, 1986), pp. 3 - 5；〔美〕唐·布莱克《社会学视野中的司法》，郭星华等译，法律出版社，2002，第 16—18 页；朱景文《现代西方法社会学》，法律出版社，1994，第 1—2 页；夏勇主编《法理讲义：关于法律的道理与学问》上册，北京大学出版社，2010，第 148—158 页。

③ 邓正来：《中国法学向何处去（上）——建构"中国法律理想图景"时代的论纲》，《政法论坛》2005 年第 1 期。

证主义在法学中的作用，但是对于法解释学"将法律制度视为一个相对封闭的规范系统""总以为只要依靠并发挥人的理性能力，就可以创制出一套较为理想的法律规范"的想法提出质疑，"这种研究思路经常忽略社会具有自生自发地形成规则的实际能力，忽略法律实践中的经验事实，更不可能从社会环境和社会变迁的角度来解释各种各样的法律现象。如果走到极端，法解释学的主张者们很容易坚持一种过于自负的理性主义立场，将某种原则和价值套到各种经验事实之上，而不是根据经验和事实来提出和发展法律概念和理论。这很容易出现法律理念的意识形态化，甚至走向危险的教条主义之路"。[①] 陈柏峰针对法教义学的逻辑体系预设的批评，虽然表达相对谨慎，但意思再也清楚不过，"传统的宏大社会科学理论受自然科学的影响，着眼于从公理出发建立推演性的逻辑体系，从一些初始条件出发，根据理论、定理（类似于自然科学中的牛顿定律）来推定因果规律所导致的社会性后果，从而达到分析、解释社会现象的目的。由于社会现象十分复杂，这种理论尝试往往事倍功半；而且，人们在研究具体问题时往往很难事先知道前设性的公理和定理"。[②]

社科法学虽然并不统一，但相对活跃的社科法学者（大多也是经验社会学的研究进路）往往注重从经验出发的因果关系考察。例如，侯猛认为，"法教义学关心法律问题如何解决，如何用现有的法律规范、法律体系来解决法律问题。但社科法学不太关心是什么，如何解决，而更关心为什么。为什么会出现这样那样的法律问题，产生的原因是什么，后果是什么。因而对于因果关系的解释，成为社科法学的核心问题"。[③] 陈柏峰提出，社科法学要"关注具体的'因果机制'，也就是从经验进路辨析因果关系，从具有经验性、可观察的因果关系去分析问题、解释问题"。[④] 陈瑞华针对"如何从中国法制经验出发，提出一般性的理论"问题指出，"可以沿着两条分析路径来展开：一是总结出某一问题、事实的基本要素从而

① 陈瑞华《从经验到理论的法学方法》，《法学研究》2011 年第 6 期。
② 陈柏峰：《社科法学及其功用》，"社科法学与法教义学对话"研讨会论文，武汉，2014 年 5 月 31 日至 6 月 1 日。
③ 侯猛：《社科法学：无形学院形成的知识考察》，"社科法学与法教义学对话"研讨会论文，武汉，2014 年 5 月 31 日至 6 月 1 日。
④ 陈柏峰：《社科法学及其功用》，"社科法学与法教义学对话"研讨会论文，武汉，2014 年 5 月 31 日至 6 月 1 日。

作出一种模式化的分析；二是揭示某一问题形成的原因，并将这种因果关系上升为普遍规律，从而揭示出某种因果律"。[①] 不过，关于这种寻求因果关系的实证研究，也有少数学者提出批评。例如，舒国滢指出，它采取了"法学外的法学"之立场，"模仿自然科学探求数学化的、经验主义的、可验证的实证客体，并且通过观察、比较、实验、分析和归类过程对法律进行'科学研究'。这种标榜'科学性的法学'以后验的方法取代先验的方法，像物理学那样把法律当作一个物质的实体——实际的法或实在法，用可以度量、权衡轻重和精确计算的方式来研究和分析"，其理论旨趣及对法律的理论想象与法教义学的旨趣和想象并无二致。[②] 刘星在批判法学知识的科学主义观念时认为，"在法学实证的观察、归纳、分析的方法中，一种可能在实证的自然科学（或实证的其他社会科学学科）中得以存在的极富成效的推论和结果，则是极易如履薄冰、瞬息即逝，甚至形同虚设。'科学式'的或说'科学主义'的法学学术追求，其中隐藏了也许是令人遗憾但又无可奈何的自我瓦解。其希望像实证的自然科学或其他社会科学学科研究那样，去处理历史以及当下的社会法律实践的各类对象，是种缺乏自我警醒而又过分自信的奢望表现"。[③]

（三）法学知识自主性问题争辩

自主性问题的分歧表现在两个方面：一是相对于西方的中国法学自主性，主要涉及法律移植及法学移植；二是相对于其他学科的法学自主性，主要涉及作为一个学科的法学是否必要、如何可能。

受法制建设的制定法路线的影响，我国法律制度的恢复重建，广泛采取了法律移植的方式，而移植最多的是大陆法系的制度，其中最主要的是德国、日本、意大利和我国台湾地区的部门法制度。法律移植必然需要以比较法研究为基础，而以立法、释法为重心的比较法，必定也主要属于规范研究。大陆法系强调体系化建构和法律内在逻辑的思维方式，自然而然

[①] 陈瑞华：《从经验到理论的法学方法》，《法学研究》2011 年第 6 期。
[②] 舒国滢：《寻访法学的问题立场——兼谈"论题学法学"的思考方式》，《法学研究》2005 年第 3 期。
[③] 刘星：《法学"科学主义"的困境——法学知识如何成为法律实践的组成部分》，《法学研究》2004 年第 3 期。

地成为部门法学研究的优选进路。凌斌将此种现象称为"法律移植主义"，认为"不论是转型移植论、系统移植论，还是配套移植论、继续移植论，都难以在逻辑上获得充分论证"，"法律移植主义的精神基础，不是当下而是未来，不是现实而是理想，不是理性而是信仰———一种对西方法治理想的末世论信仰"。①

前文所引邓正来的文章，则对包括这里所说的法教义学和社科法学在内的法学理论模式均提出批判。通过对权利本位论、法条主义、本土资源论和法律文化论四种理论模式的分析，邓正来认为，1978—2004 年的中国法学未能为评价、批判和指引中国法制发展提供作为理论判准和方向的"中国法律理想图景"；而中国法学之所以无力引领中国法制发展，实是因为它们都受一种"现代化范式"的支配，这种"范式"不仅间接地为中国法制发展提供了一幅"西方法律理想图景"，还使中国法学论者意识不到他们所提供的不是中国自己的"法律理想图景"；这种占支配地位的"现代化范式"无力解释和解决因其自身的作用而产生的各种问题，必须结束这个受"西方现代性范式"支配的法学旧时代，开启一个自觉研究"中国法律理想图景"的法学新时代。② 针对邓正来的批评，具有法教义学倾向的林来梵等提出，基于法教义学总是以某个特定的、在历史中形成的法秩序为基础，"从法教义学角度去思考并形构'中国法学'的尝试才是妥当的，也是可欲的"，"'中国法学'是可能的，但不是基于'属地主义'意义上的那种'中国法学'，而是法教义学意义上的'中国法学'"。③ 具有社科法学倾向的陈柏峰则认为，邓正来"显然忽视了'法律文化论'和'本土资源论'为中国法学自主性所作的努力，尤其是对'本土资源论'的实践取向和贡献缺乏客观的评价"。④

在学科自主性问题上，法教义学通过专注于法律现象本身，而不是将法律看作社会现象、经济现象、政治现象的投射，致力于使法学作为一个

---

① 凌斌：《中国法学时局图》，北京大学出版社，2014，第10—11页。
② 参见邓正来《中国法学向何处去（中）——建构"中国法律理想图景"时代的论纲》，《政法论坛》2005 年第 2 期。
③ 林来梵、郑磊：《基于法教义学概念的质疑——评〈中国法学向何处去〉》，《河北法学》2007 年第 10 期。
④ 陈柏峰：《"迈向实践"的法学——读黄宗智著〈过去和现在〉》，《学术界》2010 年第 3 期。

独立学科成为可能。早在1999年的"法理学向何处去"专题研讨会上，陈兴良即指出，规范法学"才是法学的基础内容"，"离开规范法学侈谈法哲学与法社会学是十分危险的"。① 舒国滢区分"法学内的法学"和"法学外的法学"，并将前者与法教义学相联系，② 也意在为法学学科自主性论辩。白斌在梳理西方法教义学源流时认为，"'法教义学'是和'法学'一起诞生的，因为法学在其诞生之初便确乎是教义性的"。③ 但是，在社科法学的进路中，法学的自主性是否必要本身就是一个问题。苏力基于"法律在其专业化的同时又可能会变得更加非专业化，出现一个'法律的非法律化'悖论"的预测，认为"法律会引证更多的社会科学、人文学科甚至自然科学的研究成果获得一个合理的解决纠纷的判决，而不是更多引证主要依赖政治性权威的法律材料和规则来获得一个合理的判决。会有更多的其他学科的学者逐渐加入那个虚构出来的'法学共同体'中来"。④ 成凡在2005年的"法律的社会科学研究"研讨会上，更提出法学全面社科化的正当性，"如果超越学科界限来看，现代社会分工中的法学知识是一种综合实践知识。法学并不是逻辑演绎或者公理化系统，它需要综合归纳多种现象和因素，才能适应社会。法学和社会直接打交道，接触真实世界，这种实践特点也赋予法学一个正面的独立地位。如果说经济学、社会学等理论学科类似理科，那么法学更类似工科，它的主要目标是解决实际问题，在方法上并不局限，而且主要不是理想化或理想型设计。由于这样的特点，虽然法学在各个方面的专业程度可能不如各个方面单纯的理论学科，但综合在一起，将是一种分工优势，有直接的市场需求"。⑤

（四）对法治实践及道路的不同理解和偏好

在法律实践层面，社科法学与法教义学对中国法治实践的学术理解，以及对未来法治道路的偏好有比较明显的差异。

针对制定出来的法律不能得到有效实施的情况，法教义学倾向于首先

---

① 参见《"法理学向何处去"专题研讨会纪要》，《法学研究》2000年第1期。
② 参见舒国滢《从方法论看抽象法学理论的发展》，《浙江社会科学》2004年第5期。
③ 白斌：《论法教义学：源流、特征及其功能》，《环球法律评论》2010年第3期。
④ 苏力：《也许正在发生——中国当代法学发展的一个概览》，《比较法研究》2001年第3期。
⑤ 侯猛等：《"法律的社会科学研究"研讨会观点综述》，《法学》2005年第10期。

对其作出违法判断,明确规范立场,其次才去分析违法现象发生的原因,以明确究竟是因为行为人缺乏对法规范的尊重、法律外因素产生的干扰,还是因为具体规范本身与法体系的冲突、立法者未能尽到"体系化思考"的责任。社科法学则倾向于首先分析法律得不到遵守的原因,尽可能从"理性人"的角度给予行为人"同情式理解",考察的核心在于是否"有理",并且经常从"有理"中抽象出不同于正式法律的"活的法律"。在其分析中,法律外的诸多因素才是重点,认为无论是否接受它们,它们就在那里。至于是否需要、是否能够作出违法判断,以及作出判断后应该如何处理,社科法学通常语焉不详。例如,以苏力为代表的社科法学者,通过考察乡村司法实践发现,法律在进入乡村社会时经常面临"秋菊式困惑",乡村基层司法实际上常常依赖不同于正式法律规则和法律程序的"地方性知识"。① 有学者将此种理论取向归纳为乡村司法的"治理论",以区别于乡村司法的"法治论"。②"治理论"和"法治论"的区分,接近于社科法学与法教义学在乡村司法研究领域理论取向上的基本分野。再如,在宪法领域,以强世功、陈端洪为代表的"政治宪法学"学者,着眼于中国宪法文本实效性不高的具体现实,提出中国的"不成文宪法"、"活的宪法"概念,③ 一度引发宪法学界的"政治宪法学"与"规范宪法学"之争。④ 政治宪法学与规范宪法学之争,可视为宪法学领域内社科法学与法教义学竞争的重要表现。

此外,关于法律"实效",两者的理解也是不同的。社科法学的"实效",是法律效果与社会效果的统一,不仅指法律文本的约束力、强制力得到实现,还指向价值、政治和社会影响的结果衡量,在法律效果与社会效果发生冲突时则通常偏向于后者。例如,在对许霆案的讨论中,苏力从案件判决引发的广泛争议出发,认为该案属于"事实清楚却没有明确的法律可以适用的难办案件",提出"在难办案件中,法官无论怎样决定都必

① 参见苏力《送法下乡——中国基层司法制度研究》,中国政法大学出版社,2000;苏力《法治及其本土资源》(修订版),中国政法大学出版社,2004。
② 参见陈柏峰、董磊明《治理论还是法治论——当代中国乡村司法的理论建构》,《法学研究》2010年第5期。
③ 参见强世功《中国宪法中的不成文宪法——理解中国宪法的新视角》,《开放时代》2009年第12期;陈端洪《论宪法作为国家的根本法与高级法》,《中外法学》2008年第4期。
④ 参见李忠夏《中国宪法学方法论反思》,《法学研究》2011年第2期。

须并首先作出一连串政治性判断，即使裁判者完全没有自觉的政治考量"，
"在当代中国主要属于大陆法系的司法体制中，法律人应以一种追求系统
性好结果的实用主义态度，充分利用各种相关信息，基于社会科学的缜密
思维，尽可能借助作为整体的司法制度来有效处理难办案件"。① 法教义学
对"实效"的理解则更注重法律规范是否得到遵守，法律规范自身的目的
是否得到实现，由此出发，倾向于反对司法过程中对社会效果的强调，认
为这是对法的安定性功能的破坏、损毁，是对法治原则的背离。②

上述差异固然与社科法学和法教义学"法律多元"与"一元体系"的
预设相关，但重要的是，二者分别增加了"法律实效"与"规范效力"的
切入点之后，对法律实践的理解、法治道路的偏好开始走向不同的方向。
在社科法学看来，包括"地方性知识"、"活的法律"与"纸面法律"在
内的"多元法律"之间存在张力，而且出于"合理性"考察思路，"纸面
法律"并不具有主张应当如此的正当性，相反，其缺乏实效本身就已经说
明正当性缺乏或者不足。按照这种理解，法律发展、法治建设是整个社会
的自然演化过程。在法律的实施过程中，不同行为人依据自身所处的具体
情境去选择遵守还是规避正式法律规范，遵守与规避的行为选择决定着法
治发展的方向。而行为人的个体处境又是与中国社会转型的大背景所蕴含
的复杂性相关的，如传统与现代因素的共存、城市和农村的分殊、社会主
义民主政治建设和市场化经济发展的道路选择、社会阶层的分化、价值观
念的多元等，这些因素相较于法律文本对法治演进来说，具有更重要的意
义。但在法教义学看来，"实效"不等于"效力"，大多数"地方性知
识"、"活的法律"本身就是对法律的偏离，对这些偏离现象的承认或者同
情，容易进一步导致法律缺乏实效，从而使政治与法律不分、道德与法律
不分、习俗与法律不分，严重者可能导致法律系统陷入瘫痪而名存实亡。
按照这种理解，中国社会转型的各种复杂性因素，价值考量、政治判断、
社会后果等，要么是法律文本已经考虑了的，要么应该在今后的法律完善
中需要考虑。法律实施过程中发现的，政治与法律不能恰当区分、公法和
私法在各领域不同程度的混同、法律体系整体不完备内部不协调、法律得

---

① 苏力：《法条主义、民意与难办案件》，《中外法学》2009 年第 1 期。
② 参见陈金钊《被社会效果所异化的法律效果及其克服——对两个效果统一论的反思》，
《东方法学》2012 年第 6 期。

不到普遍遵守等问题，需要回到立法环节去解决。需要加强法律的体系化建设，通过法律理论的体系化、法律规范的体系化，促成法律知识共同体、法律职业共同体，推动法律的完善和实施。这是一种区别于自然演进型法治的建构型法治思路。

三　法学研究进路的分化与合作

从改革开放以来的中国法学发展整体脉络看，尽管社科法学与法教义学之间的竞争是 21 世纪以后才出现的现象，但两种进路并不是突然冒出来的，它们与 20 世纪八九十年代回归学术化轨道后的法学研究有承继关系，是法律学术常态分化的延续和深入。社科法学实际上是以经验社会学研究为主体，集结了理论社会学、法经济学、价值法学的研究进路所组成的"非规范法学统一战线"，法教义学则是曾经被名之为"概念法学"、"法条主义"、"注释法学"、"诠释法学"、"法解释学"等对法律进行规范研究的进一步发展。

社科法学与法教义学的分立与竞争，促进了中国法学知识生产自我反思、整合而深入、进步。当前，中国法学在学术表达、学术深度、学术自觉、学术自信等诸多方面，较 20 世纪八九十年代均有巨大进步，可以说已经摆脱"幼稚"之名。如果说 20 世纪八九十年代法学研究的主流还因曾经的政治化之害，而在一定程度上对政治采取要么回避要么逢迎的态度，①那么 21 世纪之后，将客观的现实政治因素纳入法学研究的视野，则多少显示出法学的学术自信得到了提升。例如，强世功曾将改革开放至 21 世纪之初的主流法理学思潮归纳为坚持一种"没有国家的法律观"的"法律人的法理学"，并提出重新把国家与政治作为法理学思考中心的"立法者的法理学"。② 改革开放后的法制恢复重建期间，法律创制主要是在坚持社会主义法律原则基础上移植大陆法系的相关制度，部分地忽视了诸多现实具体

---

① 程燎原对 20 世纪八九十年代中国法治学说史的梳理表明，研究主题的拓展有依循、回应主流政治语汇或者官方意识形态口号而调整、更新的现象。参见程燎原《从法制到法治》，法律出版社，1999。

② 参见强世功《迈向立法者的法理学——法律移植背景下对当代法理学的反思》，《中国社会科学》2005 年第 1 期。

的文化、社会因素。表现在法学研究上，规范法学研究在早期受法律移植影响，流行简单化的制度比较方式，相对忽略国内现实具体的文化、社会因素对移植过来的法律的容纳度。以经验社会学研究为主体的社科法学，则侧重于这些具体文化、社会因素的研究，通过对法律制度与生活实践之间张力的揭示，拓展了法学研究的空间。而坚持规范研究的法教义学，也将关注点从国外相关制度及其学理的讨论转移到中国具体问题的解决。许德风、雷磊等在归纳、提炼法教义学的方法论准则时，均明确提出"体系对于价值判断和经验事实的开放性"。①

社科法学与法教义学分别以法律的外在视角和内在视角对法治实践进行互补性考察，有助于更全面地把握中国法治进程的复杂性，更清晰地明确实践问题的要害，更有针对性地发展出具体精致的法律技术。例如，苏力等关于乡村司法的研究对于我国农村的法治化治理问题，强世功等关于"活的宪法"的看法对于我国宪法实施的研究，桂华、贺雪峰和陈柏峰等关于农村土地改革所作的社会学思考对于物权体系下的法教义学改革方案，② 均具有明显的理论冲击效应。大量关于执法、司法过程的社会学、经济学研究对于实然状态的描述和解释，与法教义学对于法律原理的应然阐释一起，实际上已经构成立法、执法、司法机制完善及法律规范体系协调统一的知识基础和现实推动力量。

然而，目前社科法学与法教义学之间的争辩在某些方面也令人生出某些隐忧。第一，无论"社科法学"还是"法教义学"的概念表述，都有点让人"咬牙"。至少在字面意思上，"社科法学"的表述让人不得其解：法学在中国不是社会科学吗？抑或社会科学只是法学的一种？"法教义学"一定不属于社会科学？如果"法律与社会科学研究"叫"社科法学"，那"法律与发展运动"、"法律与自然科学研究"该叫什么？由于倡导者仅仅宽泛地指出"运用社会科学的理论"来研究法律现象，而并没有像法教义学那样清晰地表述自己的预设和相对统一的研究方式，"社科法学"让人

---

① 参见许德风《论法教义学与价值判断——以民法方法为重点》，《中外法学》2008年第2期；雷磊《法教义学的基本立场》，"社科法学与法教义学对话"学术研讨会论文，武汉，2014年5月31日至6月1日。
② 参见桂华、贺雪峰《宅基地管理与物权法的适用限度》，《法学研究》2014年第4期；陈柏峰《土地发展权的理论基础与制度前景》，《法学研究》2012年第4期。

很容易理解为就是一个大箩筐，倒不如沿用法社会学、法经济学等更令人明白。而汉语里"教义"一词虽然已不再陌生，但在中国公众的理解里，主要还是与宗教相联系，尤其是与源于西方的宗教相联系。"法教义学"的表述是要突出其西方理论来源吗？还不如"法解释学"、"法释义学"来得清楚明白。① 而且，"社科法学"、"法教义学"这样的称谓，在一定程度上截断了法学知识积累，规范研究和非规范研究已经取得的成果或许又要在新的标签下重复表达一遍，同时也让法学外的其他学科研究者，误以为它们是近几年才出现的法学动向。总之，这样的概念表述很容易让人怀疑社科法学与法教义学的分歧与对话乃是一个伪问题，恰恰遮蔽了中国法学近 30 年来不断走向分化的真面目。

　　第二，社科法学与法教义学有着不同的研究前设和侧重点，它们的学术功能、目标和任务也不相同，因而形成互补关系，于此情形下，任何单方面强调某种进路的特殊重要性并否定其他进路的正当性，企图以一种类型知识"包打天下"，无疑都是错误的。科学性问题上并不是非此即彼的关系，不会因为某种知识科学而能说明他种知识不科学。而且，人类关于知识的认识也在不断发展之中，强调客观、确定、实证的现代科学知识观，已经在波普尔、费耶阿本德、维特根斯坦、福柯、利奥塔、哈贝马斯等哲学家的讨论中被改变。知识已经不再被视为对客观事物的本质揭示，而是人们关于认识对象的特征及其相互间联系的猜测、假设，具有暂时性、不充分性、不确定性。② 知识的科学性已经不再指向知识的正确性，而更可能指向特定语境下的可接受性。对于学术研究而言，更重要的是遵守必要的学术规范，清晰交代研究的前设假定、问题范围，合乎逻辑地论证说理，每个研究成果清晰地呈现为一个起点和终点都明确的"认识线段"，而不是夸张为认识的"射线"甚至"直线"。

　　法社会学注重事物之间的因果关系或关联度，强调知识可验证、可反驳，无疑符合当代知识观念。但是，关联度本身就意味着不确定性，如果考虑到社会调查在定性和定量、分析和统计方面都存在诸多偶然的、被忽

---

① 如张明楷教授新近撰文指出，刑法教义学就是刑法解释学，不管是使用刑法教义学的概念还是使用刑法解释学的概念，解释学永远是刑法学的本体。参见张明楷《也论刑法教义学的立场》，《中外法学》2014 年第 2 期。

② 参见石中英《知识转型与教育改革》，教育科学出版社，2001，第 71—84 页。

略的因素，研究结论与实际情况之间可能存在的悬异就是肯定的。所以，法社会学对具体问题的研究总是需要诸多变量考察的重复、重叠、交叉来加以验证，而因为研究、验证都具有时间维度，即使在某些方面得到验证的结论也仍然具有暂时性。至于很多不实际使用这些社会学方法而作的法社会学研究，主观想象的成分更多，其结论的合理性更存于研究者个人心中，并不必然具有很大的代表性。法经济学通过理性人假设，预测人的行为逻辑，对于法律实效问题无疑有很大的知识贡献。但是，且不说理性人假设在经济学领域也有很大争议，法律其实并不单纯追求实效。法律有着确定行为正当性的规范功能，因而在某种程度上，法律规范一旦产生就注定有被违反的情况，所有人都遵从的法律就不会有规范的意义。法教义学的前提是存在并能够建立一个规范原理体系。从知识的类别化发展来说，任何类别的知识都具有体系性，零散的知识如果不能积累、整合到某个知识体系中并获得相应位置，就会被自然淘汰，因而体系预设本身并不构成否定法教义学可接受性的理由。但是，知识体系是动态的，也不是绝对确定的。法律制度总是含有不同的甚至相互冲突的价值准则，纳入规范原理体系中的价值共识必定含有不稳定性、暂时性。而法律演进也总是伴有一定的偶然性，即便一个保持开放的法教义学体系，也不可能完全照顾到偶然事件导致的法律制度演变。法律生活的主体是活生生的人，每个人对法律规范的理解会有差异，即使预设存在一种对法律的正解，法律实践的参与者也未必都能获得那个正解，而被束之高阁的"正解"不过是一种"神秘"。在某种情况下，对"正解"的过分强调，也可能容易导致极权专断的诞生，因为当"正解"本身产生争议时，通过身份确定"正解"也是现实中比较普遍的现象。总之，在知识的科学性问题上，社科法学与法教义学都只具有相对的确定性、可接受性。

第三，关于法学的学科自主性问题，社科法学与法教义学的争辩似乎有争当"法学正宗"的意思。学科作为知识门类，对知识的传播、继承具有重要性，但这种意义上的学科只意味着知识的系统化。社科法学与法教义学争辩的法学自主性，尤其是法教义学关注的自主性，显然超出了上述一般意义上的学科，似乎涉及法学相较于经济学、社会学等其他学科的尊严问题。抛开此种尊严问题是否重要或者必要不谈，仅就可能性而言，不能忽视法学与经济学、社会学的差别。经济学、社会学对其他学科的入侵以其相对完整的方法论为武器，而目前流行的法学方法论则主要是法律的适用技术，基本上限于法学研究对象的范围之内，这跟建筑学以怎样设计、建造房子为核心相似，属于特定领域内的实践的学问。社科法学试图把法学锻造为类似于经济学、社会学的理解的学问，但在一个以法律实践为研究对象的学科里，不关注法律适用的技术、方法，就跟建筑学不去讨论怎样建房子，而只描述各种不同的人群或者个体对房子样式、功能的偏好一样，令人不可思议。即便是把法学看成理解的学问，要想获得尊严意义上的学科地位，也要发展不同于经济学、社会学的方法论。比如，假设人们总是偏好于按照规则生活，那么，规则改变就可能会导致人们的心理预期、行为方式甚至价值观念的改变，规则改变会导致经济效率、经济发展模式的改变，会导致社会秩序类型的改变，等等。在这种类似于经济学"理性人"的"规则人"假设基础上，发展偏向于理解的法学知识，或许比简单运用经济学方法于法律研究，更有学科尊严的意味。

法教义学即使建造起逻辑严谨的规范原理体系，也并不就因此维护了具有尊严意义上的法学学科。规范原理体系的建成，除了法律技术因素之外，必然是在一个动态的社会过程之中，以法伦理学关于价值问题的讨论，理论社会学关于社会结构、社会秩序的思考，经验社会学关于现实中各种要素间的关联度考察，等等，作为建构规范原理体系的理念、结构、材料的元素，而不可能是通过冥思苦想或者直接嵌入其他国家制度的材料就实现的。也就是说，当前所谓的社科法学的研究并不必然损毁法教义学所说的学科自主性，相反，通过建设规范原理体系获得法学自主性的方案，其实需要社科法学的深入参与。就目前而论，中国的法教义学并未发展起来。不少以法教义学为名的作品，其实主要还是对国外相关制度原理的引介、阐释和发挥。虽然从所讨论的具体问题看，似乎并不缺少中国问题意识，但是其讨论问题的理论基点，则可能是嵌入式的。比如，在民法、刑法和宪法领域，法教义学的研究很多建立在自由主义价值共识基础上，但自由主义是不是中国现行法规范体系预设的价值基点，是不是中国社会或者法学界的"价值公设"，却又不加反思。而由于理论基点上的特殊预设，研究者往往对规范体系中不符合其预设的那些规范置之不顾，尤其是涉及"社会主义"、"公有制"等类型的规范，往往被视为纯粹的意识形态表达而弃之如敝屣。操作技术的知识具有共通性，而规范原理体系并不只是操作技术知识的累加。在这个意义上，社科法学关于"活的宪法"、"地方性知识"、法律实施经验等的研究，应该是建立中国的规范原理体系的必要分工之一，中国法学的自主性要求各种不同研究进路分工合作。

第四，在对法治实践的理解和对法治道路的偏好上，社科法学与法教义学的分歧具有某种程度上不可调和的特征。其实，持法律一元观还是法律多元观，以法律文本还是现实中的法律为关注法治实践和道路的基点，或许并不如看上去那么重要，重要的是，操作技术的知识与理解现象的知识不能混同。司法实践中"地方性知识"的存在及其合理性揭示，并不能作为操作技术的知识直接运用，只能用来改善提高操作技术。在法律效果之外寻求社会效果的司法现象一旦普遍化，就容易消解、损毁法律的规范功能。相反，操作技术的知识也不应该被用来否定司法实践中"地方性知识"的合理性，而只能在规范意义上作暂时性的合法性判断。其所导致的案件社会效果的欠缺，构成对相关操作规范的合理性评价。合法与合理的张力存在于任何社会的法律秩序中，而这种张力恰恰是法律演进的动力之一。就此而言，如果说法治是自然演进的，是自生自发的秩序，那也不意味着各种"地方性知识"都直接作为法律发生作用，而是说这些"地方性知识"有着进入法律秩序的畅通管道。而所谓"建构型法治"，也不意味着所有制度都是靠凭空设计或直接移植别国现成的样本，而是说社会上各种价值争辩、现实中各种经验事实最终都需要经过特定的程序才能进入规范体系。

总体看，面对未来（未知）的知识，任何一个知识生产者都是"盲人"，其知识探索都至多是摸到了"大象"的一部分"肢体"。不同研究进路的分立、沟通与合作，有利于通过局部认识的深入、累加提高整体认识的水平。在这个意义上，法学各种研究进路的分化，符合知识生产和认识发展的规律，它们相互之间的沟通与合作，对于中国法学整体的发展进步而言，具有必要性。

不同研究进路之间的知识竞争，有利于通过相互"揭短"而使各自能摸到"一部分肢体"，并意识到自己摸到的只可能是"一部分肢体"。这有利于通过相互砥砺以明确各自的研究前设、方法论准则及其运用限度，进而也有利于相互间的沟通与合作，但如果竞争纠缠于"谁对谁错"、"谁是正宗"之类的意气化争论，则不免让人生出争名逐利的怀疑。至于用"社科法学"来笼统标签理论社会学、经验社会学、法伦理学、法经济学等不同研究进路的做法,本文持反对态度,它未能提炼出统一适用于"社科法学"的方法论准则,整合功能不彰,也不利于"社科法学"名下不同研究进路对自己研究前设、方法论准则的明确,分化功能灭失。而用"法教义学"标签法解释学、法释义学等规范研究的做法,至少到目前,这一标签还没有显示出相对于被替代者如"民法解释学或民法原理"、"刑法解释学或刑事法原理"等的特殊功能。

法学知识有面向法治实践的维度。一方面,法治实践所需要的知识,是多种不同知识的整合,而整合的前提是明确不同知识的认识角度和不同的功能,而不是将所有知识杂糅进案件的审理判决之中。另一方面,知识是有社会后果的,但知识具有不确定性,知识的社会后果也有不确定性,谁也不能保证某种特定的知识实践会导致某种确定的可欲结果。就中国未来法治而言,正如哈耶克所告诫的,"从纯粹的并且真心真意的理想家到狂热者往往只不过一步之遥",[1] 在实践面前保持自我反思是各种法学知识生产者的责任。

(谢海定:《法学研究进路的分化与合作——基于社科法学与法教义学的考察》,《法商研究》2014 年第 5 期)

---

[1] 〔英〕弗里德里希·奥古斯特·哈耶克:《通往奴役之路》,王明毅等译,中国社会科学出版社,1997,第 57 页。

从特殊法理学到一般法理学

贺海仁[*]

中国特色社会主义法治既是一种文本知识，也是一种实践知识。作为一种文本知识，中国特色社会主义法治的论述体现在党的历次代表大会决议、党的规范性文件以及重要领导人的讲话之中；作为一种实践知识，中国特色社会主义法治是正在实践中运行的规则体系。从法学理论角度考察、审视中国特色社会主义法治观念、实践和话语表达是理解当下中国的重要视角。笔者将中国特色社会主义法治自身话语与关于中国特色社会主义法治的话语作出区分，前者是规定性的，后者则是解释性的。就中国特色社会主义法治理论的自身话语而言，它是作为执政党的中国共产党对执政规范的自我表达和系统论述，显示了执政党将执政实践理论化和体系化的自觉意识。解释性评价是对中国特色社会主义法治自身话语的体系化过程，是对党的决议、重要领导人讲话以及党章党规性质的再认识，借用法理学上的重要术语和概念，或者对法理学上一些重要概念和术语重新予以界定，对中国特色社会主义法治作出理解性的阐释。按照历史唯物史观的要求，寻求内在超越的可能性，在历史事实、现实需要和未来社会之间建立联系和平衡，进而回答中国特色社会主义法治理论在什么意义上具有一般法理学才具有的品质及其能指价值。

一 中国法治的自我表达和学理解释

中国特色社会主义理论是中国共产党对社会主义建设的历史实践体系

---

* 贺海仁，中国社会科学院法学研究所研究员、法理研究室主任。

化和理论化的自我表达与系统阐述，中国特色社会主义法治理论是从属于
中国特色社会主义理论的次级理论。如同对任何作品的解读，无论是对作
者"隐蔽的意图"的揭示还是创造性解读首先应当建立在探究作者原意及
尊重作者的基础上。

（一）中国特色社会主义理论、法治体系与法的本质

中国特色社会主义法治理论是马克思主义法学原理与中国社会主义实
践尤其是改革开放实践相结合的产物，具有高度的政治性、中国性和现实
性。马克思主义法学揭示了法作为统治阶级意志和利益体现的政治性，[①]
社会主义法治是无产阶级的意志和利益的体现。从历史国家的角度看，中
国性的问题是当下的中国问题，不是旧民主革命和新民主主义革命时期的
中国问题，也不是"百代都行秦政制"的中国的问题。当下中国的法治具
有严格的历史阶段性特征，它大体上属于新中国成立尤其是改革开放之后
形成的法律制度、法律体系和法治思想的总称。讨论中国特色社会主义法
治自身话语首先应当关注中国特色社会主义法治的历史起点和时代背景。

1. 1982 年的历史地位与基本规范系统的形成

中国特色社会主义法治理论是中国特色社会主义理论在法治领域的延
伸和表达。中国特色社会主义理论是在 20 世纪 80 年代由执政党提出且一
以贯之的思想体系，它总结了新中国成立后建设社会主义的经验和教训，
在改革开放的背景下对当下中国的发展目标、道路和方向所作出的判断和
归纳。党的领导、改革开放、社会主义初级阶段等话语分别指向中国特色
社会主义理论的创造者、时代精神和历史背景。在完成了拨乱反正、平反
冤假错案和真理标准问题大讨论的时代任务，尤其在 1978 年通过了十一届
三中全会公报和 1981 年通过了《关于建国以来党的若干历史问题的决议》
之后，1982 年发生了影响中国未来格局的三件大事：执政党正式提出中国
特色社会主义的概念、修改党章和修改宪法，[②] 分别指向中国当代的思想

[①] 法的本质性论断是马克思主义法学的鲜明特征。中国法理学自改革开放重建以来，关于
法的本质的讨论就成为理解中国法理学乃至所有其他类型法理学的标示，在几乎所有的
法理教科书中都可以找到对法的本质的相同表达。

[②] 1982 年 9 月 1 日，邓小平在《中国共产党第十二次全国代表大会开幕词》中提出："把马
克思主义的普遍真理同我国的具体实际结合起来，走自己的道路，建设有中国特色的社
会主义，这就是我们总结长期历史经验得出的基本结论。"

领域、政治领域和法律领域。就三者的关系而言，中国特色社会主义理论贯穿于宪法和党章，宪法和党章以国家基本规范和党的基本规范的方式体现和巩固了中国特色社会主义理论。

1982 年《宪法》第 1 条第 2 款规定："社会主义制度是中华人民共和国的根本制度。禁止任何组织或者个人破坏社会主义制度。"思想基本规范（中国特色社会主义理论）、政治基本规范（党章规范体系）和法律基本规范（宪法体系）共同指向具有根本性质的社会主义制度。从政治角度看，社会主义制度分为根本政治制度和基本政治制度；从经济角度看，社会主义制度建立在公有制经济为主体的多元经济秩序的基础上；从精神角度看，社会主义制度是马克思主义中国化的表现，毛泽东思想、邓小平理论、"三个代表"重要思想、科学发展观和"中国梦"等是马克思主义中国化在理论、文化和思想上的具体形式。以上对社会主义制度具体形式的表述构成了中国当代的基本规范体系的具体表现形式。

规范建设社会主义要求将社会主义作为我国的根本制度予以维护，任何人和任何组织都不能偏离社会主义的方向。1982—2012 年，党的七次代表大会的主题在中国特色社会主义思想上保持了高度的一致性和连续性，表明了执政党遵守社会主义制度的合宪性。按照实质宪法和形式宪法的划分标准，社会主义制度是实质宪法，它是中国人民在历史时刻的决断，也是中国人民主权的象征。

2. 中国特色社会主义法治的本质和保证

党的十八届四中全会通过的《中共中央关于全面推进依法治国若干重大问题的决定》指出："党的领导是中国特色社会主义最本质的特征，是社会主义法治最根本的保证。"党没有自身的特殊利益，也没有自身的特殊意志。在改革开放新的历史时期，体现了人民意志和利益的社会主义法治获得了来自党的领导的实现方式。党的领导不是社会主义法治的本质特征，却是社会主义法治的最根本的保证。"最根本的保证"使党对法治的实施承担了第一责任人的使命。从社会主义法治的本质说和保证说的区分性关系中，可以探究中国特色社会主义法治的具体经验及其运作规律。中国特色社会主义法治的本质性规定揭示了中国当下法治的性质、功能和运行方式。

从规范的角度看，"党的领导"一词源于宪法规定的"工人阶级领导"。中国共产党是工人阶级的先锋队，是工人阶级的内在组成部分。从历史的角度看，党的代表性先于中华人民共和国的成立，并在新中国成立之时和成立之后继续作为领导阶级的先锋队而存在。党的领导经历了新民主主义革命、社会主义建设和改革开放的各个阶段和过程，宪法对这些历史事实的确认保障了法的本质的规定性。关于宪法序言是否具有宪法效力，以及宪法序言中党的领导的宪法规范化讨论，无论结果有何差异，均不影响党的领导与工人阶级作为领导阶级之间的内在统一性。因此，从宪法的实质性规定而不是纯粹的党的理论角度作出判断，中国特色社会主义法治始终体现了我国工人阶级作为领导者或统治阶级的现实状况和属性。

3. "党内法规体系"与中国特色社会主义法治体系

2011 年官方宣布中国特色社会主义法律体系形成，3 年之后即在 2014 年党的十八届四中全会提出中国特色社会主义法治体系的概念。二者是对中国特色社会主义理论和实践法律化的不同表述，将法律体系改进为法治体系具有两个方面的显著意义：一是启用了具有普遍意义的法治概念，它在语用上与宪法规定的"依法治国，建设社会主义法治国家"的法治原则一致；二是将"法律体系"和"法治体系"作出区分不仅在于说明法律体系形成之后的实施问题，即如何从静态的、纸上的法律体系转变为动态的、行为中的法律体系，在法治体系中加入"党内法规体系"拓展了法治的适用范围，也为法治研究增添了研究对象。

在中国特色社会主义法治体系中，党内法规体系与法律法规体系是法治体系中并列的组成要素，它们与其他的法治体系的要素构成了中国特色社会主义法治体系的结构。"党内法规体系"进入法治体系表明党的法规体系从属于法治体系，党内法规是法治体系的组成部分。与此同时，着眼于党的建设理论形成了党的法治建设观，党通过自身的规范体系并借助于法治体系的概念强化了党建的自我规定性和法治之间的统一性，将党章规定的"党必须在宪法和法律范围内活动"转化为国家的行为，赋予了党的话语法理的属性。更为重要的是，党的领导作为一种实施法治的担保方式，强化了法治实施中的法律监督和法律保障的内容。

（二）中国特色社会主义法治理论的学理解释

在对中国特色社会主义法治的权威性解释中，中国特色社会主义法治包含党的领导、人民当家作主和依法治国的有机统一。党的领导的发展和完善是影响法治的完善和人民当家作主的根本保证。在这种历史事实和宪法的规范性规定之下，对中国特色社会主义法治的学理分析和研究产生了一些成果。

1. 主权结构论

政治宪法学从法社会学的角度审视了党的基础规范在规范体系中的最高效力属性。"中国人民在中国共产党领导下"的表述首先是一种历史事实和社会实践，其要义是将中国共产党作为中国人民事业的核心力量。如何把一种存在的事实转化为一种规范的行为，不能从其自身获得正当性。借助于对人民主权论的重新阐述，第一根本法是政治主权的产物，以此以一种被称为法律主权代表的概念相对比。① "双重主权代表制"遵循了人民主权论在现代社会的正当性原理，描述和解释了党的领导作为一种正当性权威的历史事实和社会实践。按照这种解释，"第一根本法"的理论主张成为论证党的基础规范的学理。

2. 宪法惯例论

宪法惯例论将党的领导作为一种不成文宪法的表现。通过对宪法的重新分类，宪法的类型从过去的成文宪法和不成文宪法的结构性属性转化为宪法—不成文宪法—成文宪法的线性属性，不成文宪法享有了高于成文宪法的效力特权。② 党的领导实践是一种宪法惯例或不成文宪法，其在效力上不仅高于成文宪法，也具有宪法上的正当性。虽然宪法惯例论无意在"党大还是法大"的伪命题上作出判断，正如下面所分析的那样，这种论证方式更多地采用了法律一元论的思维方式，即通过学理的分析而在规范体系中确立最高的规范，并以该最高规范为标准衡量其他次级规范的合法性和有效性。

主权结构论、宪法惯例论等是对中国特色社会主义法治的学理解释，表现了构建中国当代法理学的智性努力。此外，先进性团体理论等同样呈现了与中国的政治实践相契合的理论追求。这些解释在法学界引起了不同

---

① 关于"第一根本法"的讨论，参见陈端洪《论宪法作为国家的根本法与高级法》，《中外法学》2008 年第 4 期。

② 参见强世功《中国宪法中的不成文宪法——理解中国宪法的新视角》，《开放时代》2009 年第 12 期。

意义上的反响，虽不乏较大的争议，仍不失为自主构建当下中国法理学的积极尝试。

（三）中国特色社会主义法治与特殊法理学

1. 一般法理学和特殊法理学

通常来说，法理学是以整个法律现象的共同发展规律和共同性问题为研究对象的学科。一般法理学是指法的概念、原则和精神不仅适用于特殊的人群，也适用于一般的人群；不仅适用于一个特定的国家和地区，也适用于全人类。一般法理学从地方法、区域法、国家法、国际法等特殊的法律体系中发现和获得普遍适用的法的原则。特殊法理学分别在地方法、区域法、国家法中解说立论。特殊法理学研究具体国家和民族的法律观念、法律行为、法律制度和法律关系等的一般性方面。有关特殊法理学和一般法理学的区分是否存在以及是否有价值，在学理上是存在争议的，这取决于人们对法理学性质的不同定义。从法的功能说的角度理解法理学，法理学因服务于特定历史时期和国家的目的而具有特殊性。从法的形式主义和法的自然说角度，似乎就会呈现法的一般性特征。对前者而言，不同国家和地区的法律都共同拥有一套法律概念，如权利、义务、法律关系、法律责任、犯罪、惩罚、侵权、效力、无效、占有等，这为近代以来法律科学主义的产生奠定了学理基础。对后者而言，法是正义的化身而被认为具有超越时空的一般性效果，这种理论张力在西方自然法理论中得到了充分的体现。审视法律科学的命题，即使不同国家和地区的人们共享一套法律术语和概念，对这些法律术语和概念的具体解释也是不同的，同样地，对正义的理解在不同时代和不同国家也是不同的。法律科学论和法律正义论因其在实践中的巨大差异而丧失了其理论的解释力。

究竟有没有一个适用于全部人类历史并揭示法的共同现象和共同规律的一般法理学呢？如果答案是否定的，法理学就是特殊法理学的代名词，区分特殊法理学和一般法理学就没有意义。如果答案是肯定的，在否定了法律科学论和法律正义论的情况下，又从哪里去发现和揭示法的一般性规律或所具有的普遍解释力呢？在特殊法理学和一般法理学之间存在既相互冲突又相互结合的三个张力。首先，表现在特殊与一般的相对主义的层面。相对于地方法理学，国家法理学是一般的；相对于国家法理学，国际法理学是一般的。其次，表现在前者是实然的经验性研究，后者是应然的价值研究。最后，表现在研究范式的差异，这取决于论者对法律一元论、法律多元论和规范多元论的判断和理解。从纯粹的法律一元论的角度看，党的基础规范连同其他党的规范不是法律，不具有法的属性；从规范多元论的角度看，党的基础规范如同其他规范体系一样具有平等的在其固有领域的最高价值；从法律多元论的角度看，党章只有获得了来自宪法和法律的认可，才具有其自身规范上的效力。

2. 党内法规体系概念辨析

对于"党内法规"的属性，有的学者认为，其基本定位属于社会法和软法，而非国家法和硬法。然而，中国共产党作为执政党，不是一般的执政党，更不是一般的党，中国共产党的组织可直接行使某些国家公权力的绝对领导、党管干部（包括国家的干部）以及党对国家经济、社会重大事务的决策等。① 人们既不能简单地将党的法规界定为一般的社会法和软法，更不能将其等同于源于国家的一般法规，与一般的国家法相比，无论软法和社会法，都不具有在国家范围内的普遍强制力。② 将"党内法规及其体系"植入"法治体系"之中，而未同时把其他社会法体系或软法体系纳入其中，显示了多元规范体系所呈现的阶段性时代特征。

不同于20世纪末21世纪初中国法学界对民间法、习惯法和不成文法等非国家法的热情和讨论，其时受后现代法学、改革开放松绑型社会的形成以及传统文化复兴等影响，从社会视角看待人的实践行为被赋予了自下而上社会变迁的能量。③ 党内法规概念重新引发了法学家对非国家制度法的重视，但其视角首先是执政党的，因而表现出自上而下的自觉建构。用党内法规及其体系描述党组织、党员行为以及相互关系，可以用来解释党成立以来的自我规定、自我约束和自我管理的行为。在一般意义上，这种状况适用于任何党、非政府组织以及其他的自组织行为。然而，这种党规

---

① 参见姜明安《论中国共产党党内法规的性质与作用》，《北京大学学报》（哲学社会科学版）2012年第3期。
② 关于软法的性质和意义，参见罗豪才、宋功德《软法亦法——公共治理呼唤软法之治》，法律出版社，2009。关于软法的实施效力，参见方世荣《论公法领域中"软法"实施的资源保障》，《法商研究》2013年第3期。
③ 有关讨论参见苏力《法治及其本土资源》，中国政法大学出版社，2004；梁治平《乡土社会中的法律与秩序》，载梁治平《法律何为：梁治平自选集》，广西师范大学出版社，2013。

与国法分离说从一个角度解释了不同规范在不同场域中的作用和效力，但没有回答党规与国法之间的效力等级和可能存在的冲突。[①] 用法律一元论不能回答党规与国法之间的效力等级关系问题，较为纯粹的法律一元论排除了正统国家立法者以外的任何规范是法的主张。例如，奥斯丁认为法律是主权者的命令，由于一个国家只有一个主权者，也就只有一套以主权者命令组成的法律体系。规范多元论认为，一个社会和国家的秩序是由不同的规范构成的，而国法只是其中的一个规范。在法律多元论的概念之下，制定法的渊源应当从不同规范那里获得其质料，同时制定法本身以认可的方式允许国法以外的规范的合理存在，这种方案试图调和法律一元论与规范多元论之间的紧张关系。国法如同在法律一元论之下有其最高效力的价值，又可以通过"认可"的法的产生方式使非国家法具有法律上的效力。法律上的认可行为没有创立新的规范，它只不过通过立法或司法行为对已经存在的规范赋予了法律上的强制力。

对法律一元论、规范多元论和法律多元论的认识还应当包含更多的内容，从上面有限的讨论中可以看到，用法律多元论的视角去理解融合了"党内法规体系"的"中国特色社会主义法治体系"则意味着国法与党规都是"法"。国法通过认可的方式赋予了党规其自身规范上的效力，在这个意义上，把党规称为"法规"才不会显得唐突，也获得了法理上的支持，这种结果可以属于规范多元论或法律多元论的成就。

3. 人民主权与国家权力

宪法是国家的根本法和基本规范，党章是党内法规体系的根本法和基础规范。问题不在于是否可以将党章称为根本法或基础规范，而是要在两种不同性质的根本法或基础规范之间产生效力等级的规范体系，这个问题延续了上面关于法律一元论、规范多元论和法律多元论的讨论，但在理论上更具根本性和基础性。主权结构论认为，中国人民是事实主权者，中国共产党和全国人民代表大会分别是主权者的政治代表和法律代表。多重主权代表论继承了卡尔·施密特关于历史决断论的实质宪法主张，但改变了博丹主权不可分割以及卢梭主权不可代表的主张。主权者的代表或类似的

---

① 参见孙中山《我们要国事与党事分开来办》，载孙中山《孙中山在说》，叶匡政编，东方出版社，2004。

主权者代表人等表达，如果是为了强化主权者的唯一性，那就是成立的，但将主权者的代表人说成主权的分殊形式则脱离了主权的历史定义。一旦双重主权代表制得以成立，决定主权的实质构成性要素就会受到动摇。

主权由主权者排他性地占有和享有，不可分享性是主权的唯一标识。[①]主权是一个绝对性的整体权力，它不能等同于属于国家权力的立法权、行政权和司法权，也不是这些国家权力的总和。执政权在本质上属于国家权力，执政党间接地行使了抽象意义上的国家权力。在委托关系的约束条件下，一个受托行使国家权力的个人或机构不是不同形式的主权者，也不能以主权者自居。主权不可代表，也不可分割；国家权力可分割、可代理。国家权力的代表者和代理者享有由主权转化而来的国家权力。中国共产党是国家权力的政治代表，不是政治主权者；全国人民代表大会是中国人民的立法代表，不是法律主权者。拥有终审权的最高人民法院、香港特别行政区终审法院和澳门特别行政区终审法院以"法律的名义"宣判，它们是国家权力的司法代表，不是不同形式的司法主权者。混淆主权和国家权力的关系是导致主权能否像国家权力那样受到限制的争论的主因。

无论是双重主权代表论还是多重主权代表论都呈现法律一元论的思维方式，其所包含的效力等级因素的垂直规范体系也是显而易见的。中国人民和中国共产党的领导是事实主权者，是第一根本法，次一级的根本法应当服从于高一级的根本法。对宪法惯例论而言，把党的领导解释为不成文宪法赋予了党章及其规范最高法律效力来源的特质，形成了不成文宪法（党的领导）、成文宪法（1982 年宪法及多次修正案）、基本法律、法律、法规等效力等级规范体系。

二　作为社会想象的现代西方法理学

倘若把中国特色社会主义法治论视为一种源于中国并在中国有效的特

---

① 博丹说："（君主）如果要经过他的臣民的同意，如元老院或全体民众，那么他就不是一个主权者。"〔法〕让·博丹：《主权论》，载〔美〕朱利安·H. 富兰克林编，李卫海等译，北京大学出版社，2008，第 107—108 页。

殊法理学，是不是就可以认为西方法理学是一种一般法理学呢？对这个问题的回答将议题引向对西方文化背景下的欧美法理学的重新审视和性质判断。就法治的历史实践看，法治源于西方并在西方社会中获得了较大的成功。然而，西方法治是否等同于法治是有疑问的，正如源于西方的现代性是否等同于现代性是有疑问的。在对西方的法治理论属性作出具体的判断之前，笔者首先把法治理解为一种现代性的历史成就。在对前现代社会和现代社会作出区别性特征分析时，法治作为一种现代社会的新的秩序观发挥了关键性作用。在描述西方资本主义国家法治理论时，泰勒提出了社会想象在法治生成和发展中的构成性功能。法治的社会想像形成了特定地区和人群关于未来社会理想秩序的意识流、观念束和精神指引，指向一种时代背景和社会趋势。① 社会想象既具有韦伯理想型的特征，也体现了有意识接纳传统文化和异域文化的自觉精神，更重要的是，一种社会想象要求从历史的维度审视社会成员所处时代的国家观和社会秩序观。

（一）方法论个人主义

西方现代化的社会想象是以方法论个人主义为主要内容的。方法论个人主义不同于原子论个人主义，后者是把个人在社会和政治层面上看作孤立、自足的主体。方法论个人主义主张从道德关怀的层面平等地对待每一个人，其逻辑起点和终点都预设了个人权利和个体自由的抽象价值，然而，连接这种逻辑起点和逻辑终点的方法是"集体主义的"或"共同体的"。西方法哲学的视域被有效地分解为三个方面。一是以启蒙为主线的强化个人权利的道德和政治哲学，为此确立了现代法哲学的逻辑起点。二是捍卫这个逻辑起点而形成的现代法哲学的逻辑终点。三是从单纯的逻辑起点出发，如果不能借助于适当的方法，就难以达到逻辑的终点。过程集体主义意味着享有权利和自由的个体通过重新联合的方式抵达其目的地。通过民主的方法建构现代国家，即以一种新的政治共同体形式在现代法的逻辑起点和逻辑终点之间获得沟通的正当性话语。在这个关键性问题上，产生了现代主体性和现代主体间性的关联和区隔，它导向的问题是对享有权利和自由的公民的关注走向对享有权利和自由的联合体及其范式的关注。

---

① 参见〔加〕查尔斯·泰勒《现代性中的社会想像》，李尚远译，商周出版社，2008。

逻辑起点、逻辑终点和方法论个人主义分别纳入理论假设或前设的框架之下，论证这些相互关联的理论假设起初借用了直觉主义的方法论或直接从唯心主义那里获得解释性的工具概念，最终则从唯理论历史主义那里获得了自成体系的逻辑表达。从西方历史中，也只从西方历史中为源于西方的现代法观念作出反思性辩护成就了现代性法治的西方性、独特性和地方性，其结果是西方国家的法治观不仅从其历史中获得了合法性话语，并在不同历史时代寻求法治的共性，还意外地成就了超越这种唯理论历史主义的社会想像。以方法论个人主义为社会想象的西方法治观一旦确立，就需要重新解释法治的历史和它的话语效力。罗马法赋予16—17世纪大多数法学家极大的灵感和素材，法哲学家们通过重新解释罗马法的精神，从理论上服务于新社会和新国家。然而，仅仅将历史推进到古罗马是不够的，从柏拉图，至少从亚里士多德的法治观中，西方国家的法治观又向前推进了一步。在这种历史连续性的法治观中，对"黑暗的中世纪"不再作出全然否定性的评判。基督教的神人立约体现了契约精神，封建制维护的是体现封建主与其属臣之间的契约关系。契约关系建立在西方特有的自然法传统的叙事思维结构之中。对自然法的分类——古典自然法、中世纪自然法和自由主义自然法——和区分没有掩饰其内在的一致性精神。中世纪的自然法被认为体现了这样一种思想，教皇统治和世俗统治关于管辖权的争论因为是作为相互制约的外部力量而获得应有的历史地位。考文说："美国宪法理论直接从中世纪继承了这一观念。"① 尼摩强化了这一点："美国革命的原创思想是在该革命发生前一个世纪的英国共和主义者的思想，它们本身直接来源于宗教改革和反改革运动，以及源自'教皇革命'的整个神学和法律传统。"② 西方法哲学家关于国家和法治秩序的建构乃是在历史连续性的方法论中进行的，浸染了挥之不去的自然法意识形态。

（二）差异、不足与自信

西方国家的法治从古希腊、古罗马和基督教文化中获得了其思想和文化根基。然而，古希腊、古罗马、基督教特色的资本主义法治从自身的历

---

① 〔美〕爱德华·S. 考文：《美国宪法的"高级法"背景》，强世功译，三联书店，1996，第15页。
② 〔法〕菲利普·尼摩：《什么是西方：西方文明的五大来源》，阎雪梅译，广西师范大学出版社，2009，第131页。

史中寻找材料，是与对异域文化的法治经验或无意识的拒绝或有意识的排斥同时展开的。人们可以从几乎所有的西方政治法律哲学的论述中看到一个现象，中国（也可以延伸到印度或东方国家）是作为一种"差异"的比较对象而登场的。差异即不足，不足即落后。理论分析的路径从"差异"论走向"不足"论产生了理论优劣论的格局。一个典型的例子是，在清末，基于一系列不平等条约，西方列强借口中国法律落后性而设立的治外法权和领事裁判制度，清末法律改革的一个重要标示是要满足西方列强对一种理想法律体系的主观要求，这种主观要求以西方性为背景并以一种普遍性的强制性话语发生作用，遂使清末的法律制度丧失了应有的自主性和中国性。①

阿玛蒂亚·森认为，西方文化不是西方社会纯而又纯的产物，支配西方文化的现代性吸收了包括印度、中国在内的非西方国家的经验，② 但这种认识不足以改变西方国家法治观的叙述和方法。事实上，对中国作为"不足"的分析对象并不是一开始就形成的，欧洲的中国想象从中国文明论向中国野蛮论的集体转变是从一个具体的历史阶段发生的。根据程艾兰的观察，17 世纪末和 18 世纪初的亲华热在 1750 年前后急剧降温，并开始朝着排华热的方向逆转，加上许多其他因素，"中国"在 18 世纪和 19 世纪欧洲思想界的位置终于产生了重大的转变。当哲学家们追随孟德斯鸠的《论法的精神》（1748 年首次出版）而开始关注政治理论时，对中国的祛魅便逐渐成形。③《论法的精神》将中华帝国描绘成一个"专制国家"和非文明国家，这一判断在黑格尔的思想体系中达到了高峰，与此前莱布尼茨等人对中国文化的推崇形成了鲜明的对比。

黑格尔将中国的落后从制度、习俗和行为规则等单纯的历史材料上升到历史哲学即精神和意识的高度，使西方社会对中国的想象发生了叙述范式上的重大跳跃。④ 并非所有人都认同黑格尔对中国文明的判断和结论，重

---

① 相关讨论参见公丕祥《司法主权与领事裁判权——晚清司法改革动因分析》，《法律科学》2012 年第 3 期。
② 〔印〕阿玛蒂亚·森：《身份与暴力——命运的幻象》，李风华等译，中国人民大学出版社，2009，第 49 页。
③ 〔法〕程艾兰：《欧洲的中国想象：从"哲学王国"到"东方专制国家"》，http://www.thepaper.cn/newsDetail_forward_1315350，最后访问日期：2016 年 10 月 8 日。
④ 参见〔德〕黑格尔《历史哲学》，王造时译，上海书店出版社，2001。对黑格尔历史哲学观的经典解读，参见〔澳〕彼得·辛格《黑格尔》，张卜天译，译林出版社，2015。

要的是要注意黑格尔的叙述模式作为西方普遍的思维方式的存在。这种思维方式在泰勒的社会想像论、安德森的"想象的共同体"乃至今天依然潜伏着的亨廷顿的文明冲突论中都有不同的表现。据学者观察，18世纪中叶前后恰恰是中国开始走向衰落的时期，伴随着中国国力的衰落，先前描述中国文化和中国制度的词语不再作为其他国家和民族学习和效仿的对象。支撑日本现代化过程中的"脱亚入欧"论是在扬西贬中的叙事逻辑中呈现的，这个逻辑本身没有超出黑格尔将中国文明排斥在世界历史之外的判断。工业革命发生以来，世界历史的格局发生了重大变化，先有欧美国家在国力方面的强大，后有理论的猫头鹰的起飞，再有欧洲的中国想象的"祛魅"潮流。

理论和文化的自信源于国力的增强以及来自异域文化和观察者的自觉认同。19世纪30年代，年轻的托克维尔以外来观察者的身份概括和赞扬了美国的民主，这是美国民主文化自信和他信结合的成功范例。如果不是美国在经济和国力等方面日益显示的强大局面，以及相比之下当时欧洲特别是法国笼罩在飘摇不定的革命气氛之下，托克维尔对美国的赞誉就不会发自内心并与其他欧洲访客们有不同的评价。在自信和他信之间存在不可分割的联系，托克维尔对美国民主和法律制度的概括属于他信的范畴，有了这种他信，美国人自身对其正在实践中的民主的自信就确立了。不过，一种自信和他信固然建立在国力强盛的基础上，但国力强盛自身不是原因而是结果，这是另当别论的问题。

（三）西方法理学：特殊还是一般

自英国第一次工业革命产生以来的200多年时间内，西方国家获得了在全球意义上的主导地位，这种主导地位表现在经济、文化、思想和制度等各个方面。西方的成功伴随着对落后国家的剥削和殖民，这种状况维持了100多年的时间。在后殖民主义时代，全球化的历史背景未能缩短发达国家与不发达国家的差距，反而这种差距与日俱增。虽然国家分类学呈现更多的视角和判断标准，无论是"核心国家、半外围国家和外围国家"、"发达国家、发展中国家和落后国家"的划分，还是带有意识形态的划分，如"自由民主国家、社会主义专制国家"以及"文明国家和野蛮国家"等的划分，都聚焦于一个结果，即核心国家、发达国家、自由民主国家和文明国家等都属于西方国家，这种基于经济与种族而将地球分为不同世界的做法，否定了生活在这个星球上的每个人的实质意义上的共时性。①

西方的成功与西方的独特性同时产生。史书美认为，西方的概念具有特定的地域和文化特征，"'西方'除了用来指代欧洲和北美国家，我还将西方当成是一种象征性建构……西方是'被一种历史进程创造出来的强大的想象性实体，而这一历史进程将西方权威化为理性、进步和现代性的故乡'。西方实际上是一种由帝国主义和民族主义推广和普及的想象性构建"。② 韦伯在《新教伦理与资本主义精神》中论证了新教对资本主义产生和兴盛的实质作用，西方的法治只能适用于拥有新教宗教意识的人员和地区。伯尔曼在《法律与革命》中讨论了西方法律传统正在走向衰落，但支配西方法律传统的学理仍然在发挥作用。在《现代社会中的法律》中，昂格尔用大量篇幅讨论中国法制的起源，但最终他所关注的焦点，集中在中国为什么没有遵循欧洲的路线，而不是它实际上所遵循的是什么路线。③ 以古希腊、古罗马及基督教为文化背景的欧美法理学排除了其他国家和地区的人们适用其学理的可行性，除非这些国家和地区的人们获得了相同的知识和背景。

西方法理学的代表人物、学派和主义支配了西方法理学传统，西方法理学的经典则代表和延续了西方法理学的学派和主义。古典法理学经典的代表人物有格老秀斯、孟德斯鸠、霍布斯、洛克、卢梭、康德、萨维尼等。新古典法理学经典的代表人物则有哈特、德沃金、罗尔斯、菲尼斯、奥斯丁、边沁、凯尔森、卢埃林等。将这些经典加以学派上的归类，就可以提炼出欧美法理学视野中的各种主义之间的关联性差异：自然法学、实证主义法学、现实主义法学、功利主义法学、历史法学、社会法学、法经济学、后现代法学等。不同的法理学经典就其作者写作的背景和时代来看，着眼于特定的国家和地区，它们首先并且最有可能是地方性知识。对此，慧眼独具的波斯纳指出："对法理学颇有影响的那些作者，比如哈特、罗纳德·德沃金和尤根·哈贝马斯，全都声称是在抽象意义上描述法律，

① 参见〔美〕络德睦《法律东方主义：中国、美国与现代法》，魏磊杰译，中国政法大学出版社，2016，第15页。

② 〔美〕史书美：《现代的诱惑：书写半殖民地中国的现代主义（1917～1937）》，何恬译，江苏人民出版社，2007，第2页。

③ 参见〔美〕安守廉《不可思议的西方？昂格尔运用与误用中国历史的含义》，高鸿钧译，载高道蕴等编《美国学者论中国法律传统》，清华大学出版社，2004，第38页。

但实际上哈特谈论的是英国的法律体制，德沃金谈论的是美国的，哈贝马斯谈论的是德国的。"①

　　客观上的西方特色的法理学与主观上的普遍化的法理学形成了无法克服的悖论。虽受特定的历史和其他条件的限制，但写作者及其阐释者倾向于将地方性的、有限的洞察普遍化。研究特殊法理学与一般法理学关系的英国法学家退宁承认："西方的法学和法律理论的传统，在很大程度上专注于工业社会中作为国内法与国家法的民法和普通法体系，对其他法律传统却很少关注。"② 古典法理学经典与新古典法理学经典具有传承和内在的关联，它们都是建立在自由主义哲学基础上，从不同的角度阐述了方法论个人主义。在现代性的背景下，问题不在于维护人的自由和权利有什么不妥，而在于维护谁的自由、谁的权利以及如何维护人的自由和权利。推翻了封建社会及其制度的资产阶级在形式上确立了在法律面前人人平等的原则，但远未实现人与人之间的实质平等。托马斯·皮凯蒂撰写的《21世纪资本论》用翔实的数据证明，美国等西方国家的不平等程度已经达到或超过了历史最高水平，不加制约的资本主义加剧了财富不平等现象。③ 从国别和民族的角度看，随着时代的发展，不同国家和民族社会之间的实质不平等不仅未能随之消灭，还有继续扩大的加速趋势。④ 资本主义从自由资本主义到有组织的资本主义再到去组织化的资本主义的发展变化没有改变西方法理学的内在精神和方向。按照有些学者的理解，具有"西方之根"的现代性危机因其无法兑现现代性承诺（如平等、自由、永久和平、控制自然及这样做有利于人类共同利益等）而丧失了历史的合法性。如果看到西方法理学产生、成长和服务于具有西方文化背景的工业化的资本主义体系，那么这种意义上的特殊法理学的自我普遍化不能与一般法理学相提并论。

---

① 〔美〕波斯纳：《法律、实用主义与民主》，凌斌等译，中国政法大学出版社，2005，第11页。
② 〔英〕威廉·退宁：《全球化与法律理论》，钱向阳译，中国大百科全书出版社，2009，中文版序言，第2页。
③ 参见〔法〕托马斯·皮凯蒂《21世纪资本论》，巴曙松等译，中信出版社，2014。
④ 根据联合国开发计划署（UNDP）的数据，全球政策论坛估计，"30年前，富裕国家人民的生活状况比世界20%最贫穷国家的人民要高30倍，到1998年，这个鸿沟已经扩大到82倍（从1988年以来增加了61倍）。" http://www.globalpolicy.org/socecon/inequal/gates99.htm，最后访问日期：2017年3月12日。

三　历史唯物辩证法与中国法治理论

中国特色社会主义法治理论是对中国法治的文化渊源、中国法治的性质和方向以及中国法治的规范性问题的总体思考和系统表达。推动我国当代哲学社会科学走向世界，增强我国哲学社会科学在国际舞台上的话语权和影响力是检验每一个社会科学学科理论成就的重要标准。然而，中国特色社会主义法治理论作为我国哲学社会科学的重要组成部分，如何走向"世界"以及走向"世界"的标志是什么？"法治理论"能够像技术产品或革命输出论那样在世界范围内"引入"或"输出"吗？在法治前面冠以"中国特色社会主义"限定词，表明这种意义上的法治是中国的，也仅是中国的；不仅是中国的，也是当代中国的。这种意义上的解释规定了中国特色社会主义法治的实践行为和惯习，它只对中国有效且不具有可复制性和向其他国家推广的价值。不过，基于对法治一词本身所具有的普遍规定性的解释，也因为社会主义法治在历史唯物辩证法中的地位，中国特色社会主义法治内在地包含了一般法理学的要素。

所谓法治的普遍规定性，是在对法治的"理想主义"和"法律实证主义"的学术分类的前提下展开的。基于对源于西方的法治原教旨主义的批判，以及对绝对法律实证主义的担心（如希特勒时期的法治国），中国学者从法治的概念中梳理出"最低限度的法治概念"。通过对最低限度法治构成性要素的阐述并以这一概念为基础，中国当代的法治建设或许就可以从内在视角开发出中国法治的"中国性"，为此，王人博重估了中国法家法律观的价值，[1]梁治平论述了"党的领导"与"依法治国"的相互兼容性。[2]对最低限度的法治论者而言，无论是法家眼中君主制定的法律，还是党领导人民制定的法律，都应当建立在包括法律制定者在内的所有人都必须服从于法律的逻辑前设的基础之上，而不必一定诉诸抽象的价值观，更不需要用现代西方的法治标准衡量中国的法治建设。最低限度的法治概

① 参见王人博《一个最低限度的法治概念：对中国法家思想的现代阐释》，载王人博《法的中国性》，广西师范大学出版社，2014。
② 参见梁治平《"中国特色"的法治：是什么，为什么，以及如何可能？》，载梁治平《法律何为：梁治平自选集》，广西师范大学出版社，2013。

念由于抽离了与法律实质性的内容联系而获得了一般法理学的性质。

从逻辑上，存在"最低限度"的法治概念，必然有"最高限度"的法治概念，或者至少存在高于"最低限度"的法治概念的概念。最低限度的法治论者在这个问题上并没有作出回答，其结果是最低限度的法治概念与形式主义法律秩序画上了等号。形式主义法律秩序，正如哈贝马斯批判的资产阶级形式法一样无法反映复杂社会或风险社会的真实要求，未能在法律平等与事实平等之间建立时代所呼吁的平衡原则。最低限度的法治概念如同纯粹的形式主义法治概念，既无历史，也无未来。一旦与具体国家、民族和历史阶段相结合，这种看似体现了一般性的法学观就落入特殊法治观或特殊法律制度的范畴，失去了理论发展的动力，也丧失了理论应有的批判性。尽管如此，最低限度的法治概念仍然具有其解释力，但首先应当把它置于历史辩证法的维度，以便从最低限度的法治向更高一级的法治的层级递进和转换。如果把中国特色社会主义法治作为最低限度的法治概念，它就需要获得向更高一级的法治阶段过渡和转换的内在动力。

走向历史唯物史观视野中的最低限度的法治概念，首先要在方法上把法治定位于社会主义法治的历史阶段——一种在理念上不仅超越资本主义法治，也超越社会主义法治具体阶段的更高层次的概念。对中国特色社会主义法治组合概念的分解可以分为两个方面，一是复合语由"中国特色社会主义"与"法治"两个概念组成，其重心在于"中国特色社会主义"，用"中国特色社会主义"作为定冠词来规定和说明"法治"，可简单概括为"中国特色社会主义的法治"。二是对复合语作出"中国特色"和"社会主义法治"组合理解，其理解重点在于"社会主义法治"，用"中国特色"作为定冠词来修饰和说明"社会主义法治"，可简单概括为"中国特色的社会主义法治"。"中国特色社会主义的法治"概括了具有政治法学性质的特殊法理学的定义和性质，指明了这一概念自身所具有的时空上的具体性和特殊性。"中国特色的社会主义法治"高于"中国特色社会主义的法治"，包含了普遍规定性，体现了最低限度的法治向高一阶段迈进的历史法则。对中国特色社会主义法治概念的组合和再组合不是随心所欲的概念游戏，而是试图呈现思维方式的转换。

（一）历史终结论的不同表达

把中国特色社会主义法治的讨论语境从"中国特色社会主义的法治"

转向"中国特色的社会主义法治"是从特殊法理学向一般法理学转化的尝试。在这种新语境之下，中国特色社会主义是社会主义初级阶段的社会形态，社会主义初级阶段不能等同于社会主义，社会主义作为一个整体包含了初级、中级和高级等阶段。中国特色社会主义的法治即社会主义初级阶段的法治，它仅仅适用于中国，并适用于当下的中国。中国特色的社会主义法治不仅适用于中国，也适用于全部的社会主义历史阶段。那么，为什么"中国特色的社会主义法治"比"中国特色社会主义的法治"具有更为普遍的解释力呢？这涉及社会主义历史自身的定位、道路选择和最终目标问题。

在新中国成立前夕，毛泽东写下了《论人民民主专政》一文。在文章的第一自然段，毛泽东"顺便提一下这个人类进步的远景的问题"，其指向的是"大同境域"，即共产主义社会。"全世界共产主义者"懂得辩证法，比资产阶级高明和看得远，这是因为"我们和资产阶级政党相反。他们怕说阶级的消灭，国家权力的消灭和党的消灭。我们则公开声明，恰是为着促使这些东西的消灭而创设条件，而努力奋斗。共产党的领导和人民专政的国家权力，就是这样的条件。不承认这一条真理，就不是共产主义者。没有读过马克思列宁主义的刚才进党的青年同志们，也许还不懂得这一条真理。他们必须懂得这一条真理，才有正确的宇宙观。他们必须懂得，消灭阶级，消灭国家权力，消灭党，全人类都要走这一条路的，问题只是时间和条件"。① 毛泽东的远景论契合了马克思主义世界历史哲学的一般原理。作为马克思主义重要组成部分的马克思主义法治观包括三个方面的内容，一是以暴力方法打碎资本主义国家及其法律体系；二是建立体现无产阶级意志和利益的社会主义国家及其法律体系；三是最终消灭国家和法律本身。这三个方面的合力都指向同一目标，即从世界历史的角度和在全世界范围内建立共产主义社会。按照这种理解，推翻资本主义国家之后建立的社会主义国家是一个过渡阶段，它是朝向共产主义社会的一个中间阶段，是为进入共产主义社会创造条件。如果把中国特色社会主义法治理解为实现共产主义的一个必经阶段，建构中国特色社会主义法治在逻辑上就成为在全人类意义上建构"自由人的自由联合"的一个方法，这种方法

---

① 毛泽东：《论人民民主专政》，载《毛泽东著作选编》，中共中央党校出版社，2002，第369页。

不仅是中国的，也是世界的。

社会主义法治是一个包含了中国特色社会主义在内的历史概念。在自由主义哲学和马克思主义哲学讨论中都有资本主义和社会主义的比较性叙事。抛开纯粹的意识形态之争，关于资本主义和社会主义的存在价值和历史意义建立在不同的历史终结论的基础上。自由主义哲学历史观终结于资本主义的自由民主社会，就如福山在 20 世纪 90 年代所宣称的那样。马克思主义哲学同样讨论历史终结的问题，就其最终指向而言，马克思主义哲学的历史观应当或需要终结于共产主义社会。不是所有的自由主义哲学家都采用马克思主义关于社会历史形态的划分，这种社会历史形态的划分是否一定适用于像中国这样的古老的东方国家也有争论，但自由主义哲学将社会主义社会作为其分析问题不可或缺的对象是普遍的，更不用说像西方马克思主义、法兰克福学派以及其他马克思主义的流派在这一问题上的共同坚守。两种不同的历史终结论都包含人的自由的最终目的的价值，但止步于资本主义阶段的自由主义哲学因为自我的指涉性规定而不能克服现代性的困境。马克思主义哲学看到了资本主义社会自身无法克服的内在矛盾，即私有制与社会化大生产之间的矛盾将导致熊彼特所谓的"创造性毁灭"，超越资本主义是其必然的发展规律。

同样需要予以重视的是，社会主义社会是资本主义社会和共产主义社会之间的过渡社会形态。马克思主义法学属于马克思主义哲学历史唯物主义和历史辩证法的思想范畴。马克思主义合理吸收了黑格尔的否定辩证法，建构社会主义国家及其法治体系，发挥了自我肯定和自我否定的双重作用，从历史唯物主义的视角，解释了每一个社会形态是对前一个社会形态的否定之否定，为社会进步论提供了新的解释力。马克思主义肯定了资本主义社会的历史进步性，扬弃了其阻碍社会进步的因素，提出了打碎资产阶级国家机器的革命方法，进而建立无产阶级国家的设想。建立无产阶级国家既是打碎资产阶级国家的结果，也是朝向无国家的共产主义社会的必要阶段和方法。讨论中国特色社会主义法治需要以共产主义社会为社会想象和背景。一旦屏蔽了共产主义的背景和设想，有关资本主义和社会主义的争论就只能陷入具体社会之间优劣性的意识形态之争。福山的历史终结论是在苏联、东欧发生剧变的历史背景下得出的具体结论，这之后，西方面对的则是中国模式的挑战。对资本主义的否定和对社会主义的自我否定是否定之否定的辩证法在共产主义学说的具体运用。无产阶级对资本主义的否定，以及无产阶级对社会主义自身的否定，是对特殊规定性的超越。对资本主义国家的否定只是体现社会主义国家优越性的一个方面，在朝向共产主义社会的运动当中，建构高度发达的社会主义国家与自觉消灭已经高度发达的社会主义国家自身是同时发生的。为了消灭事物本身而建构事物乃是从特殊性走向普遍性的一个重要方法论。如果认为中国特色社会主义法治是特殊法理学，并需要不断强化这个特殊法理学的论点可以成立，那么超越这个特殊法理学，而走向一般法理学的命题也是可以成立的。

中国特色社会主义法理学要想获得其优越性的道德品质，就要从具有普遍性的马克思主义法理学中获得精神养料，超越一切资本主义法理学的特殊性和局限性。一方面，中国特色社会主义法治包含了作为阶级工具的政党、国家权力和法律等学说的思想和制度体系，就其适用范围和有效条件而言，它仅能在中国产生并在中国国家范围内发挥效力。另一方面，基于作为向共产主义社会过渡的一个方法和侧面，中国特色社会主义法治绝不能被理解为中国孤立主义的一个范例。只要马克思主义法学还是中国特色社会主义法治的指导思想，只要马克思主义法学还包含最终消灭社会主义法治的内容，中国特色社会主义法治就有其超越中国的思想张力和理论诉求。中国特色社会主义法治理论作为马克思主义法学在中国的表现和实践方式，内在地包含了一般法理学的基本要素和特征。

（二）异质性与开放性

共产主义作为远景具有全人类的视角和全球观。马克思主义的出发点和终点都在全人类的视域下展开其方法和原理。如果说社会主义国家可以在一个国家甚至一个落后的国家率先建立，共产主义社会只有在全球范围内才能建立。然而，正如退宁指出："从全球的视角观察法律，以及构建在全球语境下的观察法律的一般法理学，并不需要诉诸天真的普世论。而是要把相互依存、文化和理论相对性、文化多元性的问题，置于研究日程的顶端。"[①] 哲学社会科学从特殊走向一般、从具体走向抽象，在全球化背

---

① 〔英〕威廉·退宁：《全球化与法律理论》，钱向阳译，中国大百科全书出版社，2009，中文版序言，第130页。

景下具有了真实的场域。从文化的角度看待中国法治就是从历史的角度看待中国法治的根基。中国法治是否"有根"的讨论应当建立在短历史主义和长历史主义的分野基础上。建立在短历史主义基础上的中国法治观从"是"的角度表达了中国现代法治的经验和教训，而建立在长历史主义基础上的中国法治观则要复杂得多，后者更多地具有"应当"的成分和想象。

短历史主义从辛亥革命特别是从中国共产党成立之后开始叙述，它包括的历史阶段和历史质料是：根据地和边区的法治经验、苏联的法治经验和"优秀的"西方国家的法治经验。长历史主义从中国历史的源头寻找根据，包括了儒家为代表的传统文化、孙中山思想为核心的民国法治、中共根据地和边区的法治建设、苏联的法治经验以及被认可的西方"优秀的"法治经验等。短历史主义的法治观从根本上讲是一种革命的法治观，浸透了更多的革命文化。长历史主义的法治观则试图超越革命的法治观，将中国法治的源头延伸到更早的中国传统文化。

如果把法治作为一种有别于传统中国的新的社会秩序的社会想象，由孙中山领导建立的中华民国是具有中国特色的资本主义法治秩序。旧民主主义革命在意识形态上属于资产阶级革命的范畴，它的历史局限性和其后的扭曲、变形以及最终在大陆的消亡有待别论，但它与1949年以后建立的具有中国特色社会主义法治秩序鲜有承继关系，即使我们从短历史主义的法治观看待历史，也只能从革命的内在视角寻找历史的渊源。虽然那一时期的资本主义法治与中国特色社会主义法治从中国传统文化和异域法律制度中寻找其渊源，皆保持了制定法的传统，但从长历史主义法治观角度看，断裂而不是连续性成为中国近现代法治建设的特征。需要注意的是，无论短历史主义还是长历史主义的中国法治观都没有忽略异域法律文化作为其构成要素，区别或许在于对所谓的异域优秀法律文化的吸取程度。①步入现代社会以来，面对落后和不同的历史背景，中国社会发生了两次大规模的对异域法律制度的移植运动。清末民初的维新变法和法律改革并未

---

① 在回答哈贝马斯的提问，即当代中国的法律制度与传统中国及西方法律制度之间的关系时，信春鹰指出了儒家学说、以德国为代表的"大陆法系"和苏联法律制度等对中国当代法制的构成性作用。参见《福柯、罗尔斯及其他——哈贝马斯"读书座谈会"纪要》，《读书》2001年第9期。

因其自身的失败而一无所获，在民国成型的"六法全书"在一些重要方面
采纳了异域的法律制度。新中国成立以后，在原有根据地和边区的法制
经验基础上，同时面对世界冷战的格局，自觉地以苏联的政治和法律制
度为圭臬，建构了中国特色社会主义的基本规范体系的雏形。无论是否
事实上或潜在地承接了传统法律文化的一些要素，法律移植运动都形成
了异域法律制度和法律思想大规模进入中国制度的格局。与西方法治叙
事的逻辑相比，中国特色社会主义法治文化很难谈得上具有同质性。正
如络德睦所观察的那样，当下中国存在一个融合了儒家自我、社会主义
自我以及自由主义自我的主体结构。① 复合的主体结构使中国特色社会主
义法治呈现多元性系谱根源，在很大程度上这是中国自觉地从异域国家和
文化中借鉴、吸纳或移植的产物。究其缘由，固然与近现代以来"师夷长
技以制夷"的强国策略有关，也与中国传统文化的天下观念密不可分。然
而，中国特色社会主义法治文化的非同质性孕育着包容的精神，为一种特
殊法理学向一般法理学的过渡提供了经验性的历史知识。在全球化背景
下，这种多元化、超地域的法治源流观契合了全球治理的历史运动。在对
待异域法律制度的态度上，中国比之西方更懂得尊重、更愿意学习，因而
也更具有开放精神。"法的本土资源"、"哲学的权利"、"法的中国性"或
"中国主体性资源"等的学理表达不同程度地回应了"吸收人类文化优秀
成果"的当代中国哲学社会科学的包容和开放理念。②

（三）有待开拓的后小康社会的法理学

对中国特色社会主义法治理论作出"中国特色社会主义的法治"与
"中国特色的社会主义法治"的区分意在指出它们各自在社会主义和共产
主义历史中的阶段性地位，但没有说明中国特色的社会主义法治与中国特
色社会主义的法治在内容上的差异。笔者将通过"小康社会"这一概念概

---

① 参见〔美〕络德睦《法律东方主义：中国、美国与现代法》，魏磊杰译，中国政法大学
出版社，2016，第224页。
② 关于"法的本土资源"的讨论，参见苏力《法治及其本土资源》（修订版），中国政法大
学出版社，2004；关于"哲学的权利"的讨论，参见夏勇《哈哈镜前的端详——哲学权
利与本土主义》，《读书》2002年第5期；关于"法的中国性"的讨论，参见王人博《法
的中国性》，广西师范大学出版社，2014；关于"中国主体性资源"的讨论，参见梁治平
《有法与无法》，《东方早报上海书评》第401期，2016年10月9日。

括性地解释其中的联系和差异。

细心的分析家可以观察到，在邓小平同志首次代表执政党提出中国特色社会主义概念的前后，"小康社会"这一中国人所熟知的古老概念也随之呈现出来。小康社会是儒家"三世说"的中间阶段，是继"乱世"之后的"升平世"，在"升平世"之后是"太平世"。儒家眼中的"自然状态"是乱世，其历史终结于太平世。当毛泽东用"大同境域"指称"共产主义社会"时，马克思主义的历史终结论就与儒家的历史终结论巧妙地结合起来。与康有为用"乱国、小康、大同"比拟"君主专制、君主立宪和民主共和"的托古改制的理想类型不同，邓小平眼中的小康社会更具有经济的意义。借用"小康"的概念并不意味着社会的发展要借用儒家思想来表达社会进程的合法性，小康社会的经济意义建立在经济基础决定上层建筑的马克思主义的范畴之中。

新小康社会的概念及其内容要接受马克思主义关于历史进程的划分原理。社会主义初级阶段等同于新小康社会中的第一个阶段，这一阶段的实现标准是通过"两个一百年"的执政党的承诺来表达的。按照这种表述，2020年中国共产党成立一百周年的历史时刻，将全面实现小康社会；2049年中华人民共和国成立一百年的历史时刻，将实现层次更高的小康社会。"两个一百年"是执政的中国共产党对中国人民自改革开放至21世纪的政治承诺，但这种政治承诺不是中国历史终结论的标志，也不意味着在实现"两个一百年"之后，中国社会就不再发展。一种后小康社会意味着，中国社会要在小康社会的基础上提出新的政治承诺。社会主义制度优越性的讨论建立在与西方国家的比较基础上。更高层次的小康社会是在与发达的资本主义国家的比较中产生的，它的比较对象是横向的世界历史，这就把小康社会的任务和抱负置于全球化的历史视野中。在全面实现小康社会的历史背景下，后小康社会理论假定，新的政治承诺必定要从经济意义上的小康概念中演化出政治和文化意义上的小康。其大体规模是，后小康社会在经济上更为繁荣发达、在政治上更为民主、在法治上更具有普遍性、在文化上更具有包容性等。事实上，小康社会的政治承诺已经包含了后小康社会政治承诺的萌芽。对人权、法治、民主、生态环境、全球治理等未来社会要素的追求被赋予了不仅超越资本主义社会，也超越小康社会的动力和方向性的指引。超越资本主义社会是性质问题，超越小康社会是程度问题，无论性质上的超越还是程度上的超越只有在唯物辩证法的视野下才能成立。

　　小康社会的法理学是改革的法理学，而不是革命的法理学。革命的法理学的主题词是解放，是一种消极意义上的自由，即免于被压迫、被剥削和被剥夺。经过新民主主义革命胜利的中国人民，在获得了民族解放和国家独立之后，从解放的历史进程进入后解放时期，改革成为后解放时期的主要精神特质。革命是对旧有制度的全面否定，是对其对立面的全面否定，改革则是基本规范确定执行的自我革命和自我否定，其指向一个积极的自由观。从消极自由走向积极自由是从形式自由向实质自由转换的历史进程，其最终导向马克思主义关于从必然王国向自由王国的发展路径。自由主义哲学在面对积极自由时显露了其自有的局限性，当代欧洲国家的福利法治观浸染了法律实质化的因素，其在马歇尔关于第三代人权观的论述中得到了充分的论证。后小康社会的法理学既要坚守由解放而获得的中国人民的消极自由，更要注重积极自由的历史地位。

　　上述分析表明，中国特色社会主义法治理论是中国特色社会主义理论的组成部分，而中国特色社会主义理论是社会主义初级阶段理论的系统表达。社会主义初级阶段是社会主义发展的起点和一个环节，从中国特色社会主义的法治向中国特色的社会主义法治过渡呈现了特殊法理学到一般法理学的规律。"中国特色社会主义的法治"是描述性的，属于特殊法理学的范畴；"中国特色的社会主义法治"是评价性的，属于一般法理学的范畴。从马克思主义历史终结论的角度看，中国特色的社会主义法治乃至社会主义法治本身也是历史发展的一个环节，属于特殊的一般法理学的范畴。这种对当代法理学的定位决定了法理学的当下使命及其未来发展的广阔空间。中国特色社会主义法治不必走向由西方文化背景支配的法治道路，但也不会囿于满足现实的需要而故步自封、停滞不前乃至自我陶醉。

　　任何一种以理论面貌出现的话语体系都会涉及超越经验性知识和情景性话语的溢出效力，其前提是要与封闭的垄断性知识结构划清界限，同时要与理论的自我普遍化倾向保持距离。开放性、反思性和历史意识就构成了理论之所以为理论的基本品格，唯其如此，理论才能超越其所指面向，走向未来理想社会的能指领域。最后要提及的是法的理想性问题，法的理想性不是一个与本文论旨不相关的话题。自从韦伯的理想类型的学术范式产生之后，自命为中立的价值无涉的科学主义研究范式便占据了包括法学在内的哲学社会科学。法律理论对现实缺乏解释力，固然与方法论上的偏颇或单一性有关，但缺乏基于人之解放的人文关怀和情操则是不可忽视的重要因素。马克思主义法学的批评精神丧失殆尽，只剩下一些未经反思的概念、几个反复被咀嚼的公式和越来越多的法律条文。法学研究不应失去其应有的理想性，尤其不能缺乏对未来社会的展望性描述。任何理论，包括法学理论，都需要给人希望，哪怕这种希望最终被证明是乌托邦。学者的角色之所以不同于政治家，是因为理论的自洽性注定了学者的使命要超越具体性和历史阶段性。

（贺海仁：《中国特色社会主义法治理论的历史境域：从特殊法理学到一般法理学》，《北方法学》2017 年第 3 期）

迈向中国法理学：文本分析

胡水君*

　　本文对 1978—2007 年 176 期《法学研究》中的法理学文章作一个文本分析。30 年间，从论题、作者和内容综合考量，《法学研究》总共刊登了大约 480 篇法理学文章，① 占《法学研究》所刊登文章总篇数的 1/5，在一定程度上凸显了法理学在法学中的基础学科地位，也为中国法理学积聚了不可替代的历史文本。整体看，在内容上，这些文章既有对法理学基本论题的一贯研究，也比较明显地表现出对于国际形势和国内政策的积极回应。1978 年至 80 年代初，加强法制和繁荣法学是两个突出主题；20 世纪 80 年代中后期，法律改革和政治体制改革以及法学更新受到关注，对于西方法理学的介绍也主要集中于此；1991 年前后，人权研究兴盛一时；1994 年前后，法律与市场经济备受瞩目；1997 年前后，关于法治国家的研讨广泛而深入；20 世纪末 21 世纪初，后现代和全球化话语日渐进入法理学。可以说，30 年《法学研究》中的法理学研究比较契合地见证了时代的历史发展——十一届三中全会的召开，新宪法的颁布，经济和政治体制改革，"人权"、"市场经济"、"依法治国"入宪，"一国两制"，"冷战"结束，中国加入世界贸易组织等国际国内大的形势和事件在法理学文章中都得到了一定反映。在形式上，这些文章明显具有从短文转向长篇大论，从注释

---

*　胡水君，中国社会科学院法学研究所研究员，曾任法理研究室主任。

①　除了由法理学学者撰写的明显属于法理学论题的典型法理学文章外，本文选用的 480 篇文章也包含了少量由法律史、宪法、诉讼法等领域的学者撰写的具有较强法理学意义的文章以及由法理学学者撰写的涉及部门法内容的文章，还包含 7 篇法理学学科年度述评、近 20 篇与法理学相关的综述或笔谈稿，未包括"补白"短文。

无或者稀少转向注释多而且规范，从注释以马克思主义经典作家和领导人著作为主转向注释涵括更为丰富而专门的中外文文献，从学习、介绍型文章转向研究型文章，从更强的政治性转向更强的学理性等特点。此外，就作者群而言，这些文章对于造就中国的法理学人才也起到了一定推动作用。30 年来，约有 90 位专门从事法理学研究的学者在《法学研究》上发表过文章，其中有 50 多位发表两篇以上，这些作者大多是或者成为全国各教学和研究机构中法理学方面的知名学者或重要学术代表。总体上，480 篇文章体现了 30 年在开放中推进改革、在改革中扩大开放的时代特点，并且在对中国改革开放实践的回应中成就了一条具有典型性的中国法理学的《法学研究》之路。

对于这些具有历史意义的法理文本，本文无意事后置喙，品评文章之优劣，臧否人物之高下，也无意以此仅作一次纪念式的学术追述。毋宁说，本文试图沿着中国法理学的《法学研究》之路，探测近 30 年中国法理学的基本发展状况，总结和厘清在这 30 年里研究了哪些主要问题，达到了何种深度、高度和广度，存在怎样的不足，并尝试着把握中国法理学的可能走向。鉴于此，本文在思路上不准备基于对这 30 年进一步的历史时段划分来逐一细致叙述各个时期的法理学研究情况，而是以《法学研究》所承载的这些文本为切入点，在更为久远的历史背景中对这 30 年的中国法理学作一种整体的理论分析。换言之，本文更倾向于在这 30 年之外打量这 30 年，将《法学研究》近 30 年的法理学文本放在新中国成立以来的近 60 年、晚清以来的近 160 年乃至几千年的中国和世界文明历史进程中予以审视。法理学，时常被一些西方学者比拟为一座大厦，认为其间厅堂林立、各个角落明暗不一。① 从 480 篇法理学文章看，其所涉及的论题确实显得有些头绪纷繁、变化多端，让人时有"身在此山"、"不知东西"之感，因此，本文适当避开全部文本所展现的各种琐碎的角落和厅堂，而是基于一种整体把握，着重分析中国法理学这座大厦的根基、墙柱、脊梁和外观。具体来说，本文拟从道、政、法、学这四个基本方面展开对中国法理学的《法学研究》之路的考察。如同古人从目的因、动力因、质料因、形式因

---

① 参见〔美〕埃德加·博登海默《法理学——法哲学及其方法》，邓正来、姬敬武译，华夏出版社，1987，第 199 页；Dennis Lloyd and Michael Freeman, *Lloyd's Introduction to Jurisprudence* (London: Stevens & Sons, 1985), p. 13。

把握事物一样，道理、政制、法律和学术这四个方面正可以被视为用以构筑和支撑中国法理学这座大厦的四个基础性因素。事实上，从 30 年的法理学文本看，这四个方面的确构成了中国法理学的《法学研究》之路的主干道。时隔又一个 30 年，当中国法理学随着中国的经济增长和社会发展而逐渐成长起来时，对于中国据以发展的道统、政统、法统和学统的研究和思考也理当成为中国法理学的历史任务。

一　道与理

法理学是关于法律及其道理的学问。理与道是难以分开的，正如古人所说，"道也者，治之经理也"（《荀子·正名》），"循天下之理之谓道"（张载：《正蒙·至当篇》），"道者，天下万世之公理"（陆象山：《陆九渊集·论语说》）。究竟何谓"道"？在汉语中，道，本义指"向着一定方向的路径"，作动词使用时有"引导而行"之义。[①] 就此而言，道是一个蕴含着自然据以发育生成、人据以安身立命、政治据以建基铺展的自然或正当的普适因素的概念，正所谓"凡言道者，皆谓事物当然之理，人之所共由者也"（朱熹：《论语集注·学而》）。不过，由于对普适道理的不同侧重，古今社会对于道理的追求也经历了变化，这在中西历史上主要表现为从宗教义务向自然权利、从道德伦理向天赋人权、从"人伦"向"物理"的转变。具体就中国来说，古人以"人伦"为"道之大原"（张载：《张子语录下》），认为"道即是良知"（王阳明：《传习录下》），"仁义礼智，人之道也"（张载：《张子语录中》）[②]；而近人则强调"天民人权之理"（康有为：《大同书·戊部》），认为"提倡人民的权利，便是公天下的道理"，[③]"侵人自由者，斯为逆天理，贼人道"（严复：《严复集·论世变之亟》）。古今社会价值基点不同，由此选择的政治和法律道路也不一样。大体上，人权和公民权利作为现代之道，构成了现代法律实践以及现代法学的主要价值取向。

---

① 参见陈来《中国近世思想史研究》，商务印书馆，2003，第 26 页。

② 孟子认为，"仁义礼智，非由外铄我也，我固有之也"，参见《孟子·告子上》。

③ 孙中山：《孙中山选集》，人民出版社，1981，第 883 页。

新中国成立以来，尽管历次宪法都辟有专章规定"公民的基本权利"，1982 年宪法更是将其提到"国家机构"之前，但人权作为主导价值最终被确立下来是在 1991 年之后。这一年，《中国的人权状况》白皮书发布，其中称人权为"伟大的名词"。2004 年"人权"入宪，进一步巩固了人权在我国的政治和法律地位。就理论界而言，关于人权和公民权利的讨论主要集中在两个时期。一是 1979 年，这一年全国涌现了大量有关人权的争论文章，同期也出现了很多讨论人道主义、人性论的文章；二是 1991 年和 1992 年，这一时期的讨论与"冷战"结束以及我国在国际政治斗争中的人权问题上变被动为主动存在一定联系。这两个时期，在《法学研究》上也有较为明显的反映。30 年间，《法学研究》共刊载关于人权和权利的法理学文章约 55 篇，范围涉及人权、公民权、集体人权、基本权利、结社权、发展权、性权利、环境权、权利理论等，其中，1979 年刊登了 4 篇，有两篇是具有一定开创性的人权文章，而 1991 年和 1992 年则集中发表了 12 篇。

这 55 篇文章，如果以 1979 年和 1991 年、1992 年为两个研究波峰，那么，与之相应也存在波峰过后的研究波谷和相对平缓时期。从这些文稿看，1979 年之后近 10 年，《法学研究》关于人权的讨论一度趋于沉寂，这一时期关于权利的研究以公民权利与宪法和法律的关系为主，而且篇目较少；1991 年、1992 年高峰过后，《法学研究》关于人权和权利的研究一方面沿着国际、国内的法律制度和实践平稳延伸，另一方面则着力于更有理论深度和高度的哲学探讨。由此，按照研究的波澜起伏，大致可以从人权与历史、公民权利与法制、人权与公民权利、权利与哲学这些具体内容来分析人权和权利研究的《法学研究》之路。

（一）人权与历史

在中国，"人权"并不是一个自古土生土长的词语。因此，近代以来，当"人权"作为一个西方概念进入中国时，它未能避免遭受一些文化隔膜乃至政治波折。尽管中国传统中包含着各种形式的保护人的思想和制度，但在长期有关"义"与"利"、"天理"与"人欲"的道德论辩中，权利特别是以权利为基点的政治和法律制度并没有得到充分发展；而在新中国成立以来的革命和建设实践中，由于"人权"在很长一段时期被视为"资产阶级的口号"，我国对于人权的接受也远不是一帆风顺的，以至于直到 20 世纪 90 年代初，学者们仍在为疏通人权与中国传统、人权与马克思主义理论之间的障碍而努力。[①]

其实，在此之前，"文化大革命"的结束以及改革开放初期的思想解放运动，曾经为人权在理论界的正面提出带来过一次契机。一如 1957 年之后的近 20 年间，一些侵犯人权的现象与理论上对所谓"资产阶级的法权"、"资产阶级人道主义"的批判形成紧密对应关系，"文化大革命"结束后人们对于保障人权的关注也与这一时期关于人性论、人道主义的讨论交织在一起。1979 年，在全国关于人权的争论中，《法学研究》也刊登了两篇相关理论文章。一篇是刘海年和常兆儒撰写的《保障人民权利是革命法制的光荣传统》，另一篇是吴大英和刘瀚撰写的《对人权要作历史的具体的分析》。尽管没有明确地将"人权是资产阶级的口号"作为批驳的靶子，但这两篇文章很明显地舍弃了此种认识。前一篇指出，"通过法律形式确认人民的民主权利、人身自由和经济利益，是革命法制的优良传统"，后一篇则提到"无产阶级也使用人权的口号"。不仅于此，这两篇文章都是主要通过历史分析方法来提出其人权观点的。前一篇利用了 20 世纪三四十年代的革命法制方面的历史材料，后一篇视野更为广阔，还涉及人权在西方近代以来的发展及其历史作用。两篇文章最终无非是要说明，既然中国革命时期就在"争自由争人权"、"为人权自由而战"，进行社会主义现代化建设理当更重视保障人权。

应该说，从历史的视角切入来倡导人权在当时不失为一种切实可行的方法。不过，对于人权的提出，历史的方法并不足以替代理论的论证。人权要扎根现实，终究还需要更深层次的理论支撑。相对而言，后一篇文章在历史分析之外更多地触及了人权理论。只是，正如标题所示，它着重于对人权作历史的、具体的和阶级的分析，而避免了对人权的抽象理论讨论。在此分析中，人权具有很强的政治用途：资产阶级将之作为反封建主义的斗争工具，无产阶级也将之作为反封建主义和反资产阶级的思想武

---

① 参见夏勇《人权概念起源》，中国政法大学出版社，1992，有关"人权与中国传统"、"人权与马克思"的章节。尽管如此，梁漱溟、钱穆等都曾注意到权利与中国传统文化特别是儒家文化之间的隔阂，到 20 世纪 90 年代，有学者也在强化这一点，参见黄克剑《在"境界"与"权利"的错落处——从"人权"问题看儒学在现代的人文使命》，《天津社会科学》1998 年第 4 期。

器。看上去，此时的人权理论明显处在一种政治对立结构之中，"人民权利"这样的措辞也体现了这一特点。就理论讲，对人民好与保障人权并不能完全画等号，因为人权并不仅仅适用于人民和公民，它还可能适用于人民和公民之外的所有人。对人民好、对好人好，这在理论上是不难论证的，但当人权被普遍扩及罪犯、坏人乃至敌人时，人权与政治对立之间的张力便会凸显出来。在这样一些问题上，学者们后来在理论上迈出了更远的步伐，也作了更为详细的论述。

（二）公民权利与法制

1979 年之后，直到 1989 年，《法学研究》才再度出现有关人权的理论文章。这期间，人权是一个政治上颇为敏感的话题，尤其是在 20 世纪 80 年代中后期国际政治领域人权斗争有所加剧后。不过，此时在《法学研究》上仍然可以零星见到关于公民权利的文章。其中，有几篇涉及的是宪法上的公民权利，例如，1979 年试刊上就有两篇有关公民的"人身权利"、"申诉权"的文章，1982 年过后则又有谈论新宪法中公民的"人格尊严"的文章；另有两篇则专门探讨公民自由与法律的关系。

这些讨论，明显含有对"文化大革命"进一步的反思。新中国成立头 30 年，宪法以及宪法所规定的公民权利实际上并没有显现其作为"根本法"或"基本权利"的岿然不动的地位，而是一直面临着风雨飘摇的尴尬处境，以至于到十一届三中全会仍不得不强调维护法律的"极大的权威"，"宪法规定的公民权利，必须坚决保障，任何人不得侵犯"。一个国家的宪法及其规定的基本权利在政治实践中长期处于一种严重失衡状态，这确实值得深思。"文化大革命"既凸显了权利和法制完全淹没于政治运动的窘境，也促使人们在拨乱反正之后对此政治困境作出深入的理论思考。总体上，关于宪法权利的几篇文章虽然在理论上直面这样的政治处境，但它们还只停留在对宪法规定的解释和论证以及主张保护公民权利的应然层面上。在现实举措方面，这些文章也提到了通过官员守法和严格执法来加强对权利的维护，但政治权力的规范运行尚未进入它们的视野，相关讨论终未能从理论上根本解决这样一个问题：为什么国家有了宪法，而且宪法明文规定了公民的基本权利，而宪法连同这些基本权利在政治实践中还是会遭受任意践踏？

同样，两篇讨论公民自由与法律之间关系的文章，也主要是在法律框架内展开的。一篇对"社会主义法与公民自由是根本对立的观点"提出了批评，主张"社会主义法是公民自由的保障"。[①] 另一篇也认为"公民的自由必须由法律保障"。[②] 两篇文章的主题都是法律与自由的关系。在思想史上，关于这一问题人们并非毫无分歧。例如，边沁等人认为法律是对人的自由的限制，而洛克、康德等人则认为法律旨在保障自由，而不是为了限制自由。在主张法律保障公民自由的同时，两篇文章显然并没有避开法律限制人的行为的一面。一篇认为自由权利以不违背人民根本利益和社会秩序为界限；另一篇则认为违背人民共同意志的行为并不构成自由。由此，与权利相对应的义务以及有关权利与义务之间关系的讨论也就自然地被接引出来。这些关于自由权利以及权利与义务之间辩证统一关系的讨论，尽管看上去远没有当时有关法的阶级性的讨论那样广泛而热烈，但它们在很大程度上为权利和义务后来成为法制的基本要素以及法学的核心范畴埋下了伏笔、铺设了方向。另外，如同关于宪法权利的几篇文章一样，关于自由权利与法律的两篇文章也只是强调了宪法和法律应该规定和保护公民的权利和自由，而始终没有触及通过对权力的政治制约和法律规范来保障公民的权利和自由这样一条权利保护路径。"以权利制衡权力"，使政治权力依照法定程序运行，[③] 这到后来才成为学者们关注的重点。

（三）人权与公民权利

从《法学研究》的文本看，人权与公民权利构成了学界关于权利研究的两条主要线索。相比而言，虽然研究自 20 世纪 80 年代以来仍面临意识形态障碍，并且都在 80 年代末和 90 年代初取得突破性进展，但公民权利研究更为平稳，而人权研究则显得大起大落、相对迟缓。这不仅体现在法学研究中，也表现在法律体系上。就研究而言，1979 年《法学研究》对人权和公民权利各刊载两篇文章，此后，人权研究一度中断，而关于公民权利的研究则沿着法学体系和法律体系得以断断续续地向前延

---

① 张建华：《社会主义法是公民自由的保障》，《法学研究》1985 年第 1 期。
② 李茂管：《公民的自由和法律》，《法学研究》1981 年第 2 期。
③ 郭道晖：《试论权利与权力的对立统一》，《法学研究》1990 年第 4 期；刘作翔：《法治社会中的权力和权利定位》，《法学研究》1996 年第 4 期。

展，直至权利和义务被确立为法学的核心范畴，权利被确立为法律体系的本位。① 就法律而言，公民权利自始至终存在于我国宪法规定中，而"人权"直到 2004 年才成为宪法措辞。虽然人权与公民权利构成两条线索，但合在一起看，权利发展在中国也可以说经历了一个从"公民权利"到"人权"的过程。这一过程与改革开放进程是紧密联系在一起的。

改革开放，并不仅仅是一个政治、经济和社会变迁过程，也是一个涉及价值观和正义观转变的过程。在正义论上，有学者区分了两种正义：部分正义或群体正义（sectional justice）和整体正义或普遍正义（universal justice），它们分别对应于两类社会。② 群体正义是"封闭社会"的正义，适应于群体内部成员，具有部分性和选择性；普遍正义则是"开放社会"的正义，一体适应于所有人，具有兼容性和扩展性。按照此种区分，随着我国开放程度的加深，普遍正义在实践中必定被更多地吸纳，权利保护因此也相应地突破"以阶级斗争为纲"的束缚，从保护人民、公民扩展到对人的一体保护。这一转变在 1989 年徐炳的《人权理论的产生和历史发展》一文中得到了充分体现。

如徐炳 10 年前在《光明日报》上发表《论"人权"与"公民权"》一样，这样一篇观点鲜明、掷地有声的人权理论文章同样表现出相当的理论勇气，在《法学研究》的人权文稿中可谓一篇具有理论转向意义的论文。文章以"同类相怜的人心"为"人权的根基"，视人权为人类文明发展的共同成果，把实现人权作为公民权的唯一目标。基于"文化大革命"的教训，文章特别涉及了对于罪大恶极的罪犯乃至阶级敌人的人权保护问题，并因此提出人权就其本身而言"是一个超阶级的概念"。文章还批评了"对阶级敌人不论多么狠，多么凶残，也不过分"的观念，指出"否认人权的超阶级性，一味强调人权的阶级性，主张只给人民人权，不给敌人人权，就会导致完全否定人权的谬误，就会导致践踏人权的后果"。比较来看，这些当时让人耳目一新的观点和分析在很大程度上特别是从普遍正义的视角克服了先前人权理论中人权与阶级对立之间的内在紧张。只是，

---

① 参见张文显《论法学的范畴意识、范畴体系与基石范畴》，《法学研究》1991 年第 3 期。
② Cf. F. A. von Hayek, "The Mirage of Social Justice", *Law, Legislation and Liberty*, Vol. 2 (London: Routledge & Kegan Paul, 1976), pp. 143 – 150.

就后来的讨论而言，在"为什么给坏人人权保护"等问题上，[①] 此类见解并没有能够完全避免进一步的道德追问。

1989 年之后，《法学研究》于 1991 年、1992 年接连刊发了 8 篇人权文章，其中包括李步云两篇较为系统的人权文章（《论人权的三种存在形态》、《社会主义人权的基本理论和实践》）以及一篇较为全面的人权理论会议综述。[②] 这些文稿适时地满足了我国在主动接纳人权话语之际对于人权理论的需求，也进一步巩固了我国法学和法律体系的人权价值取向。在此后的权利研究中，以人权和权利来引导政治、法律活动的理论倾向更为明显而确定。换言之，在理论上，人权和权利保护日渐从"通过法律规定人和公民的权利来保护权利"这种看上去相对消极的形式转向"通过法律限制和规范政治权力来保护权利"这种相对积极的形式，直至人权和权利作为现代之道融入政治实践和法律制度之中，成就法治理想。这在后来关于公民权的研究中表现得尤为突出。例如，有学者提到，"随着民主法治的不断发展，权利势必将会逐渐摆脱依附于行政权力的特点，而走向由立法机关规定而由司法机关保证的一种充分法律意义的权利"。[③]

（四）权利与哲学

从历史上看，人权、自然权利构成了西方近代以来政治和法律实践的基本出发点。一如学者所说，"现代思想的出发点是个人的权利，并认为国家的存在是为了确保个人发展的条件，而希腊思想的出发点是国家的自治和自立的权利，个人则被认为要促进国家的那种存在状态"。[④] 20 世纪 90 年代以来，尽管中国法理学界在对人权和权利的普遍接受过程中不可避免地受到了

[①]　参见赵汀阳《有偿人权和做人主义》，《哲学研究》1996 年第 9 期。

[②]　参见李林等整理《以马克思主义为指导深入研究人权理论——人权理论研讨会综述》，《法学研究》1991 年第 5 期。

[③]　吴玉章：《公法权利的实践——结社现象的法学意义》，《法学研究》2006 年第 5 期。

[④]　〔英〕厄奈斯特·巴克：《希腊政治理论：柏拉图及其前人》，卢华萍译，吉林人民出版社，2003，第 36~37 页。施特劳斯也曾指出，"18 世纪的政治哲学就是一种自然权利论"，"前现代的自然法学说教导的是人的义务；倘若说它们多少还关注一下人的权利的话，它们也是把权利看作本质上是由义务派生出来的。就像人们常常观察到的一样，在 17 和 18 世纪的过程中有了一种前所未有的对于权利的极大重视和强调。可以说重点由自然义务转向了自然权利"，参见〔美〕列奥·施特劳斯《自然权利与历史》，彭刚译，三联书店，2003，第 35、186 页。

西学的影响，但在中国语境中对人权和权利之根据的理论论证并不能被当然省略，事实上也没有被忽视。学者们在努力厘清人权和权利究竟是什么的同时，也对作为现代之道的人权和权利的根本理据及其现实的政治和社会处境作出了哲学探讨、分析乃至反思。

人权的根据时常被人追溯至人性或人的自然本性。在西方的"自然权利"理论中，人不惜一切来保全自己的生命被认为是自然律法和人的本性；①在近代中国，也有人通过"同为天民，同隶于天"（康有为：《大同书·戊部》）来论证"天赋人权"。不过，这些理论自始就面临着挑战，特别是道德质问。问题不仅发生在人性概念的含糊上，也发生在"虽然'同为天民'，但穷凶极恶的坏人是否也应享有人权"上。对此问题，张恒山在《论人权的道德基础》一文中作了专门探讨。在《法学研究》的众多文章中，这是少有的一篇让人感受到道德张力的文章。该文将人权的根基建立在人的"道德心"上，强调了人权的"无害性"，即人权的享有以"不得损害他人"这一道德规范为条件。由此，在该文看来，邪恶的杀人犯或种族灭绝的操纵者因为"违反了人类的'不得损害他人'这一最基本义务规范中所包含的'不得杀害他人'的义务，他的生命就失去了作为人权的依据"。该文还质问道："如果仅因杀人惯犯、杀人魔王具有人的外观而享有包括生命权这样的不可剥夺的权利，我们的道德感、正义感能表示赞同吗？"这些看法和质问较为充分地显示了人权在现代社会中的道德处境：一方面，人权因为对邪恶暴行的道德憎恶而兴起；而另一方面，人权又在对包括坏人在内的所有人的一体保护中表现出"无善无恶"。历史地看，如果说人权是一种道，那么，自古以来的德性也是一种道，两种同样具有普遍意义的价值在现代社会是否可以协调，如何协调，确实值得更深入地研究。在此方面，倚重丰厚的传统道德资源，我国的人权和权利理论其实有着广阔的开拓空间。

人权和权利不仅与道德哲学有着深层关联，也与政治哲学密切联系在一起。无论是在历史上，还是在现实中，人权、权利与现代政治都是休戚相关的。人权和权利，既是现代社会的基本价值，也是人们相互交往或交易的社会媒介和法律形式，还是人们争取政治地位、对抗政治权力的政治和法律手

---

① 参见〔英〕霍布斯《利维坦》，黎思复、黎廷弼译，商务印书馆，1985，第97页；〔荷兰〕斯宾诺莎《神学政治论》，温锡增译，商务印书馆，1963，第212页。

段。作为价值，人权和权利在正义论上对功利主义、市场逻辑、社会分配、行政控制等构成一种批判性张力。[①] 作为政治和法律形式，人权和权利不仅表现为在政治和法律实践中尊重和保护人这样一种道德要求——这在传统社会的治理中其实也一直存在，它们更在治道选择上具体表现为对政治体制和社会治理的一种形式化的、程序化的制度设计和法律安排。具体从《法学研究》的文本看，人权和权利研究也较为明显地日渐深入政治层面。一方面，在国内政治领域发生了从对权利与义务之间关系的分析到对权利与权力之间关系的探讨的深化，[②] 在国际政治领域经历了由个人权利到集体人权的发展；[③] 另一方面，对基于人权和权利的制度化、形式化路向开始出现批判性反思，这主要表现在关于形式法治的讨论[④]中。人权，自启蒙思想家提出以来，至今已历经近 300 年，然而，在这 300 年间，人类的生存状态并未因为人权的提出而当然改善，相反，奴隶贸易、鸦片战争、资本压榨、世界大战、种族屠杀等均发生在这 300 年里。就人权的理想与现实之间的这种反差而言，进一步构建支撑人权的道德根基和保护人权的政治与法律力量，避免现代权利道路上的"现代性"问题，诚可谓任重而道远。

二　政与制

法理学不仅是关于法理的学问，也是关于政道的学问。尽管"法理学"在字面上并不包含"政"，而且一些学者倾向于将国家或政治从法理学的研究对象中驱逐出去，但事实上，法律，无论是宪法、公法还是私法，与政治都无法完全分割开，"政"对于法理学来说不仅是不可避免的，而且是至关重要的。

---

① 参见邱本《从契约到人权》，《法学研究》1998 年第 6 期；夏勇《权利哲学的基本问题》，《法学研究》2004 年第 3 期；胡水君《民主政治下的为民之道——对政治、行政及其关系的一个分析》，《法学研究》2007 年第 3 期。

② 参见郭道晖《试论权利与权力的对立统一》，《法学研究》1990 年第 4 期等。

③ 参见白桂梅《论新一代人权》，《法学研究》1991 年第 5 期；汪习根《发展权法理探析》，《法学研究》1999 年第 4 期；等等。

④ 参见高鸿钧《现代法治的困境及其出路》，《法学研究》2003 年第 2 期；张建伟《认识相对主义与诉讼的竞技化》，《法学研究》2004 年第 4 期；汪海燕《形式理性的误读、缺失与缺陷——以刑事诉讼为视角》，《法学研究》2006 年第 2 期；等等。

从历史上看，中国的法律实践长期以来都未能免除来自政治的影响。在古代，它受到皇权的支配，在司法上也表现出司法与行政不分的特点；近代以来，在政治运动的反复冲击下，它不断经历着变迁乃至动荡。在百年宪法发展历程中，立宪以及宪法实践在各个历史时期都明显与政治势力联系在一起，以致无论是在所谓"预备立宪"时期，"党治"、"军政"、"训政"时期，还是在"无产阶级的革命专政"时期，法治理想都被长期搁置。虽然从历史上如何并不能推导出理想上也应如此，但从法理上看，法律与国家或政治之间的联系在现代条件下也是难以割裂的。关于现代国家的建立，启蒙思想家们曾在理论上构造了一种"无政府"的自然状态，沿着这样的思路，现代其实也可以被认为处在一种民族国家林立的"无世界政府"状态，在此状态中，无论国家在理论上被认为是应当消灭的，还是被视为一种不得不容忍的"恶"，它终究构成现代法律实践的基本现实条件之一。而且，尽管宪法和法律至上、使政治服从法律等被一些人视为法治的基本要求，但即使在现代民主体制下，宪法与民主、议会主权与法治[1]、人民权力与法治[2]之间也并不总是相互融洽的，不受政治影响的宪法和法律也远不是经常的现实。实际上，不避开政治，反倒创造了为法律实践构建政治理想的可能性。就中国来说，在从贵族政治向君主政治再向民主政治的久远历史发展中，在近代以来从君权向民权、从君主向民主的政治转变过程中，"民主"不仅迄今仍是我国宪法规定的国家目标之一，而且也是中国法理学长期以来以及今后研究的重要论题。

新中国成立头 30 年，法理学一直沿袭苏联的"国家与法的理论"这一名称，在内容上把国家理论放在核心地位，表现出使法律从属于政治的明显理论倾向。改革开放以来，关于法律的专门研究日渐加强，国家理论在法理学中也相应有所减弱，但这并不意味着法律与政治或国家的关系在

---

① 戴西一方面主张法治，另一方面又认为在英国宪法下，议会有权制定或不制定任何法律，而英国法律并不认可任何人或机构有权推翻议会的立法。参见 Albert Venn Dicey, *Introduction to the Study of the Law of the Constitution* (London：Macmillan, 1959), pp. 39 – 40. 对此，有学者指出，"如果议会……能够在任何时候改变任何法律……那么，法治就只是一个糟糕的玩笑"。参见 Geoffrey de Q Walker, *The Rule of Law：Foundation of Constitutional Democracy* (Melbourne：Melbourne University Press, 1988), p. 159.

② "法治应该被理解为不仅对政府设置限制，也对人民设置限制吗?"参见 Andrew Altman, *Arguing About Law：An Introduction to Legal Philosophy* (Belmont：Wadsworth, 1996), pp. 6 – 7.

研究中越来越薄弱。其实，从《法学研究》的相关文本看，法理学界关于"政"的讨论与其说弱化或消失了，不如说增添了新的内容，更换了新的视角，采用了新的形式。具体而言，排除专门的宪法、行政法、诉讼法文章以及法治论文，30 年间，《法学研究》共刊载关于"政"的文章约 85 篇，范围涉及人民民主及其制度化、法律化，依法行政，审判独立，党政分工，政治体制改革等。就主体内容而言，这些文章体现了法律学者对于民主政制、行政管理、司法改革、政党政治这四个"政"在现代社会中的基本方面的长期研究和思考。以下主要从这四个方面来分析政制研究的《法学研究》之路。

（一）民主政制

在历史上，尽管中国古代有"天聪明自我民聪明，天明畏自我民明威"（《尚书·皋陶谟》）、"民为贵，社稷次之，君为轻"（《孟子·尽心下》）之类近乎民主的政治话语，而且在漫长的君主专制时期也时常发生关于"三代"与"后世"① 以及"三代以上"与"三代以下"② 的争论，由此透显出君主政制与道德理想之间的张力，但作为政制的民主显然是中国古代所长期缺乏的，"小康"之世尚且难以实现，更不用说"天下为公"的"大同"社会了。在很大程度上，中国传统社会对于"治"理的擅长和倚重，延缓乃至替代了对于民主"政"制的追求，这使得"政"对于现代中国来说显得尤其重要。直到最近一个半世纪，民主和大同才成为中国努力争取的政治目标。

对于民主政制的探讨特别是对于"民主是什么"的追问，《法学研究》30 年间可谓贯彻始终。85 篇文章中，论题涉及民主的文章约有 20 篇。这

---

① 例如，"三代之治，顺理者也。两汉以下，皆把持天下者也"（程颢、程颐：《河南程氏遗书》卷第 11）；"为治而不法三代，苟道也。虞舜不可及已，三代之治，其可复必也"（程颢、程颐：《河南程氏粹言·论政篇》）；"问：'自秦始皇变法之后，后世人君皆不能易之，何也？'曰：'秦之法，尽是尊君卑臣之事，所以后世不肯变。且如三皇称皇，五帝称帝，三王称王，秦则兼皇帝之号，只此一事，后世如何肯变'"（朱熹：《朱子语类》卷第 134）；"唐虞以上之治，后世不可复也，略之可也；三代以下之治，后世不可法也，削之可也；惟三代之治可行"（王阳明：《传习录上》）。

② 例如，"三代以上有法，三代以下无法……三代以上之法也，固未尝为一己而立也……三代之法，藏天下于天下者也……所谓无法之法也。后世之法，藏天下于筐箧者也……所谓非法之法也"（黄宗羲：《明夷待访录·原法》）。

些研究大多与当时的政治形势有着较为紧密的联系，并且表现出前后差异，反映了政治体制改革进程的深入。大体上，在 1990 年之前，关于民主的讨论比较多，而且大多涉及人民民主专政，将民主与专政、法制相提并论；之后，规范和制约政治权力的理论倾向更趋明显，研究也逐步扩展到对于民主与法治之关系的探讨。

人民民主专政，是《法学研究》1990 年前关于民主讨论的思想主题。1979—1984 年，民主与专政是法理学研究中的热门话题之一，相关专题文章达 11 篇之多，此后直到 1989 年才再度出现刘瀚的《论新时期人民民主专政的历史使命》一文，至此，《法学研究》再没有出现专门论述人民民主专政特别是专政的论文。就内容而言，这些讨论主要是围绕马克思主义经典作家和领导人的著作展开的。毛泽东的《论人民民主专政》是这些讨论中反复出现的一篇文献。这篇文献对国家问题作了专门论述：在理想层面，它主张通过"人民共和国"消灭阶级和国家，"到达大同的路"；而在现实层面，它又基于"帝国主义"和"国内阶级"的存在，主张强化包括军队、警察和法庭在内的"人民的国家机器"。[①] 由此看来，人民民主专政是民主理论，更是基于中国革命实践产生的一种国家理论，《法学研究》在 20 世纪 80 年代关于它的讨论可以说是国家理论在法学基础理论中的进一步延伸。相比较而言，关于民主的较早讨论尤为强调其政治上的专政一面，因此也"强调运用法律武器进行斗争"；[②] 后来的研究则更为注重民主的政治形式和实现民主的法律制度。例如，1988 年罗耀培的《社会主义民主政治建设初探》一文主要从人民代表大会制度来探讨我国的民主政治，而此前诸如《坚持无产阶级专政的光辉思想》、《民主是一种国家制度——兼谈民主与法制的关系》等文章所讨论的其实大多是国家理论，并未提及人民代表大会制度。[③]

民主的制度化、法律化，是《法学研究》有关民主研究的一贯思路。在较早的讨论中，所谓"民主的制度化、法律化"，通常被理解为以完善

---

① 参见《毛泽东选集》第 4 卷，人民出版社，1991，第 1468—1481 页。

② 詹孝俊：《坚持和发展人民民主专政理论——学习〈邓小平文选〉的心得体会》，《法学研究》1984 年第 5 期。

③ 1979—1989 年，《法学研究》关于人民代表大会制度的文章有 4 篇，作者多是宪法学者，此后有关于政体、议行合一以及党与人大的关系的理论讨论，但没有再出现专门以人民代表大会制度为题目的文章。

而有权威的法律和制度保障人民的民主权利。这既是对党的十一届三中全会强调"使民主制度化、法律化"的理论回应，也明显体现出对"文化大革命"侵犯公民权利的进一步理论反思。不过，以法保障民主权利虽是民主的制度化、法律化的重要方面，但并不足以概括其全部。实际上，民主的制度化、法律化也包含着使民主政治活动规范化，直至使政治权力沿着法治之道平稳运行，从而避免"大民主"或政治大动荡的意蕴。对此，《关于建国以来党的若干历史问题的决议》曾指出："长期封建专制主义在思想政治方面的遗毒仍然不是很容易肃清的，种种历史原因又使我们没有能把党内民主和国家政治社会生活的民主加以制度化，法律化，或者虽然制定了法律，却没有应有的权威。这就提供了一种条件，使党的权力过分集中于个人，党内个人专断和个人崇拜现象滋长起来，也就使党和国家难于防止和制止'文化大革命'的发动和发展。"在这段话中，使政治权力和国家的民主政治生活沿着制度和法律的路径理性开展的意思是较为明确的。后来，1982 年宪法将 1975 年、1978 年宪法中有关"大鸣、大放、大辩论、大字报"的内容删除也表明了这层意思。

就法律与民主政制的关系而言，一方面，人民民主长期以来影响乃至决定着我国法律制度和实践的特点；另一方面，民主的制度化、法律化为我国后来走上"法治国家"的道路作了很好的铺垫。理论界后来关于民主的探讨也主要是结合法治或宪治展开的。1990 年后，《法学研究》专门研究民主的文章只有 3 篇，这些文章认为民主政治是"程序政治"、"法治政治"，由此强调法治对于民主的保障、引导和推动。① 此外，自 1989 年起，《法学研究》共刊载了 3 篇专门论述宪制的文章，这些文章对中西宪治道路作了历史考察，并提出了包括人民主权、法律至上、分权制衡、选民选举、人权保障、违宪审查在内的宪法原则，体现了把法律特别是宪法与民主政治结合起来的思路。无论是关于民主与法治的探讨，还是关于民主与宪制的研究，在很大程度上都把国家的民主政治生活与宪法和法律紧密地结合在一起，由此使"人民国家"深入"法治国家"、"民主"深入"宪制"，由此也使得国家理论更趋丰富和完善。

---

① 参见张文显《建立社会主义民主政治的法律体系——政治法应是一个独立的法律部门》，《法学研究》1994 年第 5 期。

（二）行政管理

与"民主的制度化、法律化"这一普遍认识相联系，也有一些学者提出"国家行政管理需要制度化、法律化"，直至主张"依法行政"。有此主张的并不仅限于行政法学者，从《法学研究》的讨论情况看，一些法理学者也比较早地思考和分析了行政及其与法律的关系，特别是在我国行政法学尚未完全被建立起来之时。排除专门的行政法方面的文章，《法学研究》关于政府或行政的理论文章约 9 篇。7 篇集中在 1984—1993 年，而这正是我国经济和政治体制改革的重要时期，在一定程度上反映了我国政企分开、简政放权、转变职能，"使行政管理走上法制化的道路"的行政体制改革进程。

大体上，"依法行政"构成了这些文章的中心论题。尽管诸如"法治政府"、"依法行政"迄今广为人知，但当初这些主张在研究过程中并不是一下子被提出的，它们看上去经历了一个历史过程。1984 年吴大英的《我国社会主义法律与国家管理》是一篇较早讨论行政管理与法律之间关系的法理学文章，它显然只是尝试性的，从中不难感受到当时相关研究的稀少。1984 年、1985 年的 3 篇文章在措辞上都使用"国家行政管理"或"国家管理"，虽然提到"学会运用法律武器管理国家"、法律形式对于国家管理具有重要作用以及行政管理法律化等主张，但并未明确涉及"依法行政"。联系实际看，这些讨论与当时的经济体制改革强调"正确发挥政府机构管理经济的职能"是一致的。不过，就理论讲，行政命令有别于法律，一如有学者所认为的，行政命令只有在可能影响公民权利的行使或私人自由的享有以及赋予公民义务时才进入法律范畴；[1] 而且，行政也不同于司法，"司法判决是依法作出的，行政决定是依行政政策作出的。法院尽力从法律规则和原则中找出正确的答案。行政官尽力根据公共利益找出最有利、最理想的答案"。[2] 就此而言，将法律置于行政之上，确立"依法行政"或行政法治原则是需要一定理论努力的，特别是厘清国家权力体系中立法、行政与司法之间的关系。

---

[1]　参见〔美〕埃德加·博登海默《法理学——法哲学及其方法》，邓正来、姬敬武译，华夏出版社，1987，第349—350 页。

[2]　〔英〕威廉·韦德：《行政法》，徐炳等译，中国大百科全书出版社，1997，第50—51 页。

1990 年之后的 4 年内,《法学研究》接连发表了 4 篇以"依法行政"为题的文章。这与 1989 年《行政诉讼法》通过无疑有着重要联系。在此期间,"依法行政"被扩及"行政的各个方面、各个环节",① 以至于有学者认为非常时期也得依法行政;② 而在较早的探讨中,出于对形式主义的担忧,有学者并不主张"把国家管理的全部活动都归结为法律形式"。③ 不过,主张依法行政的学者也大多强调了行政的效率。相对主要涉及政权的民主政制而言,行政管理主要涉及的是政权之下政府的治理能力,孙中山曾把二者之间这种"政"与"治"、"权"与"能"的关系形象地比作阿斗与诸葛亮、工程师与机器的关系。④ 由此来看,"依法行政"原则在强调权利价值以及行政的法定权限和程序的同时,并不必定排斥构建一个管理得当的精干政府。沿着行政法治的方向,到后来,也有学者尝试着从理论上提出通过司法权来处理我国的中央与地方关系,⑤ 而这显然需要以足够大的司法权威为前提。政府权力成为法律乃至司法约束的对象,这在法理上不仅需要抬高立法的权威,也需要提升司法的权威。就此而言,司法究竟有多大权威正从一个方面反映着依法行政乃至法治最终在多大程度上得到了实现。

(三) 司法改革

在我国改革进程中,司法体制改革与行政体制改革同为政治体制改革的重要组成部分。而在《法学研究》中,又尤以司法改革备受法理学学者关注。30 年间,排除诉讼法方面的专论,《法学研究》共刊载讨论司法体制和司法改革的文章约 25 篇。审判独立和司法改革是这些文稿普遍涉及的两个相互联系的主题,而且,在后来的讨论中,司法改革与审判独立交织在一起,凸显了司法的政制意义。

这些文章,大多分布在 1981 年之前和 1998 年之后,中间只有两期有文章涉及司法改革。具体而言,1981 年前有 4 篇,除 1 篇涉及"公检法"互相配合和制约外,其他 3 篇都涉及"审判独立"。由于此时的《人民法

---

① 刘瀚:《论依法行政》,《法学研究》1992 年第 5 期。
② 参见陈春龙《论非常时期的依法行政》,《法学研究》1993 年第 5 期。
③ 吴大英:《我国社会主义法律与国家管理》,《法学研究》1984 年第 5 期。
④ 参见孙中山《孙中山选集》,人民出版社,1981,第 770、786 页。
⑤ 参见刘海波《中央与地方政府间关系的司法调节》,《法学研究》2004 年第 5 期。

院组织法》仍保留有"人民法院独立进行审判，只服从法律"的规定，这些文章重点不在于争论审判是否应该独立，而是有现实针对性地探讨了审判独立与人民民主、党的领导、审判监督的关系。1988 年第 6 期有 2 篇，分别讨论检察和司法改革，这是对党的十三大关于政治体制改革内容的积极响应，司法体制由此也是被作为政治体制的组成部分看待的；1995 年第 4 期有 3 篇，集中讨论我国审判方式改革中的"对抗制"问题。其他文章大多集中在 1998 年之后，内容涉及司法与传媒、司法权、司法职业化等，归根结底都未脱离司法改革和审判独立这两个主题。

就与现实的关系而言，这些文章在时间分布上与我国各个历史时期的司法体制状况以及司法改革进程是相适应的。从最高人民法院历年的工作报告看，早在 1983 年，对人民法院实行机构改革和工作改革已被提出。这一年，《人民法院组织法》作了修订，特别是按照 1982 年宪法修改了法院审判"只服从法律"的规定。此后近 15 年，我国法院系统的改革主要侧重于提高审判人员专业化和知识化水平、设立经济审判庭和行政审判庭、改进民事和经济审判方式等方面。1997 年，党的十五大提出"推进司法改革"，最高人民法院随之于 1999 年后接连出台了两个人民法院"五年改革纲要"。这一时期，总的来说还只是人民法院改革。2002 年，党的十六大报告在"政治建设和政治体制改革"部分首次提出"司法体制改革"，体现了把司法体制改革作为政治体制改革重要组成部分的政治思路。可以说，在经历了较长时期的人民法院改革之后，我国司法改革已处在作为政治体制改革一部分的历史阶段。在此阶段，仅仅将司法作为一种"治理"形式看待是不够的，仅由人民法院或最高人民法院来实行司法改革也是不够的，司法更需要从国家"政制"的高度来审视。

（四）政党政治

与各种国家权力形式与法律的关系比起来，政党与法律以及国家机关之间的关系显得更为复杂，因为它不仅涉及国家层面的权力配置，还涉及国家层面之下甚至之上的政治权力的法律对待。就此而言，法律与政治的关系比法律与国家的关系更为广泛，如果以宪法、法律制约和规范国家权力成就的是"法治国家"，那么，进一步使包括政党在内的各种政治权力在宪法和法律框架下规范运行带来的则是"宪治"。30 年间，对于政党及其与法律和国家机关之间的关系，《法学研究》并没有忽视，其中，在标题上直接有关党的文章有 7 篇，涉及政策与法、党与司法、党政分开、政党制度、党与人大等内容，时间集中在 1994 年之前，此外也有其他一些文章提及了党与政、法的关系。

这些文章都具有较强的现实针对性，一些也与当时的政治事件有着直接联系。新中国成立头 30 年，我国政治和法律实践中曾经出现"政策就是法"、"党委审批案件"、将审判独立视为"以法抗党"等情况。改革开放之初，学者们就已开始在《法学研究》上撰文纠正此类做法和看法，强调国家法律与党的政策的不同，强调"党对司法机关的领导，应该直接表现为切实保障司法机关行使国家宪法和法律规定的职权"。[①] 这一时期，董必武有关"党的组织不能代替国家机关"以及关于党与国家政权之关系的话语在《法学研究》中也时常可以看到。1987 年，党的十三大报告在关于政治体制改革部分首先强调"实行党政分开"、"党政职能分开"，提到划清党组织与国家政权的职能，理顺党组织与国家机关的关系，做到各司其职，并且逐步走向制度化。随之，1988 年《法学研究》上的几篇文章都论及党政分开，还出现了对党政分开的专论。1989 年底，《中共中央关于坚持和完善共产党领导的多党合作和政治协商制度的意见》出台，随之，1990 年、1991 年《法学研究》上接连发表 2 篇关于我国政党制度的专论。2 篇文章都提到制定政党法，使政党关系法律化，"使我国政治生活的核心部分政党制度做到有法可依、有法必依"。[②] 到 1994 年，郭道晖发表《权威、权力还是权利——对党与人大关系的法理思考》一文，尝试着对党的领导权作了法理探讨。该文特别提到，"党政不分最实质的问题是执政党的治权（执政权）与国家主权（统治权）不分；领导权威与权利同国家权力不分。党政分开，关键是'权能分开'，而不只是'职能分开'"，从理论上更深入地触及党与国、党与人民主权的关系。

在这些讨论中，一些学者对于政党以及政治协商会议之类的政治组织形式比较明显地表现出制定政党法、"政治法"的法律路向。对于法律在

---

① 张晋藩、谢邦宇：《独立审判与党的领导》，《法学研究》1980 年第 2 期。
② 王超之、张铭：《论共产党领导的多党合作制——兼评多党制》，《法学研究》1990 年第 5 期；陈春龙：《坚持和完善多党合作的政党体制——兼论政协的法律地位和政党立法》，《法学研究》1991 年第 1 期。

国家政治生活中的基础乃至至上地位的这种强调无疑是重要的。不过，如同作为政治概念的人民与作为法律概念的公民不同一样，作为政治组织形式的政治协商会议与作为国家权力机关的人民代表大会、作为政治主体的政党与作为法律主体的国家机关以及法人其实是存在一定差异的。所谓政策与法、党与政、党与司法、党与人大的区分正凸显了这些差异。这些差异使政党以及政治协商会议等政治组织形式与法律的关系也相应有别于国家机关与法律的关系，就如同人民与法律的关系和公民与法律的关系之间的差异那样。就此而言，对于政党以及其他政治组织形式，特别是现实中人民、政党、国家、法律相互交融的复合政治和法律结构，单一的法律视角、法律理论以及法律规则也许是不够的，有时还需要引入包括民主在内的政治视角、政治逻辑和政治规则。事实上，现代政党不仅需要通过尊重和遵守国家宪法和法律来获得和巩固其法律合法性，也需要通过在政治活动中对政治道义的践行来获得和巩固其政治合法性。就对政治道义的违反也必然带来不利乃至严重的政治后果而言，现代政党不仅受着国家宪法和法律的规范，也受着体现政治道义的政治规则或宪法惯例的制约，在比较广泛的意义上，后者未尝不可以被视为一种不同于国家制定法的"法"。

三 法与治

法是法理学的核心概念。对于法律及其道理的分析和研究是法理学最基本也是最主要的任务。就法与法理学的这种关系而言，法律在国家政治生活中的地位和处境及其对人们的思想观念和行为方式所起的实际作用，在很大程度上决定着法理学的气象规模。在一个忽视甚至肆意贬低和践踏法制的年代，昌明法治是困难的，发展和繁荣法学同样是难以想象的。对此，沈家本曾经指出，"法学之盛衰，与政之治忽，实息息相通。然当学之盛也，不能必政之皆盛，而当学之衰也，可决其政之必衰"（沈家本：《寄簃文存》卷三）。

改革开放前后近 30 年我国法制和法学的实存状态，鲜明地映衬出法制境遇与法学盛衰之间的必然联系。30 年来，不仅法律数量与日俱增，各类法典渐趋完备，与新中国成立头 30 年连刑法等基本法律都告阙如的状况适成强烈对照，法律对于政治权力体系的基础性地位和作用也在提升，与此相应，法学的更新和发展也可谓快马加鞭、挥斥方遒，渐渐脱却了当初的"幼稚"。往更远看，此种变化甚至可以说是一种前所未有的历史性变化。在中国历史上，法律自古以来总是有着一副灰色面孔。在以道德伦理为根基和主导的传统文化结构中，法律长期遭受着道德贬抑，在性质上一般被视为一种不宜推崇的治理工具，正所谓"刑为盛世所不能废，而亦盛世所不尚"（《四库全书总目提要·政书类》按语）。因此，法律的数量在传统社会中也受到限制，诸如"削繁去蠹"、"务存平简"之类的约法省禁话语在历朝历代不绝如缕。① 而在 20 世纪的社会革命时期以及新中国成立初期，法律又通常是被作为"刀把子"或阶级专政的工具看待的，这使法律的作用主要流于政治斗争层面，而未能成为人们社会生活所普遍仰仗的理性形式，更遑论成为控制政治权力的一种力量。经历了"文化大革命"的历史教训之后，法律作为安邦定国之重器对于政治和社会生活的基础性作用才越来越被深刻认知，人们关于法律的性质的认识也在不断调整和深化。在使国家政治生活日趋规范化和形式化的过程中，作为保障人权、制约和规范政治权力的现代方式，法律的理性色彩日渐呈现，直至"法治"作为治国方略在 20 世纪末终于被确立起来。这种历史变化，在《法学研究》中有较为明显的反映。

30 年间，排除涉及权利、政制以及法学的文章，《法学研究》上专论法律的法理文章总共约 240 篇，构成了法理学文章的主体部分。文章论题甚为广泛，覆盖了法理学中诸如法制、法的概念、法的性质、法治、法律价值、法律规范、法律效力、法律关系、法律行为、法律解释、法律适用、法律推理、法律责任、法律职业、法律文化等各方面内容。这些文章，对于中国法理学的丰富和发展，无疑起到了积水椎轮的作用。以下不求面面俱到，主要从法制、法的性质、法的概念、法治这四个最能反映这些年法律历史变化的方面来依次分析"法""治"研究的《法学研究》之路，其他有些内容将在有关"学"的部分作进一步分析。

（一）法制

法制、法的阶级性、"人治"与"法治"，是《法学研究》开办之初

---

① 参见〔日〕浅井虎夫《中国法典编纂沿革史》，陈重民译，中国政法大学出版社，2007。

即骤然兴起的三个基本论题。三个论题相互联系，都延续了 20 世纪 50 年代的一些法学争论，也都以"文化大革命"为基本背景和针对对象。"文化大革命"，一方面看上去是所谓的"无产阶级专政下继续革命"；另一方面又是所谓的"大民主"，无论哪一方面，都对法制造成了极为严重的冲击和破坏。因此，改革开放之始，"加强法制"就作为一项历史任务被提上了日程，也成为《法学研究》首先要讨论的热点。从标题和内容看，包含 3 篇会议综述在内，《法学研究》共刊载探讨法制的文章约 30 篇，时间主要集中在 1994 年之前，1994 年之后只有零星 5 篇。总体上，这些讨论经历了从"加强法制"到"法制改革"再到"法制现代化"的发展，直至转入对"法治"的研究。

1978 年试刊上发表的文章都是主张加强法制的。这些文章在理论层面基于马克思理论和毛泽东思想来论证加强法制的必要性，在现实层面则结合对"文化大革命"的批判来提出加强法制的重要性。这样的论证是紧要而适时的，也是煞费苦心的，只是在一定程度上仍反映出历史条件的限制。例如，《学习毛主席的革命法制思想》一文通篇以毛泽东思想来论证需要加强法制，而其中轻视法律的话语显然被忽略了。次年的相关文章延续了上一年的论证思路，由于是新中国成立 30 周年，这一年也出现了总结法制 30 年的文章。在《我国法制建设三十年》一文中，陈守一等将我国法制发展划分为创建、发展、遭干扰而停滞、大破坏、恢复和进一步发展 5 个时期，并基于历史总结提炼了 4 条经验教训：依政策而不依法不行，讲人治而不讲法治不行，搞运动而不重视法制不行，法律虚无主义不行。这样的看法在当时可以说已经成为一种共识，后来关于法制的讨论大体上也遵循了这样的理论方向。10 年后，当法律界再回过头来看我国法制建设的情况时，一些人认为，尽管 10 年的立法数量相当于前 30 年的总和，但立法规划、法律实施等方面也存在不少问题，甚至不能说 10 年在成绩上超过了前 30 年。① 这或许也是理论界兴起关于法制改革的研讨的一个动因。

法制改革是《法学研究》继前 10 年有关法治与人治、法的阶级性的讨论之后再度推出研讨的一个主题。1989 年 2 月，《法学研究》组织召开

---

① 参见刘兆兴、李林《社会主义初级阶段法制建设若干理论问题研究——1988 年全国法学基础理论研究会年会综述》，《法学研究》1988 年第 5 期；凌杰《十年法制建设理论讨论会在京举行》，《法学研究》1988 年第 6 期。

"中国法制改革学术讨论会"，在这次讨论中，法律至上、权力制衡、分权原则、保障人权、权利本位、审判独立、法治国家等均被提了出来。① 在经历了 10 年的改革开放之后，理论界就法制改革展开研讨，从一个侧面衬托出我国深化改革在观念和体制上所面临的现实分歧和困难。改革开放的这 10 年，是从计划经济向商品经济乃至市场经济转轨的 10 年，与此相应，也是新旧体制和观念在社会转型过程中相互碰撞尤为激烈的 10 年。因此，在《论法制改革》一文中，王家福等甚至是在"变法"意义上提出法制改革的。与 10 年前《我国法制建设三十年》一文归纳的经验教训相比，这篇文章提到的摒弃法是阶级斗争工具的观点，摒弃重义务轻权利、重官轻民、重国家轻个人的观念，摒弃党是凌驾于国家和法律之上的组织、党的政策高于法律之类的认识等，显得更进一步。此后，随着经济体制改革的深化，1994 年出现了多篇讨论法制与市场经济的文章。

如果说早期加强法制的讨论主要针对的是"文化大革命"对法制的破坏，那么，关于法制改革的探讨其实更为深层地涉及受苏联影响的整个法律体系，② 而后来的讨论则在更为广阔的现代史进程中触及了法制现代化问题，③ 而且，相关讨论也不再有起初的那份拘谨。现代化，构成了近代以来中国变法、革命和改革的一个基本背景。在理论上，学者们关于现代化的阐释经历了从"现代化"到"世界体系"再到"全球化"的发展，西方中心论在这一过程中事实上逐渐被消解。④ 从 1996 年开始，《法学研究》约有 6 篇文章专门从现代化的理论视角对法制或法治作了思考。在有关西化与本土化、内发与外发、中心与边缘的论辩中，这些文章大多表达了一种既学习借鉴世界法制或法治经验又在法制现代化过程中走中国自己的法律发展道路的"和而不同"立场。法理学界关于法制现代化的探讨，在一定程度上显示了中国改革开放进程乃至全球化进程的进一步加深。

---

① 参见《中国法制改革学术讨论会发言摘要》，《法学研究》1989 年第 2 期。
② 参见孙光妍、于逸生《苏联法影响中国法制发展进程之回顾》，《法学研究》2003 年第 1 期。
③ 参见公丕祥《国际化与本土化：法制现代化的时代挑战》，《法学研究》1997 年第 1 期；夏锦文《论法制现代化的多样化模式》，《法学研究》1997 年第 6 期；公丕祥《全球化与中国法制现代化》，《法学研究》2000 年第 6 期。
④ 参见〔德〕贡德·弗兰克《白银资本：重视经济全球化中的东方》，刘北成译，中央编译出版社，2001。

（二）法的性质

与法制比起来，法律的性质是一个更深层次的论题。新中国成立头30年，我国的法制表现出这样几个特征：一是法律少，甚至有些基本法律也是缺乏的；二是宪法和法律缺乏权威；三是法律主要作为阶级斗争工具被使用。如果关于法制的讨论主要与前两个特征相关，那么，第三个特征则主要与关于法律的性质的理论观点联系在一起。1957年之后，特别是在"文化大革命"期间，并不是没有宪法，也不是没有审判，关键是宪法没有得到尊重，审判是在机构不健全的情况下以阶级专政或群众运动的形式实施的。所谓"无法无天"，所描述的与其说是没有法律，不如说是有法而无视法、拿法根本不当法。就此而论，法律具有怎样的性质、法律实际起作用的方式比是否有法律其实显得更为重要。30年的改革史，不仅包含着法制从无到有、从少到多、不断完善的过程，也包含着关于法律的性质的理论看法发生转变的过程。

关于法律的性质的讨论主要集中于法的阶级性，这也是国家与法的理论以及法学基础理论的一个核心问题。除关于法的概念的论文外，《法学研究》上涉及这一问题的文章约有20篇。其中，1982年前有14篇，可见当时争论之热烈；1986年、1987年各2篇；1990年有2篇重申并强调了法的阶级性。1994年、1995年，出现过在市场经济背景下专门讨论法的本质的文章，但主旨并不在于强调法的阶级性。此后《法学研究》上再没有出现关于法的阶级性的专论。总体来看，关于法的阶级性讨论主要涉及法的阶级性与法的继承性、社会性、人民性之间的关系，所谓法的客观性、规律性、超阶级性等大致都可归入其中。

法的继承性是一个老问题。1957年法学界曾专就这一问题展开异乎寻常的广泛讨论。1979年，林榕年在《法学研究》上重提这一旧题，由此也开始了关于法律的性质的各种争论。专论法的继承性的文章随后出现了3篇。其中，有2篇支持法的继承性，有1篇则基于法的阶级性提出了不同看法，认为"对旧法不能批判地继承只能借鉴"。在争论中，主张法的继承性的学者并没有回避法的阶级性问题，他们通过区分法律条文与法律规范以及相同的规范内容和不同的制定主体来协调法的继承性与阶级性之间的矛盾。到1980年，一些学者在法的阶级性之外又提出了法的社会性、客观性和规律性。① 其基本观点是，法不单纯是阶级斗争的工具，而是承担着社会公共职能、有其客观的物质条件基础、反映着人类社会生活规律。这一讨论中经常被提到的一个例子是，诸如《环境保护法》之类的技术性法律到底有没有阶级性？在一些学者看来，它作为整个法的规范体系的一部分，同样体现着阶级性。多年后，一些教授在课堂上讲授法的性质时，仍然面临着来自实务界的学生诸如此类的提问：一起合同案件究竟是怎样体现法的阶级性的？再到1986年，出现了关于"法的超阶级性"的争论。所谓"法的超阶级性"指的其实是法的"全民性"，② 这也是苏联的国家与法的理论较早涉及的一个问题。问题的关键在于，在经历"无产阶级的革命专政"这一过渡时期后，社会主义社会不再是一个阶级对立的社会，法律因此就成为全体人民意志的体现，只具有人民性或全民性。就此，有学者这样写道："在整个社会主义历史时期，人民性是一个扩展因素，而阶级性是一个消亡因素，它只存在于社会主义法律发展的一定历史阶段。所以，确认人民性作为社会主义法律的根本属性，或者说是属性的主导方面，更符合社会主义法律的真实内容及其发展规律。"③

总体上，关于法的阶级性的论争，既发生在理论层面，也发生在理论与现实之间，反映了改革进程中书本理论与社会实践之间的张力和互动。从《法学研究》的情况看，随着市场经济体制的建立以及改革开放实践的深入展开，理论界关于法律的性质的看法经历了明显变迁，法律在性质上由传统社会的治民之具、革命时期的阶级专政工具转变成了用以保障人权和公民权利、制约和规范包括国家权力和社会权力在内的政治权力，并且为现代社会生活交往所不可缺少的理性形式，由此也涂改了笼罩在法律面孔之上的阴暗色调。

（三）法的概念

"法是什么"，这是与法的性质密不可分的问题，也是法理学最基本、

---

① 参见周凤举《法单纯是阶级斗争工具吗？——兼论法的社会性》，《法学研究》1980年第1期；武步云《试论社会主义法律的阶级性和客观性》，《法学研究》1980年第5期；严存生《法律·意志·规律》，《法学研究》1980年第6期。

② 殷勇：《论法的超阶级性》，《法学研究》1986年第4期。

③ 朱华泽、刘升平：《关于社会主义法律本质的几个问题》，《法学研究》1987年第1期。

最具争议的问题。关于这一问题的理论解答尽管可能常论常新乃至终无定论，但确实可以用来作为衡量法理学研究高深程度的重要标准之一。当然，以此为判断标准时，解答远不仅限于提供一个简单的答案或立场，更重要的还在于它所依凭的根本道理、所掌握的理论工具、所选择的分析路径、所采用的论证方式等。在中国法理学的《法学研究》之路上，考察中国学者关于这一重要问题的理论解答是没有理由被忽略的。在关于法的性质的讨论中，很多文章其实已经论及法的概念，除此之外，《法学研究》约有 15 篇文章专门就"法是什么"这一问题展开了探讨，贯穿 30 年始终。从分析思路看，这些文章大致经历了从国家与法的理论到马克思的原著再到法理本身这样一个发展。

早期关于"法是什么"的讨论主要是从法与国家相伴随、法具有阶级性这两个基本方面展开的。[①] 法因此通常被理解为由国家制定或认可，并由国家强制力保障实施的，反映统治阶级意志的规范总和。这一时期的讨论，无论是对于问题本身的分析，还是对于理论著作的解读，都明显受到新中国成立初期从苏联引入的国家与法的理论的影响。后来，在关于法的阶级性的争论中，一些学者认为法并不是阶级社会独有的现象、法的阶级性并非法的质的规定性，因此把法定义为"具有社会性、强制性和规范性的行为规则的总和"。[②] 对于这些争议，沈宗灵在《研究法的概念的方法论问题》一文中专门讨论了法的概念所涉及的一些方法论问题，从词义、分析的具体层面等角度对一般的法、阶级社会的法、社会主义社会的法、法的现象和本质、法的不同层次的本质等逐一作了辨析。这对于厘清关于法的概念的讨论中一些无谓争论是有帮助的。对于"法是什么"这一问题，国外有些法理学著作并不急于下定义，而是首先对语言形式、命名、可能影响认识和定义的因素等作出细致分析，有的甚至以这些分析来代替对于问题的回答，可见其对于方法论的重视。[③]

1987 年，《法与法律的概念应该严格区分——从马克思、恩格斯法学思想的演变看法与法律概念的内涵》一文基于马克思、恩格斯的原著对于

---

① 参见郭宇昭《试论法的概念》，《法学研究》1981 年第 2 期。
② 张宗厚：《略论法的概念和法的质的规定性》，《法学研究》1986 年第 6 期。
③ 参见 Dennis Lloyd and Michael Freeman, *Lloyd's Introduction to Jurisprudence* (London: Stevens & Sons, 1985)，第 2 章。

法的概念作了新的理解，由此为关于"法是什么"的理论探讨开拓了另一片视野。该文认为，在马克思的理论中，存在法与法律的区分，法是法律的内容，法律是法的形式，二者表现出客观内容与主观形式的不同。此种近乎自然法理论的观点一出，在同年就引来两篇商榷文章。一篇文章认同法与法律在马克思的理论中是两个内涵不同的概念，但不同意二者是客观内容与主观形式的关系，而是基于马克思在《资本论》中关于"法权关系是一种反映着经济关系的意志关系"的相关论断，强调法、法律同为社会经济关系这一内容的形式。[①] 另一篇文章则认为"在马克思主义法学思想中，法与法律概念没有严格区分"。[②] 到1994年，郭道晖在《论法与法律的区别——对法的本质的再认识》一文中对这一论题作了更全面也更具条理的分析。这些争论在理论界长期有关法的阶级性的讨论之外凸显了马克思法律理论中以往少为人留意的一些哲理内容。10年后，就此仍有学者指出，"马克思的理论一直保留了西方自然法中的许多优秀成果。如，他批判把法（自然法）与法律相混淆的做法，提倡'作为法的法律'，反对让法去迁就法律（恶法）……他甚至于说过自然法是不可能取消的。一言以蔽之，马克思珍惜自然法遗产"。[③]

在关于法与法律的关系争论中，也有学者认为马克思的理论中法与法律是应然与实然的关系。后来，到1997年，李步云在《法的应然与实然》一文中对此作了专门探讨。这篇文章既分析了马克思关于法的应然与实然的论述，也对西方的相关理论作了历史考察，并在此基础上提出了作者自己关于法的看法，显出更为广阔的理论视野。2005年，李琦在《法学关于法律是什么的分歧》一文中，围绕"法是什么"，分析了法的三种面相：作为规则的特定形态的法律；作为一种人类活动的法律；作为生命形态的法律。与20多年前相关论题的文章比较起来，无论是在中外理论资源上，还是在思考、论述和表达方式上，这篇论文都显得更为自主。此外，中国传统法也得到了更为慎重的研究。例如，有学者运用训诂学的方法对汉语

---

① 公丕祥：《论法与法律的区别——与李肃、潘跃新同志商榷》，《法学研究》1987年第4期。

② 汪永清：《在马克思主义法学思想中，法与法律概念没有严格区分——与李肃、潘跃新同志商榷》，《法学研究》1987年第6期。

③ 吕世伦、张学超：《西方自然法的几个基本问题》，《法学研究》2004年第1期。

中"灋"字的本义作了细致考察，① 既由此对"灋"字不体现公平、正义的看法提出了批评，也丰富了"法是什么"的分析渠道。总体来看，30 年间关于"法是什么"的理论研究所经历的历史变迁，与其说仅仅发生在观点上，不如说更为深刻地发生在文献资源、理论视野、研究路径乃至思想生成的方式和自由程度上。

（四）法治

理论界关于法制、法的性质和概念的争论和研究，从后来的发展看，在客观上都为法治理论的确立和完善造就了条件。法治，是理论界近 30 年取得的最重要成果之一，也是《法学研究》中会议讨论最多、研究头绪最繁杂的一个论题。240 篇专论法律的法理学文章中，约有 40 篇在标题和内容上涉及法治，其中包含 8 篇相关综述。如同人权研究一样，法治探讨也经历了两个明显的波峰。一是 1982 年之前关于人治与法治的争论；二是 1996 年、1997 年关于依法治国的研讨。1983—1995 年，法治讨论时有时无；1998 年之后，法治研究则更趋广泛而深入。如果拟一条线索，那么，大致可以说，贯穿《法学研究》始终的法治研讨经历了从争论，到铺排，到确立，到研究，再到反思这样一个过程。

1979—1981 年，《法学研究》三次开辟"法治与人治"讨论专栏，有选择地刊登了 8 篇争论人治与法治的文章。尽管 1979 年中共中央发布《关于坚决保证刑法、刑事诉讼法切实实施的指示》明确提到了"实行社会主义法治"几个字，但从这 8 篇文章看，理论界关于法治的理解其实存在很多分歧，也存在一些模糊认识。例如，有学者认为在历史上法治论比人治论更民主；有学者认为法治与人治作为统治方法并无绝对界限，由此主张法治与人治并用；还有学者认为应当摒弃"法治"、"人治"这样容易产生思想混乱的不科学概念。这些分歧和模糊认识与学者们大多围绕古代儒家和法家的治国主张来谈人治和法治存在一定联系。仅从"治"理的角度，而不从"政"制的角度审视"法治"，是难免会产生所谓的人治与法治"结合论"的。1982 年，针对有人所主张的"法治"提法片面、不科学，李步云发表了《法治概念的科学性》一文，从立法完备、依法办事、司法

---

① 参见张永和《"灋"义探源》，《法学研究》2005 年第 3 期。

平等三个方面把握法治，并且对"法制"与"法治"作了区分，在法理上澄清了一些概念和认识。

此后 8 年间，只有 1989 年出现过一篇从词义上辨析"法制"、"法治"与"人治"的法治文章，而同期几乎每年都有讨论"法制"的文章。此种差异在一定程度上衬托出"法治"比"法制"更强的意识形态色彩。到 1991 年，杨海坤发表《中国社会主义法治的理论与实践》一文，比较系统地提出了现代法治理论。该文把法治与商品经济、民主政治等联系起来，归纳了良法之治、法律至上、权力制约、权利保护、依法办事、完善程序等法治原则，是到此为止《法学研究》中对法治的理解尤为细致深入的一篇文章，而此时"冷战"即将结束，"人权"也开始不再成为禁区。1992 年，"法治与社会经济发展国际学术讨论会"召开，《法学研究》发表了 2 篇相关会议文章，主旨是法治对于经济发展和政治稳定的促进作用。1994 年则又出现了一篇论市场经济是法治经济的文章。这些论文从概念、原理、作用等方面为"依法治国，建设社会主义法治国家"的提出作了理论准备。

1996 年，可以说是法治理论确立的一年，也是法治理论影响政治决策的一年。这一年，王家福等发表《论依法治国》一文，对于依法治国的意义、条件、观念等作了提纲挈领的阐述。中国社会科学院法学研究所也召开了"依法治国，建设社会主义法治国家"学术研讨会，学者们就"法制"与"法治"、"以法治国"与"依法治国"、"形式法治"与"实质法治"等作了进一步的广泛讨论。① 从研讨情况看，尽管学界此时对于实行法治已大体达成共识，但关于"法治是什么"等基本理论问题仍显出有深入研究的必要。此后，法治一直是《法学研究》的一个讨论重点，研究范围涉及法治的价值、原则、要件，法治的社会互动基础、政治和文化条件，法治与市民社会，法治与民主等各个方面，论题广泛，观点纷呈。

在这些讨论中，也夹杂着对于法治及其中国实践的理论反思。诸如形式与实质、确定与变革、普遍与特殊、中国与西方、传统与现代、国家与社会、司法与调解、诉讼与信访、民主与法治、职业化与民主化、法律事

---

① 参见《依法治国建设社会主义法治国家学术研讨会纪要》，《法学研究》1996 年第 3 期。

实与客观真实等之间的矛盾都进入了学者们的分析视野。① 这些反思，一
方面反映了法治作为一种与政治相联系的治理道路本身所具有的特点；另
一方面也反映了中国现代化进程中法治实践与社会现实之间的交磨。就前
一方面而言，如同作为"道"的人权一样，法治也意味着路径选择。作为
一种以法律为基本方式的形式化治理道路，它有别于以宗教、道德、政治
运动等形式展开的治理路线，由此也存在"路径依赖"以及路径局限，其
他一些道路的优长可能是它无法兼顾的。就后一方面而言，法治作为一种
现代方式与源自中国社会自身的生存方式以及现实的信访、调解等治理形
式存在一定的隔膜。协调这种隔膜乃至消减其间的摩擦，重要的或许不在
于去此存彼或以此代彼，而在于首先在"政"制层面建立正式的司法和法
律体制，以使传统治理形式和生存方式得以涵容于现代政制之下。由此而
论，在现代语境下，法治并非像以往在关于"人治"和"法治"的争论中
所认识的那样，只是一种"治"理形式，它还相应地蕴含着依法建立并不
断完善用以有效保障人权和公民权利的"政"制。

四　学与术

法理学既是关于法的理学，也是关于法理的学科。尽管目前法理学在
各教育和研究机构中已被普遍设置为一门法学类的基础学科，但关于法理
学的性质、对象、任务等在学界并不能说已达成共识。犹如"法是什么"
一样，法理学在作为一门学科被建立起来之后仍然面临着"法理学是什
么"、"法理学研究什么"这样的基本问题。而且，自近代以来，特别是改
革开放以来，随着中国日趋广泛地卷入世界历史进程，一些学者也提出了
这样的问题：中国古代是否有法学？是否有法理学？与此相关，究竟是只
存在无论古今、不分中西的"法学"、"法理学"？还是也存在所谓的"中

---

① 参见苏力《二十世纪中国的现代化和法治》，《法学研究》1998 年第 1 期；马小红《法治
的历史考察与思考》，《法学研究》1999 年第 2 期；应星《作为特殊行政救济的信访救
济》，《法学研究》2004 年第 3 期；《纪念依法治国基本方略实施十周年笔谈》，《法学研
究》2007 年第 4 期；高鸿钧《现代法治的困境及其出路》，《法学研究》2003 年第 2 期；
张建伟《认识相对主义与诉讼的竞技化》，《法学研究》2004 年第 4 期；汪海燕《形式理
性的误读、缺失与缺陷——以刑事诉讼为视角》，《法学研究》2006 年第 2 期；何兵《司
法职业化与民主化》，《法学研究》2005 年第 4 期；等等。

国法学"、"中国法理学"？30 年间，越往后，《法学研究》刊载的文章越多越深地涉及这些问题。对"学"本身的思考和分析，构成了中国法理学的《法学研究》之路的重要组成部分。

从学术史的角度看，可以说，这30 年《法学研究》所体现的法理学总体上是"现代学术"。通过中西古今对比，可以更为具体地发现其大致特点。法理学，在西方主要呈现自然法学、分析实证主义法学、法社会学三种历史形态，其中，自然法学侧重于对法的形而上学思考，而分析实证主义法学和法社会学则侧重于对法的科学分析。无论中西，形而上学思考和科学分析都构成两类基本的学术形式。一者在超验或超越的立体结构中对人和物作哲理思考，所谓"理学"、"自然法学"大体属于此类；一者在更为平面化的结构中对人和物作知识分析，近代以来基于学科分工而形成的各种"专门之学"大体属于此类。而中国传统学术，无论是所谓的"六艺之学"，还是所谓的"四部之学"，在性质上都受到了"德性之学"和"通人之学"的主导，因此明显表现出更为立体通透的道德体系结构，直到20 世纪早期才逐渐为体现现代学术分类的所谓"七科之学"取代。① 沿着古今中西的这些学术脉络看，可以说，《法学研究》中的法理学研究整体上多是关于法律的知识分析。一方面，虽然兴起过关于法社会学的理论探讨，但社会科学方法在法理学研究中的运用显然是不够的，甚至是基本缺乏的；另一方面，虽然也有关于法律的哲理思考，并且表现出价值探讨，但这些思考和努力显然更多侧重于源自经验和感知的政治和社会层面，而很少再受到传统社会中那种超验或超越的道德体系结构的影响。从《法学研究》中的法理学文稿中，这些特点是不难体察的。

在这种整体背景下，以下结合《法学研究》中的法理学文章，特别是其中关于"学"、"法学"的文章，来更为细致地分析关于"法理学"的研究的《法学研究》之路。30 年间，《法学研究》共刊载讨论"法学"或"法理学"的文章约85 篇，其中包括5 篇会议研讨综述和7 篇学科研究综述。按照这些文章透显出的线索，以下的具体分析从历史沿革、法律科学、权利之学、中国法理学这四个主要方面展开。

① 参见左玉河《从四部之学到七科之学——学术分科与近代中国知识系统之创建》，上海书店出版社，2004。

（一）历史沿革

尽管近代史上有《法学盛衰说》（沈家本著）、《中国法理学发达史论》（梁启超著）之类的文章，但在近 30 年中也出现过"中国古代无法学"的断语。1997 年，何勤华在《法学形态考——"中国古代无法学论"质疑》一文中对此作了辨析。该文基于中外对照分析，指出"中国古代不仅存在法学，而且还是一种比较发达的法学形态"，在很大程度上对中西文化比较中"惟分新旧，惟分中西，惟中为旧，惟西为新"① 甚至惟西为准的理论倾向作了矫正。这一时期，《法学研究》发出"回顾我国新法学发展的历史成果，吸取前辈治学的经验和教训，冷静思考未来法学发展的道路"的倡议，② 随之出现了几篇关于中国近、现代法学的文章。一方面，这些文章表明，近代约有 4500 名可查的法学留学生，对中国法制近代化起到了重要作用；而另一方面，虽然仅民国时期就有约 5500 种法学著作，但"经典作品不多"，"大都是西方法学理论的翻版"，③ 显示出中国法学近代化道路上的受动处境和自主性不足。

对于新中国成立后头 30 年的法学状况，《法学研究》差不多每隔 10 年就有一次回顾。1989 年，在《中国法学四十年》一文中，张友渔和刘瀚划分了法学经历的四个阶段：初步发展（1949—1957 年）；受到挫折和在曲折中发展（1957—1966 年）；遭受严重破坏（1966—1976 年）；迅速恢复和蓬勃发展（1977—）。这与前述法制发展的几个时期是大体一致的，体现了法学与法制之间的紧密联系。关于头 30 年法学落后的原因，学者们大多提到了苏联法学的影响，认为照搬苏联法学导致了头 30 年中法只被理解为阶级专政的工具，对法的阶级性过于强调以及法律理论中的国家主义倾向等。④ 此

---

① 钱穆：《现代中国学术论衡》，三联书店，2001，序。
② 郝铁川：《中国近代法学留学生与法制近代化》，《法学研究》1997 年第 6 期，编者按。《法学研究》后来也强调了对法学学术发展史的梳理，并多次涉及对 20 世纪中国法学的历史回顾和总结。
③ 郝铁川：《中国近代法学留学生与法制近代化》，《法学研究》1997 年第 6 期；何勤华：《中国古代法学的死亡与再生——关于中国法学近代化的一点思考》，《法学研究》1998 年第 2 期。
④ 参见陈守一《新中国法学三十年一回顾》，《法学研究》1980 年第 1 期；孔小红《中国法学四十年略论》，《法学研究》1989 年第 2 期；唐永春《苏联法学对中国法学消极影响的深层原因——从马克思东方社会理论出发所作的分析》，《法学研究》2002 年第 2 期。

外，一批曾经留学西方的法学知识分子在头 30 年提出的法律观点及其坎坷
的人生遭遇也受到了一些学者的关注。① 两相比较，如果苏联模式在理论
上也可以被视为一条现代化路径的话，那么，可以说，在这头 30 年的法学
发展过程中，不仅源于苏联的现代化模式最终遭受挫败，源于西方的现代
化模式也遭受严重挫折。由此来看，在一定意义上，随即而至的改革开放
其实可以说是现代化道路的转向或新的开始。

对于改革开放以来的法学发展，《法学研究》也有经常的观察和反思。
关于改革开放头 10 年的法理学，学者们在看到进步的同时，也注意到法理
学研究中仍然存在保守、僵化的倾向，学科体系不够完善，未最终从"以
阶级斗争为纲"的思想禁锢中解放出来，等等。② 再一个 10 年后，学者们
基本认同这些年法理学的进展是"令人瞩目的"，这在人权、权利、法治、
学科体系等方面都有体现，但仍有不满意之处，主要表现为"泛政治化"、
"教条主义"、与部门法联系不够紧密、社会科学方法运用不够等。③ 综合
起来，大致可以从两个角度来审视这 30 年的法理学。从理论资源看，法理
学逐渐从苏联法学的影响中走出来，转而受到西方法学的更大影响，到 21
世纪则日益表现出立足中国文化和社会现实维护自身主体性的倾向。在 85
篇关于"法学"的文章中，单纯介绍西方法学的就有 17 篇，集中在 1994 年
之前，在一定程度上体现了西方法学的进一步影响。从学科体系看，法理学
逐渐从所谓"泛政治化"中走出来，开始形成一门专门而独立的法律科学，
并在树立权利取向后成为一门权利之学，直至在 21 世纪朝着更加自主的方
向发展。《法学研究》所体现的这一变迁过程，与国内法理学教材从"国家
与法的理论"到"法学基础理论"再到"法理学"的发展大体是一致的。

（二）法律科学

《法学研究》创办之初，法学就是作为一门科学对待的，或者说，就

---

① 参见陈景良《新中国法学研究中的若干问题——立足于 1957—1966 年的考察》，《法学研
究》1999 年第 3 期；郝铁川《中国近代法学留学生与新中国初期的法治建设》，《法学研
究》2000 年第 2 期。

② 参见孔小红《中国法学四十年略论》，《法学研究》1989 年第 2 期；陈春龙等《进一步解
放思想，繁荣法学研究——法学所部分研究人员座谈邓小平南巡谈话》，《法学研究》
1992 年第 5 期；刘瀚、夏勇《法理学面临的新课题》，《法学研究》1993 年第 1 期。

③ 《20 世纪中国法学与法制研讨会发言摘要》，《法学研究》1999 年第 2 期；《"法理学向何
处去"专题研讨会纪要》，《法学研究》2000 年第 1 期。

存在使法学成为一门科学的努力。1979 年发刊词这样写道，"法学是一门现实性很强的科学"。后来，一些文章中也时常有这样的话："法学是一门古老的社会科学"，"法学是以法律这一特定社会现象作为研究对象的科学"。① 就法学中的法社会学、分析法学等而言，这些判断并不为错，但研究也表明，在自然科学、社会科学和人文学科三种知识形态分类中，法学其实是难以归入其中哪一类的。法学，在何种意义上是一门科学？

所谓科学，至少包含以下三层意思：（1）以源自感官或经验的"闻见之知"为基础，对于感官所不及、不能以逻辑理性认知的事物通常予以否定或置之不论；（2）追寻真实和可以被反复验证的客观规律；（3）与此相应，认知和研究不从宗教、道德、政治等立场或意识形态出发，而是从客观实际出发。就这三点而言，将法学视为一门科学，实际标示着一种强调研究的科学性和独立性，使法学摆脱来自政治、功利等的不良干扰的学术立场。事实上，从《法学研究》看，这种学术努力在法学研究中是一直存在的。

1979 年，赵震江在《五四精神与法学研究》一文中，重提"五四"科学精神，专门谈到了法学的政治性与科学性之间的关系。这其实是近 30 年间特别是 20 世纪 90 年代以前长期黏附在法理学研究中的一对矛盾。同年，有文章指出，"在研究问题的时候，科学以外的考虑是不必要的。科学研究是一种探讨真理的工作，从事这种工作……应该采取'独立思考，只服从真理'的态度"。② 次年，《论马克思主义法学的科学性》一文也特别强调了把法学建立在科学的基础上。不过，直到 20 世纪 90 年代初，学者们还是注意到，法理学研究中仍然大量存在从书本出发，着力于对经典著作或领导人讲话的学习和解读的情况。尽管如此，在一种迈向法律科学的长期学术努力中，法理学的学科体系终究被建立起来，学科内容也得到了极大丰富。

建立独立的学科体系，确定专门的研究对象，可以说是我国法理学朝法律科学方向迈进的一个起步。早在 20 世纪 60 年代，理论界就曾对法学

---

① 余先予、夏吉先：《论马克思主义法学的科学性》，《法学研究》1980 年第 5 期；黎青：《论马克思主义法学》，《法学研究》1989 年第 6 期。

② 于光远：《对法学研究工作的一些意见——在全国法学规划会上的讲话（摘要）》，《法学研究》1979 年第 2 期。

体系展开讨论，但国家与法在当时仍没有被区分开。1983 年，陈春龙发表《法学体系初论》一文，对法律科学的学科体系以及法理学在其中的地位作了初步而有益的探讨。到 20 世纪 90 年代初，张文显从本体、进化、运行、主体、客体、价值 6 个方面对法学范畴体系作了归纳，提出了诸多法理学范畴；刘瀚和夏勇也从知识、价值和方法论 3 个方面对法理学学科体系作了调整和充实，进一步明确了法理学的研究对象和任务。① 这些文章，对于法理学的学科骨架的形成无疑是有好处的。在此骨架下，法理学的诸多概念和范畴在研究中得到了前所未有的丰富和发展。30 年间，除关于权利、法制、法治、法学等的文章外，《法学研究》专论法律的近 240 篇法理文章中，涉及法律价值 4 篇、法律效力 4 篇、法律渊源 5 篇、法律体系 6 篇、法律关系 3 篇、法律规范 5 篇、法律行为 2 篇、法律责任 2 篇、法律制定 11 篇、法律实施 3 篇、法律适用 2 篇、司法裁判（含法律推理）11 篇、法律解释 8 篇、法律职业 3 篇、法律意识 2 篇、法律文化 6 篇、方法论 5 篇等。有了这些专论，法理学在体魄上才日渐丰满和壮大起来。

尽管法理学循着科学路径得以强筋健骨，但法理学其实并不只是法律科学。除对法律的科学观察外，法理学也包含着关于法律的哲学分析乃至理学思考。到 21 世纪，一些学者对法理学研究中的科学和理性取向给予了批判式的审视。如果说法理学当年朝科学方向迈进旨在避免政治话语的过度影响，那么，"被科学话语遮蔽的'法学范式'"在新的世纪最终也受到了反思。② 科学研究中所依凭的那些以往为人习以为常的语言形式、理性思维、认知方式、前在观念、科学话语等变成了研究的对象。由此，学者们认为，纯粹的法律科学可能是困难的。在很大程度上，这些反思重新为道德哲学、政治哲学等进入法理学开通了渠道。

（三）权利之学

中国近代法律学者在 20 世纪 40 年代曾经基于西学提出"法学为权利

---

① 参见张文显《论法学的范畴意识、范畴体系与基石范畴》，《法学研究》1991 年第 3 期；刘瀚、夏勇《法理学面临的新课题》，《法学研究》1993 年第 1 期。

② 参见葛洪义《法学研究中的认识论问题》，《法学研究》2001 年第 2 期；刘星《法学"科学主义"的困境——法学知识如何成为法律实践的组成部分》，《法学研究》2004 年第 3 期；舒国滢《寻访法学的问题立场——兼谈"论题学法学"的思考方式》，《法学研究》2005 年第 3 期。

义务之学"，时隔近半个世纪，这一论断再次出现于我国法学界，[①] 并且成为法学界的一股强音。这与其说是后人对前人的一种有意模仿，不如说是改革开放的时代发展使然。如果说法律科学是法理学在形式和知识层面的一种发展，那么，权利之学则可谓法理学在价值和道理层面的一种发展。

广为人知的是，欧洲大陆语词中的 jus、Recht、droit（"法"）通常兼有"权利"之义，以至于在一些汉语译著中时而被译为"法"，时而被译为"权利"，还有时被译为"法权"。在此语境下，法学被称为权利之学不足为奇。但在汉语中，"法"与"权利"还是有明显区别的，法学何以成为权利之学？严复有言，"法之立也，必以理为之原……在中文，物有是非谓之理，国有禁令谓之法，而西文则通谓之法……西文'法'字，于中文有理、礼、法、制四者之异译"。[②] 由此来看，在汉语中，称法学为权利之学或权利义务之学，需要从"理"上去把握。就"权利"为现代"法理"而言，法学或法理学在现代社会未尝不可被称为权利之学。

1991 年，张文显在《论法学的范畴意识、范畴体系与基石范畴》一文中，从 5 个方面对于以权利和义务为核心来构筑法学或法理学作了详细论证。按照该文的观点，法在本体上以权利和义务为机制调整人的行为和社会关系；立法、执法、司法在过程上表现为对权利和义务的分配、保护、确认；现代法在价值上以权利为本位配置权利和义务；权利和义务表现出人对法的主体性，而不是法对人的管制；权利和义务构成法律规范、法律关系、法律行为等的核心；法律现象导源于权利和义务的对立统一。总体来看，这些分析不外是从法律形式和法律价值两个方面展开的。实际上，从前面的分析也可以看到，权利在我国法理学中大体是循着公民权利和人权两条线索发展的，公民权利从一开始就与宪法和法律相联系，人权则有赖于价值观念上的意识形态突破。可以说，法律科学、以权利和义务重构法理学分别从形式和价值层面实现了中国法理学自 20 世纪 80 年代中后期以来的一次"更新"，法理学由此从所谓的"阶级斗争学"最终转变为法律科学和权利之学。这样一种转变的意义并不仅限于这 30 年或 60 年，它

[①] 参见刘瀚、夏勇《法理学面临的新课题》，《法学研究》1993 年第 1 期，该文提到，"法学是权利义务之学"。另参见张文显《论法学的范畴意识、范畴体系与基石范畴》，《法学研究》1991 年第 3 期。

[②] 〔法〕孟德斯鸠：《孟德斯鸠法意》，严复译，商务印书馆，1981，第 2—3 页案语。

也是更为久远的中国现代化进程的一部分。

从后来的讨论看，有学者认为"法律规则是法学的核心范畴"，"我国的法理学应以规则为核心构建体系"。① 就形式层面而言，这样一种观点与价值层面的权利之学是可以并行不悖的，一如法治在一些国家既以个人权利为基础，也以规则典章（rule-book）为基础。从《法学研究》看，学者们对规则、原则等的研究实际上越来越多、越来越精深。还有学者对所谓"权利义务法理学"提出了批评，认为"权利和权力才是法律世界中最重要、最常见、最基本的法现象，法学应当以权利和权力为最基本研究对象和分析起点，从而形成新的范畴结构和新的法现象解释体系"。② 就价值层面而言，这样一种观点并不必定与权利义务之学或权利之学两相对立。从现代性的角度看，权利之学可谓一种与道德哲学和政治哲学紧密联系的现代法理学，它在很大程度上不仅蕴含着义务源出于权利的观点，而且蕴含着法律和政治权力也源出于权利的看法。权利之学所试图开辟的是以保障人权和公民权利为出发点的现代政治和法律道路，它不主张只从道德义务出发的治理路线，不支持以政治权力为中心的统治路线，也不赞同从上而下以刑杀为主的法律路线。就此而言，权利之学不仅相对"阶级斗争学"显出其现实意义，也相对传统的统治和治理理论显出其现代意义。

（四）中国法理学

无论是法律科学，还是权利之学，在很大程度上都带着西方法学影响的痕迹。这反映了近 30 年中国法理学发展的世界背景和历史处境。实际上，这样一种背景和处境还可以更往前地延伸到整个近代。自从中国在近代由"中国之中国"、"亚洲之中国"变为"世界之中国"，③ 处在近世学者所谓的"新战国时代"之后，世界就构成了影响中国发展的一个基本背景。在此背景下，与传统文化和制度遭受前所未有的批判、贬抑乃至毁损形成鲜明对照的是，外国的学说和制度成为学习、模仿乃至移植的主要对

---

① 陈金钊：《认真地对待规则——关于我国法理学研究方向的探索》，《法学研究》2000 年第 6 期。
② 童之伟：《论法理学的更新》，《法学研究》1998 年第 6 期；童之伟：《再论法理学的更新》，《法学研究》1999 年第 2 期。
③ 梁启超：《中国史叙论》，载梁启超《饮冰室合集》文集之六，上海中华书局，1936。其中提到，"近世史，自乾隆末年以至于今日，是为世界之中国"。

象，由此产生了中国近现代史上的"古今中外"问题，以至于很多人在认识上表现出这样一种明显倾向，凡外国的尤其是西方的，通常被视为是新的、进步的、值得追求的，凡中国的通常被认为是旧的、落后的、势必淘汰的，而中国发展的目标就在于向日本、欧美乃至苏联学习，与世界接轨。近世屈辱和百年动荡促成了这样一种向外国学习的心态和受外国影响的形势。从历史上看，近代以来的法学同样未能幸免这样的状况。这是迄今仍然有所延续的中国近现代法学的历史处境。

其实，学习借鉴并不为过，问题的关键在于学习借鉴过程中对于自身文化传统或传统文化的态度。从《法学研究》的法理学文章看，相比西方理论资源，法理学界对于中国传统文化理论资源的重视和利用程度是相当薄弱的。而在为数不多的触及相关资源的文章中，也多是在诸如民主法制传统缺乏的意义上提及文化传统，视之为现实挫败和失误的历史原因。看上去，缠绕在传统文化之上的那些自近代以来形成的根深蒂固的批判观念远远多于人们对它的细致、真切、同情的了解。而且，沿着既有理论乃至西方学者的眼光来判断而不作实际深究的情况仍然存在。对此，一些法律史学者感触尤深。曾宪义和马小红这样写道："当我们阅读百余年来，尤其是近二十年来关于中国传统法研究的著作时，我们感受不到传统的震撼，找不到可以给我们自信的传统。相反我们时时感到的是一种苦涩和失落……在中国五千年的文明发展史中，历史与传统从未像百余年来这样暗淡，这样被国人所怀疑。"① 此种状况多少也出现在 30 年的法理学文章中。时至今日，存留在研究中的那些对待中国传统文化的历史遗绪是值得深思的。无论如何，那种在纵向历史比较中惟破旧趋新，在横向空间比较中惟中不如西的扭曲比较观是需要矫正的。实际上，"古今中外"都可能蕴含着普适道理，如前文所分析的，德性和权利都可谓普遍之道，尽管现代社会改以权利为出发点来展开政治和法律实践，但这并不意味着德性是应该被摒弃的，相反，对于避免现代权利和法治道路上的"现代性"问题，传统德性的补济显得尤为必要。

如果说中国法理学在对待"古"的方面需要从隔膜和断裂转向更多的疏通和理解，那么，它在对待"外"的方面则又需要从被动乃至自觉接受

---

① 曾宪义、马小红：《中国传统法研究中的几个问题》，《法学研究》2003 年第 3 期。

转向主体性建构。这意味着，"世界之中国"，不仅需要中国与世界接轨，以吸纳世界文化，也需要世界与中国接轨，以使中国的智慧和普遍价值主动参与和融入世界历史进程。从《法学研究》的法理学文稿看，此种主体性文化自觉后来已经开始呈现。2006 年，邓正来在其论文中这样反思近 30 年的中国法学：中国法学近 30 年的发展，主要是以现代化范式为依凭的，其具体表现便是它不仅经由移植西方制度安排或相关理念而为中国法制/法律发展提供了一幅西方法律理想图景，而且还致使中国法学论者意识不到他们所提供的并不是中国自己的法律理想图景。[①] 过了 30 年后，当中国法理学日渐在法律科学和权利之学基础上丰满起来，这样一个判断是发人深省的。在现代化进程中，"中国法理学"何以成为"中国的"？何以需要成为"中国的"？这是中国法理学依靠外来理论资源经历 30 年的发展后不得不提上思考日程的问题。当然，这样一种主体意识自觉，未必意味着自我封闭、坐井观天乃至夜郎自大，毋宁说，它展示的是中国法理学的一种沿着中国社会现实和中国文化理路开拓政道和法理，既对中外普遍价值融会贯通，又使中外文化互相推助、彼此补充、内外衔接、共济并行的理论姿态。

（胡水君：《〈法学研究〉三十年：法理学》，《法学研究》2008 年第 6 期）

[①] 邓正来：《中国法律哲学当下基本使命的前提性分析——作为历史性条件的世界结构》，《法学研究》2006 年第 5 期。

下编　法治的中国理论

中国的法治文化建设

李　林

　　我国古汉语中，已有"文"和"化"二字。例如，《易·系辞下》："物相杂，故曰文"；《礼记·乐记》："五色成文而不乱"；《黄帝内经·素问》："化不可代，时不可违"。把"文"与"化"二字在一段话中同时使用的，较早见诸战国末年的《易·贲卦·象传》："刚柔交错，天文也。文明以止，人文也。观乎天文，以察时变。观乎人文，以化成天下。"而"文化"一词在我国的出现，可追溯到西汉的《说苑·指武》："圣人之治天一，先文德而后武务。凡武之兴，为不服也，文化不改，然后加诛。"这里所说的"文化"，是与"武力"相对的教化，与当今中国使用的"文化"概念的含义不尽相同。古汉语中的"文化"概念，本义是指"文治"与"教化"。据学者研究，我国今天使用的"文化"一词，英文、法文都写作 culture，是舶来品，是 19 世纪末通过日文转译从西方引进的。而"culture"一词是从拉丁文"cultura"演化来的，拉丁文 cultura 的原始含义是"耕作"，后来用于指称人工的、技艺的活动及其成果，还进一步扩展为风俗习惯、文明制度等。改革开放 40 多年以来，我们总体上把文化建设作为精神文明建设的重要部分来理解。在"精神文明"和"物质文明"两个文明意义上，精神文明包括政治体制改革和民主法制建设等内容，因此文化建设与精神文明建设重合的任务相对较少。而在"精神文明"、"物质文明"、"政治文明"三个文明意义上，政治文明建设被分列出来，因此文化建设与精神文明建设的范畴总体上是重合的，只是它们的话语表述方

　　*　李林，中国社会科学院法学研究所研究员，曾任中国社会科学院法学研究所所长。

式、要解决的主要问题和工作任务的侧重点等方面有所不同。

从文化角度看，法治文化是以"法治"为治国理政基本方式所形成的一种社会文化形态；从法治角度看，法治文化是以"文化"为表现形式和主要内容的一种法律统治形态。两个角度的内容相辅相成、殊途同归。所谓法治（rule of law），是指具有至高权威和平等对待的良法善治。在理念层面上，法治主要是指统治和管理国家的一整套理论、思想、价值、意识和学说。在制度层面上，法治主要是指在法律基础上建立或形成的概括了法律原则、法律程序和法律规范的各种制度设施。在运作层面上，法治主要是指法律秩序和法律实现的过程及状态。从深层次来看，法治归根结底是一种文化、一种信仰、一种生活方式。一如学者所言，"法治应当是由普遍性和特殊性所包容的连续体，是道德判断与普遍规范约束的结合……法治的意义还在于它是各种制度、文化和普通公民的信念体系的一个属性。这里特别值得重视的，是关于'法治是一种文化'的观念"，因为，"法治的含义不只是建立一套机构制度，也不只是制定一部宪法一套法律。法治最重要的组成部分也许是一个国家文化中体现的法治精神。因此，要理解法治在一个国家里的意义，要有效发挥法治运作的价值和规范功能，最重要的是文化"。①

一　什么是法治文化

基于对文化和法治的一般理解，可以把法治文化作出狭义和广义的不同界定。狭义地讲，法治文化是关于法治精神文明成果和法治行为方式相统一的文化现象和法治状态。广义地讲，法治文化是一个国家中由法治价值、法治精神、法治理念、法治思想、法治理论、法治意识等精神文明成果，法律制度、法律规范、法治机制等制度文明成果，以及自觉执法、守法、用法等行为方式共同构成的一种文化现象和法治状态。

（一）广义的法治文化

广义的法治文化包括三个层面的内容。一是作为精神文明成果的法治

---

① 〔美〕詹姆斯·L. 吉布森、〔南非〕阿曼达·古斯：《新生的南非民主政体对法治的支持》，仕琦译，载中国社会科学杂志社组织编译并出版的《国际社会科学杂志》（中文版）1998 年第 2 期，第 38—39 页。

文化，主要包括以下内容。

（1）关于法律的理论学说。包括什么是法律（如认为法律是国家意志，是自然法则，是正义理性，是神或统治阶级的意志，是规范规则体系，是具体行动行为，是政治统治的工具手段，等等）、法律本质、法律功能、法律关系、法律来源以及法律与国家、法律与道德、法律与社会、法律与宗教、法律与政党、法律与经济、法律与政治、法律与意识形态、法律与文化等的关系。

（2）关于法治的原则。例如，法国《人权与公民权宣言》宣示的法治原则包括：法律面前人人平等；未经审判不为罪，法律不得溯及既往；未经正当程序不得剥夺任何人的权利和自由，宪法所未列举的权利应为人民保留；国家机关不得行使法律所未授予的职权；宪法是国家的最高法律，任何法律、法令都不得与宪法相抵触；国家机关之间应严格实行分权。又如，美国法学家富勒把道德和法律紧密联系起来，提出了法治的八项原则：法律应当具有普遍性，法律应当公布，法律应当具有明确性，法律应当具有稳定性，法不得溯及既往，应当避免法律中的矛盾，法律不应要求不可能实现的事情，官方行为应与公布的法律保持一致。[1]

（3）关于法治的价值。包括民主、自由、平等、人权、公平、正义、秩序、安全、和谐、宪制等。正如法律有"善法"与"恶法"之分一样，法治所凭借之"法"当然也不会例外。依据什么样的法律进行统治，是法治文化必须回答的前提性问题。不能设想根据任何法律进行的统治都是正义的、有利于社会文明进步的。"德国人民在第三帝国时期也许曾处于法律制度统治下，然而，这是一种很多德国人和其他国家的人认为在许多方面令人憎恶的法律。"[2] 南非推行种族隔离而适用未经审判即定罪的一些条款，都是以法治的名义进行的。[3] 我国"文化大革命"时发生的许多暴行，则是依据臭名昭著的"公安六条"施行的。历史一再证明，法治既可以正向价值为取向，充分维护民主、自由、平等、人权、正义和宪制，保障人民福祉的实现，也可以负向价值为归依，把法律变成推行专制、人治、维护特权和私有制度的工具，甚至成为实行法西斯专政的手段。习近平说：

---

[1]　转引自沈宗灵《现代西方法律哲学》，法律出版社，1983，第204—209页。

[2]　《牛津法律大辞典》，光明日报出版社，1988，第791页。

[3]　参见 J. W. Harris, *Legal Philosophy* (Butterworths & Co. , 1980), p. 128.

"人民群众对立法的期盼，已经不是有没有，而是好不好、管用不管用、能不能解决实际问题；不是什么法都能治国，不是什么法都能治好国。"①十九大报告明确指出："推进科学立法、民主立法、依法立法，以良法促进发展、保障善治。"② 因此，实行法治、建立法治国家，必须有理性的价值导向，而理念层面的法治所要解决的，正是法治价值的合理选择与定位问题。

（4）关于法治的认知。诸如罪有应得、杀人偿命、信守契约、借债还钱，不杀人放火、不抢劫盗窃、不坑蒙拐骗、不欺行霸市、不缺斤少两等。这是社会成员基于社会道德、宗教规训、传统习俗等对法律、法律价值、法治以及守法、违法、犯罪、惩罚等法律行为规范及其后果的原始认识和朴素理解，是一个国家法治文化最广泛、最普遍、最原生态的社会道义基础，在法治文化建设中居于举足轻重的基础地位。

二是作为制度文明成果的法治文化。国家的政治制度、法律制度、法律程序、法治机制等，是法治文化的基本制度载体和重要存在方式，是作为精神文明成果的法治文化得以在国家和社会生活中发挥作用的制度平台和重要保障。作为制度文明成果的法治文化，主要包括宪法制度、立法制度、执法制度、司法制度、法律监督制度、守法制度，以及法律体系、法律部门、法律规范、法律条文、司法判例、法律解释等。例如，西方国家通常实行立法权、行政权、司法权分权制衡的"三权分立"制度，我国则实行民主集中制基础上的人民代表大会制度。又如，我国法律体系分为宪法与宪法相关法、民商法、行政法、经济法、社会法、刑法、诉讼与非诉讼程序法等七个部门；西方大陆法系国家主要划分为公法、私法、社会法、经济法等领域。在英美法系国家，不成文的判例法是主要法律形式，而在大陆法系国家，成文法是主要法律形式，等等。

三是作为社会行为方式的法治文化。如果说法律的生命在于实施，那么，法治的实现在于信仰。对于一个社会而言，法治不仅是主流价值和理

① 习近平：《在第十八届中央政治局第四次集体学习时的讲话》（2013年2月23日），载中共中央文献研究室编《习近平关于全面依法治国论述摘编》，中央文献出版社，2015，第43页。

② 习近平：《决胜全面建成小康社会 夺取新时代中国特色社会主义伟大胜利——在中国共产党第十九次全国代表大会上的报告》，人民出版社，2017，第38—39页。

论观念，也不仅是制度规范和司法机器，更重要的是一种社会信仰、生活方式和行为习惯。习近平指出："需要全社会法治观念增强，必须在全社会弘扬社会主义法治精神，建设社会主义法治文化。要在全社会树立法律权威，使人民认识到法律既是保障自身权利的有力武器，也是必须遵守的行为规范，培育社会成员办事依法、遇事找法、解决问题靠法的良好环境，自觉抵制违法行为，自觉维护法治权威。"① 作为社会行为方式的法治文化，主要是指社会成员在社会活动中对待法治的态度和所采取的行为方式。如对于一般社会成员来说，他们为什么要守法？守法是自觉自愿行为还是被迫行为？自觉守法或者被迫守法的文化机理和原因是什么？违法犯罪的原因、条件、主客观因素是什么？对于公职人员来说，他们为什么要依法执政、民主立法、依法行政、公正司法？为什么必须依法办事？为什么不能滥用公权力，不能以权谋私、贪污受贿、徇私舞弊、司法腐败、卖官鬻爵？他们为什么会发生选择性执法、执法不作为或者乱作为等？对于公司企业商人等来说，他们为什么必须依法经营、诚实信用、平等竞争、公平交易、依法纳税？为什么会发生缺斤少两、制假贩假、偷税漏税、合同诈骗、走私骗税等违法犯罪行为？所有这些行为方式和社会现象，都与法治文化的有无、真假、多少、强弱等有关。尤其需要追问的，是在什么条件下法治才能为人们所真正信仰，才会内化成为人们的生活方式，才能在一个有着几千年封建专制文化传统的社会中生根开花结果？正如钱穆所言："一切问题，由文化问题产生；一切问题，由文化问题解决。"②

作为精神文明成果的法治文化，是法治文化建设的思想、灵魂和理论先导，它引领一个国家的法治发展方向，决定一个国家法治建设的性质和特点，作用于一个国家的法治发展速度和质量，正所谓"法治文化有多远，法治建设就能走多远"。但是，对于一个历史上缺少民主法治传统的国家而言，作为精神文明成果的法治文化的真正形成，既需要长期的民主政治文化积淀、法治思想启蒙、法律知识传播和法制宣传教育，也需要经济社会发展的支撑和民主政治建设的土壤，必然要经历一个长期渐进、艰苦曲折和进退交织的历史过程。

---

① 习近平：《加快建设社会主义法治国家》，《求是》2015 年第 1 期。
② 钱穆：《文化学大义》，正中书局，1981，第 3 页。

作为制度文明成果的法治文化，是法治文化建设的主干、平台和躯体，它支撑着法治文化的摩天大厦，构建着法治帝国的国家机器，带动着法治精神文明和社会法治行为向前发展。相对于精神文明和社会行为方式的法治文化建设具有较强的渐进性而言，制度文明的法治文化建设在一定条件下则具有较强的构建性，可以通过革命、变法、改革或其他人为方式加快实现。因此，对于一个要加快实现现代化的赶超型发展中国家而言，高度重视并把法治的制度建设作为法治文化建设的重点，大力发展制度文明的法治文化，不仅具有必要性，而且具有可行性，是激进主义法治文化发展模式的一条重要路径。

作为社会行为方式的法治文化，是法治文化建设的实践基础和实现形式，它把法治思想理论的指引和法律制度规范的要求贯彻落实到每一个社会成员，把法治文化的价值追求和秩序构建实践于每一种法律关系，把纸面的法律变成生活中的法律和行动，从而实在具体地推动着法治文明的进步。"法律要发挥作用，需要全社会信仰法律。"① 然而，对于一个人口众多、封建文化影响深刻、市场经济落后、理性文化缺失、民主政治欠发达的国家而言，要把先进文明的法治文化思想付诸自觉行动，成为一种生活方式和精神信仰，必然是一个长期艰难甚至痛苦的过程，绝不可能一蹴而就。

此外，对于法治文化，还可以从主体、载体、历史等维度来理解其丰富内涵。

（1）法治文化的主体。①人——个人、群体（如干部、工人、农民、知识分子、老年人、青少年、消费者、残疾人、妇女、军人等）、民族、人民；②机构——执政党机关、参政党机关、立法机关、执法机关、司法机关、法律监督机关、武装力量机关等；③单位——工厂、公司等企业单位，学校、医院等事业单位。法治文化的主体归根结底是人，是以人为中心、由人所创造、为人所支配、为人所享有的文化；法治文化的客体是人民当家作主，通过宪法和法律管理国家和社会事务、管理经济和文化事业的文化。

---

① 习近平：《严格执法，公正司法》，载中共中央文献研究室编《十八大以来重要文献选编（上）》，中央文献出版社，2014，第721页。

（2）法治文化的载体。直接载体，如法律文本、法院、法庭、法官、检察官、律师、警察、法袍①、法槌、法律文书、监狱、囚犯等；间接载体，如广播、电影、电视、戏曲、曲艺等文化艺术作品，报刊、书籍、网络、电话、图书馆、博物馆、电影院、出版社、书店等。法治文化的载体是当下法治文化存在和表现的方式和形式，它多种多样，不断变化发展，使抽象的法治精神、法治灵魂、法治理念等具象化、显性化、现实化，成为看得见、摸得着、感受得到的现实存在。

（3）法治文化的历史。所有与法律有关的历史遗存、事件和故事等，都可能成为一个国家或者社会的法治文化。例如，我国历史上留下来的图腾、宗庙、祠堂、县衙、县太爷、诉状、师爷、惊堂木、刑具、刑罚（如十恶不赦、五马分尸、凌迟、斩立决、莫须有等）、法律文书（如判词）、牢房、卖身契、法律典籍（如秦朝《田律》、汉朝《九章律》、《魏律》、《晋律》、《北齐律》、《隋律》、《唐律》、《大明律》、《大清律例》等）、历史事件（如李悝变法、商鞅变法、王安石变法、公车上书、戊戌变法、清末法律改革等）、历史故事（如包待制智勘灰阑记、乔太守乱点鸳鸯谱、窦娥冤、苏三起解、杨乃武与小白菜、包青天、狄仁杰、陈世美）等。

（二）法治文化与法律文化

法律文化是指一个民族或国家在长期的共同生活过程中所认同的、相对稳定的、与法和法律现象有关的制度、意识和传统学说的总称。法治文化与法律文化的主要区别如下。

（1）两者的概念位阶不同。法律文化是文化的一个组成部分，不同民族有不同的法律文化；法治文化则是法律文化的一个亚类，它强调法律文化中现代法治的成分。法律文化是上位概念，包含法治文化、法制文化、法律文明、法律传统、法律习惯等概念；法治文化从属于法律文化。

（2）两者的历史产生不同。法律文化是历史的积淀，有人类社会和国家，就有法律和法律文化现象；而法治文化主要是近现代资产阶级革命和

---

① "穿上法袍，有一种职业上的尊严感……身穿法袍，承担的是'上帝'的角色，辨明是非，判断罪错，施以制裁，加以刑罚，掌握他人之生命自由，评定争议的财产归属，其功能虽在判断，意义却非同凡响。"张建伟：《法律文化视野里的法庭衣着》，《人民法院报》2012年2月3日。

社会主义革命以来的产物。

（3）两者的价值取向不同。法律文化在价值判断上是中性的，基本上不具有优劣好坏比较的价值评判功能。法律文化表明的是与道德文化、习俗文化、宗教文化等其他规范性文化现象的不同。法治文化具有明显的价值取向，它主张民主否定专制，主张法律面前人人平等否定特权，主张法治否定人治，主张人权否定皇权和神权，主张法律至上否定独裁统治，倡导以权力制约权力、依法行政、公平正义、理性、平等、自由、博爱、尊严等价值。

（三）法治文化与文化法制

如前所述，法治文化是由法治的精神文明成果、制度文明成果和社会行为方式共同构成的一种文化现象和法治状态；而文化法制则是一个国家有关文化产业、文化事业、文化体制、文化权利、文化活动、文化教育等的法律和制度的总称。在法治社会中，文化法制是法治文化的表现形式和组成部分；在专制社会中，文化法制往往成为人治文化、独裁文化、神权文化的重要组成部分，如我国封建文化法制中的"莫须有"、"腹诽罪"、"文字狱"、"焚书坑儒"等做法，西方中世纪文化法制中的"思想犯罪"、"信奉异教罪"、"有罪推定"、"割喉刑"等。

目前，在我国，人们往往把"文化法制"当作"法治文化"概念来使用，混淆了两者的区别，影响了法治文化建设的推进。我们认为，从概念来看，法治文化是不能等同于文化法制的，正如企业文化不同于文化企业一样。法治文化与文化法制具有如下主要区别。

第一，"法治"不同于"法制"，两者在价值取向、基本内涵、主要原则、实践要求等方面有着重要区别。所以，我国学者认为新中国的法治建设是一个"从人治到法制，再从法制到法治"的发展过程。在这个过程中，我们把"法制"改为"法治"，这意义重大的一字之改，用了20年的时间。

第二，法治文化与文化法制的研究重点不同。法治文化的重点在于"文化"，主要从文化意义、文化属性和文化特征等方面来研究和解释国家法治的价值观念、制度规范和行为方式等基本问题。法治文化概念下的"文化"，主要是一种视角、方法和侧重点，是把法治现象置于文化学而非政治学、经济学、社会学等角度来研究；而法治文化概念下的"法治"，主要是一种从文化学角度进行观察和研究的对象（有法治的地方，就有或者应当有法治文化），假如法治这个对象不变，但由于观察它的学科视角和研究它的学科方法的不同（如政治学关注政治统治及其合法性，经济学关注产权关系和经济效益，社会学关注阶层划分和社会矛盾），可能得出不同的看法甚至全新的认识。

文化法制的重点在于"法制"，是以文化建设为中心并为之服务的法制，主要强调文化法制与经济法制、政治法制、社会法制、军事法制、行政法制、环境法制等领域法制建设的区别与联系，着重从法制的角度来研究解决文化建设中的政策、立法、执法、司法、守法和法律保障等问题。例如，我国的"文化法制建设，就是要从法律上确立国家文化建设的根本方向、指导思想和核心价值，确定各类文化主体的性质、地位和功能，确定各类文化活动的原则、制度和规则，确定各类文化产品创作、生产、流通、消费和服务的体制机制，确定国家对文化活动的管理、规范和引导，调整文化权利义务关系；就是要在法制轨道上推进文化改革发展，切实做到有法可依、有法必依、执法必严、违法必究"。①

第三，法治文化与文化法制的价值取向不同。法治文化是与人治文化、专制文化、神治文化等非法治文化相对立或者相区别的文化范式，在价值取向上，它强调法律统治而否定人治，强调民主而否定专制，强调人权自由平等而否定神权、皇权和特权，强调监督制衡而否定集权独裁，崇尚自觉守法而否定违法犯罪，等等。文化法制是一个与经济法制、政治法制、社会法制、行政法制等相区别的法制领域，这些法制领域的价值取向是共同的，但与法治文化的价值取向相比，文化法制不一定必然排斥人治、否定特权、制约权力、维护民主和保障人权，不一定能够在文化领域真正实现"良法善治"。

第四，法治文化与文化法制的存在形态不同。法治文化的存在形态，主要是思想观念和理论学术的历史描述总结、现实感受评判、未来分析预测，是历史与现实相观照、应然与实然相结合、主观与客观相联系的一种文化样式和学理描述；文化法制的存在形态，主要是对文化建设中的法制问题的现实观照，是立足于国家法制资源配置、法律制度完善和法制调控实效的一种政府行为和治理方式。

_____

① 沈春耀：《加强文化法制建设》，《光明日报》2011 年 11 月 10 日。

二 社会主义法治文化

社会主义法治文化作为中华传统法律文化的批判继承和发扬光大，作为一切人类法治文明有益成果的借鉴和吸收，作为当代中国先进文化的重要组成部分，是公平正义、自由平等、保障人权、民主法治等社会主义基本价值的集中体现，是全体人民意志和党的主张相统一的集中体现，是社会主义伦理道德与社会主义法治精神相统一的集中体现，是社会主义法治理论与社会主义法治实践相统一的集中体现，是社会主义法治意识形态与全面落实依法治国基本方略相统一的集中体现，是法治宣传教育与培养法治行为习惯相统一的集中体现。

（一）社会主义法治文化的内涵

社会主义法治文化是由体现社会主义先进文化内在要求的法治价值、法治精神、法治意识、法治理念、法治思想、法治理论等精神文明成果，反映中国特色社会主义民主政治本质特征的法律制度、法律规范、法治机制等制度文明成果，以及自觉依法办事和遵法守法等行为方式共同构成的一种先进文化现象和法治进步状态。

（1）作为社会主义精神文明成果的法治文化，是一个法治价值理论体系，包括社会主义法治精神、社会主义法治意识、社会主义法治观念、社会主义法治价值、社会主义法治原则、社会主义法治思想、社会主义法治理念、社会主义法治理论、社会主义法治学说等①，以及公民和国家公职人员的法治态度、法治心理、法治偏好、法治立场、法治信仰等内容。

---

① 社会主义法治文化、社会主义法治精神、社会主义法治意识、社会主义法治观念、社会主义法治价值、社会主义法治原则、社会主义法治思想、社会主义法治理念、社会主义法治理论、社会主义法治学说等，这些概念在我国学者的著述中都使用过；其中大多数概念在执政党、国家及其领导人的文献讲话中，也使用过。然而，这些名词概念究竟具有什么科学含义，各个概念之间到底是什么关系，似乎没有系统研究和深入辨析过，以至于这些名词概念许多大同小异，尤其是社会主义法治观念、社会主义法治思想、社会主义法治理念、社会主义法治理论这几个概念几乎别无二致，把它们翻译成外文后也难分伯仲。执政党和国家完全应当对这些法治概念进行精简整合，以便于人们学习掌握和贯彻落实，避免文字游戏般的名词混乱。

（2）作为社会主义制度文明成果的法治文化，是一个法治制度规范体系，既包括宪法规定的社会主义的根本政治制度（人民代表大会制度）和基本政治制度（民族区域自治制度、共产党领导的多党合作和政治协商制度、基层民主自治制度、特别行政区制度①等）、基本经济制度、基本社会制度、基本文化制度，也包括社会主义的宪法制度、民主选举制度、人权保障制度、民主立法制度、严格执法制度、公正司法制度、法律监督制度、自觉守法制度等，还包括中国特色社会主义法律体系、民法经济法行政法等法律部门、各种法律规范和法律条文、立法司法解释等。

（3）作为社会主义社会行为方式的法治文化，是一个法治行为体系，不仅包括执政党的依法执政行为，立法机关的民主科学立法行为和依法监督行为，行政机关的依法行政行为，司法机关的公正司法行为，全体公民的自觉守法和理性用法行为，而且包括由法治行为产生的法治习惯、法治功能、法治实效、法治权威、法治秩序、法治环境、法治状况等内容。

作为社会主义精神文明成果的法治文化，引领国家法治发展的方向，决定国家法治建设的性质和特点，作用于国家法治发展的速度和质量。但是，对于我国这样一个历史上缺少民主法治传统的国家而言，作为社会主义精神文明成果的法治文化的真正形成，必然要经历一个长期的渐进的甚至是艰苦曲折的发展过程。在精神文明成果的意义上加强社会主义法治文化建设，既要坚决反对人治、专制、神治、少数人统治和法外特权等的观念和做法，也要尽快摒弃违法有理、法不责众、信闹不信法、信权不信法、信钱不信法等非法治的错误观念和做法。

作为社会主义制度文明成果的法治文化，是法治文化建设的主干、平台和躯体，它带动法治精神文明和社会法治行为向前发展。在制度文明成果的意义上加强社会主义法治文化建设，既要坚持民主和公权力的制度化和法律化，坚持"三者有机统一"，也要坚持社会主义宪制顶层设计的政治体制改革和创新发展，坚持法治制度规范体系与法治精神理论体系的有机统一；既要防止把社会主义法治文化过于抽象"虚化"、"神化"的倾向，例如把社会主义法治文化建设仅仅理解为解决法治精神、法治观念、

---

① 目前我国理论界对于"特别行政区制度"是否属于国家的基本政治制度，尚无定论。一些学者认为不能将之规定为基本政治制度，核心观点是基本政治制度要长期存在和发展，香港特别行政区和澳门特别行政区实行的资本主义生活方式只是"五十年不变"。

法治意识和法学理论的问题，也要避免把社会主义法治文化过于具体"实化"、"物化"的倾向，例如把社会主义法治文化建设的主要任务理解为进行法治文艺演出、法治宣传活动、制作法治电影电视、发行法治报刊图书等。

作为社会行为方式的社会主义法治文化，是法治文化建设的实践基础和实现形式。在社会行为方式的意义上加强社会主义法治文化建设，在认识上既要注重法治文化的实践性、可操作性和大众化的要求，也要注重法治文化的观念引导、制度规范和国家强制的特点；在实践中既要有所作为、积极推进，不可放任等待，也要循序渐进、潜移默化，不可操之过急。

社会主义法治文化是上述这些内容的集大成者，其要义是以社会主义法治精神理念为导引，以社会主义法律制度为主干，以依法办事和自觉守法为基础，以构建社会主义法治秩序为目标的法治文明状态。

国家"六五"普法规划明确提出了推进社会主义法治文化建设的任务，① 但是与"社会主义法治文化"一般含义的要求相比，"六五"普法规划关于社会主义法治文化表述的范围要狭窄许多，而且主要局限于法治文化产品、法治文化活动、法治文化宣传等方面，对什么是"社会主义法治文化"这个关键概念，没有作出科学定义，对于法治文化的价值原则、制度规范等内容，也基本没有涉及。从完整科学理解社会主义法治文化的概念、全面推进社会主义法治文化建设的角度看，这不能不说是一个遗憾。

国家"七五"普法规划对"推进社会主义法治文化建设"作了专门规定，明确要求"以宣传法律知识、弘扬法治精神、推动法治实践为主旨，积极推进社会主义法治文化建设，充分发挥法治文化的引领、熏陶作用，使人民内心拥护和真诚信仰法律。把法治文化建设纳入现代公共文化服务

---

① 这些文化建设的任务包括：（1）通过法制宣传教育，弘扬社会主义法治精神，在全社会形成崇尚法律、遵守法律、维护法律权威的（法治）氛围。（2）开展丰富多彩的法治文化活动，使法制宣传教育与群众文化生活相结合，丰富法治文化活动载体和形式。（3）引导法治文化产品创作和推广，增加产品数量，提高产品质量，推出精品、创出品牌，不断满足人民群众对法治文化产品的需求。（4）鼓励各类文化团体参加法治文化建设，探索建设法治文化教育基地，发挥公共文化场所在法治文化建设中的资源优势，组织开展法制文艺演出等群众喜闻乐见的法制文化活动。

体系，推动法治文化与地方文化、行业文化、企业文化融合发展。繁荣法治文化作品创作推广，把法治文化作品纳入各级文化作品评奖内容，纳入艺术、出版扶持和奖励基金内容，培育法治文化精品。利用重大纪念日、民族传统节日等契机开展法治文化活动，组织开展法治文艺展演展播、法治文艺演出下基层等活动，满足人民群众日益增长的法治文化需求。把法治元素纳入城乡建设规划设计，加强基层法治文化公共设施建设"。这里也很难看出"社会主义法治文化"的确切内涵和基本特征是什么。

与本国的政党文化、民族文化、社会文化、企业文化、单位文化、公民文化以及宗教文化、礼仪文化、民俗文化、地域文化、伦理文化等文化现象①相比较，社会主义法治文化具有以下特征。

第一，国家意志性。法治文化是以法律为核心要素和基本前提的文化形态，没有法律就没有"法律的统治"和依法治国，社会主义法治文化也就无从谈起。在我国，法律是上升为国家意志的执政党的主张和人民意志相统一的体现，是由国家强制力保证实施的社会行为规范。社会主义法治文化具有国家主权的象征、国家权力的威严、国家行为的方式、国家利益的本质、国家强力的保障等特征，是我国主流文化的重要组成部分。

第二，意识形态性。马列主义、毛泽东思想、邓小平理论、"三个代表"重要思想和科学发展观、习近平新时代中国特色社会主义思想、社会主义核心价值体系是我国立法的指导思想和法治建设的灵魂，中国共产党领导是我国立法的政治原则，"三者有机统一"是我国法治发展的本质要求，坚定不移走中国特色社会主义法治道路，把党的领导贯彻到依法治国全过程和各方面，凡此种种都表明，社会主义法治文化必然具有鲜明的阶级性、政治性和党性等意识形态特征。另外，社会主义法治文化作为我国主流文化的重要组成部分，其价值取向、指导思想、理论基础、精神理念

---

① 文化概念几乎包括了人类社会生活的方方面面，对文化的分类也因此多种多样。如根据地域分，有本土文化和外来文化、城市文化和农村文化、东方文化和西方文化、大陆汉文化和港澳台汉文化；根据时间分，有原始文化、奴隶制文化、封建文化、资本主义文化、社会主义文化等；根据宗教信仰分，有佛教文化、道教文化、基督教文化、伊斯兰教文化等；根据生产方式分，有游牧文化、农业文化、工业文化、信息文化；根据生产工具分，有旧石器文化、新石器文化、青铜文化；根据人类把握世界的方式分，有科学文化和人文文化；根据性质分，有世界文化、民族文化、精英文化、通俗文化；根据结构层次分，有物质文化、制度文化、精神文化。参见王秉钦《文化翻译学》，南开大学出版社，1995，第3—4页。

等本质上属于政治意识形态的范畴，是表现为国家意志的政治意识形态。十九大报告明确提出："牢牢掌握意识形态工作领导权。意识形态决定文化前进方向和发展道路。必须推进马克思主义中国化时代化大众化，建设具有强大凝聚力和引领力的社会主义意识形态，使全体人民在理想信念、价值理念、道德观念上紧紧团结在一起。要加强理论武装，推动新时代中国特色社会主义思想深入人心。深化马克思主义理论研究和建设，加快构建中国特色哲学社会科学，加强中国特色新型智库建设。坚持正确舆论导向，高度重视传播手段建设和创新，提高新闻舆论传播力、引导力、影响力、公信力。加强互联网内容建设，建立网络综合治理体系，营造清朗的网络空间。落实意识形态工作责任制，加强阵地建设和管理，注意区分政治原则问题、思想认识问题、学术观点问题，旗帜鲜明反对和抵制各种错误观点。"[①]

第三，人民民主性。人民民主是社会主义的生命。没有人民民主，就没有社会主义，就没有社会主义的现代化，就没有社会主义法治文化。国家的一切权力属于人民，人民当家作主，既是社会主义民主的主体，也是社会主义法治文化的主体。必须坚持以人民为中心。人民是历史的创造者，是决定党和国家前途命运的根本力量。必须坚持人民主体地位，坚持立党为公、执政为民，践行全心全意为人民服务的根本宗旨，把党的群众路线贯彻到治国理政全部活动之中，把人民对美好生活的向往作为奋斗目标，依靠人民创造历史伟业。[②] 人民行使各项民主权利，民主参与、民主选举、民主决策、民主管理、民主监督，依照宪法和法律管理国家和社会事务、管理经济和文化事业，反对人治，依法治权、依法治官等，都是社会主义法治文化人民民主性的必然要求。执政党和国家公权力机关坚持以人为本、人民主权、立党为公、执政为民、执法司法为民等，都是社会主义法治文化人民民主性的集中体现。

第四，制度构建性。马克思主义认为，民主是一种国家形态、一种国家制度。社会主义法治是社会主义民主的制度化、法律化，是人民民主的制度保障，因此社会主义法治文化不仅是一种精神理念文化，也是一种制度规

---

① 习近平：《决胜全面建成小康社会　夺取新时代中国特色社会主义伟大胜利——在中国共产党第十九次全国代表大会上的报告》，人民出版社，2017，第41—42页。

② 参见习近平《决胜全面建成小康社会　夺取新时代中国特色社会主义伟大胜利——在中国共产党第十九次全国代表大会上的报告》，人民出版社，2017，第21页。

范文化。这种制度文化是中国共产党领导人民创立和发展的，具有法律上的连续性、稳定性和极大的权威性，是社会主义法治文化的支柱平台。

除上述特征外，从社会、民间的角度来看，社会主义法治文化在实践中还有社会性、民间性、地域性和自发性等特点，它所具有的国家意志性、意识形态性、人民民主性和制度构建性并非绝对的。例如，对于吴英案、李昌奎案、药家鑫案、李庄案等司法案件，许多社会民众、专家学者和新闻媒体的看法，与政法机关的"依法判断"就存在较大分歧。又如，由于存在对于国家法与民间法、硬法与软法、制定法与习惯法、合法与合理、风俗习惯与法律规范等的不同理解和差异性认识，法治文化在各种地方文化、各个地方区域、各种民族、各个社会群体和阶层中，表现出丰富多彩、千姿百态的民间和社会存在形式。加强社会主义法治文化建设，不仅要重视国家和制度层面法治文化的强制主导作用，也要重视社会和民间层面法治文化的基础配合作用。

（二）社会主义法治文化的向度

在我国语境下，"社会主义法治文化"这个概念，实质上是指中国特色社会主义法治文化。在一种相比较而存在的坐标下，中国特色社会主义法治文化具有以下四个基本向度。

一是在定性比较的向度上，我国现阶段的法治文化属于社会主义性质法治文化。尽管它必须学习借鉴包括西方资本主义法治文化在内的一切人类法治文明的优秀文化成果，[①] 尽管"一国两制"方针下我国宪法允许香港、澳门和台湾地区保持资本主义生活方式长期不变，但它本质上是以马克思主义为指导思想、以社会主义制度为主体、以无产阶级政党为政治领导、以生产资料公有制为经济基础、以人民民主为本质特征、以依法治国为治国理政基本方略、以公平正义和共同富裕为社会价值、以实现人的自

---

① 2007年2月，温家宝在《关于社会主义初级阶段的历史任务和我国对外政策的几个问题》一文中指出："科学、民主、法制、自由、人权，并非资本主义所独有，而是人类在漫长的历史进程中共同追求的价值观和共同创造的文明成果。只是在不同的历史阶段、不同的国家，它的实现形式和途径各不相同，没有统一的模式，这种世界文明的多样性是不以人们主观意志为转移的客观存在。正是这种多样文化的并存、交汇和融合，促进了人类的进步。要承认世界文化的多样性，不同文化之间不应该互相歧视、敌视、排斥，而应该相互尊重、相互学习、取长补短，共同形成和谐多彩的人类文化。"

由而全面发展为目标的社会主义法治文化。

二是在定位比较的向度上，我国的社会主义法治文化是中国特色的法治文化。中国国情、中华文化以及中国的民族传统、政治生态、经济发展水平、社会发育程度、公民文化素质、民主法治发展道路等，决定了我国法治文化的形成和发展，既不允许照搬照抄西方资本主义和其他发展中国家的法治文化模式，也不可能照搬照抄其他社会主义国家的法治建设模式，而只能从我国的实际出发，立足我国的经济国情、政治国情、文化国情和社会国情，走中国特色的社会主义法治文化发展道路，这就是坚持党的领导、人民当家作主和依法治国有机统一的法治文化建设与发展之路。

三是在阶段比较的向度上，我国的社会主义法治文化仍然是社会主义初级阶段的法治文化。"人口多、底子薄，地区发展不平衡，生产力不发达的状况没有根本改变；社会主义制度还不完善，社会主义市场经济体制还不成熟，社会主义民主法制还不够健全，封建主义、资本主义腐朽思想和小生产习惯势力在社会上还有广泛影响。我国社会主义社会仍然处在初级阶段"。① 党的十九大报告指出："中国特色社会主义进入新时代，我国社会主要矛盾已经转化为人民日益增长的美好生活需要和不平衡不充分的发展之间的矛盾。我国稳定解决了十几亿人的温饱问题，总体上实现小康，不久将全面建成小康社会，人民美好生活需要日益广泛，不仅对物质文化生活提出了更高要求，而且在民主、法治、公平、正义、安全、环境等方面的要求日益增长。"但是必须认识到，我国社会主要矛盾的变化，没有改变我们对我国社会主义所处历史阶段的判断，我国仍处于并将长期处于社会主义初级阶段的基本国情没有变，我国是世界最大发展中国家的国际地位没有变。全党要牢牢把握社会主义初级阶段这个基本国情，牢牢立足社会主义初级阶段这个最大实际，牢牢坚持党的基本路线这个党和国家的生命线、人民的幸福线，领导和团结全国各族人民，以经济建设为中心，坚持四项基本原则，坚持改革开放，自力更生，艰苦创业，为把我国建设成为富强民主文明和谐美丽的社会主义现代化强国而奋斗。② 因此，

---

① 江泽民：《高举邓小平理论伟大旗帜，把建设有中国特色社会主义事业全面推向二十一世纪》（1997 年 9 月 12 日）。

② 参见习近平《决胜全面建成小康社会 夺取新时代中国特色社会主义伟大胜利——在中国共产党第十九次全国代表大会上的报告》，人民出版社，2017，第 11—12 页。

中国特色社会主义法治文化建设在取得显著成就的同时，必然存在种种不尽如人意的问题，人治习惯以及法治观念薄弱、法治能力不强、无法可依、有法不依、执法不严、违法不究、司法不公、监督不力、滥用权力、目无法纪等现象不同程度地存在，有些问题表现还比较突出。正因为如此，中国特色社会主义法治文化建设必然需要倍加重视和呵护，需要不断改革和完善，需要不断学习和超越，必然是一个长期实践、不断探索、曲折发展和日益成熟的过程。

四是在国际比较的向度上，中国特色社会主义法治文化是植根于中华法系①文化传统的法治文化，同时又吸收搬用了以苏联②为代表的社会主义法系的大量内容。例如，关于法的定义、法的本质、法的特征、法的功能、法的渊源、法律体系、立法制度、司法体制以及宪法、选举法、组织法、刑法、婚姻法、经济法等。此外，还学习借鉴了大陆法系和英美法系的诸多原理原则和法律制度，例如，知识产权制度、行政法制度、诉讼程序法制度、判例法制度、人权法制度等。③ 尤其是香港、澳门、台湾作为中国不可分割的组成部分，它们分别具有的英美法系和大陆法系的法治文

---

① 据张晋藩研究，中华法系具有 10 个特点：引礼入法，礼法结合；法自君出，权尊于法；家族本位，伦理法治；天人合一，情理法统一；民刑不分，重刑轻民；司法行政不分，司法从属行政；刑讯逼供，罪从供定；援法定罪，类推裁判；无讼是求，调处息争；依法治官，明职课责。

② 新中国成立初期，我们"请进来"、"走出去"、"一边倒"，全面学习移植苏联的法律制度。如我国 1954 年宪法基本上是以苏联 1936 年宪法为蓝本制定的。刘少奇在关于 1954 年宪法草案的报告中指出，"我们所走过的道路就是苏联走过的道路。宪法关于人民代表大会制度的规定就是根据革命根据地政权建设的经验，并参照苏联和各人民民主国家的经验规定的"；我们的宪法"参考了苏联的先后几个宪法和各人民民主国家的宪法。显然，以苏联为首的社会主义先进国家的经验，对我们有很大的帮助。我们的宪法草案结合了中国的经验和国际的经验"。当时苏联的社会主义法制理论、法制模式和司法制度，成为建立新中国司法制度非常重要的来源。新中国初期基本上走了一条"全盘苏化"的法制发展道路。

③ 2008 年《中国的法治建设》白皮书指出：在制定各项法律时，中国大胆地吸收和借鉴外国和国际上的立法经验。在民商法领域，民法通则、物权法、合同法等法律，兼采普通法系和大陆法系国家的诸多基本制度，吸收了国际通行的私法精神与立法原则。在行政法领域，吸收了现代行政法治中通行的比例原则、信赖保护等原则。在刑事法领域，刑法和刑事诉讼法借鉴和吸收了国外罪刑法定和公开审判等现代刑事法治的基本原则和精神。针对近年来刑事犯罪中出现的新情况，参照国外刑事立法经验，在刑事法律中规定了资助恐怖活动罪、洗钱罪、内幕交易罪、操纵证券期货交易价格罪、妨害信用卡管理罪等新罪名。在知识产权保护和环境保护的立法方面，也吸收了不少国外的立法经验。

化传统，极大地丰富了我国法治文化的内涵，拓展了我国法治文化的外延和空间，使之在当代世界主要法系中愈来愈呈现"混合法系"①的法治文化特征。

（三）社会主义法治理念

在我国，社会主义法治理念被有关方面认定为社会主义法治文化的核心内容。事实上，法治理念作为法治文化的重要组成部分，是关于法治的本质、基本内涵、主要任务和根本要求的思想理论观念。法治文化从根本上讲是一种制度文化，是对法治在制度、体制及社会思想和心理基础上的综合反映。因此，不同的制度，其法治文化的表现形式也有着根本差异。建设中国特色社会主义法治文化，必须坚持社会主义法治理念。

我国为什么要在 21 世纪前期提出社会主义法治理念？其主要原因有以下几点：一是针对推进依法治国基本方略过程中出现的某些否定或弱化党的领导和人民民主的现象；二是针对法治建设脱离中国国情、过分学习西方法治模式和法治文化的倾向；三是针对司法体制改革中照搬照抄西方司法模式、脱离中国国情的现象；四是针对法学教育中"言必称西方"的倾向。

如何界定社会主义法治理念？社会主义法治理念"依法治国、执法为民、公平正义、服务大局、党的领导"五句话，是否科学合理地适用于我国所有法律关系主体，是否充分体现了社会主义宪制的原则要求，是否明确表达了社会主义法治实施的具体内容？所有这些问题，都需要用更加开放高远、更加科学理性、更加符合法治建设规律的眼光来思考和回答。

笔者认为，社会主义法治理念这个概念的适用对象，不仅是政法机关及其公职人员，而且应当包括执政党和参政党、武装力量、国家权力机关、国家行政机关、各社会团体、各企业事业组织、所有公职人员和全体公民，即中华人民共和国的所有法律关系主体，都应当坚持和接受社会主义法治理念。此外，由于我国法律对于主体、时间和空间范围的法律效力原则规定，依法治国首先是依宪治国，法律面前人人平等的法治原则；我国《宪法》第 5 条明确规定"一切国家机关和武装力量、各政党和各社会

---

① 在广义上，混合法系（mixed jurisdiction）是指由两个或两个以上法律传统或法系的成分所构成的法律体系；在狭义上，混合法系是指由大陆法系和英美法系混合构成的法律体系。

团体、各企业事业组织都必须遵守宪法和法律。一切违反宪法和法律的行为，必须予以追究。任何组织或者个人都不得有超越宪法和法律的特权"，包括香港、澳门、台湾的居民以及在我国大陆的外国和境外的组织、企业和人士等，都必须遵守我国的宪法和法律，接受我国的执法管理和司法管辖，从而在一定程度上接受社会主义法治理念。

因此，对于社会主义法治理念应当作扩大和深化解释。社会主义法治理念，是社会主义法治文化的重要组成部分，是体现社会主义法治本质要求和价值取向的思想理论观念，是指导社会主义立法、执法、司法、守法、法律监督和宪法法律实施的方针原则。社会主义法治理念是中国共产党作为执政党，从社会主义现代化建设事业的现实和全局出发，借鉴世界法治经验，对近现代特别是改革开放以来中国经济、社会和法治发展的历史经验的总结；它既是当代中国社会主义建设规划的一部分，也是执政党对中国法治经验的理论追求和升华。社会主义法治理念是一个有机统一的思想理论和规范原则体系，应当包括以下三个层次的内容。

第一个层次，是政治哲学、法政治学和意识形态层次。这个层次的社会主义法治理念，主要包括五项要求：依法治国、执法为民、公平正义、服务大局、党的领导。其中，依法治国是社会主义法治理念的核心内容，[①]执法为民是社会主义法治理念的内在要求，公平正义是社会主义法治理念的价值追求，服务大局是社会主义法治理念的政治使命，党的领导是社会主义法治理念的根本特征。这五个方面相辅相成，从整体上体现了党的领导、人民当家作主和依法治国的有机统一。"依法治国、执法为民、公平正义、服务大局、党的领导"这五句话，应当是"社会主义法治理念"的核心内容，而不完全是"社会主义法治"的基本要求。因为，根据党的十一届三中全会以来民主法治建设的基本方针，社会主义法治不仅要求做到"执法为民"，而且要做到"执政为民"、"立法为民"、"司法为民"、"法律监督为民"等。社会主义法治不仅要服务大局，也要服

---

① 我国有著述认为，"依法治国是社会主义法治的核心内容"。这种提法涉及"依法治国"与"法治"这两个概念的基本关系问题，值得进一步研究和解释。通常情况下，法学界把"依法治国"大致等同于"社会主义法治"。显然，"依法治国是社会主义法治的核心内容"的表述，是把"社会主义法治"作为一个大概念，而"依法治国"从属于"社会主义法治"。在这里，论者需要对"依法治国"与"社会主义法治"之间是等同关系还是包容关系以及谁包容谁，作出科学论述和实证证明，否则容易在理论上和思想上造成混乱。

务"小局";不仅要服务国家"全局",也要服务地方"局部";不仅要服务经济和社会建设,也要服务政治和文化建设;不仅要"服务",也要规范、保障、制约甚至惩罚;等等。社会主义法治建设不仅要坚持党的领导,也要坚持人民当家作主,坚持"三者有机统一"。所以,社会主义法治理念不能完全等同于社会主义法治,"五句话"应当是社会主义法治理念的要求。

社会主义法治理念首先是关于法治的思想理论观念,因此,作为第一个层次的社会主义法治理念,还应当包括中国特色社会主义理论体系、现行宪法序言规定的国家指导思想、改革开放以来党和国家关于社会主义民主法治建设的一系列思想理论、方针政策等。社会主义法治理念的第一个层次,居于我国法治建设的指导地位,是坚持我国法治建设社会主义方向和社会主义性质的政治保障和理论前提,也是中国特色社会主义法治文化区别于西方资本主义法治文化的主要特征。

第二个层次,是社会主义政治文明与宪法制度①层次。这个层次的社会主义法治理念,主要包括以下原则:人民当家作主的人民主权原则,宪法和法律至上的法治原则,尊重和保障权利的人权原则,民主执政、科学执政和依法执政的执政原则,民主立法、科学立法、高质立法的立法原则,依法行政的政府法治原则,公正高效廉洁的司法原则,控权制约的权力监督原则。

第二个层次的社会主义法治理念,是依据我国宪法和社会主义宪制原理提出的。与第一个层次和第三个层次的社会主义法治理念相比,它处于承上启下的中间位置,是贯彻落实第一个层次社会主义法治理念的民主宪制原则的要求。在社会主义法治理念的第二个层次上,广义地讲还应当包括根据我国宪法和法律构建的国家根本政治制度、基本政治制度、立法制度、行政制度、司法制度、法律监督制度、特别行政区制度、人权保障制度、公民守法制度、中国特色社会主义法律体系、在我国适用的国际法规范等;以及与社会主义法治和依法治国有关的图书馆、博物馆、出版物、

---

① 中国特色社会主义宪法制度,是指以中国化的马克思主义为指导,以坚持四项基本原则为政治前提,以坚持党的领导、人民当家作主和依法治国的有机统一为本质特征,以人民代表大会制度为根本政治制度,以执政为民、尊重保障人权和实现人的全面解放为宗旨的社会主义民主政治。

电影电视、各种表演和表达形式、网络资讯等。

第三个层次，是社会主义法治的操作和实施层次。这个层次的社会主义法治理念，主要包括以下具体法治要求：有法可依、有法必依、执法必严、违法必究，公民在法律面前人人平等，法律的公开性、法律的明确性、法律的可预测性、法律的权威性、法律的统一性、法律的可诉性、法不溯及既往，依法独立行使审判权和检察权，等等。此外，还应当包括法律规范的具体实施过程、实施方法、实施效果，领导干部和公职人员依法办事的能力和素质，全体公民信仰法治、自觉守法的原因、方式、程度、效果，违法犯罪受到遏制或者减少的状况，等等。第三个层次的社会主义法治理念，是法治操作层面的具体规则、方式方法和实践形式，体现了社会主义法治理念对于宪法和法律实施的具体要求。

从上述三个层次社会主义法治理念的内容构成可以看出法治理念层次不同所带来的变量关系，即法治理念的层次越高，如第一个层次的社会主义法治理念，其思想性、政治性、意识形态性、指导性就越强，中国特色也越明显；反之，法治理念的层次越低，如第三个层次的社会主义法治理念，其普适性、法律性、规范性、可操作性就越强，而其政治性、意识形态性也越弱。

（四）中国特色社会主义法治理论

中国特色社会主义法治理论是中国特色社会主义理论体系的重要组成部分，是中国共产党人根据马克思主义国家与法的基本原理，在借鉴吸收古今中外人类法治文明有益成果的基础上，从当代中国国情、现代化建设和依法治国的实践出发，深刻总结我国社会主义法治建设的成功经验和惨痛教训，逐步形成的具有中国特色的社会主义法治理论体系。中国特色社会主义法治理论是对马克思主义法律观的继承、创新和重大发展，是推进马克思主义法学思想中国化的最新成果，是全面推进依法治国、加快建设社会主义法治国家的重要理论指导、思想基础和学理支撑。

习近平曾经指出：社会主义法治理念，是我们党从社会主义现代化事业全局出发，坚持以马克思主义法学理论为指导，在总结我国社会主义民主法治建设的实践经验，吸收世界上其他社会主义国家兴衰成败的经验教训，借鉴世界法治文明成果的基础上形成的科学理念。这是对马克思主义法学理论的继承、发展和创新，是推进社会主义法治国家建设必须长期坚持的重要指针。① 中国特色社会主义法治理论是以中国特色社会主义法治道路、中国特色社会主义法治体系和全面推进依法治国的实践为基础的科学理论体系，主要由以下四个部分构成。

其一，中国特色社会主义法治的思想价值理论，涉及政治哲学、法哲学和中国特色社会主义理论体系的有关价值、核心概念、基本范畴和重要内容，主要包括马克思主义国家与法的学说，马克思主义的国家观、政党观、民主观、法律观、法治观、人权观、平等观、正义观和权力观，马克思主义法学思想及其中国化的创新和发展等；社会主义法治精神、社会主义法治意识、社会主义法治观念、社会主义法治价值、社会主义宪制和法治原则、社会主义法治思想、社会主义法治理念、社会主义法治文化、社会主义法治学说等。

其二，中国特色社会主义法治的制度规范理论，涉及法治的基本制度、法律规范、法律体系、法治体系、法治程序、法治结构等范畴和内容，主要包括关于中国特色社会主义法治体系的理论，关于中国特色社会主义法治政府、依法行政和行政执法制度的理论，司法权、司法体制、司法程序、法律监督体制、公正司法制度、司法体制改革的理论，依宪执政、依法执政和依规治党的体制和理论，等等。

其三，中国特色社会主义法治的实践运行理论，涉及法治原理原则的应用、法治行为、法治实践、宪法法律实施、法律制度运行等范畴和内容，主要包括科学立法、严格执法、公正司法、全民守法等法治建设各个环节的理论等。

其四，中国特色社会主义法治的相关关系理论，涉及法治存在和运行发展的外部关系，涉及法治与若干外部因素的相互作用、彼此影响、共同存在等现象及其内容，主要包括中国特色社会主义法治与中国特色社会主义、中国特色社会主义道路、中国特色社会主义理论、中国特色社会主义制度、全面深化改革、全面从严治党、全面建成小康社会、实现中华民族伟大复兴中国梦的关系等。

---

① 参见习近平《牢固树立社会主义法治理念》，载习近平《干在实处　走在前列：推进浙江新发展的思考与实践》，中共中央党校出版社，2006，第356页。

（五）社会主义法治精神

何谓"法治精神"？法治精神的基本原理来自"法的精神"，最为经典的学说是来自法国启蒙政治思想家孟德斯鸠的《论法的精神》。孟德斯鸠认为，法的精神就是法律符合人类理性的必然性和规律性，但他并没有对什么是"法的精神"给出明确界定，而是通过大量描述和解释来表达他对"法的精神"的理解。例如，孟德斯鸠认为，"法律应该和国家的自然状态有关系；和寒、热、温的气候有关系；和土地的质量、形势与面积有关系；和农、猎、牧各种人民的生活方式有关系。法律应该和政制所能容忍的自由程度有关系；和居民的宗教、性癖、财富、人口、贸易、风俗、习惯相适应"，①"为哪一国人民制定的法律，就应该恰好适合于该国人民"，"最后法律和法律之间也有关系，法律和它们的渊源，和立法者的目的，以及和作为法律建立的基础的事物的秩序也有关系……这些关系综合起来，就构成所谓'法的精神'"。②孟德斯鸠认为，"不同气候的不同需要产生了不同的生活方式，不同的生活方式产生了不同种类的法律"。在论及中国古代法律时，孟德斯鸠说："中国的立法者们有两个目的。他们要老百姓服从安静，又要老百姓勤劳刻苦。因为气候和土壤的性质的关系，老百姓的生活是不稳定的；除了勤劳和刻苦之外，是不能保证生活的。"③"由于需要或者也由于气候性质的关系，中国人贪利之心是不可想象的，但法律并没有想去加以限制。一切用暴行获得的东西都是禁止的；一切用术数或狡诈取得的东西都是许可的。"④

在我国法学界，目前还没有对"法治精神"给出科学界定，对什么是"社会主义法治精神"也没有定义性的论证。在《推进依法行政与弘扬社会主义法治精神》的讲座中，对法治精神的解释也是描述性的："所谓法治精神，最主要的应当包括崇尚宪法法律、宪法法律至上、法律面前人人平等、公平正义等精神。"⑤

---

① 〔法〕孟德斯鸠：《论法的精神》上册，张雁深译，商务印书馆，1961，第7页。
② 〔法〕孟德斯鸠：《论法的精神》上册，张雁深译，商务印书馆，1961，第6—7页。
③ 〔法〕孟德斯鸠：《论法的精神》上册，张雁深译，商务印书馆，1961，第314页。
④ 〔法〕孟德斯鸠：《论法的精神》上册，张雁深译，商务印书馆，1961，第316页。
⑤ 胡建淼、卓泽渊：《推进依法行政与弘扬社会主义法治精神》，2011年3月28日在十七届中共中央政治局第27次集体学习上的讲座。

我们认为，法治精神是由法治的内在属性与外在适应性相统一所体现出来的法治文明成果。法治的内在属性，是指法治区别于其他治理方式及其理论观念的属性特征，它一方面要彻底否定人治和专制独裁，实行民主基础上的多数人的法律统治；另一方面要奉行公平正义、自由平等、宪法法律至上、制约权力、保障权利等价值和原则，依法治国理政，建设法治社会和法治国家。法治的外在适应性，就是要把法治内在属性的普遍原则和价值追求与特定民族国家的经济社会文化的基本国情相结合，与特定民族国家的人口、气候、土壤、习俗、传统等具体条件相适应，形成天时、地利、人和的法治状态。

法治的内在属性是法治所具有的普适性、共同性和一般性特征。任何社会和国家只要实行法治，坚持法治精神，建设法治社会或法治国家，就应当具备法治的内在属性，符合法治的普遍原则和价值追求的基本要求。当然，在马克思主义阶级分析的理论方法下，还应当进一步深入揭示法治的本质属性，即现代国家法律和法治的阶级性与社会性相统一的特征，进而对不同国家的法治作出"姓社"、"姓资"还是"姓其他"（如俄罗斯、印度、巴西、墨西哥、埃及等国家的法治）的定性判断。

法治的外在适应性是将普遍、共同的法治原则和法治价值运用于特定具体的社会和国家。受到该社会和国家的民族文化传统、经济发展水平、社会自然条件、政治制度选择、重大历史事件等因素的影响和决定，法治的具体实现形式、发展模式等呈现差异性、特殊性和具体性特征，决定了一国法治（如英国法治模式）与他国法治（如德国法治模式、法国法治模式、美国法治模式①）的区别或不同。

社会主义法治精神是对社会主义法治认识不断深化的重要成果，是法治的内在属性与外在适应性统一于中国特色社会主义法治建设实践中所形成并体现的法治文明成果，是中国特色社会主义法治文化的重要组成部分。

根据社会主义法治精神的本质要求，在我国法治建设和依法治国实践中形成并体现的社会主义法治精神，不是主张抽象的或西方的公平正义、

① 德国和法国属于大陆法系，英国和美国属于普通法系，仅就法律传统而言，它们就不尽相同。此外，在宪法制度、违宪审查体制、司法制度、法律体系以及对于"法治"、"宪制"、"法治国家"的理解等若干方面，它们之间也存在或多或少的差别。

自由平等、制约权力、保障权利，而是基于我国社会主义建设的现实国情并在国家宪法和法律的框架内来确认、保障和实现的法治价值；不是主张抽象的或西方的法治，而是把依法治国确立为中国共产党领导人民治国理政、当家作主的基本治国方略；不是主张建设抽象的或西方的法治国家，而是要建设中国特色的社会主义法治国家；等等。

综上，加强社会主义法治文化建设，应当科学界定"社会主义法治文化"的内涵和外延，既不应当将其"泛化"和过分"虚化"，使之成为无处不在又难以把握和实施的现象，而忽视了法治的规范性和实践性；也不应当将其"窄化"和过分"实化"，使之演变为"文化事业"、"文化产业"、"文化活动"、"文化载体"等，而忽视了法治所应有的价值、精神和理念。

三　法治与德治相结合

党的十九大报告把"坚持依法治国和以德治国相结合"，规定为坚持全面依法治国的重要原则和基本内容。新党章也明确要求，"实行依法治国和以德治国相结合"。依法治国与以德治国相结合，是全面推进依法治国必须坚持的一项基本原则。习近平指出："法律是成文的道德，道德是内心的法律，法律和道德都具有规范社会行为、维护社会秩序的作用。治理国家、治理社会必须一手抓法治、一手抓德治，既重视发挥法律的规范作用，又重视发挥道德的教化作用，实现法律和道德相辅相成、法治和德治相得益彰。"[①] 党的十八届四中全会提出，在全面推进依法治国的过程中，必须坚持一手抓法治、一手抓德治，以法治体现道德理念、强化法律对道德建设的促进作用，以道德滋养法治精神、强化道德对法治文化的支撑作用，实现法律和道德相辅相成、法治和德治相得益彰。

依法治国和以德治国的关系，实质上是法律与道德、法治与德治的关系。大量研究成果表明，法治与德治作为治国理政的方式方法，是有明显区别的。从治理的主体来看，法治是多数人的民主之治，德治是少数人的精英之治；从治理的过程来看，法治是程序之治，德治是人情之治；从治理的角度来看，法治是外在控制之治，德治是内在约束之治；从治理的标

---

① 习近平：《加快建设社会主义法治国家》，《求是》2015 年第 1 期。

准来看，法治是低度行为规范之治，德治是高度行为要求之治；从治理的手段来看，法治是国家强制之治，德治是社会教化之治；从治理的重点来看，法治重在治官，德治重在治民。正是法律与道德、法治与德治存在诸多区别，同时又有若干内在一致的地方，因此依法治国与以德治国是相互补充、相互作用、有机统一的。法治是社会主义道德的底线和后盾，凡是法治禁止的，通常也是社会主义道德反对的；凡是法治鼓励的，通常也是社会主义道德支持的。社会主义道德是法治的高线和基础，是法治具有合理性、正当性与合法性的内在依据，法治的价值、精神、原则、法理等大多建立在社会主义道德的基础上，法治的诸多制度和规范本身是社会主义道德的制度化和法律化。同时，法治不应当规范和调整人们的思想意志，对于思想范畴的问题往往表现得无能为力；而对于道德沦丧、良心泯灭之徒的行为，思想道德的约束也常常无济于事。正所谓"寸有所长，尺有所短"。所以，既要反对以法治完全取代德治的做法，也要反对重视德治而忽视法治的倾向，而应当将依法治国与以德治国紧密结合起来、有机统一起来。"发挥好法律的规范作用，必须以法治体现道德理念、强化法律对道德建设的促进作用。一方面，道德是法律的基础，只有那些合乎道德、具有深厚道德基础的法律才能为更多人所自觉遵行。另一方面，法律是道德的保障，可以通过强制性规范人们行为、惩罚违法行为来引领道德风尚。要注意把一些基本道德规范转化为法律规范，使法律法规更多体现道德理念和人文关怀，通过法律的强制力来强化道德作用、确保道德底线，推动全社会道德素质提升。"①

推进依法治国与以德治国相结合，一方面，应当大力弘扬社会主义核心价值观，弘扬中华传统美德，培育社会公德、职业道德、家庭美德、个人品德，更加重视发挥道德的教化作用，提高全社会文明程度，为全面依法治国创造良好人文环境；应当在社会主义道德体系中体现法治要求，发挥道德对法治的滋养作用，努力使道德体系同社会主义法律规范相衔接、相协调、相促进；应当在道德教育中更加突出法治内涵，注重培育人们的法律信仰、法治观念、规则意识，引导人们自觉履行法定义务、社会责任、家庭责任，营造全社会都讲法治、守法治的文化环境，不断强化社会主义道德对依

---

① 习近平：《加快建设社会主义法治国家》，《求是》2015 年第 1 期。

法治国的支撑作用。另一方面，应当更加重视发挥全面依法治国的作用，以法治体现道德理念、强化法律对道德建设的促进作用，把道德要求贯彻到法治建设中。在立法上，法律应当树立鲜明道德导向，弘扬美德义行，推进社会主义道德的法律化，把实践中广泛认同、较为成熟、操作性强的道德要求及时上升为法律规范，用法治强化对社会文明行为的褒奖、对失德行为的惩戒，引导全社会崇德向善。在执法司法上，要体现社会主义道德要求，坚持严格执法，弘扬真善美、打击假恶丑，让败德违法者受到惩治、付出代价；坚持公正司法，发挥司法断案惩恶扬善的作用，使社会主义法治成为良法善治。在守法上，要把全民普法与公民道德建设工程紧密结合起来，把全民普法和全民守法作为依法治国的基础性工作，使全体人民成为社会主义法治的忠实崇尚者、自觉遵守者、坚定捍卫者，同时要深化群众性精神文明创建活动，引导广大人民群众自觉践行社会主义核心价值观，树立良好道德风尚，争做社会主义道德的示范者、良好风尚的维护者，努力构建崇德尚法的社会主义法治社会。党的十九大报告在把"坚持依法治国和以德治国相结合"作为"坚持全面依法治国"基本方略的重要内涵的同时，又把"坚持依法治国和以德治国相结合"原则与国家治理和社会治理的实践要求紧密地结合起来，更加关注法治与德治有机结合的实效，提出"加强农村基层基础工作，健全自治、法治、德治相结合的乡村治理体系"。[①]

实践证明，任何现代国家的法律和道德都不可能分离，法治和德治都需要结合。在我国，实施依法治国基本方略应当与坚持党的领导、人民民主相统一，与以德治国相结合，但是在社会主义初级阶段，在我国经济深刻变革和社会快速转型的历史条件下，依法治国与以德治国相结合，坚定不移地发挥法治和依法治国在管理国家、治理社会、调整关系、配置权力、规范行为、保障人权、维护稳定等方面的主导作用，在上述领域以德治国应当是依法治国的补充和助力。

（一）从法律与道德的关系看，实行依法治国实质上就体现了以德治国的基本要求

在我国，依法治国和以德治国的关系，实质上是法律与道德、法治与

---

① 《中国共产党第十九次全国代表大会文件汇编》，人民出版社，2017，第26页。

德治的关系。在法理学和伦理哲学看来，法律与道德存在以下三种基本关系。①

　　一是道德的法律化，即通过立法把国家中大多数的政治道德、经济道德、社会道德和家庭伦理道德的普遍要求法律化，使之上升为国家意志，成为国家强制力保证实施的具有普遍拘束力的社会行为规范。一般来讲，道德是法律正当性、合理性的基础，道德所要求或者禁止的许多行为，往往是法律作出相关规定的重要依据，因此大多数调整社会关系和规范社会行为的立法，都是道德法律化的结果。在我国，社会主义道德是法律的源泉，是制定法律的指导思想、内在要求和评价法律善恶的重要标准。改革开放以来，党和国家高度重视立法工作，不断加强民主科学立法，经过30多年的努力，截至2012年5月，已制定现行宪法和有效法律共240多部、行政法规700多部、地方性法规8600多部，形成了中国特色社会主义法律体系。在这个法律体系中，许多法律规定的内容，都体现了社会主义道德的内在要求，是社会主义道德法律化的积极成果。例如，我国法律规定不得杀人放火、禁止抢劫盗窃、故意杀人偿命、欠债还钱、赡养父母、抚养子女、尊重保障人权、民族团结、社会稳定、"三个文明"建设等，总体上都反映或者体现了社会主义道德的价值取向和基本要求。所以，从一个国家或者一个社会大多数道德已经法律化的意义上讲，坚持和实行依法治国，就是通过法治的方式实施以德治国。除非这种法律缺乏社会道德的正当性支持，如规定人口买卖、种族歧视、种族灭绝为合法，或者这种法律违反社会伦理道德规范，如法律允许个人随意剥夺他人生命、限制他人自由、侵夺他人财产，允许家庭成员乱伦、虐待、坑蒙拐骗，允许公职人员贪污受贿、欺上瞒下、以权谋私等。显然，当一个国家或者一个社会的法律（或某些法律）是"恶法"或"非良法"时，依法治国不能反映或者

---

　　① 法律与道德的区别还表现为它们对同一对象的态度既可能一致也可能不同。主要有以下几种情况：（1）两者没有明显区别，是一致的，如对于杀人、伤害、偷盗等，为两者共同否定。（2）道德不肯定而法律肯定，如占有他人财产达到一定时期则取得所有权，权利达到一定期限不行使就消灭，对犯罪分子因时效原因不追诉等，都是道德不予肯定的。（3）道德许可而法律不许可，如某些违反程序法律规则的行为。（4）道德许可，而法律默认，不予禁止，如开会不守时、降低效率等，是不道德的，但并不违法。（5）道德与法律互相不发生关系，如爱情关系、友谊关系等由道德调整，而国家机关职权划分等，则必须由法律来规定。参见刘海年、李林等主编《依法治国与精神文明建设》，中国法制出版社，1997。

体现以德治国的基本要求。正因为如此，我们讲依法治国是党领导人民治国理政的基本方略，其法律与道德相结合的基本要求是"良法善治"，而非"恶法专制"或者"庸法人治"。

二是道德的非法律化。道德与法律毕竟是两种不同的社会行为规范，在一个国家或者一个社会的大多数道德已经或可以法律化的同时，也必须承认少数或者某些道德是不能法律化的。例如，男女之间的恋爱关系、同事之间的友爱关系、上下级之间的关爱关系、孝敬父母的伦理要求以及公而忘私、舍己为人、扶危济困等道德追求，一般很难纳入法律调整和强制规范的范畴，使之法律化。在某些道德不能或不宜法律化的情况下，不要随意使这些道德问题成为法律问题，以免产生"法律的专制和恐怖"。

三是某些道德要求既可以法律化也可以非法律化。如我国关于"第三者"的刑事处罚、"见义勇为"入法、取消反革命罪、减少和废除死刑、无过错责任原则、沉默权等，都取决于时代观念、情势变迁和立法者的选择。目前我国社会上"见义不敢为、见义不想为"、见死不救的现象屡屡发生；"毒馒头"、"毒胶囊"、"毒奶粉"、"瘦肉精猪肉"、"地沟油"、"黑心棉"等有毒有害食品用品屡禁不绝；一些领域和地方是非、善恶、美丑界限混淆，拜金主义、享乐主义、极端个人主义有所滋长，见利忘义、损公肥私行为时有发生，不讲信用、欺骗欺诈成为社会公害，以权谋私、腐化堕落严重存在，等等。所有这些现象，不仅反映当下某些道德规范缺失和道德功能失范，败德无德行为的成本代价太低，也说明我国法律对于促进和保障社会主义道德建设的某些滞后和不足。立法对道德的促进和保障作用，主要是通过立法方式来实现某些道德的法律化，通过法律来确认和强化社会主义道德的价值诉求和规范实施。对于需要法律禁止和惩罚的败德无德行为，对于需要法律褒奖和支持的美德善德行为，都应当通过立法予以必要体现。当务之急，应当进一步加强有关社会主义道德建设方面的立法，制定诸如"见义勇为奖励法"等法律法规；完善现行法律法规，堵塞立法漏洞，加大对于违法败德无德行为的惩处力度。当然，立法对于"见利忘义"、"好逸恶劳"、"骄奢淫逸"等背离社会主义道德的行为，能否用法律介入以及用什么法律、在何时、怎样介入等问题，还需要进行深入研究才能作出科学结论。凡是适宜用法律规范并且以法治保障或者惩戒的道德要求，应当尽可能科学合理地纳入法律调整的范畴，通过立法程序使之规范化、法律化；凡是思想范畴的内容（如认识问题、观念问题、信仰问题等）和不宜用法律规范调整的道德关系（如爱情关系、友谊关系等），立法应当避免涉足。

在一个文明国家和礼仪之邦，应当坚持"法律的归法律，道德的归道德"，法律的"帝国"应当有所节制，道德的存在应当有合理空间。在现阶段，既要警惕"法律万能"，也要防止"道德至上"。不是法律越多越好，而应当是"法网恢恢，疏而不漏"；也不是道德越多越好，而应当是"管用的就是好的道德"。法律如果泛化并侵吞或取代了所有道德，就会导致"法律的专制和恐怖"；道德如果泛化并否定或取代所有法律，则会陷入乌托邦的空想，导致社会失序和紊乱。法律与道德之间，应当形成法主德辅、相互补充、相得益彰的最佳比例关系。

（二）从法律与道德作为社会行为准则看，依法治国应当居于主导地位

法律和道德都是社会行为规范和行为准则，但就整体而言，法律和道德对人们社会行为要求的标准或尺度是不同的。社会主义道德追求的是真、善、美等价值，这是一种崇高的境界、一种高度的行为标准；法治追求的是公平、正义和利益等价值，这是一种普通而实在的境界，是大多数人可以做到的低度的行为标准。社会主义道德主要靠教育和自律，或通过教育感化和社会舆论的压力来实现，是一种内在的"软性"约束；法治的实现固然要靠教育和培养，但主要靠外在的他律，表现为以国家强制力为后盾对违法者予以"硬性"约束，对犯罪者施以惩治，直至剥夺生命，具有"刚性"特点。国家法律规定的，是人们社会行为的低度标准，包括禁止性行为，例如禁止杀人、放火、投毒、抢劫、盗窃、强奸、贪污、受贿等；以及义务性行为，例如纳税、服兵役、赡养父母、抚养子女、履行职责、承担合同义务等。社会道德规定的，则是人们社会行为的高度标准，例如见义勇为、拾金不昧、大义灭亲、公而忘私、舍己为人、扶危济困、不计名利、救死扶伤、助人为乐、团结互助等。

我国目前的实际情况是，国家法律规定的很多低度行为标准和要求不能实现或做到，各种社会矛盾纠纷高发频发，各类案件数量节节攀升，违法犯罪案件不断增多，法律实施状况堪忧。在这种情况下，要求人们超越现阶段的思想道德水准，具备高素质的道德品行，自觉自愿地普遍做到社会主义道德所提倡的高度行为标准，是不切合实际的。对于社会大众而言，应倡导人们追求道德理想，努力用高尚的道德行为标准来严格要求自己，但在社会治理的实践层面上还是应当从法律所规定的已体现许多道德要求的低度社会行为标准做起，从道德法律化的行为规范做起，经过不断引导、教化、规制和反复实践，逐步树立对法治的信仰，养成依法办事的习惯，增强遵法守法的自觉，进而从法治国家逐渐过渡到德治社会。

道德的生命在于遵守。多数社会主义道德法律化以后，就要求各类社会主体认真实施宪法和法律，使法律化的道德要求在社会生活中付诸实现。例如，我国《婚姻法》规定，对拒不执行有关扶养费、抚养费、赡养费等判决和裁定的，由人民法院依法强制执行；《继承法》规定，遗弃被继承人的，或者虐待被继承人情节严重的，继承人则丧失继承权。从法律实施角度来看，执法机关和司法机关严格执行法律化了的道德规范，就能够从法治上有效地保证社会公德、职业道德和家庭美德的充分实现；反之，若国家的宪法和法律不能有效实施，有法不依，执法不严，违法不究，徇私舞弊，则必然严重损害社会主义道德体系和道德建设。对于执法司法人员而言，在实施法律的过程中，一方面要以事实为根据，以法律为准绳，严格依法办事，坚持法律面前人人平等，秉公执法，公正司法，不徇私情，刚直不阿，把法律化的社会主义道德要求落实到法律实践中；另一方面，又要统筹法律、伦理和人情的关系，关注普遍法律规则和复杂事实背后的道德伦理因素，使法律实施的结果（如法院裁判）尽可能与社会主义道德的要求评价相一致，至少不与社会主义道德的价值相冲突。如果一项法院判决有可能导致人们不敢见义勇为、不敢救死扶伤、不愿扶老携幼、不愿拾金不昧等，那么，法官就需要特别审慎地对待，否则这种司法判决就可能陷入"赢了法律，输了道德"的困境。此外，执法司法人员要带头做社会主义道德的表率，坚决防止执法腐败和司法腐败，保证法律公器纯洁和神圣。英国政治哲学家培根说过，一次不公正的审判，其危害超过10次严重犯罪。因为严重犯罪污染的是水流，而不公正的审判污染的是水源。社会主义道德是我国法治的"水源"之一，不公正的行政执法和司法审判，令人唾弃的执法腐败和司法腐败，不仅直接毁损了社会主义法治的权威性和公信力，而且严重破坏了社会主义道德的价值基础。

党领导人民治国理政，须臾离不开法律与道德的融合、法治与德治的并用、依法治国与以德治国的结合。2016 年 12 月 9 日，习近平在主持中共中央政治局第 37 次集体学习时强调，必须坚持依法治国和以德治国相结合，使法治和德治在国家治理中相互补充、相互促进、相得益彰，推进国家治理体系和治理能力现代化。这是对依法治国和以德治国关系的全面阐发，深刻揭示了中国特色社会主义法治建设和道德建设的重要准则。

法律是成文的道德，道德是内心的法律。法律是社会主义道德的底线和后盾，凡是法律禁止的，通常也是社会主义道德反对的；凡是法律鼓励的，通常也是社会主义道德支持的。社会主义道德是法律的高线和基础，是法律具有合理性、正当性与合法性的内在依据。法律的价值、精神、原则等大多建立在社会主义道德的基础上，道德所要求或者禁止的许多行为，往往是法律作出相关规定的重要依据，而多数调整社会关系和规范社会行为的立法，都是道德法律化的结果。社会主义道德是法律的源泉，是制定法律的内在要求和评价法律善恶的重要标准。正因为法律和道德在意志属性、规范特征、实现方式等方面的区别，所以法律不能取代道德，道德也不能取代法律，两者必须相互融合、相辅相成。法安天下，德润人心。国家法律和社会主义道德都具有规范社会行为、调节社会关系、维护社会秩序的作用，在国家治理中都有其地位和功能。

有效实施社会主义法律，自觉遵守社会主义道德，是法治与德治的必然要求。正因为法治是外在控制之治，德治是内在约束之治；法治是低度行为的规范之治，德治是高度行为的倡导之治；法治是国家的强制之治，德治是社会的教化之治；所以法治不能否定德治，德治不能取代法治，两者必须相互依存、取长补短。

四　中国法治文化建设

党的十九大报告"七五"普法规划，都提出了加强社会主义法治文化建设的历史任务。在当前形势下，加强社会主义法治文化建设，应当认真研究和着力解决以下问题。

（一）深刻把握社会主义法治文化建设的规律特征

现阶段建设中国特色社会主义的法治文化，应当把握以下规律特征。

（1）导向上的政治性。社会主义法治具有鲜明的阶级性、政治性和党性，因此，建设社会主义法治文化应当坚持政治与法治的有机统一，不能只讲法治不讲政治，更不能只讲政治不讲法治；应当坚持党的领导、人民当家作主和依法治国的有机统一，三者一体，相辅相成，缺一不可；应当围绕中心，服务大局，坚持以社会主义法治来实现政治效果、社会效果和法律效果的有机统一；应当以人为本，保障人权，坚持以社会主义法治来实现执法、司法、法律监督的政治性、人民性和法律性的有机统一；应当坚持社会主义方向，在社会主义法治文化建设中实现树立社会主义法治理念、弘扬社会主义法治精神、崇尚社会主义法治价值、增强社会主义法治观念、提高社会主义法治意识的有机统一。

（2）内容上的法律性或法治性。社会主义法是以国家意志的形式并通过制度、规则等来调整社会关系的行为规范，法律性是其区别于道德、纪律、宗教戒律、乡规民约、党内规章等行为规范的重要特征。建设社会主义法治文化，必须充分体现其法律（法治）性的特征，形成并完善以宪法为核心的法律体系，建立并运行以法律为构建基础的各项制度（包括立法制度、执法制度、司法制度、法律监督制度、普法制度、依法办事制度、守法制度、诉讼制度等），遵循并创新以法学为学科支撑的各种法学原理、法律原则和理论学说，等等。建设社会主义法治文化，既要防止法治虚无主义和人治文化，也要防止法治万能主义和法治意识形态化。

（3）背景上的文化性。一方面，中国特色社会主义法治文化在形成和发展过程中，受到中华传统政治法律文化、苏联东欧社会主义法律文化、西方大陆法系和英美法系的法治文化的影响，吸收了道德文化、宗教文化、社会文化、政治文化、行为文化、管理文化等文化因素，是人类先进文化的集大成者；另一方面，社会主义法治文化本身是"文化建设"，必然具有"文化"软实力的特征，即民族的凝聚力、国际的影响力、社会的稳定力、道德的影响力、统一的向心力、历史的传承力、舆论的导向力、宗教的替补力、文艺的创新力、时空的定位力、信息的控制力、新潮的同化力、时尚的倡导力、知识的保护力、文明的扩散力、生态的平衡力、文化的主权力。① 建设社会主义法治文化，应当把文化软实力的一般特征与法治文化的专业特征结合起来，把文化建设的一般要求与法治文化建设的特殊要求结合起来，真正体现社会主义法治的文化性和文化软实力的内在特征。

（4）过程上的长期性。中国特色社会主义的法治建设和法治文化建设，是相互依存、紧密结合的实践过程，由以下因素所决定，必然也是一个长期的发展过程。首先，"旧中国留给我们的，封建专制传统比较多，民主法制传统很少"。② 这个历史特征和现实国情，决定了加强社会主义法治文化建设，彻底否定和铲除人治文化，清除和改造非法治文化，将是一项长期艰巨的历史任务。其次，西方法治社会、法治文化的形成，经历了古代文明、古希腊文化、古罗马帝国、神权统治等千年以上的历史，近代以来又经历了数百年的发展，至今尚不完善。罗马不是一天建成的，社会主义法治文化也不可能一蹴而就。再次，我国仍处于并将长期处于社会主义初级阶段，社会主义制度的不断完善，社会主义优越性的充分体现，生产力的高度发达，科技文化的全面发展，社会文明程度和道德素养的全面提高，社会公平正义的充分实现，等等，都需要经历一个长期的实践过程。最后，社会大众真正认同法治、信仰法治，养成良好的法治行为习惯，必然是一个漫长的过程。

（5）受众上的实用性。"文化总是人的文化，生活总是人的生活，历史总是人的历史。"③ 社会主义法治文化建设离不开对人的影响和教化，离不开传播手段和传授过程。从个人和社会角度看，为什么要实行法律的统治、接受法治的约束、信仰法治的文化，在西方国家，主要是根据文艺复兴和启蒙运动传播的政治法律学说，在资产阶级革命成功后付诸实施而逐步形成法治社会和法治文化的。在我国，则主要是执政党和国家精英在对"文化大革命"等惨痛教训的反思和对实行"人治"的否定过程中，通过摸着石头过河的路径，选择了"发展社会主义民主，健全社会主义法制"

---

① 参见朱相远《首都文化建设与软实力》，载北京市人大常委会课题组编《推进全国文化中心建设》，红旗出版社，2012，第194—196页。

② 邓小平：《党和国家领导制度的改革》，载《邓小平文选》第2卷，人民出版社，1983，第332页。

③ 周熙明：《我国文化建设亟需解决的几个问题》，载北京市人大常委会课题组编《推进全国文化中心建设》，红旗出版社，2012，第209页。

的民主政治发展道路。如何把执政党和国家精英选择的法治道路变为社会大众的选择及其生活方式，法治如何才能被社会大众自觉遵守，主要靠外在的力量是行不通的。根据实际需要、从实际出发实行法治和依法治国，决定了要把国家法治的要求内化为社会大众的价值认同和信仰习惯，其内驱力必然主要是"实用主义"的，即法治的有用性和有利性。西方国家解决社会大众对法治的内需力问题，主要依靠大众化的宗教、文化教育和道德说教，辅之以利益诱导和国家强制力；在我国的法治文化中，由于缺乏宗教文化的支撑，不得不更多地采用普法教育和强制执行的方式，并更多地采用趋利避害式的利益引导，在这个基础上再逐步从利益驱动转向内在需求，使之成为一种生活方式。

（二）进一步加强公民意识教育

社会主义法治文化是公民自觉尊法守法的文化。从一定意义上讲，加强社会主义法治文化建设，在全民中开展法治宣传教育，主要就是进行公民意识教育。加强公民意识教育是社会主义法治文化建设的基础。公民意识教育就是指通过适当的教育手段促使公民养成对自身主体身份的正确认识，从而塑造公民的政治态度和法律意识，使之能准确地把握自己同国家之间的关系，调整自己的心态和行为。也可以说，公民意识教育是指培养公民参与管理社会公共事务的价值、知识和技能。

从政治学意义上是指通过公民意识教育，把公民培养成合格的社会公民，即"社会人"、"政治人"；从法学意义上是指通过公民意识教育，把公民培养成具有民主法治理念、自由平等和公平正义意识，能够享受权利、履行义务和承担责任的具有行为能力的公民。公民意识教育的核心是公民的权利意识教育。每一个公民都应知道自己享有宪法和法律保障的权利和基本自由，如生命权、财产权、思想言论自由权和参与权等。这是人之为人最起码的尊严。公民在享有宪法和法律规定的权利和基本自由的同时，负有宪法和法律规定的义务。公民是与国家相对应的概念，离开国家就无公民可言。公民意识教育的任务是培养公民对国家的归属感和认知感，提高公民对国家和宪法的认同，增强公民对国家的忠诚、信念与信心，让全体公民懂得保卫国家、维护国家利益是公民的根本义务。公民意识教育的目的是培养国家、社会所需要的合格公民，即有积极生活态度，有政治参与热情，有民主法治素养，能与其他公民和社会组织合作的公民。

许多国家和地区没有法制宣传教育运动，但对公民意识教育以及人权教育都很重视。例如，韩国设有专门的道德课和国民伦理课，开展"国民精神教育"。新加坡在 1960 年就颁布了公民训练综合大纲，1992 年使用《好公民》教材。《美国公民学》是美国的公民读本，内容涉及公民初步、公民与政府的关系、经济义务、公民与社会的关系、公民与国际的关系等。德国公民意识教育的主要内容包括公民的权利与义务教育、集体观念教育、权威感教育、民族感教育和劳作教育等。日本公民意识教育的宗旨是：具备成为符合民主主义原则的国民自觉意识，持有成为社会及国家未来建设者而努力的态度，培养起关心政治、经济、社会、国际关系的良好修养，作为权利和义务主体而自主行动的能力。在国际层面，也提出了"世界公民教育"，国际政治社会化和教育研究委员会在 1992 年的圆桌会议上，把"制度转换中的政治意识和公民教育"列为主题。我国香港特别行政区教育署推出的《学校公民教育指南》，规定公民教育从幼儿园开始，在内容、形式、途径、模式等诸方面都有详尽的要求。我国台湾地区在高中设有"公民与道德"课，以公民道德为经、公民知识为纬，范围包括教育、社会、法律、政治、经济和文化等各个层面。

加强公民意识教育是推进依法治国基本方略实施、加强法治文化建设的一项主体工程、基础工程，是全面落实依法治国基本方略的重要举措。加强公民意识教育，建设社会主义法治文化，必须坚决清除和改造公民中存在的非法治文化。当前，在我国公民中不同程度存在的非法治文化现象，其主要表现有以下几个方面。①信权不信法、信访不信法、信闹不信法（小闹小解决，大闹大解决，不闹不解决）、信关系不信法、信钱不信法、信领导不信法、信谣言不信法。②以规避法律、钻法律空子甚至违反法律获利致富为荣，以尊法守法为蠢，例如笑贫不笑娼、不违法难致富、老实人吃亏等。③在某些群体中偷税漏税、坑蒙拐骗、制假贩假、偷工减料以及暴力抗法、贿赂拉拢等所谓"非法经验"，颇有市场，不胫而走。④非法治的观念谚语通过某些影视文学作品、民间街谈巷议等渠道不断复制传播，例如"法不责众"（法不罚众），"偷书不算偷"，"有钱能使鬼推磨"，"不拿白不拿、不打白不打"，"见钱不捡是傻瓜"，"不知者不为罪"，"打官司就是打关系"，"砍头不过碗口大个疤，20 年后又一条好

汉"，"坦白从宽，牢底坐穿，抗拒从严，回家过年"，等等。在公民意识
教育中，有些内容是与正在进行的法治宣传教育的内容相同或相近的，有
些内容则是法治宣传教育所没有的。加强公民意识教育，可以更好地夯实
依法治国的思想文化、道德伦理、政治理念的基础，有利于扎实推进依法
治国基本方略的实施。

（三）进一步加强领导干部的法治教育

社会主义法治文化是各级领导干部率先垂范、以身作则的文化。毛泽
东说过："政治路线确定以后，干部就是决定因素。"在党和国家的各项事
业中，包括落实依法治国基本方略和加强社会主义法治文化建设，都是如
此。加强领导干部的法治教育是社会主义法治文化建设的关键。各级领导
干部重视与否，关乎社会主义法治文化建设的成败。这是因为：第一，我
国的法治国家建设，是一个从人治到法制，再从法制到法治的历史发展过
程，必须依赖领导干部的重视、支持和参与，才能成功。第二，我国的领
导干部是社会和公众的楷模，他们的言行举止，依法办事、遵纪守法的榜
样，对社会具有极高的正面示范作用。第三，我国历史上的政治文化，历
来是上行下效，"群众看干部"，上梁不正下梁歪，他们的违法犯罪、贪污
腐败，对社会主义法治文化具有较大的负面破坏作用。

加强社会主义法治文化建设，对于各级领导干部来说，就是应当牢固
树立法治观念，提高法治素质，增强依法办事的能力，坚决反对和清除各
种人治文化。在现实生活中，一些领导干部法治意识比较淡薄，有的存在
有法不依、执法不严甚至徇私枉法等问题，影响了党和国家的形象和威
信，损害了政治、经济、文化、社会、生态文明领域的正常秩序。一些领
导干部在依法治国方面存在以下六个问题：一是不屑学法，心中无法；二
是以言代法，以权压法；三是执法不严，粗暴执法；四是干预司法，徇私
枉法；五是利欲熏心，贪赃枉法；六是嘴上讲法，行动违法。有些领导干
部不同程度地存在"重人治、轻法治"的人治文化现象，主要表现形式
有：①权大于法，个人意志凌驾于宪法法律之上，一个人或少数人说了
算，领导人说的话就是"法"，领导人的看法和注意力改变了，"法"也就
跟着改变。②朝令夕改，法律无稳定性、规范性、连续性和权威性，用政
策、文件、命令、指示等取代法律规范，使法律和制度形同虚设。③对司

法案件"批条子"、"打招呼"、"做指示",随意干预法院依法独立行使审判权、检察院依法独立行使检察权。④把法律和法治当作对付群众的手段和惩治他人的工具,以法治民、以法治群众、以法治人,而不是依法治权、依法治官、依法治己。⑤贪腐文化盛行,以以权谋私为荣,以依法办事为傻,"丢掉一顶乌纱帽,抱回一个金娃娃","牺牲一人,幸福全家","当官不发财,请我也不来","有权不用,过期作废",权力不受监督,滥用职权,徇私舞弊,贪污腐败。⑥崇尚行政手段、长官意志和命令方式,轻视甚至放弃法治思维、法治原则、法治方式、法律手段、法律制度和民主法治方式。⑦官本位,推崇特权享受,轻视人权保障,违背法律面前人人平等原则,等等。2015 年 2 月 2 日,习近平在省部级主要领导干部学习贯彻十八届四中全会精神全面推进依法治国专题研讨班开班式上指出:各级领导干部的信念、决心、行动,对全面推进依法治国具有十分重要的意义。领导干部要做尊法的模范,带头尊崇法治、敬畏法律;要做学法的模范,带头了解法律、掌握法律;要做守法的模范,带头遵纪守法、捍卫法治;要做用法的模范,带头厉行法治、依法办事。

学法懂法是守法用法的前提。各级领导干部要带头学习法律,带头依法办事,带头遵守法律。通过对各级领导干部进行社会主义法治文化教育,要强化其四个意识:一是公仆意识,使各级领导干部铭记人民是真正的主人,自己永远是仆人,自己手中的权力来自人民并且属于人民;二是法治意识,努力提高各级领导干部依法决策、依法执政、依法行政、依法办事的能力和水平;三是服务意识,使各级领导干部铭记公仆的理念就是人民的利益高于一切,公仆的行为准则就是全心全意为人民服务,要坚持以人为本,执政为民;四是责任意识,使各级领导干部铭记掌握人民赋予的权力不是特权,而是义务和责任,必须对国家、对人民、对法律负责。如果滥用权力,将承担法律责任。

对领导干部进行社会主义法治文化教育,要求牢固树立五种观念:一是立党为公、执政为民和依法执政的执政观念;二是以人为本、权为民所用、情为民所系、利为民所谋的民本观念;三是尊重和保障人权,法律面前人人平等的人权观念;四是民主立法、依法行政、公正司法和依法监督的法治观念;五是人民当家作主、民主选举、民主决策、民主管理、民主参与、民主监督的民主观念。

（四）完善我国法律体系，进一步加强文化立法

法律是治国之重器，良法是善治之前提。社会主义法治文化是有法可依的文化。有法可依不仅是实行法治的重要前提，也是加强社会主义法治文化建设的重要基础。中国特色社会主义法律体系形成，无法可依的问题总体上得到解决，但还不能完全满足经济、政治、社会、文化和生态文明建设的需要，我国的立法工作还需要进一步加强，法律体系还需要不断完善。

习近平指出："我们在立法领域面临着一些突出问题，比如，立法质量需要进一步提高，有的法律法规全面反映客观规律和人民意愿不够，解决实际问题有效性不足，针对性、可操作性不强；立法效率需要进一步提高。还有就是立法工作中部门化倾向、争权诿责现象较为突出，有的立法实际上成了一种利益博弈，不是久拖不决，就是制定的法律法规不大管用，一些地方利用法规实行地方保护主义，对全国形成统一开放、竞争有序的市场秩序造成障碍，损害国家法治统一。"① 因此，在完善立法制度方面，一是要着力解决"国家立法部门化，部门立法利益化，部门利益合法化以及行政立法扩大化"等问题，从立法权的享有和行使上切实保障人民当家作主。二是要从制度上、程序上、机制上全面深入地推进民主立法，不仅要有公开征求意见、座谈会、论证会、听证会等民主立法形式，更要注重立法过程中的民意表达、利益博弈和相互妥协；不仅要坚持立法是党的主张和人民意志相统一的体现，也要坚持立法是人民内部各种利益诉求相整合的体现，真正使立法成为沟通信息、协调利益、平衡关系、调解矛盾、减少冲突的过程，成为通过人民民主实现分配正义的过程。三是要尽快修改完善有关法律，进一步完善立法会期制度、立法公开制度、立法审议制度、立法表决制度、法律清理制度、法规备案审查制度、立法解释制度、授权立法制度，建立宪法委员会制度，推行立法助理制度、立法旁听制度，强化专职常委制度，等等。

在完善法律体系方面，不仅要加强对"中国特色社会主义法律体系"和"中国特色法律体系"等问题的理论研究，而且要加强对法律体系中薄

---

① 习近平：《关于〈中共中央关于全面推进依法治国若干重大问题的决定〉的说明》（2014年10月20日），载中共中央文献研究室编《十八大以来重要文献选编（中）》，中央文献出版社，2016，第149页。

弱环节的立法工作，当前尤其需要加强文化立法。在我国法律体系的 7 个法律部门中，文化立法不仅数量少，而且没有成为单独的法律部门，分散于宪法和其他部门法当中，许多文化立法是行政法规，层次不高。

根据北京市《文化法制环境建设调研报告》，目前我国文化法制环境建设存在的主要问题和需求包括：一是文化立法总体薄弱，在一些重要领域尚属空白。例如，在公共文化服务保障、促进文化创意产业发展、艺术品管理、专业文艺发展、对外文化交流、行为艺术等方面，处于无法可依的局面。二是文化领域出现的新问题、新业态缺乏相应规范和促进。例如，互联网迅猛发展，网站数量和所载信息量远远超过传统媒体，如何通过立法加以规制，是薄弱环节；再如，对于微博、QQ、网络视听点播、室外视频广告、手机垃圾短信、电台和电视台频道分配等，也缺乏法律的约束和规范。三是有些法律法规的内容已不适应现实需要，亟待修订完善，还有的立法规定比较原则，需要予以细化。例如，《卫星电视广播地面接收设施管理规定》、《互联网上网服务营业场所管理条例》、《水下文物保护管理条例》、《营业性演出管理条例》等。[①] 应当根据党的十九大的要求，进一步加快社会主义文化立法，着力解决社会主义核心价值观融入法治建设等基本问题。

（五）切实加强宪法和法律实施，维护社会主义法治的统一、尊严和权威

社会主义法治文化是有法必依、执法必严、违法必究的文化。改革开放以来，经过 30 多年的法治建设，我国已经形成了中国特色社会主义法律体系，无法可依的问题已基本解决，法治建设要解决的主要矛盾是如何确保宪法和法律实施。法律的生命在于实施，法治文化的价值在于行动。如果说，改革开放前 30 年，中国法治建设的重点是着力解决无法可依的问题，那么，在中国特色社会主义法律体系如期形成的今天，中国法治建设要解决的主要矛盾，是宪法和法律实施不好的问题，主要表现为存在比较严重的有法不依、执法不严、违法不究，许多法律形同虚设。因此，新时代中国法治发展的战略重点，应当是解决宪法和法律有效实施的问题，使

---

① 柳纪纲、张引等：《文化法制环境建设调研报告》，载北京市人大常委会课题组编《推进全国文化中心建设》，红旗出版社，2012，第 70—78 页。

宪法和法律实施与立法协调发展，与经济社会文化建设协调发展，与人民对法治的期待和要求协调发展。

切实加强宪法和法律的实施，一是执政党始终坚持民主执政、科学执政和依法执政，自觉履行领导立法、保证执法、支持司法、带头守法的政治职能，切实在宪法和法律的范围内活动，支持国家机关依法（独立）行使职权，做依法治国和依法办事的表率。二是国家权力机关始终坚持"三者有机统一"，全面履行宪法规定的职能，切实行使宪法赋予的职权，推进民主立法、科学立法、依法立法，强化宪法监督，保障宪法实施。当务之急是尽快设立全国人大的宪法委员会，加强全国人大常委会的宪法解释，制定国家机构编制法，修改预算法和监督法。三是以全面加强法治政府建设为契机，继续深化行政体制改革，切实转变政府职能，精简行政机关，进一步厘清政府的角色关系，把社会的归还社会、市场的归还市场、公民的归还公民，充分发挥市场在配置资源中的决定性作用，用法律和制度巩固行政体制改革的成果，确认和保障与社会主义市场经济体制相适应的行政权力的正当性，通过"良法善治"防止行政体制改革倒退以及滥用行政权力的举措合法化。四是维护国家司法主权和司法制度的权威性和公信力，以法治为基础维护社会稳定，以法律为主要依据解决社会矛盾纠纷，从制度上根除"闹而解决"的顽疾，改革完善信访制度，取消领导人批示案件的做法。同时要深化司法体制配套改革，进一步消除司法中存在的地方保护主义，防止人民检察院、人民法院沦为地方保护主义的工具，避免它们成为为地方利益服务的"地方的检察院"、"地方的法院"，切实解决执行难的问题。

（六）坚持以人民为中心，切实尊重和保障人权

党的十八大提出，要"保证人民依法享有广泛权利和自由"并把"人权得到切实尊重和保障"作为全面建成小康社会的一个重要目标。党的十八届四中全会提出，要"增强全社会尊重和保障人权意识，健全公民权利救济渠道和方式……加强人权司法保障"。党的十九大进一步强调，要"加强人权法治保障，保证人民依法享有广泛权利和自由"。[①] 习近平在祝

---

① 习近平：《决胜全面建成小康社会 夺取新时代中国特色社会主义伟大胜利——在中国共产党第十九次全国代表大会上的报告》，人民出版社，2017，第37页。

贺"2015·北京人权论坛"开幕的致信中强调指出:"近代以后,中国人民历经苦难,深知人的价值、基本人权、人格尊严对社会发展进步的重大意义,倍加珍惜来之不易的和平发展环境,将坚定不移走和平发展道路、坚定不移推进中国人权事业和世界人权事业。中国共产党和中国政府始终尊重和保障人权。长期以来,中国坚持把人权的普遍性原则同中国实际相结合,不断推动经济社会发展,增进人民福祉,促进社会公平正义,加强人权法治保障,努力促进经济、社会、文化权利和公民、政治权利全面协调发展,显著提高了人民生存权、发展权的保障水平,走出了一条适合中国国情的人权发展道路。"习近平把尊重和保障人权与实现中国梦的战略目标密切联系起来,指出中国梦归根到底是人民的梦,必须不断为人民造福,不断实现更加充分的人权,"中国人民实现中华民族伟大复兴中国梦的过程,本质上就是实现社会公平正义和不断推动人权事业发展的进程"。①

社会主义法治文化是以人民为主体、以人民为中心、尊重和保障人权的文化。尊重和保障人权是社会主义的本质要求,是我国宪法规定的重要原则,是全面依法治国的必然要求,应当予以高度重视。从社会主义法治文化来看,人权是以人民为主体的权利和法治表现形式,坚持人民至上、坚持以人为本,就必须尊重和保障人权。要切实做到尊重和保障人权,一是应当把宪法宣示的各项基本权利法律化,全面完善人权保障的各项法律规定和制度;二是加强对《公民权利和政治权利国际公约》的研究工作,在充分准备的基础上加快审议批准这个公约;三是进一步修改刑法,大幅度减少死刑的刑种;四是深化司法体制改革,切实加强人权的司法保护;五是进一步加强对公民的经济、社会和文化权利保障,着力解决"上学难"、"看病难"、"住房难"、"两极分化"、"贫富不均"等老大难问题,着力保障弱势群体的权利。

[李林:《社会主义法治文化概念的几个问题》,《北京联合大学学报》(人文社会科学版)2012年第2期;李林:《中国语境下的文化与法治文化概念》,《新视野》2012年第3期;李林:《我国社会主义法治文化建设的若干问题》,《哈尔滨工业大学学报》(社会科学版)2012年第5期]

———

① 《习近平同美国总统奥巴马举行会谈》,《人民日报》2015年9月26日。

人权理论的历史和发展

徐 炳[*]

人权是每个人须臾不可离开的权利，理所当然，它是全人类共同关切的最基本的问题。人权理论虽然是资产阶级首先提出来的，但是，这个命题本身超越了阶级差别，超越了民族、种族界限，超越了国家疆界。因此，人权一经提出就成了全人类的共同口号，成了全人类要求生存、发展、进步的共同旗帜。

过去，我们在极"左"思想的影响下对人权问题的认识发生了很大偏差。一方面，基于新中国的诞生极大地改善了中国的人权这一事实，我们因而不切实际地认为，三座大山推倒了，人民当家作主了，中国就不再存在人权问题了。另一方面，基于人权口号是资产阶级首先提出的事实，我们因而不加分析地认为，人权是资产阶级的口号，它与无产阶级革命的思想格格不入。这种认识导致我们完全否定人权。在这种极"左"思想的笼罩下，人权口号成了禁区，无人敢于问津，而蹂躏人权的事则屡有发生。到了"文化大革命"，对人权的践踏则发展到骇人听闻的地步！这不能不引起人们对人权的重新思考。"四人帮"粉碎后，有些人重新提出了保障人权的口号。在这些人中当然有不少人对人权并无深刻、全面的认识，甚至有严重错误、模糊的认识。令人遗憾的是，当时的官方舆论对此没有进行必要的引导，而是对人权口号当头棒喝，把人权口号斥为资产阶级的，不是无产阶级的。时至今日，我们的思想界、法学界、政治学界，仍然对人权问题躲躲闪闪、羞羞答答，不敢理直气壮地讨论人权问题，甚至有谈

---

　*　徐炳，中国社会科学院法学研究所研究员。

人权而色变之状。我认为，人权是属于全人类共同的旗帜，自然也属于中国人民的旗帜。这面旗帜在历史上引导人类由野蛮走向文明，由初级文明走向高级文明，由专制走向民主，由人治走向法治。我们现在和将来都应当继续高举人权旗帜，走向人类美好的未来。

一　人权是人类共同高举的旗帜

今天我们重谈人权问题，有必要对人权的历史发展作一回顾和总结。

（一）人权由朦胧的意识发展成了不容置疑的理论

"人权"（human rights）这个字眼早在公元前 400 多年古希腊悲剧作家索福克斯的作品里就出现了。全世界各地自进入阶级社会之后，几乎都提出过一些体现人权的口号和主张。例如，古罗马奴隶角斗士斯巴达克就喊出过"为自己的自由而斗争"的口号，我国农民起义军也喊出过"等贵贱，均贫富"的口号。在古代历史条件下，人类对自己还没有充分的认识，被压迫人民还不可能把自己的权利要求概括为人权，那时只能具有一些有关人权的朦胧意识。

人权思想的理论最初孕育于自然法理论之中。自然法思想依附于神学，它强调人服从自然法、服从上帝的安排。因此，虽然自然法在欧洲经历了 10 多个世纪的发展，但始终没有越出神学领域，也就始终未能提出现代意义上的人权。但现代意义上的人权思想自格老秀斯始，经胡克、霍布斯、密尔顿等人的发展，由洛克、卢梭而日臻完善。他们直截了当地宣称：人在自然状态中是自由、平等的，自然赋予人人权，人权与生俱来，不可剥夺，不可让渡，甚至不可放弃！启蒙思想家把人权奉为神圣不可侵犯的权利，视为人所固有的天然权利，甚至连上帝也不能剥夺人的权利！这种人权思想在当时实为石破天惊，令人耳目一新。它既有说明力，又具号召力。欧洲人权思想的发展与欧洲、美洲当时的一系列运动——自文艺复兴运动始，历经宗教改革运动、英国的光荣革命、启蒙运动，直至后来的北美独立战争和法国大革命——融合在一起。人权思想启迪群众运动，群众运动发展和传播人权思想。经过几代人的努力，人权思想已在欧洲、北美牢牢扎根，以至于 1776 年杰弗逊起草《独立宣言》时认为，人权已是不言而喻的了，已是不可否认、不需要继续论证的真理。

（二） 人权由一种理论发展成了政治宣言

18世纪70年代，正当启蒙运动席卷欧洲的时候，北美人民受到极大鼓舞，打响了具有历史意义的独立战争。而作为这场伟大战争旗帜的还是人权。1776年第二次大陆会议通过的《独立宣言》宣称："我们认为这些真理是不言而喻的：人人生而平等，他们都从他们的'造物主'那边被赋予了某些不可转让的权利，其中包括生命权、自由权和追求幸福的权利。为了保障这些权利，所以才在人们中间成立政府。而政府的正当权力，则来自被统治者的同意。如果遇有任何一种形式的政府变成损害这些目的，那么，人民就有权利来改变它或废除它，以建立新的政府。"这个宣言精辟地概括了资产阶级的人权思想和理论，并且根据它提出了自己的政治主张。值得深思的是，北美人民并未就独立讲独立，而是从人权的高度要求独立，用人权书写独立的旗帜，把人权直接作为独立战争的政治宣言，作为号召人民的口号，从而使独立战争更具正义性，更能唤起人民的赞同。这个人类历史上的第一个人权宣言也表明资产阶级已经把自己的政治主张概括为人权。生命、财产、自由、平等、博爱、民主、共和国无不是人权的表现和要求。人权的口号既简洁又鲜明，既有概括力又有生命力。《独立宣言》标志着人权已由一种理论、一种思想上升为一个普遍的政治宣言，成为资产阶级革命的基本口号。

（三） 人权由政治宣言发展成了法律

欧洲的人权运动启发并鼓舞了北美的独立战争，北美独立战争又反过来推动了欧洲人权运动的发展。《独立宣言》风靡欧洲。潘恩阐述人权思想的小册子在欧洲家喻户晓、脍炙人口，进一步加深了人们对人权的信念、理解和渴求，最终导致了法国大革命的爆发。革命胜利后，法国国民议会立即着手起草了《人权与公民权宣言》，于1789年8月26日经过激烈辩论后获得通过。美国的《独立宣言》是一篇政治宣言，具有政治纲领的效力。法国《人权与公民权宣言》作为已经取得国家机器的国民议会的文件具有至高无上的法律权威，实际上是一个宪法性宣言。它提出的原则成为后来各国制宪的准绳。

（四）人权运动由少数国家发展到世界各国

以美国和法国为代表的人权运动带动了全世界的人权发展。欧洲各国首先效法，开始了各自的资产阶级革命，推翻旧的封建王朝，确立新的资产阶级秩序。资产阶级革命胜利后亦仿效美国和法国，制定宪法，规定人权。各殖民地国家则以北美为榜样，纷纷要求独立，脱离宗主国的统治，并在各自的国家开展立宪运动，规定各自的人权。亚非拉各国都在觉醒，掀起了立宪运动，要么通过革命，要么通过改良、妥协确定各自的宪制和人权。

沉睡了几千年的中国再也不能置身于世界大潮流之外了。早期的变法维新派人物也在中国冒着"非圣人，乱祖制"的大逆罪名，倡导人权，宣传欧美的自由、民主、平等。孙中山领导的资产阶级民主革命把中国人权运动推到了一个新高峰。他利用人权深刻批判了清政府的专制。邹容在他的《革命军》一书中更是大声疾呼："杀尽专制之君主，以复我天赋之人权。"辛亥革命胜利后，孙中山领导的临时政府立即颁布法令，宣告"人人平等，人权神圣"。

（五）人权由资产阶级的口号直接转变成了无产阶级革命的口号

正当资产阶级登上历史舞台，实现了他们的人权的时候，无产阶级迅速觉悟。无产阶级发现资产阶级所讲的人权不过是资产阶级的特权，自己仍处在无权的地位，因此抓住资产阶级人权的把柄，要求资产阶级兑现人权。在无产阶级革命运动中，无产阶级同样利用人权作为号召人民革命的旗帜。马克思一方面热情讴歌欧美的人权运动，指出它的历史进步性，称《独立宣言》为人类"第一个人权宣言"，同时指出资产阶级的人权本质及其虚伪性，要求资产阶级真正保障人权；另一方面，他也直接利用人权口号推动工人运动的发展，马克思起草的《国际工人协会临时章程》提出："一个人有责任不仅为自己本人，而且为每一个履行自己义务的人要求人权和公民权。"

（六）人权已从国内法准则发展成为国际法准则

只有具体的人，没有抽象的人。人权问题首先是人所在国的问题，是个国内法的问题。然而，当今社会，跨越国界的商业交流、文化交流、政治交往越来越多，一国的大街上挤满了外国人，这在今日已是司空见惯之事。这就很自然地使人权越出国界，成为国际法上的一个重要问题。早在1660年，波兰与瑞典签署的和平条约就已经注意到通过双方条约保护人权问题，例如条约规定保护迁居到瑞典的波兰人的宗教信仰、自由、财产等各种权利。第一次世界大战使人们进一步认识到通过国际法保护人权的重要性。在第二次世界大战中，德、日、意法西斯分子对别国人民进行惨无人道的屠杀，引起了全世界人民的愤慨，也引起了全世界人民对人权的关注。1942年中、苏、美、英等26个国家联合发表了《联合国家宣言》，提出，这些国家"深信完全战胜它们的敌国，对于保卫生命、自由、独立和宗教自由并在本国和其他国家内保障人权和正义是非常必要的"。《联合国宪章》也开宗明义："重申基本人权，人格尊严与价值，以及男女与大小各国平等权利之信念。"1948年，联合国通过了著名的《世界人权宣言》，宣布"人人有资格享受本宣言所载的一切权利和自由，不分种族、肤色、性别、语言、宗教、政治或其他见解、国籍或社会出身、财产、出生或其他身份等任何区别"。为了把宣言的原则法律化，把宣言变为具有法律效力的国际准则，联合国又于1966年通过了《经济、社会、文化权利国际公约》和《公民权利和政治权利国际公约》。联合国就人权的特别问题制定了一系列公约。联合国把人权从世界宣言变成了各国应当共同遵守的国际法准则，无疑对世界人权的保护和发展起到了非常积极的作用。中国政府一直积极参与联合国为保护和发展人权所作的各种努力，中国先后加入了7个联合国有关保护人权的公约。

综上所述，随着人类文明的发展，人权思想越来越深入人心，现已成为全人类的共同信仰，成了全人类共同高举的旗帜。任何国家和个人，不论其内心如何看待和对待人权，他至少在口头上不得不承认人权，否则就会受到全人类的共同唾弃。

二 人权是人类文明发展的成果

人类区别于动物界的根本标志在于人类摆脱了动物界的野蛮状态，进入了文明。人类越是发展，与动物界之间的鸿沟则越深。反过来说，在人类社会发展的初期，文明尚不发达，人与动物界的分野也就不很明显，人类明显地带有动物界的野蛮痕迹。在原始社会初期，人为了充饥，不惜相互格斗，弱肉强食。

随着人类文明的发展，人身上的动物界的野蛮痕迹逐步消失，人的文明细胞逐步增多。在长期的人类社会生活中，人们终于逐步产生了一种同类感，即人把具有生物属性的人当作自己的同类来看待和对待。只要他是人，别人就把他视为人，并用人的方式来对待他，而不论他是什么人，不论他是亲人还是仇人，本族人还是异邦人，与自己相同肤色的人还是不同肤色的人，与自己操同一种语言的人还是不同语言的人。人终于有了基于"类"的同类感，终于有了同类相怜的人心。这种人心正是人权的根基。人道主义、人权思想都发源于这种人心。这种人心的发展是人类文明重大进步的表现和标志。如果从生理上说，人类永远脱离不了动物界，但是人心则是动物界所没有的。

诚然，今天仍有战争，仍有人杀人的现象，还有人野蛮地摧毁人的现象。但是，今天杀人的目的、摧毁人的目的已经不是为了用他人之肉充饥。这本身是由人类物质生活方面的进步带来的精神文明进步。今天人们普遍以食人血肉为恶心之事，为不耻于人类的绝对不能接受的罪恶。殊不知，这是人类何等重大的进步啊！然而，在原始社会末期，人类就大致做到了这一点。

人类文明的发展并未就此满足，并未在此停步。人类文明在持续发展。但是，人类进入第一个阶级社会——奴隶社会以后，仍然存在一种人为的罪恶——人奴役人。奴隶制被视为合理的。并且，这种野蛮的奴隶制一直延续到 19 世纪末 20 世纪初。奴隶被任意打骂、处死、买卖。奴隶主除了不食奴隶外，似乎完全把奴隶视为动物。但是，人类文明的不断发展与奴隶制越来越不相容。人类终于下决心要割除这个寄生于人类文明肌体上的毒瘤。人权思想的发展本身就意味着要消灭奴隶制。当杰弗逊起草第一个人权宣言时，他就明显地意识到奴隶的人权问题，就要求解放奴隶，消灭奴隶制。但当时他的这种人权思想还不能为多数人接受，人权思想尚未强大到消灭奴隶制的时刻。然而仅在其后不到 100 年，北美就爆发了旨在消灭奴隶制的南北战争。以林肯为代表的反奴隶制派，显然受到了人权思想的启发。林肯本人成了当时杰出的人权领袖，并为消灭奴隶制献出了生命。南北战争本身说明人类文明不能再容忍奴隶制了。人权则是南北战争的旗帜。它表现了人类文明，也标志着人类文明。随着人权运动在全世界的发展，世界上终于出现了 1926 年、1953 年和 1956 年旨在彻底禁止奴隶制的公约。现在，人类可以骄傲地说，奴隶制已不复存在了。这是人类文明的又一重大进步，而这一进步的实现又是以人权思想为动力的。

奴隶制作为一种法律制度虽然消灭了，但是奴隶制产生的思想基础并没有完全根除。南北战争虽然解放了奴隶，法律上虽然宣布了奴隶制的死亡，但是，明显的种族歧视又仍然合法地存在了一个多世纪。黑人为了争得自己的平等权利，消除对黑人的种种歧视，高举人权旗帜进行了不懈的斗争。1963 年 8 月 18 日，林肯签署解放黑奴宣言 100 周年纪念日，黑人人权运动领袖马丁·路德·金率领 20 万人——白人、黑人进军华盛顿，聚集在林肯纪念堂，发表了著名的林肯纪念堂讲演。他讲演的主旋律仍是"人权"。他重申全人类的共同信念："我们认为人人生而平等是不言自喻的真理。"人权浪潮的又一次掀起最终导致了 1964 年美国《民权公告》的诞生。基于肤色上的法律不平等终于被扫进了美国的历史博物馆。这又是人类文明的伟大进步。这个进步的标志又是人权。1965 年联合国通过了《消除一切形式种族歧视国际公约》，要求在全世界禁止种族歧视。当今世界，以不合法形式存在的种族歧视仍相当普遍，这需要全人类继续高举人权旗帜，共同努力奋斗，消灭人类的这种违反人权的现象，为发展人类文明而斗争。

酷刑是人类进入文明社会以后产生的另一个毒瘤。它是在阶级仇恨、民族仇恨、私怨基础上产生的一种野蛮行为。酷刑与奴隶制一样是人类文明的怪胎，是人类发明的野蛮行为。这些野蛮行为还公然写在奴隶社会、封建社会的法律中，被统治阶级合法化了。例如，许多封建法典都规定有诸如凌迟、鞭笞、断肢、残害人体器官等各种肉体酷刑。这也是与人权思想格格不入的。资产阶级人权先驱们一开始就猛烈抨击这些惨无人道的酷刑。18 世纪意大利著名的法学家贝卡利亚就根据人权思想愤怒地谴责酷刑和刑讯逼供制度，要求对刑法作系统的人道主义改革。资产阶级登上历史舞台取得国家政权后，基本上从法律上废除了酷刑。废止酷刑已成为各国法律公认的准则。联合国相继通过了好几个公约，明文规定对任何人都不得"加以酷刑，施以残忍的、不人道的或侮辱人格的待遇或刑罚"。1955

年第一届联合国防止犯罪和罪犯待遇大会通过了《囚犯待遇最低限度标准规则》，禁止体罚，禁止采用一切残忍、不人道或有辱人格的刑罚。1979年联合国还通过了《执法人员行为守则》，以规范执法人员对人犯和罪犯的行为。取消残酷刑罚已成为法律文明的一个重要标志。

战争中的野蛮行为是寄生在人类文明躯体上的另一个毒瘤。处于战争状态的交战双方由于极度的仇恨情绪和获取军事情报的需要，往往对战俘采取极端野蛮的行为。人权先驱者格老秀斯早就从人权的角度谴责战争中的野蛮行为。他呼吁在战争中对战俘实行人道主义，并要求将此作为国际法准则。他的思想对国际社会产生了重大影响。19世纪中叶，瑞士人民目睹战争中人权遭受践踏的惨状，自发地组织了红十字会，对战争中的伤病员和受难者进行治疗、医护、抢救。1864年在日内瓦召开国际会议，并通过了公约，把战时人道主义首次变成了国际法准则。其后联合国通过的许多宣言和公约，都一再重申了在战争中实行人道主义的国际法准则。

总而言之，人类文明的发展与人权的发展是密不可分的。人权推动人类文明的发展，人权体现人类文明。用人的方法对待人是人类发展的必然要求，是人类文明发展的必然结果。资产阶级鼓吹博爱、四海之内皆兄弟的人权思想，要求人们爱人类，这个口号无疑是进步的。当然资产阶级的这个口号有其虚伪性，那是另一回事。我们绝不能因为这个口号没有被资产阶级彻底实行而否定这个口号本身。我们应当抓住这个口号要求他们彻底实行人权、博爱原则。无产阶级比资产阶级站得更高、看得更远，胸怀更宽广，只有彻底解放全人类，无产阶级才能最终解放自己。无产阶级以解放全人类为己任。只有当全人类所有人的人权都真正得到了保障，无产阶级的任务才算完成。也只有在那时，我们才可以说，人类已经完全脱离了野蛮状态。现在我们离这一目标还相当遥远，人权旗帜还必须继续高举。

三　人权与公民权需要齐头并进

人权的理论和实践历经了三百多年的发展历史。现在，人权已是一个内容十分丰富的概念。为了确切地把握人权，我们首先分析一下人权的内容及其确切含义。人权一开始是从单个的个人——自然人提出来的。它起初是指作为人的个人权利。这种个人的人权大致可以包括三大内容。

一是人身权。人身权是做人的最基本权利。人身权首要的是与人的肉体存在相联系的权利，这就是生命权。任何人自出生之时起就享有生命权，不得剥夺（经法律审判定为死罪者除外）。与人身相联系的健康权又是一项基本人权，即任何人的肉体不受侵害，违法犯罪者受法律处罚时亦不受身体刑（肉刑）之处罚。身体刑违反人权，法律应当禁止。人身自由权亦是与肉体人身密不可分的权利。即非经法定程序，任何人不受逮捕、监禁，不受拘束。在保护人身权方面，刑法规定了一系列重要原则，例如，法无明文规定不为罪的原则，刑法不溯及既往的原则，无罪推定的原则，刑罚法定原则，被告有辩护权和得到律师帮助的权利原则，人犯与罪犯相区别原则，不得强迫人犯供罪、认罪的原则，在一国内任何人不得因同一罪而受两次以上处罚的原则，儿童和少年不适用死刑的原则，等等。其他如非经本人同意不受人体医学实验的原则，禁止奴隶制原则，禁止奴役人原则，禁止强迫劳动原则（因犯罪而被强制劳动除外），等等。人身权的另一个方面是与人的品格和精神相联系的权利。这首先就是人格权，人的人格尊严不受侵犯的权利。其次是人的身份权、姓名权、肖像权、名誉权、荣誉权、婚姻自主权等。为了保障人身权，产生了人的安全权，即不受非法打扰的权利，通信自由权，私生活秘密权，住宅免受侵犯权，等等。

二是人的政治权利和自由。人的政治权利是人另一项重要的基本权利。它主要指参政权，选举权和被选举权，言论自由权，出版自由权，集会自由权，结社自由权，游行、示威的自由权，宗教信仰自由权，从事科学文化活动的自由权，对公共事务和国家事务的了解权，男女平等权以及广义的在法律面前人人平等的权利等。

三是经济、社会和文化权利。经济、社会和文化权利是人的第三个方面的基本权利。这主要是指个人财产权，就业权，享受劳保福利的权利，同工同酬的权利，受教育的权利，休息的权利，参加工会的权利，在伤、残、病、老时获得社会帮助的权利，等等。

上述三种权利是基于个人基础上的人权，是传统观念上的人权，当然也在现代社会中得到了发展。第二次世界大战以后，从个人权利延伸出集体人权，这种集体人权是相对于个人人权而言的，是指某一类人的权利，即把某一类人作为一个集合的整体所享有的权利。这主要是指妇女的权利、儿童的权利、老年人的权利、残疾人的权利、母亲的权利（怀孕和产后受到社会照顾的权利）、无国籍者的权利、难民的权利、非婚生子女的权利、未婚母亲的权利、少数民族的权利等。

人权由个人人权发展到集体人权，嗣后又发展到民族权。这是第三世界人民努力的结果。第三世界人民认为，人权固然重要，但是没有民族和国家的生存和发展，人权就要落空。因此，要承认和保护人权，首先必须承认和保护人所赖以存在的那个民族和国家的生存权和发展权。这样，第三世界便提出把民族自决权和发展权作为人权的基本内容以国际公约的形式予以确定和规范。1966 年通过的两个人权公约都体现了民族自决权和发展权。这就使人权获得了新的生命力，使它成为保护弱小民族的主权，反对帝国主义、殖民主义掠夺的武器。人权由此成为个人人权、集体人权、民族人权的三位一体的完整权利。

人权发展还有另一个重要变化。起初人权强调其固有性和不可侵犯性。因为在封建社会，侵犯人权的现象比比皆是，人权得不到保护，所以人权要求首先集中在它的不受侵犯性上，强调的是免除对人权的外来侵犯。然而，随着社会的发展，人们逐步意识到，人权的实现需要一定的社会条件，特别是物质保障条件。许多权利只强调它的不可侵犯性并不等于就能实现，特别是社会、经济、文化方面的权利。试问：如果连饭都吃不上的人，哪能谈到享受人的健康权呢？为了真正实现人权，人们提出了要求国家和社会创造必要的条件，以便使人民享受到法律规定的权利。人们把人权努力上的这种变化称为由消极人权转为积极人权的变化，由被动转为主动的变化。

以上我们论述了人权的内容及其发展变化。人权与公民权之间到底是什么关系呢？当今世界是以国家为本位的世界，国家是世界的基本组成单位。任何人都要受到国界的制约，真正意义上的世界公民尚不存在。在疆界林立的世界上，人首先必须是某一国家的人，取得某一国国籍，成为某一国的公民（无国籍人和难民是特殊事件中产生的，在此不论）。抽象的人转为具体的人，如中国人、美国人、日本人、朝鲜人。人权本身首先是个法律概念，是由法律规定和保护的权利。人权法首先是指的国内法，即某一国内法所规定和保护的人权。国际上虽然有许多关于保护人权的国际公约，但是这些公约需要各国具体执行。国际法上规定的人权需要公约的参加国以国内立法的形式予以确认，否则就会落空。国内立法规定的人权具体表现为公民权。现代各文明国家都用宪法和法律的形式规定了各自的公民权。各国的公民权就是各国公民所能享受到的人权。人权表现为公民权，公民权是人权的存在形式。

但是，人权并不完全等同于公民权。人权是指作为人所应当享受的权利，公民权是指一个具体的人——公民在现实生活中所能享受到的权利。人权具有理想主义的色彩。公民权是实现人权理想的具体手段，是人权的具体化、法律化、现实化。人权是制定公民权的唯一依据，公民权应当以实现人权为唯一目标，应当以人权为其价值取向。背离人权原则规定公民权必然走向反动。例如，人权平等原则是人权的一个基本原则，但是有的法律公然规定种族歧视，规定不平等的公民权，这就是对人权的反动。

理想与现实往往有一定差距。带有理想色彩的人权与现实的公民权之间也有一定差距。我们在前面所阐述的人权内容是根据《世界人权宣言》和其他国际人权公约所规定的人权共同标准概括而成的，它体现了人类对人权的共识。但是，如果说在国际上有公认的人权标准，国内法上的公民权则因国而异、各有差别。首先是阶级差别。掌握国家机器的统治阶级总是要优先规定和保护本阶级的公民权，并且以剥夺、限制被统治阶级的公民权为代价实现统治阶级的公民权。人权应当是平等的，但现实的公民权程度不同地存在阶级不平等。其次，公民权受到社会经济文化发展水平的制约。人所应当享受的某些人权往往因为客观条件不具备而享受不到。一个国家只能根据其具体的国情规定其公民权，这就必然使公民权与人权标准发生差异。如果不顾社会经济文化的发展水平，把人权照抄成公民权，那么，这种公民权必然要落空，成为一堆废纸。例如，迁徙自由是一项重要的人权，但是我国现阶段尚不具备实现这一人权的条件。当然，我们不能因为一时没有条件实现这一人权而否定这一权利本身。相反，我们应当承认它，并且积极创造条件去实现它。

在如何对待外国人或无国籍人的问题上，人权与公民权也必然显示出差别。本国公民权只适用于本国公民，而不能当然适用于外国人，这就不能不越出公民权的框子，而直接适用人权原则。现在，各国公民之间的互访越来越频繁，这个问题也越来越突出。国与国之间的战争实行人道主义，不虐待俘虏，也不是对俘虏适用公民权，而是直接根据人权原则对待之。可见，人权和公民权这两个概念既有联系，又有区别，既不能相互替代，也不应相互对立。这两个概念必须并存。

四 人权具有阶级性与超阶级性

世界上各个不同的阶级、政党、国家或个人对人权的理解不尽相同，他们讲人权的目的也不尽相同，各自的人权观上可能有各自的不同阶级烙印。但就人权本身而言，它是一个超阶级的概念。这里所讲的人是抽象的人，是指一切人，是指摒弃了阶级、种族、肤色、语言、宗教、财产状况、受教育程度以及国籍等各方面的差别，仅具有人的生理特征的人。换言之，这里所说的"人"是生物学上和社会学上不带阶级性的人。

人权就它的本义而言，是指承认上述定义上的人的权利。资产阶级早期的革命家、思想家不论他们的主观动机如何，不论他们有无故意欺骗的目的，至少在纸面上他们讲得很明白，人权是一切人所享有的权利。人权与生俱来，而不是任何人、任何国家、任何政府或法律赋予人的。有的甚至声称，人权也不是上帝给予的，人权就是基于人的资格而享有的权利，纯粹是一种天然权利，是人所固有的权利。正是基于这一点，他们声称：人权是不可剥夺的，因为不是人给予的东西，就不能为人所剥夺，甚至上帝也不能剥夺人权。也是基于这一点，他们声称，人权也不是人所能放弃的，因为不是他自己取得的东西就不能放弃；人权是不可让渡的，因为不是他自己取得的东西他就无权转让给别人。人权依附于人格。

从早期资产阶级思想家开始鼓吹人权始至今已有三百多年了，人权的理论和实践都有了很大发展。今天几乎所有文明国家的法律都规定（至少在纸面上都规定）人的权利始于生终于亡，人的权利平等，在法律面前人人平等，人格尊严不可侵犯，非经法定程序不得逮捕、监禁任何人等人的基本权利。也就是说，早期资产阶级要求的那些人权在各国都得到承认和实现（至少是口头上得到承认），都在各国的法律中得到了体现。我国法律也不例外，尤其是在经过了"文化大革命"惨痛教训以后，我国的宪法和法律庄严地规定了各项人权的基本准则。1982 年《宪法》规定："凡具有中华人民共和国国籍的人都是中华人民共和国公民。"1980 年制定的

《中华人民共和国国籍法》规定，父母双方或一方为中国公民，本人出生在中国，具有中国国籍。这表明，中国公民资格的取得主要基于中国血统和在中国出生的事实。中国血统的婴儿自出生之时起就当然享有中国国籍，取得中国公民资格，而不论他们阶级的属性和政治表现。我国《民法通则》亦规定："公民从出生之时起到死亡时止，具有民事权利能力"，"公民的民事权利能力一律平等"。我国《宪法》还规定："公民的人格尊严不受侵犯。"这些规定中所指的公民和个人，显然是个超阶级的概念。换言之，即便他是阶级敌人，我们也要承认他的中国国籍，承认他作为中华人民共和国公民的资格，承认他与其他公民平等的民事权利，保护他的人格尊严。

至于在战争中对战俘实行人道主义更是基于超阶级的人权准则。战俘很可能就是发动非正义战争的罪魁，很可能就是杀人如麻的刽子手，但是只要他们缴械投降了，或在战争中被生俘了，就必须给其人道主义的人权待遇。战争有两种，国内战争和国家之间的战争。国家之间的战争中的战俘则完全不是基于公民权的公民待遇，纯属超阶级、超国度的人权保护。这种人权更没有阶级性可言。

对人犯和罪犯实行人道主义也是各文明国家的法律原则，它也反映着各国法律文明和总体社会文明的水平。经过"文化大革命"破坏后，我国法律一再重申法律的人道主义原则。即使是一个罪大恶极的阶级敌人，一个不杀不足以平民愤、罪该判死刑的人，我们也要保护他的人格尊严，在行刑前给予基本的人道待遇，而不得任意打骂虐待。即使处死，也只能采用法定的处死方法。有的国家规定用绞刑，有的国家采用电刑；我国采用枪决，而不能用"四人帮"叫嚣的"千刀万剐"方式。这样做同样是基于人权的考虑。对于罪不该杀的罪犯则更应保护他们的基本人权。

从以上分析可见，人权的超阶级性是很明显的。否认人权的超阶级性，一味强调人权的阶级性，主张只给人民人权，不给敌人人权，就会导致完全否定人权的谬误，就会导致践踏人权的后果。自阶级出现以来，就产生了阶级压迫和阶级差别。人就不再是抽象的人，而是从属于某个阶级的人。阶级差别、阶级之间的不平等和对立必然给人权留下深刻的阶级烙印。资产阶级早先饱受封建压迫之苦，大喊特喊人权，一旦他们掌握了国家机器以后，他们首先关心的是自己的权利，法律上规定的人权很多是体现资产阶级特权的人权。他们即使在纸面上规定了人人平等的权利，但是，由于他们掌握着国家机器，掌握着生产资料，事实上只有他们才能充分享受那些权利。连资产阶级自己也承认，权利平等只是一种口号、一种理想、一种永远追求不到的目标。对于人权的阶级本质，马克思、恩格斯、列宁、毛泽东等伟大导师早已揭露无遗，可以说在中国是不言自喻的。

概而言之，人权在现实的法律上有鲜明的阶级性，也有明显的超阶级性，不可强调一方面而忽视另一方面。当前我们需要主要防止的仍是左视眼，即"文化大革命"遗留下来的"左"倾观念。我国是一个具有封建专制传统的国度。专制的一大特点就是漠视人权、草菅人命。我们的革命胜利才四十多年，封建遗风、遗毒大量存在，如果用"左"倾思想一煽，沉渣随时泛起，蹂躏人权的事件就会五花八门、层出不穷。"文化大革命"就是一个最典型的教训。那时，林彪、"四人帮"大肆鼓吹阶级斗争的尖锐性，叫嚷全面专政，民主、自由、平等、博爱、人权被统统斥之为资产阶级的。他们一而再、再而三地鼓动对阶级敌人要狠，越狠越革命，越狠立场越坚定，旗帜才越鲜明。践踏人权的另一条理论便是对敌人的仁慈就是对人民的残忍，因此，对敌人越残忍越好，不能仁慈，其结果是野蛮行为横行全国，各种摧残人身、侮辱人格的手法愈演愈烈，人性大沦丧，道德大倒退，暴行有理，人道有罪，人权反动。对阶级敌人不论多么狠，多么凶残，也不过分！为平所谓的"民愤"，什么样的酷刑都不过分！这是人类历史上何等野蛮的一页！

痛定思痛，我们必须重新认识人权，纠正人权仅仅是资产阶级的口号，而不是无产阶级的口号的错误观点。不能因为人权首先是资产阶级提出来的口号和概念就拒绝。试问资产阶级提出了多少新概念、新口号？难道我们都要拒绝吗？我们也不能因为资产阶级在人权问题上有虚伪的一面，就同时抹杀资产阶级人权运动真实性的一面，不能否定资产阶级人权运动的伟大历史进步意义。我们一开始就已说明，人权是人类文明发展的成果，而不能把它完全归功于资产阶级。我们同样不应当因为马克思、列宁、毛泽东批判过资产阶级的人权理论和实践，就否定人权本身，相反，我们应当肯定人权，提出我们的正确的人权观。其实，马克思本人并没有完全否定人权，他说，人权是权利最一般的表现形式。人的一切权利都可以概括为人权。人权是对权利最通俗的称谓，现已成为约定俗成的术语。人权应当成为人类一切活动的出发点和归宿。

　　我们也必须正确估价我国的人权现状。在国际上，我国一贯尊重人权，积极参与联合国促进和保障人权的各项活动。在抗美援朝、对越自卫反击战以及中印边界自卫反击战中，我们都充分尊重人权，实行战时人道主义。对外国来访者，常住我国的外国人、外国投资者，我们都切实保障了他们在我国的人权。为了保障国际难民的人权，我国也做了大量工作，作出了巨大贡献。这些都为国际社会公认和称赞。

　　在国内，我国的人权不断改善。我国现行宪法和法律规定的公民权已基本达到了联合国人权共同标准。我国人民享受着新中国成立前无法比拟的人权。党的十一届三中全会以来，我国的公民权有了新的重大发展。例如，公民的人格尊严不可侵犯就是1982年宪法首次规定的一项基本公民权。但是，人权保障仍需要向前推进。1989年2月《人民日报》披露，有个农民因为怀疑另一个农民偷其马，就不分青红皂白、不容分说地用刀把被怀疑者杀死，而在杀人之前居然得到在场40多名大人、小孩的一致赞同。有些干部有意或无意地利用职权或滥用职权侵犯人权的现象亦时有发生，辽宁3名律师被非法关押4年之久就是一例。我们还应当清醒地认识到，这类侵犯人权的现象绝非一年两载就能绝迹。我们本着实事求是的态度承认我国的人权问题，有益无害。其实任何国家，不论它的政府多么开明，法制多么完善，侵犯人权的事总不可避免地时有发生，否则就没有必要谈人权了。鉴于历史的原因，我国人民对人权思想相当陌生，需要开展广泛、深入、持久的人权思想启蒙运动，使我国人民自觉地与全世界人民一起共同高高举起人权的旗帜。

（徐炳：《人权理论的产生和历史发展》，《法学研究》1989年第3期）

国家所有的法律表达

谢海定[*]

中华人民共和国成立后，随着农业、手工业和资本主义工商业经过社会主义改造，中国逐步确立了生产资料社会主义公有制和计划经济体制，"……属于国家所有"随之成为一类法律规范的表达形式。改革开放后，从社会主义法制恢复重建，到社会主义市场经济法律体系初步形成，这类法律规范呈现逐步增多扩容之势。那么，"国家所有"一词究竟是指国家所有制还是国家所有权？"国家所有"类法律规范增多的背后蕴藏着怎样的问题逻辑？学者们围绕"国家所有"进行热烈争论的原因是什么？当前国家提出"国有企业发展混合所有制经济"的改革举措，[①] 对"国家所有"问题有何影响？对于这些问题的理解，一方面，无疑必须从"国家所有"的法律表达着手，来梳理和描述现行法体系中"国家所有"的规范含义；另一方面，又不能脱离新中国成立以来的宏观历史背景，如果忽略新中国成立以来我们在社会主义本质问题上的认识发展，对经济、政治、文化改革整体战略部署的调整轨迹，法律体系中不同法律部门根据时代需要表现的完善进度差异，现行法体系中的"国家所有"看上去就是无法理解的。由此，本文尝试从"国家所有"的法律表达入手，结合相关背景性因素对其不同表达给予解析，以此勾画嵌入宏观历史背景的"国家所有"问题的大致轮廓。"国家所有"的表达出现于宪法、法律、行政法规、部门规章、地方性法规、地方政府规章等不同层次的法律规范中，为避免考察

---

* 谢海定，中国社会科学院法学研究所研究员。

① 参见《国务院关于国有企业发展混合所有制经济的意见》（国发〔2015〕54号）。

过于分散，同时考虑到宪法、法律居于更高的效力层级，本文仅以宪法、法律的规范为考察对象。

一　宪法表达中的国家所有制

我国《宪法》第6—18条是涉及经济制度的规范。其中，第6条规定我国的基本经济制度和分配制度；第7条、第8条和第11条分别规定两种公有制经济和多种非公有制经济；第9条、第10条规定自然资源、土地等重要生产资料的归属性质；第12条、第13条规定对公共财产和私有财产的保护；第14条、第15条规定经济管理和经济运行方式；第16条、第17条规定公有制经济的组织方式；第18条规定中外经济合作问题。在这些条文中，"所有制"一词出现了6次，集中于第6—8条；"公有制"一词出现了7次，集中于第6条、第11条；"国家所有"一词出现了3次，集中于第9条、第10条。现行宪法文本中没有出现"所有权"一词，更没有出现"国家所有权"的表达，仅在第13条出现"国家依照法律规定保护公民的私有财产权和继承权"，①与第12条中"国家保护社会主义的公共财产"的文字表达略有差异。从以上宪法条款上下文的逻辑联系和宪法文本对语词表达的选择来看，"国家所有"在宪法上意指公有制的一种特定形式，即国家所有制或全民所有制，应该是毋庸置疑的。至于其是否同时还有"国家所有权"的含义，则需要进一步研究，仅仅从上述条款的逻辑联系和语词选择出发，既不能完全排除这种可能性，也不能直接作出肯定回答。②

---

① 这是2004年宪法修正后的表达，此前第13条的相应规定是："国家保护公民的合法的收入、储蓄、房屋和其他合法财产的所有权。国家依照法律规定保护公民的私有财产的继承权。"

② 我国的法学研究中，将国家所有的宪法文本表达理解为"国家所有权"的属于大多数，虽然其中不少学者同时又将其解释为不同于民法所有权的"宪法所有权"。少数的例外看法如桂华、贺雪峰认为其就是"国家所有制"，参见桂华、贺雪峰《宅基地管理与物权法的适用限度》，《法学研究》2014年第4期。李忠夏尝试从"维护经济系统的分出"功能、国家参与经济的限制角度，排除了宪法上国家所有权的可能，参见李忠夏《宪法上的"国家所有权"：一场美丽的误会》，《清华法学》2015年第5期。

(一) 公有制的制度功能与宪法价值

有学者注意到，"世界上绝大多数国家的宪法没有也不需要特别规定所有制，尽管这些国家可以有国营经济，可以有公共财产"，而且，在宪法文本中规定所有制形式，"可能削弱宪法的法律性，降低财产和所有权概念的重要性，冲淡所有权概念的普遍性"。[①] 从财产权和所有权的角度来说，这种认识在今天当然有一定合理性，不过从历史来说，它也忽略了我国宪法规定公有制为国家经济制度基础的重要性，忽略了公有制在我国的制度功能和宪法价值。

中华人民共和国的成立，是以马克思科学社会主义理论武装的中国共产党领导全国各族人民艰苦奋斗的结果，中国新民主主义革命和社会主义建设实践，都是按照当时对科学社会主义的理解进行的。无论对马克思科学社会主义的基本原则作怎样的概括，[②] 其普遍公认的理论思路是，榨取工人劳动的剩余价值是资本主义私有制的基础，而社会化大生产（或者说生产力发展的要求）与资本主义生产资料私有制之间存在不可调和的矛盾，导致无产阶级革命必然取得胜利，建立社会主义政权，消灭人剥削人的制度，以生产资料公有制代替生产资料私有制。在这个理论思路中，社会主义、公有制、消灭剥削制度这三个理论要素具有逻辑上的密切联系：公有制是消灭剥削的理论方案，消灭剥削是公有制的制度功能，旨在消灭剥削的公有制是社会主义经济制度的基础。我国现行《宪法》序言以历史事实描述方式表达了这样的逻辑关系："中华人民共和国成立以后，我国社会逐步实现了由新民主主义到社会主义的过渡。生产资料私有制的社会主义改造已经完成，人剥削人的制度已经消灭，社会主义制度已经确立。"而且，从新中国成立以后我国几部宪法的发展来看，关于生产资料所有制的表达与关于国家性质的表达之间，也存在可观察的对应性。[③] 也就是说，

---

① 梁治平：《超越所有制的所有权》，载梁治平《法治十年观察》，上海人民出版社，2009，第 57—58 页。

② 参见蒲国良《如何认识科学社会主义的基本原则》，《毛泽东邓小平理论研究》2008 年第 8 期。

③ 例如，1954 年《宪法》关于国家性质的表达是"工人阶级领导的、以工农联盟为基础的人民民主国家"（第 1 条），而关于生产资料所有制的规定是"国家所有制，即全民所有制；合作社所有制，即劳动群众集体所有制；个体劳动者所有制；资本家所（转下页注）

在由宪法所表达的政治观念中，社会主义的国家性质与公有制经济制度及其消灭剥削的功能是逻辑一致的，公有制不同于其他经济制度，它具有极其强烈的政治性。

20 世纪，宪法典中规定大量经济规范逐渐成为一种趋势，除了社会主义国家宪法之外，亚太、拉美地区不少国家都于 80 年代后出现了"立宪经济化"的潮流。①公有制作为我国经济制度的基础，规定在宪法中也是自然之事。更重要的是，自近代立宪运动开始，宪法就被认为具有赋予国家政权合法性的功能。我国现行宪法序言也明确指出，"本宪法以法律的形式确认了中国各族人民奋斗的成果，规定了国家的根本制度和根本任务，是国家的根本法，具有最高的法律效力"。结合前述公有制、消灭剥削与社会主义之间关系的观念，宪法对公有制的规定就明显超越了"经济规范"的范畴，而具有与"人民主权"条款相似的功能，是宪法对国家政权性质的界定要素之一。

(二) 国家所有制的含义

关于"国家所有制"的含义，我国法律学者大多倾向于认为所有制只是经济范畴，从而忽略或逃避对其法律含义的解释。事实上，法律中的很多概念源自经济、社会、政治、文化系统。尤其对于宪法来说，由于其承担了社会价值、观念共识以及重大社会变革进入法律系统的"控制阀"功能，②源自其他系统的概念率先进入宪法，变成宪法上的概念是再正常不过的事情，"人民主权"、"民主集中制"、"民族区域自治"、"人格尊严"等都是典型的例子。这些源自其他系统的概念，有的作为宪法上的根本制度，

（接上页注③）有制"（第 5 条）；1975 年《宪法》在这两个方面的规定分别是，"工人阶级领导的以工农联盟为基础的无产阶级专政的社会主义国家"（第 1 条）和"社会主义全民所有制和社会主义劳动群众集体所有制。国家允许非农业的个体劳动者在城镇街道组织、农村人民公社的生产队统一安排下，从事在法律许可范围内的、不剥削他人的个体劳动。同时，要引导他们逐步走上社会主义集体化的道路"（第 5 条）；1978 年《宪法》延续了 1975 年《宪法》的表达；1982 年《宪法》关于国家性质的规定中将"无产阶级专政"改为"人民民主专政"，而在所有制的规定上，则除了规定全民所有制和集体所有制内容外，还有"社会主义公有制消灭人剥削人的制度"（第 6 条）的表达。
① 参见王广辉《宪法为根本法之演进》，《法学研究》2000 年第 2 期。
② 参见李忠夏《宪法教义学反思：一个社会系统理论的视角》，《法学研究》2015 年第 6 期。

有的作为基本权利，被宪法按照自身的逻辑予以安置，在保留原有基础含义的同时也获得了宪法对它的重新界定。

《宪法》第 6 条规定，"社会主义经济制度的基础是生产资料的社会主义公有制，即全民所有制和劳动群众集体所有制"，第 7 条规定，"国有经济，即社会主义全民所有制经济"，第 9 条规定，"……都属于国家所有，即全民所有"，这些语词表达表明，必须从"全民所有"来理解"国家所有"。① 首先，"全民所有"意味着为宪法条款所明文规定的那些生产资料类型，不属于任何组织、个人所有，否则就违背了公有制消灭剥削制度的初衷。用法学语言来说，这意味着，被宪法规定为"国家所有"或"全民所有"的生产资料，不能被设定为任何法律上特定主体的所有权客体。"全民"不是一个法律主体，而是所有法律主体的集合，具有不特定性，只有如此理解才能体现"公有"的含义。② 其次，"全民"是指全体公民，即所有具有我国国籍的人。由于在主体方面，正是全体公民构成了国家，所以也可以说，"全民所有"就是"国家所有"。但是，这里的"国家"，既不是独立于"全体公民"之外的实体，也不是凌驾于"全体公民"之上的实体，否则，所谓"国家所有"就成了独立于或者凌驾于"全民"的特定实体的私有，与宪法上"国家所有，即全民所有"的规定相违背。

作为宪法规范，"国家所有"的规定具有法律的强制性。对构成"全民"的任一公民来说，不能凭其自身意志放弃与公有物的归属关系，否则"公有"便不复存在，宪法规范就被违反；也不能单个主张行使对"公有物"的"所有权"或"所有权份额"，这种公有归属关系是一种整体上的、抽象的描述和规定。因此，宪法上的"国家所有"不是所有权理论中的"共有"：无论按份共有还是共同共有，主体都可以凭其个人意志从"共有关系"中脱离出来，如放弃、转移所有权；而一个公民是否与公有

---

① 从"全民所有"出发来理解"国家所有"的必要性，主要在于"国家"概念本身存在多义性和抽象性。有学者认为，"国家所有"的本来含义应该是"全民所有"，"从'全体人民'到'国家'，这个概念的置换至少是不严谨的。因为'国家'一词在法学上无论如何是不可以和'人民'这个概念互相替代的"。孙宪忠：《"统一唯一国家所有权"理论的悖谬及改革切入点分析》，《法律科学》2013 年第 3 期。

② 有经济学家认为，社会主义时期的"公有制"，是马克思著作中译者的误译，应该是"社会所有制"：公有制可以有多种多样，从原始社会到资本主义社会都有公有制，只有"社会所有制"才是社会主义特有的东西。参见于光远《计划经济与社会主义》，《南方经济》1992 年第 6 期。"社会所有制"的说法，更能反映法律主体上的不特定性。

物存在归属关系，完全不依赖于个体意志，主要看其在法律体系中是否被认定为"全民"的成员。

（三）国家所有制不同于国家所有权

从上述理解来看，"国家所有"并不能还原为公民的"个人所有权"及多个"个人所有权"的叠加。那么，它能不能同时被理解为"国家所有权"？这需要考察所有制与所有权概念之间的关系。"所有制"一词是我国学者翻译马克思著作时的发明。在马克思的著作中，"Eigentum"一词经常随着上下文而有不同所指，有时候指人与人之间关于物的意志关系，有时候指法律体系就人与人之间关于物的归属关系的强制性安排，有时候则在法律语境之外针对社会经济（尤其是生产过程中）的特定关系使用该词。① 第一种用法相当于"所有权"概念，第二种用法接近法律对物的归属关系的规定，第三种用法则是经济学上的表达。汉语用"所有制"一词对译的，主要应该是第二种、第三种用法。在这三种用法中，马克思特别强调从社会的经济关系中来认识所有制问题，② 也只有第三种用法（即赋予该词超越意志关系、法律关系的经济含义）是马克思的特别创造。在传统大陆法系国家，权利和法常常由一个词来表达，以至于后来发展成主观权利和客观法的学说。③ 可以认为，Eigentum 作为核心内容指涉物的归属关系的词汇，当其着重于主体的意志实现角度时，偏向于表达主观权利即"所有权"，而当其着

---

① 参见曹雷《所有制、所有权、产权与股份制——经济学家智效和访谈》，《海派经济学》2004 年第 4 期。

② 在《论蒲鲁东》一文中，马克思针对蒲鲁东《什么是财产》（今译作"什么是所有权"，参见〔法〕蒲鲁东《什么是所有权》，孙署冰译，商务印书馆，2011）一书批评道："这本书的缺点在它的标题上就已经表现出来了……这种财产是什么？——对这一问题，只能通过批判地分析'政治经济学'来给予答复，政治经济学不是把财产关系的总和从它们的法律表现即作为意志关系包括起来，而是从它们的现实形态即作为生产关系包括起来。"参见《马克思恩格斯选集》第 2 卷，人民出版社，1995，第 615 页。在《哲学的贫困》一文中，马克思指出："在每个历史时代中所有权是以各种不同的方式、在完全不同的社会关系下面发展起来的。因此，给资产阶级的所有权下定义不外是把资产阶级生产的全部社会关系描述一番"，"要想把所有权作为一种独立的关系、一种特殊的范畴、一种抽象的和永恒的观念来下定义，这只能是形而上学或法学的幻想"。《马克思恩格斯选集》第 1 卷，人民出版社，1995，第 177 页。

③ 参见方新军《权利概念的历史》，《法学研究》2007 年第 4 期。关于对主观权利学说的批判及回应，参见〔法〕雅克·盖斯旦等《法国民法总论》，谢汉琪等译，法律出版社，2004，第 121 页。

重于法律对物的归属的强制性安排时，则偏向于表达客观法规范即"所有制"。马克思在作为主观权利的所有权（意志关系）和作为客观法规范的所有制（法律关系）含义之外，给该词增加了一个经济关系的维度，并认为经济关系意义上的"所有制"是前两者的基础，脱离该词的第三种用法，前两种用法就不可能得到真正理解。

在马克思所着力分析的私有制社会中，由于物的归属关系基本上都是私有，法律对物的归属安排通常也将导向所有权的效果，反之，所有权也体现着法律规范对私有经济关系的确认。但是，当公有制替代私有制成为经济制度的基础后，是否可以延续物的私有归属与所有权"一体两面"的逻辑，进而认为国家所有制与国家所有权也存在"一体两面"的关系呢？如果前文关于宪法上"国家所有"含义的阐述不被完全推翻，那么，与作为一种公有制形式的"国家所有制"相对应的"国家所有权"概念，就并非不证自立的。它究竟表达了什么样的意志关系、属于谁的主观权利等，都需要进行法理上的建构和说明。而且，其在法理上的建构，必须既与"公有"的含义相适应，又能够基本遵循"所有权"概念的逻辑。

在我国法学研究中，很多学者或者将宪法上的"国家所有"理解为"国家所有权"，或者将国家所有权看成国家所有制的法律形式，因此产生了诸如"居民从河里取水是否侵犯了国家的财产所有权"、"江河奔流跨国、野生动物越境迁徙"是不是国有资产流失或侵犯他国领土主权之类的诘问。① 其实，如果将宪法上的"国家所有"仅仅理解为客观法规范，所谓河流、水资源、野生动物资源等归国家所有，就只是意味着排斥和否定任何个人或组织对河流、水资源、野生动物资源等的"所有权"主张，而并不表达国家作为独立或凌驾于其成员的主体享有对此类资源的主观性权利，这些诘问也就不存在了。当然，这些学者的理解也有其法律规范上的依据，将"国家所有"等同于"国家所有权"的表达出现在很多法律文本中。

---

① 参见柳经纬《我家住在小河边》，载《法学家茶座》第 19 辑，山东人民出版社，2008；梁慧星《对物权法草案（征求意见稿）的不同意见及建议》，《河南省政法管理干部学院学报》2006 年第 1 期；吕忠梅《物权立法的"绿色"理性选择》，《法学》2004 年第 12 期。

二　从国家所有制到国家所有权

"国家所有"一词除出现在宪法文本中，还出现在 29 部法律①以及大量行政法规、规章和司法解释中。其中，1986 年《矿产资源法》第 3 条第 1 款规定："矿产资源属于国家所有。地表或者地下的矿产资源的国家所有权，不因其所依附的土地的所有权或者使用权的不同而改变。"率先在法律文本中使用"国家所有权"一词。1996 年《煤炭法》第 3 条采用了类似表述，"煤炭资源属于国家所有。地表或者地下的煤炭资源的国家所有权，不因其依附的土地的所有权或者使用权的不同而改变"。2007 年《物权法》第五章的标题，直接表达为"国家所有权和集体所有权、私人所有权"。②"国家所有权"在法律文本中的广泛出现，意味着"国家所有"开始被法律体系纳入所有权范畴。那么，国家所有权概念入法究竟是怎么发生的？本文认为，这至少与三个方面的背景因素有关。

第一，自新中国成立至 20 世纪 80 年代初，我国并没有建立国家所有

---

① 这29部法律是：《文物保护法》（1982 年、1991 年、2002 年、2007 年、2013 年、2015 年），《继承法》（1985 年），《草原法》（1985 年、2002 年、2013 年），《矿产资源法》（1986 年、1996 年），《民法通则》（1986 年、2009 年），《土地管理法》（1986 年、1988 年、1998 年、2004 年），《档案法》（1987 年、1996 年），《水法》（1988 年、2002 年），《野生动物保护法》（1988 年、2004 年），《香港特别行政区基本法》（1990 年），《海商法》（1992 年），《澳门特别行政区基本法》（1993 年），《农业法》（1993 年），《教育法》（1995 年），《中国人民银行法》（1995 年、2003 年），《民用航空法》（1995 年、2015 年），《煤炭法》（1996 年、2011 年、2013 年），《刑法》（1997 年修订），《国防法》（1997 年），《防洪法》（1997 年、2015 年），《森林法》（1998 年），《合同法》（1999 年），《海域使用管理法》（2001 年），《农村土地承包法》（2002 年），《物权法》（2007 年），《企业国有资产法》（2008 年），《全民所有制企业法》（2009 年），《农村土地承包经营纠纷调解仲裁法》（2009 年），《海岛保护法》（2009 年）。另有《地方各级人民代表大会和地方各级人民政府组织法》（1979 年、1982 年），《人民检察院组织法》（1979 年、1983 年），《人民法院组织法》（1979 年、1983 年），《刑法》（1980 年），《文物保护法》（1982 年），《森林法》（1979 年试行，1984 年），《草原法》（1985 年），《渔业法》（1986 年），《全民所有制工业企业法》（1988 年）等使用了"全民所有"的表达。
② 除此以外，不少法律文本中使用了"国家所有+所有权"方式的表达，应该视为使用了"国家所有权"概念。例如，《土地管理法》1998 年修正时在第 2 条增加规定"全民所有，即国家所有土地的所有权由国务院代表国家行使"。

制的法律实现机制，即公有物如何实际利用以发挥其财产效用的法律机制。

按照前文关于国家所有制法律含义的理解逻辑，构成"全民"的每个成员都与公有生产资料存在归属关系，既不能放弃也不能单独主张对生产资料的"所有权"或"所有权份额"，所以在理论上，这个实现机制不太可能是以个人所有权为核心的财产权制度；而由于所有成员在与生产资料归属关系上不可分离的特性，对生产资料的任何实际利用都成为公共事务，因而这个实现机制更可能由公法中产生。但是，公法上要能发展出这个机制又必须以存在相对发达的民主、法治为基础。比如，公法上形成一个比资本主义国家民主更为稳固有效的民主制度，可以汇集、整合每个公民的需求和意志，并以此形成国家的最高的、绝对的权力机构；存在一个可以有效约束公权力运行的法治框架，确保权力的实际承载者（组织或者个人）能够无私地运用权力，有效地实现权力的既定目标。没有这样的民主、法治基础，国家所有制的公法实现机制就不可能真正产生：要么没有任何制度化的机制，公有生产资料的利用按照实际承载权力的组织或者个人的意志，表现出任意性；要么虽然在法律上形成了某种机制，但其实质是将公有生产资料变成现实中部分主体可以支配的"私物"。总之，虽然生产资料公有制为权力的公共性提供了前提，但是，公有制的确立并不自动产生权力的公共性，公有制的实践也需要权力的公共性予以保障。

新中国成立以后，随着生产资料收归国家所有或集体所有，以及对农业、手工业、资本主义工商业社会主义改造的完成，国营经济和合作经济很快成为主导的经济组织形式，通过行政指令性计划来组织生产、分配产品，很快成为公有生产资料配置的主导方式。而在民主法制建设方面，新中国成立伊始，面对国内外敌对势力的夹击，新生政权首先必须延续阶级斗争的策略，运用国家机器进行生产资料公有化改造，对敌对势力实行专政。这种局面容易导致权力的进一步集中，宪法、法律的刚性约束或许还不如更灵活机动的权宜策略更有实效，民主和法治都很难在全社会范围内建立起来。此后，"文化大革命"更是破坏性地损毁了本就羸弱的民主法制基础。在缺乏民主、法治规约的情况下，以行政指令性计划配置公有生产资料的实践，不可能形成有效的、制度化的公有制法律实现机制。也就是说，至 20 世纪 80 年代初，宪法上国家所有制的具体法律实现机制仍然悬而未决。

第二，"文化大革命"对当时的政治、法制都造成了极大破坏，包括刘少奇、邓小平等在内的大批无产阶级革命家在运动中受到错误批判甚至迫害。而计划经济模式也并没有给中国带来物质繁荣，同样实行计划经济的社会主义"老大哥"苏联的经济也陷入困境，倒是英、美等老牌资本主义国家仍然"腐而未朽"、"垂而不死"，甚至像日本、德国等第二次世界大战战败国，经过了一段时间的恢复发展后竟又重现生机。这些国内、国际形势，使得以邓小平为代表的中国共产党人对科学社会主义的一系列重大问题，如社会主义的本质、计划与市场的关系、社会主义与市场经济是否矛盾以及民主法制建设的重要性等，进行了新的思考和阐释，科学社会主义理论自 20 世纪 80 年代初开始，在中国迎来了一次重大的持续性发展。反抗压迫、消灭剥削阶级的阶级斗争不再是政治的主要任务，消灭剥削的制度目标被"一部分人先富起来"带动"后富"并"最终走向共同富裕"替代，"解放生产力、发展生产力"成为阐释社会主义本质的重要入口。

思想武器的重铸和改进，让市场（商品）经济成为社会主义经济发展的方向。1978 年 12 月，中共十一届三中全会召开，对党的思想路线、政治路线、组织路线进行了全面的总结和调整，作出了实行改革开放的重大决策，改革开放自此正式拉开序幕。就经济领域而言，改革的总路线大体沿着"以计划经济为主、商品经济为辅"—实行"有计划的商品经济"—建设"宏观调控下的社会主义市场经济"的方向。改革的具体展开，包括：生产要素和劳动力的逐步商品化，分批次在全国部分地区划定"经济特区"、"经济开发区"、"自由贸易区"，在农村实行家庭联产承包责任制，在公有制经济外大力发展非公有制经济，公有制经济内部实行经营权下放、加强企业自主权的改革，实行国有企业股份制改造，不断扩大市场化经济领域（如住房、医疗、教育、能源、金融），等等。在所有制结构上，从"主要是全民所有制和集体所有制经济"，到"以全民所有制和集体所有制为经济制度的基础"，再到"以公有制为主体、多种所有制经济共同发展"。这些经济领域的改革，必然要在法律上反映出来。① 改革部分地需要通过法制实施，法制保障改革的进行、巩固改革的成果、为改革服务。

建设市场经济的目标带来的直接问题是：在市场经济中，全民所有生产资料如何利用？在多种所有制经济共同发展的环境中，全民所有生产资料以何种身份参与市场？一般来说，市场经济的效率机制建立在"利益驱动"基础上。一方面，虽然个人利益与国家利益、集体利益之间的关系至今仍然存在争议，但随着科学社会主义理论的中国化发展，在普遍意义上承认个人物质利益的正当性已经成为中国 20 世纪末的现实。而个人物质利益一旦获得政治上的合法性，进一步成为法律上的财产权利就近在咫尺了。另一方面，商品交易的实质是权利的交易，在世界其他国家的市场法律体系中，大多将以所有权为核心的财产权体制作为市场交易的法律基础。在商品经济中，全民所有的物质资料要在市场中交易、流通，也需要以财产权利的存在为前提。所以，如果说作为宪法上的"国家所有"意味着不特定法律主体与公有物之间存在一种强制性归属关系，那么随着科学社会主义的发展和社会主义市场经济目标的确立，客观上必须从公有物的归属关系规范中引出一种主观权利的法效果，从而为公有物戴上一顶"主体的帽子"，主观上也存在确认并拓展

---

① 单从语词上来说，"商品经济"一词最早在国家法律文本中出现可能是 1982 年的《商标法》。该法第 1 条关于立法目的的规定是："为了加强商标管理，保护商标专用权，促使生产者保证商品质量和维护商标信誉，以保障消费者的利益，促进社会主义商品经济的发展，特制定本法。""市场经济"在国家法律文本中的出现，则始于 1993 年《宪法修正案》。修正案将《宪法》第 15 条"国家在社会主义公有制基础上实行计划经济。国家通过经济计划的综合平衡和市场调节的辅助作用，保证国民经济按比例地协调发展"、"禁止任何组织或者个人扰乱社会经济秩序，破坏国家经济计划"修改为"国家实行社会主义市场经济"、"国家加强经济立法，完善宏观调控"、"国家依法禁止任何组织或者个人扰乱社会经济秩序"，至 2007 年《物权法》出台，在立法目的条款中含有"商品经济"或"市场经济"一词的国家法律还有《商标法》（1982 年，2001 年修正时改"商品经济"为"市场经济"）、《企业破产法》（试行，1986 年）、《标准化法》（1988 年）、《科学技术进步法》（1993 年）、《农业法》（1993 年）、《经济合同法》（1993 年修正）、《反不正当竞争法》（1993 年）、《注册会计师法》（1993 年）、《消费者权益保护法》（1993 年）、《会计法》（1993 年修正）、《公司法》（1993 年）、《对外贸易法》（1994 年）、《劳动法》（1994 年）、《仲裁法》（1994 年）、《广告法》（1994 年）、《票据法》（1995 年）、《商业银行法》（1995 年）、《担保法》（1995 年）、《合伙企业法》（1997 年）、《刑法》（1997 年修订，虽非作为立法目的条款的组成部分，但第三章改为"破坏社会主义市场经济秩序罪"）、《价格法》（1997 年）、《证券法》（1998 年）、《个人独资企业法》（1999 年）、《企业破产法》（2006 年）等。

作为意志关系和主观权利的财产权利（个人对自己所有的不动产和动产的所有权，以及个人对公有的不动产和动产的财产性权利）的现实需求。如此一来，"国家所有权"一词被纳入法律体系自然就成了水到渠成的事情。

第三，无论有意还是无意，前文论及的国家所有制与国家所有权概念之间的逻辑差异自一开始就被忽略了，一般被按照类似于私有制条件下所有制与所有权之间"一体两面"的关系来理解。1950年翻译印行的《苏联土地法教程》显示，苏联亦早有"国家所有权"之说："因土地私有之废除及土地国有化而确立的国家土地所有权乃苏联土地制度之基础"，"国家对土地之所有权，与国家对森林、矿产及水流之所有权一样，是社会主义国家独享的权利。土地、矿产、森林、水流，这都是国家独享的所有权之标的。他们只能属于国家，不能属于其他——既不能属于别的国民，也不能属于合作社或其他社会团体。合作社和社会团体及一般国民仅能享有土地之使用权。在十月革命之初，苏维埃的立法已经彻底地施行这一项原则"。① 1954年出版的《苏维埃民法》中译本，将所有权理解为"确认并表现了人们之间对于生产资料的分配和对于为生产资料的分配所制约着的消费品的分配"，"作为人的主观权利的所有权"确认了"个人或集体对于物看成是自己的物的关系"，"国家的社会主义所有权的内容，是以确定国家经济组织权能的方法来揭露的，国家的统一财产的一定部分则确认由这些国家经济组织管理。国家机关在法定范围以内，占有、使用和处分确认给它的财产。国家虽把部分的国家财产移归国家机关占有、使用以及（按照计划及根据国家机关所担负的职能）在一定范围内处分，但国家仍然是国家所有权的统一和唯一的主体"。② 李秀清曾比较新中国第一次民法典草案与苏联民法典的继受关系，认为苏联民法典及相关理论对20世纪50年代的中国民法典草案和民法理论都有很大影响。③

将所有制和所有权视为"一体两面"，也是我国20世纪80年代初就

---

① 〔苏〕卡山节夫等：《苏联土地法教程》，杜晦蒙译，大东书局，1950，第97页。
② 〔苏〕C.H.布拉都西主编《苏维埃民法》上册，中国人民大学民法教研室编译，中国人民大学出版社，1954，第187、189、195页。
③ 参见李秀清《中国移植苏联民法模式考》，《中国社会科学》2002年第5期。

很普遍的看法。① 例如，针对当时民事立法更注重所有制而轻视所有权的情况，王家福等人于 1980 年撰文指出，"所有权是所有制的法律表现，具有特定的内容。只讲所有制，不讲所有权，实际上是否定对所有制的法律保护。民法必须明确规定全民所有权（或称国家所有权）的内容，明确规定企业经营管理权的内容"。② 梁慧星于 1981 年讨论企业法人所有权时也引用了当时的流行看法："所有制属于经济范畴"，"而所有权则是法律上层建筑的范畴"，"国家通过法律固定和保护现存的物质资料所有关系，便形成了所有权法律制度。所有制与所有权之间是经济基础与上层建筑的关系。有什么样的所有制就要有什么样的所有权，所有制形式归根到底决定着所有权的性质和内容，而所有权法律制度又反过来确认和保护对统治阶级有利的所有制形式"。③ 按照这种认识，国家所有制的法律表现形式理所当然就是国家所有权。当时，已有学者开始使用类似于 2007 年《物权法》第五章中采纳的所有权分类，如黄勤南在关于山权林权纠纷解决的建议中提出，"我们必须承认森林资源的两种所有制和三种所有权，即承认森林资源的社会主义全民所有制和劳动群众集体所有制；承认森林的国家所有权、集体所有权和个人对林木的所有权"。④

总之，新中国成立后，虽然生产资料公有制写入了宪法，但由于缺乏民主法治的基础，较长时期内在公法上并没有建立公有制的法律实现机制；科学社会主义自 20 世纪 80 年代初开始的重大发展，尤其是关于社会主义的本质和目标的重新理解和阐释，使得商品经济、市场经济成为社会主义经济发展的方向，而社会主义商品经济、市场经济的发展，使所有权制度的完善成为现实需要；在法学理论上，所有制与所有权"一体两面"的认识和观念，为把"国家所有"直接理解为"国家所有权"提供了便利。随着"国家所有权"概念的普遍使用，依循以所有权为核心的物权理

---

① 孙宪忠认为，"有什么样的所有制就必须有什么样的所有权，有什么样的所有权就必然有什么样的所有制"的"统一和唯一的国家所有权"观点，形成于 20 世纪 30 年代的苏联，而"我国从一开始就毫不怀疑地全盘接受了"，"在有关公有制的理论研究及政策决策中，坚持只有保留国家所有权才能保持全民所有制的理论，似乎是经典性的、不容置疑的正确理论"，参见孙宪忠《公有制的法律实现方式问题》，《法学研究》1992 年第 5 期。
② 王家福、苏庆、夏淑华：《我们应该制定什么样的民法》，《法学研究》1980 年第 1 期。
③ 梁慧星：《论企业法人与企业法人所有权》，《法学研究》1981 年第 1 期。
④ 黄勤南：《论解决山权林权纠纷》，《北京政法学院学报》1981 年第 4 期。

论构建国家所有制的法律实现机制，就成为我国法律文本和法律理论上的主流思路。

三　法律表达中的国家所有权

尽管 1986 年《矿产资源法》中就开始使用"国家所有权"一词，但是，法律对国家所有权概念的规范建构，主要是由《物权法》来完成的。2007 年颁布的《物权法》是作为未来中国民法典的"物权编"来设计的，[①] 在与"国家所有"相关的内容上，它既吸收了此前《民法通则》等法律的规定，更承担起了在民法上建构国家所有权概念、设计"国家所有"的物权实现机制的任务。《物权法》颁布后，很多法律、法规，尤其是资源利用管理方面的法律、法规确实按照《物权法》的表达进行了修改和补充。

（一）国家所有权概念的法律表达

《物权法》对国家所有权的功能、主体和客体范围、内容都作了系统规定。

《物权法》第 1 条和第 3 条明确了本文前节提及的相关背景、宪法依据，同时也表达了该法立法目的和意旨的一个重要方面：维护公有制为主体、多种所有制经济共同发展的基本经济制度，发挥物的效用，保护权利人的物权，维护社会主义市场经济秩序。这一目的和意旨的一个重要实现途径，就是针对公有物、公有财产确立国家所有权概念及其相关实现方式。因此，维护公有制的主体地位、建立社会主义市场经济所需要的国家物权制度，可以视为国家所有权概念试图解决的问题，或者说是国家所有权的功能。

《物权法》第 4 条规定，"国家、集体、私人的物权和其他权利人的物权受法律保护，任何单位和个人不得侵犯"。该条虽被普遍视为"物权平等保护原则"，但也明确了"国家"、"集体"等作为物权主体的作用。换句话说，该条不仅确定了国家是物权的主体，还明确了国家、集体与私人

---

① 参见梁慧星《制定中国物权法的若干问题》，《法学研究》2000 年第 4 期。

在物权上的平等主体地位。同时，按照第 45 条的表述，"国家所有即全民所有"，国家作为所有权主体，与"全民"是一个意思。

《物权法》第 46—52 条集中规定了国家所有的物的主要类型。结合《物权法》和其他法律的相关规定，可以将国家所有的物的主要类型分为两大类：一是法律明确规定专属于国家所有的物，任何单位和个人不能取得所有权；二是法律未明确规定必须由国家所有，因而在逻辑上既可能由国家所有，也可能由集体所有或私人所有的物。具体而言，第一类主要有：（1）矿藏、水流、海域；（2）城市的土地；（3）野生动物资源；（4）无线电频谱资源；（5）国防资产；（6）无居民海岛。第二类主要有：（1）农村和城市郊区土地；（2）森林、山岭、草原、荒地、滩涂等自然资源；（3）野生植物资源；（4）文物；（5）铁路、公路、电力设施、电信设施和油气管道等基础设施。

除按照物的类型区分外，按照《物权法》的相关规定，现实中下列动产和不动产也属于国家所有：（1）国家机关直接支配的动产和不动产；（2）国家举办的事业单位直接支配的动产和不动产；（3）国家对企业出资所形成的各种权益；（4）为公共利益的需要征收来的土地、房屋及其他不动产；（5）自发布招领公告之日起 6 个月内无人认领的遗失物、漂流物、埋藏物或者隐藏物。

关于国家所有权的内容，按照《物权法》第 39 条对所有权的界定，是指国家作为所有权人，对自己的不动产或者动产，依法享有占有、使用、收益和处分的权利。

综合上述有关国家所有权功能、主体、客体、内容的规定，可以将物权法上的国家所有权概念表达为：它是旨在维护以公有制为主体的基本经济制度、在社会主义市场经济条件下发挥国家财产效用的制度设计，是国家（也就是全民）对属于其所有的不动产或动产享有的占有、使用、收益和处分的权利；属于国家所有的物在实践中可以涉及所有类型的不动产、动产，其中矿藏等 6 大类生产资料只能为国家所有。

（二）国家所有权概念的学术争议

作为一个法律概念，所有权是指所有人对物的占有、使用、收益和处分的权利，是对物的直接支配并排除他人非法干涉的权利。作为物权的一种，所有权的主体、客体、内容都必须是特定的。① 就所有权概念的西方法学来源以及我国民法教科书对它的解释来说，这一认识应该没有太多争议。但是，如果由此出发来理解"国家所有权"，将其解释为国家对其所有的财产所享有的占有、使用、收益和处分的权利，争议就来了。

早在《物权法》颁布前，就有学者将此种在逻辑上并肩于个人所有权的国家所有权概念，以及在此基础上论证所有权平等保护的理论主张，称为"国家所有权神话"。② 针对《物权法（草案）》关于国家所有权的规定，有学者评析说："《物权法（草案）》中规定的国家所有权，在主体上混淆了国际法上主权意义的'国家'和国内法上民事主体意义的'国家'含义，不符合民法关于民事主体必须具体、确定的基本法理，不具唯一性；其权利、利益客观上分属无数的公法法人，没有统一性；其客体范围之规定不应包括不可支配物。国家所有权理论在法律实践上已被证明不符合民法法理，难以自圆其说。"③ 有学者进一步指出，这种国家所有权制度设计，实际上源于苏联法学上的"统一唯一国家所有权"学说，存在主体不明确、客体不明确、权利不明确、义务不明确、责任不明确等诸多问题。④ 截至目前，"国家所有权"概念不符合民法上所有权基本原理的看法，大抵已经成为法学界的共识。在发现无法按照所有权逻辑来完整解释国家所有权概念的情况下，很多学者纷纷从不同角度对其作出新的理解，发展出多种多样的"超越所有权的国家所有权"概念。例如，有学者尝试区分宪法上的所有权和民法上的所有权，⑤ 甚至提出行政法、经济法、刑法上所有权与民法所有权的差异；⑥ 有学者认为国家所有权乃宪法性公权，属于国家权力，实质是管理权。⑦ 当然，也有学者仍然尝试在所有权的传

---

① 参见孙宪忠等《国家所有权的行使与保护研究》，中国社会科学出版社，2015，第 73 页。

② 参见王军《国企改革与国家所有权神话》，《中外法学》2005 年第 3 期。

③ 李康宁、王秀英：《国家所有权法理解析》，《宁夏社会科学》2005 年第 4 期。

④ 参见孙宪忠等《国家所有权的行使与保护研究》，中国社会科学出版社，2015，第 231—232 页。

⑤ 参见徐涤宇《所有权的类型及其立法结构：〈物权法草案〉所有权立法之批评》，《中外法学》2006 年第 1 期。

⑥ 参见马俊驹《国家所有权的基本理论和立法结构探讨》，《中国法学》2011 年第 4 期。

⑦ 参见陈旭琴《论国家所有权的法律性质》，《浙江大学学报》（人文社会科学版）2001 年第 2 期；徐祥民《自然资源国家所有权之国家所有制说》，《法学研究》2013 年第 4 期。

统内涵下重新阐释国家所有权，说它是一种集合共有权，① 或者从"国家法人说"出发回应对国家所有权主体不明确的争议和质疑。②

如果比较宪法上"国家所有"的表达和物权法对"国家所有权"的界定，可以发现，两者之间的差异并不是很大。③ 在"国家所有"之后加上"权"，并不代表完成了从宪法制度到民事权利、从国家所有制到国家所有权的转换，没有相应的法学理论构建，这一转换就还只是停留于文字改变而已，作为主观权利的国家所有权并没有在法学理论上真正得以确立。如此就不难理解，为什么大多数学者在主张把国家所有权写入物权法的同时，又抱怨国家所有权概念的抽象、空洞。至于从一开始就将宪法上的"国家所有"理解为"国家所有权"，然后又反过来区分宪法所有权和民法所有权，或者将物权法明确规定的国家所有权归为公共权力、管理权，这些做法虽然尝试构建国家所有权的法律原理，却都明显找错了方向。如果所有权在宪法、民法、行政法、经济法、刑法等不同法律/法学部门中，存在不同的内涵、外延，它也就失去了作为法律概念的资格，不可能容纳在同一个法律体系中。所有权当然地含有管理权能，虽然《物权法》第39条在界定所有权的内涵时并未言明，但占有、使用、收益、处分这些权能与"管理"权能无关吗？以"管理权能"来界定"国家所有权"的性质，显然犯了以偏概全的错误，而以此来表明"国家所有权"不同于"传统的民法所有权"，在逻辑上更是不通。

作为主观权利的所有权概念，包含人对物的关系和人与人的关系两个层面。在第一个层面上，所谓"归属于某人"，意味着某人在法律认可的范围内可以凭自己的喜好对待（如占有、使用、收益、处分）其物。在第二个层面上，意味着其他人对第一个层面关系的尊重，即非基于法律的规定，既不能非法侵占、破坏归属于他人的物，也不能对他人对待其物的方式进行干预。这是个人所有权的基本含义。不过，当某物归属于"某群体"、某法人或由多个主体构成的共同体时，法律可以有两种不同处理方

① 参见胡吕银、谢红《公有制实现的理论与制度探寻——以中国财产法律制度为视角》，《扬州大学学报》（人文社会科学版）2008 年第 3 期。
② 参见黄军《论国家所有权的私权性》，《湖北社会科学》2007 年第 9 期。
③ 参见葛云松《物权法的扯淡与认真：评〈物权法草案〉第四、五章》，《中外法学》2006 年第 1 期。

式：一是私有制安排，即规定由组成群体、法人的成员或多个主体中的每一个主体按份共有或共同共有，在不违反约定的前提下，个人可按其自己的意志处分自己的份额从而退出共有关系；二是公有制安排，即规定个人不能处分自己的"份额"，不能从群体、法人或共同体与物的关系中分离出去，除非法律另有例外规定。关于为什么会有两种安排方式的区分，支撑这种区分的原理是什么，值得进一步研究。但非常明确的是，在通常情况下，群体、法人或共同体内部的公有制安排，并不影响所有权的成立及其作用的发挥。在内部关系上，它可以通过群体、法人或共同体内部的意志形成机制，来进一步讨论并解决各成员对物的占有、使用、收益、处分权利，只不过由于西方历史上常态下的所有权是个人所有权，群体、法人或共同体内部的这些问题通常并不是所有权概念所关注的，而且依照"一物一权"原则，这种权利分配也不能以"所有权"名之。在外部关系上，所有权概念的意义是，排除群体、法人或共同体之外的其他主体对物的非法侵占、破坏，或者对群体、法人、共同体如何安排该物的利用、如何处分该物等问题进行非法干预。这是家庭所有权、法人所有权、集体所有权、政府所有权等所有权表现形式的基本法理。

那么，国家所有权能不能同样依此进行解释呢？当宪法对国家与物的关系在国家内部作出公有制安排时，意味着国家内部不能在公民中再次分配这些公有物的"所有权"，任何公民、组织也不能凭自己的意志处分公有物或者其"份额"，而只能在民主基础上形成公有物的利用机制，以及与外部的其他法律主体进行交易时的意志代表机制。在外部关系上，国家所有权意味着排除国家之外的其他国家及其公民、组织对属于本国所有的物的侵占、破坏或者非法干预，而这就属于国家主权范畴内的事务了。在这个意义上，国家所有权或许能够成立，并且也有其特定的概念功能，但它为国家主权范畴所吸纳，属于国家主权的一个方面。将国家视为法人，虽然可以解决所有权主体不清的问题，从而解决国家与外部其他主体之间的市场交易问题，却不能就此提供在内部关系上国家作为独立于、外在于其成员的民事主体资格，以及国家将公有物与内部成员进行交易的正当性说明。就如一个企业法人，将企业内部公有的财产卖给企业成员之后，该财产上的公有安排也就随之改变一样，公有制的硬约束并没有随着国家法人概念的成立而消解。总之，在宪法公有制的硬约束之下，国家所有权并不能解决公有物的内部利用问题，截至目前，这一概念得以确立的法学原理还没有真正形成。

四 国家所有的物权实现机制

物只有被利用才能发挥其效用，实现其满足人的需要的价值。但是，物的利用必须通过相应的法律机制来保障其秩序，而物权是实现物的利用秩序的重要法律机制之一。国家所有权概念在法律上的确立，就是为了采用物权机制来更为有效地利用国家所有物，提高公有资源的使用效率。在这个意义上，物权法构建的以国家所有权为基础的物权机制，不仅是具体实现宪法上国家所有制的机制，同时也是为了更好地发挥公有资源效用而设计的国家所有物利用机制。

（一） 以国家所有权为基础的物权机制

国家所有权概念功能的实现，需要进一步明确谁可以利用国家财产，各自又如何利用。从物权法、资源利用管理法及其他相关法律的规定来看，这主要有两类：一是可以归为所有权人范畴之内的利用，即自物权形式的利用；二是不能归为所有权人范畴的主体以用益物权方式对国家财产的利用。

《物权法》第45条规定：法律规定属于国家所有的财产，属于国家所有即全民所有。国有财产由国务院代表国家行使所有权；法律另有规定的，依照其规定。现行法中，《土地管理法》第2条、《水法》第3条、《草原法》第9条、《企业国有资产法》第3条、《海岛保护法》第4条、《海域使用管理法》第3条都有类似规定。国务院代表国家行使所有权，可以视为国家所有权行使的基本原则。

《物权法》第53—55条规定：①国家机关对其直接支配的不动产和动产，享有占有、使用以及依照法律和国务院的有关规定处分的权利；②国家举办的事业单位对其直接支配的不动产和动产，享有占有、使用以及依照法律和国务院的有关规定收益、处分的权利；③国家出资的企业，由国务院、地方人民政府依照法律、行政法规规定分别代表国家履行出资人职责，享有出资人权益。《企业国有资产法》第11条进一步规定了代表政府履行出资人职责的机构，"国务院国有资产监督管理机构和地方人民政府按照国务院的规定设立的国有资产监督管理机构，根据本级人民政府的授权，代表本级人民政府对国家出资企业履行出资人职责。国务院和地方人民政府根据需要，可以授权其他部门、机构代表本级人民政府对国家出资企业履行出资人职责"。根据这些规定，可以认为，除国务院代表国家行使所有权外，国家机关、国有事业单位、地方人民政府以及代表本级人民政府履行出资人职责的部门、机构，均可以依照法律和国务院的规定，在特定范围内或针对特定客体代表国家行使所有权。

除以上可以归为所有权人范畴内的利用方式，《物权法》第118条规定，国家财产上可以设立用益物权：国家所有或者国家所有由集体使用的自然资源，单位、个人依法可以占有、使用和收益。用益物权是他物权，用益物权人是所有权人之外的"他者"。

《物权法》第119条规定：国家实行自然资源有偿使用制度，但法律另有规定的除外。也就是说，获得用益物权，"有偿使用"是原则，无偿使用是例外。

由于是他物权，理论上并不需要进一步区分用益物权人的身份，没有列入前述自物权人范围的"单位、个人"，严格来说应该是"法人、自然人"，都可以依照法律规定获得用益物权。物权法及自然资源利用管理法列举的用益物权类型主要包括：①土地承包经营权，即国家所有由农民集体使用的耕地、林地、草地以及其他用于农业的土地，依法实行土地承包经营制度；②建设用地使用权，即建设用地使用权人依法对国家所有的土地享有占有、使用和收益的权利，有权利用该土地建造建筑物、构筑物及其附属设施；③地役权；④探矿权、采矿权；⑤取水权；⑥使用水域、滩涂从事养殖、捕捞的权利；⑦森林、林木、林地使用权；⑧海域使用权。需要注意的是，对照前文对国家所有权客体类型范围的描述，可以发现，尚有部分资源类型不在《物权法》所列举的用益物权所涉之列，如无线电频谱资源、野生动植物资源等。这可能是因为相关的科技利用手段尚不完善，或者国家认为属于暂时不宜设立用益物权的情况。

总之，由于无论"全民"还是"国家"，都无法直接行使所有权的各项权能，能够实际行使国家所有权权能的，只能是实实在在的个人或组织，因此，国家所有权的行使只能实行代表制：由国务院总体上代表，通过国务院授权或者法律、行政法规授权，国家机关、国有事业单位、地方人民政府、国有资产监督管理机构等在授权范围内对特定国家财产具体行使国家所有权的各项权能。至于其他法律上的主体，如普通公民，则可以用益物权人身份，对国家所有物享有占有、使用和收益的权利。

（二）物权实现机制的难题

国家所有权行使的代表制，解决了其主体的抽象性问题。不过，正如前述，由于国家所有权概念得以确立的法学原理尚未真正确立，建立在这一概念基础上的物权实现机制，也存在诸多学术上的难题。具体而言，其至少面临三个方面的诘问。

首先，法人作为法律拟制的主体，在对外行使法人所有权时也实行代表制，但国家所有权行使的代表制与此不同，是在国家内部分配公有物利用权利时的"代表"。考虑到法律上的所有权配置本身就是国家公共权力的产物、公共意志的体现，这些代表国家行使所有权的情形，与法律配给其相应所有权的制度设计，究竟有什么实质差异？

其次，代表国家行使所有权的机关、部门，同时享有各种公共管理职能，实践中既是管理机关又是国家所有权行使代表。这种双重权力主体合一格局，容易导致经济行政权与国家所有权相互缠绕、难分彼此，或许这也正是不少学者认为国家所有权是管理权、公共权力的现实基础所在。行政权与所有权难分难解，必将进一步导致对市场经济平等竞争的破坏，从而消解了物权实现机制为市场经济运行提供实践方案的制度功能。

最后，代表制中的"代表"总是非常有限的。在物权实现机制中，除了可以归为所有权人范畴内的几种情形外，主要是靠用益物权机制来解决普通法律主体对公有物的利用问题。而用益物权是他物权，这是否意味着，作为用益物权人的多数人都被制度性地视为国家、全民之外的"他者"，公有物也就实际反向变成了国家所有权的"行使代表"的财产呢？或许是类似于上述的诸多诘问在心，学者们针对国家所有权行使代表制和物权实现机制提出了各种各样的解释或完善方案。例如，从满足市场经济的实际需要出发，有学者很早就提出，国家所有权的行使应坚持原则性与灵活性相结合的原则、效用原则、区分原则，实行分级所有、分级管理、分级行使，充分调动中央和地方两个方面的积极性，采用划拨、出售、出让、租赁、承包、信托、股权投资、交换等方法，以确保国有财产的保值增值。① 有学者认为，鉴于目前国家所有权概念的抽象性、空洞性，应该采纳公法法人所有权学说，建立公法法人所有权制度。② 而从落实和保障"全民"对国家财产的权益的角度，有学者认为，应从宪法上"国家所有，即全民所有"的规定，引申出"国家所有权必须服从于'服务全民，为全民所共享'这一'制度性保障'的要求"。③ 有学者将宪法上的"自然资源国家所有权"解释为包含私法权能、公法权能和宪法义务三层结构，并认为"国家应当为全体人民的利益行使其私法权能和公法权能。公共信托理论是描述国家作为自然资源所有人的宪法义务的法律理论，应当引入中国，或者对中国宪法第 9 条作公共信托理论式的解释，确立国家与人民在自然资源国家所有权结构中的地位"。④ 更多学者则认为，应该确立"公共财产"或"国家财产"概念，区分"国家公产"和"国家私产"。⑤

以上各种方案无疑都是值得进一步研究和拓展的思路，不过，就目前来看，它们都尚未从根本上解决物权实现机制面临的全部难题。比如，"分级所有、分级管理、分级行使"实际上明显偏离了前文关于"国家所有制"法律含义的解释。公法法人所有权实际上是对将"国家所有"变为"政府所有"的合法化，其本身并未解释何以能够"合法化"，因而也就不

① 参见刘应民《论国家所有权的行使》，《武汉大学学报》（哲学社会科学版）2003 年第 5 期。
② 参见孙宪忠等《国家所有权的行使与保护研究》，中国社会科学出版社，2015，第二章；李凤章《国家所有权的解构与重构》，《山东社会科学》2005 年第 3 期；常健《国家所有权制度改革的阶段性特征：分析与前瞻》，《社会主义研究》2008 年第 3 期；胡吕银、谢红《公有制实现的理论与制度探寻——以中国财产法律制度为视角》，《扬州大学学报》（人文社会科学版）2008 年第 3 期。
③ 程雪阳：《中国宪法上国家所有的规范含义》，《法学研究》2015 年第 4 期。
④ 王涌：《自然资源国家所有权三层结构说》，《法学研究》2013 年第 4 期。
⑤ 参见肖泽晟《社会公共财产与国家私产的分野及其意义》，《学术界》2008 年第 1 期；张力《论国家所有权理论与实践的当代出路——基于公产与私产的区分》，《浙江社会科学》2009 年第 12 期；罗杰《论国家所有权的社会化》，《山东社会科学》2011 年第 12 期；马俊驹、王彦《公有制下国家所有权制度的变革和完善》，《社会科学研究》2015 年第 4 期；李松刚《自然资源国家所有权主体研究——以建设我国地方物权制度为视角》，《河南工业大学学报》（社会科学版）2015 年第 1 期；等等。

能回应"合法化"之后如何保障"全民"利益的诘问。① "国家所有权必须'服务全民、为全民所共享'"应该说是社会主义公有制固有的要求，其关键是如何落实为具体制度，而大家一直在争论的也正是应该设计什么样的具体制度。国家所有权三层结构说中的"宪法义务"，其实就是所有权概念中本有却经常被忽略的"物的责任"维度，由此引申出美国法上的"公共信托理论式的解释"，且不说这种"德国式物权体系＋美国式财产法"的思路是否不伦不类，就其能否真正形成一个融贯的解释来说，也要拭目以待。为更多学者所认同的"国家公产"和"国家私产"的区分，是一种在满足市场经济需要和实现公有制服务全民目的之间尝试折中的思路。不过，"公产"与"私产"并不是按照所有权或者物的归属，而是按照物的社会功能来区分的，功能上的"私产"是否就应该私有化以及如何私有化，仍然是这一思路所无法回答的。

五 国家所有问题及其解决思路

以上梳理了国家所有问题迄今为止的发展脉络及其相关理论争论。简要地说，所谓国家所有问题，是宪法所规定的"生产资料国家所有"如何通过具体的法律制度设计予以真正实现的问题。从梳理中可以看出，国家所有问题的产生及其到目前为止的发展，并不单纯是某一部法律制定的后果，也不可能通过某一部法律的修改完善得以解决，它涉及以宪法为核心

---

① 在关于"国家所有权"的讨论中，很多学者提到国外也存在"国家所有权"、"国家公产"和"国家私产"的区分。实际上，除了社会主义国家之外，其他所谓"国家所有权"、"国家财产"，准确地说，应该都是"政府所有权"、"政府财产"。或许，这也是我国少数学者主张将"国家所有"进一步改革为"政府所有"或者变"国家所有权"为"公法法人所有权"的原因之一。从所有权理论来说，政府是实体，因而可以成为法律上的权利主体；从政治理论来说，政府总是具有一定程度的公共性，因而"政府所有"就或多或少具有"公有"的客观效果。即便如此，以"政府所有"来解释"国家所有"仍是有问题的。首先，政府是与企业、公民平等的法律主体，而在"国家所有即全民所有"的意义上，国家恰是由全体公民构成的，本身就是诸多法律主体的集合，在逻辑上无法谈论"全体公民"与公民是否平等的问题。其次，按照对宪法上"国家所有"的理解，它是公有制的一种形式，除非取消、废除公有制，国家自己不能将法定公有物"处分掉"从而使之变成特定法律主体的私有财产。而"政府所有"并不是作为公有制的一种形式存在的，政府处分自己财产的行为本身，只有适当与否的问题，却没有合法与否的问题。

的公法部门与以物权法为代表的私法部门的互动发展与协调。宪法关于社会主义公有制的规定，主要是基于新中国成立后至20世纪80年代初的社会发展背景。其主要任务，是根据当时科学社会主义理论对"社会主义"、"社会主义国家性质"的理解，确立国家的基本经济制度，解决国家的合法性问题。此后，宪法虽经四次修正，对相关规范的具体表达有所调整和完善，但相较我国经济、社会的最新发展，尤其是社会主义市场经济实践的现实需要，仍显滞后。基于提高公有生产资料利用效率和社会主义市场经济的现实需要，以物权法为代表的具体法律、法规确立了国家所有权概念，并以此概念为基础，构建了国家所有的物权实现机制的框架。不过，就目前而言，无论国家所有权概念还是物权实现机制的框架，都面临着要么背离物权理论逻辑、要么与"作为公有的国家所有"的规范要求渐行渐远的困境。以物权法为代表的私法，在某些方面超越了宪法规范的内涵，但同时又不得不接受宪法规范的牵引，犹豫踟蹰。

如果从中国特色社会主义发展和中国社会转型这个宏观背景中观察，可以将国家所有问题的现状定位在两组要素之间的紧张关系中：旨在消灭剥削的社会主义理论—公有制—公法（宪法）规范—国家所有制；重在发展生产力的社会主义理论—市场经济—私法（物权法）规范—国家所有权。前一组要素是来自历史的，后一组要素是面向未来的；前一组要素对国家所有问题的影响表现为规范性的要求，后一组要素的影响侧重于现实性的需要。两组要素之间的张力，通过宪法上的国家所有制与物权法上的国家所有权表达出来，而连接国家所有制与国家所有权的桥梁是"国家所有的法律实现机制"。基于国家所有制的规范要求，国家所有权概念并不适用于国家与公民的关系，不能将公民排除在"国家"之外，也不能将大多数公民对公有财产的利用设计成"他物权"形式；而基于物权理论，国家所有权在物权主体、客体和内容上都存在不确定性，因而需要进一步明确实践中的主体、客体和内容，国家所有权行使的代表制、自物权和他物权的区分等，都是物权理论的逻辑要求。前者可由宪法相关规范、公有制经济基础和消灭剥削的社会主义理论进一步提供说明和支持，后者则可由物权法相关规范、社会主义市场经济体制和发展生产力的社会主义理论进一步提供说明和支持。既往研究通过所有制与所有权"一体两面"关系的习惯性看法，将国家所有权直接视为国家所有制的法律形式，从而掩盖了国家所有制和国家所有权之间，进而也是宪法与物权法之间、公有制与市场经济之间、消灭剥削的社会主义理论与重在发展生产力的社会主义理论之间，以及过去与现在和未来之间的张力。

由此，嵌在社会转型宏观背景中的国家所有问题的最终解决，并不是一朝一夕、一蹴而就的事情，它有赖于科学社会主义理论的进一步发展，有赖于经济、政治、社会和法律不同领域之间的调适。当前，全面深化改革、全面推进依法治国都被提到前所未有的高度。全面深化改革所要解决的，既包括革除生产力发展的制度羁绊，也包括完善保障社会公平正义的体制机制。全面推进依法治国，则不仅意在减少权力行为的任意性，更在于走出一条通过法治实现经济与政治、发展与公平、自由与秩序相平衡的中国式社会主义道路。我们相信，通过全面改革和法治发展，国家所有问题及潜藏在其背后的转型期社会结构矛盾，最终都将得到解决。

在具体思路上，长远来看，通过对社会主义本质的重新阐释，对宪法相关规范的修改完善，或可以彻底解决国家所有问题。实际上，继邓小平对社会主义本质的概括之后，还相继出现了"社会和谐是中国特色社会主义的本质属性"、"公平正义是中国特色社会主义的内在要求"、"党的领导是中国特色社会主义最本质的特征"等新的论断。① 党的十八大提出，倡导富强、民主、文明、和谐，倡导自由、平等、公正、法治，倡导爱国、敬业、诚信、友善，积极培育和践行社会主义核心价值观。这些都是科学社会主义在中国的新发展。当关于社会主义的新阐释在普通民众心中形成共识，或许就会真如有学者所预测的那样，"在将来更加完善的宪法文本里，所有制这个特定时代的范畴终究会彻底消失"。② 不过，在公有制的硬约束取消之前，通过税收、转移支付等财富再分配机制，解决已经形成的贫富分化现象，③ 并建立

① 参见国防大学中国特色社会主义理论体系研究中心《党的领导是中国特色社会主义最本质的特征》，《解放军报》2015 年 5 月 25 日。

② 梁治平：《超越所有制的所有权》，载梁治平《法治十年观察》，上海人民出版社，2009，第58 页。

③ 根据国家统计局的数据，自 2003 年以来，我国居民基尼系数一直处于 0.4 以上（2003—2014 年的数值分别为 0.479、0.473、0.485、0.487、0.484、0.491、0.490、0.481、0.477、0.474、0.473、0.469）。另据世界银行 2009 年一份关于收入比例的数据，以最高收入 20% 人口的平均收入和最低收入 20% 人口的平均收入进行比较，这两个数字的比在中国是 10.7 倍，美国是 8.4 倍，俄罗斯是 4.5 倍，印度是 4.9 倍，日本只有 3.4 倍。参见詹清荣《影响收入分配的几大热点问题》，《中国发展观察》2013 年第 3 期。

完善的社会保障制度，是极其必要的。

从短期着眼，尽管以国家所有权为基础的物权机制存在前文所述的困境，但舍弃这一机制也不具有现实可能性，因此，尽可能完善这一机制、消解来自各方的张力，就是务实之选。首先，在现有的国家所有权行使代表制之外，应尽可能扩大国家财产直接满足公民基本生活（生存）类需要的范围，如基本住房用地的提供，在理论上将其归入自物权的使用权，避免让公民个体普遍成为"国家之外的他者"。其次，对公有财产的生产经营性利用，要进一步区分市场与非市场两种类型。采用市场方式的生产经营，在利用公有财产时，需要按照市场价格支付对价；非市场方式的生产经营性利用，则可以采取无偿划拨方式，但其产品或服务按照生产过程中利用公有资源的比例，免费或以较低价格向公民开放。最后，各级政府及其所属公共部门均不以任何方式直接参与市场投资经营活动，但是在涉及重大民生工程、国防事业等非市场领域，政府是投资、生产、经营的主体。如此，通过公有财产的生活消费类利用和生产经营类利用、市场类的生产经营与非市场类的生产经营、政府主导与市场主导这三个维度的区分，可以适度消解国家所有权概念的抽象性，并切实使目前的物权实现机制更加符合宪法上国家所有的规范要求。

（谢海定：《国家所有的法律表达及其解释》，《中国法学》2016 年第 2 期）

中国的宗教法治

陈欣新[*]

宗教自由是中国宪法保障的公民权利，也是国际人权公约明确规定的基本人权，如何建立宗教自由与其他基本权利或法律价值之间的平衡，是最重要的宪法问题之一。1949 年新中国成立以后，如何通过带有社会主义性质的法律保障和规制宗教自由，就成为一个新的挑战。60 多年的磨合与实践，尤其是"文化大革命"时期的惨痛教训，使越来越多的人逐渐认识到，保障思想、信仰、良心层面的自由，对于国家和国民有尊严地生存和健康发展至关重要。

一 宗教信仰自由的保障

宗教信仰自由是基本人权，这一点已经为国际社会所接受，中国宪法的规定与《世界人权宣言》[①] 以及《公民权利和政治权利国际公约》[②] 的

---

[*] 陈欣新，中国社会科学院法学研究所研究员。

① 《世界人权宣言》第 18 条规定："人人有思想、良心和宗教自由的权利；此项权利包括改变他的宗教或信仰的自由，以及单独或集体、公开或秘密地以教义、实践、礼拜和戒律表示他的宗教或信仰的自由。"

② 《公民权利和政治权利国际公约》第 18 条规定："一、人人有权享受思想、良心和宗教自由。此项权利包括维持或改变他的宗教或信仰的自由，以及单独或集体、公开或秘密地以礼拜、戒律、实践和教义来表明他的宗教或信仰的自由。二、任何人不得遭受足以损害他维持或改变他的宗教或信仰自由的强迫。三、表示自己的宗教或信仰的自由，只受法律所规定的以及为保障公共安全、秩序、卫生或道德、或他人的基本权利和自由所必需的限制。四、本公约缔约各国承担，尊重父母和（如适用时）法定监护人保证他们的孩子能按照他们自己的信仰接受宗教和道德教育的自由。"

规定在内涵方面并无本质区别。只是《世界人权宣言》和《公民权利和政治权利国际公约》均提及宗教信仰自由包括"单独或集体、公开或秘密地以礼拜、戒律、实践和教义来表明他的宗教或信仰的自由",而中国宪法并未具体规定宗教信仰自由具有上述内涵,但也没有作出相反的规定。

(一) 不得强制公民信仰宗教或者不信仰宗教

中国《宪法》第 36 条明确规定,"中华人民共和国公民有宗教信仰自由。任何国家机关、社会团体和个人不得强制公民信仰宗教或者不信仰宗教"。可见中国宪法保障的宗教信仰自由,包括信仰宗教和不信仰宗教,其核心是自愿即意思自治。"任何国家机关、社会团体和个人"负有不妨碍宗教信仰自由的消极义务,不得强制他人信仰宗教或不信仰宗教或信仰特定的宗教。

值得注意的是,作为中国规制宗教事务的主要行政法规的《宗教事务条例》,保障宗教信仰自由不受强制的条文与宪法的表述略有不同,仅在第 2 条规定"任何组织或者个人不得强制公民信仰宗教或者不信仰宗教"。从字面上看,"国家机关、社会团体"与"组织"是不同的法律概念,其内涵与外延不同。在中国,尽管"社会团体"与"组织"也存在内涵上的差异,法律上一般可以用"组织"完全包含"社会团体",而法律通常将国家机关排除在"组织"之外,但是,从法理上讲,《宗教事务条例》作为"根据宪法和有关法律"制定的具有下位法地位的行政法规,在进行法律解释时,应当尽可能以符合宪法规定的方式解释其条文含义。因此,对《宗教事务条例》所规定的"任何组织",需要明确其内涵和外延与宪法所规定的"任何国家机关、社会团体"的内涵和外延具有一致性。

(二) 不得歧视信仰宗教的公民或者不信仰宗教的公民

中国《宪法》规定,中国公民的平等权不受信仰宗教与否的影响,不得因宗教因素而加以歧视。这一点也与多数国家和地区的做法相同。从法律上讲,"不歧视"的领域涉及社会生活的所有层面,包括人格尊严、受教育、社会保障、就业、参与国家事务等。就目前中国相关法律法规的规定以及遵循的原则看,禁止宗教歧视的意图是明显的。但是在社会生活中，对部分具有特殊生活方式或社会习俗的宗教信徒的偏见甚至是歧视的确客观存在，这与社会大众的基本意识以及对法律和宗教的社会功能的认识缺陷密不可分。因此，在中国，法律上禁止宗教歧视和社会生活中国民对宗教信仰因素的平等对待之间的差距将长期存在。

（三）信教公民和不信教公民、信仰不同宗教的公民应当相互尊重、和睦相处

法律保障宗教信仰自由，意在形成信教公民和不信教公民、信仰不同宗教的公民在国家领域内长期共处的局面。宗教信仰的有无和宗教教义的不同，也必然使人的行为准则和观念意识存在差异。如果不能营造和谐共融的氛围，很容易出现矛盾甚至冲突，引发对立情绪甚至对抗行动。世界上不少国家和地区由宗教矛盾所引发的激烈冲突进而导致暴力事件和悲剧就是明证。基于宗教信仰差异而导致文明之间的冲突，绝非不同宗教之间相处的唯一方式，从中外历史看，不同宗教信仰的社会群体间长期和平、合作地共同相处的时期并不少见。以位于巴尔干地区的素有"欧洲火药桶"之称的南斯拉夫联邦为例，在其于 20 世纪 90 年代中期发生内战，即族群发生撕裂、宗教敌对阵营最终形成之前，有着东正教信仰的塞尔维亚族和有天主教信仰的克罗地亚族，以及信仰伊斯兰教的"穆斯林族"彼此曾和平共处了近半个世纪之久。在此期间，不同宗教社群和不同民族之间还存在彼此通婚的融合现象，社会和谐与经济发展的水平一度让东欧国家羡慕。可见，只要具备合适的社会前提，并且没有遭到破坏，不同宗教社群的和平共处及与之相对应的社会和谐状态是完全有可能存在的。反之，如果出现国家政坛的真空与权力分配上的失衡，加上不同地区经济利益上日趋严重的矛盾积重难返，以及听任狭隘民族主义的思潮沉渣泛起并泛滥肆虐，必然不断加剧不同族群的矛盾，并相应引发和招致带有宗教背景的冲突爆发，严重的可能导致民族仇杀不止、主权国家解体。

因此，法律规定信教公民和不信教公民、信仰不同宗教的公民应当相互尊重、和睦相处，是保障宗教信仰自由的应有之义。这里的"相互尊重"包括对宗教信仰行为不进行肯定或否定性价值判断，对宗教教义不进行优劣评价，对基于宗教信仰的生活方式和习俗不予排斥等。要实现"相

互尊重、和睦相处"也并非易事。那种"非我族类，其心必异"①的思维方式，与很多宗教信仰者看待持有其他信仰的宗教信徒或无神论者的固有观念实质上是很相似的，对那些在宗教信仰上与自己有歧异之分的人，即所谓的"异教徒"，宗教信仰者们往往会产生心理上本能的排斥、防御甚至是敌对的反应，这并不奇怪。而要提倡不同宗教实体间的和合共处，首先就要克服乃至真正从个人内心中摒弃这种宗教信仰上的天然敌意。而尊重其他宗教，就包括尊重其他宗教的教义、历史及相关的经典和文化景观等。

鉴于传媒自由对宗教领域的"相互尊重、和睦相处"能否实现，具有极大的影响力，与上述原则相适应，《宗教事务条例》第 7 条在出版管理方面也进行了相应的规制，要求涉及宗教内容的出版物不得含有下列内容：①破坏信教公民与不信教公民和睦相处的；②破坏不同宗教之间和睦以及宗教内部和睦的。

二　宗教信仰自由的规制

从法理上分析，任何自由都具有相对性，在与法律所保障的其他权利和法律价值出现冲突时，都会受到必要的限制，法律需要根据特定时空条件，建立冲突的各种价值之间的动态平衡。中国的法律也采取了这样的思路。与之相配合，《宪法》第 36 条提供了对宗教信仰自由进行法律限制的主要依据，该条规定，"任何人不得利用宗教进行破坏社会秩序、损害公民身体健康、妨碍国家教育制度的活动"。这些法律限制的理据与《公民权利和政治权利国际公约》所规定的限制理据相似，该公约第 18 条规定，"为保障公共安全、秩序、卫生或道德、或他人的基本权利和自由"，可以限制宗教自由。不同之处在于，《公民权利和政治权利国际公约》要求上述限制只能由法律加以规定，即将此列入"法律保留"事项；而中国宪法对此并未采取"法律保留"的方式。《立法法》第 8 条明确规定的法律保留事项也未包括宗教信仰自由的限制。

----

① 《左传·成公四年》："史佚之《志》有之，曰：'非我族类，其心必异。'楚虽大，非吾族也，其肯字我乎？"

（一）不得利用宗教破坏社会秩序

社会秩序是所有国家的法律所保障的法律价值，也是国际人权公约以及绝大多数国家的宪法和法律允许作为限制宗教信仰自由的法律理据之一。实际上，法律保障宗教信仰自由对社会秩序的稳定不仅不会产生威胁，反而会因为宗教对仁慈、善良、宽容的褒扬，得到进一步的巩固。因此，"不得利用宗教破坏社会秩序"的本意，并非强调宗教信仰自由的危险，而是着眼于对"利用宗教"或"以宗教为借口"的恶意行为的防范与制裁。从目前的情况看，一些恐怖主义势力逐渐在强化以"原教旨主义"或"极端宗教主义"为工具，蛊惑信教民众对抗法律所保障的正常社会秩序和公共利益以及国家安全。以西藏"3·14"事件和新疆"7·5"事件为例，恐怖势力和分裂势力利用宗教因素实施侵害其他民族或其他宗教信徒、不信教公民的行为，客观上危害了社会秩序和他人人身安全，属于法律禁止的行为，在本质上与宗教信仰无关，对上述行为的禁止和制裁并非对宗教信仰自由的禁止和制裁，而是对以宗教为借口侵害人权、危害公共利益和社会秩序的行为的遏制。

（二）不得利用宗教损害公民身体健康

宗教信仰自由与教徒的健康权之间的平衡问题，是法律规制必须高度重视的事项。目前西方国家流行的观点倾向于这样的假设：精神信仰行为通过倡导健康合理的生活方式而有助于健康。虽然宗教教派之间各不相同，但各大宗教每一主流教派均鼓励其教徒不饮酒或适度地饮酒、远离毒品、戒烟、生活节制、善待他人。① 从宗教行为与延年益寿的关系这个角度而言，信教者的生活方式可能有其久远的历史根源。比如，历史学家有足够的理由认为犹太教和穆斯林制定禁食猪肉的教规的根本原因在于防止教徒患旋毛虫病。类似的自我保护意识在宗教的许多方面均有所体现。因此，那些教育其信徒有节制地生活、互相关心的宗教往往更容易蓬勃发展壮大，并将其健康观念和健康习惯一直保持到今天。另一种长寿与宗教信

---

① Barro, Robert and Rachel McCleary, "Religion and Economic Growth Across Countries", *American Sociological Review* 68 (2003): 760 – 781.

仰之间可能的联系则与人的精神健康状况有关。许多宗教活动对身体的益处源自信徒们所说的舒适感或者"感觉人生有目标"的自我体验：有宗教信仰的人一般比其他人较少受到抑郁症的折磨，而且即使确实出现心情抑郁的情况，他们也能很快地调整过来。从这种意义上讲，宗教不仅可以发挥有益的精神安慰作用，而且能帮助信徒们掌握摆脱压力和焦虑的办法，精神压力的减轻反过来促进了身体健康。① 然而，即使研究表明宗教对健康有益，这也不意味着宗教就应被当作抗生素来使用。况且，某些极端的宗教教义对教徒健康权甚至生命权的尊重是存在严重缺陷的，不能以教义或宗教自由为借口损害教徒或他人的生命权或健康权，是法律最低限度的要求。

（三）不得利用宗教妨碍国家教育制度

中国与世界许多国家和地区一样，实行宗教与教育分离的原则，在国民教育中，不对学生进行宗教教育。教育尤其是国民教育，应当为受教育者的综合、全面发展提供机会和条件，应当在思想、信仰和良心方面，为受教育者创造宽松、自由和多元的环境，如果宗教因素过多地介入国家的教育制度尤其是国民教育制度，就可能使受教育者无法享受教育自由带来的益处。当然，宗教与教育不是必然矛盾的，反对利用宗教妨碍国家教育制度与鼓励宗教界捐资助学并不矛盾。中国政府也认为，"改革开放以来，我国宗教界人士和信教群众高举爱国爱教旗帜，坚持走与社会主义社会相适应的道路，发扬济世利人精神，积极参与和开展各种公益慈善活动，产生了良好的社会影响"。② 目前，中国政府重点支持宗教界开展非营利活动的领域就包括捐资助学。

值得注意的是，"捐资助学"与"办学"在中国的教育制度中是完全不同的行为。前者不属于行政审批事项，后者是需要获得行政许可的事项。从中国近代史看，宗教界办学对中国近现代教育发展的贡献不可磨

① Gill, R., C. Hadaway and P. Marler, "Is Religious Belief Declining in Britain?", *Journal for the Scientific Study of Religion* 37 (1998): 507–516.
② 国家宗教事务局、中共中央统战部、国家发展和改革委员会、民政部、财政部、国家税务总局于2012年2月16日联合发布《关于鼓励和规范宗教界从事公益慈善活动的意见》。

灭。中国近现代最早的新式小学、中学、女子学校都是教会兴办的，这些教会学校为新式教育思想和教育制度在中国的启蒙和发展，起到了开拓者的作用，并培养了大量人才。1949 年以前一些知名教会大学也成为中国高等教育的奇葩，他们对于中国教育制度的完善可谓功不可没。但是，1952年以后，教会学校在中国内地消失了。中国政府认为教会学校对于落实政教分离和宗教与教育分离是不利的。可见，中国法律实践中的基本思路是：在坚持禁止利用宗教妨碍国家教育制度的前提下，鼓励宗教界有限地参与教育慈善事业。

需要强调的是，在如何建立被中国政府视为国家教育制度中最重要的环节——爱国主义教育与宗教信仰自由之间的动态平衡的问题上，多数国家尽管社会制度不同、法律体系不同，但是，所持立场和原则高度相似。美国联邦最高法院就曾认为，"在为宗教宽容的长期努力中，良心的顾虑，不能使个人免于遵守并非针对促进或限制宗教信仰的一般法律。仅仅拥有与政治社会关系相抵触的宗教确信，不能免去公民的政治责任"；"国旗是我们国家统一的象征，它在宪法的框架内超越了我们内部的各种分歧，无论这种分歧有多么巨大，国旗是民族力量的象征，是自由最具有意义的标志"；"要求向国旗敬礼构建了以国家安全为核心的国家团结"；"虽然法庭成员可能不认为强迫向国旗敬礼是最好的构建国家团结的方式，但是学校的错误判断还不足以宣布其做法违宪。参加这类宣誓并不必然让学生们脱离信仰，因为在宗教信仰上，他们的父母具有的影响远远大于学校。在无损于自己权利的范围内，家长应劝说自己的孩子理解州教育部门倡导效忠的正确性和明智性，这才是宗教宽容最生动的一面"。①

（四）不得利用宗教损害国家利益、社会公共利益和公民合法权益

中国《宪法》第 51 条明确规定："中华人民共和国公民在行使自由和权利的时候，不得损害国家的、社会的、集体的利益和其他公民的合法的自由和权利。"这一条款同样适用于对宗教信仰自由的法律限制。宗教信仰自由以及与之相联系的各种宗教行为，都是教徒行使自由和权利的具体方

---

① Minersville School District v. Gobitis, 310 U. S. 586 (1940); West Virginia State Board of Education v. Barnette, 319 U. S. 624 (1943).

式，都具有人权的相对性，即不损害法律所保障的其他权利主体的合法权益，这一平衡是不同权利主体之间维持长期和谐关系的基础。《公民权利和政治权利国际公约》也明确规定，"表示自己的宗教或信仰的自由，只受法律所规定的以及为保障公共安全、秩序、卫生或道德、或他人的基本权利和自由所必需的限制"。

三　宗教组织及公益活动

中国法律对宗教组织建设的规制，涉及对宗教团体和宗教教职人员等的规制。中国法律所称宗教团体，是指在国家宪法和法律的保护下，独立地组织宗教活动、办理教务、开办宗教院校、培养年轻宗教职员的机构。中国法律所称宗教教职人员，是指宗教团体按照本宗教的宗教教职人员认定办法认定的从事宗教教务活动的人员。宗教教职人员认定办法由全国性宗教团体结合本宗教的实际分别制定，并报国家宗教事务局备案。[①]

根据中国现行宗教事务以及社团管理事务的法律法规，中国合法的全国性宗教团体主要有：中国佛教协会、中国道教协会、中国伊斯兰教协会、中国天主教爱国会、中国天主教主教团、中国基督教三自爱国运动委员会、中国基督教协会。

中国对宗教教职人员的管理采取宗教团体自治管理与行政监管相结合的模式。宗教团体自治管理的方式是"认定"制度，而行政监管的方式是"备案"制度。宗教团体应当将其认定的宗教教职人员自认定之日起 20 日内，报相应的人民政府宗教事务部门备案。[②] 宗教团体在宗教教职人员备案程序完成后，向该宗教教职人员颁发宗教教职人员证书。未取得宗教教职人员证书的，不得以宗教教职人员身份从事宗教教务活动。宗教团体依照本宗教的有关规定解除宗教教职人员身份，应当到备案部门办理注销备

---

① 《宗教教职人员备案办法》，2006 年 12 月 25 日经国家宗教事务局局务会议通过，自 2007 年 3 月 1 日起施行。

② 全国性宗教团体认定的宗教教职人员报国家宗教事务局备案；省、自治区、直辖市宗教团体认定的宗教教职人员报省级人民政府宗教事务部门备案；设区的市（地、州、盟）宗教团体认定的宗教教职人员报设区的市级人民政府宗教事务部门备案；县（市、区、旗）宗教团体认定的宗教教职人员报县级人民政府宗教事务部门备案。

案手续。宗教教职人员在宗教教务活动中违反法律、法规、规章,情节严重的,除依法追究其法律责任外,按照《宗教事务条例》第 45 条的规定,由人民政府宗教事务部门建议原认定该宗教教职人员的宗教团体取消其宗教教职人员身份,并办理注销备案手续。宗教教职人员放弃或者因其他原因丧失宗教教职人员身份的,原认定其宗教教职人员身份的宗教团体应当到备案部门办理注销备案手续。宗教教职人员丧失宗教教职人员身份的,宗教团体应当在办理注销备案手续后收回其宗教教职人员证书,并以适当方式公告。

根据中国的有关法律法规,宗教活动场所分为寺院、宫观、清真寺、教堂和其他固定宗教活动处所两类。两类宗教活动场所的具体区分标准,由各省、自治区、直辖市人民政府宗教事务部门根据本地实际情况制定,报国家宗教事务局备案。筹备设立宗教活动场所,一般应当由拟设立地的县(市、区、旗)宗教团体提出申请。如拟设立地的县(市、区、旗)无宗教团体的,可由拟设立地的设区的市(地、州、盟)宗教团体提出申请;拟设立地的市(地、州、盟)无宗教团体的,可由拟设立地的省、自治区、直辖市宗教团体提出申请;拟设立地的省、自治区、直辖市无宗教团体的,可由全国性宗教团体提出申请。

中国法律对宗教团体和宗教活动场所的合法财产、收益是予以明确保护的。《宗教事务条例》第 30 条第 2 款规定:"任何组织或者个人不得侵占、哄抢、私分、损毁或者非法查封、扣押、冻结、没收、处分宗教团体、宗教活动场所的合法财产,不得损毁宗教团体、宗教活动场所占有、使用的文物。"中国对于宗教财产的法律规制主要涉及财务资金、房地产、经济行为、税收等方面。

在财务资金监管方面,《宗教事务条例》第 36 条规定:"宗教团体、宗教活动场所应当执行国家的财务、会计、税收管理制度,按照国家有关税收的规定享受税收减免优惠。宗教团体、宗教活动场所应当向所在地的县级以上人民政府宗教事务部门报告财务收支情况和接受、使用捐赠情况,并以适当方式向信教公民公布。"

根据中国人民银行、国家宗教事务局《关于宗教活动场所和宗教院校开立单位银行结算账户有关事项的通知》,可申请开立单位银行结算账户,包括基本存款账户、一般存款账户、专用存款账户和临时存款账户的宗教活动场所和宗教院校仅限于：①经地级市（州、盟）（含）以上人民政府宗教事务部门批准设立，取得并出具2005年4月21日以后人民政府宗教事务部门颁发的宗教活动场所登记证的宗教活动场所；②经国务院、国家宗教事务局、省级人民政府或省级人民政府宗教事务部门批准的宗教院校。

在房地产监管方面，宗教团体、宗教活动场所合法使用的土地，合法所有或者使用的房屋、构筑物、设施，受法律保护。宗教团体、宗教活动场所所有的房屋和使用的土地，应当依法向县级以上地方人民政府房产、土地管理部门申请登记，领取所有权、使用权证书；产权变更的，应当及时办理变更手续。宗教活动场所用于宗教活动的房屋、构筑物及其附属的宗教教职人员生活用房不得转让、抵押或者作为实物投资。

出于保障宗教团体、宗教活动场所正常运行对不动产的需求，相关法律法规对涉及不动产权属确定和变更以及可能导致不动产灭失的拆迁行为进行了明确的限制。《宗教事务条例》第31条第2款规定："土地管理部门在确定和变更宗教团体或者宗教活动场所土地使用权时，应当征求本级人民政府宗教事务部门的意见。"《宗教事务条例》第33条规定："因城市规划或者重点工程建设需要拆迁宗教团体或者宗教活动场所的房屋、构筑物的，拆迁人应当与该宗教团体或者宗教活动场所协商，并征求有关宗教事务部门的意见。经各方协商同意拆迁的，拆迁人应当对被拆迁的房屋、构筑物予以重建，或者根据国家有关规定，按照被拆迁房屋、构筑物的市场评估价格予以补偿。"

经过多年的实践，中国政府已经承认，"宗教界从事公益慈善活动，有深刻的信仰基础、悠久的历史传统、较高的社会公信度"。《关于鼓励和规范宗教界从事公益慈善活动的意见》也明确提出，鼓励宗教界积极参与社会公益事业和慈善事业，重点支持宗教界在以下领域开展非营利活动：灾害救助；扶助残疾人；养老、托幼；扶贫助困；捐资助学；医疗卫生服务；环境保护；社会公共设施建设；法律和政策允许的、适合宗教界人士和信教群众发挥积极作用的其他公益慈善活动。

为了达到鼓励宗教界参与公益慈善活动的目的，法律法规明确规定，宗教界依法从事的公益慈善活动可以享受或者参照享受以下扶持和优惠政策：①宗教界依法开展的公益慈善活动和设立的公益慈善组织受法律保护，享受与社会其他方面同等的优惠待遇；②企业和自然人向宗教界成立的符合税收法律法规规定条件的公益性社会团体的公益性捐赠支出，按照现行有关税收法律法规及相关政策规定，准予在所得税前扣除；③经国务院主管部门依法批准成立的属于社会团体的宗教界公益慈善组织接受境外捐赠人无偿捐赠的直接用于扶贫、慈善事业的物资，依照税收法律法规，减免进口关税和进口环节增值税；④宗教界依法设立的公益慈善组织、社会福利机构，符合法律法规和政策规定的，享受相关税收优惠政策和政府资助补贴，其生活用电比照居民生活用电价格执行，生活用水按居民水价执行；⑤享受法律和政策许可范围内的其他扶持和优待措施。

当然，对于宗教界从事公益慈善事业，中国的法律也设定了限制性规范。第一，宗教界从事公益慈善活动时，应当自觉遵守宪法、法律法规规章，在法律和政策许可的范围内开展活动，不得在公益慈善活动中传播宗教。要自觉抵制各种以开展公益慈善活动为名进行的破坏社会秩序、损害公民身体健康、妨碍国家教育制度，以及其他损害国家利益、社会公共利益和公民合法权益的行为。要坚持独立自主自办原则，不受境外势力支配，不接受境外附带政治和宗教条件的资助、捐赠和合作。第二，宗教界从事公益慈善活动应当坚持自愿的原则。任何组织和个人不得强迫或者变相强迫宗教界开展公益慈善活动；宗教界也不得以从事公益慈善活动为名向信教群众强行摊派或变相摊派。宗教界开展公益慈善活动时，要充分考虑自身的承受能力和组织水平，结合自身实际和社会需求，突出特色，量力而行，避免因贪大求全，加重自身和信教群众负担，影响教务活动的正常开展。第三，宗教界从事公益慈善活动应当建立健全相关规章制度，制定和完善工作规划、报告制度、评估制度、信息公布制度、财产管理制度，优化内部治理结构，培育专门人才队伍，不断提高自我管理、自我教育、自我监督、自我服务、自我完善的能力和水平。

四 宗教对外交往的治理

《宪法》第36条第4款规定，"宗教团体和宗教事务不受外国势力的支配"。将宗教事务与外国势力联系起来并规定在一个宪法条文中，是国际上少见的，其背后有着近现代历史和政治的缘由。早在20世纪初，中国爱国爱教的基督教和天主教徒就提出了中国教会自立自治的口号，成立了一些自立组织，为实现中国教会独立自主自办而抗争。20 世纪 50 年代以后，"独立自主自办宗教"的原则得到中国共产党和中国政府的大力支持而确定下来。宗教团体和宗教事务不受外国势力的支配，独立自主自办宗教，主要是为了防范以下威胁。

第一，境外势力利用宗教进行渗透，力图实现政治上的西化、分化。境外势力一直把民族、宗教问题作为遏制或颠覆中国社会主义制度的重要手段，特别是某些敌对势力从不放弃利用宗教为其政治、军事、经济活动服务且得心应手。西方某些国家以"人权高于主权"推行"新干涉主义"，以"保护宗教自由"为幌子，干涉中国内政，不断在联合国人权大会上就宗教问题提出反华提案。

第二，部分反对势力利用宗教进行分裂中国的活动，破坏"一国两制"条件下"三互原则"的实施。在中国某些局部地区，国内外敌对势力利用宗教进行分裂祖国、破坏民族团结的问题仍很突出。在国际恐怖主义、宗教极端主义、民族分裂主义影响下，境内外部分分裂势力互相勾结，以暴力恐怖为主要手段进行分裂破坏活动，有些活动利用了宗教，影响了中国的国家安全和稳定，危害了中华民族的统一大业。

第三，西方宗教沙文主义试图征服中国。敌对势力利用宗教进行渗透主要是利用天主教、基督教。西方宗教沙文主义，试图征服别种宗教、别种文化。第二次世界大战结束以后，由于"冷战"的原因，西方教会无法东进，得以在几十年里休养生息，积蓄力量。"冷战"结束后，西方教会纷纷东进，有备而来。对于西方教会的一些人员和机构而言，"对华事奉"可以名利双收，既能以"对华事奉"的需要谋取丰厚的经济利益，又能在西方社会中享有较高的地位和社会舆论的赞扬，这是在神圣名义下满足世俗生活的基本动力。而在现代化的条件下，对华渗透方式和手段更表现为多样化、多渠道、全方位，隐蔽性、计划性、定向性、灵活性加强。

第四，境外势力以宗教的形式利用中国国内存在的问题制造混乱，破坏稳定。在改革开放快速发展过程中出现的激烈竞争、贫富不均而形成的傲慢与偏见、嫉妒与自卑，会形成新的精神压迫、产生新的体力奴役；传统文化中不患寡而患不均的心理在特定环境下出现膨胀与爆发，会以各种方式表现出来，严重的会出现群体性的抗争。而所谓"境外敌对势力"绝不会忽视这种可以用来制造混乱、演化成政治对立的资源。自中国实行改革开放以来，敌对势力在中国境内组织、指挥和支持打着宗教名义出现的非法组织、邪教组织进行非法活动，波及地区较广、涉案人员较多，影响了为数不少的群众，损害了局部地区的稳定，对中国内地宗教爱国组织和正常宗教活动产生了一定冲击。

值得注意的是，从中国法律的规定以及宗教法律规制的实践看，排斥外国势力对中国宗教事务的干涉，与保障正常的宗教对外交往不存在矛盾。为了保障中华人民共和国境内外国人的宗教信仰自由，维护社会公共利益，国务院根据宪法，[①] 专门制定了行政法规层级的《中华人民共和国境内外国人宗教活动管理规定》[②]，第 2 条明确规定："中华人民共和国尊重在中国境内的外国人的宗教信仰自由，保护外国人在宗教方面同中国宗教界进行的友好往来和文化学术交流活动。"

外国人在中国境内可以进行的宗教活动包括：①携带本人自用的宗教印刷品、宗教音像制品和其他宗教用品进入中国国境；②在中国境内的寺院、宫观、清真寺、教堂等宗教活动场所参加宗教活动；③在中国宗教活动场所讲经、讲道；[③] ④在县级以上人民政府宗教事务部门认可的场所举行外国人参加的宗教活动；⑤邀请中国宗教教职人员为其举行洗礼、婚礼、葬礼和道场法会等宗教仪式等。

外国人受到限制的宗教活动主要是：①禁止携带有危害中国社会公共利益内容的宗教印刷品和宗教音像制品入境；②不得在中国境内成立宗教组织、设立宗教办事机构、设立宗教活动场所或者开办宗教院校；③不得在中国公民中发展教徒、委任宗教教职人员和进行其他传教活动；④外国人在中国境内招收为培养宗教教职人员的留学人员或者到中国宗教院校留学和讲学，按照中国的有关规定办理。

中国对宗教信仰自由的法律规制，受到当前中国国情和宗教发展状况的制约，形成了独特的风格。一方面，中国宪法、法律和行政法规有关保

---

① 在中国的立法体制中，国务院直接根据宪法制定行政法规极为少见。

② 《中华人民共和国境内外国人宗教活动管理规定》于 1994 年 1 月 31 日由国务院令第 144 号发布，自发布之日起施行，由国务院宗教事务部门负责解释。

③ 《中华人民共和国境内外国人宗教活动管理规定》第 3 条规定，外国人须经省、自治区、直辖市以上宗教团体的邀请，才能在中国宗教活动场所讲经、讲道。

障与限制宗教信仰自由的条文，与国际人权公约相比，大同小异；另一方面，在相关法律行政法规的具体实施环节，对法律条文内涵和外延的理解，特别是具有法律行政法规实施办法性质的行政规章中的限制性规范，与国际人权公约的标准相比，存在不可忽视的差异。如何循序渐进地完善宗教自由的法律规制，是未来相当长时间内中国社会综合治理面临的重大挑战。

（陈欣新：《法治与宗教信仰自由》，《中国宗教》2015 年第 7 期；陈欣新：《依法开展宗教慈善事业的坚实保障》，《中国宗教》2016 年第 4 期）

中国的普法规划

陈根发[*]

普法研究与法学研究中的许多课题一样，前瞻的要比回顾和总结的多得多，而本文则是一个注重回顾和总结的普法规划问题的研究。需要回顾和总结我国30余年普法经验和教训的道理非常简单，它就像一个年轻人在而立之年，回顾和总结一下自己人生30年的经验和教训，以便更好地面对未来。

1985年11月，中共中央、国务院转发了中央宣传部、司法部《关于向全体公民基本普及法律常识的五年规划》。同月，全国人大常委会作出《关于在公民中基本普及法律常识的决议》。"普及法律常识"简称"普法"，"普法"一词也由此而来。1990年12月制定公布的"二五"普法规划的名称为《中央宣传部、司法部关于在公民中开展法制宣传教育的第二个五年规划》，开始使用"法制宣传教育"一词。20世纪90年代初，有学者特别是中国社会科学院法学研究所的学者开始区分"法制"与"法治"的概念，论证"法治"提法的合理性。1997年，党的十五大报告提出了"依法治国，建设社会主义法治国家"的方略，报告将过去通常讲的"法制国家"改为"法治国家"，这才最终确立了"法治"概念的权威和覆盖性。2014年10月召开的十八届四中全会通过的《中共中央关于全面推进依法治国若干重大问题的决定》（以下简称《决定》）明确指出，要"坚持把全民普法和守法作为依法治国的长期基础性工作，深入开展法治宣传教育"。在此，党中央将"法制宣传教育"改为了"法治宣传教育"。虽然只有一字的更改，但使得法

---

　* 陈根发，中国社会科学院法学研究所副研究员。

治宣传教育的内涵发生了深刻变化，既要大力宣传法律体系和法律制度，更要注重宣传立法、执法、司法、守法等法治实践。中国社会科学院法学研究所于 2015 年 3 月成立的"法治宣传教育与公法研究中心"，就是在这一背景下设立的顺应法治宣传教育潮流的专门研究机构。

人是有惯性思维和口头禅的。早在"二五"普法规划中，虽然已将"普及法律常识"改称为"法制宣传教育"，但"普法"一词一直沿用至今。5 年一轮的"法制宣传教育"活动常常被简称为"一五"普法（1986—1990 年）、"二五"普法（1991—1995 年）、"三五"普法（1996—2000 年）、"四五"普法（2001—2005 年）、"五五"普法（2006—2010 年）、"六五"普法（2011—2015 年）和"七五"普法（2016—2020 年）。这给我们一个重要启示，那就是，先入为主的概念、观念甚至思想，不是那么容易改变的，不是那么容易被刷新或创新的。这一点，只要我们来具体比较一下从"一五"到"六五"普法规划的内容、写法和风格就可以看出，我们的六个五年普法规划是不是有点"因循守旧"了，是不是有点"换汤不换药"，是不是该换一种写法和提法了呢？"七五"普法规划是否已经有了足够的改进和创新了呢？这些问题，也许非常值得研究和探讨。

法治是上层建筑的一部分，其发展变化和升级有赖于社会经济和其他上层建筑如政治、道德、文化等的发展。经过 30 多年的改革开放，我国的经济已经进入了"新常态"，从粗放发展阶段转向科学发展阶段，因此，必须通过法治克服短期化、功利化倾向。各领域的改革已经进入"深水区"，因此，必须通过法治形成更加规范有序推进的方式。我国的社会已经进入"转型期"，因此，必须通过法治化解当下社会问题复杂性与应对方式简单化之间的矛盾。总之，我国的经济社会已经发展到了一个新的阶段，人民群众的民主意识、法治意识和权利意识日益增强，再像过去那样运用权力思维、行政思维甚至人治思维来管理国家和社会已经完全不可能了。

党的十八大报告对新时期我国的法治建设有许多突出的和深入的指示。其中，直接关于"法治宣传教育"的有：深入开展法治宣传教育，弘扬社会主义法治精神，树立社会主义法治理念，增强全社会学法尊法守法用法意识。提高领导干部运用法治思维和法治方式深化改革、推动发展、化解矛盾、维护稳定能力。党领导人民制定宪法和法律，党必须在宪法和法律范围内活动。任何组织或者个人都不得有超越宪法和法律的特权，绝不允许以言代法、以权压法、徇私枉法。2014 年 10 月通过的《决定》是党第一次在中央全会上专题研究依法治国问题，可以说按下了法治国家建设的"快进键"。我们足以把《决定》看成一个分水岭，即如果说从"一五"到"六五"的普法和法制宣传教育是一个具备了所有常规武器的"法制宣传教育"兵种的话，那么从"七五"开始，我们应该让我国的"法治宣传教育"进入一个"航空母舰"的新时代。

一 六个五年普法规划的比较分析

"一五"至"六五"普法规划，既体现了普法的连续性和一贯性，又反映了不同时期的阶段性和特点。首先，我国的普法应该有一个一脉相承、贯穿始终和未来的主旋律。其次，由于不同的时间性、目的性和历史背景，六个五年普法阶段中又必然呈现这样那样的特点、亮点和问题。

（一）六个五年普法规划的主要内容

从表 1 六个五年普法规划的主要内容的比较中可以看出以下几个相通的规定或局部相通的规定：①六个五年普法规划都列出了普法的"内容"或"要求"，"步骤"、"方法"或"安排"，"组织领导"；②除"一五"没有单列"指导思想"外，从"二五"到"六五"都将"指导思想"放在了首位；③除"四五"没有单列普法"对象"外，其他五个规划都列出了普法"对象"；④从"三五"开始，列出了"目标、任务"或"主要目标"、"主要任务"；⑤"五五"和"六五"增加了"工作原则"，两个规划尽管内容有异，但在结构层次、标题上完全一样。

表 1　六个五年普法规划的主要内容

普法规划	主要内容
"一五"	①普及法律常识的对象、内容和要求；②普及法律常识的方法；③普及法律常识的步骤；④考核的方法和标准；⑤普及法律常识的组织领导
"二五"	①指导思想与要求；②对象；③主要内容；④步骤；⑤方法；⑥组织领导
"三五"	①指导思想；②目标、任务、对象与要求；③方法与步骤；④保障措施；⑤组织领导

续表

普法规划	主要内容
"四五"	①指导思想；②目标任务；③工作要求；④步骤与方法；⑤组织领导及保障措施
"五五"	①指导思想、主要目标和工作原则；②主要任务；③对象和要求；④工作步骤和安排；⑤组织领导和保障
"六五"	①指导思想、主要目标和工作原则；②主要任务；③对象和要求；④工作步骤和安排；⑤组织领导和保障

（二）六个五年普法规划的指导思想

通过表2六个五年普法规划的指导思想的比较中可以看出，普法和法制宣传教育的指导思想是逐年明朗和明确化的，主要包括邓小平理论和"三个代表"重要思想、科学发展观，同时也是围绕各时期的经济社会发展的目标任务，结合各时期所需的其他几个教育活动而形成的。如果按照这一"加号"体例，"七五"普法规划的指导思想也可以在"六五"普法规划指导思想的基础上，加上习近平关于中国梦的思想，党的十八大提出的深入开展法治宣传教育的指示，以及十八届四中全会通过的全面推进依法治国若干重大问题的决定等。

表2　六个五年普法规划的指导思想

普法规划	指导思想
"一五"	未单列。规划的开头写道：根据宪法关于在公民中普及法制教育的规定和胡耀邦同志在党的第十二次全国代表大会上的报告中提出的关于在全体人民中间反复进行法制的宣传教育，努力使每个公民都知法守法的要求，中央宣传部和司法部决定，从1985年起，争取用5年左右时间，在全体公民中基本普及法律常识
"二五"	紧紧围绕党和国家的中心工作，在各级党委、人大、政府的领导和监督下，深入学习宪法，有针对性地学习国家基本法律常识，有计划、有步骤、分层次、分部门地学习专业法律知识，进一步提高干部群众的社会主义法律意识和民主意识，促进各项事业的依法管理，为治理整顿和深化改革创造良好的法制环境，保证国家政治、经济和社会的稳定发展
"三五"	以邓小平同志建设有中国特色社会主义理论为根本指针，坚持党的基本路线，深入贯彻党的十四届五中全会精神，服从服务于全党全国工作大局，坚持法制宣传教育与法制实践相结合，坚持发挥各级普法机关和业务主管部门的积极性，务实创新，进一步增强全体公民的宪法观念和法律意识，树立法制权威，全面推进各项事业的依法治理，推进建设社会主义法制国家的进程

续表

普法规划	指导思想
"四五"	高举邓小平理论伟大旗帜，深入贯彻党的十五大精神，以江泽民同志关于"三个代表"的重要思想为指导，立足于国民经济和社会发展第十个五年计划确定的宏伟目标，立足于建立和完善社会主义市场经济体制的客观需要，立足于依法治国、建设社会主义法治国家基本方略的总体要求，紧紧围绕党和国家的工作大局，继续深入开展法制宣传教育，进一步提高广大公民的法律素质；继续坚持法制教育与法制实践相结合，积极推进依法治理，使全社会的管理工作逐步走上法治化轨道，保障和促进经济建设和社会各项事业健康发展
"五五"	以邓小平理论和"三个代表"重要思想为指导，深入贯彻党的十六大和十六届三中、四中、五中全会精神，全面落实科学发展观，紧紧围绕经济社会发展的目标任务，按照依法治国基本方略的要求，深入开展法制宣传教育，大力推进依法治理，坚持法制教育与法治实践相结合，坚持法制教育与道德教育相结合，为构建社会主义和谐社会和全面建设小康社会营造良好的法治环境
"六五"	高举中国特色社会主义伟大旗帜，以邓小平理论和"三个代表"重要思想为指导，深入贯彻落实科学发展观，围绕"十二五"时期经济社会发展的目标任务，按照全面落实依法治国基本方略和建设社会主义政治文明的新要求，坚持法制宣传教育与社会主义核心价值体系教育相结合、与社会主义法治理念教育相结合、与社会主义公民意识教育相结合、与法治实践相结合，深入开展法制宣传教育，深入推进依法治理，大力弘扬社会主义法治精神，努力促进经济平稳较快发展和社会和谐稳定，为夺取全面建设小康社会新胜利营造良好法治环境

（三）六个五年普法规划的目标和任务

从表3六个五年普法规划的目标和任务的比较中可以看出：①普法或法制宣传教育的目标是越来越明确，由于目标多样多种，其表述也从"总体目标"、"目标"转变为"主要目标"；②"任务"是不断增加的，其表述也从"任务"转变为"主要任务"。其中"一五"和"二五"未单列出任务，"三五"的主要任务有4个，"四五"的任务也是4个，"五五"的主要任务有7个，"六五"的主要任务增加到了10个。可见，普法和法治宣传教育的任务是越来越多、越来越全面、越来越深入的。

表3　六个五年普法规划的目标和任务

普法规划	目标和任务
"一五"	未单列，第一段中写道：从1985年起，争取用5年左右时间，在全体公民中基本普及法律常识

续表

普法规划	目标和任务
"二五"	未单列，第一段中写道：为了巩固和发展第一个五年普法工作的成果，不断适应社会主义经济建设和社会主义法制建设的要求，有必要从1991年起，在全体公民中实施法制宣传教育的第二个五年规划
"三五"	总体目标：通过在全体公民中继续深入进行以宪法、基本法律和社会主义市场经济法律知识为主要内容的宣传教育，进一步增强公民的法律意识和法制观念，不断提高各级干部依法办事、依法管理的水平和能力，促进依法治国，努力建设社会主义法制国家。主要任务：①深入学习邓小平同志关于社会主义民主与法制建设的理论；②继续开展宪法知识和与公民工作、生活密切相关的基本法律知识以及与维护社会稳定有关的法律知识教育；③着重抓好社会主义市场经济法律知识的普及；④坚持学法用法相结合，全面推进各项事业的依法治理
"四五"	目标：根据我国宪法原则和新时期社会主义民主法制建设的发展进程，深入开展法制宣传教育，全面提高全体公民特别是各级领导干部的法律素质；扎实推进地方、行业、基层依法治理，全面提高社会法治化管理水平。通过"四五"普法规划的实施，努力实现由提高全民法律意识向提高全民法律素质的转变，实现由注重依靠行政手段管理向注重运用法律手段管理的转变，全方位推进各项事业的依法治理，为依法治国、建设社会主义法治国家奠定坚实的基础。任务：①继续深入学习宣传邓小平民主法制理论和党的依法治国、建设社会主义法治国家的基本方略，学习宣传宪法和国家基本法律；②紧紧围绕党和国家的中心工作，积极开展法制宣传教育；③坚持法制教育与法制实践相结合，继续推进依法治理工作；④要把法制教育和思想道德教育紧密结合起来，把依法治国与以德治国紧密结合起来，促进民主法制建设和精神文明建设
"五五"	主要目标：适应党和国家工作大局，适应整个社会和广大人民群众对法律知识的现实需求，紧密结合国家民主法制建设的新进展新成果，通过深入扎实的法制宣传教育和法治实践，进一步提高全民法律意识和法律素质；进一步增强公务员社会主义法治理念，提高依法行政能力和水平；进一步增强各级政府和社会组织依法治理的自觉性，提高依法管理和服务社会的水平。主要任务：①深入学习宣传宪法；②深入学习宣传经济社会发展的相关法律法规；③深入学习宣传与群众生产生活密切相关的法律法规；④深入学习宣传整顿和规范市场经济秩序的法律法规；⑤深入学习宣传维护社会和谐稳定、促进社会公平正义的相关法律法规；⑥坚持普法与法治实践相结合，大力开展依法治理；⑦组织开展法制宣传教育主题活动。要大力推进法制宣传教育进机关、进乡村、进社区、进学校、进企业、进单位，在各行各业掀起学法用法的热潮
"六五"	主要目标：通过深入扎实的法制宣传教育和法治实践，深入宣传宪法，广泛传播法律知识，进一步坚定法治建设的中国特色社会主义方向，提高全民法律意识和法律素质，提高全社会法治化管理水平，促进社会主义法治文化建设，推动形成自觉学法守法用法的社会环境。主要任务：①突出学习宣传宪法；②深入学习宣传中国特色社会主义法律体系和国家基本法律；③深入开展社会主义法治理念教育；④深入学习宣传促进经济发展的法律法规；⑤深入学习宣传保障和改善民生的法律法规；⑥深入学习宣传社会管理的法律法规；⑦加强反腐倡廉法制宣传教育；⑧积极推进社会主义法治文化建设；⑨继续深化"法律进机关、进乡村、进社区、进学校、进企业、进单位"主题活动；⑩深入推进依法治理

（四）六个五年普法规划的对象和要求

从表4六个五年普法规划的对象和要求的比较中可以看出，"对象"和"要求"的表述，"一五"普法规划表述比较笼统，"二五"普法规划中分列为"对象"和"具体要求"，"三五"普法规划中分列为"对象"和"基本要求"。"四五"普法规划中未单列"对象"，将其纳入了"工作要求"。"五五"和"六五"普法规划统一列为"对象和要求"，并分人分点（领导干部、公务员、青少年、企事业经营管理人员、农民）予以表述。

表4　六个五年普法规划的对象和要求

普法规划	对象和要求
"一五"	笼统表述：普法对象是工人、农（牧、渔）民、知识分子、干部、学生、军人、其他劳动者和城镇居民中一切有接受教育能力的公民。重点对象：第一是各级干部，尤其是各级领导干部；第二是青少年。普及法律常识，对不同职业的公民应有不同的要求。各级领导干部要多学一点，学深一点。在青少年中普及法律常识，要由浅入深，循序渐进，打好基础
"二五"	对象是：工人、农（牧、渔）民、知识分子、干部、学生、军人、个体劳动者以及其他一切有接受教育能力的公民。重点对象是：县、团级以上各级领导干部，特别是党、政、军高级干部；执法人员，包括司法人员和行政执法人员；青少年，特别是大、中学校的在校生。具体要求：①深入普及宪法和有关法律常识；②县、团级以上领导干部除了学习掌握与自己主管的工作密切相关的法律知识外，还要学习社会主义法制理论，学习宪法学理论；③各行各业的干部要熟悉本行业、本单位负责执行的以及同自己工作密切相关的法律知识；④广大群众要基本了解同自己工作、生产和生活密切相关的法律常识；⑤大、中、小学校要进一步完善学校的法制教育体系，努力实现法制教育系统化，增强学生的法制观念
"三五"	对象是：工人、农（牧、渔）民、知识分子、干部、企业经营管理人员、学生、军人和个体劳动者以及其他一切有接受教育能力的公民。其中重点对象是：县、处级以上领导干部，司法人员，行政执法人员，企业经营管理人员和青少年。基本要求：①一切有接受教育能力的公民都要学习宪法和基本法律知识；②县、处级以上领导干部要在深入学习邓小平同志关于社会主义民主与法制建设理论的基础上，重点了解和掌握宪法、国家赔偿法、行政处罚法、行政诉讼法等；③司法人员和行政执法人员要熟练掌握和运用与本职工作相关的法律、法规；④企业经营管理人员要着重掌握公司法、劳动法等与社会主义市场经济密切相关的法律、法规；⑤青少年的法制宣传教育要常抓不懈
"四五"	未单列对象，工作要求：①一切有接受教育能力的公民，都要认真学习宪法和国家基本法律知识，不断增强社会主义民主法制意识，努力做到学法、知法、守法、用法、护法。各级领导干部、司法和行政执法人员、青少年、企业经营管理人员是法制宣传教育的重点对象。②坚持学法和用法相结合，积极开展地方依法治理。③建立健全领导干部法制讲座制度、理论中心组学法制度、法律培训制度、重大决策前的法律咨询审核制度及任前法律知识考试考核等制度，有条件的地方也可以实施法律知识任职资格制度，积极推进各级政府法律顾问制度

续表

普法规划	对象和要求
"五五"	对象和要求：①法制宣传教育的对象是一切有接受教育能力的公民，广大公民要结合工作、生产、学习和生活实际，自觉学习法律，维护法律权威，要重点加强对领导干部、公务员、青少年、企业经营管理人员和农民的法制宣传教育；②加强领导干部法制宣传教育，着力提高依法执政能力；③加强公务员法制宣传教育，着力提高依法行政和公正司法能力；④加强青少年法制宣传教育，着力培养法制观念；⑤加强企业经营管理人员法制宣传教育，着力提高依法经营、依法管理能力；⑥加强农民法制宣传教育，着力提高农民法律素质
"六五"	对象和要求：法制宣传教育的对象是一切有接受教育能力的公民。重点加强对领导干部、公务员、青少年、企事业经营管理人员和农民的法制宣传教育，把领导干部和青少年作为重中之重。包括：①切实加强领导干部学法守法用法；②大力推进公务员学法守法用法；③深入开展青少年法制宣传教育；④积极开展企事业经营管理人员法制宣传教育；⑤扎实开展农民法制宣传教育

（五）六个五年普法规划的工作步骤和安排

从表5六个五年普法规划的工作步骤和安排的比较中可以看出：①从"一五"到"四五"普法规划，使用了"步骤"和"方法"，并且是分列表述的，"五五"和"六五"普法规划使用了统一的"工作步骤和安排"的表述方式。②工作步骤采用了三段、三步或按年度的分法。"五五"和"六五"普法规划统一使用了"宣传发动阶段"、"组织实施阶段"和"检查验收阶段"这样的三阶段法，并且各该阶段的安排也基本相同。

表5 六个五年普法规划的工作步骤和安排

普法规划	工作步骤和安排
"一五"	步骤：大体分三个阶段进行。①准备阶段。1984年6月至1985年6月做好准备。②实施阶段。1985年7月至1990年上半年认真实施。在全国范围内，首先抓好196个大、中城市及其郊县农村的法律常识普及工作。③总结考核阶段。方法：普及法律常识要紧密联系实际，采取多种形式进行。有计划地、比较系统地上法制课是普及法律常识的重要形式。充分发挥报纸、刊物、广播、电视在法律普及工作中的重要作用
"二五"	步骤：从1991年开始实施，到1995年结束，大体分三步进行。①准备工作；②组织实施；③考核验收。方法：①坚持面授为主；②充分发挥各种宣传舆论工具的作用，电视、广播、报刊要有计划地宣传法律知识，继续健全普法宣传阵地，广泛运用各种为群众喜闻乐见的文艺形式开展法律知识的普及活动，注意发挥文化馆、青（少）年宫、俱乐部以及乡镇文化中心等群众文化阵地的作用，寓法律知识的宣传教育于各种娱乐活动之中，继续办好法制宣传橱窗、板报、画廊、图片展览以及法律知识竞赛、法制演讲和法制宣传日（周、旬、月）等各种活动

续表

普法规划	工作步骤和安排
"三五"	步骤：从1996年开始实施，到2000年结束。1996年，各地区、各部门要制定五年规划，编写教材，抓好试点，培训骨干，做好宣传发动等项工作。从1997年至1999年，各地区、各部门应按照本规划要求，制定年度计划，确定法制宣传教育任务，并认真组织实施。2000年，按照本规划确定的目标、任务和要求，由各级普法主管机关和业务主管部门组织总结验收。方法：①坚持面授教育；②利用大众传媒；③组织宣传活动；④实行分类指导
"四五"	步骤：从2001年开始实施，到2005年结束。2001年，各地区、各部门、各行业要根据本规划，制定五年规划，编写教材，抓好试点，培训骨干，做好组织、宣传、发动等项工作。各省、自治区、直辖市普法依法治理主管机关、中央和国家机关各部门、各行业负责编写本地区、本部门、本行业的教材，报全国普法办公室备案。中央宣传部、司法部负责编写、审定全国统编教材和推荐教材。2002—2004年，各地区、各部门、各行业要制定法制宣传教育年度计划，作出具体安排，认真组织实施。2005年，按照本规划确定的目标、任务和要求，由各级普法依法治理主管机关组织总结验收。方法：①针对实际，狠抓落实；②普治并举，整体推进；③条块结合，齐抓共管；④推广典型，分类指导；⑤多种途径，广泛宣传；⑥将我国现行宪法实施日即12月4日，作为每年一次的全国法制宣传日
"五五"	工作步骤和安排：从2006年开始实施，到2010年结束。共分三个阶段。宣传发动阶段：2006年上半年。各地区各部门要根据本规划研究制定地方、部门和行业五年规划，做好宣传、发动工作，营造浓厚的社会氛围。各省（自治区、直辖市）、中央和国家机关制定的"五五"普法规划，报全国普法办备案。组织实施阶段：2006年下半年至2010年。依据本规划确定的目标、任务和要求，结合地方、部门和行业实际，每年制定工作计划，突出年度工作重点，做到部署及时、措施有效、指导有力、督促到位，确保"五五"普法规划全面贯彻落实。2008年开展督导检查活动。检查验收阶段：2010年。在党委统一领导下，各级普法依法治理主管机关具体组织对"五五"普法规划实施情况的总结验收
"六五"	工作步骤和安排：从2011年开始实施，到2015年结束。分为以下三个阶段。宣传发动阶段：2011年上半年。各地区各部门各行业根据本规划，研究制定本地区本部门本行业五年普法规划，做好宣传、发动和组织工作。各省（自治区、直辖市）、中央和国家机关制定的第六个五年法制宣传教育规划，报全国普法办备案。组织实施阶段：2011年下半年至2015年。各地区各部门各行业依据本规划确定的目标任务和要求，结合实际制定年度计划，认真组织实施，确保本规划得到全面贯彻落实。2013年开展中期检查督导和表彰。检查验收阶段：2015年下半年。在各级党委和政府统一领导下，各级普法依法治理领导小组办公室负责组织对规划实施情况进行总结验收，对先进集体和先进个人进行表彰

（六）六个五年普法规划的组织领导和保障

从表6六个五年普法规划的组织领导和保障的比较中可以看出：①组织领导是逐步完善的。"一五"普法规划的提法是"在各级党委和政府的统一领导下，由党委宣传部门和司法部门主管"，"二五"普法规划的提法是"在各级党委、人大和政府的统一领导和监督下，由党委宣传部门和司法行政部门主管"，增加了人大的监督，"三五"普法规划则沿袭了"二五"普法规划的提法。"四五"普法规划将组织领导进一步明确为"党委领导、政府实施、人大监督、全社会参与的运作机制"。"五五"和"六五"普法规划则都沿袭了"党委领导、人大监督、政府实施"的提法。"六五"普法规划提出要在"进一步完善党委领导、人大监督、政府实施的领导体制"基础上，建立健全各级普法依法治理领导小组，领导小组办公室日常工作由政府司法行政部门承担。②经费的保障也是逐步明确完善的。"一五"普法规划只是笼统地说"所需经费列入地方财政开支，一些必需购置的宣传设备，请各级党委、政府切实予以解决"。"二五"普法规划也笼统地表述"普及法律知识所需的经费和必需的宣传设备，由各级党委、政府尽可能予以解决"。"三五"普法规划将"解决"改成了"保证"，即规定"法制宣传教育所需的经费，由各级党委、政府予以保证"。"四五"普法规划的提法是"法制宣传教育和依法治理工作所需经费应列入各级政府的财政预算，保证工作的有效运转"。"五五"普法规划对经费问题的提法较具体明确，在"组织领导和保障"的第4点中规定："各级政府要把普法依法治理工作经费列入财政预算，专款专用，根据经济社会发展水平制定地方普法依法治理工作经费保障标准。各部门各单位也要安排法制宣传教育专项经费，保证工作正常开展。""六五"普法规划对经费保障予以进一步完善，即在"组织领导和保障"的第3点中规定："各级政府要把法制宣传教育经费纳入本级政府财政预算，切实予以保障。各部门各单位要根据实际情况统筹安排相关经费，保证法制宣传教育工作正常开展。"

表6　六个五年普法规划的组织领导和保障

普法规划	组织领导和保障
"一五"	组织领导：必须在各级党委和政府的统一领导下，由党委宣传部门和司法部门主管，组织公检法、工青妇、文化、教育、新闻、出版、工业、农业、交通、财贸等各部门通力合作。各级党委应将普及法律常识工作纳入议事日程，切实加强领导，并采取得力措施保证其实施。要把法制教育纳入干部政治理论学习、青工系统教育和学校正规教育之中。法制宣传部门人员过少的，请当地党委、政府根据情况适当增加编制，充实必要的骨干力量。普及法律常识所需经费列入地方财政开支，一些必需购置的宣传设备，请各级党委、政府切实予以解决

续表

普法规划	组织领导和保障
"二五"	组织领导：在各级党委、人大和政府的统一领导和监督下，由党委宣传部门和司法行政部门主管。全国普法主管机关负责制定全国总体规划并组织实施，协调、指导各地区、各部门、各系统规划的实施；发现培养典型，总结经验，推动总体规划的实施；检查各地区、各部门规划的执行情况；负责对各系统和各省、自治区、直辖市的普法工作进行考核验收。中央和国家机关各部门负责制定本系统干部群众学习专业法律、法规的规划，并在全国普法主管机关的协调、指导下组织实施；编写教材，总结经验，培养典型，对下级业务部门专业法的学习进行督促检查；配合地方普法主管机关管理本系统学习专业法的工作；负责本机关干部的法制宣传教育工作。各地方的普法主管机关根据全国总体规划和本地实际情况，负责制定地方规划并组织实施；协调、指导地方各部门、各系统实施本部门、本系统的中央主管机关制定的普法教育规划；督促检查本地区所辖各部门普法工作的开展，总结经验，培养典型，对本地区的普法教育规划实施情况进行检查验收。为了保证普法工作顺利进行，各级党委、人大和政府应切实加强领导和监督，健全和加强普法领导小组及其办事机构。普及法律知识所需的经费和必需的宣传设备，由各级党委、政府尽可能予以解决
"三五"	保障措施：①稳定和加强法制宣传教育队伍；②提高法制新闻工作者的素质；③培养法制文艺宣传队伍；④充分发挥讲师团在干部学法中的重要作用，稳定和发展法制宣传员和宣讲员队伍，并支持和帮助他们开展工作；⑤各地区、各部门要把法制宣传教育纳入工作计划，建立法制宣传教育工作责任制，明确职责，落实到人，做到有部署、有检查，把工作落到实处；⑥各省、自治区、直辖市法制宣传教育主管机关、中央和国家机关各部门，负责对本地区、本部门执行规划和开展依法治理工作的情况进行检查监督和总结验收；⑦法制宣传教育所需的经费，由各级党委、政府予以保证。组织领导：①各级党委、人大和政府要切实加强对法制宣传教育工作的领导和监督，健全和加强法制宣传教育领导小组及其办事机构，要把这项工作作为社会主义精神文明建设和民主法制建设的重要组成部分，真正摆到重要议事日程；②各级党委宣传部门和政府司法行政部门是法制宣传教育的主管机关，负责制定规划并做好指导、协调、检查、监督等工作；③中央和国家机关各部门普法主管机构，要根据本部门、本系统的特点和实际需要，负责制定和实施本部门、本系统的法制宣传教育规划，并具体组织落实；④要加强对法制宣传教育工作的研究，使这项工作逐步走向规范化、制度化；⑤各省、自治区、直辖市普法主管机关、中央和国家机关各部门负责编写本地区、本部门的法制宣传教材，报全国普法办公室备案。中央宣传部、司法部负责编写、审定全国统编教材和推荐教材
"四五"	组织领导及保障措施：①各级党委、人大、政府要加强对法制宣传教育和依法治理工作的领导和监督，进一步健全领导机构，完善党委领导、政府实施、人大监督、全社会参与的运作机制。要把普法和依法治理工作作为社会主义精神文明建设和民主法制建设的重要组成部分，真正摆上议事日程，列入当地国民经济和社会发展五年规划。②各级党委宣传部门、政府司法行政部门负责本规划的具体组织实施。要在各级党委、政府的领导和支持下，进一步健全办事机构，负责制定规划，并做好组织、协调、检查、指导工作。法制宣传教育和依法治理工作所需经费应列入各级政府的财政预算，保证工作的有效运转。③中央和国家机关各部门普法主管机构要

普法规划	组织领导和保障
	根据本部门、本单位实际需要，制定规划，组织实施。④各地区、各部门、各行业要建立和实行法制宣传教育工作责任制，明确职责，实行目标管理，做到有部署、有检查。各级人大、政协要搞好视察、检查活动，定期审议法制宣传教育规划的落实情况。⑤要建立健全监督与激励机制，调动各地区、各部门、各行业的积极性，推动法制宣传教育工作深入发展
"五五"	组织领导和保障：①进一步完善党委领导、人大监督、政府实施的领导体制。各级党委要切实加强对法制宣传教育工作的领导，党的各级组织和全体党员都要模范遵守宪法，严格按照宪法办事，自觉在宪法和法律范围内活动。②建立健全协调配合的法制宣传教育工作机制。各级党委宣传部门、政府司法行政部门负责规划的实施，组织、协调、指导和检查法制宣传教育工作，制定具体实施方案。③建立法制宣传教育激励监督机制。要逐步建立评估考核机制，完善评估考核指标体系。④落实法制宣传教育经费保障。各级政府要把普法依法治理工作经费列入财政预算，专款专用，根据经济社会发展水平制定地方普法依法治理工作经费保障标准。各部门各单位也要安排法制宣传教育专项经费，保证工作正常开展。⑤培养专兼职相结合的法制宣传教育队伍。⑥加强法制宣传教育阵地建设
"六五"	组织领导和保障：①切实加强领导。各级党委和政府要高度重视，把法制宣传教育纳入当地经济社会发展规划，纳入党委和政府目标管理。进一步完善党委领导、人大监督、政府实施的领导体制，建立健全各级普法依法治理领导小组，领导小组办公室日常工作由政府司法行政部门承担。②健全考核评价体系。建立健全考核评估指标体系，完善考核评估运行机制。③落实法制宣传教育经费保障。各级政府要把法制宣传教育经费纳入本级政府财政预算，切实予以保障。各部门各单位要根据实际情况统筹安排相关经费，保证法制宣传教育工作正常开展。④抓好队伍建设。培养专兼职相结合的法制宣传教育队伍，提高专职法制宣传教育工作者的政治业务素质和组织指导能力。加强各级普法讲师团、普法志愿者队伍建设，建立健全定期培训和管理制度，提高工作能力和水平。⑤推进阵地建设。完善城市、乡村公共活动场所法制宣传教育设施。利用各类教育基地开展法制宣传教育培训和实践活动。引导广播、电视、报刊等各类媒体办好普法节目、专栏和法制频道，结合法治实践，采取以案说法等形式，深入浅出地开展法制宣传教育。探索利用互联网、手机等新兴媒体开展法制宣传教育，办好普法网站，推动政府网及门户网站加大法制宣传力度。组织编写一批高质量的普法书籍和读物

二　六个五年普法规划的主要经验

我国的普法从1985年"一五"普法的开始到2015年"六五"普法的完成，及2016年"七五"普法的开始，是一个从未间断的国民法治教育工程。这一工程所取得的成绩是显著的、有目共睹的，但是也存在不够理想的片段和缺憾。

（一） 中央和国家领导集体的重视与否是关键

六个五年普法规划都是在党中央及几代领导集体的高度关心和指导下制定实施的。"一五"普法规划本身就是"根据宪法关于在公民中普及法制教育的规定和胡耀邦同志在党的第十二次全国代表大会上的报告中提出的关于在全体人民中间反复进行法制的宣传教育，努力使每个公民都知法守法的要求"，制定实施的。党和国家的第二代、第三代领导集体都非常重视普法和法治宣传教育，都不同程度地对法治宣传教育有过指示和关心。"三五"普法是在"邓小平同志建设有中国特色社会主义理论"的指导下展开的，"四五"和"五五"普法是在邓小平理论和"三个代表"重要思想的指导下进行的，"六五"普法是在邓小平理论和"三个代表"重要思想以及科学发展观的指导下展开的。

当然，普法进程也不能说没有教训，如"一五"和"二五"普法的指导思想就显得不够明确。在党的十八大精神和十八届四中全会决定的指引下，我们一定要也应该能够在总结以往六个普法规划及其实施经验教训的基础上，制定出更好更切实际的规划。其中，首要的工作就是要把"法制宣传教育"，扩大深入"法治宣传教育"的层面，把法治宣传教育拓展到立法、执法、司法、守法全过程，引导全民牢固树立社会主义法治理念，弘扬社会主义法治精神。

（二） 关于法治宣传教育的内容和普法的重点

到 2017 年底，我国已制定法律 250 多部、行政法规 700 多部、地方性法规 8600 多部，国家经济、政治、文化、社会生活的各个方面基本实现了有法可依，基本形成了一个包括宪法及宪法相关法、民法、行政法、经济法、社会法、刑法、诉讼与非诉讼程序法等法律群在内的较为完整的法律体系。以往六个五年普法和法治宣传教育突出了两个重点。一是突出了宪法的学习宣传。"一五"普法把宪法列为应普及的法律常识的首位，1986年为维护安定团结又一次掀起了学习宪法的热潮。"二五"普法明确以宪法为核心。"三五"、"四五"、"五五"、"六五"普法规划均明确宪法是学法内容的重点。二是始终把领导干部作为学法、用法的重点。"一五"普法虽未确定重点对象，但各级领导干部带头学习、率先垂范，不仅带动广大群众学习法律知识，而且促进了用法。1986年7月，中共中央书记处举办的法律知识讲座在中南海怀仁堂进行了第一讲。可以说，从"二五"普法开始，明确了普法的重点对象，排在首位的便是各级领导干部。此后"三五"、"四五"、"五五"、"六五"普法都突出了领导干部的学法用法，并制定了相应配套制度，健全了培训、考试、考核与任用挂钩等措施。

"七五"普法规划还要不要延续上述两个重点呢？我们是不是要将宪法的学习始终放在普法内容的首位？或将领导干部的普法始终放在普法对象的首位呢？这显然是一个有必要总结经验和有所调整的问题。

早在"六五"普法期间，就有专家呼吁应把涉及民生的一些法律，更多地作为法治宣传的重点。当然，以宪法为龙头、以基本法律为主干和重点，没有错，但需要作适当的调整。法治宣传教育的最终目的是要让广大人民群众来推动依法治国，因此涉及衣食住行等民生问题的法治宣传教育也应该被提升到相应的高度。普法也要与时俱进，要更加贴近、更加适应人民群众对法律的需求。① 我国司法部有关领导和专家在考察澳大利亚的法制宣传教育工作时也曾指出：在澳大利亚，几乎每一部法律的出台，都要经过公民的广泛参与和听证，由于制定的法律、法规都来自公众的意志，这就为法律、法规的实施创造了良好的条件，依法办事也就有了广泛的群众基础；而且每一部法律都侧重解决实际问题。比如，在维多利亚州法律援助机构编印的关于《家庭法》的宣传资料中有这样一段表述："这不是一部判定孰是孰非的法律，而是一部安排未来的法律。"这在一定程度上也值得我们在立法工作和法制宣传教育中加以学习和借鉴。可见，法制宣传教育坚持以人为本、关注民生，既反映了我国当前实际，也在澳大利亚有一定的体现。只有从民众需求出发，法治宣传教育才具有较强的活力和影响力。②

普法的实践表明，经过30多年的普法教育，我国的各级领导和人民群众对1982年制定和几经修正的《宪法》已经有了一个基本的了解，所缺少的是对宪法规定的各类组织和公民权利义务的实践和认识。笔者认为，如果在"七五"普法期间仍然将《宪法》作为普法内容的重点的话，那也

---

① 《人大常委会委员热议"六五"普法》，《普法依法治理通讯》2011年第4期。
② 司法部法制宣传干部赴澳大利亚培训团：《澳大利亚法制宣传教育工作对我们的启示》，《普法依法治理通讯》2012年第11期。

要有所侧重，即将 1982 年《宪法》颁布以来修改和新写入的"依法治国，建设社会主义法治国家"、"国家尊重和保障人权"等新内容作为重点，将《宪法》的实践作为重点。这样做的一个有力的依据是，习近平 2012 年 12 月 4 日在《在首都各界纪念现行宪法公布施行 30 周年大会上的讲话》中，也强调执政党要把宪法实施作为一个战略来考虑，要把宪法实施作为依法治国的核心和出发点。

以往的普法，一直将各级领导干部和公务员放在了普法对象的首要位置。经过 30 年的普法，这两类对象已经基本普及了法律常识。因此，即使仍将其作为普法对象的重点，也应将普法和法治宣传教育的任务放到提高领导干部和公务员的法治意识和法治精神上来。近年来，少数领导干部和公务员的腐败问题几乎上升为一个严重的社会问题，这不能说与以往对领导干部普法的失策失误没有任何关系。因此，在七五"普法"期间，对领导干部和公务员的普法一定要有所改进和创新。在调研中我们发现，许多地方近年来将普法对象的重点放到了学生、青少年和农民身上，在社会的综合治理中起到了很好的基础和安定作用，普法的成效经常能够与重点投入成正比，这是值得我们在"七五"普法期间调整和实践的课题。

（三）关于党内法规的宣传教育

近年来，基于我国法律体系的协调建设和党内反腐败斗争的法治化，如何依法治党作为一个新任务被提上党建和法治的议事日程。国有国法，党有党规，这既是对我国目前法治现状和"治党"现状的一个描述，也是人民群众对于法治国家及执政党建设的一个美好期望。但是，长期以来，人们一讲到法，首先想到的是国家的宪法、法律、法规和规章等，不将党规看作一般意义上的法，而将其称作"党纪"、"党内规定"、"党内制度"等。我国的六个五年普法规划也未将其作为一项普法内容和任务加以落实。

《决定》对"从严治党"作出了明确指示："党的纪律是党内规矩。党规党纪严于国家法律，党的各级组织和广大党员干部不仅要模范遵守国家法律，而且要按照党规党纪以更高标准严格要求自己，坚定理想信念，践行党的宗旨，坚决同违法乱纪行为作斗争。对违反党规党纪的行为必须严肃处理，对苗头性倾向性问题必须抓早抓小，防止小错酿成大错、违纪走向违法。"可见《决定》已经将"党的纪律"提升到了"党内法规"的高度，而加强"党内法规"则是"从严治党"的最直接的依据。《决定》还规定："党内法规既是管党治党的重要依据，也是建设社会主义法治国家的有力保障。党章是最根本的党内法规，全党必须一体严格遵行。"

依法治国要求依法治党，拥有 8600 多万名党员的执政党纪律问题，关乎人心向背和国家民族命运。在我国，法律是对公民的底线要求，党内法规是对党员的基本要求。对于党员特别是各级领导干部而言，既要带头遵守法律，也要自觉在党内法规的范围内活动，不能用对普通公民的要求对待党员干部，党员干部更不能成为享有法外特权的特殊公民。有些对普通公民没有明令禁止的行为，由道德规范约束，但对于党员干部来说，如果这些行为有损人民群众的根本利益，有损执政党的威信，有损国家主权和社会公平正义，也应依法追究责任。因此，对普通公民而言，法就是国法；对党员干部而言，法不仅是指国法，也包括党内法规。在反腐败行动中，即使没有触犯《刑法》的规定，但是如果违反党纪，也要依据党内法规追究责任。

十八届四中全会指出，要加强党内法规制度建设，完善党内法规制定体制机制，形成配套完备的党内法规制度体系。2013 年 11 月发布的《中央党内法规制定工作五年规划纲要》（2013—2017 年）提出了"抓紧制定和修订一批重要党内法规，力争经过 5 年努力，基本形成涵盖党的建设和党的工作主要领域、适应管党治党需要的党内法规制度体系框架"。在十八届中纪委四次全会上，时任中纪委书记王岐山还提出了党内法规制度体系建设的"时间表"：确保到建党 100 周年也就是 2021 年时，建成内容科学、程序严密、配套完备、运行有效的党内法规制度体系。可见，我们有理由预测，在"七五"普法的新阶段，中国共产党的党规必将进一步得到加强和完善，一个管党治党的党内法规体系将在我国的法律体系中占据"优先地位"。

根据 2012 年 5 月发布的《中国共产党党内法规制定条例》第 4 条的规定，党内法规的名称分为党章、准则、条例、规则、规定、办法、细则 7 种。其中党章对党的性质和宗旨、路线和纲领、指导思想和奋斗目标、组织原则和组织机构、党员义务和权利以及党的纪律等作出根本规定。准则对全党政治生活、组织生活和全体党员行为作出基本规定。条例对党的某一领域重要关系或者某一方面重要工作作出全面规定。规则、规定、办法、细则对党的某一方面重要工作或者事项作出具体规定。

在"七五"普法的内容上,我们已经将党内法规的宣传教育作为一个重点,首先对党员干部进行全面深入的宣传教育,其次对一般人民群众也应有所宣传说明、广而告之,以增强人民群众对我国法治和党领导法治建设的信心。

(四) 关于"五五"和"六五"普法规划中提出的工作原则

"五五"普法规划提出了 4 个工作原则,"六五"普法规划在采纳了"五五"普法规划前两个原则"坚持围绕中心,服务大局"和"坚持以人为本,服务群众"的基础上,刷新和增加了 3 个原则,即"坚持分类指导,注重实效"、"坚持学用结合,普治并举"、"坚持与时俱进,改革创新"。这表明,随着法治宣传教育工作的普及和深入,法治宣传教育工作者的原则也应随着工作量的增加而增加,以便更好地做好做活工作。但是,一般地说,工作原则是有大有小、有先有后的,所以在"七五"普法中我们是否应该给所确定的工作原则编个号呢?如"坚持科学和新常态思维"是不是可以作为一个新的原则呢?

笔者认为,我国的普法工作原则应包括普法机关的工作原则、普法工作人员的工作原则和法治宣传教育的特殊工作原则等三个方面。各级普法机关,作为国家机关的组成部分,其工作原则应按照宪法和法律的要求来确定;普法工作人员的"工作原则"也应按照公务员法的有关规定,结合普法工作的特点来确定;法治宣传教育的特殊工作原则则是由各期普法工作的主要目标和任务所决定的。

根据我国《宪法》第 27 条和有关法律的规定,我国各级普法机关首先应该坚持国家机关的一般工作原则。

(1) 精简和效率原则。按照精简和效率原则,国家机关应该根据实际工作的需要和效率来设置,普法机关也不能例外。但是,普法机关的设置不是一成不变的,也不是越少越好,它应当适应现实的需要。现实需要发生变化,国家机关设置及其相关职能也应作出相应改变。现在,中央设置有"全国普法办公室",各省市均设置有"普法依法治理领导小组办公室",省市内的各县(市、区)也均设置有"普法依法治理领导小组办公室"或"普法领导小组办公室"等专门机关。但是这些普法机关的内涵即领导的级别、编制、地位、功能和作用，在各省市存在一定的差异。是否需要确定一个统一的标准或原则呢？笔者认为，这个问题很有必要提出来供各级普法的领导和专家学者研究。如果在考虑制定一部统一的法治宣传教育法的前提下，那就很有必要确定一个普法领导机构设置的统一标准和选择标准。

（2）责任原则。国家机关及其工作人员必须对人民负责。《宪法》规定，国家机关在贯彻和执行国家权力机关制定的法律、地方性法规和重大决策时，实行严格的工作责任制。国务院实行总理负责制，各部、委实行部长、主任负责制，地方各级人民政府实行省长、自治区主席、市长、州长、县长、区长、乡长、镇长负责制。因此，普法机关也不例外，应该实行责任制。

（3）培训和考核原则。国家机关工作人员只有精通业务，不断增长才干、提高素质，才能适应本职工作的需要。1993年国务院发布了《国家公务员暂行条例》，规定了公务员的考核、激励、竞争、轮岗、回避、辞职、辞退、培训等制度，极大地增强了国家机关的生机与活力，提高了公务员队伍素质。普法机关也不能例外。

（4）密切联系群众和为人民服务原则。我国是人民民主专政的国家，人民是国家和社会的主人。作为人民民主专政政权的组成部分，国家机关及其工作人员的宗旨就是全心全意为人民服务。只有依靠人民的支持，经常保持同人民的密切联系，接受人民的监督，才能使自己的工作充分反映人民的意志和愿望，使自己的工作更加符合实际，更好地为人民服务。普法机关作为必须接近广大人民群众的专门机关，无疑必须遵守密切联系群众和为人民服务的原则。

普法机关工作人员的"工作原则"，首先应该根据我国《公务员法》第12条公务员义务的有关规定来确定。如努力提高工作效率原则、全心全意为人民服务原则、忠于职守与勤勉尽责原则、清正廉洁原则等。除此以外，为了做好普法和法治宣传教育工作，还应该汲取有关法治宣传教育的一些特殊工作原则，如"六五"普法规划中指出的"普治并举"、"改革创新"等原则，以及在法治宣传教育中行之有效的"化繁为简"、"理论与实践相结合"和"知行合一"等工作原则。

三 "七五"及未来普法所面临的挑战

2016 年 4 月 17 日，中共中央、国务院转发了《中央宣传部、司法部关于在公民中开展法治宣传教育的第七个五年规划（2016—2020 年）》（以下简称"七五"普法规划），并发出通知，要求各地区各部门结合实际认真贯彻执行。通知指出，全民普法和守法是依法治国的长期基础性工作。深入开展法治宣传教育，是贯彻落实党的十八大和十八届三中、四中、五中全会精神的重要任务，是实施"十三五"规划、全面建成小康社会的重要保障。据此，"七五"普法规划闪亮登场。

根据"七五"普法规划的要求，我国在"七五"普法期间的主要任务有七个方面。一是深入学习宣传习近平关于全面依法治国的重要论述，学习宣传党中央关于全面依法治国的重要部署，使全社会了解和掌握全面依法治国的重大意义和总体要求。二是突出学习宣传宪法，把宪法学习宣传摆在首要位置，在全社会普遍开展宪法教育，提高全社会的宪法意识。三是深入宣传中国特色社会主义法律体系，把宣传以宪法为核心的中国特色社会主义法律体系作为法治宣传的基本任务，在传播法律知识的同时更加注重弘扬法治精神、培育法治理念、树立法治意识。四是深入学习宣传党内法规，突出宣传党章，大力宣传各项党内法规。五是推进社会主义法治文化建设，把法治文化建设纳入现代公共文化服务体系，推动法治文化与地方文化、行业文化、企业文化融合发展。六是推进多层次多领域依法治理，深化基层组织和部门、行业依法治理，深化法治城市、法治县（市、区）等法治创建活动。七是推进法治教育与道德教育相结合，大力弘扬社会主义核心价值观。

（一）"七五"普法规划的亮点和特点

与"六五"普法规划相比，"七五"普法规划有哪些亮点呢？"七五"普法规划是否既做到了"换汤"又做到了"换药"呢？这显然是许多普法工作者和普法对象最关心的问题之一。为了弄清楚这个问题，我们首先来比较一下"七五"普法规范和"六五"普法规划在指导思想、任务、重点对象等方面的联系和区别。

从表 7"七五"与"六五"普法规划比较中，我们可以看出"七五"普法规划主要有以下几个亮点和特点：第一，完善了普法的指导思想，除了以往强调的"高举中国特色社会主义伟大旗帜，以邓小平理论和'三个代表'重要思想为指导，深入贯彻落实科学发展观"等思想以外，增加和突出了"全面贯彻党的十八大和十八届三中、四中、五中全会精神，以马克思列宁主义、毛泽东思想、邓小平理论、'三个代表'重要思想、科学发展观为指导，深入贯彻习近平总书记系列重要讲话精神"等思想。可以说，"七五"普法规划的指导思想与以往的几个普法规划相比，是更高大更有力了。正如有媒体指出的那样，"'七五'普法规划突出了法治理念和法治精神的培育"。第二，在普法的主要目标上，除了强调要提高全民的法律意识、法治观念和法律素质外，增加了使"全体党员党章党规意识明显增强"的新目标。第三，在主要任务方面，除了继续学习宪法、社会主义法治体系和法治文化等重点外，强调要深入学习宣传习近平关于全面依法治国的重要论述和深入学习宣传党内法规，具有鲜明的时代特征。第四，在对象和要求方面，继续把领导干部和青少年放在重要位置，强调"把领导干部带头学法、模范守法作为树立法治意识的关键"。第五，将"六五"普法规划等的"工作步骤和安排"改成了"工作措施"，提出了要健全普法宣传教育机制、健全普法责任制和推进法治宣传教育工作创新。

表7　"七五"与"六五"普法规划比较

内容	"七五"普法规划（总字数7090字）	"六五"普法规划（总字数6851字）
指导思想	高举中国特色社会主义伟大旗帜，全面贯彻党的十八大和十八届三中、四中、五中全会精神，以马克思列宁主义、毛泽东思想、邓小平理论、"三个代表"重要思想、科学发展观为指导，深入贯彻习近平总书记系列重要讲话精神，坚持"四个全面"战略布局，坚持创新、协调、绿色、开放、共享的发展理念，按照全面依法治国新要求，深入开展法治宣传教育，扎实推进依法治理和法治创建，弘扬社会主义法治精神，建设社会主义法治文化，推进法治宣传教育与法治实践相结合，健全普法宣传教育机制，推动工作创新，充分发挥法治宣传教育在全面依法治国中的基础作用，推动全社会树立法治意识，为"十三五"时期经济社会发展营造良好法治环境，为实现"两个一百年"奋斗目标和中华民族伟大复兴的中国梦作出新的贡献	高举中国特色社会主义伟大旗帜，以邓小平理论和"三个代表"重要思想为指导，深入贯彻落实科学发展观，围绕"十二五"时期经济社会发展的目标任务，按照全面落实依法治国基本方略和建设社会主义政治文明的新要求，坚持法制宣传教育与社会主义核心价值体系教育相结合、与社会主义法治理念教育相结合、与社会主义公民意识教育相结合、与法治实践相结合，深入开展法制宣传教育，深入推进依法治理，大力弘扬社会主义法治精神，努力促进经济平稳较快发展和社会和谐稳定，为夺取全面建设小康社会新胜利营造良好法治环境

续表

内容	"七五"普法规划（总字数 7090 字）	"六五"普法规划（总字数 6851 字）
主要目标	普法宣传教育机制进一步健全，法治宣传教育实效性进一步增强，依法治理进一步深化，全民法治观念和全体党员党章党规意识明显增强，全社会厉行法治的积极性和主动性明显提高，形成守法光荣、违法可耻的社会氛围	通过深入扎实的法制宣传教育和法治实践，深入宣传宪法，广泛传播法律知识，进一步坚定法治建设的中国特色社会主义方向，提高全民法律意识和法律素质，提高全社会法治化管理水平，促进社会主义法治文化建设，推动形成自觉学法守法用法的社会环境
工作原则	坚持围绕中心，服务大局 坚持依靠群众，服务群众 坚持学用结合，普治并举 坚持分类指导，突出重点 坚持创新发展，注重实效	坚持围绕中心，服务大局 坚持以人为本，服务群众 坚持分类指导，注重实效 坚持学用结合，普治并举 坚持与时俱进，改革创新
主要任务	①深入学习宣传习近平总书记关于全面依法治国的重要论述。②突出学习宣传宪法。③深入宣传中国特色社会主义法律体系。④深入学习宣传党内法规。⑤推进社会主义法治文化建设。⑥推进多层次多领域依法治理。⑦推进法治教育与道德教育相结合	①突出学习宣传宪法。②深入学习宣传中国特色社会主义法律体系和国家基本法律。③深入开展社会主义法治理念教育。④深入学习宣传促进经济发展的法律法规。⑤深入学习宣传保障和改善民生的法律法规。⑥深入学习宣传社会管理的法律法规。⑦加强反腐倡廉法制宣传教育。⑧积极推进社会主义法治文化建设。⑨继续深化"法律进机关、进乡村、进社区、进学校、进企业、进单位"主题活动。⑩深入推进依法治理
对象和要求	法治宣传教育的对象是一切有接受教育能力的公民，重点是领导干部和青少年。坚持把领导干部带头学法、模范守法作为树立法治意识的关键。坚持从青少年抓起。各地区各部门要根据实际需要，从不同群体的特点出发，因地制宜开展有特色的法治宣传教育	法制宣传教育的对象是一切有接受教育能力的公民。重点加强对领导干部、公务员、青少年、企事业经营管理人员和农民的法制宣传教育，把领导干部和青少年作为重中之重。①切实加强领导干部学法守法用法。②大力推进公务员学法守法用法。③深入开展青少年法制宣传教育。④积极开展企事业经营管理人员法制宣传教育。⑤扎实开展农民法制宣传教育
工作措施/工作步骤和安排	工作措施：从 2016 年开始实施至 2020 年结束。健全普法宣传教育机制。健全普法责任制。推进法治宣传教育工作创新	工作步骤和安排：从 2011 年开始实施到 2015 年结束。分为以下三个阶段。宣传发动阶段：2011 年上半年。组织实施阶段：2011 年下半年至 2015 年。检查验收阶段：2015 年下半年

续表

内容	"七五"普法规划（总字数 7090 字）	"六五"普法规划（总字数 6851 字）
组织领导/组织领导和保障	组织领导：切实加强领导。加强工作指导。加强经费保障	组织领导和保障：①切实加强领导。②健全考核评价体系。③落实法制宣传教育经费保障。④抓好队伍建设。⑤推进阵地建设

总之，"七五"普法规划是在认真总结"六五"普法工作经验的基础上，根据法治宣传教育的工作规律，提出的包含科学的解决途径和办法的一个规划。规划适应全面依法治国的新要求，以满足人民群众不断增长的法治需要为出发点和落脚点，坚持学法与用法相结合、法治与德治相结合，创新了法治宣传工作的理念、机制、载体和方式方法，提高了法治宣传教育的针对性和实效性。

（二）"七五"及未来普法面临的挑战

"一五"到"六五"普法，始终伴随和服务于国家经济、政治、文化和社会生活的改革发展。经过 30 多年的普法和法治宣传教育，我国公民的法律常识和法治国情已经发生了巨大而深刻的变化，迫切需要我们对法治宣传教育作出恰当的提升，从容应对所面临的挑战。

1. 要把普及公民法律知识提升到确立公民的法治意识和法治精神上来

普法伊始，规定了在全体公民中普及法律常识，10 部法律即《宪法》、《民族区域自治法》、《兵役法》、《刑法》、《刑事诉讼法》、《民法通则》、《民事诉讼法》、《婚姻法》、《继承法》、《经济合同法》和 1 个条例即《治安管理处罚条例》是"一五"普法的主要学习内容。"二五"普法明确了以宪法为核心、以专业法为重点的普法内容。可见普法初期强调的是普及主要法律知识。"三五"普法后，随着 1997 年 9 月党的十五大提出依法治国的基本方略，提高公民法律素质被摆上了议事日程。"四五"普法明确提出要努力实现由提高全民法律意识向提高全民法律素质的转变，全面提高全体公民特别是各级领导干部的法律素质。"五五"普法再次提出要进一步提高全民法律意识和法律素质。"六五"普法进一步提出要提高全民法律意识和法律素质，提高全社会法治化管理水平，促进社会主义法治文化建设，推动形成自觉学法守法用法的社会环境。在"七五"普法期间，我们是否应该将普及公民法律知识提升到确立公民法治意识和法治精神上来呢？

党的十八大报告明确指出，要"深入开展法制宣传教育，弘扬社会主义法治精神，树立社会主义法治理念，增强全社会学法尊法守法用法意识"。可见，提高全民法治意识、努力建设法治社会，是全面推进依法治国的坚实基础。而弘扬社会主义法治精神，是对我国社会主义法治认识不断深化的重要成果，是对中国特色社会主义法治理论的重大发展。社会主义法治精神是准确体现党的领导、人民当家作主、依法治国有机统一的精神，是全面反映依法治国、执法为民、公平正义、服务大局、党的领导的社会主义法治理念的精神，是集中代表党的事业至上、人民利益至上、宪法法律至上的精神，对推进我国社会主义法治建设具有重要的理论和实践指导意义。① 新时期、新任务，在"七五"普法期间，培养和确立公民的社会主义法治意识和法治精神应该成为法治宣传教育的一个新台阶。

2. 实现从精神文明建设范畴向政治文明建设范畴的转化

"一五"普法规划明确：全民普及法律常识是社会主义精神文明建设的一个重要组成部分。当时的法治宣传教育被纳入了精神文明建设活动。其后，在中共中央、国务院转发的"二五"、"三五"普法规划中虽已无类似提法，但法治宣传教育仍脱不出精神文明建设的框架。例如，1996 年 6 月第四次全国法制宣传教育工作会议报告就指出，"法制宣传教育工作是社会主义精神文明建设的应有之义"。依法治国方略提出后，普法作为民主法治建设基础性环节的地位才得以确认。江泽民同志在 2001 年 1 月全国宣传部长会议上指出：法治属于政治建设，属于政治文明建设的范畴。之后历经党的十六大、十七大和十八大，普法和法治宣传教育归属于政治文明建设范畴的观念就逐渐形成了。在"七五"普法中，我们有必要加快这一转化的进程。

3. 从单纯的义务观转向权利义务并重观

要求公民知法、守法是"一五"普法的主旨，通过"十法一条例"的学习，有利于公民履行遵守法律的义务。当时，许多地方编辑发行的普法资料和小册子中，所摘录的法律条款都是要求公民不能干这个不能干那

① 参见袁曙宏《论全面推进依法治国》，《光明日报》2012 年 11 月 22 日。

个，很少有公民权利的条文和解释。这是我国普法早期的历史现实，它反映了有的领导总认为普法就是要求老百姓服从法律。随着普法的深入，公民维权意识不断增强，"民告官"、"下犯上"等过去不敢想、不敢做的事都已成了平常事。同时，也出现了无视法律权威的情况，如拒不执行法院判决，不讲诚信、虚构法律事实，蛮不讲理、过度维权、虚假诉讼等。所以"三五"普法规划提出，要"增强公民权利义务观念"。"四五"普法规划提出，要"注重培养公民的权利义务对等的现代法制观念"。"五五"普法规划则进一步要求，深入开展以"学法律、讲权利、讲义务、讲责任"为主要内容的公民法制宣传教育，促进公民依法行使权利、履行义务，自觉用法律规范行为，形成遵守法律、崇尚法律、依法办事的社会风尚。"六五"普法规划更是要求在全社会牢固树立党的领导、人民当家作主和依法治国有机统一的观念，树立国家一切权力属于人民的观念，树立权利与义务相统一的观念。因此，在"七五"普法中，公民的权利义务观念应该得到一个质的飞跃。

4. 实现法治宣传教育的方法创新

新时期的普法，一定要树立创新理念，拓展法治宣传形式。结合我们在各地的考察和调研，笔者认为我们可以从以下几个方面入手。

第一，要在传统形式与现代手段的结合上突出现代手段。随着现代科技的迅猛发展，人们的生活进入了数字和网络时代，影视、网络等传媒成为人们生活中不可或缺的要素，在法治宣传教育中越来越凸显其优势和作用。我们要充分发挥现代传媒的优势，鼓励、引导、支持有关传媒办好法制栏目（网页）、节目，围绕人们普遍关心的热点、难点问题，通过以案释法、文艺作品等人们易于接受的方式普及法律知识，宣传法治精神，做到入耳入脑。

第二，要在集中教育和日常宣传的结合上重视日常宣传。诚然，利用各种纪念日开展大规模的宣传活动易于产生影响、营造氛围，但是，法治宣传教育更需潜移默化和点滴渗透，因而要注重日常宣传教育，使人们在浓厚的法律文化氛围中切身感悟到法律的真谛，进而提高全民法律素质。

第三，要在法治宣传教育与法治实践的结合上注重法治实践活动。法治宣传教育的最终目的是运用法律参与社会实践。所以，要引导和指导公民积极参与立法活动，领悟法律的本意；推进执法、司法公开，把执法和司法的过程变为法治宣传教育的过程；强化和规范各类法律服务，把维权和调处矛盾纠纷的过程作为普及法律知识、增强法律意识的过程，使法治宣传教育植根于法治实践之中。一次良好的法治实践本身就是最有效的法治宣传教育，其效果远远胜过数次空洞的说教。

第四，要按照"总体法治宣传教育观"的要求，从传统的政府司法行政机关主导普法，逐渐转变到一切国家机关、社会组织和公民个人自觉学法、尊法和用法上来，更加注重普法的质量和实效。[①]

5. 创新法治宣传教育的用人机制

全民普法是一项伟大的事业，需要大批人才从事这项工作。但是在实际工作中，人力资源与普法教育的需求差距较大，特别是基层单位的矛盾更为突出，有的单位搞普法教育的专职人员只有一人。因此，在"七五"普法中，要创新法治宣传教育的用人机制，改变人力资源紧缺的状况。要通过法律途径确定普法机构的人员编制，定人、定岗、定职责，不得擅自挪用。要通过多渠道、多途径创建普法宣传员队伍，调动各方面的力量为普法教育服务。如组建普法讲师团队伍、法制新闻队伍、法制文艺队伍和法律志愿者队伍等。通过创新法治宣传教育的用人机制，让越来越多的领导、专业人员和"能人"投身到法治宣传教育的大潮中来，确保全民普法教育这一伟大事业获得如期效果。

6. "互联网+"时代法治宣传教育的创新与深化

运用互联网技术，特别是移动互联、云计算、大数据和物联网，以开放、开创和共享的互联网思维改造传统思维及行为方式的潮流正在成为法治宣传教育的新推手。将互联网法治宣传教育与传统讲授、传统媒体的法治宣传教育有机结合，以推动传统法治宣传教育的转型，推动传统法治宣传教育更新换代，这是"互联网+"时代对法治宣传教育提出的挑战。有普法工作者曾指出，国外的法制宣传教育主要是通过信息公开、政务公开、司法审判、法律服务、大众传媒宣传报道进行的，特别是网络媒体在其中发挥了突出作用。[②] 因此，普法载体的创新应当充分利用网络传播快

① 参见莫纪宏等《"总体法治宣传教育观"的理论与实践》，中国社会科学出版社，2016，第5页。
② 参见吴明娟《对"六五"普法期间发挥网络传媒作用的几点思考》，《普法依法治理通讯》2011年第9期。

捷与交互的优点，以扩大法治宣传教育的覆盖面，增强普法的针对性和实效性。普法者应当及时吸收新的传播媒介，开拓普法宣传阵地，通过开设普法网站，利用各种网络衍生工具如 BBS、QQ 群、博客等，为普法工作者和广大社会成员直接参与学习和交流提供快捷、便利的网络互动平台。同时，要利用现代技术手段，把普法内容融合在声、文、图、像之中，使普法教育由静态的书本文字变成动态的多媒体展现，推动实现普法由传统向现代的转型。[①] 目前，网络载体传播法治文化和宣传法治的形式很多，主要有法治网站、法治网页、法治 QQ、法治博客、法治电子邮件用户、法治论坛、法治搜索引擎、政府网站法治专栏、法治游戏、法治微博、法治微信等。

（作者于 2018 年 3 月提供的未刊稿）

---

① 参见刘旭《论新形势下普法载体的开发与创新》，《中国司法》2011 年第 8 期。

中国律师的非均衡分布

冉井富[*]

改革开放以来，我国的社会发展具有两个显著的趋势。一是法律越来越健全，也越来越技术化、复杂化。二是法律在社会生活中的作用越来越大，越来越多的社会关系被置于法律的调整之下，广泛的政治活动、经济交往、社会生活等，逐步成为法律调整的对象。社会发展的这种趋势，就是所谓的法制化或者法化（legalization）。

在一个法制化的社会中，人们的各种社会实践常常被要求按照法律的规定行事。然而，现代社会中的法律不仅数量多，而且专业性、技术性非常强，普通的个人往往难以知晓法律的含义和要求，于是就需要法律专业人员提供专门的法律技术服务，借以弥合内容庞杂、技术艰深的法律要求和普通百姓的社会生活之间的鸿沟，实现法律调整的秩序和价值追求。而社会的法制化程度越高，对法律服务的需求也就越大。在这个意义上可以说，由于法制化的日益增强，我国社会对法律服务的需求相应地日益增长。

正是迎合这种日益增长的法律服务需求，自改革开放以来，我国的律师队伍持续、稳步发展。虽然严格来说，法律服务并不仅限于律师业，在我国当前，除了律师之外，公证人员、基层法律服务工作者、证券师、专利代理、企业法律顾问等，也在一定的范围和程度上提供法律服务。但是，这其中，律师是最主要的、最专业的法律服务人员，其他人员虽然也提供法律服务，但是补充性的、暂时性的，或者仅限于一个特定的领域，

---

　　* 冉井富，中国社会科学院法学研究所副研究员。

或者仅仅涉及某方面的法律服务。总之，法律服务业的发展，主要体现在律师队伍的发展上。

我国律师队伍的发展在数量和素质方面都有长足的体现。从数量上来说，在改革开放初期，我国的律师队伍是零，截至 2005 年 6 月，"我国执业律师已达 11.8 万多人，其中专职律师 103389 人，兼职律师 6841 人，公职律师 1817 人，公司律师 733 人，军队律师 1750 人，法律援助律师 4768 人。另外，还有律师辅助人员 3 万多人"。从素质上看，"具有本科及以上学历的律师已占律师总数的 64.6%，其中，研究生以上学历的律师已经超过 1 万人"。①

但是，进一步考察发现，律师队伍的发展成就主要体现在城市和发达地区，而在农村地区，尤其是在落后的农村地区，律师的数量仍然非常少。粗略估计，我国律师队伍中，85% 的律师集中在大中城市，拥有全国 80% 人口的小城镇和农村地区，只有 15% 的律师。据新华社北京 2004 年 3 月 23 日电，截至 2004 年初，我国还有 206 个县连一名律师也没有。全国人大常委会副委员长顾秀莲于 2005 年 8 月 25 日就全国人大常委会执法检查组关于检查律师法实施情况，向十届全国人大常委会第十七次会议作报告时说，我国超过半数的律师集中在大城市和东部沿海地区，广东、北京的律师人数都在万人左右，而西部 12 个省、自治区、直辖市律师总数不超过 2.4 万人。

这些比较粗略的数据表明，我国律师队伍虽然有了很大程度的发展，但是在地区之间的分布极不均衡。这种不均衡又进一步提出了这样的一系列问题：（1）准确地说，这种非均衡性达到了什么程度？（2）是什么原因导致了这种不均衡？（3）这种非均衡性带来的制度和政策反思是什么？律师的发展是法制化的结果，又是检验法制程度的一个标尺，而法制化的发展，又和社会的现代化、和人权保护、和统一的市场经济的建立等方面密切联系，因此，这些问题的分析和讨论具有重要的现实意义，它们关涉我国法制现代化的战略实施，尤其关涉占我国人口绝大多数的农村地区的社会发展和法制建设问题。

---

① 于呐洋、王宇：《我国执业律师达 11.8 万人》，《法制日报》2005 年 6 月 14 日。

正是鉴于这种现实意义，本文将对这些问题作进一步深入考察。本文采取实证研究方法，描述和论证中所用的经验材料主要包括以下三个方面。一是政府有关部门发布的统计资料，包括经济、人口、律师人数、律师业务等方面的统计资料。二是各省、自治区、直辖市司法行政主管部门发布的律师事务所年检和律师注册年度公告。三是一些学者实地调研所收集的资料。

一　非均衡分布统计描述

我国律师队伍在地区分布上的不均衡状况，可以通过不同地区分别拥有的律师数量的对比显示出来。由于不同地区人口规模不一样，所以为了排除人口因素的影响，本文用"每10万人口拥有律师人数"这个指标进行对比。为了进行对比，必须收集不同地区拥有的律师人数和人口数量。根据对各种文献和网络资源的广泛查阅，目前各个地区的律师人数主要有两个来源：一是《中国律师年鉴》；二是各省、自治区、直辖市司法行政主管机关每年公布的本地区"律师事务所年检和律师注册公告"（只收集到"23个省市区"）。各地区人口数量的来源主要有《中国统计年鉴》、《中国区域经济统计年鉴》、《中国分县市人口统计资料》、《中国人口统计年鉴》、《中国城市统计年鉴》，以及各省、自治区、直辖市的《统计年鉴》等。在"每10万人口拥有律师人数"这个指标中，人口数主要用的是时点数，并以户籍人口为主，个别城市用的是常住人口数。通过对上述有关数据和资料的整理，可以总结出我国律师地区分布的三个特点。

（一）律师主要分布在东南沿海发达地区

根据国家"七五"计划对全国经济区域的划分，同时结合国家西部大开发的战略调整，按照经济发展水平和地理位置相结合的原则，全国被划分为东、中、西三大经济区。其中，东部地区包括北京、天津、辽宁、河北、山东、上海、江苏、浙江、福建、广东和海南11个省、直辖市；中部地区包括山西、吉林、黑龙江、安徽、江西、河南、湖北和湖南8个省；西部地区包括陕西、甘肃、宁夏、青海、新疆、重庆、四川、贵州、云南、西藏、内蒙古、广西12个省、自治区和直辖市。根据《中国律师年鉴2004》公布的有关律师统计数据，以及《中国统计年鉴2005》公布的人口统计数据，全国三大经济区域律师分布情况如表1以及图1、图2所示。

由表1以及图1、图2可知，2004年东部沿海地区律师人数最多，中部和西部地区律师人数比较接近，中部地区略高于西部地区。具体地说：（1）东部沿海地区人口所占比例为37.9%，却集中了54.0%的律师，高于其人口所占比例；中部和西部地区的人口所占比例分别为33.1%和28.6%，而律师所占比例分别只有23.7%和22.3%，显著低于其人口所占比例。（2）以每10万人口拥有律师数这个指标进行考察，东部沿海地区为12.4，显著高于全国平均水平；中部和西部地区分别只有6.3和6.8，低于全国平均水平。综合起来看，东部沿海地区的律师人数（绝对数量和相对数量）大约是中部和西部地区的两倍。

表1   2004年东部、中部和西部地区律师数量对比 *

地区范围	2004年底执业律师人数（人）	所占比例（%）	2004年底人口（万人）	所占比例（%）	每10万人拥有律师数（人）
东部地区	61306	54.0	49251	37.9	12.4
中部地区	26923	23.7	43037	33.1	6.3
西部地区	25263	22.3	37127	28.6	6.8
全国	113492	100.0	129988	100.0	8.7

* （1）"执业律师"人数为"律师工作人员"和"行政助理"之差。（2）《中国律师年鉴2004》没有提供西藏自治区的律师人数，根据《中国律师年鉴2000》提供的数据，西藏2000年底律师工作人员为57人，行政助理为22人，计算得出执业律师为35人。另外，根据《西藏统计年鉴2005》，2004年底西藏自治区执业律师和公证人员之和为36人，可见有下降的趋势。考虑到西藏地区的律师人数在西部地区的总数中占比较小，估算一个数据也不会形成太大的误差，所以这里仍以2000年的执业律师人数为计算标准。（3）新疆的数据包括新疆生产建设兵团。（4）《中国律师年鉴2004》没有提供西藏自治区的律师人数，计算得出的全国执业律师的人数是113457人，本表加上估算的西藏执业律师人数35人后，全国执业律师的人数变更为113492人。（5）全国总人口包括现役军人数，分地区数字中未包括，所以，在本表中，全国总人数略大于三个区域的人口之和，其前者为129988万人，后者为129415万人，相差573万人。

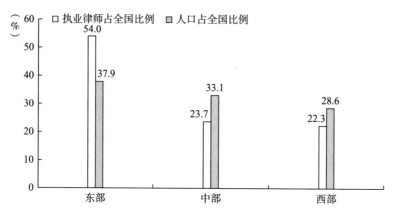

图1 2004年东部、中部和西部地区律师数量对比

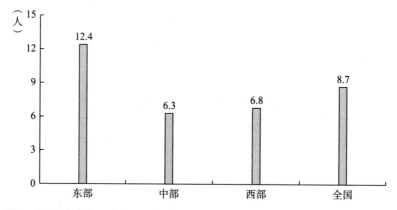

图2 2004年东部、中部、西部地区以及全国每10万人口拥有律师人数对比

（二）律师主要集中在大城市

通过对"23个省市区"律师事务所年检和律师注册公告的整理，可得出表2，以及根据表2得出图3、图4。

由表2及图3、图4可知，第一，从绝对数量上看，律师主要集中在大城市。具体地说，2004年在东部10省市，省会及副省级以上城市市辖区人口所占比例为13.9%，但是律师所占比例高达59.8%；在中部7省，省会城市市辖区人口所占比例为7.0%，律师所占比例高达38.8%；在西部6省区，省会城市市辖区人口所占比例为7.2%，律师所占比例却高达51.1%；在23个省市区中，28个大城市市辖区人口所占比例为10.3%，而律师所占比例高达53.7%。

第二，从每10万人口拥有律师数看，在东部10省市，省会及副省级

以上城市市辖区平均为 56.2，而整个区域的平均数为 13.0，前者是后者的
4.3 倍；在中部 7 省，省会城市市辖区平均为 37.2，而整个区域的平均数
为 6.7，前者是后者的 5.6 倍；在西部 6 省区，省会城市市辖区平均为
49.7，而整个区域的平均数为 7.0，前者是后者的 7.1 倍；在 23 个省、
市、区中，28 个大城市市辖区平均数为 51.0，而整个区域的平均数为
9.7，前者是后者的 5.2 倍。

表 2　2004 年 23 个省市区中不同地区的律师人数对比

地区范围		律师人数（人）	在相应区域所占比例（%）	2004 年底人口（万人）	在相应区域所占比例（%）	每 10 万人拥有律师数（人）	与相应区域平均数的比值
东部 10 省市	省会及副省级以上城市市辖区	37000	59.8	6583	13.9	56.2	4.3
	合计	61920	—	47507	—	13.0	—
中部 7 省	省会城市市辖区	8640	38.8	2320	7.0	37.2	5.6
	合计	22288	—	33320	—	6.7	—
西部 6 省区	省会城市市辖区	7314	51.1	1473	7.2	49.7	7.1
	合计	14324	—	20356	—	7.0	—
上述 23 个省市区	28 个大城市市辖区	52954	53.7	10376	10.3	51.0	5.2
	合计	98532	—	101183	—	9.7	—

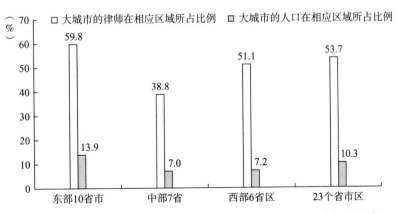

图 3　2004 年 23 个省市区中省会及副省级以上城市律师数在相应区域
所占比例和人口所占比例对比

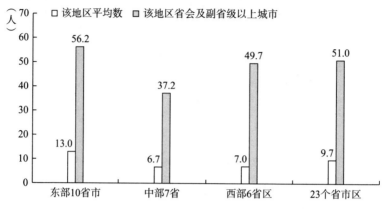

图4　2004年23个省市区中省会及副省级以上城市每10万人拥有律师数和相应区域平均数对比

（三）贫困县律师人数非常少

我国在"八七"计划期间（1994—2000年），根据社会的经济和文化的发展程度，确定了592个国家重点扶持贫困县（县级市、市辖区）。接下来，笔者将以其中的374个贫困县为样本，考察我国欠发达农村地区的律师数量分布。

通过对23个省市区律师事务所年检和律师注册公告的整理和计算，得出表3，由表3得出图5和图6。由表3、图5和图6可知，无论是东部地区，还是中部地区和西部地区，贫困县律师人数都非常少。相比较而言，西部地区贫困县每10万人口只有律师1.5人，略低于中部地区的1.8人和东部地区1.7人。在23个省市区中，平均数为每10万人口拥有律师9.7人，而在374个贫困县中，平均每10万人口只有律师1.7人，只占23个省市区平均数的18%，不到1/5。

表3　2004年不同区域贫困县的律师数量和该区域律师平均数量对比

地区范围		律师人数（人）	在相应区域所占比例（%）	2004年底人口（万人）	在相应区域所占比例（%）	每10万人拥有律师数（人）	与相应区域平均数的比值
东部10省市	43个贫困县	250	0.4	1425	3.0	1.7	0.13
	合计	61920	—	47507	—	13.0	—

续表

地区范围		律师人数（人）	在相应区域所占比例（%）	2004年底人口（万人）	在相应区域所占比例（%）	每10万人拥有律师数（人）	与相应区域平均数的比值
中部7省	131个贫困县	8640	4.9	6064	18.2	1.8	0.27
	合计	22288	—	33320	—	6.7	—
西部6省区	200个贫困县	7314	6.1	5658	27.8	1.5	0.21
	合计	14324	—	20356	—	7.0	—
上述23个省市区	374个贫困县	16204	2.2	13153	13.0	1.7	0.18
	合计	98532	—	101183	—	9.7	—
全国2004年底		—	—	—	—	8.7	—

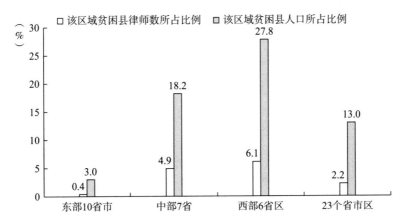

图5　2004年23个省市区贫困县律师和人口所占比例对比

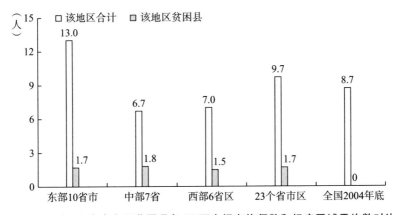

图6　2004年23个省市区贫困县每10万人拥有律师数和相应区域平均数对比

（四） 律师分布非均衡性的总结

前面描述了律师地区之间分布的非均衡性的三个具体内容，综合这三个方面，可以对这种非均衡性作出更为直观的描述。表 4 整理和计算出了不同地区的律师数量，由表 4 得出图 7。由表 4 和图 7 可知，我国律师分布的非均衡性的总体特点是，大城市律师人数最为集中，平均每 10 万人口拥有律师数在 50 人以上，相反，贫困县的律师最为稀少，374 个贫困县中，平均每 10 万人口拥有律师数只有 1.7 人。从每 10 万人口拥有律师数对比起来看，大城市是贫困县的 30 倍，差距悬殊。

贫困县平均每 10 万人口只有律师 1.7 人意味着什么呢？我们所考察的 374 个贫困县，平均每个县人口 35.87 万人，折合起来，平均每个县只有律师 6.0 人。实际上，平均数掩盖了一些问题。根据笔者统计整理，在 374 个贫困县中，有 51 个县没有律师，有 7 个县只有少量的法律援助律师。贫困县律师之少，以至于我们可以近似地说，这是一种无须律师的社会秩序。① 由于律师的社会功能是提供法律服务，因此也可以说，这是一种不需要法律服务的社会秩序。

表 4　全国不同地区律师人数对比

地区	行政区划范围	时间	每 10 万人口拥有律师数（人）
深圳	所属 6 个市辖区	2005 年 8 月 8 日	187.7
北京	所属 16 个市辖区，不含密云、延庆两个郊县	2005 年 8 月 20 日	96.2
大城市	23 个省市区的 18 个省会及副省级以上城市市辖区	2004 年 9 月 16 日至 2005 年 12 月 31 日	51.0
东部	东南沿海地区的 8 个省、3 个直辖市	2004 年 12 月 31 日	12.4
全国	全国	2004 年 12 月 31 日	8.7

---

① 美国学者 Victor H. Li 比较美国和中国改革开放以前的律师人数后得出一个结论，即当时的中国是"无须律师的法律"（Law without Lawyers），我这里借用一些这样的措辞，称欠发达农村地区为"无须律师的社会秩序"。参见 Victor H. Li, *Law without Lawyers: A Comparative View of Law in China and the United States* (Westview Press/Boulder, Colorado, 1978)。

续表

地区	行政区划范围	时间	每 10 万人口拥有律师数（人）
西部	西部地区的 6 个省、1 个直辖市和 5 个自治区	2004 年 12 月 31 日	6.8
中部	中部地区的 8 个省	2004 年 12 月 31 日	6.3
贫困县	全国 15 个省市区的 374 个贫困县	2004 年 9 月 16 日至 2005 年 12 月 31 日	1.7

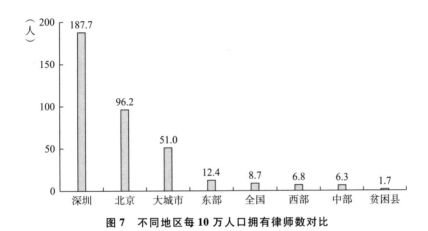

图 7　不同地区每 10 万人口拥有律师数对比

二　影响因素的理论解释

为什么律师主要集中在城市和发达地区，而贫困落后的农村地区律师十分稀少？为什么欠发达的农村地区呈现"无须律师的社会秩序"？对于这一现象的原因，需要进行理论分析。

从理论上说，可能的原因是多方面的。人们可能最先想到的一个原因是我国律师数量不足，导致欠发达的农村地区律师缺乏。这是一个非常直观的解释，也是当前的一种常识性的观点。比如，2004 年 3 月司法部副部长张福森在全国律师队伍建设工作会议上谈到我国尚有 206 个县没有律师时指出，从总体上看律师数量仍然不足，地区分布不平衡，尤其在经济欠发达地区，律师严重短缺。又如，2005 年 8 月 25 日全国人大常委会副委员长顾秀莲就全国人大常委会执法检查组关于《律师法》实施情况的检查，向十届全国人大常委会第十七次会议作报告时，也将西部 12 个省、市、区律师数量不足的原因归结为我国的律师总数较少。但是，理论上进一步分析发现，律师数量的不足只是全国律师数量平均指标的评价，并不能解释不同地区之间律师分布的差异。这是因为在我国当前，只要具备了律师资格，律师执业在地域上是不受限制的，也就是说，律师在全国范围内是可以自由流动的。因此，就最为直接的原因来说，全国律师地区分布极不均衡的状况，是律师自由流动的结果。于是，我们的问题变成了对律师执业地域流动的倾向的解释，即律师们为什么更倾向于在城市、在东部发达地区执业？

在很大程度上，律师执业地域的选择，可以适用理性人或者经济人的利益最大化的假设。这是因为，在我国当前，由于经过了多年的体制改革，律师行业已经在很大程度上实现了市场化。这种市场化体现在两个方面，一是前面提到的，律师执业不受地域限制；二是民资所①、自筹自支的国资所的比例极高。截至 2004 年，全国民资所比例达到 86%，国资所只有 14%。民资所由执业律师按照一定方式出资设立，实行完全的独立核算、自筹自支。此外，即使是国资所，其中也有 56.7% 实行自收自支。合计起来，全国有 93.9% 的律师事务所实行自收自支。对于实行自收自支的律师事务所来说，律师业务收费和其本人的收入具有对应的关系。即使是全额预算管理的律师事务所，就律师的执业选择来说，也是市场化的，因为律师既可以选择在全额预算管理的律师事务所执业，也可以选择在自收自支的律师事务所执业。此外，律师在知识、信息方面，都具有优势，他们有能力对不同策略选择的收益状况进行比较准确的判断。总之，在市场化的法律服务体制之下，律师具有选择在更能创收的地区执业的激励。律师群体总体上具有较强的理性能力，能够对不同地区执业的收益状况作出较为合理的评判，因此，律师倾向于选择城市执业的实际结果表明，对其个人来说，在城市和发达地区执业具有更好的收益预期，是其利益最大化的选择。这个结论和我们直观的经验是一致的，因此也可以说是一种常识。但是，尽管是常识，其中也还有一系列的问题具有追问的必要：这种

---

① 为了表述简便，这里将合作律师事务所、合伙律师事务所和个体律师事务所合称为"民资所"，和国资所相对。

收益差距到底有多大？是哪些原因导致了这种收益差距？这些原因各自所占的比重如何？等等。

对这些问题，我们这里仍然先在理论上进行分析。在目前市场化的法律服务体制下，或者直接或者间接地，律师的收入都和律师提供法律服务的营业收入呈正比例关系，因此，律师在农村地区执业收益小的原因，就在于农村地区提供法律服务的营业收入太少。而根据律师服务收费的特点，在当前全国税收体制比较一致的情况下，导致农村地区律师事务所营业收入少的原因，可能在于两个方面：一是在农村地区，律师的业务非常少，也就是说，人们不需要律师提供法律服务，自然地，在市场需求非常少的情况下，律师不可能有很好的收入；二是农村地区存在较多的法律服务的需求，但是购买能力非常有限，使得律师收入不高。这两个原因可能同时存在，也可能只存在其中一个方面。当然，这两种情形都是相对城市而言的。对于这两个可能的原因，下面进一步进行理论分析。

（一）欠发达农村地区法律服务需求很少

和发达的城市地区比较起来，欠发达的农村地区法律服务需求较少，其原因又可能是多方面的。

1. 法律服务需求的类型较少，局限于传统类型

从理论上说，或者从制度上说，律师可以提供多种法律服务。根据《律师法》第 25 条的规定，我国律师可以从事下列业务：①接受公民、法人和其他组织的聘请，担任法律顾问；②接受民事案件、行政案件当事人的委托，担任代理人，参加诉讼；③接受刑事案件犯罪嫌疑人的聘请，为其提供法律咨询，代理申诉、控告，申请取保候审，接受犯罪嫌疑人、被告人的委托或者人民法院的指定，担任辩护人，接受自诉案件自诉人、公诉案件被害人或者其近亲属的委托，担任代理人，参加诉讼；④代理各类诉讼案件的申诉；⑤接受当事人的委托，参加调解、仲裁活动；⑥接受非诉讼法律事务当事人的委托，提供法律服务；⑦解答有关法律的询问、代写诉讼文书和有关法律事务的其他文书。在上述类型中，担任诉讼代理人和刑事辩护人，可以合称为诉讼业务，属于比较传统的业务类型；接受非诉讼法律事务当事人的委托，提供法律服务，简称为非诉讼业务，这是现代社会中随着市场经济的发展和经济往来的加速而兴起的新型业务，具体内容包

括成立公司、办理财产转让、缔结契约、处理银行信贷、办理社会保险、雇用工人、处理劳资纠纷、使用专利、纳税、订立遗嘱、外贸、对外投资、技术援助、参与仲裁和谈判等方面。

国外学者研究发现，在不同的社会条件下，人们所需要法律服务类型的比例是不一样的。从西方发达国家的历史经验来看，在 20 世纪 50 年代以前，传统的诉讼业务是主要的律师业务。但是，随着市场经济的发展和经济往来的加速，非诉讼法律事务逐步增长，成为律师职业中更重要的——至少从数量上来说是如此——法律业务。在发达国家，律师在非诉讼领域的业务量已经占到 80% 以上。[①] 可以想象，在我国当前，城市和农村、东部和中西部的社会经济发展程度不同，它们之间的差异可能像西方国家不同时期的差异那样，即在城市，各种非诉讼法律业务快速增长，从而极大地增加了律师业务的总量，而在经济文化落后的农村，尤其是贫困县，各种非诉讼的法律服务需求非常有限，律师的作用主要体现在传统的诉讼业务中，从而使法律服务的需求相比发达的城市地区显得非常有限。

2. 即使是诉讼业务的需求，农村地区也可能低于城市

单就诉讼业务而论，欠发达农村地区的需求也可能低于城市。这其中的原因，可能有以下几个方面。首先，农村地区的纠纷少。根据诉讼形成的特点，诉讼来源于纠纷，当纠纷不能以其他方式解决的时候，就可能发展为诉讼。因此，如果纠纷数量少，则诉讼少；诉讼少，则律师的诉讼业务需求必然也少。相对来说，农村地区人口密度较小，人与人之间的交易和互动较少。在城市地区，由于高度发达的社会分工，以及密集居住的人群，人们之间发生争议的可能性要大得多。此外，农村人不精明的性格气质、不发达的权利意识，使农村人不如城市人有"斗争"精神，即使遇到同样的侵害，在农村地区发展为纠纷的可能性要小一些。

其次，在农村地区，即使发生了纠纷，人们也较少提起诉讼，较少用到法律和律师。纠纷发生后尽量回避诉讼的现象，在不十分严格的意义上，我们可以称为"厌讼"，和"好讼"相对。基于传统文化的影响，加上现行司法体制的原因，相比西方国家而言，"厌讼"在我国是一种较为

---

① 参见朱景文《比较法社会学的框架和方法——法制化、本土化和全球化》，中国人民大学出版社，2001，第 320 页。

普遍的现象。但是，比较而言，农村地区的"厌讼"现象更为突出，原因主要有以下三个方面。

（1）在农村地区，人口的流动性较小，人们相互之间更为熟悉，相互之间具有更强的互惠机制联系着。这种熟人社会使纠纷发生之后，更容易通过调解、协商等非诉讼方式得到解决。同时，由于互惠机制的约束，人们不会轻易启动诉讼程序，以免伤了"和气"。

（2）由我国现代化进程的特点所致，我国的法律规则体系理性设计的成分较大，而自然演化的成分较小，有些规则不属于当事人之间的博弈均衡，于是，规避法律、利用当地的习俗惯例解决纠纷，可能是双方利益最大化的策略选择，于是出现了当事人合谋规避法律的现象。比如，强奸案件、工伤事故等"私了"的做法就属于这种情形。农村地区是熟人社会，共同的习俗、惯例更为盛行，所以这种规避法律的现象应该更为普遍。规避法律也就是规避正式的解决方法，律师的法律专长就没有了用武之地。

（3）昂贵的经济成本也使村民对诉讼望而却步。尽管诉讼收费是全国性的，但是这笔开支对于农村地区来说，显得更加昂贵。这是因为，一是虽然诉讼费用可以从诉讼收益中支出，但是一般要先行垫付，而且常常由于"执行难"的原因，诉讼收益无法兑现，使得预先垫付的诉讼费成为一笔额外的损失，相对于城市地区财力雄厚的单位当事人和更加富裕的市民来说，这笔损失对农村地区的普通个人来说意味着更大的成本。二是在欠发达的农村地区，尤其是在贫困县，普遍存在财政困难，法院的福利、经费通常难以保障，于是，法院通过制度内或者制度外的诉讼收费，将更大比例的诉讼成本转嫁到当事人头上，从而增加了当事人的诉讼成本。① 三是在欠发达的农村地区，经济纠纷较少，民事争议较多，总体而言，纠纷的涉案标的较小，即使赢了官司，诉讼收益也不大，使得诉讼成本的投资不划算。

3. 基层法律服务工作者的竞争，进一步减少了律师的业务数量

在我国目前，虽然律师是最为主要的法律服务工作者，但律师的服务

---

① 国内学者廖永安等人对湖南省一个贫困地区的基层法院进行了实证分析，发现了这种情况。参见廖永安、李胜刚《我国民事诉讼费用制度之运行现状——以一个贫困地区基层法院为分析个案》，《中外法学》2005 年第 3 期。

不是垄断性的，除了刑事辩护以外，其他的律师业务基层法律服务工作者也可以提供，因此，基层法律服务工作者对法律服务业务的分流，可能减少了欠发达农村地区的律师需求。但是，从制度上说，基层法律服务所不仅在农村地区设立，城市地区也有一定数量的基层法律服务工作者，因此，只有在这样的前提下，基层法律服务才是影响律师地区分布的一个因素：基层法律服务工作者主要在农村地区提供法律服务。

（二）欠发达农村地区法律服务的购买力相对较弱

农村地区不仅法律服务的需求比较小，而且，对市场化的法律服务的支付能力也可能低于城市。这是因为，首先，就像前面提到的诉讼费的支出一样，虽然可以"羊毛出在羊身上"，通过官司的收益支付律师费用，但是，这笔费用需要先行垫付，加上执行难导致的"赢了官司输了钱"的现象也十分常见，以致减弱了农村地区人们的支付能力。

其次，在农村地区，由于经济落后，不仅经济纠纷少，而且每个经济案件涉及的财产金额也非常小，大量的案件是涉案标的非常小的民事和刑事案件，如果我们假定农民也是理性的，那么他不大可能支付较高的律师费去打一个争议金额很小的官司。虽然对于刑事案件来说，有关的人身权益不能用金钱来衡量，但这只是理想化的说教。事实上，对于具有不同支付能力的人来说，人身权益的价值是不一样的，如果律师能够让无期徒刑变成有期徒刑，那么对一个富裕的城市家庭来说，他可能愿意支付 10 万元，可是对一个贫穷的农村家庭来说，可能只愿意支付 1 万元。

总之，弱小的支付能力、较小的涉案金额，再加上前面提到的较少的法律服务需求，使得律师在农村地区的每一个案件上的收益大大低于城市，收益总和也不能和城市相比。当然，这些原因是否存在，以及存在的程度和比例，目前仅限于理论层面，只是一种可能性。它们事实上是否存在，存在的比例、程度和相互关系，还需要通过实证的经验材料进一步印证。

三　影响因素的数据验证

（一）律师数量和经济发展的关系

根据前面的理论分析，全国律师非均衡的地区分布，很大程度上是由经济发展程度不同导致的。即在经济发达地区，由于经济交易量大，法律服务需求类型多、数量大，人们对法律服务的购买能力强，律师服务的收益比较大，于是律师比较集中；反之，在欠发达的中西部地区，尤其是在中西部的农村地区，经济交易量小，法律服务需求的类型少、数量少，人们对法律服务的购买能力弱，律师服务的收益比较小，于是律师数量比较少。对于这一推断，我们可以通过统计数据进行验证。

为了进行这样的验证，我们需要建立两个指标，分别指示经济发展水平和律师数量。根据统计上的惯例，我们用人均地区生产总值表示经济发展的水平，用每 10 万人口拥有的律师人数表示律师数量。以此为根据，通过有关统计资料的整理，我们得出表 5 中的两组变量。根据这两组变量的数值，得出图 8 的散点图。

由表 5 和图 8 可知，经济发展水平和律师数量之间存在较强的相关性。经计算，两组数据（共计 61 对变量）的 Person 相关系数达到 0.79。由图 8 可知，各对变量对应的点集中在函数 $y = 0.0014x - 2.1027$ 附近，体现了随着经济发展水平的提高，律师数量更为集中的一种趋势或者关系。但是，无论是相关系数还是散点图，都反映了另一方面的一个特点，就是只存在一定程度的相关，这表明，在不同的地区之间，除了经济发展程度以外，还有其他因素减少了律师的数量。

表 5　2004 年 23 个省、市、区经济发展水平和律师数量对比

地区	2004 年人均地区生产总值（元）	每 10 万人律师人数		地区	2004 年人均地区生产总值（元）	每 10 万人律师人数	
		律师人数（人）	时间			律师人数（人）	时间
北京市辖区	37058 38331	90.5 96.2	2005 年 8 月 20 日 2005 年 8 月 20 日	上海市辖区	55307 57374	46.8 48.9	2005 年 7 月 15 日 2005 年 7 月 15 日
辽宁沈阳	16311 35837	11.9 29.7	2005 年 4 月 30 日 2005 年 4 月 30 日	福建福州	17297 43730	10.0 72.1	2005 年 8 月 8 日 2005 年 8 月 8 日
江苏南京	20761 35464	9.3 32.0	2005 年 12 月 31 日 2005 年 12 月 31 日	山东济南	16925 36697	8.0 38.2	2004 年 12 月 31 日 2004 年 12 月 31 日
浙江杭州	23922 49055	10.7 41.5	2004 年 9 月 16 日 2004 年 9 月 16 日	广东广州	19731 63475	14.3 68.5	2005 年 8 月 8 日

续表

地区	2004 年人均地区生产总值（元）	每10 万人律师人数		地区	2004 年人均地区生产总值（元）	每10 万人律师人数	
		律师人数（人）	时间			律师人数（人）	时间
河北石家庄 39 个贫困县	12916 32310 6443	6.8 58.9 1.9	2005 年 4 月 30 日	山西太原 35 个贫困县	9151 21136 3578	8.3 46.6 1.1	—
内蒙古呼和浩特 31 个贫困县	11387 33413 8938	9.0 54.4 2.0	2005 年 7 月 20 日 2005 年 7 月 20 日 2005 年 7 月 20 日	吉林长春 5 个贫困县	10931 35973 6067	7.0 24.6 2.7	2005 年 5 月 9 日 2005 年 5 月 9 日 2005 年 5 月 9 日
黑龙江哈尔滨 13 个贫困县	13897 30534 4549	7.9 35.6 1.4	2005 年 10 月 25 日 2005 年 10 月 25 日 2005 年 10 月 25 日	安徽合肥 18 个贫困县	7478 28875 3336	5.9 66.2 2.2	2005 年 8 月 5 日
江西南昌 20 个贫困县	8189 28390 3315	4.5 33.8 1.1	2005 年 7 月 27 日 2005 年 7 月 27 日 2005 年 7 月 27 日	湖北武汉 20 个贫困县	10501 24963 4843	6.4 22.9 1.5	—
湖南长沙 20 个贫困县	8401 34130 3536	7.4 84.1 2.6	—	海南海口 4 个贫困县	9449 18519 5190	9.0 46.3 0.0	—
四川成都 31 个贫困县	7525 29465 3401	6.4 62.1 1.2	2005 年 6 月 1 日 2005 年 6 月 1 日 2005 年 6 月 1 日	云南昆明 70 个贫困县	6733 32718 3215	6.7 75.7 1.4	2005 年 10 月 18 日 2005 年 10 月 18 日 2005 年 10 月 18 日
陕西西安 46 个贫困县	7799 19465 4003	6.9 28.1 1.7	2004 年 10 月 10 日 2004 年 10 月 10 日 2004 年 10 月 10 日	青海西宁 15 个贫困县	8683 14700 5136	8.1 34.1 2.6	2005 年 7 月 29 日 2005 年 7 月 29 日 2005 年 7 月 29 日
宁夏银川 7 个贫困县	7881 17668 3036	10.5 52.0 1.3	2005 年 7 月 7 日 2005 年 7 月 7 日 2005 年 7 月 7 日	—	—	—	—

注：（1）各省会城市的范围仅及于市辖区，不包括市辖郊县。

（2）上述表格中，2004 年人均地区生产总值和每 10 万人口拥有律师人数两组数据的 Person 相关系数为 0.79。

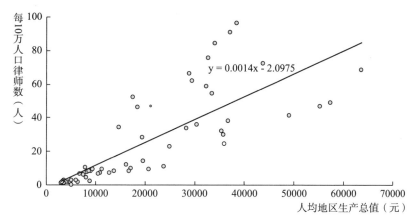

图 8 表 5 中 2004 年 61 个区域经济发展水平和律师数量对比

（二）律师数量和非诉讼法律业务比较

根据前面的理论分析，经济发展程度不同，将导致非诉讼法律业务的比例不同。即经济越发达，非诉讼法律业务比例越高，法律服务的总量越大，律师的数量越多。由此推知，在统计上，律师的数量和非诉讼法律业务的比例将呈正比例的变化关系，或者说，呈正相关的关系。

为了进行这样的统计验证，需要进行一定的简化处理。在《中国律师年鉴 2004》中，全国各省、市、区律师在 2004 年的下列业务被公布：法律事务咨询、代写法律事务文书、民事案件诉讼代理、经济案件诉讼代理、担任法律顾问、刑事诉讼辩护及代理、行政案件诉讼代理、非诉讼法律事务。在上述业务中，本文将民事案件诉讼代理、经济案件诉讼代理、刑事诉讼辩护及代理和行政案件诉讼代理合称为"诉讼业务"，将非诉讼法律事务简称为"非诉讼业务"。从律师收费的实际情况来看，诉讼业务和非诉讼业务是最为主要的律师业务类型。本文将诉讼业务和非诉讼业务之和中非诉讼业务所占的比例作为一个指标，衡量律师业务类型的变化。根据《中国律师年鉴 2004》，得出除了西藏以外的 30 个省、市、区的律师人数和律师非诉讼业务所占比例。两组数据的对比，如表 6 和图 9 所示。

由表 6 和图 9 可知，非诉讼业务所占比例和每 10 万人口拥有律师数之间，存在一定的相关性，具体地说，相关系数为 0.39，属于中度相关。

表6　2004年全国各省、市、区非诉讼业务所占比例和每10万人口拥有律师数对比

地区	非诉讼业务所占比例（%）	每10万人口拥有律师数（人）	地区	非诉讼业务所占比例（%）	每10万人口拥有律师数（人）
北京	59.3	62.7	江西	25.9	4.5
天津	38.6	17.7	河南	62.2	5.6
河北	33.0	6.6	湖北	39.1	6.3
辽宁	31.4	11.5	湖南	37.8	6.7
上海	24.3	34.8	重庆	20.3	11.1
江苏	23.8	9.3	四川	37.2	6.7
浙江	17.8	11.2	贵州	14.9	3.0
福建	14.5	9.3	云南	28.9	6.8
山东	26.0	8.2	陕西	17.4	7.6
广东	57.2	13.4	甘肃	20.0	5.1
海南	35.0	8.0	青海	12.9	7.6
山西	24.2	6.8	宁夏	19.5	9.1
吉林	41.5	7.7	广西	18.1	5.1
黑龙江	29.3	8.2	内蒙古	24.8	8.1
安徽	23.6	5.8	新疆	22.1	11.2

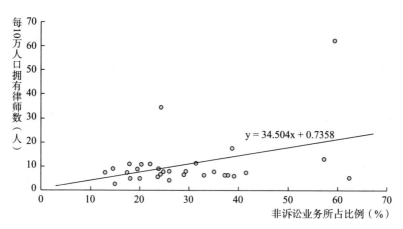

图9　2004年全国各省、市、区非诉讼业务所占比例和每10万人口
拥有律师数对比

（三）律师数量和律师服务需求量比较

前文理论分析部分提到，律师的收入是影响律师地域流动的直接因素，而对律师服务的需求量又是影响律师收入的重要因素，因此，律师数量和律师服务需求量之间必然具有密切的联系，而且这种联系比律师数量和非诉讼业务所占比例之间的联系更为直接、更为密切。对此，我们可以进行一个统计验证。

这里仍用每 10 万人口拥有律师数表示律师数量，但是对于律师业务总量，则要略作调整：由于律师业务主要是诉讼业务和非诉讼业务，故用二者的件数之和除以人口数量，表示律师业务需求数量。这里的人口数取上一年年底人口数和当年年底人口数的平均数。根据《中国律师年鉴 2004》所公布的律师业务数量和《中国统计年鉴 2004》、《中国统计年鉴 2005》所公布的人口数，计算得出表 7 和图 10。

由表 7 和图 10 可知，全国各省、市、区（西藏除外）2004 年每 10 万人口委托业务件数和每 10 万人口拥有律师数之间，是高度相关的，相关系数达到 0.94。这表明，律师业务的实际需求，是影响律师数量分布非常重要的因素。

表 7　2004 年全国各省、市、区每 10 万人口委托业务件数和
每 10 万人口拥有律师数对比

地区	诉讼和非诉讼业务件数（件）	每 10 万人口委托业务件数（件）	每 10 万人口拥有律师数（人）	地区	诉讼和非诉讼业务件数（件）	每 10 万人口委托业务件数（件）	每 10 万人口拥有律师数（人）
北京	139565	946.4	62.7	江西	47303	110.8	4.5
天津	34982	343.8	17.7	河南	314343	324.3	5.6
河北	91949	135.4	6.6	湖北	87236	145.2	6.3
辽宁	87831	208.5	11.5	湖南	94428	141.4	6.7
上海	113154	655.4	34.8	重庆	39234	125.5	11.1
江苏	161920	218.2	9.3	四川	105873	121.5	6.7
浙江	170352	362.5	11.2	贵州	9039	23.3	3.0
福建	84507	241.5	9.3	云南	58744	133.7	6.8
山东	171710	187.6	8.2	陕西	36409	98.5	7.6

地区	诉讼和非诉讼业务件数（件）	每10万人口委托业务件数（件）	每10万人口拥有律师数（人）	地区	诉讼和非诉讼业务件数（件）	每10万人口委托业务件数（件）	每10万人口拥有律师数（人）
广东	254742	313.4	13.4	甘肃	16748	64.1	5.1
海南	7786	95.6	8.0	青海	6171	115.0	7.6
山西	37984	114.2	6.8	宁夏	12673	216.9	9.1
吉林	41013	151.5	7.7	广西	28512	58.5	5.1
黑龙江	67114	175.9	8.2	内蒙古	34411	144.5	8.1
安徽	95753	148.8	5.8	新疆	47719	244.9	11.2

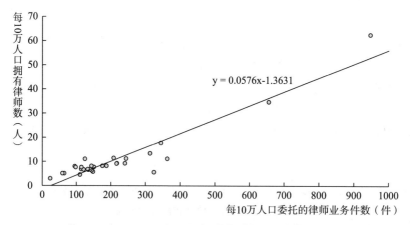

图 10　2004 年全国各省市区每 10 万人口拥有律师数和每 10 万人口委托的律师业务件数对比

（四）律师服务收费标准和律师人数对比

律师服务的需求量和律师服务的收费标准结合起来是影响律师收入的，因此，律师服务的收费标准也是影响律师地域分布的一个重要因素。根据前面的统计验证，经济发展水平较高的地区对律师的法律服务需求量较大。同样，从实际情况来看，在经济发展水平较高的地区，律师服务的收费也比较高，两种因素的"高"，共同导致经济发达地区律师的收入更高，进而导致了律师更大程度的集中。关于不同地区收费标准的差异，可以通过各地收费标准的比较体现出来。

　　1997 年 3 月国家计委、司法部印发了《律师服务收费管理暂行办法》（以下简称《办法》）。该《办法》规定，各类诉讼案件的代理和仲裁案件代理的收费标准，由国务院司法行政部门提出方案报国务院价格部门审批，省、自治区、直辖市人民政府价格部门可根据本地区实际情况，在国务院价格部门规定的价格幅度内确定本地区实施的收费标准，并报国务院价格部门备案。其他法律服务的收费标准实行完全的市场定价，由律师事务所与委托人协商确定。但是，该《办法》印发后，国家计委和司法部并未接着就诉讼案件和仲裁案件代理制定收费标准，于是，湖南等省物价、司法行政部门来函，要求在国家制定的律师服务收费标准下达之前，暂由省级主管部门按照国家计委、司法部印发的《办法》制定临时收费标准。针对这种要求，2000 年 4 月国家计委、司法部下发了《关于暂由各地制定律师服务收费临时标准的通知》（以下简称《通知》）。《通知》指出，由于各地经济发展水平和律师业的发展状况差异较大，律师服务的成本和群众的承受能力也有较大差异，目前制定全国统一的律师服务收费标准尚有一定困难。鉴于此，为规范律师服务收费行为，有利于促进律师业的健康发展，同意在国家制定的律师服务收费标准下达之前，暂由各省、自治区、直辖市物价部门会同司法行政部门按照前述《办法》所规定的政府定价项目及定价原则，制定在本地区范围内执行的律师服务收费临时标准，并报国家计委、司法部备案。《通知》下发后，各省、自治区、直辖市分别先后制定了本地的律师收费标准，于是首次出现了全国没有统一的律师收费标准的情况。① 2006 年 4 月，国家发展改革委、司法部联合发布了《律师服务收费管理办法》，自 2006 年 12 月 1 日起执行。根据其具体内容，管理办法仍然维持了现行的做法，即暂由各省、自治区、直辖市自行制定收费标准。由于省、自治区、直辖市自行制定收费标准，那么，比较各地区的相关政策文件，可以大致排列出不同地区收费标准的高低。

　　限于篇幅，本文收集整理了广东、山东、山西、甘肃经济发展水平不

---

① 2006 年 4 月，国家发展改革委、司法部印发了《律师服务收费管理办法》，取代 1997 年的《律师服务收费管理暂行办法》和 2000 年的《国家计委、司法部关于暂由各地制定律师服务收费临时标准的通知》。但是，新的办法要 2006 年 12 月 1 日起才开始施行，而且施行之后，各省自行确定收费标准的制度没有改变。

一样的四个地区的收费标准。① 比较四个地区的收费标准，以及这种标准和相应地区的律师数量、律师业务数量之间的关系，我们发现：经济发展水平最高的广东地区，各类律师业务数量是最多的，律师收费标准是最高的，定价机制的市场化程度也是最高的，同时，律师的数量也是最多的；相反，经济发展水平最低的甘肃地区，各类律师业务数量是最少的，律师收费标准也是最低的，定价机制的市场化程度也很低，同时，律师的数量也是最少的。但是，这其中也有例外，就是法律咨询和代书的业务数量反而是山东最高，广东最低，但是这种例外基本上不影响我们的结论，这是因为：一是法律事务咨询在律师业务中，只具有辅助的性质，收费很低。二是根据笔者调查，在广东地区，法律咨询的收费标准很高，达到200—3000元/小时，所以人们不会轻易进行法律咨询；但是在山东、山西、甘肃等市场化程度较低的地区，律师对于法律咨询收费很低。因此，尽管广东地区的法律咨询数量不是最高，但是律师对于法律咨询的总收入应该是最高的。

（五）律师收入和律师数量比较

根据前文四个地区的比较，在经济发达地区，律师业务数量大，收费标准高，我们可以将这两方面称为"双高"，正是这个"双高"现象增加了律师执业的收入，由此导致律师的集中；相反，在经济落后地区、农村地区，律师业务数量小，收费标准低，我们可以将这两方面称为"双低"，正是这个"双低"现象减少了律师执业的收入，由此导致了律师的稀少。但是，在不同地区，律师的收入到底有多少？差距有多大？由于目前律师事务所大多数实行自收自支、独立核算，律师事务所内部的分配机制又不统一，以至于律师的实际收入水平到底如何成为一个难题，这个难题也增加了律师职业和律师群体的神秘性。国家有关部门几乎没有公布这方面的

---

① 各地区的收费标准分别参考的文件是：（1）广东省物价局、广东省司法厅《关于印发广东省律师服务收费管理实施办法（暂行）的通知》（粤价〔2003〕225号，2003年7月10日）；（2）山东省物价局、山东省司法厅《关于〈山东省律师服务收费临时标准〉（试行）延期执行的通知》（鲁价费函〔2006〕15号，2006年2月20日）；（3）山西省物价局、山西省司法厅《关于印发〈山西省律师服务收费临时标准〉的通知》（晋价费字〔2003〕176号，2003年6月6日）；（4）甘肃省物价局、省司法厅《关于调整律师服务收费标准的通知》（甘价费〔2002〕220号，2002年8月8日）。

数据，所以，本文也不能完成对这个问题的精确考察，但是可以通过零星的一些统计数据作一个大致的比较。

2006 年 6 月 2 日国家发展改革委副主任毕井泉在全国完善律师收费制度的电视电话会议上的讲话中说："2005 年，全国已有律师事务所 1.2 万家，执业律师 12 万人，律师服务收费总额达到 156 亿元。"① 根据这个数据，可以大致算出，在 2005 年，全国平均每家律师事务所的收费总额是 130 万元，平均每个执业律师的收费金额是 13 万元。

然而，来自北京市司法局的统计资料显示，2004 年，北京地区律师行业总收入超过 50 亿元。② 以北京 2004 年底共有 729 家律师事务所、执业律师（专职律师和兼职律师之和）9355 人计算，2005 年，北京地区平均每家律师事务所的收费总额是 685.9 万元，平均每个执业律师的收费金额是 53.4 万元。对比北京地区 2004 年的律师收入和全国 2005 年的律师收入，平均每家律师事务所的收费北京是全国平均水平的 5.3 倍，平均每个执业律师的收费金额北京是全国平均水平的 4.1 倍。

上海市律师行业协会王旭风主任称，截至 2005 年 2 月，上海取得执业资格的律师大约在 6000 名，每年创收大约 16 亿元，平均每人创收大约 30 万元。③ 根据《中国律师年鉴 2004》提供的数据，2004 年底，上海共有各类律师事务所 608 家，以此为根据可以算出，上海地区平均每家律师事务所的收费总额是 263.2 万元。以上海地区 2004 年的律师收入和全国 2005 年的律师收入相比，平均每家律师事务所的收费上海是全国平均水平的 2.0 倍，平均每个执业律师的收费金额上海是全国平均水平的 2.3 倍。

此外，深圳市律师协会公布，2005 年深圳律师行业总收入为 13.7 亿元，纳税为 1.2 亿元。以深圳执业律师 3600 人计，税前每名律师实现的收入为 38.1 万元。④

比较全国、北京、上海和深圳四个地区的律师总收入和律师数量之间的关系，如图 11 所示。尽管北京、上海和深圳地区每 10 万人口拥有的律

① 《关于印发国家发展改革委、司法部、中央政法委领导同志在全国完善律师收费制度电视电话会议上讲话的通知》（发改办价格〔2006〕1306 号）。
② 参见王宇、于呐洋《北京律师过万人　收入超 50 亿元》，《法制日报》2005 年 6 月 15 日。
③ 参见韦蔡红《上海律师薪酬调查》，《法制日报》2005 年 2 月 6 日。
④ 参见赵鸿飞《深圳律师年营业额突破 13 亿》，《深圳商报》2006 年 7 月 3 日。

师数量远远高于全国平均水平，但是，律师的人均收入并没有因为律师的大规模集中而减少，相反，律师的人均收入仍然远远高于全国的平均水平。这种差异说明了两点：一是律师的地区流动和分布体现了律师的利益最大化的理性选择；二是从市场需求的角度看，大城市、发达地区律师高度集中，但是律师并没有显得过剩，欠发达地区律师数量非常少，律师的供给也并未显得不足。

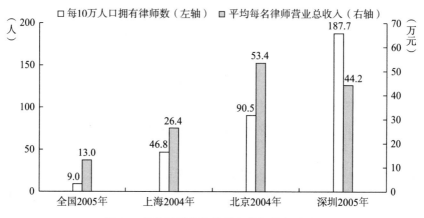

图11 部分地区律师数量和律师收入对比

四 原因分析和制度检讨

（一）原因分析

根据前文的理论分析、统计验证以及笔者的实地调查，律师向大城市和东部地区集中、欠发达农村地区成为"无须律师的社会秩序"的直接原因，是律师收入悬殊，在法律服务的市场机制的作用下，律师们理性地选择了向城市地区、发达地区集中。而欠发达农村地区律师收入低的原因，则可以总结为如下三个方面。

第一，经济发展水平落后是导致欠发达农村地区律师收入低的主要原因。经济状况通过四个方面的作用降低了欠发达农村地区律师的收入：一是经济发展落后导致纠纷的类型少，从而使得法律服务需求的类型少、数量小，非诉讼业务接近于零；二是在诉讼案件中，经济纠纷案件少，而且涉案财产标的小，当事人不愿意在法律服务方面投入大量成本；三是经济发展落后导致人们在法律服务方面支付能力和支付意愿减弱；四是经济发展落后导致法院的经费紧张，于是较大比例的诉讼成本被转嫁到当事人身上，影响了诉讼的积极性，从而进一步减少了律师的业务数量。

第二，司法权的弱势地位、执法的困难等减弱了法律在社会生活中的作用，从而也减少了法律服务的需求。根据笔者实地调查，有许多案件，法院的判决难以执行，判决书成为"白条"；而另一些案件，比如比较复杂但是并不少见的征地拆迁纠纷、承包纠纷等，法院根本就没有能力处理。这些情形降低了人们对法律、对司法的信心，更相信权势、关系的作用，转而采取上访、拉关系走后门等措施，没有条件的当事人则采取隐忍的策略，从而也减少了对律师的需求。

第三，熟人社会的一些文化观念和行为方式，减少了法律服务的需求或者减少了律师的收入。这其中的一个特点是，熟人社会中流行着大量的惯例、习俗，它们的内容常常和法律不一致，却是当事人之间在长期的生活中所形成的博弈均衡，当事人很容易以此为依据形成个案中合谋从而规避法律，使法律对社会生活的规范无用武之地，法律服务因此也成为多余的职业。熟人社会的另外一个特点是，复杂的、人格化的关系网络比较发达，对于生活中的纷争，通过非正式的方法，这种网络能够在一定程度上起到化解作用，从而减少了正式的法律方法的运用机会。熟人社会的再一个特点是，社会中盛行以互助的方式，而不是市场交易的方式解决个人的需求和困难，这使律师在一些业务中，或者对于具有特殊情况的当事人，难以做到有偿服务。

本文的实证考察也表明，目前流行的一些观点并不能有效解释欠发达农村地区律师稀少的现象。首先，欠发达农村地区律师稀少并非因为律师的总量不足。这是因为，最近几年来，律师的数量持续增长，但是欠发达地区的律师数量并没有增加，新增的律师基本上被吸收到大城市和发达地区去了。即使大城市地区律师过剩，律师们也不会分流到落后的农村地区去执业，过剩的律师宁可在大城市做律师助手，或者仅仅持有律师资格但不注册执业。而在农村地区，人们考取律师资格后，他们或者坚守原来的公、检、法职业，或者到外地去执业，或者在本地仅仅兼职从事一些律师业务，而不会在本地专职从事律师业务。总之，从律师需求的角度看，尽管律师数量很少，呈现"无须律师的社会秩序"，但是，从市场需求的角度看，律师数量却是饱和的。

其次，实证考察发现，基层法律服务工作者虽然在一定程度上分流了农村地区的法律业务，减少了农村地区的律师需求，但是，这并不是导致欠发达农村地区律师稀少的主要因素。从全国来看，目前尚缺乏充分的经验材料进行推断。但是从制度上说，基层法律服务工作者不仅分流农村地区的法律业务，同样也分流城市地区的法律业务，所以在逻辑上，基层法律服务工作者不是影响律师非均衡分布的主要因素。

（二）制度研讨

本文开篇之初提到，律师的发展既是法制化的结果，又是检验法制程度的一个标尺，而法制化的发展，又是加强人权保护、建立统一的市场经济的重要力量，因此，在本文揭示的现象中，一个需要反思和检讨的显著问题是，农村地区尤其是贫困落后的中西部农村地区，律师数量如此之少，其制度和政策根源是什么？

根据本文的实证分析，欠发达农村地区律师数量少的部分原因，也是主要原因，在于经济发展水平落后，从这个角度说，律师的"不需要"是社会发展特定阶段的一种情形，不能将律师数量少视为一种问题，至多只能说是反映了社会经济文化不发达的状态。但是，欠发达农村地区律师数量少的部分原因在制度方面，因为我们在制度上的一些缺陷，降低了法律在社会生活中的作用，减少了人们对法律服务的需求，从而也就减少了律师的数量。从这个角度说，欠发达农村地区律师数量少，反映了我们在制度上的若干缺陷和困境。

首先，这反映了我国法院经费保障机制存在缺陷。根据现行的财政体制，审判工作属于地方的事权，根据事权和财权相统一的原则，法院的经费由同级地方财政保障。在我国目前的司法体制中，这种制度体现了司法地方化的一个方面。这种制度目前受到各界的普遍批评，但是人们的批评主要集中在其对司法独立的危害上，认为这种地方化和司法人事制度方面的地方化结合起来，使法院在地方政权中处于极度的弱势地位，从而危害了司法的独立和公正。当然，这种危害是存在的，但是同时，还存在另外一种危害，就是本文的实证分析所得出的结论：在经济落后的地区，地方财政不能有效保障法院的办公经费，于是法院将额外的诉讼成本转嫁到当事人头上，加重了当事人的诉讼负担，从而程度不同地损害了当事人寻求司法救济的积极性。换句话说，就是堵塞了司法救济的渠道。而司法救济渠道不畅的危害是毋庸置疑的：直接的危害是受害人的权利得不到救济，间接的危害是法律得不到尊重实施，法律规定中的经济、政治、文化理念得不到实现，社会的经济、政治和文化生活不能形成理想的法治秩序状态。

其次，这反映了司法权的弱势和执法难等问题。这两种情形削弱了人们对司法和法律的信心，一方面是减少了对法律服务的需求；另一方面却是从另一个角度堵塞了司法救济的渠道，产生了与提高诉讼成本一样的危害后果。

最后，这反映了法律和地方的观念、习俗之间存在一定程度的冲突。这种冲突导致了当事人合谋规避法律的现象普遍存在，这一方面减少了法律的适用和律师的需求；另一方面制约了法的实现。当前普遍存在的矿难事故"私了"的做法就是这方面的典型反映。当然，本文并不主张以修改法律的内容来迁就地方的观念和习俗，而只是指出存在这样的现象，并认为这种现象是不可取的，希望有关方面能够重视这样的现象，并加强研究和讨论。

（冉井富：《律师地区分布的非均衡性——一个描述和解释》，《法哲学与法社会学论丛》2007年第1期）

自主与监护：中国基层民主观察

黄金荣[*]

以村民委员会选举为核心的基层民主是中国民主建设中的一个亮点。尽管中国共产党将民主作为一项长期坚持不懈的价值目标，但出于稳定的考虑，目前尚只在非政权领域的基层群众自治领域，才逐步通过法律推进这种基层民主自治。本文在总结 10 多年来农村村民委员会、城市居民委员会以及小区业主委员会选举三种基层民主实践得失的基础上探讨党政领导与民主的关系，以便更好地为中国的社会主义民主建设探索未来。

一 作为民主试验田的村民自治

人民代表大会制度是中国目前最主要的民主制度形式。尽管该制度本身进行了很多改革，但从目前各级人大的实际作用来看，"党委挥挥手，政府动动手，人大举举手"的状况仍在一定程度上存在。在独立行使职权监督政府方面，各级人大发挥法律规定的应有作用也有待加强。之所以会发生这种情况，主要原因在于目前的人大代表选举制度在竞争性上存在不足，各级党政机关对于选举的各种控制仍过于严格。从媒体公开的有影响的案例看，在各级人大选举过程中，一些非法的选举操作甚至操纵现象非常严重，在自由竞选条件下不可能出现的各种"数字选举"、"戴帽选举"层出不穷。各级人大代表中，官员代表、党员代表比例很高，各级政府的主要领导几乎没有例外都当然成了各级人大代表，

---

* 黄金荣，中国社会科学院法学研究所研究员。

人民代表大会在很多情况下看是另一种形式的官员代表大会或党员代表
大会。

　　中国政治体制改革的一个核心问题是人民代表大会制度的改革问题，
而人民代表大会制度改革的核心在于处理好中国共产党与人民代表大会的
选举和运行的关系。就我国宪法确立的政治体制而言，人民代表大会制度
应该是能够保证人民当家作主的根本政治制度，然而，这种制度的目标能
否得到实现，关键还在于是否能够保证人民按照自己的意志进行公正、公
开和自由的民主选举。按照民主选举的正常逻辑，人民也很可能选出党组
织、地方政府及其领导不中意的人民代表，甚至经常批评政府和共产党政
策的人民代表，也不排除出现人民代表中没有党员代表或者党员不占多数
的现象。然而，实践证明，对于很多党组织而言，这种结果是很难接受
的，也是应设法予以避免的。

　　为缓解党的领导与民主实践之间可能具有的紧张关系，一直以来中央
政府都是按照"既坚持党的领导，又逐步实行对民主力量的有限释放"的
思路来进行民主改革的。表现在实践上就是既稳步扩大民主的渠道，同时
又实现党对民主过程的全程监控。为实现共产党自身对民主的承诺，改革
开放几十年来，中国的民主实践也在不断试图扩大，只是各级党组织在放
开对人民代表大会选举的控制方面始终心存顾忌。

　　在以人民代表大会制度的民主化为导向的政治体制改革举步维艰的情
况下，以村民民主自治为代表的基层民主就成为实现执政党民主承诺的
一个理想突破口。根据《中共中央关于加强党的执政能力建设的决定》，
基层民主主要是指"基层政权、基层群众性自治组织、企事业单位的民
主管理制度"，从这个意义上说，基层民主也应包括县级和乡镇政权的
民主以及企事业单位的民主，然而，从目前的民主改革状况看，有制度
创新意义的还是以村民民主自治和城市社区居民自治为核心的基层民主
实践。① 尽管村民委员会和居民委员会都在不同程度上承担着政府委托的
行政职能，但它们毕竟都只是属于党政机关权力触手的末端。更为重要的
是，它们在法律上并不属于政权机关的一部分，而只是属于"群众性自治

――――――――――

　　① 在2005年国务院新闻办公室发布的《中国的民主政治建设》白皮书中，"城乡基层民主"
　　　是指以农村村民委员会、城市居民委员会和企业职工代表大会为主要内容的基层民主自
　　　治体系，并没有将基层政权的民主包括在内。

组织"。因此，群众性自治组织的民主选举，尽管仍然存在一个支持人民当家作主与坚持党的领导之间的紧张关系问题，但它的基层性和民间性使得即便完全实行公开、平等、自由的竞争性选举，也不至于对整个国家体制构成严重挑战。正是基于此，基层民主成了进行民主制度改革的一个突破口和试验田。对于中国共产党而言，支持基层民主选举既可以显示党支持和保证"人民当家作主"的诚意和决心，也可以在一定程度上减少国内外对包括人民代表大会制度在内的政治体制改革的巨大压力。

《中国的民主政治建设》白皮书中不无自豪地宣称："广大人民在城乡基层群众性自治组织中，依法直接行使民主选举、民主决策、民主管理和民主监督的权利，对所在基层组织的公共事务和公益事业实行民主自治，已经成为当代中国最直接、最广泛的民主实践。"然而，在白皮书所列举的农村村民委员会选举、城市居民委员会选举和职工代表大会制度三类基层民主形式中，只有以农村村民委员会选举为核心的村民自治被大书特书。

以村民委员会选举为核心的村民民主自治实践始于 1987 年颁布的《村民委员会组织法（试行）》，但真正在全国农村全面推行村民委员会选举则是 1998 年《村民委员会组织法》正式颁布之后。正式颁布的《村民委员会组织法》在处理党的领导与村民民主自治方面实现了很多突破。该法第 4 条第 1 款规定："乡、民族乡、镇的人民政府对村民委员会的工作给予指导、支持和帮助，但是不得干预依法属于村民自治范围内的事项。"从这一点上说，乡镇政府与村民委员会之间只是一种指导关系，而不是直接的领导关系。第 11 条第 1 款又规定："村民委员会主任、副主任和委员，由村民直接选举产生。任何组织或者个人不得指定、委派或者撤换村民委员会成员。"这一规定实际上第一次在真正意义上突破了中国共产党一直以来都坚持的"党管干部原则"，彻底将村干部的选任完全交给了村民。在确保选举的直接民主性方面，第 14 条规定，"选举村民委员会，由本村有选举权的村民直接提名候选人"。这种规定也突破了《全国人民代表大会和地方各级人民代表大会选举法》有关各党派有候选人提名权的规定。这就意味着，农村的基层党组织不能像各级人民代表大会的选举那样直接提名村民委员会的候选人，这种规定在一定程度上限制了党组织的特权。可以说，正是这种克制，村民委员会的选举才在一定程度上体现了直接民主和自治的实质。

根据《村民委员会组织法》的安排，村民委员会的选举几乎完全可以由村民自己来组织。选举由村民选举委员会主持，村民委员会又由村民会议或村民小组推选产生；有足够的村民要求罢免村民委员会成员时，又由村民委员会召集村民会议进行投票表决。只有出现第 15 条规定的以威胁、贿赂、伪造选票等不正当手段，妨害村民行使选举权、被选举权，破坏村民委员会选举时，有关党政机关才有权介入，并且是在村民向这些机关举报时才能介入。然而，这实际上只是一种非常理想的村民民主自治状态。在村民民主自治实行不久，村民民主意识还比较有限、自我组织能力还非常脆弱的情况下，没有基层党政机关的介入几乎是不可想象的。从目前众多有关农村村民委员会选举的个案研究来看，纯粹由村民自己组织完成的村民委员会选举并不多见。无论是村民委员会的选举还是罢免，一般都有乡镇的党政干部坐镇参与协调或组织。①

在要求各级党政机关加强对村民委员会选举的领导方面，中央显示出前所未有的重视。《村民委员会组织法》颁布后，1998 年 12 月中央就下发了《中共中央组织部、中共中央宣传部、民政部、司法部、国务院法制办公室关于学习宣传和贯彻执行〈中华人民共和国村民委员会组织法〉的通知》（民基发〔1998〕17 号）。它要求各级党政机关将《村民委员会组织法》的学习"宣传到村、到组、到户，做到家喻户晓，使农民群众不仅明白自己的民主权利，而且学会如何正确地行使自己的民主权利"，同时"各级党委和政府必须切实加强对村民自治和村委会工作的领导，列入重要议事日程，精心组织，分类指导"。这一通知不仅要求基层党政机关做到送法下乡，为村民选举提供经费支持，而且要直接参与对村民民主选举的组织工作。

《村民委员会组织法》的法律保证、中央的政治决心以及各级地方政府的有力组织和领导，都在一定程度上促使全国村民委员会的选举出现了从未有过的民主局面，很多地方的村民选举还出现了激烈的竞争性选举场面。很多研究显示，在组织有方同时竞争性又有保障的村委会选举中，不

① 例如，在全志辉观察的四个村庄的村民委员会选举中，无一例外都由乡镇干部坐镇指挥。参见全志辉《选举事件与村庄政治》，中国社会科学出版社，2004，第 22—173 页。

仅村民推选代表以及投票的比例较高，而且选举产生的村委会成员中非党员的比例也比较高。[1]

当然，村民委员会选举的成功还可以归功于某些其他因素，如村落社会的特点本身就是一个极为重要的因素。目前的村落一般都构成了一种紧密的利益共同体，因此村委会的选举确实与村民存在很大的利益相关性，这种利益相关性在很大程度上保证了村民的选举积极性。此外，农村社会所具有的熟人社会或半熟人社会特点，也使村民对于候选人可以基本做到充分知情。但无论如何，在确保民主选举方面，关键的因素还是在于执政党在村民委员会选举这个问题上领导方式的重大改变：在村民委员会选举中克制党权，放弃党对村民委员会选举过程的任何实质性控制，将党的领导主要限于为选举提供公平的程序和环境。

《村民委员会组织法》以及中央文件所确认的党的领导方式的重大转变构成了村民委员会选举成功的一个重要因素，但这并不意味着在村民自治过程中党的领导与民主之间的紧张关系就彻底消解了。目前党的领导方式的转变只是在很大程度上消解了在村民委员会选举过程中可能产生的党的领导与民主自治之间的紧张关系，但并没有彻底消解这种紧张关系。

如同各级政权机构一样，《村民委员会组织法》确立的也是党政"双头制"，即村民的领导机构既包括民选的村民委员会，也包括非民选的村党支部。因此，除非村党支部在人员上与村民委员会重合，特别是村党支部书记与村委会主任重合，否则就存在一个处理村党支部与村委会的关系问题。《村民委员会组织法》既确认"村民委员会是村民自我管理、自我教育、自我服务的基层群众性自治组织，实行民主选举、民主决策、民主管理、民主监督"，又确认"中国共产党在农村的基层组织，按照中国共产党章程进行工作，发挥领导核心作用"。尽管法律要求村党支部"依照宪法和法律，支持和保障村民开展自治活动、直接行使民主权利"，但无论如何都无法避免党支部的职能与村民委员会的职权可能产生冲突的问题。在实行新的村民自治的条件下，这种冲突只会更加突出。党支部的权威总体而言来自上级党组织和政府，而村民委员会则几乎完全来自村民的

---

[1] 参见吴森《村委会选举质量的量化分析——以福建省九市 2000 年度村委会换届选举统计数据为依据》，载刘亚伟编《无声的革命——村民直选的历史、现实和未来》，西北大学出版社，2002，第 107 页。

民主选举。由选举产生的村民委员会具有尊重民意、维护村民利益的天然属性，在发生村民利益与上级党政部门利益相冲突的场合，一般会自然倾向于维护前者的利益；而由上级党政机关任命或支持的村党支部其自然倾向肯定是听命于上级组织。这样，对于大多数村民而言，村民委员会更具有天然的亲和性，而对于上级党政部门来说，村党支部更具亲和性。只要村民的利益或意见与上级党政机关的利益或意见相左，党支部与村民委员会的冲突就会自然爆发。

基层政权的党政机关干部对于这种潜在的冲突可以说洞若观火。完全民主和自由的选举可能会让他们失去掌控村民委员会成员的机会，增加他们与村委会发生冲突的可能性，因此他们都有充分的动机对民主选举持谨慎态度。正是基于这一点，在目前实质上由基层党政机关参与组织的村民委员会选举中，完全中立的主持者其实是不存在的，因为这个主持者本身在很多情况下就与选举结果存在潜在的利益冲突。从这一点出发，他们会利用自己参与组织村民委员会选举的机会影响选举的过程，以达到使村民委员会的选举产生自己中意的候选人的结果；当选举中出现有利于达到这一目的却违法的操作时，他们会更倾向于睁一只眼闭一只眼；当有人提出反对或者抗议时，或者提出罢免他们中意的村委会成员的要求时，他们自然会倾向于消极对待这种抗议和要求。当最后这一意图还是没有达到时，并且在未来的工作中发现不能贯彻自己的意志时，他们又会想尽办法更换村民委员会的成员。这在实践中有大量实证案例。①

一方面，地方基层党委和政府的这种行为很显然是与《村民委员会组织法》和中共中央的精神相悖的，但另一方面，如果我们将当地镇委镇政府也视为有自己独立利益的主体，我们就会发现他们的行为也是很好理解的。从理论上说，地方基层党政机关都有义务根据中共中央的要求"领导和支持人民当家作主"；从法律上说，地方基层党政机关也有义务严格贯彻《村民委员会组织法》的规定，确保农村实行村民自治，但在现实的利益冲突面前，任何原则都是脆弱的。在事关自己利益的村民委员会选举面前，不管地方基层党政机关的官员怎么克制自己的行为，其自然倾向总是

① 参见郑欣《乡村政治中的博弈生存》，中国社会科学出版社，2005，第51—55页；李振杰《草根调查——中国基层发展问题的社会学分析》，经济管理出版社，2004，第120—154页。

不可避免地会流露出来的；即使是在组织选举时，地方基层党政机关的官员能够按照中央的要求高风亮节，严格依法办事，在完成选举后，这种本性又会不自觉地流露出来。这也是村民民主自治的脆弱之处。

二　城市居民与业主委员会选举

与村民委员会选举具有可比性的基层民主自治类型，还有《中国的民主政治建设》白皮书明确列举的城市居民委员会选举，以及白皮书没有提及的小区业主委员会选举。比较这两种城市社区的基层选举，对于我们思考将来的中国民主制度的发展也具有重要的启示意义。

（一）迟滞的居民委员会选举

如果仅从法律的规定来看，城市居民委员会与农村村民委员会的法律地位完全是一样的：它们都是《宪法》第 111 条所确认的基层群众性自治组织，也是《宪法》确认的仅有的两类基层群体性自治组织；根据《宪法》第 111 条的规定，居民委员会、村民委员会的成员都由居民或村民选举产生；它们都规定在"地方各级人民代表大会和地方各级人民政府"这一节中，因而都与基层政权存在极为紧密的关系。如果从历史的角度看，城市居民委员会有着比农村村民委员会更为悠久的历史。早在 1954 年，全国人大常委会就通过了《城市居民委员会组织条例》，那时就将城市居民委员会定性为通过选举产生的"群众自治性的居民组织"。与 1987 年《村民委员会组织法（试行）》颁布时还只是一部试行的法律不同，1989 年重新制定的《城市居民委员会组织法》，从颁布伊始就是一部正式施行的法律。然而，尽管居民委员会与村民委员会存在如此多的共同点，但两者的民主化结果似乎完全是"冰火两重天"。

村民委员会的选举在 1998 年《村民委员会组织法》正式颁布之后就立即在全国普遍推行，并且很快就在国内外赢得了声誉。而比它早 10 年正式颁布的《城市居民委员会组织法》却长期得不到实施。直到 1999 年，国家才在全国 26 个城区开展了社区自治的试点和实验工作，而城市居民委员会选举的全面铺开到现在似乎仍是遥遥无期。政府自己实际上也承认，居民委员会的选举无论在选举形式还是范围上看都还处于非常初步的发展阶段。对于这一点，还可以从中国两个最重要的城市——上海和北京的居民委员会选举状况看出来。上海直到 2003 年才开始系统推行居民委员会的直接选举，当时政府的目标是直选比例达到 20%，2006 年换届选举时比例争取达到 40%；① 而作为国家首都的北京，也直到 2006 年才产生了首个直选居委会主任。②

　　作为法律上唯一可以与村民委员会并驾齐驱的基层群众性自治组织，城市居民委员会民主化的命运不济实在不是偶然。就大的层面而言，中央对于城市居民委员会的民主意愿完全不能与村民委员会的选举相比。与村民委员会选举不同，中央没有就居民委员会的选举问题专门进行统一的部署和指示，更谈不上进行全国范围内的动员。从《城市居民委员会组织法》的有关规定，也可看出国家意愿不足。与《村民委员会组织法》相比，《城市居民委员会组织法》并没有完全贯彻直接民主的原则。前者要求村民委员会由村民直接选举产生，而后者规定居民委员会既可以由居民直接选举产生，也可以由每户派代表选举产生，还可以由每个居民小组选举代表 2—3 人选举产生；后者既没有像前者一样规定差额选举原则，也没有像前者一样确认候选人由选民直接提名的原则，后者对候选人的产生没有任何规定。

　　中央的意愿与《城市居民委员会组织法》的规定，在一定程度上也是与居民委员会实际所承担的功能相适应的。与村民委员会可以拥有广泛的自治职权相比，目前的城市居民委员会可以拥有的自治职权无疑要小得多，这是因为它所辖的居民是按照行政区域划分的，他们之间并不像农村村民那样在一定程度上还是一个集体经济组织，经济联系的脆弱性导致居民委员会的自治范围相当有限。自治范围的职权非常有限，那么承担基层政权的行政工作就成了其主要的职能。正是自 1954 年以来，居民委员会就承担了大量的政府职能，因此无论是国家还是各级政府实质上从来就把它们主要当成政府的一部分，而不是一个基层群众性自治组织。也因此，国家一直以来就没有停止过对居民委员会提供直接的财政支持。目前的《城

① 参见左志坚《上海进行建国后最大规模城市基层民主试验》，《21 世纪经济报道》2006 年 7 月 25 日。
② 参见王皓《北京产生首个直选居委会主任 选民主动登记超过 80%》，《北京日报》2006 年 2 月 27 日。

市居民委员会组织法》仍然规定，"居民委员会的工作经费和来源，居民委员会成员的生活补贴费的范围、标准和来源，由不设区的市、市辖区的人民政府或者上级人民政府规定并拨付；经居民会议同意，可以从居民委员会的经济收入中给予适当补助。居民委员会的办公用房，由当地人民政府统筹解决"。可以说，一直以来，政府对居民委员会都是既提供办公用房、提供生活补贴，分配行政管理任务，也按照党管干部的原则进行任命或推选居委会干部。它与基层政权之间存在的过于密切的联系，使得中央对于居民委员会的民主化会更加慎重，让基层党政机关完全支持居民委员会的民主选举也会更加困难。

从目前已经开展选举的某些案例，很少能在居民委员会的选举中看到村民委员会选举呈现的民主景象。首先，在大部分地方，进行居民委员会直选的区域都是政府精心选择的结果。例如，上海安排直选的居委会要满足三个条件：一是居委会与群众联系要比较密切；二是社区环境、卫生、基建条件较好；三是党组织在该区域的群众工作开展得比较好。① 其次，候选人主要仍然是组织安排的结果。例如，在北京的首次居委会直选中，公园北社区党委书记、选举委员会主任就坦陈，公园北社区居委会的 5 名候选人，都是曾经在公园北社区为群众服务过的社区干部。② 再次，居民选举意愿不足，暗箱操作的现象时有发生。③ 最后，即使民主要求强烈的地方，居民提出罢免的要求也很难得到实现，并且目前鲜有罢免成功的案例。④ 这些众多因素合在一起，导致了实行以居民委员会选举为核心的社区自治的困难。社区划分的行政化导致民主自治缺乏强有力的利益基础，因此居民参与选举的动力不足；居民委员会承担的众多行政职能使得基层政府对于民主选举的意愿严重不足；《城市居民委员会组织法》规定的众多缺陷又导致主持选举者的操作空间非常大。

居民委员会虽然在法律上被称为基层群众性自治组织，居民委员会的

---

① 参见左志坚《上海进行建国后最大规模城市基层民主试验》，《21 世纪经济报道》2006 年 7 月 25 日。
② 参见王皓《北京产生首个直选居委会主任 选民主动登记超过 80%》，《北京日报》2006 年 2 月 27 日。
③ 参见吕世杰《亲历的选举让我忧心：从我小区基层组织选举看我国的法制建设》，中国选举治理网，2006 年 4 月 13 日。
④ 参见朱弢《639 户联名罢免居委会》，《华夏时报》2006 年 5 月 26 日。

选举现在也逐渐被政府部门称为"社区民主"、"城市社区居民自治"。[①]
但是，就如前面所阐述的那样，传统上以行政化的地理分割为基础的社区
因缺乏有效的居民利益联结而缺乏自治的经济基础，并且居民委员会承担
的过多行政职能又使其不能真正成为群众性自治组织。因此，有学者指
出，即使实行居民委员会的民主选举，也不可能有真正的"居民自治"。[②]
然而，这并不等于说，在城市社区实行真正的居民自治就不可能了，目前
蓬勃发展的小区就为这种社区居民真正的民主自治提供了广阔的空间，以
业主委员会选举为核心的社区民主也为目前基层民主的发展增添了新的动
力和领域。

（二）业主委员会选举的冷热

与传统的居民区不同，目前的住宅小区业主不仅都居住在地理上相近
的空间之内，而且业主之间基于房屋财产权而对小区内的公共生活产生了
强烈的利害关系，因而具有比传统居民区居民更强烈的参与动机。如果能
够发展小区内业主的自治，那必将成为一种更加有效的城市社区居民自治
形式，不担负政府任何行政功能的业主委员会将成为比传统居民委员会更
加名副其实的基层群众性自治组织。无论从哪个方面说，小区内业主以业
主委员会选举为中心的民主自治，都具有比传统居民区内以居民委员会选
举为核心的民主自治更优越的条件。

目前实行小区内业主自治的法律基础主要是国务院于 2003 年公布的
《物业管理条例》。根据这个条例，小区的业主通过业主大会和业主委员会
实施自治，业主们在小区的物业管理方面享有一系列的自治权利。根据
《物业管理条例》第 10 条规定，"同一个物业管理区域内的业主，应当在
物业所在地的区、县人民政府房地产行政主管部门的指导下成立业主大
会，并选举产生业主委员会"。第 16 条第 1 款规定："业主委员会应当自
选举产生之日起 30 日内，向物业所在地的区、县人民政府房地产行政主管
部门备案。"第 20 条第 3 款规定："住宅小区的业主大会、业主委员会作
出的决定，应当告知相关的居民委员会，并认真听取居民委员会的建议。"

---

① 2005 年发布的《中国的民主政治建设》白皮书就是采用了这种说法。
② 参见王怡《居委会选举与"社区自治"》，中国城市社区网，2004 年 9 月 4 日。

这就是说，区、县人民政府房地产行政主管部门，对于业主大会的成立以及业主委员会的选举只是一种指导关系，与居民委员会的关系也是如此。在官方主动干预非常少的情况下，小区的业主在成立业主大会以及选举业主委员会等方面可以享有高度的自主性，他们也可以组织最自由的民主选举。

　　然而，从目前的现实看，小区业主所具有的优越自治环境并没有理所当然地带来小区业主的民主自治。据北京市建委统计，截至2006年，北京近九成社区未成立业委会，而且已成立的业委会大多运作也不理想。同样的尴尬也发生在其他许多大中城市，如广州也有八成多的小区没有成立业委会。① 这说明，即使具有共同的利益基础、明确的法律权利以及程序的保障，如果缺乏公民自身的自组织能力，民主秩序也并不一定会随之出现。从目前基层民主的实践来看，有效的民主选举无不在很大程度上来源于政府的引导、支持乃至组织，最成功的村民委员会选举也是在政府的推动甚至组织下实现的。业主大会和业主委员会的难产同样说明，在目前的转型时期，在公民自治能力不强、自治组织发育不足的情况下，离开了基层党政机关的引导、支持和组织，小区业主的自治也存在很大的困难。目前的《物业管理条例》虽然规定了物业所在地的区、县人民政府房地产行政主管部门可以指导业主大会的成立以及业主委员会的选举，但对其是否有法律上的义务对选举进行组织，法律规定并不明确。

　　《物业管理条例》将区、县人民政府房地产行政主管部门作为指导小区业主自治的机构也存在一定的问题。有研究已经指出，目前小区业主的一个重要职能是组织业主针对房地产开发商和物业公司进行维权活动，而目前不仅开发商和物业公司之间一般具有极高的利益关联性，而且开发商与房地产管理部门之间也常常存在很高的利益关联性。现有的研究显示，在与业主有利益冲突的情况下，不仅房地产开发商和物业公司会尽力拖延甚至阻挠业主委员会的成立，而且本应积极指导帮助业主建立业主委员会的房地产管理部门也会经常懈怠履行职责，或者以业主缺少某道手续为由延迟甚至阻碍业主委员会的成立。② 在这种情况下，确定利益上中立、业务上熟练的政府主管部门就显得非常关键。目前指导基层民主选举的一般

---

① 参见《政府有义务引导业委会选举》，《新京报》2006年3月13日。

② 参见张磊《业主维权运动：产生原因及动员机制——对北京市几个小区个案的考察》，《社会学研究》2005年第6期。

是民政部门，该部门不仅在指导基层民主选举上比房地产管理部门具有更多的经验，而且在立场上也更具有中立性，因此比较适合作为小区业主自治的指导者。

由于小区业主委员会缺乏村民委员会和居民委员会的政治与法律地位，因此很难指望政府像重视它们那样重视业主委员会的选举，这也是很多作为小区业主自治基础的业主委员会难以成立以及难以有效运作的重要原因。小区业主自治的现状也从另一个方面说明，政府的过度干预固然会导致民主自治流于形式，但政府的无所作为也同样可能导致民主自治根本无法运行起来。作为一个具有极大利益相关性的群体，小区业主参与业主委员会选举及小区管理的积极性，无疑要比传统的居民委员会选举及社区管理高得多，然而，由于政府并没有为小区自治提供一个切实可行的民主程序规则，在推动业主委员会的选举、小区的民主管理方面又缺乏足够的政治意愿，致使很多小区的自治无法真正得到实现。在缺乏民主实践经验的情况下，政府提供民主程序规则并保障这些规则的运行显得至关重要。不仅如此，除了提供民主规则的制定和实施这些公共产品之外，政府还可以为小区的居民提供民主选举和民主管理的知识与培训，从而提高业主委员会以及小区业主的能力。城市小区基本不用担负政府的行政职能，政府容易保持立场中立，在国家制定程序规则的前提下，只要政府进行适当干预和引导，具有高度利益相关性的小区业主自治就很可能像村民自治一样成为城市基层民主自治的样板。在缺乏政府有效干预的情况下，目前某些城市小区的民主自治就已经搞得有声有色了，[①] 如果政府能够对缺乏自我组织力的小区进行适当的组织和帮助，城市小区业主自治可能立即会有另一番新景象。当然，与其他基层民主自治一样，在小区业主自治这个问题上，关键也是要找到一条既有助于自治但同时又不至于限制自治的政府管理之道。

三 中国民主进程的自主与监护

多种不同形式的基层民主实践为我们展现了不同的民主生活图景，也

---

① 北京发生的著名的"美丽园小区事件"中，业主委员会的维权运动搞得非常成功，它成功地赢得了针对物业公司的诉讼，同时业主针对业主委员会的罢免行动也搞得非常有声有色。参见《美丽园事件：考验业主民主自治》，新浪网，2007年1月9日。

为我们提供了多种经验教训。这些经验和教训对于中国未来的社会主义民主建设具有多方面的启示意义。

在基层民主的实践中，一个最为核心的问题是如何处理好党政机关的领导与民主自治之间的关系问题。如果党政机关对于民主选举过程和自治事务干预或控制过多，民主就成了一种形式或者假民主，自治也就成了他治。然而，在目前的情况下，如果没有党政机关的适当干预，基层民主选举和社区自治也有流产的巨大危险。

一个首要的问题是，目前的基层民主在多大程度上需要党政机关的干预。理想的民主自治制度应该是具有民主意识的公民自己制定公共的议事规则，自己组织选举，自己决定民主决策的实行机制。城市小区的业主自治就基本上遵循了这样一种制度设计。在理想的情况下，社区自治意味着社区的公共生活（包括民主选举）一般并不需要国家力量的介入。然而，这种理想的民主自治是以社区居民具有高度的民主意识、高度的自组织能力为前提的。从目前所有类型的基层民主类型看，大部分中国公民的民主意识和自组织能力远没有达到理想的要求。从国家干预较少的小区业主民主自治状况这一点就可以看出来：尽管国家几乎完全放手让业主自己组织民主自治，但全国大部分城市的小区业主自治并没有自然而然成为现实。具有强烈利益动机的小区业主自治情况是这样，与居民利益相关性较差的、传统居民区以居委会选举为核心的居民自治更是如此。

目前在基层民主选举中所反映出来的民主自治意识以及自治能力不足的现象，其实也很好理解。如果从抽象观念上说，由于长期受到民主观念的影响，大部分公民对民主至少在理论上会持一种肯定的态度，但这种对民主价值的肯定与民主意识是两回事，与是否有动力参与民主更是两回事。即使是涉及自己切身利益的民主选举，许多人还是会抱着搭便车的态度不愿意积极参与。民主是一种价值，同时也是一种新的生活方式。所有的人可能都会乐于享受民主带来的好处，但不见得都乐于承担民主所带来的责任——民主意味着公民要接受民主决策的后果、履行参与的责任。不仅如此，民主同时也是一种新的管理方式。民主意味着将决策的责任交给选民，也意味着需要烦琐的程序来控制决策的过程，对于实行民主自治所需的知识和技术，即使拥有民主观念的公民也不一定自然而然能够都了解。还有一个非常重要的问题是民主自治的时间和经济成本问题。参与本身需要成本，组织动员也需要成本，个人的时间成本并不是任何人都愿意承受的；在自组织能力低下的情况下，组织动员成本也可能会比较惊人，如果完全由居民自己承担，这很可能会超出很多居民愿意承受的程度。①

由此可见，在目前的情况下，在实行民主自治的过程中，实际客观上存在对党政机关支持和干预的巨大需求。在目前的村民委员会和居民委员会选举中，如果没有党政机关的大力组织和动员，大部分地方的选举既不可能启动，也不太可能取得成功。正是基层党政机关带头进行组织动员，维持秩序，投入经费（包括提供误工费），才使很大一部分地方的基层选举能够维持较高的投票率，使选举变得"轰轰烈烈"。而缺乏党政机关组织和动员的小区业主委员会选举，要么无法举行，要么很难规范地举行。正是看到这一点，有人主张法律应确认"政府有义务引导业委会选举"。②

然而，问题的悖论就在于，一方面，基层民主的实施几乎无法离开党政机关的组织和动员；另一方面，党政机关对基层民主的组织本身在一定程度上又是与社区民主自治应有的含义相悖的。民主自治需要一个外在的发动者说明这种民主和自治缺乏自下而上的内在动力，而民主自治的过程离不开党政机关权力的组织也意味着存在被操纵的巨大可能性。

那么，如何摆脱这种进退两难的局面呢？关键还是在于明确党政机关应该干预、可以干预的范围和限度。我们可以从不同形式的基层民主选举实践中找出一些比较可行的经验。在目前情况下，对于基层民主选举的开展，基层党政机关应该充当一个比较积极的推动者角色，这一点是毫无疑问的。在行使这个职责的过程中，必须坚持几个指导性原则。

第一，党政机关的职责主要是在程序上组织和支持基层民主选举的启动，而不是干预选举的实质性内容。在这个方面，总的来说《物业管理条例》所确认的方式是一个发展方向：政府指导、帮助社区进行选举和自治。只不过《物业管理条例》还应在此基础上明确将这种指导和帮助规定为政府的义务。除此之外，如同对待村民委员会和居民委员会的选举一样，政府也应将实行小区业主的民主纳入其日常议事日程。

---

① 从各地居民委员会直接选举的试点情况来看，选举成本过高成为制约许多地方进一步推进社区居委会直接选举改革的瓶颈。参见陈伟东、吴猛《社区自组织与直选成本——以武汉市柴东社区和宁波市澄浪社区为个案》，《当代世界社会主义问题》2005 年第 2 期。

② 《政府有义务引导业委会选举》，《新京报》2006 年 3 月 13 日。

　　第二，应该选择立场中立的官员参与组织基层民主的选举。目前的村民委员会选举的成功的"首要因素在于各级地方官员贯彻村委会组织法作的努力。许多基层选举取得的成效取决于政府官员尤其是民政部门的官员，在组织、指导和监督村民选举中扮演的关键角色"。① 然而，问题也出在很多参与组织的干部是与村民委员会选举结果存在很大利害关系的乡镇干部。这种利害关系是由村民委员会目前所承担的某些行政职能决定的。这种利害关系的存在使得这些干部很自然会利用自己的地位对选举过程施加不当影响。在基层政权机关干部的偏向性问题上，村民委员会的选举尚且如此，可以想象，承担更多行政功能的居民委员会的选举只会有过之而无不及。一个理想的解决方法是党政机关调派利害关系不深的民政部门官员，或者其他没有利害关系的基层政权干部，参与组织基层民主选举。目前城市小区业主委员会的选举也存在类似的问题。根据《物业管理条例》具体承担指导、帮助小区业主选举的区、县房地产管理部门，由于与房地产开发商具有太多的利益纠葛而不适于承担这一工作，并且该部门的职能也决定了它也不适于指导小区业主进行民主选举。相比较而言，民政部门更适于充当这一角色。

　　第三，在基层民主自治领域全面贯彻民主原则。村民民主自治能够取得一定程度成功的一个因素在于，《村民委员会组织法》和中央的文件精神都一致同意在一定程度上克制党组织在村民委员会选举中的特权，从而在政策上使基层党政干部可以放心地让村民进行充分的自由选举，而不必再去担心党的领导不能在村民委员会中实现的问题。根据这种政策，即使民主选举产生的村民委员会中没有任何党员，也不应视为违背党的领导原则或党管干部原则。但《村民委员会组织法》在这个问题上还是留下了一个传统的"尾巴"，因为它仍规定"中国共产党在农村的基层组织，按照中国共产党章程进行工作，发挥领导核心作用"，这条规定使得在村民委员会选举中，民主仍然没有成为最高原则，民主选出的村干部的权威还是要屈从于非民主产生的村党支部。这种规定又使得在村民委员会选举中对党权的克制的意义大打折扣。解决这个矛盾最好的办法是全面贯彻民主的

① 王旭：《国家与社会的权力互强——乡村中国的基层民主》，载陈明通、郑永军主编《两岸基层选举与政治社会变迁——哈佛大学东西方学者的对话》，月旦出版社，1998，第407页。

原则，将党支部的领导权建立在民主选举的基础上：一方面，只有参与民主竞选获胜的党员才可以被任命为党支部书记；另一方面，如果党员参加民主竞选都不能获胜，党支部就只能成为一个普通的党派组织。通过这种方法，一方面可以真正全面贯彻民主原则，另一方面也可以起到净化党员队伍并强化基层组织战斗力的作用。从目前村民委员会的选举结果看，村委会主任以及村委会成员中党员的比例都是非常高的，[①] 这说明，无论是从上级党政部门所掌握的资源方面看，还是从基层党组织干部的素质方面看，都不用担心出现党权全面失落的结果。在克制党权方面，目前的居民委员会选举将来是否也会如此并不是很明朗，但至少从《城市居民委员会组织法》看，这一点还不是很明显。在民主直选已经成为基层自治一个未来方向的情况下，居民委员会的选举也应该全面贯彻民主原则。这方面包袱最小的是城市小区业主委员会的选举，因为无论是从《物业管理条例》还是目前的实践看，都不存在一个党权与民主原则的紧张问题。

第四，明确不同政府部门在基层民主自治中的职责。基层民主需要有关部门的监管，目前有关基层民主的法律几乎都将这个最终仲裁者的角色交由各级政府部门或人大来承担。例如，《村民委员会组织法》第 4 条第 1 款规定："乡、民族乡、镇的人民政府对村民委员会的工作给予指导、支持和帮助，但是不得干预依法属于村民自治范围内的事项。"第 15 条规定，"以威胁、贿赂、伪造选票等不正当手段，妨害村民行使选举权、被选举权，破坏村民委员会选举的，村民有权向乡、民族乡、镇的人民代表大会和人民政府或者县级人民代表大会常务委员会和人民政府及其有关主管部门举报，有关机关应当负责调查并依法处理"。第 28 条规定："地方各级人民代表大会和县级以上地方各级人民代表大会常务委员会在本行政区域内保证本法的实施，保障村民依法行使自治权利。"由此可以看出，目前在村民委员会选举中，乡镇人民政府、人大，县级人民政府以及主管部门，县级以上人大常委会都享有一定的职权，然而，彼此之间的分工又并不明确，这无疑增加了村民寻求救济的成本。

第五，加强司法在基层民主自治中的作用。目前在推进基层民主自治

---

① 参见吴森《村委会选举质量的量化分析——以福建省九市 2000 年度村委会换届选举统计数据为依据》，载刘亚伟编《无声的革命——村民直选的历史、现实和未来》，西北大学出版社，2002，第 107 页。

过程中，离不开基层政府官员的组织和监管，但对于这种监管者本身又有一个监督的问题。目前对于有关部门（主要是行政部门）作出的针对选举纠纷的决定，并没有有效的法律救济途径。有关基层民主自治的法律都没有明确规定公民可以提起行政诉讼，而《行政诉讼法》对于针对人身权、财产权之外的权利提起的行政诉讼，其受理是以有关法律明确规定诉权为前提的。这就使得选举纠纷被法院拒之门外。在城市小区业主的民主自治领域，法律上的一个困惑是，目前的《物业管理条例》并没有确认业主委员会具有像村民委员会那样的诉讼资格，业主委员会提出的很多诉讼被法院以不具备原告资格为由裁定不予受理，这也导致业主委员会的维权职能受到很大的限制。当然，现在已经有个别地方的地方性法规明确规定了业主委员会的起诉资格，这就为发挥小区的自治功能提供了很好的法律保障。例如，浙江省 2006 年通过的《浙江省物业管理条例》规定，业主委员会在物业管理活动中为维护物业管理区域内业主共同权益的需要，经业主大会决定，可以以自己的名义依法提起诉讼。①

　　在党的十七大报告有关民主的论述中，基层民主是最浓墨重彩描绘的领域。报告称"人民依法直接行使民主权利，管理基层公共事务和公益事业，实行自我管理、自我服务、自我教育、自我监督，对干部实行民主监督，是人民当家作主最有效、最广泛的途径，必须作为发展社会主义民主政治的基础性工程重点推进"。村民委员会选举、居民委员会和业主委员会的选举，这些基层民主形式的开展都体现了执政党对扩大民主的一种努力和探索。但正如我们在各种基层民主实践状况中所看到的那样，尽管影响民主实现的因素是非常多样的，但最为重要的因素仍然是民主的意愿。这里既包括政府和执政党的政治意愿，也包括公民的政治意愿。无论缺乏哪方面的意愿，民主程序都不能在形式和实质意义上同时启动并组织起来。村民委员会之所以在一定程度上能够成功，最根本的原因就在于，党政机关与村民都显示了比较强烈的政治意愿。党政机关愿意精心组织、愿意在一定程度上进行政治松绑，从而使民主程序至少在形式上可以运作起来；村民愿意参与选举、监督选举过程，并且与不公正现象进行斗争，从

---

① 参见岳德亮《浙江确立业主委员会诉讼主体资格 维权路不再漫漫》，新华网，2006 年 10 月 2 日。

而使民主程序真正发挥进行实质决策的功能，而不至于流于形式。与村民委员会选举形成对照的则是居民委员会和业主委员会的选举状况，在这两个领域，不是存在党政机关意愿不足的问题，就是存在公民意愿不足的问题，这样就导致不是使选举流于形式就是无法真正启动和组织有效的选举。若单纯从理论上说，无论是作为执政党的中国共产党还是普通公民都具有实现民主的意愿，然而，这种意愿在实践中能否真正经得起考验，这不仅是一个需要理论探讨的问题，更是一个只能通过实践予以回答的问题。

（黄金荣：《民主的监护与自主——基于对三类基层民主的观察》，《学术界》2011年第8期）

法家传统的现代适域

王耀海[*]

　　本文所要探讨的主要问题是，法家传统为什么应该在当代中国被重新发掘？本文运用历史和逻辑相统一的方法，讨论法家传统的现代适域，认为当代中国进行的社会制度变革，是法家式变革，即当代中国是法家适域，不继承法家传统就不可能建立法治中国。

　　本文认为，法家传统中的法治基因，在古代被君主集权包裹起来，表现为人治吸收法治，儒家意识吸收法家意识。在当代中国法脉隆起的情势下，法家传统获得了新生的可能性。具体来说，在法家传统的适用过程中，中国的制度变革，从被动走向主动。国家统管是贯穿古代法家和现代法家的支撑基础。而法家传统现代适用的指向，就是东方法治。新法家应时而生，吸收法家传统中的有益成分，成为法家传统的当代承载者。同时，作为法家传统在新基础上的集中，新法家的出现及其活动，实质上意味着法家旧传统在适域中实现新升华。

　　古今共同面对的情势是，在同权革命的制度变革大趋势前提下，国家统管体制下需要建立发展型的法治。这种趋势，在战国时代催生了古代法家，在现代中国则必然催生应时顺势的新法家。也因为法家传统能够内在支撑社会主义法治，暗含中国特色的主体性，本文认为，在当代的法家适域中，不发掘和发展法家传统，进而在法家传统现代适用中获得足够支持，并形成独具特色的新法家运动，中国特色社会主义法治就不可能建成。因此，重新回到法家，已经不仅仅是一个学术兴趣的小领域问题，而

---

　　* 王耀海，中国社会科学院法学研究所助理研究员。

是具有强烈的制度意义。

一　制度包裹的法家传统

在实践中，内力不足要借助外力，现实未定则倾向于寻找过去。在国家开创性地进行制度变革时，往往因为遭遇空前新场境而一时难以有效排定相关设计。在需要做但暂时又不知道怎么做的时候，主体的第一反应是回溯类似情境去寻找优势经验，以尽快建立确定性和稳定的心理预期。脱胎于过往的当代中国，必然是延续过去诸多因素的现代化集合，更提示出提取传统的现实要求。

尤其是当代中国的法治建设，更需要从过去经验中提取各种有益的建设成分，由此产生在历史经验中寻找行为准则的冲动。中国法律传统是中华基因的法律部分，是一直延存至今的重要制度基因之一。对当代中国正在进行的法治实践来说，传统法律文化的影响更显其重要。探讨法治中国，必须首先考虑到中国的法律传统，即现代法治目标的受体适域。[①] 如果受体适域狭窄，则法治即使能够获得发展，也会因为充满由基因排异形成的阻力而受到很大限制。如果受体适域宽阔，则法治含量更容易高效展现。只有这样，才能把对中国法治的关注更有效地集中于整体性上，即有效地集中于切实的法律因素之上。中国建设独具特色的法治社会，也是从中国传统型法制向现代型法制的创造性转换过程。因此，中国法治建设的历史起点就是以中国传统法脉为代表的法律文化。要解释中国法治化的历史轨迹及其规律性，洞察中国法治化进程的曲折性和复杂性、长期性和艰巨性，就应探讨中国传统法律文化的性质和基本特征。必须观照中国的法

[①] 现代法治是外来文明的逻辑要求。任何外来文明的继受，都会产生受体适域的问题。一般来说，外来文明和本体文明之间会有差距感。这个差距感也是接受外来文明的必要来源之一。但不可否认的是，其本体文明的基本趋向是什么样的，将直接影响对外来文明的接受程度。其中最为重要的，就是受体适域大小的问题。自古衍生的基因路径，起到很大的限定作用。本体基因如何，将直接决定对外来文明的接受程度大小。如果外来文明与本体文明的基因类似，就会发生融入。如果相异，则更会产生嵌入的问题。当然，这是在文明碰撞和输送早期发生的事情。到了契合现代趋势的文明逐渐嵌入，外来文明也因为更能代表最新趋势而获得发展合理性。既有基因逐渐失去发挥作用的现实空间。对文明融合来说，最好的就是外来文明与本体文明基因类似，就可以产生最大程度上的融合，进而最快形成符合需要的文明更新。

治基因，从中找到法治中国的基因支持。

因为市场经济持续发展的内在需要，中国必然要实现治理手段的中心切换，即实现法治架构，实现对社会既有势力的规则主导性。建设现代法治社会，是中国自古迄今未有的大事业。既然是开创性的事业，法治建设内在需要来自传统的经验支持。不发达的法治建设状态中，如果能获得来自传统的支撑，则其能更显稳定性。

尤为重要的是，根源于社会制度，中国法治的向度与维度都截然区别于西方法治。也就是说，中国法治要获得独属的主体性。因为主体性奠基于国域的地理状况和由此而来的诸多穿透式的历史普适性，所以中国法治的主体性，首先应该从法治传统中去找寻。而中国的法治传统，集中表现为以法治为论证核心和实践取向的法家思想上。由此，法家传统成为寻找中国法治主体性的主要经验来源。这样，就提示出法家传统的现代适用性。

如历史学家所言，一切历史都是当代史，即从当代适用的视角去观照历史经验。对法治中国的建设来说，在现代适域中寻找法家传统，是必须完成的主体性找寻，由此衍生了法家传统的当代适用。可选可不选的传统，是可选型传统。而那些不得不选择的传统，是必选型传统。一旦传统经验成为必选项，则传统的必然含量将体现出更多的自我成立特征。由此，寻找传统的原因有二：一是寻找稳定性；二是不得不选择。具备两种原因的传统，自然成为必然的寻找，是真正有力的活性传统。必须强调的是，受到传统法律文化的影响，是被动接受；寻找法律传统，则是主动提取。当代中国法治建设的大背景下，必须主动提取传统中的有益成分。相关传统中有较多的可适用部分，是主动提取传统的根本原因。也就是说，法家传统不仅对法治中国有浅度影响，更有深度的经验可适用。也因此，寻找传统，寻找法家，成为法治中国建设的必要部分。

可以说，法家传统是中华民族在长期生存历程中沉淀下来，独属本民族所有的民族法脉。所谓的民族法脉，就是指中华民族存续和演进过程中，在历史中沉积下来的法治因子及其传统。中华民族历史上，怎样看待法律和对待法律，由此形成的传统惯性，将深刻影响当代中国人的行为模式。民族法脉，往往决定着对法治模式的民族接受性，即在什么样的程度上，以什么样的方式，对什么样的法治模式更有接受空间。

　　建立本土的民族法脉，是现代法治建设的内在需要。现代法治国家的建立与发展，是一个复杂的法治变革的过程。在不同的民族、国度和地区，这一进程的动因、表征及后果各不相同。必须从中国国情实际出发，设计和发展国家政治制度，"只有扎根本国土壤、汲取充沛养分的制度，才最可靠、也最管用"，[①] 由此提示出制度的本土适应性。跳脱本土结构的制度，设计得再好，也因为得不到本土支持而陷于制度软化。因此，推进依法治国，必须结合民族法脉才能顺利进行。

　　由是以观，随着法治要求应时代发展而凸显，民族法脉应时隆起。之所以牵带出民族法脉，主要在于中国法治已经成为制度属性，强烈需要同类经验当代化。如果没有对法治的要求，民族法脉即便一直存在，也难以进入充分发挥作用的主体时代。而民族法脉，集中表现为法家传统的现代适用。

　　什么是法家传统？所谓法家传统，指法家思想在延续过程中，结合实践所形成的稳固可持续的普适性成分集成。法家传统体现出强烈的法治特征，同时又可以与当代法治建设形成法治共振。任何传统都要追溯其源头才能被深入理解。对法家传统来说，它发端于春秋，成型于战国。因为能够高效吸取社会有益的制度因子，实现有效的制度配置，法家推动的制度变革，在当时大致同步的战国结构中，形成了巨大的同构压力，促使未变革国家模仿制度更新。在群起的制度变革中，法家形成稳固的制度因子，通过意识形式加以延续，进而凝结为宝贵的法家传统。在当时各诸侯国追仿社会制度变革以获得稳定生存的过程中，法家成为应时学派，迸发出强烈的思想能量进而塑造国家与时代。

　　作为活动结果，战国"法家在法理学方面作出了贡献，对于法律的起源、本质、作用以及法律同社会经济、时代要求、国家政权、伦理道德、风俗习惯、自然环境以及人口、人性的关系等基本的问题都作了探讨，而且卓有成效。先秦法家的主要主张有：趋利避害的人性论，信赏必罚的法治论；与世偕变的历史观，顺应时事的变法论；稳定优先的秩序观，加强中央集权；富国强兵的社会观，崇尚功用、重农抑商；天下大治的正义观，

---

　　① 习近平：《在庆祝全国人民代表大会成立 60 周年大会上的讲话》，人民出版社，2014，第 16 页。

赏善罚恶、终在利民。法家的精神实质，就是富国强兵。'旧战国'时代的秦国，就是为实现'富国强兵'这个核心目标，才采用了法家学说。法家的一系列学说，不管是法治思想、国家主义，还是功利主义，归根到底都是为了满足国家实现富国强兵、一统天下的愿望"。① 观之以史，法家传统主要包括三大部类：制度变革的进步史观，中央集权的国家主义，垂法而治的法治主义。与之对应，三者表达出法治建设的动力、支撑和内容。三大传统又具体内含着诸多制度设计和价值规定，如商鞅推行的"无宿治"就是国家管理中的集权措施。

法治基因在其传统形成的过程中得以奠定。中国古代形成的法治基因，是法家传统中的核心部分，经由秦国商鞅变法塑造的战时法治这个具体附着体而真正成型。鉴于法家传统主要凝固自秦国的商鞅变法，本文主要结合商鞅变法来讨论法家传统的现代适域。

因为必须用法律才能实现变法、保障变法，才能符合当时战国所要求的规则趋势，其结果，就是在秦国通过变法实现了战时法治。"商鞅所实行的法治是一种特殊的法治，是在特殊的战争历史背景下，针对秦国的特殊情形所施行的'战时法治'。除了战时特征外，商鞅变法基本上涵盖了法治的所有核心要素，而这些法治核心要素正是我们今天实行法治仍然要坚持和继承的。"② 战时法治，是相对于平时法治即稳态法治而言的发展型法治，即在社会制度尚未巩固的基础上建立起来的非稳态法治。它也可以称为革命法治，即在社会制度革命时期建立的法治。建立战时法治，也就是建立互相依赖的积极力量来化解消极的形势，进而更加强化整个社会的积极形势。③

"从秦国商鞅变法到秦朝灭亡的 160 年里是中国唯一的古典法治社会，秦之前是礼治，秦之后为人治。"④ 就实质而言，秦国通过商鞅变法实现的

① 白霞：《"新法家"在近代中国崛起的原因探析》，载里赞主编《近代法评论》2011 年卷，法律出版社，2012。
② 徐运良：《商鞅变法的"战时法治"特征及其启示》，《北京行政学院学报》2011 年第 3 期。
③ 实际上，建立法治就是确立稳固的积极形势的努力。没有法治作为托底措施，就不会有真正的国家可持续的发展和进步。最低限度，应不至于危及整个国家的积极走势。这样，就把国家的稳定发展建立在稳固的基础上。由此而来的积极态势，必然使民众和国家进入上升轨道。只有进入上升轨道之后，国家才能稳定发展，并在稳定发展中积蓄力量，进而找到更加快速的发展模式，实现更强的跨越。
④ 孙皓晖：《大秦帝国》第六部，河南文艺出版社，2001，第 405 页。

战时法治，是一种基于生存激奋的高点法治，类似于现代西方法治。这种战时法治，不仅是秦国最高的法治，也代表中国封建社会法治的最高水平。它实现战略立法与战术立法相结合，促进宏观社会行为原则与细节行为制度的结合，体现出被动基础上的主动立法。自秦朝以后，任何一个朝代都没有产生过如此高水平的法治。究其客观原因，在于战国时代形成的国家均势挤压出的法治渴求，后世再也没有。虽然王朝循环过程中，也有政权替代的危机感，但被替代的政权一般都是到了政权衰亡轨道上运行很久以后，再也不可能变法自救的情况下才出现被替代可能的。因此，要想真正实现高点的战时法治，一是上升政权，二是生存挤压，三是君权控国。后世任何一个政权，这三个条件同时具备的情况都没有出现。可以说，高点法治只能出现在封建制度替代奴隶制度的制度交替过程中。

经由商鞅变法形成的法治，在100多年的历史中，逐渐形成稳定的法治基因，进而塑造出法家传统中的法治部分。秦国的战时法治，虽然是封建时代仅有的高点法治，却也因为缺乏长时间制度孕育的渐进过程而内涵脆弱。更根本的原因在于，封建社会制度基础上必然产生人治，而不是法治。也就是说，其社会制度内含的制度覆盖和制度自我控制能力上，缺乏有效保持法治的稳定因素，必然产生吞灭法治的人治漏洞，从而导致法治被人治代替的结局。

换言之，法治尚未成为封建制度本性的结果，即封建社会并非法治的本性适域。源于战时法治的法家基因，表达封建制度建立过程中的制度兴奋，最大化地展现制度遵守的需要和惯性。但说到底，它仍然是制度辅性，而不是制度本性。也就是说，法治在封建社会中，不是必然产生的属性，而是在特定情境下基于特殊需要的辅助性存在。在封建社会进入制度稳态后，催生人治的制度本性逐渐显现出来，并包裹住催生法治的制度辅性。这体现出制度本性吸收制度辅性的基本逻辑，外化为人治吸收法治，即人治体制包裹住法治基因。由此，战时法治可被称作不结果的花。

正因为被人治本性吸收，法治虽然一度应时趋前，进而沉淀为法家基因，但在漫长的中国古代，它总是被封建社会的制度循环包裹起来。这种制度包裹，客观上表现为外儒内法，即儒家思想拱卫的人治往往冲淡法家思想寻求的法治，而仅留下法家思想中有利于君主集权的部分。意识维护制度，制度支撑意识。适应等级统治的内在需要，儒学成为中国统治性的意识形态。在儒学统治的前提下，其他意识都要进行适应性变更，要么衰减，要么变相地被纳入整个统治意识体系中。说到底，在战国时代晶析出来的法治基因被人治体系遮盖包裹，根本原因在于封建制度的内在需要，即形成了对法家传统的制度包裹。

调远距离加以观照，会发现法治辅性被人治本性吸收，也是法家本身发展的必然结果。也就是说，法家本身暗含着吞没自己的毁灭本能。就根本而言，即使对同一思想派别，制度本性也会选择其中适应自己需要的最可适成分。适应社会制度本性的思想部分，能够得到应用；悖反制度本性的思想，就被限制甚至被抛弃。作为应时顺势的存在，法家思想也以君主集权为基本指向之一。从本性上说，君主集权发展到相当程度后，必然与垂法而治产生内在矛盾。也就是说，实行法治不利于家天下的君主统治。作为法家上升期的第一位规则模式，垂法而治虽然拱卫君主集权，却没有把它发展到极致深度。而到了集大成的韩非子阶段，君主集权已经发展成为核心价值，其他价值都要以此为准绳并适应性匹配。最终的结果，就是法治思维为君主集权的人治路径所吸纳，进而使法家传统被儒家思维遮蔽，形成所谓的外儒内法并持续2000多年。外儒内法的治理结构中，法治基因则被包裹在最核心区域，难以有效伸展。作为结果，潜规则盛行，成为法律虚化后规则外溢的必然。

这样，法治思维被集权路径内化性吸收，使其被包裹起来。这也就可以解释，为什么在漫长的中国封建社会中，法家思想一直被打压，而儒家思想却始终被推崇。就是在长期的待位中，法治隐退而人治趋前。由此，造就了中国古代以人治为中轴的法制传统。而被包裹的法治基因，虽然因为这层包裹而难以有效施展，却也就此保留下来，成为有待发掘的待位基因。①

迥异于君主集权的内在要求，法治基因要求足以支撑自己的独立的制度架构。也就是说，对法家传统中的法治基因来说，它与封建制度异质悖立，始终要求突破封建社会的制度束缚，而获得发挥其基因能量的制度适

---

① 虽然表面看来，中国古代儒家思想处于第一位，法家思想无足轻重。但是，法家思想往往因为已经落实到中央集权体制运行内部，而不外显。儒家思想趋前，实际上是法治领先中的儒家融合。甚至可以说，如果没有法治的兜底保障，儒家思想倡导的"春秋决狱"就不可能出现。从这个意义上说，法家思想仍然是中国古代社会中的主导性思想。

域。一旦要求建立法治的时代到来，法家传统身上的制度包裹就会被新型制度破解，进而释放出强大的法治能量。

二　法家传统的现代适用

当下的时代主题之一，就是法脉在合流中隆起。党的十八届四中全会通过《中共中央关于全面推进依法治国若干重大问题的决定》，对法治提出顶层设计方案，展现了一幅"全面推进依法治国的总蓝图、路线图、施工图，标志着依法治国按下了'快进键'、进入了'快车道'，对我国社会主义法治建设具有里程碑意义"。[①] 之所以在这个时代要全面推进依法治国，主要因为当代是法脉汇聚的隆起阶段。上述民族法脉，在当代中国的情境中，与制度法脉、政权法脉和西方法脉融合聚拢，促成法脉隆起。正是诸多法脉同体汇聚隆起，顶破了法家传统身上的制度包裹，使其获得了巨大的现代适域。

所谓制度法脉，指根源于社会制度内在需要的法治脉络。当代中国的制度法脉，指的是社会主义法脉。客观上，如果没有社会主义制度的建立，其他法脉即使出现，也会因为没有制度支撑而流散，更不可能聚集在一起相互扣合，组织出契合时代趋势的法脉一体。

在制度法脉的基础上，其他法脉因为获得制度推动力而加倍凸显。政权法脉，即国家政权运转过程中，对法治的内在需求脉络。相对于社会制度和其他法脉，政权法脉对国家来说，更具有直接决定性。从这个意义上说，政权法脉又是国家的本位法脉。就国家政权而言，运用法律治理国家和社会，是任何常态执政者都内在接受并要求的路线。此外，因为引入内在需要法治的市场经济，在建设中国的法治社会时，必然要求引入西方法治社会的建设经验。这样，西方法脉因为制度类似而就近融入当代中国的法治宽度之中。必须承认，西方法治社会建设有很多优秀经验，值得在中国法治建设中嫁接和移植。由此形成的法治脉络，称之为西方法脉，即发端于西方国家的法治脉络。观其本质，西方法脉一般指的是资本主义法治

[①]　中共中央文献研究室编《习近平关于全面依法治国论述摘编》，中央文献出版社，2015，第14页。

国家的法治道路。

当代中国的法治建设，塑造出诸条法脉一体融合的共同域。法脉隆起的大趋势，为法家传统的现代适用提供了宏大适域。实质而言，新中国自成立迄今，一直在经历法脉逐渐隆起的过程。当代中国的法治要求，使得中国逐渐成为法治适域，即法治成为普遍要求而普及社会结构中的细节。法治普适化，会排挤和剔除人治的存续空间。这个阶段上的法治，已经真正脱离秦国战时法治所表述的制度兴奋，成为制度运转所必须遵循的基本行为模式。作为结果，法治从辅性变为本性，实现了空前的治理位移。

在这个法治适域中，现代制度的出现和发展，能够破解紧扣密捆的制度绳索，释放出被包裹的法治基因。法家传统的制度包裹，在于封建社会的内在需要。从高位的制度本性上说，社会主义制度消解封建制度。而现代社会中，民主制度破解君主制度，因此捆绑在法家传统上的最大绳索就被破解掉了。在当代中国的制度情境中，原来沉寂的制度辅性即法治特性，反变为制度本性而被提取出来。

与之相应，在社会主义制度基础上，儒学意识形态的统治地位丧失，对法家意识的包裹被裂解。因为制度绳索被破解掉，法家传统中的君主集权部分，也相应地因为不适应社会主义法治建设而被弱化并剔除。这样，法治基因被包裹起来的自体原因，也最终被消除。经由制度剔除，法家传统中适应现代法治建设的有益成分就适应性地展现出来。法家传统中三大部分应时趋前，表达法家跟随制度本性演变的思想适应。这样，在社会主义制度基础上，法家传统中的法治基因终于获得实现的现代适域。

必须强调，中国将建设的是新型的优化型法治。为有效建立中国法治的主体性，需要挑选法家传统中适用于现代法治建设的有益成分。在法家传统有益成分应时呈现的前提下，法脉隆起相应地就产生一种提取法家传统的内在紧迫。在要求建设法治国家的当下，必须奠定本体根基，才能建立符合国家主体性的法治形态，否则就会陷入不适当的法治路径，继而因为制度排异而产生巨大的法治成本浪费。而这种对法家传统提取的必要性，主要通过法家传统中三大分支在当代中国的重要价值体现出来，最终需要新法家予以具体落实。

（一）同权革命：法家传统的适用动力

在法家传统的现代适域中，具体的制度动力关乎法家传统的适域走向。只有法家传统现代适用的制度动力源源不断，法脉隆起对传统包裹的破解才能可持续。支撑法家传统的制度动力，来自深厚的制度变革。

在历史情境中研究法家，会发现法家应制度变革而生。不论子产、李悝还是商鞅，都是在社会制度变革过程中产生的。在相当大的程度上，法家是变革型思想群体。法家传统中首要的就是其制度变革的进步史观。这是因为，认定社会不断进步，才会厚今薄古，进而要求制度变革。基于这样的思想取向，法家人士更加看重社会结构的更新与优化。

商鞅变法，是法家变革思想的集大成作品。秦国实现的是表现为同权革命的制度质变。"基于特别条件的汇聚，同一政权内部有时可以进行实质质变，实现同体更新。由此而来的社会制度革命，称之为同权革命，即在保持同一政权归属前提下，实行社会制度革命，实现同体基础上的异质更新。"[1] 其基本特点，就是保持政权归属不变，同时实现制度革命。可以说，因为当时秦国是巨大的法家适域，法家与同权革命内在相关。

这种变革型基本气质，恰恰契合当代中国正在进行的制度大变革。据其类似性判断，当代中国实行的变革，是第二次"商鞅变法"，即在同权归位中实现巨型的制度革命。中央要求实现"四个全面"战略布局，其中，全面深化改革，是实现"四个全面"战略的动力所在。"党的十八届三中全会决定、四中全会决定形成了姊妹篇，改革和法治如鸟之双翼、车之双轮，将有力推动全面建成小康社会事业向前发展。"[2] 就实质而言，全面深化改革就是要完成中华历史上第二次"商鞅变法"，即在保证政权归属中国共产党领导的前提下，实现制度革命。因为具备同质适域，商鞅变法过程中实现的同权革命在当代将再次发生。第二次"商鞅变法"，实际上是"二合一"的变法，即资本主义制度革命与社会主义制度建立一体同构，因此问题的复杂程度空前。如何结合新的制度增量，实现低位制度向高位制度的拉近，是第二次"商鞅变法"的核心任务。由此，当代中国已经成为现代的法家适域。

因为同样面临同权革命的情势，法家传统必须被适用于当下。如果不能及时提取法家传统，奠定中国法治的主体性，法治中国的建设就会被推

---

① 王耀海：《商鞅变法研究》，社会科学文献出版社，2014，第454页。

② 中共中央文献研究室编《习近平关于全面依法治国论述摘编》，中央文献出版社，2015，第14页。

向西方法治的路径。就本质而言，西方法治是在异权革命基础上建立的法治模式。在其延续过程中，也以异权变革为基本支撑。因此，西方法治从本性上不适应中国的法治建设。如果不及时提取法家传统，必然会产生本性错位，使得中国法治建设陷入困境进而产生巨大浪费，甚至催生社会动荡。

当然，对法家传统中制度变革的进步史观的提取，也并非原态提取，而是结合现实条件而适应性提升。因为契合当代的变革气质，法家传统能够被发掘和应用。法家传统的变革气质，需要结合新时代要求实现突破，从被动型变革走向主动型变革。法家产生过程中当时各国实现的制度变革，实际上是迫于生存危机的更新。如秦国的商鞅变法，就是魏国压迫带来的灭国压力的产物。

当代中国的变革，已经逐渐从被动走向主动。近代以来中国发愤图强，系遭受西方列强侵略而引起。新中国成立之后，随着政权巩固即国家生存获得保证，其改革就不仅仅是获得生存权，更表达了主动获得更优化生存和发展态势的能动选择。即使给国家带来重大动荡的"文化大革命"，也是当时中国共产党人掌握发展主动权的尝试。观其发展脉络，新中国成立之后，始终凸显从被动走向主动的基本脉向。

这一点在改革开放以来表现得更加突出。如果说改革刚开始还体现出因应危机的被迫选择，在中国共产党人深刻认识到"三个代表"，要求实现科学发展之后，越来越体现出在改革发展中主动掌握自己命运的制度尝试。特别是新一代领导人执政以来，更展现出强烈的复兴中华强势地位的伟大梦想。总体来说，中国的改革事业表现出与战国时代截然不同的主动性，可以说当下的制度变革是主动性变革，体现出越来越高的能动程度。在这个过程中即使某些改革是被倒逼的，也只是长程主动中的短暂被动。

其主动的基础，首先在于制度先进。此外，主动变革的政治基础，在于民主支撑。走向主动的临界点，在于能够实现底动力上传前提下的民主控制。随着市场经济的逐渐发展，底层活跃的程度越来越高，底层要求国家顺应其要求的决定能力越来越强。客观上，表现为民主制度的支撑。有了民主支撑，改革就是逐渐摆脱被迫地位的顺应性选择。有了制度基础，中国共产党带领人民制定出各种远景目标和发展规划，预测到各种长短期风险并采取对策予以化解，都是主动改革的表现。具体落实为底动力变革，变上层呼应底层为底层裹挟上层基础上的上层主动应对。

由此可见，法家传统基于制度变革的适域还是很大的，能够促进法家传统的升华。当代中国趋于主动的制度变革，使得法家存续的基础更加深厚，法家题域也由此更加宽广，客观上更加需要深厚的法家智慧。这就需要法家思维更新，促成新型法家的出现。

不能回避的是，在改革过程中仍未被根除的腐败，已经形成巨大的被动性，甚至危及改革的深入进行。必须注意到，当代中国的政治制度处于过渡状态，即不定型结构之中。而"无论在自然界，还是在社会上，任何界限都是可变的，在一定程度上是有条件的，是不稳定的，而不是一成不变的。处在主要分界的'交接线'上的政党和集团的过渡形式和动摇状态是必然的"。① 在空前的社会制度变革过程中，执政者有所波动也很正常。更何况，来自制度本位的主动因子并未停止，反而要求执政者自我良化以应对时势的改革需求。从总的趋势来看，改革事业终究还是趋于主动的。

由此，解决政治腐败，成为法家传统现代适用的必然题域。现代中国的变革，更需要发挥法家传统中的变革精神，重启法家变革的制度智慧，才能足以支撑制度变革主动化的要求。这样，法家传统也应该实现升华，主要表现在它必须适应性更新。正因为它应变革而生，所以法家传统主要针对变革而设计和衍生，表现出强烈的未定型态势。其题向焦点和思想指向，主要在于实现变革，而非建设。所以，法家传统内涵的变革本能，需要结合现代社会中的建设需要而实现升华，才能真正被应用到法治中国的建设之中。

（二）国家统管：法家传统的同脉共振

法脉加强，带引出法家传统在现代中国的宏大适域。中国进行的制度变革，是法家传统现代适用的动力保障。但仅有宏大适域和动力保障还不够，更需要论证适用法家传统的体制支撑，即必须寻找到它与现代社会的体制共通点。

"在'旧战国时代'，秦借着法家思想富强起来，统一了六国。如今在'新战国时代'，只有复兴法家思想，中国才会真正有希望。"② 但如果因为

---

① 《列宁全集》第 21 卷，人民出版社，1990，第 40 页。
② 白霞：《"新法家"在近代中国崛起的原因探析》，载里赞主编《近代法评论》2011 年卷，法律出版社，2012。

近代中国处于其他国家的包围中，就想当然地以为只有复兴法家才有希望，这是欠缺论证的。如果仅仅是为了救亡图存和追求富强，则不足以促成法家传统的现代适用，更难以支撑当代新法家的应时而生。在现代社会中，采用其他方法也可以实现国家富强，而不必一定采取法家思想。客观上，还需要找到法家传统现代适用的具体支撑点，即法家传统适用的依附体。也就是说，必然存在一个机制，它是古代法家和现代法治之间共同拥有的东西，以至于千年之后，它足以沟通法家和现代，使法家传统得到大幅度适用。这个机制，就是权力主导基础上的国家统管。

法治依附体所内含的，即在什么样的国家体制基础上建立需要的法治。如果与法治依附体本质各异，法家法治思想就不可能被真正应用。或者即使被应用，也是其中某些思想被适度引用，而不可能作为一个思想形态被应时复兴。也就是说，法家传统要获得新基础上的应时新形态，必然有足够多的可适用部分。如果当代仅仅要求法治，而并不需要法家时代的法治感应，法家传统依然不可能被适用。

古今共通的行为模式，是为传统。如果适用古代却难以在现代立足，这样的行为模式就不可能成为真正的传统。或者即使赋予它传统的名字或曰形式，它也只能属于过去。失去可用性的传统是死传统，如三从四德，已经不可能在当代适用。具有可用性的传统，才是活传统，即能够得到稳态延续的传统。

所谓国家统管机制，指国家权力在整个社会结构中居于主导地位，对经济社会与国家机构进行一体式的统筹管理，实现国家统领社会的局面。作为结果，权力趋前而具有第一位的外观，对社会结构产生巨大的统筹引导能力。国家统管机制，意味着人类在认识社会运动规律基础上的主体能动。客观而言，国家反作用于经济和社会，在任何政治社会中都存在。在特定的权力型国家社会中，因为权力主导的引领机制持续存在，权力引导氛围显得特别浓厚，所以形成了与一般国家引导不同的国家统管格局。

国家统管机制的形成，根源于权力相对于经济的巨大能动空间。观其本质，"国家权力对于经济发展的反作用可能有三种：它可以沿着同一方向起作用，在这种情况下就会发展得比较快；它可以沿着相反方向起作用，在这种情况下它现在在每个大民族中经过一定的时期就都要遭到崩溃；或者是它可以阻碍经济发展沿着某些方向走，而推动它沿着另一种方向走，这第三种情况归根到底还是归结为前两种情况中的一种。但是很明显，在第二和第三种情况下，政治权力能给经济发展造成巨大的损害，并能引起大量的人力和物力的浪费"。① 如果权力反作用强大到足以形成独立外观和运转，进而能够合理调配社会资源，权力能够更大地促进社会发展。国家权力因为具有巨大的可促进性，所以它反作用于经济运转的过程中，就可能形成巨大的国家统管机制。特别是因为中国又是权力主导性的天然适域，国家统管自然产生并且能长期发挥作用。

国家统管机制，是从中国土地结构中生长出来的最稳定机制。它与中国特殊的地理环境有密切关系。中国是中原平坦辐射西方的地理结构，由此形成了酋邦制度的初始路径。在此必须提示地理厚度产生的心理趋向。② 一定的地理样态中，人们形成特定的神经感应点和神经兴奋点。当人们的神经结构中持续出现系统兴奋点时，就会养成稳定的心理惯性。也就是说，地理常态催生相应的心理惯性。心理惯性持续很长时间以后，就会聚合凝集为稳定的品性。从惯性到品性，是地理稳定性的决定力催化的结果。

在中国的地理结构中，权力成为最高神经兴奋点，进而占据国家运转中的中心高位，成为中国区域中的第一主导因素。古代中国推行法律体系调整社会，形成了相应的法治圆。但就中国古代来说，这个法治圆中心一直处于虚弱的塌陷状态，即中国古代体制下，没有产生足以拱起法治中心的常态力量。因为权力独行催生了唯我独尊的排他性，而同时并没有足以制衡国家权力的底层活跃，所以，中国的法治圆一直是中心弱势的。弱势本身要求结合新的时代条件，夯实虚弱的中心。③ 在权力型地域，催生权力型法治。权力御导的规则统治力，是中国古代法治的核心所在。由此，

---

① 《马克思恩格斯全集》第 37 卷，人民出版社，1971，第 487 页。
② 地理厚度产生的心理趋向，非常值得研究。如在中原边缘和中原中心，两种截然不同的感觉和神经塑造点，即神经中心点，形成了相应的群体性格特质。神经兴奋点维持在哪个方向的哪个高度，对族群基本趋向来说，具有很重要的催化作用。这对于研究地理特性人非常重要。而在不同的地理特性基础上，形成了对法治的要求浓度和感受度的纷呈各异。
③ 这种内在的应然要求，在当代获得了可能性。因为市场经济的发展，底层活跃成为常态。随着改革的进行，设立边界，使权力难以继续类似于中国古代那种绝对排他性，而要跟随底层走势及时自我调整，否则就会被底层抛弃而实现权力替代。

权力主导、法行天下构成中国古代形成的法治基因。①

马克思指出：“在东方，由于文明程度太低，幅员太大，不能产生自愿的联合，所以就迫切需要中央集权的政府来干预。因此亚洲的一切政府都不能不执行一种经济职能，即举办公共工程的职能。这种用人工方法提高土地肥沃程度的设施靠中央政府办理，中央政府如果忽略灌溉或排水，这种设施立刻就荒废下去。”② 在中国古代这样的经济体系中，“国家既作为土地所有者，同时又作为主权者而同直接生产者相对立，那么，地租和赋税就会合为一体，或者不如说，不会再有什么同这个地租形式不同的赋税。在这种情况下，依附关系在政治方面和经济方面，除了所有臣民对这个国家都有的臣属关系以外，不需要更严酷的形式。在这里，国家就是最高的地主。在这里，主权就是在全国范围内集中的土地所有权。但因此那时也就没有私有土地的所有权，虽然存在着对土地的私人的和共同的占有权和使用权”。③ 国家代表社会并且管控社会，形成权力经济体制。

通过商鞅变法，法家法治得以在国家统管基础上形成。可以说，国家统管是法家法治思想的连体属性，是其依附体。总体而言，国家统管形成的一体化，是法家传统形成和现代延续的依附基础。

探讨国家统管机制，必须厘清古代与当代统管的不同。其不同，根本在于社会制度基础的演变。社会主义社会中，国家统管也是非常重要的制度选择和基本呈现。实现社会主义制度运转，内在需要对全社会生产进行统管。可以说，社会主义制度是体现主体能动性的统管的天然适域。也就是在这一点上，现代中国的社会主义建设，与古代中国内含的国家统管具

---

① 从某种意义上说，中国的法治基因与马克思主义法学的法学基因内在契合。马克思主义法学的基因，其法学论证的基本方向，也是国家权力管控社会，实现秩序化。中国法治中心点所形成的中国的法治融合性和马克思主义法学应然具有的融合性内在契合。因此，中国可以说是马克思主义法学的天然适域，产生出内在契合。也就是说，中国的法治基因与马克思主义法学基因，产生契合的基因共振。因此，在当代中国，可以说非常适合马克思主义法学的发展。作为延展，在其他社会主义国家为什么马克思主义法学并未得到很大发展，可能也与它们各个国家缺乏与其法学基因相匹配的法治基因有关。权力主导前提下的法治融合，与马克思主义法学在当代很相似。法治基本状态，产生了法学类似性。

② 《马克思恩格斯全集》第 9 卷，人民出版社，1965，第 145 页。

③ 《马克思恩格斯全集》第 25 卷，人民出版社，1974，第 891 页。

有天然联系，进而可以深度沟通。从这一点看，当代中国可以直接借鉴适应古代社会国家统管机制下的各种经验，结合现有制度推陈出新。而且，因为建立在新型社会制度基础上，辅之以民主管理，社会主义中国的国家统管，不论从效率还是从可持续性上来看，都远远超过古代中国的简单型国家统管治理。当代中国社会主义建设内在需要的国家统管，相对于战国时期的国家统管来说，是优化型统管。

因为制度基础和统管模式已经截然不同，当代的优化型统管，在更大程度上成为法家传统的支撑。社会主义统管，更需要强力的规则保障，因此更要求法治普遍化。同时，统管也更少偏私，更能促进法家基因展开。更为重要的是，社会主义统管是在人民民主基础上展开的，获得民众深度参与，不仅能减少制度变革的阻力，更能凝聚出法治建设的推动力。因为支撑基础趋于优化，法家适域更加广大。

结合治理模式来看，国家统管在封建社会基础上塑造深度的稳态人治，在社会主义制度基础上，则可以催生深度的稳态法治。也因此，古代法治与现代社会主义法治有共同点，产生类似情境下的基因脉振。其结果是，足够的经验有用性促使法家传统的现代适用。最为重要的，就是国家统管规定出法治限度，即形成统管型法治。可以说，当代中国要建立的法治模式是统管型法治。它并不仅仅是国家推动法治得以实现的逻辑要求，而且是中国长久以来形成的传统惯性，更是社会主义制度需要国家统筹管理整个社会的内在要求在法治建设上的同质传递。从某种意义上，全国法治一盘棋的统筹建设，正是中国的基本特色所在。

据此界分，悖反国家统管要求的法治，必定不能被适用于当代中国。西方法治，作为自由主义衍生路径的法治产物，内在地不适应以国家统管为体制支撑的法治要求。在需要尽快奠定法治主体性的当代，必然要尽速提取法家传统，以适用其中的有益成分。这更需要法家传统的优化，实现新型法家统管思维，即通过法治实现国家统管的思维。国家统管，是法家传统得以延续的依附体，也是民族法脉现代化的现实基础。

（三）东方法治：法家传统的现代指向

中国在漫长的法制传统中，形成了被长期包裹因而有待发掘的法治基因。其法治基因，与社会主义法治能够产生同向的基因共振，从而产生极为罕见的法治融合。① 中国的法治基因，在国家统管机制的笼罩下，封建社会产生人治，当代中国则要求法治。也正因为要建设法治国家，才牵带出以建设法治为目标的法家传统。垂法而治是法家传统的核心要义。如果说国家统管是法家适用的体制支撑，要求实现普遍的法治，则是它能得到现代适用的内容前提。垂法而治，因此也是法家传统与现代法治的共同点所在。

春秋战国时期，以法治国的主张首先由管子和子产提倡，将这一治国理念变成一种治国之术的却是商鞅。正如学者指出的："以法治国的法家思想，虽道源春秋时代的管子和子产，但到了战国时代的商鞅，缠（才）将这一思想变成一种主义，并且予以事实的证明，使法家得以成立。"②《商君书·修权》云："国之所以治者三：一曰法；二曰信；三曰权。法者，君臣之所共操也；信者，君臣之所共立也；权者，君之所独制也。"在商鞅看来，法律是国家实行治理的第一手段。法律作为治理国家的纲要，能够串联起其他手段，使之符合法治的内在需要。任何国家与社会的有效治理，最终要有其治理的主要承载者，就是治理的纲。所谓纲举目张，讲的就是纲要在国家治理中的重要作用。因为法律的关键作用，法律成为纲即提出法治，是商鞅变法的必然要求。国家统治者应该"秉权而立，垂法而治"（《商君书·壹言》）。

从宽泛的法治标准来看，"商鞅变法所形成的社会符合法治的四个要素：秦朝统治者'依法治国'；商鞅之法具有时代进步性，属于'良法'；秦律具有至高无上的权威；秦民咸从于法律。既如此，这样的社会当然就是一个法治社会了。同时，也要看到，商鞅变法是在战国的时代背景下进行的，它具有战时法治的特征，所以，从商鞅变法之后到秦朝灭亡之前，秦国社会处于一个君主专制的战时法治时期"。③ 这种激奋型法治，在某种程度上甚至与西方法治类似。虽然秦国变法后实现的法治是战时法治，即动态法治，而不是稳态法治，但是法家传统仍从中生发出来。

从某种意义上说，当代中国要实现的法治，也并非稳态法治，而是竞

---

① 马克思主义法学也有其基因。可以想见，如果马克思主义法学的法学基因，与中国古代形成的法治基因内在契合，必能产生更好的法治融合。
② 黄公伟：《法家哲学体系指归》，台湾商务印书馆，1983，第 275 页。
③ 徐运良：《商鞅变法的"战时法治"特征及其启示》，《北京行政学院学报》2011 年第 3 期。

争型法治，即发展型法治。因为社会主义制度并未最终在全球建立，反而一直处于与资本主义制度相竞争的状态中。在这样的制度基础上建立的法治，也必然只能是发展型法治，类似于通过商鞅变法实现的战时法治。制度未稳固、发展未定型，是战时法治和当代法治的共同点。提取战时法治建设经验，特别适应当代中国的法治建设需要。因为当代中国的制度变革，深度所及以及难度之大，远远超过商鞅变法时期的变革，所以更需要把法家传统进一步提升，放大战时法治的法家智慧，塑造出适应竞争型动态法治的新型法家法治思维。

当然，法家传统中的法治思想，并不是原样不变地适用于当下。其中最为核心的改变，就是破解在中国古代根本不可能解决的商鞅难题。商鞅难题不真正破解，法治普遍建立的最高点漏洞就不可能得到弥合，现代法治就不可能建立。在这样的前提下，法家传统即使被应用，最终也会因为核心陷落而空洞化。而对现代法治来说，如果不能有效解决最高点守法的问题，也就没有必要提及法家传统的现代适用。由此而言，法家传统现代适用的实质，是法家缺憾的现代弥合。

当代中国之所以能够解决商鞅难题，根本原因在于，在社会主义市场经济基础上，来自底层活跃的底动力，迫使国家统管以法治方式展开，才能真正有效。底层产生不间断的压力，并通过各种渠道上传到国家层面，迫使国家按照底层要求作出法治行动。否则，国家就会面临合法性流失的问题。也只有在现代社会中，底层活跃才能达到足以迫使上层采取法治的程度。也因此，才使法家传统再次被发掘成为现实可能。

思索法治，还应该强调它的东方性。当代法治中国的建设，已经与战国时代秦国法治建设的情境内在不同。战国时的法治建设，是在相对封闭的中国区域中自我生长出来的，而现代中国的法治建设，则是在与西方法治竞争的前提下开始的。在外部法治引力始终存在的前提下，必须攒够足够内力，才能对抗外力吸引，使外力为我所用。这就要求尽快建立中国发展的主体性，尽快提取法家传统，铸牢法治的东方性。

从地域属性来看，法家传统一定与"东方"内在关联。法家的法治思想，是在没有任何外来变量介入的前提下产生的。由此，它有强烈的中国主体性，构成中国法治主体性的民族基因来源。相应的法治主张，也因为中国居于东方核心地带而具有东方代表性。因此，当代中国的法治建设，实际上就是要建立以社会主义制度为基础的东方法治。

法治的东方性，首先来自社会主义制度在东方地域的生存，即这种东方性有其社会制度的坚强支撑。这种区域趋势，表现为资本主义因素东向递减和社会主义可能性东向递增的基本倾向。列宁指出，"早在 1848 年《宣言》中就说过，愈往东方，资产阶级胜利的条件就愈少"。① 因此，首先在东方崛起的社会主义必然内含其东方道路，结合法律产生法治的东方道路。

法家传统，在中国古代农村公社基础上衍生而来。本质而言，东方农村公社是氏族公社家庭化的产物，是氏族公社内部细化为家庭细胞的历史产物，更像一个以血缘关系为基础的生活共同体。由此形成的血缘内聚力，其影响在行为规则上表现为个人对宗法关系的客观依赖，进而直接影响东方社会的法律起源，使东方法律文化系统与西方法律文化系统判然有别，也具体表达了法家传统中的东方性质。

首先，风俗习惯在法治建设中起到相当大的规则功用。其次，集体主义的法治取向。农村公社是东方社会的统治基础。作为经济基础的思想上传，法家传统呈现强烈的国家主义特征。而基层浓郁的集体主义和国家主义取向，契合社会主义制度建设以及由此而来的法治建构。再次，法律治理的统管取向。马克思指出："在东方，由于文明程度太低，幅员太大，不能产生自愿的联合，所以就迫切需要中央集权的政府来干预。因此亚洲的一切政府都不能不执行一种经济职能，即举办公共工程的职能。这种用人工方法提高土地肥沃程度的设施靠中央政府办理，中央政府如果忽略灌溉或排水，这种设施立刻就荒废下去。"② 也就是说，专制政府是东方社会存续循环的必要前提，从中亦可看出国家权力在整个社会结构运转中起到核心中轴的作用。在现代法治建设中，国家权力同样起到极为重要的启动和推动的作用。最后，法治的人民化。这集中表现为司法的基层参与性。在古代东方社会，警察职权和司法职权固然由国家来行使，但作为社会生活直接组织者和实施者的村社，也必然因为其直接影响力的存在，而能够行使着某种程度上的司法权。

---

① 《列宁全集》第 16 卷，人民出版社，1988，第 164 页。
② 《马克思恩格斯全集》第 9 卷，人民出版社，1965，第 145 页。

总之，当代中国要实现的，是法家传统参与的东方法治道路。结合新的制度基础和时代适域，法家传统被适用的指向，就是参与建设社会主义东方法治。因为制度基础是与资本主义制度相对立的社会主义制度，东方主体性已经不仅仅标示地理区隔，而获得强大的制度意义。从诸多法脉同体聚合的取向，提取法家传统中的适用成分，是塑造中国法治主体性的主要渠道。在优化型法治的建设过程中，更需要法家传统结合现代条件，更稳固地生长壮大，形成新型的法家思维。由此而来的法治适域，也昭示法家传统现代适域的具体化。

三　法家传统与"新法家"

讨论法家传统的现代适域，最终还要靠具体承载者去落实。在法家传统现代适用的过程中，需要形成新型法家思维。而且，现代适域也为法家在被继承中提升奠定了优化基础。作为法家传统现代适用的逻辑产物，新法家应时而生，具体承载法治趋势并推动法治中国实现。

新法家，是相对于古代法家而言的新型法家群体。探讨现代新法家，必须将近代在中国兴起的新法家作为坐标比对。"任何思想与学术，都与时代相关。在思想史与学术史上，旧时代的某种思想与学术，常常在新的时代背景下再起或复兴。"[①] 近代中国兴起的新法家，是国家危亡时势的产物。"所谓新法家，就是在对法家学说认同的基础之上，从近代的角度出发，以一种新的眼光与思路对先秦法家学说进行诠释的思想流派。而大凡对于法家学说表示认同，并从新的角度赋予法家新的诠释，而且这种经过新诠释之后的法家学说为其某一时段思想体系当中的一个较为重要的组成部分，并且作为自己的主张公开发表或宣扬的个人或学术文化流派，我们均可称其为新法家思潮的组成部分或代表人物。"[②] 实质上，"'新法家'不仅是对'旧法家'的复兴，而且是对'旧法家'创造性地发展。'新法家'继承了'旧法家'的思想源泉，借鉴西方近代先进法治理念，将先秦法家思想融入到现代法治思想体系中，并努力使其具有现代理论形态，以

① 时显群：《先秦法家法治思想在近代复兴的原因》，《社会科学战线》2009 年第 10 期。
② 王锐：《近代中国新法家思潮略论》，《学术论坛》2011 年第 6 期。

及现代化的表达方式"。① 不过，如果仅仅停留在这个层面，则对新法家的运用仍然难以达到高效。

近代的新法家，是因应制度变革趋势的初步反映。但因为国家一直处于战乱状态，没有足以支撑他们法家思维持续展开的稳定国域。法家传统展开所需的稳定国域条件，在当时并不具备，使得清末民初开始形成的新法家，还只能仅仅停留在救亡图存的阶段，并未释放出足够的法家含量。所以，尽管已经提示出中国的法治趋势，他们也只能是初步的趋势代表者，处于有志向没有实力的虚弱状态。

近代新法家所发掘的历史使命，顺延到当代才可能被完成。近代法家的历史认知，需要在厚度适域中进一步释放。当代法家所要做的，实际上是延续近代法家已经触摸到却没有实际推进的历史任务，即在中国国域内推动建立新型法治社会。法家群体，需要深通法治理论，同时具备强大的制度设计能力和制度推行能力。由此形成的法家合力，才能最终促进中国法治的有效建立。全面推进中国法治，需要大批学法懂法的人具体承载。群体拱卫出最能掌握时代法治走向的思想者派别。这样的群体，可称为新法家，即从中国土壤中生长出来的集合诸多法脉的法学人群体。这个法家团体，把社会主义法治作为自己的奋斗目标，同时能够吸取各方面法脉形成的合理性，进而成为集时代和理论大成的派别。

特征之一，继承优秀法家传统。当代中国是法家适域，由此而来的法家推动力，必须在借鉴法家传统基础上才能完成。具体来看，当代中国的法治建设，是在与西方法治竞争的前提下进行的，即客观上不可能有新型法家自我生长的环境。由此产生的法治紧迫性，使得必须首先提取内含类似经验的战国法家传统中的有益成分，尽快奠定巩固中国的法治内力。也因此，承载法治中国建设的推动者群体，才可以叫新法家，而不是其他名称。新法家是战国法家法脉的延续，这要求它必须结合时代要求，继承法家优秀传统，提取出足够的法家成分，进而为法治建设服务，实现法家的本脉续生。就其形式而言，如果不能提取足够的法家成分，新法家的叫法就失去了实质意义。

---

① 白霞：《"新法家"在近代中国崛起的原因探析》，载里赞主编《近代法评论》2011年卷，法律出版社，2012。

特征之二，以社会主义法治为根本目标。法治的社会主义属性是界别资本主义法治的根本所在。脱离这个根本目标，任何法治主张都会因为错位社会制度而失去底层支撑，最终难以实现。只有扣合社会主义法治目标，法治主张才能具有可欲性。新法家必须按照社会主义法治的要求而团聚并且展现学派思想力。

特征之三，集法脉大成。因为处于四大法脉同时聚拢的法治建设时期，新法家必然由此产生集大成的可能空间。新法家不仅集法脉之大成，更要在社会制度多向融合的基础上，在法治实践上推动集大成。就如这个时代，既要求民主又需要集中，既应该借鉴西方法治经验，又需要聚拢中华法治基因。总之，在集大成的时代，产生集大成的新法家。当然，也因为其新，它必然克服战国时期法家的局限，填补进适合新时代要求的法家主张。待到当代法家稳定出现并且发挥出应有作用，中国法家的发展脉络必然呈现"古代法家—近代法家—当代法家"的三大发展阶段。作为本质嬗变，法家必然实现成分更新，封建主义法家跳经资本主义法家，而转化为社会主义法家。

（王耀海：《法家传统的现代适域》，《社会科学战线》2016 年第 1 期）

法家的法治国家理论

贺海仁[*]

在古今中外的历史上，用"法家"一词来指称一个学派、一个治国共同体，唯有先秦法家共同体。[①] 先秦法家之所以形成一家之言，乃是因为其理论是关于治国的法治规则理论，这有别于治家的伦理规则理论和治天下的道德规则理论。倘若把治家的伦理规则称为家法，把治天下的道德规则称为天下的法，那么，在春秋战国这一具有"哲学的突破"（philosophic breakthrough）[②] 特征的大变革时期，先秦法家率先系统地摒弃了家法而选择了国法，以国家为视角来展开理论命题和社会试验，即以国为国，依法治国。本文无意开启对先秦法家的平反工作，但首先表达本文的观点和理论假设则是必要的。在笔者看来，如果承认人的社会行为受多重

---

[*] 贺海仁，中国社会科学法学研究所研究员、法理研究室主任。

[①] "法家"在英语世界有时被译为"Legalism"、"Legalists"。例如，Han Fei Tzu, *The Complete Works of Han Fei Tzu: A Classic of Chinese Legalism*（London: Probsthain, 1939）。而"Legalism"或"Legalists"至少包含三层含义：合法主义或守法主义；法治主义；法律专家。但这两个词同时也包含了太多的歧义。在施克莱的一本名为 *Legalism* 的书中，"Legalism"甚至被解释为包含了自然法意思，参见〔美〕朱迪丝·N. 施克莱《守法主义——法、道德和政治审判》，彭亚楠译，中国政法大学出版社，2005。把"法家"译为"Legalists"遭到了一些人的质疑，因为学界通常并不认为法家学说具有现代西方法治思想，在此方面，昂格尔的《现代社会中的法律》具有代表性。为谨慎起见，一些人直接以汉语拼音"Fa-Chia"来表达"法家"。例如，Herlee Creel, "The Fa-Chia: 'Legalists' or 'Administrators'?", in Herlee Creel, *What is Taoism? And Other Studies in Chinese Cultural History*（Chicago: University of Chicago Press, 1970）, pp. 92-120。

[②] 所谓"哲学的突破"，按照帕森斯的说法，是指对构成人类处境之宇宙的本质发生了一种理性认识，而这种认识所达到的层次之高，是从未有过的；与这种认识随之而来的是对人类处境本身及其基本意义有了新的解释。

规范的制约（规范竞合理论），而人的社会行为在不同的实践场域才可以体认和观察（场域重叠理论），那么，多重规范大致可以被简化为三重规范，即习俗规范、国家规范和道德规范。与此相适应，人的行为也被置于私人领域、国家领域和天下领域三个交叉重叠的实践场域。我们的任务是，把重叠的这三个场域中的行为规范从理论上分解出来，达到这样的一种理论认识，即以礼治家、以法治国、以德治天下，而重点是论述国家领域中的国家规则，即以法治国。正因为如此，本文所采用的研究方法，主要不是史学的方法，而是规范的法学理论研究方法。这一方法，主要包含两层意思。一是将人的行为规则类型划分为三种形式：习俗的、法律的和道德的，它们分别对应于人的私域、公域和共域，即从不同的实践场域认识不同规则的功能，尤其是法律的特性在国家领域中的作用；二是借用实证主义法学派的观点和方法。实证主义法学派因其主张一种独特的社会组织方式和规范类型而有别于其他源于西方的法学流派，特别与自然法学派形成鲜明的对比。以上两层意思均指涉法的科学性命题，因此，对法家的研究也可以概括为法律共同体依照实在法治理国家的科学理论，在这个意义上，依法治国也被称为科学治国。①

一 法律与治乱

通常，一个时代有一个时代的特定词汇，这些词汇的出现和退出都与特定社会的大趋势和大方向有关。词汇中的关键词则代表了逐渐定型的社会意识和社会趋同。② 在方法上，这些关键词要么改造原有的词汇，使之具有新意；要么创造新的词汇，以体现新人、新事和新气象。此外，也有一种可能，某些词汇本身就存在，时代需要把它们提升到关键词的圈子中

---

① 卡西尔指出："科学概念的表述方法，既是分析的也是综合的。只有通过把一个貌似简单的事件分解为它的各个因素，并从这些因素中重建这一事件，我们才能理解它。"参见〔德〕E. 卡西尔《启蒙哲学》，顾伟铭等译，山东人民出版社，2007，第8页。

② 正如考文指出的，"这一时代的思考总是借助于一种特定的语汇，通过这种语汇，这个时代的人才被人们理解。而这个时代的人也必须采用这些语汇，然后使其适用于他们各自的目的"。参见〔美〕爱德华·S. 考文《美国宪法的"高级法"背景》，强世功译，三联书店，1996，第59页。

来，在提升的过程中赋予新义。① 春秋战国时期，法作为时代的关键词开始频频出现在社会、政治、经济生活当中。从时间顺序看，我们今天称为古代法的，在三代是刑，在春秋战国是法，秦汉以后则主要是律。② 如果这个判断大体成立，那么，由此可以说明先秦法家开始用"法"来替代"刑"，或者，对"刑"概念赋予新的含义和使命。不过，以"法"代"刑"的词汇转向，并没有否认原来意义上的刑继续存在，更不能否认在此之前法作为词汇的存在。不论在法的名称上如何表达，在表达上如何混乱，逐渐浮出水面的则是这些"名"所要求解的"实"。在词与物的关系当中，词被赋予了本体论意义上的"实"。变化中的社会需要"正名"，以体现、巩固和强化变化的结果。总之，时代的需求不仅使法的字义发生了变化，而且使法字成为时代词汇中的关键词，这种变化所产生的效果无法低估。③

（一）法律作为历史事件中的关键词

我们无法详细统计法作为关键词在春期战国时期出现的频率，但是，有一个现象颇能引起注意，这就是，法、律、刑等词语开始与礼并列而且呈现取代礼的趋势。正如前文所提示的，在不同的法家代表人物那里，对法律的用法极其混乱，不过，这并没有阻止他们用这些词语替代在此之前通行于世的礼的概念。"替代"仍是从法律在救国治国中的重要性和有效性角度说的，完全替代先前的流行概念并且使其消亡则是不易的。在这个意义上，在法和礼的关系问题上持有类似"两手抓，两手都要硬"观点的人也可以列入法家行列。把法提高到与礼同样重要的地步，至少在强化法的地位方面向前迈出了一步，法因此享有了在此之前只有礼方能享有的

---

① 在古代文献中，法、律、刑往往可以互训，如《尔雅·释诂》："刑，法也"；《说文》："法，刑也"；《唐律疏议·名例》："法，亦律也"。
② 参见梁治平《法辨——中国法的过去、现在与未来》，中国政法大学出版社，2002，第66页。
③ 贝克尔在论述18世纪的启蒙思想时，提到西方不同时代词汇的变化，"在13世纪，关键性的词汇无疑应该是'上帝'、罪恶、神恩、得救、天国等等；在19世纪是物质、实施、实际、演化、进步；在20世纪是相对性、过程、调节、功能、情结。而在18世纪，这些词汇——没有它们，就没有一个启蒙了的人能够达到一种可以安心的结论——则是自然、自然律、最初因、理性、情操、人道、完美性（最后这三组词汇或许只对于灵心善感的人才是必需的）"。参见〔美〕卡尔·贝克尔《启蒙时代哲学家的天城》，何兆武译，江苏教育出版社，2005，第41页。

礼遇。

　　管仲是孔子备加称赞的人。孔子说："微管仲，吾其被发左衽矣。"（《论语·宪问》）意思是说，如果没有管仲这个人，我们恐怕就要披散着头发，衣襟要从左开了。孔子何以对管仲有如此高的评价呢？这仍可见诸孔子的概括："管仲相桓公，霸诸侯，一匡天下，民到于今受其赐。"（《论语·宪问》）在中国历史上，管仲是提出"以法治国"①概念的第一人，但正是这位被孔子欣赏的人，开启了以法治国理论的先河，而这一理论在此后最终延伸发展为与儒家相抗衡的学说，这恐怕是孔子起初始料未及的。可以看到，管仲在提出"以法治国"概念的同时，也使用了"动无非法"的词语。②"动无非法"与儒家的一句经常被人引用的话几乎完全对立，即"非礼勿视，非礼勿听，非礼勿言，非礼勿动"。（《论语·颜渊》）十分明显，在"动无非法"和"非礼勿动"之间，存在巨大的差异。除非人们在法和礼之间发现可以置换的内涵，否则人们在行动时不可以同时既循礼向左，又遵法向右。管仲从来没有否认过礼的作用，在某些场合他依然把礼作为头等需要维护的大事，但是，他在提升法的作用时无疑已经不自觉地降低了礼的功能。管仲所说的法就是指由国家颁布的成文法，而不是自然法，也不是习惯法，当然更不是礼法。在下面的论述中，我们将讨论管子治理学说所运用的一个独特的方法，这种方法区分了人的行动领域所分别适应的规范体系，本文认为这恰恰是法家之所以为法家的重要原因。③

　　提高法律在治理规则体系中的地位，有时也采取了颇为隐晦的方法，即改造礼的内涵，使礼的内涵尽量朝法的方向上靠拢。这种方法通常被那些锐意革新的儒家学者采用。荀子是战国后期最后一个儒学大师，他在巩固儒家学术地位的同时，也在悄悄改变和发展儒家。一个显而易见的事实

①　这一概念直到今天仍是汉语世界的流行语言。管子说："是故先王之治国也，不淫意于法之外，不为惠于法之内也。动无非法者，所以禁过而外私也；威不两错，政无二门；以法治国，则举错而已。是故有法度之制者，不可巧以诈伪……是故先王之治国也，使法择人，不自举也；使法量功，不自度也"（《管子·明法》）。

②　商鞅有同样的观点，"故明主慎法制，言不中法者不听也，行不中法者不高也，事不中法者不为也"（《商君书·君臣》）。

③　吴经熊提到，在法家看来，"法律惟有国家能制定，不是国家所制定的即为非法。所以否认自然法、习惯法的存在。这种法律思想到秦始皇统一天下后，达到全盛的状态。"吴经熊：《法律哲学研究》，清华大学出版社，2005，第67—68页。

是，他大范围地逆转了儒家轻视法律的态势，① 提高了法律在儒家学说中的地位。荀子有一段话意味深长："国无礼则不正。礼之所以正国也，譬之犹衡之于轻重也，犹绳墨之于曲直也，犹规矩之于方圆也，既错之而人莫之能诬也。"（《荀子·王霸》）人们很难想象，这一段话是在论述礼的功能。如果把这段话中的礼改为法，也许会让人想起管子论法的那惊人相似的内容来。② 管子说："尺寸也，墨绳也，规矩也，衡石也，斗斛也，角量也，谓之法。"（《管子·七法》）很难判断荀子是否为了强化礼的规范性质故意混淆了礼与法的关联，但他在努力开创治国之道的原理和方针时，确实拨高了法律的地位。如果说其他儒家大师在对待法的问题上大多采取无法回避、不得不处置的态度，那么，荀子则要给法律找一个可以安身立命的恰当位置。

对于一个以儒学为学术志业的学者而言，如果不能像法家那样降低礼义在治理国家中的地位，那么，调和礼与法的关系就成了必然的选择。然而，这种调和在逻辑上显示出悖论。一方面，荀子在行文中说"有法者以法行，无法者以类举，听之尽也"（《荀子·王制》），"法者，治之端也；君子者，法之原也"（《荀子·君道》）；但另一方面，他又说："天地者，生之始也；礼仪者，治之始也；君子者，礼义之始也"（《荀子·王制》），"有治人，无治法……故法不能独立，类不能自行，得其人则存，失其人则亡"（《荀子·君道》）。这种看上去有些矛盾的调和论，最终让荀子提出了"治之经，礼与刑"（《荀子·成相》）、"隆礼尊贤而王，重法爱民而霸"（《荀子·大略》）的"隆礼重法"思想。就重法思想而言，它不仅强调法在治国理政中的重要性，而且一反孟子所强调的"仁政"思想，驳斥"治古无肉刑，而有象刑"的主张，提出了"治则刑重，乱则刑轻"（《荀子·正论》）的重刑思想。从这个意义上，李斯从师言而为之不为错，而

---

① 即使孔子和孟子也不否认法律的作用，并未发现他们取消法律、否定法律的言论，这与三代之时，甚至尧舜时代也未取消法律的事实是一致的。由此看来，发挥礼与法的作用从来都是儒家的基本主张。但是，正如下文所要分析的，礼与法是不同行为领域的行为规范，用法推行礼必然会出现实际上否定法律的情形，这恐怕早已超出了儒家的想象力。

② 侯外庐也注意到这一历史事实。他说："一般说来，荀子的礼的思想，源于儒家的孔子，然而他的天道观和所处的时代不同于孔子，因而他的礼论，也就变成了由礼到法的桥梁……这一段话所说的虽是礼的起源，但他所重视的却是法——'物'的'度量分界'。如果把引文中的'礼'字换算成'法'字，不就成为法的起源论了吗？"参见侯外庐等《中国思想通史》第1卷，人民出版社，1957，第16章。

苏轼对荀子的指责也并非全无道理。①

在法律的地位不断攀升的过程中，需要通过社会事件引领全社会成员的行为并且固化这种行为，由此，制定和颁布成文法就成了重要的历史事件。在历史事件与社会观念的关系问题上，并非所有的历史事件都可以影响、制约和决定人们的观念。研究表明，只有那些被人意识到并且进入观念史图像的事件才能为社会观念的产生提供原动力。② 在制定成文法方面，魏国的李悝因著《法经》六篇而位列显赫的位置。③ 李悝把法作为"经"来念的主导思想确立了成文法作为中国法律体系主体结构的走向，为秦朝乃至 1912 年共和国体制以前的几乎所有古代王朝奠定了国家的制度性框架，中国成文法的传统因此得以确立——虽然这一成文法的体系以刑名和罪罚为特色。

不过，制定成文法虽然意义深远，但比之此前颁布成文法的历史事件要逊色得多。颁布成文法的前提是有制定的成文法，而已经制定的法律未必要颁行，因为"刑不可知"确实可以带来"威不可测"的效果。在中国法制史上，颁布成文法是一个重大历史事件，由此也引发了激烈的争议。这一争论因为孔子的介入而更加引人注目。仔细阅读和体味辩论双方的观

---

① 苏轼曾说："荀卿明王道，述礼乐，而李斯以其学乱天下"，参见《荀卿论》。清人姚鼐就此指出，"秦之乱天下之法，无待于李斯，斯亦未尝以其学事秦"，相反，"行其学而害秦者，商鞅也；舍其学而害秦者，李斯也"，参见《李斯论》。荀子虽然也崇尚儒术，提倡以礼治国，坚守了儒家的基本主张，但是，以人性恶为其学术出发点，从根本上使荀子偏离了先秦儒家的正统之道，使他很难进入大儒行列。韩东育也说："荀子，以其'礼法兼治'、'王霸并用'和'义利兼顾'学说，历来被视为儒法间的过渡人物。即使是过渡，其理论指归亦明显偏重于法家——这既可以从荀学与思孟学派迥然异趣、与孔孟正宗扞格不入上得以窥见，亦可从宋明新儒家和当代新儒家在道统问题上对荀子的极力排斥中得到反证"。参见韩东育《迟来而未晚——也读余英时〈现代儒学论〉兼论日本"徂徕学"》，《读书》2000 年第 10 期。

② 有学者指出，"观念史图像中的事件是指事件与观念之间的互动，即观念的改变通常会影响人的社会行动，而新的社会行动又会变成观念图像中的事件，它进一步影响到刚形成的观念系统。对于某一特定的观念系统（它的产生和衰亡）而言，必定存在着一组观念史图像中的事件"。参见金观涛、刘青峰《五四新青年群体为何放弃"自由主义"？——重大事件与观念变迁互动之研究》，《二十一世纪》2004 年 4 月号。

③ 《晋书·刑法志》详细记载了《法经》的篇目："秦汉旧律，其文起自魏文侯师李悝，悝撰次诸国法著《法经》。以为王者之政莫急于盗贼，故其律始于《盗》、《贼》。盗贼须劾捕，故著《囚》、《捕》二篇。其轻狡、越城、博戏、借假、不廉、淫侈、逾制以为《杂律》一篇。又以《具律》具其加减。"另据《唐律疏议》记载，李悝"造《法经》六篇，即一盗法、二贼法、三囚法、四捕法、五杂法、六具法。"

点，人们就会发现一个极为有趣的现象，主张公布法律的一方说，铸刑鼎是为了"救世"，反对的一方却也宣称，一旦铸刑鼎就预示着国将亡。历史的诡秘在于，首先铸刑鼎的郑国、晋国的确亡国了，而最终吞并它们的却又是大力推行以法治国的秦国。

从今天的角度看，以铸刑鼎的方式公布法律成本极高，它的价值肯定也极高。不论是竹简、布帛还是纸张，有什么能比铁或青铜铸成的鼎更不可磨灭呢？然而，它同时不也是要保持法律的稳定性和权威性的表现吗？鼎作为权威和权力的象征，不也是法律作为权威和权力的象征吗？因此，不论是把法作为鼎来膜拜的象征意义，还是将法作为"经"来念的隐喻，都呈现了那个时代新的局面，即将法作为国家行动中头等重大的事项来对待。法律的地位的确在国家生活中已经上升到首位，它需要被众人来念，它也需要众人来顶礼膜拜。法律虽然不能取代礼的功用，但是法律显然已经取代了礼所占据的位置。法成为首要的和最重要的事物，礼虽然还存在，但已是屈从于法律的事物，这可以说是春秋战国时期的大格局、大局面或者说大气候。这种大格局、大局面、大气候并不是一朝一夕形成的。

据说，商鞅入秦时携带了一部李悝制定的《法经》。照此说，商鞅很有可能将《法经》或其内容敬献给了正在发誓振兴秦国的秦孝公。但事实上，秦孝公两次召见商鞅后颇感失望，以至于对举荐人埋怨道："子之客妄人耳，安足用邪！"第三次召见时，商鞅的一番话令孝公"不自知膝之前于席也。语数日不厌"。前后反差为什么如此之大？商鞅自己道出了其中的缘由，他说，"吾说君以帝王之道比三代，而君曰：'久远，吾不能待。且贤君者，各及其身显名天下，安能邑邑待数十百年以成帝王乎？'故吾以强国之术说君，君大悦之耳。然亦难以比德于殷、周矣"（《史记·商君列传》）。显然，用三代之法、殷商之德已无法说服孝公，而这套说辞其实恰是儒家的说君之理、治国之道。想一想当年孟子与梁惠王初次见面时的对话，可以推测商鞅前两次的游说之词在孝公看来是多么的无力。孔子的境况也没有好到哪去。孔子向往"郁郁乎东周"，那是圣人之治的理想社会，然而，这套说辞对于孝公已不再能引发兴趣。实际上，早在秦缪公时代，由余使秦的故事就已凸显"周文疲弊"问题，由此也拉开了秦国以法治国的序幕。

"戎王使由余出于秦……（秦缪公）问曰：'中国以诗书礼乐法度为

政，然尚时乱，今戎夷无此，何以为治，不亦难乎？'由余笑曰：'此乃中国所以乱也。夫自上圣黄帝作为礼乐法度，身以先之，仅以小治。及其后世，日以骄淫。阻法度之威，以责督于下，下罢极则以仁义怨望于上，上下交争怨而相篡弑，至于灭宗，皆以此类也。夫戎夷不然。上含淳德以遇其下，下怀忠信以事其上，一国之政犹一身之治，不知所以治，此真圣人之治也。'"（史记·秦本纪）关于这段记载，论者多以不同民族及其文化的"对话"作解，以为是吸收异族治理文化长处的典范。[①] 这是一种理解，也是一种误解。秦缪公从"诗书礼乐法度"问起，由余以"淳德忠信"结束，所描述的是中国有诗书礼乐法度之形，而无淳德忠信之实，戎夷则反之，恰也表明了戎夷的治国之道。由余是晋国的后人，能言晋语，与秦缪公的对话，实际是两个"中国人"之间对圣人之治的儒家对话。但缪公的疑问确是先知先觉的典范，他看到了国家即使存有诗书和礼乐，仍不足以避免"上下交争怨而相篡弑，至于灭宗"的天下大乱局面。倘若秦孝公果真是孝子，他当熟悉自家发生的典故，而商鞅若果真有才并且熟知历史，他也当知道秦缪公的疑惑，而不首先从"帝道"或"王道"入手，从而差一点与历史失之交臂。

商鞅说他向孝公阐述变法强国之术，因此令"君大悦"，但这并不能使孝公完全释怀。秦孝公担心，他启用商鞅变法十有八九会遭到非议。果然，甘龙和杜挚分别代表秦国的常人和学人与商鞅展开了一场是否需要"法古"的辩论。在辩论中，商鞅批驳了"常人安于故俗，学者溺于所闻"的现状，举出了"三代不同礼而王，五伯不同法而霸"的历史事实，得出了"治世不一道，便国不法古"的主张，并且断言"反古者不可非，而循礼者不足多"（《史记·商君列传》）。需要注意的是，商鞅的"强国之术"，强的是国家，更具体地讲，是秦国这个国家，而不是支离破碎的周天下。在商鞅入秦的时候，秦国面临着"国家内忧，未遑外事，三晋攻夺我先君河西地，诸侯卑秦，丑莫大焉"（《史记·秦本纪》）的窘况。换句话说，收复失地、威立诸侯乃是孝公变法的首要目标。根据秦国的现状，立足于秦国，以实现秦国的这一首要目标为指向，是商鞅强国之术发挥作用的前提。

---

① 参见赵汀阳《天下体系——世界制度哲学导论》，江苏教育出版社，2005，第54—55页。

与商鞅一样，新型的法家学派也没有谴责礼的不是，他们最多只说礼过时了，即礼不能"趋时"。不直接否定礼的价值，而是用法来代替礼，虽然在效果上也否定了礼，但与直接指责礼的弊端直至否定礼的价值还是有区别的。礼法去存的本体之争不同于礼法的从属之争。正如儒家从未否定法的作用，法家也没有直接否定过礼的价值。儒家反复强调的是法应如何从属于礼、配合礼，而反对的是法的主导地位。然而，在论辩中，法家为什么没有针锋相对，反其道而行之，提出诸如法主礼辅的观点；如果这样做了，岂不是既推行了自己的主张，也保持了好的名声吗？事实上，法家在对待礼的问题上小心翼翼，避免了对礼的直接抨击，而只是以隐晦的、间接的方式指出礼过时了。① 不仅如此，法家还以这样或那样的形式尊重礼、提倡礼，这从《吕氏春秋》中可以知道。

礼法去存的本体之争在理论上是一个历史假命题，在儒法两家的争锋中，他们从来就没有引起实质性的争论。汉昭帝时代，贤良文学与御史大夫关于礼法作用的争论，被史家认为是儒法两家最后一次公开争论。同样令人惊奇的是，在整个论辩过程，法家的代表只是从正面阐释了法律的作用和功能，却很少指责礼的价值。相反，文学士们既指明了礼的正面价值，又在任何合适的地方无情地责难法律。如果从辩论技巧上讲，这注定了贤良文学们失败的结局。因为，法家只是立论，而不攻击，儒家则不仅立论，而且攻击。换句话说，法家在整个辩论过程中始终处于防御的地位。的确，从儒家的角度看待法与从法家的角度看待礼具有不同的结果。儒家得出了礼法共治的结论，这使得儒家的学说看上去很美，但对于法家而言，礼法共治则是一场噩梦。礼法共治，就治理国家的层面而言，其实质乃是确立以礼或道德为治国的方略，这既否定了法的内在之德，也消解了法的自治性功能。

春秋战国时期是学术和思想上的黄金时代，也是在政治、社会、经济、文化格局上变革、变法的时代，总之是改革的时代。在长达5个半世纪的时间里，改革的步伐从来就没有停止过。秦朝以后的所有王朝的存续时间都没有这一时代长。这是一个漫长的令人心急的改革过程。它无疑令

① 例如，《吕氏春秋·察今》有言："上胡不法先王之法？非不贤也，为其不可得而法。先王之法，经乎上世而来者也。人或益之，人或损之。"

人想起了年鉴学派的长时段理论。① 受长时段理论直接或间接影响——这种影响或出于知识考古学的癖好，或出于东方学的法学思维的潜意识，法治理论先是被作为资产阶级革命的产物看待的。在时间表上，它最远产生于 18 世纪启蒙运动时期。不过，这一结论在学界并非始终靠得住。在《法律与革命》中，伯尔曼一下子就把法治理论的起源拉长了近 500 年，拉回到中世纪，拉回到上帝的国度中。即使从 12 世纪教皇改革开始起算，它到 18 世纪启蒙运动也不过 600 年时间，而春秋战国也差不多就 500 年，这的确是一个长时段。

（二）治乱与自然状态：士的使命

先秦法家的兴起首先是一股社会思潮、一种气候，② 一旦涌起，就不可阻挡，以至于迅速成为一家之言。③ 法家的主张首先是"治乱说"。在天下大乱的历史事实面前，圣人治理天下的理念在现实面前已经毫无说服力。在前文，我们已提及商鞅在初次觐见秦孝公时所面临的尴尬局面，而法家的另一个杰出代表韩非则用"守株待兔"的案例批驳了那些盼望杰出领导人来治理国家的荒谬性。他说："且夫尧、舜、桀、纣，千世而一出……中者，上不及尧、舜，而下亦不为桀、纣。抱法……则治，背法……则乱……背法而待尧、舜，尧、舜至乃治，是千世乱而一治也；抱法……而待桀、纣，桀、纣至乃乱，是千世治而一乱也。"（《韩非子·难势篇》）

---

① 长时段理论不仅否定了资本主义与工业革命之间的必然关系，而且把资本主义的历史起源回溯到人类社会的初期，尽管这一过程作为结构性时间不会遵从线性的、平稳的发展模式。布罗代尔指出，"早在人类历史的初期，一种'潜在的'资本主义便逐渐形成，千百年来不断发展，一直延续到今……可见资本主义是一种长时段的结构，但这不等于说是一种绝对静止不动的实在。所谓长时段，就是一系列的反复运动，其中包括变异、回归、衰变、整治和停滞，或用社会学的术语来说，构成、解构、重构……"参见〔法〕费尔南·布罗代尔《15 至 18 世纪的物质文明、经济和资本主义》第 3 卷，顾良、施康强译，三联书店，2002，第 722 页。
② 美国历史学家卡尔·贝克尔在讨论欧洲启蒙时代"理性"这一术语时，仿效并且启用了在此之前由英国数学家、哲学家怀特海所偏爱的一个词：舆论的气候。他说："论据左右着人们同意与否取决于表达它们的逻辑如何，远不如要取决于在维持着它们的那种舆论气候如何"。〔美〕卡尔·贝克尔：《启蒙时代哲学家的天城》，何兆武译，江苏教育出版社，2005，第 5 页。
③ 杨鸿烈指出，"支配春秋、战国以至秦统一时法律内容全体的根本原理是法家的学说"。杨鸿烈：《中国法律思想史》，中国政法大学出版社，2004，第 87 页。

在韩非子看来，世间治理者"中人"居多，"中人"既非尧舜，也非桀纣，由"中人"治理国家乃治理的常态，而等待圣人治理国家不过是"千世乱而一治也"。不过，由"圣人"治国与用"圣法"治国乃是两个不同的概念，除非"圣人"治国的依据是"圣法"。对此，《尹文子》作了精到论述："田子读《书》，曰：'尧时太平。'宋子曰：'圣人之治以致此乎？'彭蒙在侧，越次而答曰：'圣法之治以致此，非圣人之治也。'宋子曰：'圣人与圣法何以异？'彭蒙曰：'子之乱名甚矣。圣人者，自己出也；圣法者，自理出也。理出于己，己非理也。己能出理，理非己也。故圣人之治，独治者也。圣法之治，则无不治矣'。"（《尹文子·大道下》）那么，为什么"圣法之治，则无不治"呢？《尹文子》提到："若使遭贤则治，遭愚则乱，是治乱系于贤愚，不系于礼乐，是圣人之术，与圣主而俱殁。治世之法，逮易世而莫用，则乱多而治寡。"（《尹文子·大道上》）《尹文子》所论"圣法"，虽也包含礼乐、理，而不是法家意义上的法，但排除圣人之治、贤人之治的思路是清楚的。这与同样倡导礼乐、道、理的儒家"内圣外王"治国之术判若两别，也与号召选举"巨子"（最仁贤的人）的墨家主张拉开了距离。正如儒家不排斥法律的作用，法家也不拒绝礼义的功能。法家的真精神正在于前文提到的"救世"观。《淮南子》说得更为直白，"所谓亡国，非无君也，无法也"（《淮南子·主术训》）。对于法家而言，舍弃以礼治国仍是迫不得已的举动。正如梁启超所评论的，"我希望把先秦法家真精神着实提倡，庶几子产所谓'吾以救世'了"。①

其实，诸子百家的学说总体而言都是治乱的学说，不唯法家如此。司马谈说："夫阴阳、儒、墨、名、法、道德，此务为治者也，直所从言之异路，有省不省耳。"（《史记·太史公自序》）刘向在论名家时指出，"论坚白异同，以为可以治天下"（《汉书·艺文志》颜师古注），也可以用来证实司马谈的说法。面对乱世局面，围绕治乱主题，诸子百家各自从不同角度阐发了其学说和原理。因此，百家之争也可以说就是关于治乱学说、理论和方法的争论。如果把春秋战国时期看作一个持续不断的战争状态，那么，走出战争状态，的确成了诸子百家的使命。百家之兴起既描述、演绎和规范着中国传统文化的各种可能性，也提醒人们注意百家背后的诸

---

① 梁启超：《先秦政治思想史》，浙江人民出版社，1998，第230页。

子——无论从哪个方面都堪称天才般的人物。

　　黄金时期的诸子百家犹如璀璨的群星，悬挂于历史的天空，即使在2000年以后我们也能感觉到他们的思想所奠定的中国文化框架和脉络。他们或著书立说，钩玄提要，成一家之言，或聚徒设坛，照本宣科，扬自家之名，更为重要的是，他们行走于天下，屡屡登场于政治舞台上，向不同地方的统治者阐释、宣扬或推销他们心中早已养成或学成的学识和见解。游学的风气既打破了士大夫坐而论道的传统，显示了作为有为的"子"或"士"的品质，也是他们在面对面的交流中确认、巩固或提升自己的思想体系的有效方法。生成于心间的观念和思想，在反复的争辩交锋中渐渐呈现其框架和脉络，无疑赋予了思想的创造者和解释者无上的动力和活生生的力量。时至21世纪，当学者们敲打着计算机的键盘，阅览古今中外的资料时，他们或许很难想象在2000多年前，这些先秦诸子们乘着简陋的交通工具往返于千百里的游学之地的情形，也难以想象在昏暗的油灯之下他们刻简的场景。

　　游学的实践不仅在于确立君子的品质，验证自家的学术质量，它也指向超出抽象概念和思想范畴领域的另一个场域——游说。就游说的核心意思来看，它是指以语言的力量要求言说的对象接受言说者的主张、观点和见解。游说可以不同的形式出现在不同的场景当中。以文本形式向不特定的读者言说是一种形式。这种形式虽然面对大众却缺乏直接的、面对面的裁决后果；即使有裁决的后果，也往往是在另一时空中迟到的裁决。换句话说，游说的主体和对象之间缺乏的是语境所要求问题的同一性，而问题的同一性是由言说者和被言说者共同生产的对象。以非文本的方式向特定对象言说也是一种形式，这是对话的主要形式。先秦诸子在游说当中相互的思想交锋，无疑共同产生了场域的同一性对象。但这种形式更多地体现了游学的功能，即学和思的统一，这与诸子百家在各自的文本中旗帜鲜明地主张自己的观点、反驳其他人的观点有所不同。但政治游说则更具特色，虽然政治游说的对象主要或全部地局限于一个个君主，但通过君主和借助君主的权力推行各自的治理之术，则有将自己的学问和学术观点转化为经世致用的普遍性效果。当然，如果没有各国君主礼贤下士、广听言路的政治风气和需求，这种学以致用的推行政治思维的做法就成为一厢情愿的事情。余英时评论说，在公元前4世纪中叶到公元前3世纪中叶这100

年之内，知识界的领导人物受到了战国诸侯的特殊礼遇，"他们既不用向王侯臣服，也无须为生活担忧。不但如此，他们的议政自由还受到制度化的保障。事实上，他们的主要职责便是'议政事'。在这种情况下，古代士的功能实已发挥到最大可能的限度"。① 这样一来，作为口舌之功的游说就有了明确的指向和动因，这就是关于治理的事业。在春秋战国这一特殊的历史时期，这一关于治理的事业，就士而言，当然不在于"治产业，力工商"的所谓的"周人之俗"，② 而是我们在前面反复提到的治乱事业。

　　然而，问题是，为什么只有法家可以有效治乱，并且在百家争鸣中成为佼佼者？这当然不是三言两语就能阐释清楚的。不过，先秦法家在与其他各家共同承载士的品质的同时，在"即知即行"关系上更注重行，而在"即动即静"关系上则偏重于动。先秦法家，首先是精通"刑名法术"的诸子，但在身份上，他们往往具有多重属性，可以说，他们同时也是"士"、"参谋"、"新政治专家"。③ 就士而言，他们是法家思想的创造者、解释者和传播者；就参谋而言，他们是各个国家励精图治的君主们的谋士、策划者；就新政治专家而言，他们拜相封侯，接受和运用权力推行他们的主张和观点。为此，关于法学家的职业生涯和法律学派的关系，不可不察。④ 关于先秦法家，我们可以列出一长串名单：管仲（？—公元前645年）、子产（？—公元前522年）、李悝（约公元前455—公元前395年）、吴起（？—公元前381年）、商鞅（约公元前390—公元前338年）、慎到

---

① 余英时：《士与中国文化》，上海人民出版社，2003，第41页。
② 苏秦的家人在讥笑他时从反面道出了士的本职工作，"周人之俗，治产业，力工商，逐什二以为务。今子释本而事口舌，困不亦宜乎"（《史记·苏秦列传》）。
③ 冯友兰指出，"法家者流，出于法术之士。在战国之时，国家之范围，日益扩大。社会之组织，日益复杂。昔日管理政治之方法，已不适用。于是有人创为管理政治之新方法，以辅当时君主整理国政而为其参谋。此等新政治专家，即所谓法术之士"。冯友兰：《原名法阴阳道德》，《清华大学学报》（自然科学版）1936年第2期。
④ 庞德曾指出法学家的职业特征与学派发展方向的内在关联。他说，"萨维尼乃是一位放弃了普鲁士大臣职务而再执教鞭的法学教授。普赫塔是一位教授。梅因的巨著完成于他在牛津大学任教的期间，而且他的行政经历在他的一生中也极为短暂。美国的艾姆斯、塞耶和比奇洛，都是几乎只有学术经历的教授。与他们相比，格老秀斯的全部职业生涯都是政治与外交；孟德斯鸠一生都是从事政治工作的；瓦泰尔从事的所有活动都是政治与外交的活动；普兰马克的教学经历只是其政治生涯中的偶然事件；布莱克斯通在牛津大学开设讲座的经历，只不过是他作为一名律师和法官经历中的一段小插曲；美国的肯特和斯托雷则把一生的精力几乎都花费在了法院办公室里面"。参见〔美〕罗斯科·庞德《法律史解释》，邓正来译，中国法制出版社，2002，第24—25页。

（约公元前 390—公元前 315 年）、申不害（约公元前 395—公元前 337 年）、韩非（约公元前 280—公元前 233 年）、李斯（？—公元前 208 年）。法家的这些代表人物，① 除韩非外，几乎都曾是不同国家中居于"相"位的政治家。这与先秦儒家代表人物大多为学究式学者形成鲜明对比。那些不得志的儒士们虽有立德之言，却无立功之遇。相比之下，法家的许多代表人物既是著书立说的"立言者"，也是身体力行的"立功者"，他们提出了治国主张并且践行着这些主张。换句话说，他们既是以法治国理论的提倡者，也是这一理论的实践者。法家在事业上取得了前所未有的功绩。春秋 200 年间简直是管仲曾经治理过的齐国的天下，而由商鞅奠基的秦国最终完成了一统天下的事业。

关于乱世的描述，可以分为现实和理论两个方面。从现实方面看，乱世主要以西周的社会制度为参照对象。在此之前，西周的社会制度经上千年的演变而最终形成了以礼治为核心的规范体系，它确认和巩固了西周基本的政治、经济和文化秩序。周公制礼使礼治社会达到了前所未有的鼎盛状态。但从东周开始，西周所确立的宗法制度、分封制度、井田制度等基本的封建制度开始式微，呈现"周文疲弊"乃至最终崩溃的局面。② 所谓"周文疲弊"，指西周 300 年间日臻完备而隆盛一时的礼乐之"文"到了春秋时代徒然流为装饰，不再有先前那样的生命力。用牟宗三的话说，即"贵族生命腐败堕落，不能承担这一套礼乐"，"周文"因此"挂空就成了形式，成了所谓的形式主义，成了空文、虚文"。③ 前面提到的由余使秦的典故，深刻揭示了周文挂空之后的社会现实，其总体局面就是前文提到的"上下交争怨而相篡弑"。这一局面确已表达了已有的社会规范体系总体失效的特征。乱世表现在各个方面，不仅作为个体的人乱（不知廉耻）、家乱（子弑父）、国乱（下僭上），而且天下乱（礼崩乐坏）。

乱世是自然状态。自然状态不仅是一个事实状态，而且也是一种理论形态。以是否有国家和政府为标志，有国家和政府的为社会状态，无国家

① 当然，对于其中有些人是不是法家也存在争议。
② 这一终结的过程乃是逐渐完成的，"春秋时代已呈现崩溃的现象，但一直到秦统一天下才全盘地将封建制度推翻。其间经过阶级的破坏，兼并的盛行，商业经济的兴起，及土地制度的改革"。参见瞿同祖《中国封建社会》，上海人民出版社，2005，第 260 页。
③ 牟宗三：《中国哲学十九讲》，上海古籍出版社，1997，第 58—59 页。

和政府的为自然状态。无政府状态，乃是指在有国家和政府的前提下所呈现的自然状态形式。总体而言，自然状态主要指缺乏公共规则或公共规则处于名存实亡的状态。就缺乏公共规则而言，按照列奥·施特劳斯的分析研究，西方古典自然法学派所说的自然状态应该是一个健康的市民社会中的生活，而不是市民社会之先的生活，与此相对立的是习俗主义者的观点，后者把自然状态视为合乎自然而生活的状态。在霍布斯的政治哲学产生之前，"自然状态"这个术语还曾为基督教神学所有并与蒙恩状态（the state of grace）相区别。霍布斯抛弃了这一区别，以市民社会状态取代了蒙恩状态，其重要性在于，为了弥补自然状态的缺陷或不便，需要的不是神的恩宠，而是正当的人类政府。① 上述四种关于自然状态的定义和描述，规定了不同的哲学命题和价值趋向。中国传统文化对自然状态并不陌生，只是很少用自然状态这一术语描述事物。道家的学说基本上是以习俗主义为特征的，合道或自然地生活构成了这一观念的实质。而在法家的言论中，对政治社会之前的描述具有唯物论的性质，那种状态如同霍布斯的理解，是缺少安全、危险十足的状态，这既是法家关于法律起源的描述，也是法家的自然状态理论。管子说："古者未有君臣上下之别，未有夫妇妃匹之合，兽处群居，以力相征。于是智者诈愚，强者凌弱，老幼孤独，不得其所"（《管子·君臣》）。商鞅也有类似的言论："天地设而民生之，当此之时也，民知其母而不知其父，其道亲亲而爱私。亲亲则别，爱私则险，民众而以别、险为务，则民乱。当此之时也，民务胜而力征，务胜则争，力征则讼，讼而无正，则莫得其性也"（《商君书·开塞》）。如果从公共规则处于名存实亡状态的角度理解自然状态，那么，自然状态就不是西方自然法学派虚拟、人造的非现实世界，而是存在于人类社会的各个历史阶段，因而具有历史的普遍性和无法摆脱的现实性。

二　法家与实质理性

关于法家，太史公评论说："法家严而少恩；然其正君臣上下之分，不可改矣"；"法家不别亲疏、不殊贵贱，一断于法，则亲亲尊尊之恩绝

---

① 参见〔美〕列奥·施特劳斯《自然权利与历史》，彭刚译，三联书店，2003，第188页。

矣。可以行一时之计，而不可长用也，故曰'严而少恩'。若尊主卑臣，明分职不得相逾越，虽百家弗能改也。"对阴阳、儒、墨、名、道德等各家，太史公同样也有一分为二的评判。其中，对儒家的评判及其解释是："儒者博而寡要，劳而少功，是以其事难尽从；然其序君臣父子之礼，列夫妇长幼之别，不可易也……夫儒者以六艺为法，六艺经传以千万数，累世不能通其学，当年不能究其礼，故曰'博而寡要，劳而少功'。若夫列君臣父子之礼，序夫妇长幼之别，虽百家弗能易也。"（《史记·太史公自序》）从太史公对两家的优劣对比看，儒家和法家都是为了维护差别性原则，只不过儒家以六艺为法，法家以法为法。然而，历史最终选择了"博而寡要，劳而少功"的儒家之法，而抛弃了"一断于法"的法家之法。太史公从法家的"一断于法"直接推导出法家"严而少恩"，一语成谶，至此之后，几千年来大多数评论家不能改其实质。这样的例子很多。董仲舒说："至秦则不然。师申商之法，行韩非之说，憎帝王之道，以贪狼为俗，非有文德以教训于天下也。"（《汉书·董仲舒传》）班固这样谈论法家："及刻者为之，则无教化，去仁爱，专任刑法而欲以致治，至于残害至亲，伤恩薄厚。"（《汉书·艺文志》）到了宋代，苏轼指出："韩非著书，言治天下无若刑名之贤，及秦用之，终于胜、广之乱，教化不足而法有余。秦以不祀，而天下被其毒……然秦韩之治行于一时，而其害见于久远，使韩非不幸获用于世，其害将有不可胜言者矣。"（苏轼：《韩非论》）类似的话语到清代仍绵延不绝。历史学家对法家的一系列评价，似乎并不足以解释没有实施以法治国的宋朝和明朝为何最终也为外族所灭。自唐以降，治国"一准于礼"，历史彻底完成了以礼治国的治国方略。宋明承袭以礼治国的传统，但最终未能保家卫国。如果我们以同样的思维逻辑质疑宋明何以亡国，可否得出以礼治国的倡导者、推动者——儒家也要负有不可推卸的责任的结论？当然，这是大而化之的评判，用来说明亡国原因尚缺乏扎实的论证，而且它也超出了本文的主题。不过，在此需要提及的是，太史公所总结的法家缺点如"严而少恩"、"一断于法"，恰恰是现代社会法治不可或缺的特征。在国家治理领域，而不是家法和天下法的范围内，这些"缺点"彰显了法律的重要性和有效性。如今的人们当然会产生疑问，一部强调恩情的法律还是法律吗？在主权者之下，倘若不能做到"一断于法"，至少从形式要件看，法律还是法律吗？

（一）先秦法家的敌人：古代的或现代的

的确，唯将法作为立国根本、强国富民之策，并形成以"法"命名的法学派，在中外历史上，除去先秦法家之外，再也找不到第二例。然而，正是这样一个法学派，虽然以其鲜明主张帮助秦国完成了统一国家的大业，形成了中国历史上第一个中央集权国家，其后的命运却几乎是在历史少有的持续批评声中度过的。这与尊重、发扬和光大传统的西方文化形成鲜明对比，而与确立儒家正统地位、复兴儒学的呼声相比，法家也更显出它的窘迫和狼狈。正如人们所看到的，构成中国文化重要组成部分的传统文化，并没有支持近代以来人们所理解的那种法治及其法治国家理想；相反，受儒学支配的传统文化消解了法治的内在价值，仅把法律视为实现这样或那样正义观的工具，由此在手段和目的之间形成了无法调和的矛盾。一如梁启超在评论荀子时所指出的："荀卿有治人无治法一言，误尽天下，遂使吾中华数千年，国为无法之国，民为无法之民。"①

近现代以来，法家仍旧是靶子，然而，它已不再仅仅是儒家的靶子。儒家尽管反复要求复兴，但其自身的衰亡趋势不可阻挡。这一次，法家成了自由主义法学的靶子——来自西方法治理论的靶子。法治和法治国家的概念或理念被归于西方特定法律文化的产物，它源自西方，立足于西方，并以西方为中心向世界其他国家传播。在某种意义上，法治传统特指西方法律传统，伯尔曼对其特征曾作出概括性总结。试图对西方法治传统提出批判的昂格尔，也是从这一视角看待先秦法家的。昂格尔同样认为，法治是欧洲文化的产儿，法治只能在这样一些社会条件下产生："某种集团的多元论"从"社会等级间固定等级关系的崩溃"中涌现出来，并且存在"一种超越的世界观，一种常常伴有精心设计系统的神法体系的世界观"。依照这样的衡量标准，中国社会只存在所谓的"官僚政治法"而并没有在昂格尔看来与现代法治含义一致的法律秩序。由此，人们很容易认为中国社会无法治、无法治国家，当然无法治传统。

后世学者通常把中国古代法家分为前期法家和后期法家。前期法家多指管仲、李悝、子产、商鞅等人，后期法家多指申不害、韩非、李斯等

---

① 梁启超著、范忠信选编《梁启超法学文集》，中国政法大学出版社，2000，第11页。

人。一方面，如此分类当然首先是为了尊重法家人物在历史舞台上出场的先后顺序。不过，在另一方面，这种分类也有着评价法家功绩的工具性需要。为了"一分为二"地评价法家而作出这样的分类，就人为地将作为一个整体的法家分裂开来，割裂了法家作为一个法律共同体的历史事实。① 如果不是仅从不同法家代表人物的言论，而是也从作为一个整体的法家角度理解、阐释和判断法家，对法家人为的、机械的二分法就应当被打破。之所以把法家代表人物归属于法家共同体，不是因为他们在所有问题上的看法都趋于一致，也不是因为他们在思想上有前后一致的传承关系，而是因为他们在天下大乱的历史背景下，首先提倡和看重法律在救国和治国中的地位和价值，并且积极投身于社会实践的那种"士"的精神。换句话说，作为一个整体，法家是那些不沉溺于救国治国理想，而是充分运用法律手段把救国治国理想付诸实践的法律实践家、改革家和理论家群体。② 在中国制度史上，先秦法家具有显赫位置，但在中国思想史和文化史中，他们缺乏应有的地位和尊重。在某种程度上，法家在历史上的响亮名声，也源于各个时期对法家的批评，甚至说法家"遗臭万年"似乎也不过分，法家因此被作为宣扬其他思想和制度优越性的反面教材而一再被提到。在近代中国之前，法家是儒家的靶子。儒家学说除了证明自己理论的合理性外，常常把法家作为需要受到谴责并已被"历史证明"的靶子树立起来。所谓被"历史证明"，指的是秦帝国短命的历史事实。在新的历史材料和认识尚未被利用之前，法家对秦帝国灭亡所负有的责任与它对秦王国的强大所作出的贡献一样令人瞩目。不过，秦帝国出于国家的需要所构建的简单化和一致性的国家工作机制，却几乎原封不动地保留了下来，这就是之后的一统格局。一统格局所要追求的，是一个完美的、无缺陷的社会组合形式，而这只有在简单化和一致性的原则下才能实现。18世纪，在法国大革命前夜，来自第三等级的成员，为了实现平等的理想而提出的具体请愿要求，几乎就是要建立一个法国版的秦帝国，"平民阶层是善良和谨慎的，

---

① 例如，牟宗三就持有此种立场，他说，"令后人起反感的是后期法家，关键在于申不害与韩非。前期法家并不坏，他们尽了时代的使命，完成春秋战国的转型，而下开秦汉大一统的君主专制"。参见牟宗三《中国哲学十九讲》，上海古籍出版社，1997。

② 刘邵在《人物志·业流篇》中说："建法立制，富国强人（兵），是谓法家。"章太炎在《检论·原法》中也说："著书定律为法家。"

到目前为止他们还没有将他们的怨言呈递到国王脚下。现在我们请求国王建立公正，我们表达我们最强烈的愿望，希望一个国王、一个法律、一个重量以及一个度量制度"。① 秦帝国以及之后的历代王朝，不也是一个皇帝、一个法律、一个重量以及度量制度吗？

秦国用武力而不是德行统一了国家。在严刑与宽厚之间，秦国选择了严刑；在霸道与王道之间，秦国选择了霸道；在残暴与仁慈之间，秦国选择了残暴。这一切难道不是马基雅维里梦寐以求的国家吗？在秦朝大约1700年后，马基雅维里写出了著名的《君主论》。把马基雅维里在《君主论》中似乎不成体系的只言片语汇总起来，不难发现马基雅维里过于明显的企图：向君主呈送无善恶之分的治国策略。马基雅维里告诉君主："为了要使他的子民统一和效忠，一个君王不应该顾虑到残暴的谴责；因为以严刑峻法来对付少数几个人，比那些君主由于过分优柔之故，让扰乱发生，结果因而造成了流血与抢劫，却是更为仁慈的……在所有的君主中，尤其是那种新登大宝不可能逃避残暴的名声，新成立的国家总是充满了危险的……究竟一个为君的人，让别人对他爱多于惧好呢，还是惧多于爱好些？问题的答案是：他应该既为人所爱，又为人所惧，但因二者难以得兼，所以如果二者必须缺一的话，那么与其为人所爱，总不如为人所惧更加安全。"② 这段话是马基雅维里在16世纪的意大利说的，那时的意大利已经置身于文艺复兴的历史背景下，人文主义思潮弥漫在意大利乃至欧洲的上空。在人的解放和国家统一的关系上，马基雅维里首先把重点放在了后者。为了国家统一，马基雅维里苦心设计出来的以君主为中心的治国手段确实惊世骇俗。为此，莎士比亚称之为"凶残的马基雅维里"，列奥·施特劳斯说马基雅维里是"一位罪恶的导师"。令人惊奇的是，西方政治哲学几乎没有什么太大的争议就把"现代政治科学之父"的美誉给了马基雅维里，即使对霍布斯哲学偏爱有加的列奥·施特劳斯也不得不修改他的观点，转而承认马基雅维里应当享有这一称号。③ 文艺复兴

---

① 转引自〔美〕詹姆斯·C. 斯科特《国家的视角：那些试图改善人类状况的项目是如何失败的》，王晓毅译，社会科学文献出版社，2004，第35页。
② 〔意〕尼可洛·马基雅维里：《君主论》，惠泉译，海南出版社，2001，第94—95页。
③ 列奥·施特劳斯坦言，"我曾经认为，霍布斯是近代政治哲学的创始人。这是一个错误：这个殊荣，应该归于马基雅维里，而不是霍布斯"。参见〔美〕列奥·施特劳斯《霍布斯的政治哲学》，申彤译，译林出版社，2001，第9页。

时代未曾出现过有分量的理论哲学家，能够被后世牢记的却是这位"现代政治科学之父"。昆廷·斯金那说："同任何其他政治理论家相比，对马基雅维里及其一生哲学作一个总结和评定，具有大得多的不可抗拒的诱惑力。"① 这种诱惑力，有时被作为谜而出现在读者和研究者的视野里，一如阿尔都塞所指出的，"几乎所有的评论家都有一个共识，那就是，我们在马基雅维里那里发现了跟那些尚未解决的难题有所不同的东西——一个谜——而且恐怕是一个解不开的谜"。② 但可以肯定的是，有一件事，在马基雅维里那里不是需要人们费力去猜想的，那就是他传授君主们治国之术。

除上面所引用的外，《君主论》中充斥着类似的直白话语。为了研究的需要，这里再引用其中一段涉及君主德性的话，"你一定知道，与人争雄，世间有两种方法：一种用法律，另一种凭暴力；第一种是人的方法，第二种是兽的方法；不过第一种方法会时常觉得不足的，必须凭借第二种。因此，为君的人一定要懂得如何善自利用兽，又善自利用人……既然君主不得不懂得如何行若野兽，那他就得效法狐狸与狮子。因为狮子难保它不落入陷阱，而狐狸则不能抵敌豺狼"。③ 对这样的话，罗素认为，不少人只要摆脱假仁假义，都会这么思想的。罗素甚至谴责那些批评马基雅维里的人是伪善者，"附丽在他这个名字上面的习见的丑诋，大多乃由于伪善者们的愤怒——这些人是最恨将坏事坦白认作坏事的。诚然，在他的思想中，确有许多真正需要批判之处；可是这些地方，不过是他那个时代的表现罢了。将政治上的不诚实，能如此诚实地在心智上加以思考，这在其他时代与其他国家中几乎不可能。除了马基雅维里所生息的时、地之外，能够做到这个地步的，也许只有在希腊，只有在那些从诡辩学派那里受到了理论教育，并且在小国战争中受到了实践训练的人们之间吧——这种进行于诸小国之间的战争，在古典时代的希腊，正犹之乎在文艺复兴时代的意大利一样，乃是个别的天才活动的政治伴奏"。④ 罗素并没有像有些人那

① 〔英〕昆廷·斯金那：《马基雅维里》，王锐生、张阳译，海南出版社，2001，第299页。
② 〔法〕路易·阿尔都塞：《马基雅维利的孤独》，附录于〔意〕安东尼奥·葛兰西：《现代君主论》，陈越译，上海人民出版社，2006。
③ 〔意〕尼可洛·马基雅维里：《君主论》，惠泉译，海南出版社，2001，第100—101页。
④ 〔英〕罗素：《西方哲学史》，何兆武等译，商务印书馆，1988，第三章"马基雅维利论"。

样"一分为二"地看待和评价马基雅维里,他简直在盛赞马基雅维里,不仅如此,他顺道也赞扬了古希腊古罗马的思想家。与许多西方哲学大师一样,罗素把西方思想的起源尽量向公元前的古希腊城邦靠拢,以此使自己的思想或评论的思想呈现长时段的特征,这一切本也无可厚非。不过,对事物进行观念和理论上的阐释,如果依据的是同一标准和事实,那么,罗素所说的产生天才活动的时代不唯古希腊和文艺复兴时代的意大利。

从公元前 770 年到公元前 221 年,在长达 550 年的时间里,中国社会进入了空前的国与国战争的纷争状态,在它的中后期,人们直接用"战国"来命名时代了。瞿同祖说:"在春秋时代,二百四十二年中,诸侯间的战伐侵袭的频繁已经到了可惊的数目——二百九十七次。春秋而后一直到秦并六国止,其风更炽。"① 周初分封国的数目已不可精确考证,而据有关史料记载,可以推出春秋时代依然存在 132 个分封国,其中同姓诸侯 54 个,异姓诸侯 45 个,姓不详者 34 个。② 不过,可以肯定的是,到了战国时代,分封国只剩下了 7 个。这也诚如罗素所言,受过战争训练的春秋战国时期的人们,在非和平的社会历史背景下,创造并奠定了中国的传统文化。从家天下走向国家也就是从伦理走向政治,但伦理并没有消失,重要的乃是伦理和政治分家了。政治需要自己的法则,它不能含情脉脉地在礼法大家庭中证明自己的存在。马基雅维里直率地指出了这一点,马克思因此说他"用人的眼光来观察国家……从理性和经验中而不是从神学中引出国家的自然规律"。③

(二)法治国家双层理论批判

除文化传统因素外,以实质正义为衡量标准的法治国家理论是当代法

---

① 瞿同祖:《中国封建社会》,上海人民出版社,2005,第 239 页。
② 据《荀子·儒效篇》:周"兼制天下立七十一国,姬姓独居五十三人"。《史记·年表第五》:"武王、成、康所封数百,而同姓五十五,地上不过百里,下三十里。"瞿同祖对此有考证,参见瞿同祖《中国封建社会》,上海人民出版社,2005,第 25—39 页。不过,《汉书·地理志》的说法略有不同,"周爵五等,而土三等:公、侯百里,伯七十里,子、男五十里。不满为附庸,盖千八百国。而太昊、黄帝之后,唐、虞侯伯犹存,帝王图籍相踵而可知。周室既衰,礼乐征伐自诸侯出,转相吞灭,数百年间,列国耗尽。至春秋时,尚有数十国,五伯迭兴,总其盟会。陵夷至于战国,天下分而为七,合纵连衡,经数十年"。
③ 《马克思恩格斯全集》第 1 卷,人民出版社,1956,第 128 页。

治国家理论的基本线索。当然，这两个方面有时也相互论证，纠缠在一起。简单地说，如果一个国家的法律体系不以民主为基础，并且该法律体系不以保障和实现人权为目标，这样的国家尽管是国家，但仍不能称得上法治国家。在这里，作为修饰国家的前缀词"法治"限定了国家的类型和外延，它内在地包括了特定的价值标准，而这一价值标准与非法治国家形成了鲜明对照。不难看出，这是一种具有目的论的方法论，它将实现预先设定的目的作为衡量事物正当与否的准则，将实质正义作为衡量国家法治化程度的标准。如果这个观点得以成立，当人们需要探讨什么是法治国家的时候，就需要首先探讨什么是民主、什么是人权，这样一来，对法治问题的探讨就进入政治哲学或道德哲学的领域当中。关于政治哲学或道德哲学与法律之间关系的讨论，总体上属于哲学与科学的关系这一主题。哲学回答的是"应当"，而科学回答的是"是"。凯尔森对此曾指出，只有把法的理论与正义哲学乃至社会学分开，才有可能建立一门特定的法律科学。他批驳了许多传统法学所具有的一种将实在法理论与政治意识形态相混淆的倾向，这些政治意识形态或伪装成关于正义的形而上学，或呈现为自然法学说。此种学说把有关法律实质的问题，即法律实际上是什么的问题，同它应当是什么的问题混淆起来。在此基础上，凯尔森认为，法律科学"是以人类经验为基础的一种特定的社会技术……从对实际法律思想的逻辑分析所确立的基本规范中去寻找法律的基础，即它的效力的理由"。[①] 凯尔森的这种完全与任何形式的正义观或自然法划清界限的理论被称为"纯粹法理论"。在这种理论指导下，法律作为科学的意识在增强，国家的范围也开始扩大，以至于弗里德曼讲道，"法治仅仅意味着'公共秩序之存在'。它意味着有组织的政府借助各种合法支配的工具和渠道来运作。从这个意义上说，所有的现代社会都生存在法治之下，不论它是法西斯国家、社会主义国家还是自由国家"。[②]

20 世纪 90 年代，美国学者皮文睿为非西方尤其是缺乏西方法治传统的国家提出了一个关于法治的双层理论框架。按照这种框架，法治国家分为"实质的、深度的"和"形式的、浅度的"两个层次，前者与民主、人

---

① 〔奥〕凯尔森：《法与国家的一般理论》，沈宗灵译，中国大百科全书出版社，1996，作者序。
② 转引自〔美〕富勒《法律的道德性》，郑戈译，商务印书馆，2005，第 126 页。

权相联系，是高级层次；后者是低层次的，用客观的、普遍的法律规则限制政治权力的恣意行使和官员的裁量权，法律的操作有一定的可预见性，人民可以预见其行为的法律后果，并在此预期的基础上规划生活。① 这一观点着实让有法律但民主尚未实现、人权尚未得到保障的国家松了一口气，也影响了很多中国学者。② 按照此种划分，形式法治可以走向实质法治，浅度法治也可以提升为深度法治。很难说，皮文睿的这个双重理论只是为非西方国家量身定做的理论。法西斯国家通常被认为是形式法治国家，在战后它被否定为实质性法治国家。此种划分也显示了理论上的普遍解释力，并且合乎一般人对法律与法治关系的见解。为此，人们很愿意在"法治"与"法制"、"依法治国"和"以法治国"等词语方面作出明确的划分，以此宣示一种主义或确立一种立场。

双层理论是一种进化论的思想，但更为重要的是，它仍然是一种糅合了自然法和分析法学的综合观点。如果实质的、深度的法治以人权和民主为准则，那么形式的、浅度的法治就需要向实质的、深度的法治看齐，但最终要向人权和民主看齐。因此，双层理论仍然属于自然法学的观点，只不过是不彻底的自然法观点。彻底的、纯粹的自然法观点，始终否认不合终极价值标准的法律为法律，当然也不会承认实施这样的法律的国家为法治国家。

就法律科学与政治哲学的区别而言，法律科学主要是回答法律是什么的学说和思想。它是可分析的——以具体国家的法律体系为对象；它是逻辑的——以具体的法律体系的同一性为目的；它是可试验的——为了追求同一性的法律体系的逻辑自洽性，而在实践中不断采取试错的原则。在这个意义上，法律作为一门科学确立了自己的思维、语言、逻辑和方法。然而，这一切都服从于法的有效性这一直接目的。判断法律是否科学的标

---

① Randall Peerenboom, "Ruling the Country in Accordance with Law: Reflections on the Rule and Role of Law in Contemporary China", *Cultural Dynamics* 11 (1999): 315 – 351.

② 关于法治双层理论的讨论，参见王人博、程燎原《法治论》，山东人民出版社，1989；苏力《法治及其本土资源》，中国政法大学出版社，1996；高鸿钧主编《清华法治论衡》，清华大学出版社，2000；梁治平《法治：社会转型时期的制度建构——对中国法律现代化运动的一个内在观察》，《当代中国研究》2000年第2期；刘星《法律是什么》，中国政法大学出版社，1998；季卫东《法治秩序的建构》，中国政法大学出版社，1999；吴玉章《法治的层次》，清华大学出版社，2002；张恒山《法理要论》，北京大学出版社，2000；陈弘毅《法理学的世界》，中国政法大学出版社，2003；等等。

准，应当以法律是否有效为主要标准。也就是说，一个业已存在的法律体系，只因其自身的缘故而不能使法律达到其事先确定的目标，就是一个失败的法律体系，也就是不科学的法律体系。按照凯尔森的观点，国家是法律体系的人格化，国家与法律系统具有同一性，法律体系是否有效也就意味着国家治理是否有效，因此，国家治理的有效性是国家治理科学的标志。以科学的方法治理国家，就是要建立健全与国家同构的法律体系，并且使该法律体系保持它的内部同一性。

拉兹指出，法治是法律的一种内在优点，而不是一种道德优点，即使所谓的形式法治也具有一种内在优点，而这一优点不以是否同时具备了道德优点为前提。在《法治及其价值》一文中，拉兹论证了法治价值的道德中立性，这一论点使他成为捍卫法律科学性的守卫者。拉兹鲜明地指出了法律作为工具价值的内在优点，"它是人们手中的工具，这个工具用途广泛并有能力服务于各种目的……刀子只有能切东西才是刀子。法律只有有能力指导人们的行为才能称其为法律，而无论它是多么无效率"。① 遵守法治也会使法律服务于坏的目的，但这并不是说遵守法治不是一个优点，就如同一把尖刀被用于谋害，并非说明锋利不是刀子的良好品质。这样一来，刀子锋利，就成为刀子之所以是刀子，也有资格和能力成为刀子的理由。这对法治的品质也是适用的。由此，说恶法不是法，就如同说刀子用于谋害就不是刀子一样。拉兹指出："如果法治是良法之治，那么解释其本质就是要提出一种完整的社会哲学。但是，如果这样，这一术语就缺少了任何有价值的功能。我们没必要皈依法治，因为我们发现：信仰法治就等于相信正义必胜。法治是一种政治理念，一种法律体系可能或多或少地缺乏或拥有这种政治理念……不能将它与民主、平等（法律或其他面前的平等）、人权（尊重人或尊重人的尊严等）等价值相混淆。一种根植于否定人权、普遍贫穷、种族隔离、性别歧视以及宗教迫害的非民主性法律体系，在总体上可能比任何更为开明的西方的民主法治体系更符合法治的要求。这并不意味着它将优越于西方的民主制度。它可能是非常糟糕的法律体系，但是在某一方面它却表现出了优越性：它

---

① 〔英〕约瑟夫·拉兹：《法律的权威——法律与道德论文集》，朱峰译，法律出版社，2005，第196页。

符合法治的要求。"① 在某种程度上,这一经常被人引用的话是惊世骇俗的:它明确地将法治与任何被认为普适的价值,特别是民主和人权的价值区分开来。不过,这并不意味着拉兹不相信人权和民主价值观,拉兹也没有暗示在实现法治的价值过程中可以忽视有意的价值目标。在拉兹看来,即使法治要实现这些价值目标,也应当拥有一种作为重要优点的连贯性主张、资格和能力。

以实证正义为衡量国家法治化的标准,也是一种良法之治的观点,这就如同把人分为好人和坏人一样。只有良法才是法,恶法非法,就如同好人才是人,坏人非人一样。法治国家二分法也建立在源远流长的良法理论基础上。良法理论与法律无奖赏说形成了鲜明的对比。正是在国家领域,法律不仅不奖赏守法之人,而且通过对违法之人强制实施制裁来显示其优点。法律是强制性的行为规范,对不服从这一行为规范的人实施惩罚性的暴力制裁。这一特征使法律有别于习俗、道德等行为规范,后者虽然也可以使违法者招致痛苦性后果,也是一种外在于行为人的强制力,但这种痛苦性后果与外在强制力如果不伴有行为者的内在转换机制,其效果就微乎其微。同样是对行为的制裁,法律制裁体现了合法暴力下的制裁,这种制裁对人所产生的后果不具有补偿性、安慰性和行为人的内在转换性。法律的这一特性也决定了法律是禁恶的,而不是劝善的。法律不会因为对它的服从而给予奖励,相反,法律正因为服从才不导致惩罚。下列这些情况看上去是荒谬的:一个国家的国民或公民因遵守法律、没有违法或犯罪行为,而受到这样或那样的物质或精神奖励;国家给守法者颁发诸如"守法模范"或"守法公民"的奖状。在一定意义上,人们遵守法律就是不违反法律。没有违法或犯罪,不是因为人们作出了某种贡献,而是并且仅是因为人们履行了服从法律的义务。如果一定要谈到奖赏,法律对服从法律义务的国民或公民的最大的奖赏就是,不施以合法的暴力惩罚。

法律对守法行为不予奖励,也不会因为服从法的理由而改变。换句话说,法律不因为国民或公民基于畏法的理由,或者自愿服从法律的理由,

---

① 〔英〕约瑟夫·拉兹:《法律的权威——法律与道德论文集》,朱峰译,法律出版社,2005,第184页。

而改变它的这一立场。人们可以因畏惧法律的暴力惩罚而不去违反法律，也可以心甘情愿服法而不去触犯法律，前者是被迫守法，后者是主动自愿守法，但法律不会因为守法最初动机的差异而改变它的性质，更何况对守法动机的判断从来就没有一个客观的衡量标准。守法动机的不确定性源于个体人的差异性和对法律的认知程度，总体上属于人的心理和情感范畴，或者说属于人的主观判断和意志的范畴。

良法之治的法治观点增强了人们应当守法的道德理由，其逻辑并不复杂：因为是良法，而良法对人们都有好处，所以服从它。对良法的判断，以洛克的社会契约说和康德的自由命令说尤为著名。这些观点归结为一点就是，服从法律就是服从自己。就此而言，它们看上去与功利主义殊途同归。功利主义假定人都是理性的、富于算计的人。理性的人既有愿望也有能力在苦与乐之间作出判断和选择。当人们预计到违法之苦要大于违法之乐时，守法就是必要的。在基督教文化中，教民之所以应当服从人定法，乃是因为人定法符合上帝法；当上帝被尼采宣布死亡后，自然法成了衡量人定法的标准；而当自然法不可靠时，人的理性就成了人定法的唯一衡量标准，其结果就回到了人是自己的立法者和执行者这一与洛克的理论颇为相似的命题上来。洛克曾指出："虽然加入了政治社会而成为任何国家成员的人因此放弃了他为执行他的私人判决而处罚违反自然法的行为的权力，然而由于他已经把他能够向官长申诉的一切案件的犯罪判决交给立法机关，他也就给了国家一种权利，即在国家对他有此需要时，使用他的力量去执行国家的判决；这些其实就是他自己的判决，是由他自己或他的代表所作出的判决。"① 这段话清楚地表达了人服从政府、服从国家即服从法律的唯一理由就是服从自己。在洛克看来，法律虽然具有公共产品的性质，但它实际上是人自己的法则，其间蕴含着从自然状态到社会状态的过渡中所必需的形式转化。

当然，在西方历史上，从服从上帝到服从自己经历了漫长的过程。在逻辑上，它形成了这样一个链条，即上帝法—自然法—人定法—理性法。在阿奎那看来，万法之中最高的而又包容了所有其他法律的乃是永恒法，它是上帝全部的心灵。人能够知道上帝心灵中的某些部分而不是全部，其

---

① 〔英〕洛克：《政府论》下篇，叶启芳、瞿菊农译，商务印书馆，1964，第54页。

中有些是由《圣经》所启示或者是可以由教会传达的（亦即实在的神法）；有些是人类的理性可以发现的自然法；在法律的等级上最低级的是人为法，亦即各个国家的实在法。① 如果阿奎那关于这一法律体系的解释成立，那么，对永恒法的张扬其实并没有掩饰人的理性的功用，它至少暗示人的理性在某种程度上是与永恒法、神法或自然法相通的。从严格意义上说，上述法律体系链条应当是永恒法（上帝法）—神法—自然法—人定法—理性法。神法因教皇制度的存在而被单列出来，以至于附着于上帝法之后得到加强。因为教皇是上帝在人间的代表和代言人，所以只有通过教皇统治的教会及其布道者才可以与上帝沟通。而加尔文的贡献就在于把教会这个"中介机构"打破了，臣民自身也可能和国王或教皇一样与上帝发生密切联系，由此就使得"神法"在这一链条中的地位丧失了。

　　显然，这一链条在 17—18 世纪之前构成了效力上的等级秩序，它更多地是用超人的力量制约国家法或人定法，而不是用个体人的力量制约国家法或人定法，后者在 17 世纪启蒙运动之后开始兴起，人权是其标志。鉴于人权关注的是每一个个人，所谓理性法也可以被称为人权法。因此，即使是启蒙思想家也没有忘却上述服从法律的历史链条，但落脚点不同。在此之前，这一落脚点要说明的是上帝之法的合理性和权威性；在此之后，这一落脚点是要说明人的理性的合理性和权威性。到 18 世纪，卡尔·贝克尔总结说："世间事物有着一种'自然的秩序'，是由上帝智慧而巧妙的设计来指导人类的。自然秩序的'法则'是人类的理性可以发现的。如此这般发现的自然法则就为检验人类的思想、行为和制度提供了确定不移的标准——这就是 18 世纪时不仅在美洲，而且在英国和法国绝大多数人所公认的思想前提和先入之见。"② 17—18 世纪的启蒙思想家在加尔文的基础上则将这一链条做了伤筋动骨式的大手术——用自然的概念代替上帝的概念，或用理性的概念代替自然的概念。法的体系因此就变得更为单纯和简单：法就是理性法。衡量法的合目的性的唯一理由就只剩下人的理性。凡是不合乎理性的法律，就是恶法；反之，就是良法。人们服从法律的统

---

① 转引自〔美〕卡尔·贝克尔《论〈独立宣言〉——政治思想史研究》，彭刚译，江苏教育出版社，2005，第 23 页。

② 转引自〔美〕卡尔·贝克尔《论〈独立宣言〉——政治思想史研究》，彭刚译，江苏教育出版社，2005，第 16 页。

治，是因为法律是良法；服从良法，就是服从自己。

如果人们应当守法的最大理由是为了服从自己，那么，人如何才能知道有一种法律制度是为了自己而不是为别的目的而设立的呢？更进一步的追问是，人为什么要服从自己？就现代性的困惑而言——这种困惑来源于人的自我分裂和自我异化，服从自我的法则本身充满着悖论和内在缺陷。用这样一个不可靠的命题作为人们守法的理由，只是众多的"应当守法"理由中的一种，它源于文艺复兴运动的人性论，源于启蒙运动的人权论，也源于自由主义政治哲学的自由论。从另外一个角度，人们应当守法的观点，其实引申出法律的目的。如果人们守法的理由是服从自己，那么，法律的目的就是要捍卫人的这种为了自己的目的性。

三　三重规则与法治国家

社会科学的研究对象主要是人的行为。社会科学将人的行为分为许多方面，用不同的方法予以研究。[1] 中国传统哲学在处理人与人的关系时，明显把人的行为分置于不同的领域，而最为基本的领域就是家、国和天下。[2] 人，只有在不同的活动领域中才能显示出具体的人的特征。从社会关系结构的角度看，家人、国人和天下人是有区别的。衡量它们的不同标准决定了它们行动的性质和边界。为此，区分人的三个领域是必要的：一是私人领域，在这一领域中，纯粹的私人利益和私人关系发挥着重要作用；二是国家领域，即在主权国家概念下，由一个特定政治区域的最高权力机关根据既定的法律排他性管辖的领域；三是公共领域，这是私人领域和国家领域之外的相对独立的领域。的确，人们都在一定的实践领域中生活和生产，所不同的是，人们不是在这一个实践领域中，就是在那一个实践领域中生活和生产，但并非所有的人在所有的实践领域同时生活和生

---

[1]　韦伯把社会行为分为四种方式，它们分别是"目的—理性行为"、"价值—理性行为"、"在感情支配下实施的行为"、"依据传统行事"的行为。韦伯对社会行为的划分及其阐释奠定了他对理性类型学的基础，参见〔德〕韦伯《论经济与社会中的法律》，张乃根译，中国大百科全书出版社，1998，第1页。

[2]　当然，也有用五分法的，例如，《道德经》："以身观身，以家观家，以乡观乡，以邦观邦，以天下观天下。"

产。当然，人的活动领域具有复杂性、多样性和重叠性，大部分人在两个以上活动领域生活和生产。人在其一生中可以同时在这些领域中活动，而人生阶段确立了其在这些活动领域中的不同侧重点。

人的不同活动领域正是社会学家所说的"场域"。如果我们不囿于理论上的反复解释而作简单化处理，场域概念就是由人的角色身份决定的。不同的角色确定了不同的场域，而每一个具体场域皆有其活动规则。在家的场域，活动主体是具有血缘关系的亲属，这也包括具有拟制血缘关系的亲属。家规、家法属于该场域的规则。家的类型有大有小、有紧有松，在总体上，家可以分为核心家庭和扩大家庭两大类。前者是指一对夫妇及其未婚子女组成的家庭；后者指任何通过血统、婚姻或收养关系等建立起来的比核心家庭范围更为宽广的群体。① 家的规则因伦理身份而发挥作用，在性质上它是自然养成的，并由伦理规则调整不同身份的家庭成员之间的权利义务关系。乡的概念既可以指比邻而居的村落，或相近的几个村落的集合体，也可以指非地缘关系形成的非政府组织。党的概念即从乡的概念中引申和发展而来，所谓的乡党、乡规民约都指向团体主义的行动领域。但是，适用于乡的规则仍然遵循着伦理法则，只不过这种意义上的伦理法则更多地以团体成员的约定为起始，颇具有造法的意味。家和乡的领域均可产生对其成员的强制性制裁，但其适用范围只包括特定人群，而不是包括同一时代的所有的社会成员。天下的领域当然也是以人的身份为起点的，在笔者看来，所不同的是，天下的人主要指向自然意义上的人，即卸去了诸多社会属性的人，体现了真正意义上的人与人之间的权利义务关系。天、地、宇宙、大自然等均是与"天下人"相对应的事物。天下的规则是人的规则，也是自然的规则，更是道的规则。道的规则落实到天下人的行为中，就是道德。因此，天下的领域是所有自然人的领域，这一领域既不属于家、不属于乡，也不属于国。天下的规则就是道德的规则。法律的领域只属于国家的领域，受其支配的是臣民或公民，而不是家庭成员、乡党或自然人。由此，我们就可以将不同的规则分配给不同的身份的人及其治理领域。概括地说，习俗属于家的领域，法律属于国家的领域，道德

---

① 参见〔英〕F. R. 艾略特《家庭：变革还是继续?》，何世念等译，中国人民大学出版社，1992，第7页。

属于天下的领域，治家以礼俗，治国以法，治天下以德。

不同的规则有着不同的渊源、适用对象和适用范围。这三个方面大致上可以确定一个规则的性质和存在。换句话说，家法是因为习俗的存在才成为家法，国家法是因为法律的存在才成为国家法，而天下法是因为公共规则（道德）的存在才成为天下法。从规则的渊源看，家法来源于自然而然的习俗，它基于人的特性、自然性或生物性，这一切都可以归结为人的本能。国家法则或者来源于主权者直接或间接的制定（奥斯丁）；或者来源于法律体系中的基本规范的授权（凯尔森）；或者来源于法律体系中的承认规则的承认（哈特）。总之，国家法来源于国家的制定、授权或承认。天下法则来源于具有向善功能的道德规范，它既不表达一种本能意义上的习俗，也不表达意志意义上的法律，而只是作为一种道德规范存在。从规则的适用对象看，这意味着不同的规则所调整的行为主体存在差异。家法适用于家庭成员或拟制的家庭成员。个体的人、自然人和一切非政府组织，都具有私人的特性，它们共同构成了人的私人领域，因此，家族法、乡规民约、公司章程等都属于家法的范围。

人的行为由习俗、法律和道德规则所共治，但这不排除分治的事实。所谓以礼治家、以法治国、以德治天下，既共治人的行为，也分治人的行为。共治和分治的关系是辩证的，唯有分治有其效果，共治才有可能。共治是分治合力的结果，但不是代替分治形成新的规范。这是一种观点，也是一种理论方法。这种理论方法将家、国和天下看作平行的、共存的领域而予以平等对待，但不是彼此取代、相互包办，从而形成规范和谐。规范和谐，有两重含义。其一，不同活动领域的规范是自治的；其二，这些规范之间是相互支援和配合的。规范和谐也就是制度和谐，制度和谐是所有和谐命题的一个基础。最早明确提出规则分治理论的人是管子。管子说："以家为乡，乡不可为也；以乡为国，国不可为也；以国为天下，天下不可为也。以家为家，以乡为乡，以国为国，以天下为天下。"（《管子·牧民》）管子反对以家为乡，以乡为国，以国为天下，就是反对用习俗规则代替乡的规则来治理乡，用乡的规则代替国法来治理国家，用国法代替天下的道德来治理天下。规则的越位所导致的后果可能是家不家、乡不乡、国不国、天下非天下。当然，规则的越位还有可能表现在相反的路线上，即用天下规则治理国家，用国家规则治理乡和家。正确的路线乃是使不同的规则各司其职、各守其分，即以家为家，以乡为乡，以国为国，以天下为天下，相互之间不僭越，以共同实现对人的治理的事业。这提示我们，法律是治国的工具，而不是治家的工具，也不是治理天下的工具。

如果我们不能有效区分人的行为活动的具体领域和范围，就无法正确处理规则共治和分治的关系。在中国传统社会，既不缺乏家法家规和乡规民约，也不缺乏国法，更不缺乏天下的规则，但不同的治理规则之间发生了越位、僭越和包容。其一，用家法治理国家，走修齐治平的路线。这导致了梁启超所说的"反国家主义"或"超国家主义"的文化意识和思维定式。梁启超说："中国人则自有文化以来，始终未尝认国家为人类最高团体。其政治论常以全人类为其对象，故目的在平天下，而国家不过与家族同为组成'天下'之一阶段。政治之为物，绝不认为专为全人类中某一区域某一部分人之利益而存在。其向外对抗之观念甚微薄，故向内之特别团结，亦不甚感其必要。就此点论，谓中国人不好组织国家也可，谓其不能组织国家也亦可。无论为不好或不能，要之国家主义与吾人夙不相习，则甚章章也。"① 无论是"反国家主义"还是"超国家主义"，都产生了轻视乃至蔑视国家的局面，从而也导致了人们轻视、蔑视法律和法治的态势。其二，用天下的规则治理国家，刻画圣人治国的道德形象。

当我们说法家将自己的研究和活动范围限制在国家领域时，并不意味着法家就忽视了另外的用以规范人的行为的规范体系。其中，私人领域正是与国家领域相对抗的领域。国家的建立，既要维护又要干预私人领域，这构成了国家存在的悖论。排除意识形态之争，即使马克思主义国家学说也赞成国家的社会功能，即维持社会秩序的功能。但是，维持社会秩序如果不是首先被理解为防止和规范私人活动之间的冲突，由国家建立的社会秩序就是不可想象的。私人领域本质上是自治的，它天生就要保证自己的独立性，只有在自身无法保证独立性时，它才求助于国家法或其他规范类型。私人领域的主体是具体的人、特殊关系的人以及由具体和特殊关系的人构成的具体团体或任何集合体。在私人领域中，最典型的人还不是那些单个的自私自利的人，而是有着不同的特殊团体成员属性的人，例如家庭

---

① 梁启超：《先秦政治思想史》，浙江人民出版社，1998，第5页。

成员、职业人等。一旦这些具有特定属性的具体的人被抽象为大写的人就超出了私人领域的范围。纯粹的大写的人是不存在的，当人们谈论所谓的大写的人时，必定是以某一时代、某一民族的具体的人为参照系，或者以人们所见到的具体的人为理解背景。当然，这并不意味着就没有抽象的人。抽象的人，在国家领域是臣民或公民，在天下领域是道德人。之所以是抽象的，是因为凡作为臣民、公民或道德人的人都具有形式上的同质性，适用同一标准，而没有差别。而在这些抽象的人中间产生差别就会回到私人领域，不再被称为抽象的人。显然，按照抽象的人的提法，臣民或公民的行为受制于法律，法律面向所有的臣民或公民。相应地，作为规范，道德约束的是所有道德的人。

上述关于行为的三重规则理论，首先突破了规则的二分法。在现代法律科学中，公法和私法的划分是认识和理解法律的重要基石。① 一般地说，公法是调整公权力运行机制的法律体系，宪法、刑法、行政法、政府组织法及其相关程序法都被归结为公法的范围。私法调整的是平等民事主体之间的法律体系，民法、商法、婚姻家庭法及其相关程序法都被归结为私法的范围。尽管公法和私法的调整领域也存在交叉重叠的地方，但大体上，私法被认为是有关调整私人利益的法律，公法则是有关政府或国家利益以及公共秩序的法律。哈耶克就是在这个意义上理解私法和公法的功能的，"事实毋宁是，作为政府组织之法律的公法要求它所适用于的那些人以刻意的方式为公共利益服务，而私法则允许个人去追求他们各自的目的，并只是通过限定个人行动的方式而使他们最终都有助益于普遍的利益"。② 后来，哈耶克实际改造了传统意义上的公私法划分含义，以便服务于自生自发秩序理论的需要，但作为自由主义哲学的代表，哈耶克关于内在规则和外在规则的两分法以及后者因服务于前者所获致的正当性是一脉相承的。内在规则决定着私人利益即人权的正当性，以及外在规则存在的有限意

① 基于不同的标准，关于法律还有其他分类，如成文法与不成文法、国际法与国内法、实体法与程序法等。不过，公法和私法的划分是民法法系中最为基本的分类法，对民法法系的形成具有重要意义，有关内容可参见〔美〕艾伦·沃森《民法法系的演变及形成》，李静冰等译，中国法制出版社，2005。
② 〔英〕弗里德利希·冯·哈耶克：《法律、立法与自由》第1卷，邓正来等译，中国大百科全书出版社，2000，第210页。自由主义政治理论建立在公法与私法分离的基础之上，带有明显的政治功能，这也是法治国家法结构的必然逻辑。

义，但是，在笔者看来，自由主义哲学在私人领域与国家领域二分法的前提下讨论自由与秩序的关系，实际掩盖了在私人领域和国家领域之外还存在一个有关全体社会成员利益的公共领域这一事实。三个领域既有区别又有联系，但过去大量的研究往往集中于私人领域与国家领域之间的和谐或冲突关系，而且在特定哲学思维的指导下抹杀了公共领域的独立存在——当然不是无视或否认公共领域的存在，而是要么用私人领域要么用国家领域替代了公共领域。① 源于西方历史和文化的法治概念，正是建立在公法与私法的二分法基础之上，而对公法与私法之关系的妥当性处理使公共领域的独立存在被忽视，公共领域因此沦为公法和私法共同争夺的"殖民地"。与此相反，中国社会虽然逐渐接受了公法和私法的概念，也建立了成效显著的公共领域，但长期以来，公共领域更像是一片荒地，容易受到侵扰。

自由主义哲学从个体角度看到了私性的合理性以及由此不断张扬的诉求，② 并且赋予私性正当性所要求的那些品质。换句话说，那种要求国家公权力从私性的空间中让出领地的强烈愿望，再现了私性的本质要求。从文艺复兴开始，在人文主义的旗帜下，仅从人性的原则中抽象出私性正当性话语成了新时代的显著标志，而理性概念的使用和传播也为人性的张扬提供了科学依据。不过，具有正当属性的私性所获得的独立地位，确实是在与国家的公共性相冲突和抗衡的过程中形成的。与以往任何历史时期相比，私性取得了前所未有的胜利，这也被认为是私性不断收复失地或复原其本来面貌的大捷。然而，自由主义虽然为私性赢得了正当化的名声，却忘记了私性的来源和基础。这个来源和基础就是使个体得以存在的群体。像家一样的群体不仅保留了私性的体温，而且制造、传播和发展了私性。只注意到私性的成果和形式是不够的，因为忽视私性的来源和基础会

---

① 哈贝马斯在交往行动的理论框架下倾向于把公共领域定义为能够形成诸如公共意见的场域，参见〔德〕哈贝马斯《公共领域的结构转型》，曹卫东等译，学林出版社，1999。阿伦特所说的公共领域大体指由人的行动和实践所开创的政治生活的共同世界，参见〔美〕汉娜·阿伦特《人的条件》，竺乾威等译，上海人民出版社，1999。

② 对于确立私性的真诚性和正面意义，明清之际的思想家也着墨颇多。例如，顾炎武指出，"天下之人各怀其家，各私其子，其常情也。为天子为百姓之心，必不如其自为，此在三代以上已然矣。圣人者因而用之，用天下之私，以成一人之公而天下治……故天下之私，天子之公也"，参见顾炎武《亭林文集·郡县论五》。但中国传统社会在总体性上对私性保持着压制态势，更不用说对私性的张扬了。

产生一个严重后果，这就是，私性有可能或事实上借助正当性话语过度地表达其真实存在，并且逾越其本来界限而开始侵蚀国家领域和公共领域。在把握私性的界限方面，自由主义提出了"最低限度"概念。这一概念强化了法律之下的自由所应当具有的品质。仔细审查法律与自由之间的关系，我们会发现，自由主义一方面用私性反抗法律，另一方面又不断需要法律来保持其形态，这是借助他者来约束自己的强制理论，是意志哲学的必然结果。与自由主义表达私性的界限不同，儒家要求以克己的内在力量把握私性的品质，"修身"和"齐家"都表达了这一含义。这种品质所包含的内敛策略是一种进入国家领域和公共领域的前期准备、姿态或前提，它在效果上不仅要保持住私性的界限，而且要最终服务于公共领域，这就是天下理论指导下的天下行动。

私性关系并不当然产生公共领域，公共领域只有在具体场域的复合关系中产生，这就是行动与结构的关系。公共领域是在私性领域和国家领域之外存在的相对独立的第三领域。现代民法在阐述所有权概念时，明确揭示了物的不同占用形式，即在对物的独占、公有和共同共有的区分中所确立的现代产权制度。而现代社会组织理论也在企业、政府组织之外发现了非政府组织作为第三组织存在的客观性和价值。然而，把由私性关系决定的市民社会简单地视为公共领域，并且不加分析地让市民社会发挥公共领域的职能，不仅遏制了公共领域的发展，也为私性行为侵犯公共领域提供了方便。同样，把国家领域等同于公共领域也是值得怀疑的。上述两种认识，不论其价值趋向如何，都带来了大致相同的结果，这就是私与公的二元对立，或者说，市民社会与国家的对立。为此，公共领域为了维护自己的范围，不仅需要与国家领域斗争，也要与私人领域斗争。因此，在理论根源上，我们需要一种对二元论世界观必要的清理和批判。

二元论世界观是西方社会较为普遍的思维方式。在西方历史上，这种二元论世界观有众多的表现形式，其中，主观与客观、感性与理性、信仰与知识、宗教与世俗等构成了哲学中的基本论题。二元论世界观是一种内在要素相互对立的世界观，如何既肯定二元的合理存在又揭示各自的局限成了哲学的基本任务。近现代以来，在这种二元论世界观支配下，个体与国家之间的关系，逐渐演变成为市民社会与国家之间的关系，后者所表达的基本问题仍然是私人领域与国家领域的冲突和整合。虽然公共领域的发现具有重大历史意义，而且这一发现也强调了公共利益异于国家利益的特性，但它没有正确区分私人领域与公共领域之间的界限。一如有学者所指出的，"自由主义对生活的理解是不全面的，非常可能忽视了个人利益和权利之外还存在着的公共利益，尤其是那些与个人利益并非总是吻合的公共利益"。① 的确，公共领域，与私人领域和国家领域具有并存且相互制约的性质，而其历史也与私人和国家领域的存在历史一样久远。在相当长的历史时期，公共领域被遮蔽了，隐藏于私人领域当中，或者被国家领域强制代理了。近代以来，公共领域被重新发现，而且，在全球一体化的世界性历史进程中，赋予其应有地位、彰显其价值无疑具有重要历史意义。

西方社会的二元论价值观不具有普适的意义，至少在面对中国问题时需要作为一个例外来处理。有学者指出，"国家与社会的二元对立是从那种并不适合于中国的近现代西方经验里抽象出来的一种理想构造。我们需要转向采用一种三分的观念，即在国家与社会之间存在着一个第三空间，而国家与社会又都参与其中"。② "第三空间"是社会和国家互动的结果，属于流动的空间，缺乏社会和国家那样的边界，尚难以作为一个独立的领域与其他两个领域形成对照。但是，"第三空间"这一概念打破了"私人–国家"或"私域–公域"的二分法，具有开创性和启发意义。针对福利国家的出现，哈贝马斯也曾对二分法提出质疑。他说："随着资本集中和国家干预，从国家社会化和社会国家化这一互动过程中，产生出一个新的领域。从这个意义上来说，公共利益的公共因素与契约的私法因素糅合在了一起。这个领域之所以意义重大，因为这既不是一个纯粹的私人领域，也不是一个真正的公共领域；因为这个领域既不能完全归于私法领域，也不能完全算作公法领域。"③ 虽然哈贝马斯意识到公共领域是一个越来越有别于"社会"和"国家"的第三领域，是"国家和社会之间充满张力的区域"，但由于他一直强调"资产阶级公共领域"，并把这一领域视为与国家对立的领域、在本质上仍然属于私人领域，他其实并未开发出新的独立领域。

从中国文化的历史和特性看，中国传统社会并没有走向同样的二元

① 赵汀阳：《天下体系——世界制度哲学导论》，江苏教育出版社，2005，第59页。
② 黄宗智：《中国的"公共领域"与"市民社会"——国家与社会间的第三领域》，载邓正来等主编《国家与市民社会：一种社会理论的研究路径》，上海人民出版社，2006。
③ 〔德〕哈贝马斯：《公共领域的结构转型》，曹卫东等译，学林出版社，1999，第179页。

论。历史记载虽不完整，但大体显示了三代以及更早的历史是家的历史，这意味着国家的历史并没有像后来那样占据主导地位。从春秋战国开始，家的领域逐渐让位于国家的领域。在试图建立强大、有力和完整的国家领域方面，历史进入新的时代。在此过程中，企图恢复天下的领域（即后来逐渐明晰起来的公共领域）与渐渐强大的国家领域之间的理论争辩和实践争夺，成了时代的主旋律，并最终以秦帝国建立而告一段落。追寻失去的天下，恢复周礼，是孔子及儒者的理想。① 而礼的性质决定了它不可能在国家领域发挥功用，刑与法却是国家领域调整权力关系的特有工具。从那时起到中国社会迎来全球一体化时代，国家领域一直都在历史领域中扮演重要角色。不过，从中国的历史实践看，国家领域并没有取代公共领域，也没有泯灭私人领域，国家领域、公共领域和私人领域这些大的历史领域结构依然存在，这不是西方的二元思维能够解释清楚的。

如果说私人领域是由自私自利的人构成的领域，那么，国家领域则是由同质的臣民和公民构成的领域。私人领域，注重的是习惯和惯例，即一种长期积淀、自发形成的秩序。而在国家领域，由最高统治者制定的法律确立了一种刚性秩序，服从或不服从这种秩序取决于它的品质。自生自发的秩序和法律秩序都具有相对的独立标志，它们之间虽然可以在一定条件下相互转化，但不能相互替代。道德，既不属于私人领域，也不属于国家领域，而是属于公共领域。在习俗和法律的道德性方面，道德概念容易被轻率地当成习俗和法律各自的本质要素，由此既模糊了私人领域、国家领域和公共领域的各自界限，也为制造理论混乱开了方便之门。② 具有道德性的习俗仍然是习俗，正如具有道德性的法律依然是法律一样，何况在众多的情况下，习俗和法律只是被人为地披上道德的外衣。此外，在解释人定法的正当性时，受西方社会固有的二元思维方式指

① 春秋时代的游士大多抱有超地域、超家族甚至超国家的天下观念或世界观念，他们并不承认贵族特权，忘不了从封建制度开始的天下，只有一个共主、一个最高中心的历史观念，参见钱穆《国史新论》，三联书店，2001。
② 富勒把道德视为良法的组成之善，参见〔美〕富勒《法律的道德性》，郑戈译，商务印书馆，2005。梁启超在《论公德》一文中把道德分为"私德"和"公德"，认为"人人独善其身者谓之私德，人人相善其群者谓之公德"，参见梁启超《新民说·论公德》，载《饮冰室合集》专集之四。

引，自然法概念被用来作为衡量人定法的准则，由此，符合自然法的人定法就是良法、善法，反之则是恶法。人定法不能证明自己的合法性，也无权证明自己的合法性。然而，由于自然法总体上属于形而上意义上的"天上的法"，而不是具有实践理性的"天下的法"，它不能担当公共领域所需要的实践法则。

在福利国家和风险社会作为新的历史事件出现的时代背景下，私人利益与国家利益的冲突不是依靠"权利国家化"或"国家权利化"的方案就能够化解的。新的国家观似乎把国家的划分类型又朝前推进了一步，出现了所谓法治国家、福利国家、安全保障国家等。① 这些国家类型的划分分别建立在自由资本主义社会、福利社会、风险社会等基础之上。如果依旧局限在个人权利与国家权力的二元框架内思考是权利多一点好，还是权力大一点好，我们也许不会有新的突破。

综上所述，法治是治国的主要或唯一的工具。法治与正义有关，但不等同于正义；法治与道德有关，但不等同于道德；法治也与人权、平等、自由和博爱有关，但也不能等同于人权、平等、自由和博爱。我们越是走向现代社会，就越相信法治是实现道德、人权、平等、自由和博爱等现代价值的工具。这并没有错。不过，这样的法治其实是"良好的法治"，而"良好的法治"并不能完全脱离法律的一些形式方面。富勒曾把法称为使人类行为服从规则之治的事业，由此，法也可以被理解为治理人的行为的事业。法与人的行为之间的关系理论主要涉及两个方面。一是法对人的行为的共治理论，即主要从习俗规范、国家规范和道德规范等多重规范治理人的行为；二是法对人的行为的分治理论，即从习俗、国家或道德的一个维度治理人的行为。共治与分治是辩证统一的。本文的分析建立在分治的基础上，并以分治理论为主要线索。法的共治事业无疑是重要的，它不仅不会使人的行为更缺少自由度，而且使人的行为更加合理和完美，只是，所有这一切都应当首先建立在各个相对存在的规范独立性基础上。

---

① 哈贝马斯指出，"根据这种分期，政府必须相继地专门完成这样一些任务：起初是古典的维持秩序任务，然后是对社会补偿的公正分配，最后是应付集体性的危险情况。制约绝对主义的国家权力，克服资本主义产生的贫困，预防由科学技术引起的风险，这些任务提出了各个时代的议题和目标：法律确定性、社会福利和风险预防"。参见〔德〕哈贝马斯《在事实与规范之间——关于法律和民主法治国的商谈理论》，童世骏译，三联书店，2003，第 537 页。

迄今，人的自治和国家治理的关系问题依然是要继续处理的问题，而保障人权并防止国家权力对人权的侵犯构成了这些理论的核心命题。在否定无政府主义的前提下，对国家权力的"爱与憎"始终是个悖论。在国家权力与个人权利的紧张关系中，根据力量对比和情形所显示的效果，总是不能摆脱"防御"、"相持"或"反攻"的循环局面。随着法治国家理论的兴起，规则的品性成了人们关注的热点。在法律科学中，无论是对法律的道德性的论述，还是对法律的正当性的不懈表达，都进一步推动了人的自治与国家治理的关系。此外，市民社会理论也从自主的非制度意义上的规划活动领域，解说着与其对立面——国家的关系。应当看到，不论法治国理论，还是市民社会理论，都建立在规则的二元论基础上。国家权力与个人权利之间的关系，实质上是如何划分人的活动领域的问题，而规则的二元论在理想上厘定了个人规则的正当性以及国家规则的价值目标，适应了资本主义经济的理性思维和现代民主的内在要求。然而，个人规则与国家规则，也就是说，权力与权利的运行和发展侵蚀、占领乃至遮蔽了公共规则相对独立的存在，在笔者看来，这是造成人权与国家之间关系紧张的隐蔽而重要的因素。

（贺海仁：《先秦法家共同体的敌人：以法治国的规范理论》，《政法论坛》2007 年第 6 期）

中国法治的人文道路

胡水君[*]

法治（rule of law），在现代社会通常被认为是最好的治国方式。然而，无论是在孔子和孟子那里，还是在柏拉图和亚里士多德那里，法治或法律之治（rule of laws/rule by law）其实都不是治国的第一选择。[①] 这些古代圣贤或哲人，尽管并不忽视法律的社会作用，有的还最终转向法治或法律之治，但他们无不将贤人政治或者由最具美德和智慧的人理政视为治国的最理想形式。而且，他们无不将法律置于"善"（good）之下或者将"善"视为法律必不可少的基本要素，[②] 明显表现出以道德主导法律和政治的倾向。即使古今不同语境中法治语词所指涉的意义可能存在差异，[③]

---

[*] 胡水君，中国社会科学院法学研究所研究员，曾任法理研究室主任。

[①] 在治国方式上，孔子的首选是"为政以德"的"德治"或"为国以礼"的"礼治"，参见《论语·为政》、《论语·先进》；孟子的首选是"以不忍人之心行不忍人之政"的"仁政"，参见《孟子·公孙丑上》；柏拉图的首选是人所熟知的"哲学王统治"，参见〔古希腊〕柏拉图《理想国》，郭斌和、张竹明译，商务印书馆，1986。虽然亚里士多德提到"法治应当优于一人之治"，但他还是认为，"完全按照成文法律统治的政体不会是最优良的政体……的确应该让最好的（才德最高的）人为立法施令的统治者"。参见〔古希腊〕亚里士多德《政治学》，吴寿彭译，商务印书馆，1965，第163、167—168页。

[②] 作为儒家核心人物，孔孟始终以道德或善为基点来考量政治建制和社会安排。柏拉图和亚里士多德也都主张，法律应当促进共同体的善、提升全体公民的品德，参见 Brian Z. Tamanaha, *On the Rule of Law: History, Politics, Theory* (Cambridge: Cambridge University Press, 2004), p. 9。至今，政治是应从"善"（good）出发，还是应从正当或权利（right）出发，仍是政治哲学的基本问题。

[③] 有学者区分了"法治"与"法律之治"，认为"立法机关所立之法已被限制不能与'基本人权'（Fundamental Human Rights）抵触。基本人权，即现代法理学术语上之超立法信条……任何新意见亦须在超立法信条之内形成。逾此范围，即非'法治之法'（laws of rule of law）。在此一术语内，法治即指超立法信条，'法律'即指立法机关 （转下页注）

就现代法治对贤人以及道德的一定排斥而言，古人的这些看法也未尝不可一体适用于所有的法治或法律之治。在法治几乎成为"一边倒"的主流意识形态的现时代，这些古代看法似乎早已被作为陈旧的人治论或道德论而遭批判或舍弃。不过，透过那些亦曾影响人世政治和法律实践几千年的古训哲理，现代人至少还是可以反向地洞察到现代法治的起点、道路、边界和处境。甚至可以说，在古今历史和文化观念对比中思考法治，构成了充分理解现代法治的一个必要条件。这样一种反向的思索，与其说是要质疑乃至颠覆现代法治，毋宁说，它是深入探究现代法治之文化缘起、发育过程、历史特性、时空方位的重要途径，也有助于在"古今中外"的历史比较中为现代法治以及现代政治的更好发展开拓新的方向。

对于中国来说，这样一种审视远不是多余的，相反，从近一个半世纪的现代历史进程看，它显得殊为必要。晚清以来的中国一直处在动荡和变革之中。西方入侵，不仅冲击了中国的主权独立和文化自主，也最终导致了在中国持续几千年的政制、法律、道德、学术传统的崩溃。君主政制在遭受革命后被瓦解，中华法制在经历变法后被更新，以仁义为核心的道德体系在文化运动的震荡下终致飘摇破败，以"四部之学"、"六艺之学"为主体的学术体系也在新学改革中为现代学科体系所取代。这100多年，是中国不断呈现革故鼎新、新旧交替的历史变革时期，也是中国尝试着重构自身道统、政统、法统和学统的历史转型时期。其间，中国接连遭遇的内外战争、维新变法、政治革命、文化运动、社会动荡、经济浪潮等，一方面为中国的社会转型带来了前所未有的历史机遇；另一方面又因为长期变动而没有为中国的社会转型创造足够安适的历史条件，以至于至今仍可以说，我们所生活的这个时代依然处在近100多年的历史变革运动之中。这意味着，中国仍担负着其自近代以来尚未全部实现的历史使命。在全球背景下，这一历史使命至少包含着内外两个方面，用中国的传统术语，可将它们表述为新历史条件下的"内圣"和"外王"。就"外王"或外在主权

（接上页注①）所立各项法律。'法治'（rule of law）与'法律之治'（rule of laws）在现代已截然两事。中世纪绝对王权论者所主张的法律之治，乃指帝王能创造任何法律，以管理人民。中国亦有其人，商鞅、韩非、李斯是也，亦可包括管仲在内。"参见周德伟《西方的法治理想与中国的儒学》，载周德伟《自由哲学与中国圣学》，中国社会科学出版社，2004，第79页。

方面而言，中国需要从"家天下"的君主专制国家发展成为兴民权、起民力的民主法治国家，也需要从容易遭受入侵的内陆国家发展成为东南门户稳固的海洋国家或现代民族国家。就"内圣"或内在文化方面而言，中国需要在外来文化特别是西方文化大肆涌入的文化"低谷"时期，充分吸纳融会"古今中外"的普遍因素，沿着自身文化理路开拓中国据以长远发展的政道法理，重建新民德、开民智的道德和知识体系，彰显中国文化的主体性。

按照中国传统政治理论，"外王"由"内圣"通出，受"内圣"的指导和制约，然而，近代以来，内在文化和外在主权这两个方面并不总是协调一致的。首先，寻求新"外王"的努力在很大程度上抑制了传统道德体系在近代以来的生发，甚至不惜以对传统道德体系的批判和舍弃为代价。这既表现在，面临近代民族国家的争逐以及西潮来袭，中国为摆脱近代以来落后挨打的生存处境，从制度、器物、文化等多方面学习效仿西方，以"西学"批判和改造"中学"；也表现在，中国为寻求民族独立和国家富强，将更多的努力集中于物质和智性层面，其增强国家实力和促进经济效益的实用取向，弱化了精神和德性层面的坚守，以至于在经历革命战争、文化运动、经济浪潮的过程中一再出现关于"人文精神"的追问。其次，在中西对比格局中，中国传统文化有时也成为应对西方挑战、抵制西方霸权的重要依托。一方面，为寻求独立富强，中国传统文化被调动起来的往往不是道德资源，而更多的是霸道权术。这既表现为以"新法家的理论"来拯救近代中国的理论企图，[1] 也表现为在中国近代史上时常可以看到的构建强有力专制国家的政治企图。另一方面，出于对自身文化和发展道路的维护，中国传统文化也被用来批判和抵制西方话语。例如，在一些学者所谓的"政治儒学"[2]、"中国模式"[3] 论中，西方文化及其民主法治时常被认为是中国发展道路上需要避免的歧途。总体上看，无论是构建民族国家、发展民族经济的外在努力，还是对传统"霸政"方略的诉求和对西方

① 有近代学者认为，"清末以来，中国又入于一个新的战国时代，需要新的法家，于是成为法家的复兴时代"，法家"要用国民主义的霸道，力保国家"，"新法家的理论成功之日，便是中国得救之时"。参见陈启天《中国法家概论》，中华书局，1936，第10、13、120等页。
② 蒋庆：《政治儒学：当代儒学的转向、特质与发展》，三联书店，2003；范瑞平主编《儒家社会与道统复兴——与蒋庆对话》，华东师范大学出版社，2008。
③ 潘维主编《中国模式：解读人民共和国的60年》，中央编译出版社，2009；潘维、玛雅主编《人民共和国六十年与中国模式》，三联书店，2010。

的文化抵制,作为中国文化传统特质的道德人文精神在近代历史进程中都没有获得充分发展的机会。

中国文化的这样一种近代处境,并不足以表明其所蕴含的道德精神或人文主义已彻底衰败。从历史层面看,道德人文精神历经漫长的历史发展已融为中国儒家、道家和佛家共同的基本特质和要素。从道理层面看,因为这样一种特质,中国文化传统主要表现为一种立足德性或道德理性的、可以跨越古今的普遍文化,它既以其独特性而有别于立足智性或认知理性的其他文化,也适足成为其他文化的重要补济。从现实层面看,西方文化在近 300 年间的发展过程中所呈现的各种"现代性"问题,例如,"自由帝国主义"(liberal imperialism)、"做错事的权利"(the right to do wrong)等,也正为中国文化中的人文精神在现代的传承和发展造就了客观需要和现实可能。就此而言,开掘中国文化传统中的道德人文资源,并由此将内在文化和外在主权重新贯通起来,在道德精神与"自然权利"(natural rights)、民主法治、现代学术之间建立新的连接或融合,是一种时代需要,也构成中国在经历长期变动后重建其涵容中外、承接古今的政道法理的历史机遇。历史地看,在过去的 100 多年,20 世纪 90 年代以来是中国未再发生大的政治动荡的相对平稳发展时期。这期间,不仅相继出现"国学热"、"人文精神"讨论、"传统文化复兴"等文化事件,"中华文化"、文化传统和现代"人权"、"法治"在国家层面也都得到了明确认可;在文化和理论界,一种试图彰显中国文化主体性的"文化自觉"正在兴起,立足普遍因素来融会"古今中外"的文化姿态日趋明显。凡此为中国在受到西方文化严重冲击后,沿着内在文化理路探寻其政治和法律发展道路创造了更多的现实条件。在 21 世纪上半叶"基本实现现代化"的进程中,融会中西文化精髓,重显道德人文精神,构建中国的政道法理,直至完成 200 年间构建民主法治国家的近代历史使命,可望成为具有一定现实基础的历史期待。在此背景下,回望近代发展历程,重思古圣先贤关于政道法理的话语,作一些从"政"到"正"、从"利"到"义"、从"治"到"道"、从"法"到"德"的深入思考,不是全无必要的。

鉴于此,本文基于"内圣"与"外王"的内在联系,尝试着对中国的法治构建作一种道德人文的审视——这在很大程度上也是对古今法治的总体审视,进而探寻融会中西的中国政治和法律发展道路。在"古今中外"

的对比中，本文拟从道德、功利、治理、政制四个层面，梳理历史上法家、儒家与西方的三种典型法治模式，并结合西方和中国的两种不同人文主义，分析法治的认知理性基础和道德理性基础，以此开拓中国法治乃至现代法治的道德人文维度。本文认为，现时代需要一种融合西方人文主义与中国人文主义的"新人文主义"，以实现自然权利与天然明德、权利主体与道德主体、自由意志与自然道义、仁义道德与民主法治的统一，而中国文化的深厚的人文底蕴以及近 100 多年间西方人文主义的浸染，为中国在 21 世纪构建这样一种重开"内圣外王"的道德政治理想提供了现实可能。本文首先分析中国和西方的两种人文主义，其次比较法家、儒家与西方的三种典型法治模式，最后讨论立足道德人文精神构建民主法治以及新"外王"的必要性和可能性。

一　两种人文主义：西方与中国

本文主要在"现代性"背景下考量西方人文主义，也在此背景下阐释与西方人文主义形成对照的中国人文主义。由此，本文一方面将中西人文主义视为人类文明史上历时长久的文化和思想系统；另一方面侧重在现代语境中讨论两种人文主义，以为当下乃至今后的法治发展设置足够的人文底蕴。鉴于西学进入中国后中国人文主义受到冲击和削弱的现实状况，本文关于中国人文主义的论述将着重循着中国文化传统的内在理路展开。因此，本文关于中西两种人文主义的比较分析，在一定程度上也映衬出中国千年文化传统与近百年"新文化"之间的古今对照。在具体分析两种人文主义之前，还需要指出的是，本文关于中西人文主义的比较主要建立在中西各自文化传统的主体或主流基础之上。从普适的立场看，每一人文主义的特质在另外一种文化中其实也多少有所显现，即使它们受到抑制、排挤而未能发展成为主流。① 例如，中国文化史上出现过与现代语言哲学很相似的名学，在性善论之外也存在与法治紧密相连的自然本性论或性恶论

---

① 有学者提到，"西方文化自希腊起就重智，而中国则自始就重德。严格地讲起来，中国并不是没有重智的一面，而是没有开展出来，昙花一现之后就枯萎了。"参见牟宗三《中国哲学十九讲》，上海古籍出版社，1997，第 206 页。

等。尽管如此，就文化所侧重的不同认知路径以及由此所表现出的基本特质乃至身处其中的人群所长期养成的生活态度和习惯思维而言，将中西人文主义作为两个彼此形成对比的系统看待仍是成立的。以下先分析西方人文主义。

凡文化，无论是关于物的、神的或人的，都可以因为由人化成或通过人这一中介，而被认为是"人文"的，但人文主义作为一种在"现代"产生深远影响的特定历史现象，通常被认为萌发于欧洲的"文艺复兴"时期。循着西方文化系统从古希腊文化到希伯来宗教文化再到人文主义的发展脉络看，"文艺复兴"在文化上对于"现代"具有历史开端意义，可谓西方文化在经历上千年的希伯来宗教文化对古希腊文化的否定之后，对宗教文化实现"否定之否定"的重要转折点。"文艺复兴"时期的人文思潮，开启了神本主义的宗教文化走向衰落、人和自然的世界得以迅速发展的历史进程，一如学者所指出的，"如果说人文主义真的重新发现了对人、人的能力和人对各种事物的理解力的信念，那么科学试验的新方式、革新了的世界观、企图征服和利用自然的新努力也应当归功于人文主义的影响"。[①] 到 20 世纪，人文主义发展成为拒斥宗教信仰、只关心人类福祉的西方主体文化。[②] 甚至可以说，西方近代以来的经验主义、包括理性至上在内的理性主义、功利主义、人道主义、自由主义等，无不处在人文主义的大脉络中。有学者指出，"人文主义文化于过去五百年间在西方占据着主流地位……在现代工业化经济的发展过程中，特别是在我们称之为'现代化'的重大社会转型中，人文主义文化扮演了一个主要角色。人文主义同时还是渐次成长起来的自由民主的西方政治模式的重要推手"。[③] 照此看，西方人文主义其实也是近一个半世纪以来对中国社会转型产生重要影响的文化形态。

大体上，从人出发，以人间世相为中心，以人的能力、尊严和自由发展为价值准轴，重人事而轻宗教，是人文主义的基本特质。[④] 在这些方面，

---

① 〔意〕加林：《意大利人文主义》，李玉成译，三联书店，1998，第 215 页。

② 参见 Antony Flew and Stephen Priest（eds.），*A Dictionary of Philosophy*（London：Pan Books，2002），p. 175；Gordon Marshall（ed.），*A Dictionary of Sociology*（Oxford and New York：Oxford University Press，1998），pp. 289 - 290。

③ 〔美〕约翰·卡洛尔：《西方文化的衰落：人文主义复探》，叶安宁译，新星出版社，2007，中文版序。

④ 参见吴博民编《中国人文思想概观》，长城书局，1934，第 2 页。

现代人文主义有别于宗教和纯粹的自然科学。布洛克对人文主义与宗教、科学作了区分，划分了看待人和宇宙的三种不同的西方思维模式。一是超越自然或宇宙的模式，聚焦于上帝，把人看作神的创造的一部分。这一模式在中世纪占据主导地位。二是自然或科学的模式，聚焦于自然，把人如同其他有机体一样看作自然秩序的一部分。这一模式直到 17 世纪才形成。三是人文主义的模式，聚焦于人，将人的经验作为人了解自己、上帝、自然的出发点。这一模式初步形成于"文艺复兴"时期。① 尽管如此，人文主义与科学、宗教并非完全不相容。事实上，纵向地看，古希腊文明、希伯来宗教、"文艺复兴"以来的人文主义以及 17 世纪以来的自然科学，都共同表现出西方文化系统的某些特性，从而看上去与中国文化传统显出差异。例如，古希腊苏格拉底关于"德性就是知识"的看法，② 凸显了一种依循知识途径追寻美德的倾向，这与中国文化传统中沿着德性路径"明明德"、"致良知"的观念存在很大不同，而现代西方主要在经验和知识领域考虑道德和公正问题，其实正承接了苏格拉底的智识路径。③ 再如，西方宗教中"第一主宰"、人神二分的显著特点，与中国文化传统中"天人合一"、"本性具足"观念也有着重要差异。又如，西方近代以人为"机器"或纯粹生物体的看法，与中国文化传统中以人为道德性很强的"宇宙"的观念实大相径庭。④ 这些表明，在一定程度上，西方人文主义也多为科学思维所渗透，类似于宗教中"天人二分"、"第一主宰"的主客二分思维亦绵延其间，它们共同受制于西方整个文化道路。也可以说，西方人文主义在很大程度上蕴含着对在不同历史时期持续存在的西方文化系统基本特性的深化和铺展。就此而言，把握西方人文主义，有时也不能脱离西方宗教

---

① 参见〔英〕阿伦·布洛克《西方人文主义传统》，董乐山译，三联书店，1997，第12—13 页。布洛克同时指出，这三种模式并不存在严格的划分界限，也不意味着存在从神学模式到人文主义模式再到科学模式的发展线路。

② 苗力田主编《古希腊哲学》，中国人民大学出版社，1989，第222—223 页。

③ 这种承接关系也表现在苏格拉底与柏拉图之间。有学者指出，"《理想国》中那种唯理智论的论断，那种寻求一个受过充分教育的统治者作为救世主的倾向，必定是对苏格拉底关于美德——包括政治美德在内——即知识这一信念的详细阐发"。参见〔美〕乔治·霍兰·萨拜因《政治学说史》上册，盛葵阳、崔妙因译，商务印书馆，1986，第58 页。

④ 参见〔法〕拉·梅特里《人是机器》，顾寿观译，商务印书馆，1959，第 17、20、60、73 等页；陆象山曾说："宇宙便是吾心，吾心即是宇宙。""宇宙内事，是己分内事。己分内事，是宇宙内事。"参见陆象山《陆九渊集》，中华书局，1980，第 273 页。

和科学而作孤立分析，透过西方人文主义发现西方主体文化与众不同的特质或根本才是重要的。

归纳起来，以"文艺复兴"为正式开端的西方人文主义，在过去500年间的主要历史特质大致可概括为以下四个方面。

第一，摆脱宗教和神的束缚，从人出发并以人为中心来观察和思考世界。西方人文主义有时被追溯到普罗塔哥拉那里，因为他提出"人是万物的尺度"。[1] 在"文艺复兴"时期，这一观念得以复活。人进而处在了认识的主体地位，并被确定为世界的中心。米兰多拉就认为，"人是万物的核心"，"人是自己的主人，人的唯一限制就是要消除限制，就是要获得自由，人奋斗的目标就是要使自己成为自由人，自己能选择自己的命运，用自己的双手编织光荣的桂冠或是耻辱的锁链"。[2] 而且，神或上帝与人被严格隔开，人的注意力、希望和归宿转向尘世。被称为人文主义之父的彼特拉克认为，"上帝的世界是经过七层铅封的世界，非凡人的智力所能理解"，"我是凡人，只要凡人的幸福"。[3] 这样一种"人化"的过程，在后世蔓延到世俗社会的经济、政治、法律、文化等各个领域，直至形成"祛魅"的"人的王国"。

第二，意志自由，充分认可人的能力和尊严。意志自由是人文主义的一个核心特征。宗教的衰微以及对"上帝之死"的宣告，都直接源于意志自由。在伊拉斯谟与路德关于意志自由的著名争论之后，历经宗教改革和"启蒙"运动，人成为独立的精神个体，人的意志自由得以最终确立。这可以说是影响近代西方政治经济发展特别是民主化和市场化的一个关键点。而且，人的潜在能力得到充分肯定和信任，甚至被无限放大。米兰多拉讲的"我们愿意是什么，我们就能成为什么"，[4] 以及阿尔伯蒂讲的"人们能够完成他们想做的一切事情"，[5] 都是关于人的潜能的典型话语。因为意志自由和人的潜能，人被视为有价值和有尊严的主体，所以应受到平等

---

① 苗力田主编《古希腊哲学》，中国人民大学出版社，1989，第183—186页。

② 〔意〕加林：《意大利人文主义》，李玉成译，三联书店，1998，第59、102页。

③ 〔意〕加林：《意大利人文主义》，李玉成译，三联书店，1998，第23页及译序。

④ 〔美〕约翰·卡洛尔：《西方文化的衰落：人文主义复探》，叶安宁译，新星出版社，2007，第3页。

⑤ 〔瑞士〕雅各布·布克哈特：《意大利文艺复兴时期的文化》，何新译，商务印书馆，1979，第135页。

尊重。西方近代以来的权利、民主以及自由主义政治，在很大程度上正以这种意志自由和人的尊严为基础。① 一如学者所指出的，"代表选举是人文主义的派生事物，因为它赋予公民群体中的每一个我一份特别权力。选举制度基于对作为一个集合体的成年人行使理性能力的'自由主义的'推断，认定这个集合体会理智地思考他们愿意如何得到统治，以及他们如何自由实践他们认为合适的意向"。②

第三，立足自然世界和人的自然本性。从宗教文化到人文主义的转变，经历了一个"世界的发现和人的发现"过程。③ 一旦对世界的宗教解释被舍弃，对自然世界的客观把握和审美观察就成为可能并得到发展。"人化"的过程由此也成为世界自然化的过程，世界获得了一种基于自然科学的人文解释，以至于人本身也被自然化，成为物种进化过程中有血有肉、具有理性的自然生物。禁欲主义因此被解除，人的身体特别是生理本性受到重视并被重新认识。拉伊蒙迪在 15 世纪重述伊壁鸠鲁的观点说，"我们既然是大自然的产儿，就应当竭尽全力保持我们肢体的健美和完好，使我们的心灵和身体免遭来自任何方面的伤害"。④ 菲莱尔福也质问："自从弄清楚人不仅仅是灵魂的时候开始，人们怎么可以忘记人的身体呢?"⑤而且，人的快乐成为价值评判的基本标准，以至于"追求幸福"同生命、自由一起，在政治和法律文献被确定为基本人权。与此相应，历史上以宗教的、道德的或自然的义务为基点的伦理政治或道德政治，转变为从"自然权利"出发的自然政治。⑥

第四，在认知上，以人的经验和理性为判断根据。无论是笛卡尔讲

---

① 参见 Ian Shapiro（ed.），*The Rule of Law*（New York：New York University Press，1994），pp. 13 – 19。

② 〔美〕约翰·卡洛尔：《西方文化的衰落：人文主义复探》，叶安宁译，新星出版社，2007，第 140 页。着重号省略。卡洛尔还提到，"自由主义政治理论使得个人无拘无束地追求自己的幸福，并授权给那些凭着自由意志的独立自治的公民选举出来的人"。〔美〕约翰·卡洛尔：《西方文化的衰落：人文主义复探》，叶安宁译，新星出版社，2007，第 162 页。

③ 参见〔瑞士〕雅各布·布克哈特《意大利文艺复兴时期的文化》，何新译，商务印书馆，1979，第 143、280、302 页。

④ 〔意〕加林：《意大利人文主义》，李玉成译，三联书店，1998，第 47 页。

⑤ 〔意〕加林：《意大利人文主义》，李玉成译，三联书店，1998，第 46 页。

⑥ 参见〔美〕列奥·施特劳斯《霍布斯的政治哲学》，申彤译，译林出版社，2001；〔美〕列奥·施特劳斯《自然权利与历史》，彭刚译，三联书店，2003。

"我思故我在",洛克讲心灵犹如一张"白纸",还是贝克莱讲"存在就是被感知",① 都将知识的来源归结于经验和理性。无论是诉诸感官的经验主义、诉诸利害的功利主义,还是诉诸理智的理性主义、诉诸情感的浪漫主义,都抛弃了天赋或先验的道德原则,消解了宗教和传统的权威,而将是非对错、善恶标准、社会交往以及政治法律制度安排,建立在经验和理性的基础上。"敢于认知"② 并由此将人的经验和理性作为认知基础,是西方人文主义的基本特点。有学者指出,人文主义"重视理性,不是因为理性建立体系的能力,而是为了理性在具体人生经验中所遇到的问题——道德的、心理的、社会的、政治的问题——上的批判性和实用性的应用"。③ 理性,在此更多地指人的认知理性,它意味着合乎逻辑的思考、计算、推理和判断能力,它受到激情、欲望、利益的驱使,其功能在于"计算出欲望如何能够得到满足,一种欲望如何与另一种欲望相互协调。霍布斯、边沁,以及自由主义者一般都假定,每个人都被充分地赋予了这种能力去清楚地计算和思考以便能够有效地寻求他或她自身的利益"。④ 道德、经济、政治、法律、社会各领域的现象都从经验和理性获得合理解释,其问题也都在经验和理性范围内形成合理的解决方案,而超出经验和理性之外则通常被认为是不可理解的或"不合理的"。因此,个人"在一切客观的事实、法律和无论哪一类约束面前……保留着由他自己做主的感情,而在每一个个别事件上,则要看荣誉或利益、激情或算计、复仇或自制哪一个在他自己的心里占上风而独立地做出他的决定"。⑤

总的来说,"文艺复兴"以来的西方人文主义,既与西方整个文化系统有着难以分割的内在联系,又是一种不同以往、有着新特点的文化形态。与古希腊文化相比,它不再赋予善、德性或某些形而上的先验原则天然的基础地位,而是在人的经验和理性的基础上讨论善、德性以及正当问

---

① 参见《西方哲学原著选读》上卷,北京大学哲学系外国哲学史教研室编译,商务印书馆,1981,第369、450、503页。
② 参见〔德〕康德《历史理性批判文集》,何兆武译,商务印书馆,1990,第22页。
③ 〔英〕阿伦·布洛克:《西方人文主义传统》,董乐山译,三联书店,1997,第235页。
④ 〔英〕安东尼·阿巴拉斯特:《西方自由主义的兴衰》,曹海军等译,吉林人民出版社,2004,第42页。
⑤ 〔瑞士〕雅各布·布克哈特:《意大利文艺复兴时期的文化》,何新译,商务印书馆,1979,第445页。

题；与中世纪的宗教文化相比，它不再以神或人的宗教义务为中心，而是围绕人的自然本性，基于经验和理性来解释和构造外在世界。可以说，西方人文主义开出的是一个以人的经验和认知理性为基础的人的世界，其价值体系主要是围绕人的身体以及生理本性构建起来的，人的自由特别是意志自由构成了其基本原则。尽管从中国法家那里，也能看到一种基于人的生理本性的知识拓展，但在价值诉求上，西方人文主义又表现出很强的现代意义。在西方人文主义的视野下，人因其自然本性、潜在能力和意志自由而被认为享有尊严、平等价值和自然权利；权力分立和制衡、人民主权、法治则是从人的自然生理本性出发，基于人的经验和认知理性构建起来用以保障人的自然权利、维护正常社会交往的外在制度形式。用历史比较的眼光看，在西方文化系统中，人文主义与中世纪以前的古代文化存在某种明显的断裂。这集中表现在，"自然权利"取代"自然法"、"神法"而成为现代政治、道德、法律领域的基本出发点，"意志自由"取代"自然道义"、宗教义务而成为现代社会的基本处事原则。与此相应，人在作为权利主体与作为德性主体之间发生了分裂，道德精神与自然权利、民主政治、自由法治之间也出现了缝隙。质言之，西方人文主义在将现代人文世界的基础奠定在人的认知理性之上的同时，其实也划出了现代人文世界的范围和边界。在很大程度上，西方人文主义因此弱化或忽略了人的道德理性，享有"自由意志"的个人可能享有"做错事的权利"，有些基于民主投票机制产生的政治和法律决议可能偏离"道义"，而"自由国家"也可能因为缺乏必要的道德原则限制而沦为政治、经济乃至文化势力的功利手段，乃至滑向"自由国家主义"以及具有侵略性的"自由帝国主义"。①如果说西方人文主义在为现代民主政治和法治铺设文化底垫的重要历史过程中，一定程度上也附带有道德和政治上的"现代性"问题，甚至发展出一些批判学者所指出的物质进步与道德衰落共生并进的状况，那么，与之相比，近 100 多年间，中国文化传统中的人文主义则因为其对道德理性的

---

① 一些学者在有关"现代性"的讨论中，强调了欧洲大陆特别是德国"现代性"发展道路中的缺陷，而疏漏或回避了英美近代发展中的"现代性"问题。参见高全喜《何种政治？谁之现代性？——现代性政治叙事的左右版本及中国语境》，新星出版社，2007。如果将英美近三五百年来的发展放在中西文化对比的大格局中审视，其现代性问题同样是不容忽视的，这既体现在道德方面，也体现在政治方面。

偏重既受到西方人文主义的猛烈冲击，也在重构"外王"的过程中遭遇到重重困境。

　　中国文化传统因为其所包含的人文主义而与西方文化以及世界其他文化传统相比表现出较大的独特性，也因为此种人文主义的普适因素而透显出一种至今仍得以生发延展的普遍性。从具体历史看，中国传统文化乃至中国文化实际呈现丰富而广泛的各种形式，也有明显的分层，是集尊贵与卑微、公义与私利、庙堂与江湖、正信与迷信、高雅与低俗于一身的综合体。此种历史状况客观上为20世纪的文化批判运动提供了切入口。不过，因为历史流变中某些未尽合理的历史现象而彻底否定中国文化，或者只从历史文化形态上把握中国传统文化，视之为比西方文化或其他现代文化更为落后的文化形态，而不从根本道理上作去粗取精、去伪存真的辨别，就不可避免地会忽视乃至损害中国文化中的普遍人文要素，而这些要素恰是中国文化历经大浪淘沙式的千年流转而仍得以延绵不断的根源所在。基于人文主义的角度审视，中国文化传统并不能被仅仅视为一种与君主政制不可分割的独特历史文化形态，它在道理层面实际蕴含某些足以穿越"古今中外"的人文精神或要素，并因此对于现代世界以及未来具有重要历史意义，也有着在摆脱君主政制的支配或影响后与现代生活相适应或融合的可能性。可以说，人文主义或人文精神构成了中国传统文化以及整个中国文化不可或缺的基本内容和独特维度，以至于有人认为，"中国文化乃是一在本源上即是人文中心的文化"。① 在此意义上，理解中国文化，甄别和准确把握其中的人文要素是必不可少的，而就此人文主义或人文精神相对西方以及其他文化系统的独特性和普遍性而言，这样一种把握也显得尤为重要。在更多地立足经验、理性乃至功利来构建民主法治的现时代，对中国法治以及现代法治作适当人文审视的必要性和重要性也正发源于此。

　　一般认为，中国人文主义大致形成于周代，② 但从《古文尚书》等文献看，它至少还可上溯至尧舜。③ 这集中体现在"天命"与"人力"的关系上。无论中西，命运与人的自由意志之间的关系都构成人文主义的一个关键。例如，被视为人文主义思想家的马基雅维里，在《君主论》中就认

---

① 唐君毅：《中国人文精神之发展》，广西师范大学出版社，2005，第6页。
② 参见唐君毅《中国人文精神之发展》，广西师范大学出版社，2005，第6页。
③ 例如，《尚书·大禹谟》："民弃不保，天降之咎"，"惟德动天，无远弗届"等。

定，"命运是我们半个行动的主宰，但是它留下其余一半或者几乎一半归我们支配"，同时，他又将命运比喻为弱女子，强调人的意志、理智和行动对人起决定性作用。① 在很大程度上，西方自"文艺复兴"以来的人文运动，可谓一个建立在经验和理智基础上的人的自由意志的扩展过程。与此形成对照的是，中国人文主义从其产生之初就具有明显而深厚的道德取向。在中国人文主义中，始终存在一种人通过自己的努力可以达致或超越"天命"的道德认知。在周代，尽管"天命不僭，卜陈惟若"（《尚书·大诰》）的观念仍被坚持，但也出现了"枯骨死草，何知吉凶"的话语，②人们在一定程度上摆脱了对占卜以及巫术的迷信，开始不顾占卜结果而按照人自己的意愿和智慧处理人间事务。人文主义的开始大致是以这种"天命"与"人力"发生一定分化、肯定"人力"的实际效果为前提的。在从夏到商、从商到周的王朝更替过程中，"受命于天"的观念不断遭受冲击，尽管"天命"未被完全否定，但它不再被认为是固定不变的。就统治而言，"天命"可"易"的现实，在统治者阶层促发了一种"战战兢兢，如临深渊，如履薄冰"（《诗·小雅·小旻》）、"终日乾乾，夕惕若"（《易·乾》）的忧患意识。更进一步，在"天命"与"人力"的认知结构中，"人力"特别是人的道德努力对于维持天命甚至改变命运的重要作用，基于一种充满危机感的政治实践被提炼出来并受到高度重视。天命靡常，惟人力或人德可恃，因之作为道德和政治原则得以确立。与此相关的话语在古代有很多，例如，"天命靡常……聿修厥德。永言配命，自求多福"（《诗·大雅·文王》）；"天命不易，天难谌……恭明德……天不可信，我道惟宁王德延"（《尚书·君奭》）；"惟克天德，自作元命"（《尚书·吕刑》）③。在认识

---

① 〔意〕尼科洛·马基雅维里：《君主论》，潘汉典译，商务印书馆，1985，第117—120页。

② 《史记·齐太公世家》："武王将伐纣，卜龟兆，不吉，风雨暴至。群公尽惧，唯太公强之，劝武王，武王于是遂行。十一年正月甲子，誓于牧野，伐商纣。纣师败绩。"《论衡·卜筮》："周武王伐纣，卜筮之，逆，占曰：'大凶'。太公推蓍蹈龟而曰：'枯骨死草，何知吉凶！'"《说苑·指武》："武王将伐纣，召太公望而问之曰：'吾欲不战而知胜，不卜而知吉，使非其人，为之有道乎？'太公对曰：'有道。王得众人之心以图不道，则不战而知胜矣；以贤伐不肖，则不卜而知吉矣；彼害之，我利之，虽非吾民，可得而使也。'武王曰：'善'。"

③ 类似的话语还有，《尚书·多士》："惟天明畏"（另见《尚书·大诰》）；《尚书·康诰》："惟命不于常"；《尚书·召诰》："不可不敬德……惟不敬厥德，乃早坠厥命"；《尚书·文侯之命》："克慎明德"等。

到"天命"不再可以永久依赖之后，人从"天命"转向"人力"，"自"、"我"的道德努力作为人始终可以把持的基本方面得到了充分展现。此种"自求多福"、"自造元命"的生命态度也深入政治领域，从而形成了中国政治文化传统中根深蒂固的"德治"和"民本"观念。提升统治者自身的德行，成为维护巩固政权、赢得上天眷顾的重要方式。而且，基于现实政治经验的总结，上天眷顾的标准最终被归结为获得人民支持，① 由此，"德"成为沟通"天"与"民"的通道，"德"与"民"也成为政治领域两个至为基本而又相互联系的方面。"天"、"德"、"民"这些因素融合在一起，既为中国传统政治设置了超验维度，也为其开展造就了现实途径。

不难发现，中国人文主义透显着厚重的道德意蕴，因此，一些学者也以"道德人文精神"来表述它。这是一种与西方的理性人文主义存在差异的人文主义。大体而言，肯定一个虽然难以通过经验认知但客观上存在并对人产生实效的道德系统，构成了中国人文主义的基本特质。就西方人文主义对人的经验、理智的侧重而言，中国人文主义表现为一种明显的道德人文主义。这样一种人文主义在中国后世得到了延续传承和进一步发展，一直是中国传统道德哲学和政治哲学的根基所在。依循根本道理和历史脉络看，中国的道德人文主义可以说是始终围绕人的道德主体精神展开的。这主要表现在以下四个方面。

第一，人的道德本性。尽管中国历史上不乏性恶论，但认可人的道德本性或人性善，构成了包括儒、释、道在内的中国文化主流的一个必需要素，正所谓"天地间，至尊者道，至贵者德而已矣。至难得者人，人而至难得者，道德有于身而已矣"。② 中国文化路径得以展开的基点正在于人生而皆具有的善性、"明德"、"恻隐之心"、"良知"。③ 换言之，从人的道德

① 《尚书·泰誓》："天视自我民视，天听自我民听"；《尚书·酒诰》："人无于水监，当与民监"。
② （宋）周敦颐：《周敦颐集》，中华书局，1990，第33页。
③ 例如，《礼记·冠义》："凡人之所以为人者，礼义也"；《诗·国风·相鼠》："人而无仪，不死何为？……人而无止（耻），不死何俟？……人而无礼，胡不遄死？"《孟子·告子上》："恻隐之心，人皆有之；羞恶之心，人皆有之；恭敬之心，人皆有之；是非之心，人皆有之。恻隐之心，仁也；羞恶之心，义也；恭敬之心，礼也；是非之心，智也。仁义礼智，非由外铄我也，我固有之也"；《河南程氏遗书》卷二："良知良能，皆无所由，乃出于天，不系于人。"参见（宋）程颢、程颐《二程集》，中华书局，1981，第20页。

本性出发，是中国人文主义的一个重要特质。① 当然，中国文化中也存在"食色，性也"（《孟子·告子上》）之类的话语，但因此而否定人的道德本性或人向善的可能性，则是与中国文化格格不入的。即使是儒家的代表人物荀子，在其提出"人之性恶，其善者伪"（《荀子·性恶篇》）后，也被韩愈批评为"大醇而小疵"，程颐则更是评判为"一句性恶，大本已失"。② 事实上，被奉为儒家十六字真言的"人心惟危，道心惟微，惟精惟一，允执厥中"（《尚书·大禹谟》），正体现了对道德本性的维护以及对人欲或人的生理本性的提防和克制。传统中国对"德治"的高度重视，与这种对人的道德本性的充分认可和侧重是密切相关的。无论是"正德，利用，厚生"（《尚书·大禹谟》），还是"为天地立心，为生民立命"，③ 都体现了对人道德本性的扶持，这不仅适用于治理者，也普遍适用于所有的人。所谓"千万世之前……千万世之后……东西南北海……同此心同此理也"，④ 讲的也无非是人的这种道德本性。如果说西方近代以来日渐形成了一个立足自然本性的物理世界观，那么，中国文化则一直贯穿着一种立足道德本性的道德世界观。宇宙与人因此被认为是同构的，一如陆九渊所言，"宇宙内事，是己分内事。己分内事，是宇宙内事"。⑤ 人与宇宙的这种道德同构，设定了人生以及政治的道德进路，中国传统政治因此更多地表现为一种道德政治。所谓"内圣外王"，由于始终需要基于"内圣"开"外王"，这样的"外王"也呈现鲜明的道德本色，显然有别于立足人的生理或自然本性的自然政治。如果说自然政治遵循的是在世俗的政治、经济、社会等领域通行的自然律，那么，道德政治则遵循的是同样对人产生

---

① 李约瑟提到，"在西方，认为人生便有原始罪孽的奥古斯丁学说（Augustinism）成为正统派，而反对此说的派来基学说（Pelagianism）被视为异端。在中国，正相反，孟子成为儒家的正统派，而荀卿被视为异端人物……这个中西的不同，对于中国整个文化具有基本的意义"；"孟子的性善说，在学生用书中已成为天经地义……当利玛窦于 17 世纪初来华与中国学者讲谈时，他发觉将原罪的信条说得道理明白，有不小的困难。"参见〔英〕李约瑟《中国古代科学思想史》，陈立夫等译，江西人民出版社，1999，第 24 页。
② （唐）韩愈：《韩昌黎全集》，中国书店，1991，第 183 页；（宋）程颢、程颐：《二程集》，中华书局，1981，第 262 页。在近代，熊十力对冯友兰关于良知是个假定的看法也提出过类似的批评，参见牟宗三《生命的学问》，广西师范大学出版社，2005，第 108 页。
③ （宋）张载：《张载集》，中华书局，1978，第 320 页。原文为"为天地立志，为生民立道"。
④ （宋）陆九渊：《陆九渊集》，中华书局，1980，第 273 页。
⑤ （宋）陆九渊：《陆九渊集》，中华书局，1980，第 273 页。

实际效果的道德律。对人道德本性的侧重和对道德律的遵循，决定了中国传统政治和法律实践的道德路向。

第二，人的道德能力。不仅西方人文主义强调意志自由，中国人文主义也同样强调人的意志自由，有所不同的是，中国文化里的意志自由具有深厚的道德意义，这主要表现在对人的道德能力和内在尊严的充分认可上。在人的能力方面，所谓"万物皆备于我"（《孟子·尽心上》）、"天地之道备于人，万物之道备于身"①、"吾性自足"② 等话语，强烈凸显了人无所不备的潜质，这丝毫不逊于西方文化中那种"给我一个支点，我就能撬起地球"的气魄。只是，在中国文化中，人的这种能力主要不在于经验和理智层面，而在于人的道德或"德慧"层面。③ "人皆可以为尧舜"（《孟子·告子下》）、"圣人可学而至"，④ 这些话语既充分肯定了人自身所具备的潜能以及开拓此种潜能的无限可能性，也明确标示出人开拓潜能的道德方向。如果说在西方人文语境中，自由意志多表现为是非善恶的标准完全取决于个人自己，而这并不以一种客观存在的超验法则为准绳和必要限制，那么，在中国文化中，人的自由意志则主要发生于"持其志"、"求则得之"与"暴其气"、"舍则失之"之间，⑤ 它是一种在道德指引或道德律主导下的意志自由，有着明确的道德方向，是一种与"自然正当"紧密结合在一起的自由意志。⑥ 人之为人的尊严，也恰源于人的自由意志对此道德路向的不懈坚持。而且，在中国文化语境中，人的这种道德能力具有极强的能动性和创造性。通常，人们习惯于以"天人合一"来归结中国文化的特质。其实，从人的道德能力看，在中国文化中，人也有其独特的、难以替代企及的方面。陆九渊有言，"儒者以人生天地之间，灵于万物，贵于万物，与天地并而为三极。天有天道，地有地道，人有人道。人而不

---

① （宋）邵雍：《邵雍集》，中华书局，2010，第 554 页。《大学衍义》卷二中也有这样的话："道备于身而无阙"，参见（宋）真德秀《大学衍义》，华东师范大学出版社，2010，第 29 页。

② （明）王守仁：《王阳明全集》，上海古籍出版社，1992，第 1228 页。

③ "德慧"一词见于《孟子·尽心上》。

④ （宋）程颢、程颐：《二程集》，中华书局，1981，第 577 页。

⑤ 参见《孟子·离娄上》、《孟子·告子上》、《孟子·尽心上》。

⑥ 《孟子·离娄上》："仁，人之安宅也；义，人之正路也"；《论语·颜渊》："为仁由己"；《论语·述而》："我欲仁，斯仁至矣"；《孟子·滕文公上》："舜何人也？予何人也？有为者亦若是"。

尽人道，不足与天地并"，① 这在一定程度上反映了与"天人合一"同时存在的天人并立观念。无论是"天人合一"还是天人并立，与西方的"天人二分"以及"第一主宰"观念都有着重要不同。诸如"以道莅天下，其鬼不神，非其鬼不神，其神不伤人，非其神不伤人，圣人亦不伤人，夫两不相伤，则德交归焉"（《道德经》），"人能弘道，非道弘人"（《论语·卫灵公》）等话语，充分展现了人在弘扬"道"的方面所具有的独到能力。可以说，中国人文主义在追求"天人合一"的同时，也凸显人极强的意志自由和能动性。"我命在我不在天"（转见《抱朴子内篇·黄白》），"不能自强，则听天所命；修德行仁，则天命在我"② 等话语，表明了这一点。就此而言，在中国文化中，人的道德努力在终极意义上其实是以超越天人的"道"、"理"、"法"为依归的。在很大程度上，这样一种对"道"、"德"、"理"、"法"的终极和超越追求，抑制了以人的生理本性为基础的自然政治的发展。

第三，人的道德责任。道德责任，规制和引导着中国人文主义的目的和方向。依循中国文化传统的理路，从人的道德本性和道德能力，既可推导出人对自己的道德责任，也可推导出人对他人的道德责任。在这一点上，现代自由主义表现出明显不同。按照自由主义理论，个人在无涉他人的领域是完全自治的，社会交往的唯一限制条件是"无害他人"，只要不违背此"自由条件"，个人有权利做任何事。③ 由此，个人对自己的道德责任是难以推导出来的。虽然自由主义为道德留下了个人空间，但由于它并不以"自然正当"或确定的是非善恶体系为圭臬，个人的道德责任事实上并不明确，以至于密尔在《论自由》中将吸食鸦片也视为个人的自由或权利。④ 在自由主义理论中，人的责任主要表现为法律和社会责任，这是一种基于个人权利而产生的责任，不是基于道德本性和道德能力的责任。而沿着中国文化理路看，出于"天地万物为一体"⑤ 观念，人对他人乃至所

---

① （宋）陆九渊：《陆九渊集》，中华书局，1980，第17页。
② （宋）朱熹：《四书章句集注》，中华书局，1983，第280页。
③ 参见〔英〕密尔《论自由》，程崇华译，商务印书馆，1959，第10页。
④ 参见〔英〕密尔《论自由》，程崇华译，商务印书馆，1959，第104页。
⑤ "仁者，以天地万物为一体"，参见（宋）程颢、程颐《二程集》，中华书局，1981，第15页。"大人者，以天地万物为一体者也，其视天下犹一家，中国犹一人焉"；"以天下为一身"；"推其天地万物一体之仁以教天下"，参见王守仁《王阳明全集》，上海古籍出版社，1992，第54、968、1025等页。

有人负有一种普遍的道德责任，它以仁慈为内在核心要素，以"亲亲而仁民"（《孟子·尽心上》）、"博施于民而能济众"（《论语·雍也》）为外在表现形式。在传统政治下，此种道德责任也得以向政治、法律和社会领域普遍扩展。如果说统治者基于对政权稳固的担忧而注重自身道德更多地表现为一种消极意义上的"德治"，那么，建基于"万物一体"观念之上的人的道德责任，则深化了一种更为积极的、旨在从终极意义上提升所有人的道德觉悟的"德治"。这在很大程度上加固了"民本"政治的道德根基，使之不致深陷于单纯的关于政权兴替的功利考量之中，而使政治和行政领域的"若保赤子"（《尚书·康诰》）态度具有更为实在的道德意义，也使道德意识广泛扩及于社会和每个人。而且，在中国文化中，此种公共道德责任并非建基于个人权利，而渊源于"万物与我为一"（《庄子·齐物论》）、"天地万物为一体"，或者说，他人乃至万物与自己不可分割的同一性或相关性。张载所讲的"天地之塞，吾其体；天地之帅，吾其性。民吾同胞，物吾与也"，[1] 最足以用来说明这一点。因此，无论是儒家的"己欲立而立人，己欲达而达人"（《论语·雍也》），还是道家、佛家的普度众生，所体现的并非仅仅是一种利他或兼顾他人的心态，而是一种与道德主体自身休戚相关的道德责任。在此，人对自己的道德责任与人对他人的道德责任其实是融合在一起的，正所谓"圣人之心，以天地万物为一体，其视天下之人，无外内远近，凡有血气，皆其昆弟赤子之亲，莫不欲安全而教养之，以遂其万物一体之念"。[2]

第四，人的道德认知。在人的感官或物理认知之外，中国人文主义一直保持和发展着一种独特的道德认知方式。此种认知方式构成了人的道德本性、道德能力以及道德责任的认识论前提，也制约着中国学术的发展方向，道德知识体系因此在中国传统学术中长期处于主导地位。在近代以来的知识转型过程中，随着认知基础被确立于人的经验和理智，现代学术日渐科学化和实证化，传统的道德认知方式以及与之相联系的道德知识体系遭受严重冲击，以至于一些学者在自然法的现代复兴运动中，不得不特别关注自然法的认识论要素。例如，马里旦在追随阿奎那的路径阐释自然法

---

① （宋）张载：《张载集》，中华书局，1978，第62页。
② （明）王守仁：《王阳明全集》，上海古籍出版社，1992，第54页。

时，就注意到两种认知形式的差别，并由此指出，"人的理性并不是以一种抽象的和理论的方式来发现自然法规则……也不是通过理智的概念运用或推理认知形式来发现它们"，"自然法是通过良知良能（inclination and connaturality），而不是通过概念的或推理的知识被认知的"。① 此种不同于经验和理智的道德认知方式在中国文化中被称为"德性之知"，它与"闻见之知"相区别。所谓"德性之知"，在孟子那里主要表现为人的良知良能，"人之所不学而能者，其良能也；所不虑而知者，其良知也。孩提之童，无不知爱其亲者；及其长也，无不知敬其兄也。亲亲，仁也；敬长，义也。无他，达之天下也"（《孟子·尽心上》）。此种"达之天下"的良知良能或"德性之知"，并不依赖于人的经验感知或"闻见之知"，一如宋儒所言："世人之心，止于闻见之狭。圣人尽性，不以见闻梏其心，其视天下无一物非我，孟子谓尽心则知性知天以此……见闻之知，乃物交而知，非德性所知；德性所知，不萌于见闻"；② "闻见之知，非德性之知……德性之知，不假闻见。"③ 在中国文化传统中，"德性之知"的开通，有其独特的门径和方法。一般认为，"德性之知"不是通过感官而是通过心思来获得的。例如，孟子认为，"耳目之官不思，而蔽于物，物交物，则引之而已矣。心之官则思，思则得之，不思则不得也"（《孟子·告子上》）；"诚者，天之道也；思诚者，人之道也"（《孟子·离娄上》）。荀子也认为："治之要在于知道。人何以知道？曰：心。心何以知？曰：虚一而静。"（《荀子·解蔽篇》）就此而言，人的道德认知是通过内心虚静诚明从而达致"天人合一"来实现的。此种"正心诚意"、"诚者，物之终始，不诚无物"（《礼记·中庸》）的理路在中国文化中一脉相承，因此，宋儒也强调："诚明所知乃天德良知，非闻见小知而已"；④ "闻之知之，皆不为得。得者，须默识心通。学者欲有所得，须是笃，诚意烛理。上知，则颖悟自别；其次，须以义理涵养而得之。"⑤ 这样一种通过"致虚极，守静笃"（《道德经》）、"虚一而静"、"诚意烛理"或"义理涵养"来达致"德性之

① Jacques Maritain, *Natural Law: Reflections on Theory and Practice* (South Bend: St. Augustine's Press, 2001), pp. 23, 33.
② （宋）张载：《张载集》，中华书局，1978，第24页。
③ （宋）程颢、程颐：《二程集》，中华书局，1981，第317页。
④ （宋）张载：《张载集》，中华书局，1978，第20页。
⑤ （宋）程颢、程颐：《二程集》，中华书局，1981，第178页。

知"的道德认知路径，显出浓厚的人文意蕴。

总之，就文化主流而言，人的道德精神、主体精神和责任精神构成了中国人文主义的精神实质。与此形成对照的是，近代以来的西方人文主义主要立足于人的身体和生理本性来构建作为主体的人及其责任。虽然中西人文主义都表现出人的理性精神，都力图使人成为有尊严的"主体"，但它们所据以立足的理性基础其实有着差异。大体上，中国人文主义建基于人的道德理性，西方人文主义则建基于人的认知理性。同样，虽然中西人文主义都表现出从人天然具备的本性出发，但它们对人的本性的不同方面实际上有所侧重。如果说中国人文主义从人的道德本性出发最终成就的是道德主体，那么，西方人文主义从人的生理本性出发最终成就的则是权利主体。由于中西人文主义在基点和路向上的差异，中西政治和法律发展道路在很多方面也有所不同。有鉴于此，本文接下来在中西人文主义背景下，进一步对比分析中西法治模式。

二　法治的三种模式：法家法治、儒家法治与西方民主法治

法治主张和实践的一个前提是关于人的理论。侧重于人的不同方面，或者立足于对人的性质的不同判断，法治主张和实践通常有与之相应的不同朝向。这从法家、儒家以及西方近代以来关于法治的看法可以明显看到。法治主张和实践与人的理论之间的这种紧密联系，使得将法治与人文主义结合起来讨论成为可能，也显得必要。

本文关于法治与人文主义的讨论着重沿着中国历史发展的线索展开，同时注重开掘蕴藏在各种主张和实践之中的学理。在中国近代以来"古今中外"的背景下，循着纵向时间维度和横向空间维度审视，可以大致发现三种法治模式：法家法治、儒家法治以及源自西方的民主法治。其中，法家法治因为不与"民主"相联系，时常不被现代学者认同为"rule of law"（法治）。实际上，即使在现代关于"rule of law"的讨论中，民主有时也并不作为法治的必备要素，这在关于英国法治的讨论中尤为明显。而且，在现代关于法治的"形式理论"（formal theory）和"稀薄理论"（thin theory）中，法治与权利、民主、道德、实质正义之间的价值联系看上去也越发轻淡，以至于有学者认为，"一个建立在否认人权、普遍贫困、种族隔

离、性别不平等以及种族迫害基础上的非民主的法律体制，原则上可以比任何更加文明的西方民主的法律体制更好地遵循法治的要求……它将是坏得不能再坏的法律体制，但是，它有一点长处：长就长在它遵循法治"。①就此来看，现时代仍需要重新思考法治的价值要素。在这方面，儒家法治正表现出某些依然可能生发的优势。只是，一如法家法治与"rule of law"的关系，儒家是否有法治主张以及在实践中是否坚持法治，在学界也存在并不统一的意见。通常，儒家被认为是"人治"、"德治"或"礼治"理论的倡导和坚持者。这些理论与法家的法治主张不仅有区别，而且表现出较大张力。唯法是尚、严刑峻法是儒家历来所反对的。不过，郑观应、王韬、钱穆等人也认为，中国传统社会实际一直实行着科条繁密、刑狱琐碎的法治；②徐复观、贺麟等人则认为，儒家其实是法治论者。③例如，鉴于孔子的"刑罚不中，则民无所措手足"、孟子的"上无道揆，下无法守"以及朱熹的"政事须有纲纪"等话语，贺麟断言，"真正的儒家，不惟不反对法治，甚至提倡法治"。④迄今，关于儒学是否也包含某种法治理论仍有争议，尽管如此，就中国历朝历代皆有相当完备的法制和司法而言，自西汉独尊儒术以来中国传统的治理方式与"法治"之间的关系，在现时代还是值得深入研究的。在后文中，本文将尝试着分析儒家的法治或儒学中的法治内容。如果说法家的法治兴起于战国而厉行于秦，而汉代以后的法律实践受到儒学的影响乃至支配，那么，作为一种新的法治类型，源于西方的法治（rule of law）则是在晚清之后才进入中国历史发展进程的。这一法治类型起初由于被片面地理解为与法家法治类似的模式而受到一定批评，⑤后来则在民主进程中日渐与共和宪法目标联系在一起，至今，在改

---

① Joseph Raz, "The Rule of Law and Its Virtue", in Joseph Raz, *The Authority of Law: Essays on Law and Morality* (Oxford: Oxford University Press, 2009, 2nd edition), p. 211.
② 参见郑观应《盛世危言·吏治上》；王韬《弢园文录外编·尚简》；钱穆《中国历代政治得失》，三联书店，2005，第157—158页；钱穆《政学私言》，九州出版社，2010，第75—86、190—195页。
③ 参见徐复观《中国思想史论集》，上海书店出版社，2004，第114、116—117页；贺麟《法治的类型》，载贺麟《文化与人生》，商务印书馆，1988。
④ 贺麟：《法治的类型》，载贺麟《文化与人生》，商务印书馆，1988，第49页。
⑤ 例如，康有为曾指出，"吾国无识之徒，不深知治化之本，而徒媚欧、美一时之富强也，又以吾国法律之有未备也，于是高谈法治，几若视为政治之极则者，何其颠倒哉"。参见康有为《康有为政论集》，中华书局，1981，第1038页。

革开放的条件下，它对中国的"依法治国"实践仍有相当大的影响。

这三种法治模式，本文倾向于将其分别表述为"作为武功的法治"、"作为文德的法治"和"作为立宪的法治"。① 此种划分和表述，在中国语境下可从历史、学理和现实三个方面来理解。从历史看，在自周代以来的发展进程中的确可以发现三种治理模式，它们表现为三种呈"否定之否定"递进发展趋势的历史形态。具体来说，法家法治自秦朝以后在意识形态上不占主流；后世在涵容法制的同时，强化了道德对法治的主导作用或法治的道德维度，这是法家法治所不具备甚至反对的；而近代传入的西方法治，尽管在中国近代史上并未得到充分发展，但它在削弱道德和专制作用的同时，发展出了法治的民主宪法维度，这又是历史上法家法治与儒家法治实际所不具备的。从学理看，三种模式各有所本，并且在与人文主义的关系上表现出明显差异。大体上，法家法治立足人的趋利避害本性，侧重于武功，旨在富国强兵，无论是人的道德还是人的权利，都不属于政治考虑的重点；儒家法治立足人的道德本性，侧重于道德，倡导德主刑辅，力图唤起人的道德本性；民主法治虽然也立足人的经验和理性，但侧重在政制，着意于权力制约的外在形式和民主的法律构造，以及对以身体和生命为核心的人权和公民权利的保障。从现实看，受历史传统和外来文化的影响，三种模式在很大程度上也构成当今中国法治发展道路的重要参照或资源，甚至可以说，中国目前仍在探索的民主法治实践，同时夹杂有这三种模式的某些特质和形式。

需要指出的是，把握法家法治、儒家法治与民主法治这三种法治模式，在方法上有必要兼顾事实与学理。事实分析与学理分析实为学术研究的两条基本途径，彼此相辅相成。从具体的历史考察，可以洞悉和提炼学

---

① 参见胡水君主编《法理学的新发展：探寻中国的政道法理》，中国社会科学出版社，2009，导论。"文德"、"文治"、"文事"与"武功"、"武备"、"武力"，是中国政治文化传统中典型的并立范畴，通常被视为政治领域中犹如"经"与"纬"的两个基本方面。这些术语在古代文献中也常被对称使用。例如，《礼记·祭法》："文王以文治，武王以武功"；《晏子春秋·问上》："遂武功而立文德"；《吴子·图国》："内修文德，外治武备"；《史记·孔子世家》："有文事者必有武备，有武事者必有文备"；《盐铁论·险固》："地利不如人和，武力不如文德"；《说苑·指武》："圣人之治天下也，先文德而后武力"；《汉书·刑法志》："文德者，帝王之利器；威武者，文德之辅助也"；《隋书·高祖上》："刑法与礼仪同运，文德共武功俱远"；《旧唐书·音乐志》："虽以武功定天下，终当以文德绥海内。文武之道，各随其时"，等等。

理；而立足学理的分析，亦可发现历史发展过程中的某些局限。基于历史与学理，贺麟在《法治的类型》（1938 年）一文中曾将法治分为"申韩式的基于功利的法治"、"诸葛式的基于道德的法治"和"基于学术的民主式的法治"三种类型，并且认为，这些类型各成系统、不可混杂，同时它们依次"乃法治之发展必然的阶段，理则上不容许颠倒"。① 在很大程度上，这一分类的确点出了法治的历史类型及其特质，由此为法治实践开出了一些方向。不过，在历史与学理之间，有的问题仍值得进一步思索。例如，将所谓"诸葛式的法治"视为比"申韩式的法治""较高一类型的法治"，这看上去具有以历史替代学理的趋向，多少消解了不同类型的法治基于各自的学理而同时具有某种普遍性的可能。因此，在该文得出的"基于道德学术的法治，才是人类文化中正统的真正的法治"的结论中，已难以找到法家法治的地位。再如，这一分类虽然有意拓展儒家法治的空间，但所谓"诸葛式的法治"与"申韩式的法治"其实有很多共同的形式特征，诸葛亮在历史上时常是作为法家人物看待的。又如，在学理上，"学术"与"功利"、"道德"之间在逻辑关系上其实有所交叉，"基于道德的法治"很难说不依赖"学术"，特别是道德知识体系，而"近代民主式的法治"其实也更多地表现于功利层面。与贺麟提到的三种法治类型相似，在《现代社会中的法律》（1976 年）中，昂格尔亦划分了三种治理模式：儒家礼治、法家法治与现代西方法治。② 在学理上，三种模式分别与昂格尔所区分的"习惯法"、"官僚法"和"法律秩序"三种法律概念相联系。其中，"习惯法"不具有公共性和实在性，"官僚法"具有这两个特性，而与西方

---

① 贺麟：《法治的类型》，载贺麟《文化与人生》，商务印书馆，1988，第 49 页。后文相关分析中的引语都出自此篇。

② 参见〔美〕昂格尔《现代社会中的法律》，吴玉章、周汉华译，中国政法大学出版社，1994，第二章。昂格尔指出："儒家提倡回归那种体现伦理典范的习惯礼仪，而法家主张扩充官僚政治以及强制执行官僚法。不过双方都是从某些不言而喻的共同前提出发进行论证的，而这些前提则根本不允许他们捍卫甚至承认现代西方意义上的法治原则。"〔美〕昂格尔：《现代社会中的法律》，吴玉章、周汉华译，中国政法大学出版社，1994，第 96 页。张君劢亦曾指出："倘就尚法治习惯言之，则儒家立场正与西方相异。欧洲自希腊至罗马，更自罗马以至中世以至近代，有至深至长之法治习惯，贯串其间，为吾国之所未尝见。儒家因尚德，而忽视法治。法家所谓法，乃严刑峻法之法，与西方议会中之法，犹薰莸之不同一器。此则法治习惯，所以为中西政治哲学分歧之界线。"参见张君劢《新儒家政治哲学》，载张君劢《中西印哲学文集》，学生书局，1981，第 380 页。

法治以及现代社会相联系的"法律秩序"在此之外还具有普遍性和自治性。显然，在法治的类型划分上，贺麟更多考虑了法律之外的功利目标、道德价值和政制条件，而昂格尔则更多专注于法理或法制自身的特性，这使昂格尔的理论划分无论是儒家礼治还是法家官僚法治，都难以单一地适用于汉代以后德、礼、刑、政相互融合的历史。实际上，昂格尔的分析在中国只限于先秦史。昂格尔试图结合先秦史来解释，在先秦中国的社会转型过程中，儒家礼治何以只能转向法家法治而未能转向现代西方的那种法治类型。

综合来看，在贺麟和昂格尔的分析中较为一致地包含了法治的三种学理类型，而且，若超出贺麟和昂格尔的分析而从总体上看，这三种类型与中国从封建贵族政治向君主郡县政治再向现代民主政治发展，以及从礼制向法制再向宪制发展的历史进程，大体可以对应起来。此种一致性，与其说是理论巧合，不如说是相似的历史结构使然。本文提出的"作为武功的法治"、"作为文德的法治"和"作为立宪的法治"三种法治模式的区分，也渊源于中国自古以来的历史结构，同时力图将历史与学理结合起来。这集中表现于以下两点。首先，此种区分并不排斥各种法治类型的历史性。在很大程度上，"作为武功的法治"以春秋战国以及秦朝奉行法治的意识形态和社会实践为事实基础；"作为文德的法治"以周代礼制以及汉至清代受儒学深层影响的法律实践为事实基础；"作为立宪的法治"则以近代以来围绕民主和民权展开的法治实践为事实基础。其次，此种区分也不否认作为理论形态的各种法治类型对历史的相对独立性。三种法治类型，虽然与中国从贵族政治向君主政治再向民主政治发展的历史进程也有着紧密联系，但本文并不将它们只视为与一定历史时期或条件不可分割的历史形态，而是将它们视为各具学理基础、可以跨越古今的理论类型。也就是说，本文并不认为，在从传统向现代转型的现代化进程中，"作为武功的法治"、"作为文德的法治"乃至"作为立宪的法治"，终究会成为历史陈迹而不再起作用，而是力图辨明分清这些源于历史实践的理论类型在新的历史条件下可能起作用的具体层面或领域。三种法治模式内在的学理根据，是它们突破特定历史时空的局限而在现代仍得以发挥作用的基本条件。

在学理上，本文倾向于同时从道德哲学和政治哲学切入对法治的把握和理解。由此，可大致分出法治的四个层面，一是道德和功利层面；二是政治和行政层面。若分别以政治哲学与道德哲学为表格的纵横两行，中国历史上所呈现的法治的历史和理论形态如表 1 所示。

表 1　法治的历史和理论形态

	道德	功利（理性/自然）
政治	（道德的民主法治）	作为立宪的法治（民主法治）
行政	作为文德的法治（儒家法治）	作为武功的法治（法家法治）

需要说明的是，表中横行"道德"重在人的仁德或人的道德能力和努力，"功利"则与事功、权利、经验和理性相通。它们共同实存于古今社会之中，大致相对于中国传统学术中"义"与"利"范畴，其区分的基础在于"道德理性"与"认知理性"的不同。此种不同，也可说是"德"与"道"，[①] 或者，"道德"与"自然"的差异，对此后文还会作进一步的阐述。不可否认，在客观上，"作为武功的法治"与"作为立宪的法治"，都可能也需要表现出一定的道德实效。例如，亚当·斯密在《国富论》（1776 年）中指出："他只是盘算他自己的安全……他所盘算的也只是他自己的利益。在这种场合，像在其他许多场合一样，他受着一只看不见的手的指导，去尽力达到一个并非他本意想要达到的目的……他追求自己的利益，往往使他能比真正出于本意的情况下更有效地促进社会的利益。"[②] 此种以个人的自私、自爱、欲望甚至恶质来成就社会公益和经济繁荣的看法，在休谟、孟德维尔、李嘉图等人的著作中也有充分体现。黑格尔还试图通过所谓的"理性的狡计"来说明"恶"实际上是历史发展和社会进步的驱动力。又如，法家也讲"明法亲民"（《韩非子·饰邪》），"上下之恩结"（《韩非子·用人》），"至安之世，法如朝露，纯朴不散，心无结怨，口无烦言"（《韩非子·大体》），认为"杀刑之反于德而义合于暴"（《商君书·开塞》），"刑生力，力生强，强生威，威生德，德生于刑"（《商君

---

① "道者，人之所共由；德者，己之所独得。""道是天地间本然之道，不是因人做工夫处论。德便是就人做工夫处论。德是行是道而实有得于吾心者，故谓之德。"（宋）陈淳：《北溪字义》卷下，中华书局，1983，第 42 页。

② 〔英〕亚当·斯密：《国民财富的性质和原因的研究》下卷，郭大力、王亚南译，商务印书馆，1974，第 27 页。

书·说民》），"与之刑，非所以恶民，爱之本也"（《韩非子·心度》）。尽管如此，无论是法家还是立宪主义，都缺乏一种以道德来统合法治的理想。而"作为文德的法治"虽然也包含一个"外王"层面，但其所充分表现出的道德人文维度，如对客观道德系统或道德律的认可、对人的道德能力的高度肯定、对美德和贤人的依赖和重视、对超验道德认知形式的诉求等，显然是"作为武功的法治"与"作为宪政的法治"所不具备的。正是在此意义上，道德与功利可以用来作为相对比较的考量标准，而政治和社会的理性基础与政治和社会的道德基础也因此而显出差异。

从表1看，虽然各类别之间也可能略有重合，但就历史并就其主体而言，大致可以说，在历史上，"作为武功的法治"是一种功利和行政层面的法治；"作为文德的法治"是一种道德和行政层面的法治；"作为立宪的法治"是一种功利和政治层面的法治。有必要特别指出的是，在现代语境下，表中纵向上的"政治"主要指民主或民权政治，也就是一些学者所认定的中国古代有道无"政"、有治道无"政道"之类判断中的"政"。① 历史地看，通过诸如游行、示威、集会、结社、选举等公开有序的政治活动乃至民权运动来达致政治和法律诉求，这在中国传统社会是基本缺乏的。就此而言，无论是封建贵族政制，还是君主政制，在治理上采用的都是自上而下的管制，而不具备规范的自下而上的政治活动形式。鉴于此，"作为立宪的法治"显然不能仅仅从行政层面去理解。这同时意味着，虽然"作为武功的法治"与"作为文德的法治"在历史上是在君主政制下展开的，但在现代，它们主要作为行政层面的法治形态，未必不能涵容于民主政制之下。循着中国历史发展的线索，从道德、功利、政治与行政四个层面对法治所作的这种审视，不仅兼及历史与学理，也有利于引入并拓展法治的道德和政治维度，从而凸显现代法治的人文处境或困境。在此审视中，纵向的政治与横向的道德之间所形成的空格，尤其需要引起关注和思考。在一定程度上，它昭示出现有法治形态的某些不足，同时也为法治的

---

① 梁启超认为，"二千年来之中国，虽谓之无政焉可也"。参见梁启超《〈西政丛书〉叙》，《饮冰室合集》文集之二。钱穆提到，"中国的政治只重'道'，不重权。所以中国人只说有'君道'，不说有君权，道统犹在政统之上"。参见钱穆《人生十论》，载《钱宾四先生全集》第39卷，联经出版事业公司，1998，第183页。牟宗三则指出，"中国在以前于治道，已进至最高的自觉境界，而政道则始终无办法"。参见牟宗三《政道与治道》，载《牟宗三先生全集》第10卷，联经出版事业公司，2003，第1页。

进一步发展和开拓留出了可能的空间和方向。一如"作为武功的法治"与"作为立宪的法治"在功利层面的融通，历史上主要在行政层面起作用的"作为文德的法治"是否可能以及如何提升到政治层面，从而实现道德与政治在现代条件下的新的重构，亦值得深思。对于近100多年一直处于文化"低谷"的中国来说，融会"古今中外"的文明成果，来进行这样一种前所未有的发展、开拓和重构，无疑具有重要的历史意义。接下来，本文在前文所述的人文主义背景下，从道德、功利、政治、行政不同层面，尝试着对三种法治模式作一分析和考量。

大体而言，"作为武功的法治"与"作为文德的法治"可谓中国自古以来的两种基本治道或治国方式。古中国的治道源远流长，而其间总可见到这两种基本形式。从地理和文化源起看，与长江和黄河两大流域相应，中国文化在远古即有一种南北分化的格局，并在后世大致呈现南道北德、南法北礼的面貌，以至于南北差异随着文化的交流融合逐渐被冲淡后，在儒学长期居于主导的时期，仍可发现儒法合流或"阳儒阴法"、"儒表法里"的特点。对此，梁启超、刘师培、谢无量、蔡元培等人的著作均有阐述。① 例如，梁启超指出："凡人群第一期之进化，必依河流而起，此万国之所同也。我中国有黄河、扬子江两大流，其位置性质各殊，故各自有其本来之文明，为独立发达之观。虽屡相调和混合，而其差别自有不可掩者……则古昔，称先王，内其国，外夷狄，重礼文，系亲爱，守法律，畏天命，此北学之精神也……探玄理，出世界，齐物我，平阶级，轻私爱，厌繁文，明自然，顺本性，此南学之精神也……北派之魁，厥惟孔子；南派之魁，厥惟老子。"② 南北文化差异也表现为尚自然与崇仁道、行法术与尽人力、重智识与讲仁爱、常冷漠与多温情、遵循客观规律与开拓主观的或主体的能动性和创造性等分别。这既可说是"道"（自然之道）与"德"（人之仁德）的差异，也可说是两种"道"（自然律与道德律）的差

---

① 参见梁启超《论中国学术思想变迁之大势》，《饮冰室合集》文集之七；刘师培《南北学派不同论》，载劳舒编《刘师培学术论著》，浙江人民出版社，1998，第133—167页；谢无量《古代政治思想研究》，商务印书馆，1923；蔡元培《中国伦理学史》，商务印书馆，1937，第30页。"宽柔以教，不报无道，南方之强也，君子居之。衽金革，死而不厌，北方之强也"（《礼记·中庸》）、"陈良，楚产也，悦周公、仲尼之道，北学于中国。北方之学者，未能或之先也"（《孟子·滕文公上》）等话语，亦显出南北学术的分野。

② 梁启超：《论中国学术思想变迁之大势》，《饮冰室合集》文集之七。

异。就周公和孔子对礼义的重视，以及法家刑名之学"本于黄老"① 而言，法家与儒家的分野在很大程度上正表现为南北文化差异的自然延伸。当然，在先秦历史上，此种地域差别并不是固定的，法治改革其实主要发生在齐、晋、秦这样地处北方的诸侯国。这正表明，由地理影响而形成的分别，亦各有其学理根据，因而在地域界限被突破后仍得以并行或融会。由于立足于不同的学理根据，南学北学以及儒法文化呈现不同的人文特征。就此，有学者明确评述，"北派的政见，多依据德性上的感情；南派的政见，多依据利害上的需要"；"北学是人文主义，南学是自然主义"。②

古中国的治道，既可从地理和文化的角度审视，也可从学理和历史的角度分析。实际上，基于学理和历史来把握中国治道，是古人更为经常的思路。典型的是，鉴于秦以前的历史，古中国的治道被区分为"皇帝王霸强"五种，有时也被区分为"皇帝王霸"四种或"王霸强"三种。③ 其中，"皇"指三皇的无为之治，"帝"指五帝的德教，"王"指三王的仁政，"霸"亦称"伯"，指五霸的法治，"强"指秦专任刑杀。关于治道的此类划分广泛流行于后世。例如，刘向认为，"政有三品：王者之政，化之；霸者之政，威之；强者之政，胁之。夫此三者，各有所施，而化之为贵矣"（《说苑·政理》）。王通也认为，"强国战兵，霸国战智，王国战义，帝国战德，皇国战无为"（《文中子·问易》）。邵雍也多次明确提到"皇帝王霸"的区分，并对之作了详细的对比分析。这些不同的治道，既以历史上的道德和政治实践为事实基础，也在学理上各自表现出侧重自然、礼让、德政、利争、兵战，或者侧重无为、德、义、智、兵的特征。在从"皇"到"帝"到"王"到"霸"再到"强"的历史演化过程中，可明显看到从德教、仁政向法治、刑杀的转变。因此，"德"与"刑"被更为概括地提炼出来，成为判定和区分"皇帝王霸强"这些不同治道的两个基本考量标准。刘向指出，"治国有二机，刑、德是也。王者尚其德而布其刑，霸者刑德并凑，强国先其刑而后德。夫刑德者，化之所由兴也。

---

① 《史记·老子韩非列传》："申子之学本于黄老而主刑名"；"韩非……喜刑名法术之学，而其归本于黄老"。
② 谢无量：《古代政治思想研究》，商务印书馆，1923，第3、4、27、29页。
③ 《管子》中就有这样的区分，"凡有天下者，以情伐者帝，以事伐者王，以政伐者霸"（《管子·禁藏》）；"尊贤授德则帝……服忠用信则王……选士利械则霸"（《管子·幼官》）；"明一者皇，察道者帝，通德者王，谋得兵胜者霸"（《管子·兵法》）。

德者，养善而进阙者也；刑者，惩恶而禁后者也"（《说苑·政理》）。桓范也指出，"夫治国之本有二，刑也，德也。二者相须而行，相待而成矣……故任德多、用刑少者，五帝也；刑德相半者，三王也；杖刑多、任德少者，五霸也；纯用刑、强而亡者，秦也"。① 这种以德与刑之间的主次、先后、多少关系来分析判断不同的治道，是中国传统政治哲学的主要特点。无论是先秦儒家和法家，还是古中国后来的各种政治和法律理论，其实无不是围绕"德"、"刑"及其相互关系来展开的。由此，形成了一幅分别以"德"与"刑"为纵横两轴的中国治道图（见图1）。

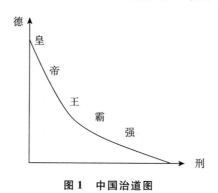

图 1 中国治道图

图 1 既可涵括先秦的所谓"无治"、"人治"、"德治"、"礼治"、"法治"等各类政治主张，② 也可涵括儒家的"大同"、"小康"政治理想以及法家的"上古竞于道德，中世逐于智谋，当今争于气力"（《韩非子·五蠹》）这一历史观。而且，它虽然主要基于秦以前的历史总结而成，但也未尝不可适用于秦之后的历史，这是因为，此后历朝的政治和法律实践从未逾越其范围，终究不过是在王霸之间摇摆而已。图 1 还表明，除了以秦为代表的"弃道而用权，废德而任力，峭法盛刑"（《盐铁论·非鞅》）的"强道"，以及上古不靠刑法而靠习俗形成无为而治的"皇道"之外，其他治道的关键其实在于"德"与"刑"在政治领域中所占的比重或地位。从秦之后历朝的实践看，朴素无为的"皇道"与专任刑罚的"强道"，都只作为理想的或需要避免的极端形式存在，"刑"与"德"始终

① 桓范：《世要论》，载《全三国文》卷三十七。另参见魏征等编撰《群书治要·政要论》，中国书店，2012；赵蕤《长短经·君德》。
② 参见梁启超《先秦政治思想史》及附录"先秦政治思想"，《饮冰室合集》专集之五十。

是治理实践中不可或缺的两个要素，实际的治道通常沿着"王道"上下漂移，时而推崇"帝道"，时而偏向"霸道"。就此而论，尽管"德"一直是儒学中最重要的主体内容，但"刑"或法制远不是对传统社会长期起主导作用的儒学所忽略的要素。在古中国，"德"与"刑"，就如同"阳"与"阴"一样，是并立于中国传统政治及其哲学中的两对基本范畴，是古中国文治武功的两个基本方面。正所谓"刑德皇皇，日月相望，以明其当。望失其当，环视其殃。天德皇皇，非刑不行；缪缪天刑，非德必倾。刑德相养，逆顺若成。刑晦而德明，刑阴而德阳，刑微而德章"（《黄帝四经·十大经·姓争》）；"阳为德，阴为刑……德始于春，长于夏。刑始于秋，流于冬。刑德不失，四时如一。刑德离乡，时乃逆行"（《管子·四时》）；"礼乐刑政，四达而不悖，则王道备矣"（《礼记·乐记》，《汉书·礼乐志》）。

从"德"与"刑"在古代治理中的这种基础地位来看，刑或法律，不仅是法家法治主张的核心范畴，也是儒学的基本概念。在儒法争论中，否弃仁德而专任刑法的观点在法家那里甚为常见，而儒家虽然力主道德教化，对刑法有一定贬抑，并期望"刑措"、"无讼"的理想状态，但很少有在现实中完全否定、摒弃刑或法律的想法。事实上，在儒学成为主导的意识形态之后，一直流行着"为政莫能错刑"、"莫不贵仁，而无能纯仁以致治也；莫不贱刑，而无能废刑以整民也"（《抱朴子·用刑》）、"自古有天下者，虽圣帝明王，不能去刑法以为治"（《元史·刑法一》）、"法制禁令，王者之所不废，而非所以为治也"（《日知录·法制》）、"刑为盛世所不能废，而亦盛世所不尚"[1] 之类的话语。孔子讲"道之以政，齐之以刑，民免而无耻；道之以德，齐之以礼，有耻且格"（《论语·为政》），"礼乐不兴，则刑罚不中。刑罚不中，则民无所措手足"（《论语·子路》），在很大程度上也表明了一种德举刑备的态度。"德"与"刑"，正表现为道德和治理实践中"文德"与"武功"两个方面，因此，有人说："昔孔子作《春秋》，褒齐桓，懿晋文，叹管仲之功，夫岂不美文武之道哉?"（《后汉书·崔骃列传》）凡此皆为开掘儒学中的法治因素提供了可能。如果将法

---

[1] 《四库全书总目提要·政书类》按语。类似话语还有："治国之道，所养有二：一曰养德，二曰养力……此所谓文武张设，德力具足者也……夫德不可独任以治国，力不可直任以御敌也"（《论衡·非韩》）；"刑罚不可弛于国，笞捶不得废于家"（《唐律疏议》卷一）。

家一任于法的主张视为一种典型的法治理论，那么，在儒学所支持的"王道"和"帝道"中，其实也包含一种始终不脱离刑或法的法治理论，只不过，它是一种受制于道德的法治理论，或者，相对于法家的纯粹法治而言，是一种复合的法治理论，其间不仅有法律因素，更包含仁德礼义等因素。在此意义上，本文将儒学支配和影响下的法律实践称为"作为文德的法治"，而将法家法治称为"作为武功的法治"，它们在上述治道图中各占一半，表现为"王道"的上下两个部分。

总之，无论是就南北地理文化差异而言，还是就"皇帝王霸强"五种治道形态以及"德"、"刑"两种基本考量标准而言，侧重于"德"的"作为文德的法治"与侧重于"刑"的"作为武功的法治"，正可谓绵延长久的中国传统治道的两种基本样式。而在儒学作为主导意识形态的2000多年时间里，中国法律实践一直受到"德"的影响或支配，以至于形成了一种融合道德与法律的复合法治结构，与西方近代以来所形成的形式法治适成对照。对此，钱穆曾指出，"中国自秦以下之政治，本为儒、吏分行之政治，亦即法、教分行之政治"，"凡使中国传统政治之不陷于偏霸功利，而有长治久安之局者，厥惟儒家之功"。①

大体而言，立足人的仁德来开展政治和法律实践是"作为文德的法治"的基本特征，其特质可归结为"德主刑辅"或"德本刑末"。② 这主要有三点具体表现。其一，以仁德为根本，而以法律为不得已也不可废的治世工具，强调"先德而后刑"。③ 例如，"德礼为政教之本，刑罚为政教之用，犹昏晓阳秋，相须而成者也"（《唐律疏议》卷一）；"法令者，治之具，而非制治清浊之源也"（《汉书·酷吏传》）；"仁义礼制者，治之本也；法令刑罚者，治之末也。无本者不立，无末者不成……先仁而后法，先教而后刑，是治之先后者也"（《群书治要·袁子正书·

---

① 钱穆：《政学私言》，九州出版社，2010，第79页。
② 关于"德主刑辅"的梳理，参见杨鸿烈《中国法律思想史》下册，商务印书馆，1936，第27—88页；卢建荣《使民无讼·朴作教刑——帝制中国的德治与法治思想》，载刘岱主编《中国文化新论·思想篇·理想与现实》，联经出版事业公司，1983，第159—207页。
③ 参见《黄帝四经·十大经·观》；桓宽《盐铁论·论灾》；刘向《说苑·政理》；王通《文中子·事君》；真德秀《大学衍义》卷二十五等。

礼政》）；[①]“明其刑不如厚其德也”（《群书治要·袁子正书·厚德》）。其二，明刑弼教，以“德”主导法律实践，以“刑”维护德教。例如，“刑者，德之辅”（《春秋繁露·天辨在人》）；“刑以弼教”（《宋史·刑法一》）。其三，“德”与“刑”具有不同功效，适用于不同时期或领域。例如，“刑罚者，治乱之药石也；德教者，兴平之粱肉也。夫以德教除残，是以粱肉理疾也；以刑罚理平，是以药石供养也”（《后汉书·崔骃列传》）；[②]“本之以仁，成之以法，使两通而无偏重，则治之至也。夫仁义虽弱而持久，刑杀虽强而速亡，自然之治也”（《群书治要·袁子正书·礼政》）。从这三点看，尽管“德主刑辅”、“德本刑末”突出了“德”的基础或核心地位，从而使儒家因此有别于法家，但“刑”实际上也构成儒家政治理论不可脱离的基本方面。就此而言，儒学其实蕴含着一种从人的德性出发，以“德”、“刑”为本末、先后、文武、内外次第结构的，立体的、复合的法治理论。儒家法治或“作为文德的法治”，亦可谓“内圣外王”在法律领域的具体表现，它呈现出这样一些特性，这些特性使得它与法家法治以及现代西方法治显出差别。

第一，它是道德的。儒学以具有客观价值的人生道德意义为理论前提，但它并不完全否定人性的卑微方面。从“道心”与“人心”、“大体”与“小体”、“天理”与“人欲”这些对立范畴看，儒家对于人的自然属性其实是有着深刻认知的。只是，儒学并不将人性的卑微或生理方面作为道德和政治的基点，相反，它始终不离人的道德善性，坚持人性善论，而将利欲视为需要提防、克服或节制的。无论是“德”还是“刑”，都紧紧

---

① 类似话语还有：“教，政之本也；狱，政之末也”（《春秋繁露·精华》）；“天之为岁也，先春而后秋；君之为治也，先礼而后刑。春以生长为德，秋以杀戮为功。礼以教训为美，刑以威严为用。故先生而后杀，天之为岁；先教而后罚，君之为治也”（《艺文类聚·刑法部》）；“仁恩以为情性，礼义以为纲纪，养化以为本，明刑以为助”（《隋书·刑法志》）；“德其本也，刑其末也。是故不得已而后用刑。初未尝以之专造天下也，而圣人至于无已而用刑也。必本之以钦恤，行之以哀矜……盖德以刑而辅，刑以德而去。此所谓圣人尚德而不尚刑也。不尚刑，体天也”（苏伯衡：《问刑》，载《皇明文衡》卷二十四）。

② 类似话语还有：“夫德教者，黼黻之祭服也；刑罚者，捍刃之甲胄也。若德教治狡暴，犹以黼黻御剡锋也；以刑罚施平世，是以甲胄升庙堂也。故仁者，养物之器；刑者，惩非之具。我欲利之，而彼欲害之，加仁无悛，非刑不止，刑为仁佐，于是可知也”（《抱朴子·用刑》）；“仁义者，养民之膏粱也。刑罚者，惩恶之药石也。舍仁义而专用刑罚，是以药石养人，岂得谓善治乎”（《明史·刑法二》）。

围绕人的德性和善性展开，以极力保存、维护和张扬人的德性和善性为目的。与此形成鲜明对照的是，法家将治理的基础建立在人趋利避害的自然本性上，而不是建立在人的道德本性上，正所谓"凡治天下，必因人情。人情者，有好恶，故赏罚可用。赏罚可用，则禁令可立而治道具矣"（《韩非子·八经》）；"凡民者莫不恶罚而畏罪，是以……顿卒怠倦以辱之，罚罪有过以惩之，杀僇犯禁以振之"（《管子·版法解》）。在治理上，儒家和法家都讲"本"，儒家讲"壹是皆以修身为本"（《礼记·大学》），法家亦讲"人者，身之本也"（《管子·权修》），但同作为"本"的"身"，在儒法两家其实有着不同侧重：一以人的道德本性为本，一以人的生理本性为本。对于人的道德本性，法家既不承认也不信任。在现代西方法治理论中，人的善性同样不被认为是可依靠的，法治因此主要建立在人的生理本性以及对人性的不信任基础上。无论是法家的还是现代西方的法治理论，都与一种通过内心调节来达致中正仁和的道德理论严格区分开。在这两种法治理论中，人欲是明显开张的，人的生理和自然本性亦得到充分认可，并被用来作为治理的基点。

第二，它是综合的。这主要表现在儒家主张以"德"为本，以"刑"为末，"德"、"刑"并用，其中，"政刑所以禁民之身……德礼所以善民之心"（《大学衍义》卷二十五）。而且，儒家在不舍弃"刑"的同时高度重视道德和贤人对治理的积极功效。通过德教形成对包括君主和官吏在内的权力主体以及作为治理对象的社会民众的道德制约，在人与人之间建立起广泛深厚的道德联系，从而达致社会太平和人的道德提升，是儒家政治和法治理论的重要方面。可以说，一种融合道德、贤人、礼乐、刑政的复合格局，构成了儒家政治和法治的主要特点。对此，钱穆指出："法之为义，固不仅于信赏而必罚，而犹有其大者。法之大义，在求'人尽其才，官尽其职，事尽其理，物尽其用'……汉、唐、宋、明之盛世，所以立一王之大法，建数百年之规模，以兴当代之治者，莫不有深意焉，以期夫人之尽其才，官之尽其职，事之尽其理，而物之尽其用。若是者，其在中国，常称之曰'一代之典章制度'，而不尽谓之'法'……法治之精美，其在中国，惟儒家得其全，汉、唐、宋、明所以成一代数百年之治者皆是。黄、老清静，见其一节；而申、韩名实，惟务赏罚之末，斯为最下。故治法之美者，在能妙得治人之选。昧于人而言法，非法之至也。"① 而法家法治与现代西方法治通常都坚持法律与道德、法治与贤人相分离的立场，在治理形式上强调只诉诸并依靠法律。儒家以德刑为"文武"，法家则以赏罚为"文武"，正所谓"杀戮之谓刑，庆赏之谓德"（《韩非子·二柄》），"赏者，文也；刑者，武也"（《商君书·修权》），"赏诛为文武"（《管子·禁藏》），由此可见法家法治明显舍弃了"文德"内容。法家"不道仁义"（《韩非子·显学》），甚至将"文德"视为实行法治的一大障碍。例如，韩非子认为，"错法以道民也，而又贵文学，则民之所师法也疑。赏功以劝民也，而又尊行修，则民之产利也惰。夫贵文学以疑法，尊行修以贰功，索国之富强，不可得也"（《韩非子·八说》）。法家还反对在君臣和君民之间建立诸如忠义之类的道德联系，力图在君臣和君民之间建立客观的法律关系。在法家看来，"君不仁，臣不忠"（《韩非子·六反》），则霸业可成；"以罪受诛，人不怨上……以功受赏，臣不德君"（《韩非子·外储说左下》），"君臣上下贵贱皆从法，此谓为大治"（《管子·任法》）。在现代西方法治理论中，人与人之间也不是主要表现为道德关系，而是更多地表现为权利关系，这种受到法律明确保护的权利关系甚至可以是某种对立关系。至于道德和贤人，无论是法家法治还是现代西方法治都不寄厚望，它们对于法治甚至被认为是不利的。

第三，它是超越的。无论是法家法治，还是现代西方法治，都只在经验、功利和理性层面考虑政治和法律问题。这样一种循着人的物理认知或"闻见之知"展开的知识途径，并不以终极的道德目标和人生意义为必要，也难以触及形而上的超验或超越领域。从"内圣外王"来看，可以说，法家法治和现代西方法治更多地侧重于或流于"外王"层面，着力沿着社会、经济、政治体制平铺展开，而未涉"内圣"层面。因此，法家法治和现代西方法治理论都不包含超越的道德哲学，也不以提升人的道德觉悟为目标，其着眼点主要在于现实的国家秩序和社会安定。法家旨在通过法律"治民一众"（《管子·七法》）、"一民使下"（《管子·任法》、《管子·明法解》），增强国家整合力和社会驱动力，从而富国强兵，成就"霸王之业"（《韩非子·初见秦》）。现代西方法治则旨在通过使政治权力依法运

---

① 钱穆：《政学私言》，九州出版社，2010，第190、194页。

行来达致保护个人权利的政治目标。二者都明显缺乏超越的道德目标。与此不同的是，儒家法治受着一种人的道德完善理论的支配。在人的道德完善与国家治理之间，呈现相互影响的立体复合结构。儒学既试图通过德教和法律来维护道义，也试图通过道德提升来影响社会现实从而达致"刑措"、"有耻且格"，实现"内圣外王"。在自然法与西方法治之间，本也存在这种立体复合结构，不过，自从更具道德意蕴的自然法在近代落实为自然权利后，西方法治所受的道德张力实际受到削弱，抑或转变为权利张力，一幅流于功利、经验和理性层面的日趋平面化的现代法律图景因此也更加明显。在很大程度上，立体复合结构在现代社会的平面化，与"德性之知"路径的堵塞有着重要关联。就此而言，儒家法治的道德超越维度在现代得以进一步生发，有赖于中国文化传统中"德性之知"渠道的重新开通。

总体来看，上述"道德的"、"综合的"和"超越的"这些特性是法家法治和西方法治所缺乏的。在"作为文德的法治"与"作为武功的法治"、"作为立宪的法治"之间，明显呈现"道德"与"自然"的差异。结合前述人文主义而言，儒家法治的铺展始终不离人的道德本性、道德能力、道德责任和道德认知，而法家法治和西方法治则主要以人的生理或自然本性为根基，在经验和理性范围内思考和处理政治、法律和国家问题，弱化或避开了人的道德责任，也隔断了人的道德认知维度。由于着眼于自然世界并建基于人的自然本性，"作为武功的法治"和"作为立宪的法治"看上去表现为更为纯粹也更为客观的政治和法治。这样一种非人格化的治理，为社会的客观发展造就了较为确定的规范形式和制度依托，使得个人和社会得以摆脱道德伦理的束缚而获得自由发展，也在很大程度上消解了治理者和被治理者的道德责任。如果说儒家一再强调治理者对被治理者的诸如"若保赤子"、"视民如伤"（《孟子·离娄下》）之类的道德情怀，那么，在法家那里，这层道德关系以及治理者的道德责任则是需要尽量排除的。法家未必主张暴政，但也不主张仁政。"仁暴者，皆亡国者也"（《韩非子·八说》），这是法家的看法。法家坚持在治理者与被治理者之间构建起客观、纯粹的法律关系，"缘法而治，按功而赏"（《商君书·君臣》），"以法治国"（《管子·明法》、《韩非子·有度》）。这既是一种基于人趋利避害之生理本性的"用众之道"（《韩非子·难二》），也是避免治理者遭受被治理者怨憎从而使统治得以长久持续的重要方式。① 在法家看来，"任功则民少言，任善则民多言"；"以法诛罪，则民就死而不怨；以法量功，则民受赏而无德也。此以法举错之功也"（《管子·明法解》）；"有功者必赏，赏者不得君，力之所致也；有罪者必诛，诛者不怨上，罪之所生也。民知诛赏之皆起于身也，故疾功利于业，而不受赐于君"（《韩非子·难三》）。这些话语反映出一种使政治客观化、形式化乃至法律化，最终形成通过法律的正当性，由此提升国家整合力和社会驱动力的企图和努力。在法家法治下，作为统治者的君主对被治理者不仅不负有道德责任，而且力图 "戒民"、"备民"、"御民"、"制民"、"胜民"。② 在立宪体制下，非人格化的治理机制，以及治理者的政治和法律责任取代其道德责任，同样是明显的。现代法治的重要特征在于，它不再沿仁义道德的路向发展，而是以 "自然权利" 为出发点，一些学者将其归结为 "建立在人的意志（human will）基础之上的治理" 或 "受意志指导的（will-directed）人的治理"。③ 立足人的生理或自然本性并循着经验和理性的认知路径而生发的自然权利和自由意志，淡化了现代政治和法治的道德浓度。个人因此一方面由其意志行为而对其自主选择各自承担责任；另一方面亦可在法律不禁止的范围内按其自由意志放任发展。这也最终形成了一套客观的、非人格化的社会、经济、政治和法律体制，个人、社会、国家因之得以共同发展。托克维尔指出了这样一套现代体制的积极效果。他说："在民主制度下，蔚为大观的壮举并不是由公家完成的，而是由私人自力完成的。民主并不给予人民以最精明能干的政府，但能提供最精明能干的政府往往不能创造出来的东西：使整个社会洋溢持久的积极性，具有充沛的活力，充满离开它就不能存在和不论环境如何不利都能创造出奇迹的精力。"④ 合起来看，治理的非人格化，政治的客观化、形式化和法律化，以及由此所致的个人 "疾功利于业" 与国家和社会客观发展之间的一致性，构成了法家法治与

---

① 《商君书·去强》："国无怨民曰强国"；《韩非子·难一》："民怨则国危"；《韩非子·用人》："怨积于上而怨积于下，以积怒而御积怨，则两危矣。"
② 参见《管子·小问》、《管子·牧民》、《管子·禁藏》、《商君书·定分》、《商君书·说民》、《商君书·画策》、《商君书·错法》、《韩非子·南面》等。
③ 参见 Ian Shapiro（ed.），*The Rule of Law*（New York：New York University Press，1994），pp. 13 - 19。
④ 〔法〕托克维尔：《论美国的民主》，董果良译，商务印书馆，1988，第 280 页。

西方宪政的共同特征。"作为武功的法治"与"作为立宪的法治"因此既切合人的功利需求和生理本性，也在国家强盛、社会发展等方面时而表现出较为明显的实际效果和外在优势。这使得"作为文德的法治"及其道德取向面临一定质疑和挑战，以致在国家间竞争加剧的情况下遭受冷遇乃至批判。

尽管法家法治在外在形式和功用上与现代民主法治颇为近似，而且，"以法家之鸷，终使民生；以法家之觳，终使民膏泽"（章太炎：《检论·商鞅》)，但它在政治领域并未确立民主体制下的人权和公民权利取向。此种个人权利或"自然权利"取向，是"作为立宪的法治"与"作为武功的法治"乃至"作为文德的法治"形成对照的独到之处。从合法性的角度看，如果说"作为文德的法治"旨在使统治或治理获得一种道德正当性，那么，"作为武功的法治"与"作为立宪的法治"则更加侧重于赋予统治或治理纯粹的法律正当性。而且，在通过法律的形式合法性之外，"作为立宪的法治"比历史上的儒家法治和法家法治实际多出一条通过维护个人权利来获致政治正当性的渠道。这是法治在现代开出的新的人文维度，也可以说是现代语境下"外王"在政治层面的重要表现。如前所述，无论是法家法治还是儒家法治，在历史上都主要表现为自上而下的治理，而缺少自下而上兴起的民权或民主政治。明显的是，在中国传统社会，没有人民通过常规政治活动而展开的权利诉求和法律体制，也没有对君权的宪法制约以及人民对政府的政治和法律制约。在人民与政府之间构建合理的政治和法律关系，使政府和国家受制于宪法以及人民意志和权益，这是"作为立宪的法治"所要达到的基本政治目标。一如有人所指出的，"法治……在更一般的意义上，包含着政府与被治理者之间的关系必须正义和公平的理念"。① 如果说历史上与自上而下的治理相联系的儒家法治和法家法治，成就了一种主要流于行政层面的、国民之间的治理（rule among citizens）——这种治理可针对官吏和国民而不能从

---

① T. R. S. Allan, *Law, Liberty and Justice: The Legal Foundations of British Constitutionalism* (Oxford: Clarendon Press, 1993), p. 21. 哈耶克、德沃金等人也在通过法律约束和规范政府权力的意义上理解法治。参见 Friederich A. von Hayek, *The Road to Serfdom* (Chicago: University of Chicago Press, 1944), p. 72; Friederich A. von Hayek, *The Constitution of Liberty* (Chicago: University of Chicago Press, 1960), p. 205; Ronald Dworkin, *A Matter of Principle* (Cambridge, MA: Harvard University press, 1985), p. 93。

根本上针对君权或皇权，那么，"作为立宪的法治"所要成就的则是政制层面的、旨在通过法律约束和规范君主权力、政府权力、政治权力以及国家权力的治理。这是现代法治在政制层面的重要特征，也可谓现代法治的精义之所在。尽管现代社会仍可能存在也需要行政层面的法律治理，但致力于规范和限制政治权力和国家权力、保障人权和公民权利的政制层面，构成了古代法家法治与现代民主法治的重要不同。在此意义上，个人权利以及与之紧密相关的民主政治，事实上改变了形式上的"缘法而治"的政治方向，法治因此在现代条件下与民主政治、自然权利有着难以割舍的历史联系。相对旨在国家富强或巩固君权的古代法家法治而言，现代民主法治以其权利价值导向对"作为武功的法治"形成了一种政治张力，其要旨正需要透过自然权利、民主政治以及对政治权力的规范和限制这些维度去理解。以民权政治兴起为历史条件的"作为立宪的法治"，实现了法治与民主、政治与国家、权利与法律的有效结合，是力图使政治权力和国家权力受到法律的指引、规范和制约，使民权政治在国家框架下依循宪法和法律有序开展，以保障人权和公民权利的现代法律实践和治理形式。虽然"作为立宪的法治"与"作为武功的法治"相比多出了人权和公民权利价值体系，而且这一体系如同凌驾于实在法之上的自然法一样，看上去也处在指引乃至约束实在法律的历史地位，但从人的自然本性以及自然权利这一基点看，法律、权利、民主政治在"作为立宪的法治"下仍处于沿着身体和生命展开的生理乃至物欲功利层面，人的德性认知和道德本性在其中依然是空缺或不明确的。因此，一些学者将现代政治归结为旨在保护身体和保全生命的"身体政治"（the politics of body）和"生命政治"（bio-politics）。[①] 由此看，"作为立宪的法治"以及"作为武功的法治"主要呈现为一幅沿着实在法或公民权利展开的平面图景，而不具备"作为文德的法治"的那种包容着超验或超越的道德维度的立体复合结构。相对"作为文德的法治"来说，尽管天下为公的大同理想与政权私有的现实政制在中国历史上表现为一对长期的基本矛盾，但民主政治格局终究未能为历史上的儒家法治实践所突破，在这一点上，

---

① 参见 Michel Foucault, "The Birth of Biopolitics", in Michel Foucault, *The Essential Foucault: Selections from the Essential Works of Foucault, 1954 – 1984* (New York: New Press, 2003), pp. 202 – 207。

"作为立宪的法治"沿着自然、权利、民主以及人的身体和生命这些外在层面的充分发展，正可说是其优胜之处。就对人的身体和生命的尊重与爱护恰是德性的重要外在表现而言，虽然"作为立宪的法治"并不以儒家所维护的那样一套被认为是客观有效的道德系统为依托和前提，但其基于人的认知理性而生发的、用以有效保障人权和公民权利的那样一套政治和法律体制，亦显出相当的人道功效。

三 迈向道德的民主法治

就中国的和西方的两种人文主义而言，现时代需要一种会通中西人文主义精髓、兼济人的认知理性和道德理性的新人文主义。这对于中国是如此，对于世界也是如此。从道德、功利、政治、行政四个层面看，融合"古今中外"的实践智慧和经验，开拓"道德的民主法治"，重新实现道德哲学与政治哲学的统合，在现时代既是历史需要，也是历史契机。中国的法治发展目前仍处在形成过程中，鉴于中国文化传统的衰败与民主政治尚有提升空间，中国法治的道德维度和政治维度，是尤其需要加强的两个基本方面。这两个维度，与中西两种人文主义有着重要的知识联系。尽管道德与功利以及中西人文主义所各自侧重的道德理性与认知理性，在历史上表现出较大张力，但就学理而言，融会中西人文主义，同时打造政治和社会的理性和道德基础，构建"道德的民主法治"，在现时代仍是存在历史可能的。①

历史地看，近代以来的政治，如前所述，经历了从以仁义道德或宗教义务为基点到以自然权利为基点的历史转型，或者说，经历了从道德政治或宗教政治到自然政治或权利政治的历史转型。作为现代政治之出发点的

---

① 有西方学者提到，"伦理的'再生'与个人主义的民主传统并不相背，它是道德世俗化的现代发展进程的一个补充"；"后道德主义社会不再将公民和人的至上责任当做金科玉律来加以推崇，也不再主张高尚的自我牺牲精神，但这绝不是说道德理念便要行将就木。事实上，虽然责任的神圣使命已经结束了，但是人们对伦理再度现实化的关注以及诸多道德命题和道德'疗法'的再度活跃等现象却是随处可见。伟大的道德主义宣言销声匿迹，伦理出现了反弹，对义务的信仰变得宽泛化，然而'灵魂的补充'却甚嚣尘上，这一切表明，'21世纪极有可能就是一个伦理的世纪'。"参见〔法〕吉尔·利波维茨基《责任的落寞——新民主时期的无痛伦理观》，倪复生、方仁杰译，中国人民大学出版社，2007，第232、235—236页。

自然权利，尽管有时被理解为"天赋人权"（God-given rights），康德、洛克等人也曾尝试着从道德或宗教立场提出这一概念，一些与之相关的政治和法律文献亦使用诸如"上帝"（God）、"造物主"（Creator）之类的字眼，但经过针对宗教统治的"启蒙"运动之后，"自然权利"主要表现为一个基于人的生理本性的自然概念，其宗教或道德意蕴事实上是极其微弱的。霍布斯这样界定自然权利，他说，"自然权利，乃是每个人按照自己的意愿，运用他自身的力量，来保全他自己的本性，亦即保全他自己的生命的自由。这也就是用他自己的判断和理性认为最适合的方式去做任何事情的自由"。① 对于此种为保全性命而无所顾忌的权利，斯宾诺莎讲得也很直白："每个个体应竭力以保存其本身，不顾一切，只有自己，这是自然的最高的律法与权利。所以每个个体都有这样的最高的律法与权利，那就是，按照其天然的条件以生存与活动……个人（就受天性左右而言）凡认为于其自身有用的，无论其为理智所指引，或为情欲所驱迫，他有绝对之权尽其可能以求之，以为己用，或用武力，或用狡黠，或用吁求，或用其他方法。因此之故，凡阻碍达到其目的者，他都可以视之为他的敌人。"② 在自然状态学说和社会契约理论中，正是这种看上去肆无忌惮的自然权利，导致了"战争状态"。卢梭、洛克从理论上各自以人的"同情心"、"理性"来结束混乱的无政府状态，霍布斯则以人的天然平等和理性来构筑现代政治的基础。他说，"自然使人在身心两方面的能力都十分相等……就体力而论，最弱的人运用密谋或者与其他处在同一种危险下的人联合起来，就能具有足够的力量来杀死最强的人"。③ 此种基于自然权利的平等"博弈"，使得众人最终在理性引导下达致默契从而产生政治国家或共同权力成为可能甚至不可避免，也为人们在社会交往中不相互为害造就了规范基础。这样一种具有源起意义的现代政治，显然不再以仁义道德或宗教义务为出发点，但其实际的道德功效也受到一定认可。鉴于政治国家对"战争状态"的终结以及对人权和公民权利的保护，"'权利'能够使得政治道德化"④ 的观点

---

① 〔英〕霍布斯：《利维坦》，黎思复、黎廷弼译，商务印书馆，1985，第97页。
② 〔荷兰〕斯宾诺莎：《神学政治论》，温锡增译，商务印书馆，1963，第212页。
③ 〔英〕霍布斯：《利维坦》，黎思复、黎廷弼译，商务印书馆，1985，第92页。
④ 〔法〕吉尔·利波维茨基：《责任的落寞——新民主时期的无痛伦理观》，倪复生、方仁杰译，中国人民大学出版社，2007，第230页。

为人所接受，一种"基于权利的道德"（rights-based morality）[1] 观也得以形成。人基于其自然权利而不受侵犯和打扰，同时，出于他人相同的权利，人的权利行使以"无害他人"为条件，受到法律限制。此种基于相互的自然权利而产生的"无害他人"的法律义务，一如法家法治对基本物质需求和社会秩序的保障一样，构成了现代自由社会的公共道德底线，这使得现代政治、经济和社会体制看上去仍具有一定的道德含量。对此，有欧洲学者指出，"理性而自然的道德观……用理性与自然的观点而非神的权威来架构道德体系……以非宗教的伦理原则为基础来构建政治与社会的规范……这是一个世俗的或者世界主义的伦理，是一个关于个人权利的伦理，是现代民主社会的道德基准及基石。人权作为新型社会契约的调节基准，虽不会演变成为一种纯伦理，但它的伦理意义却非同小可"。[2]

尽管如此，无论是现代西方法治，还是法家法治，看上去对"作为文德的法治"的道德维度以及治理中的贤人或道德人都表现出一定抵制。就现代西方法治而言，从具体制度看，道德与法律相分离成为现代社会的一个基本特征，[3] 现代法制逐渐发展为有其自身逻辑、专门知识和专业人员的独立体系，而不再统合或从属于道德和宗教。从理论看，诸如富勒、罗尔斯、菲尼斯、拉兹等现代西方学者，都将法治限定于法律规则和法律文本（rule-book），其法治论述所提供的多是关于法律的一套形式要求，如法律的确定性、普遍性、稳定性、统一性、不溯及既往等。[4] 而其他诸如哈耶克、德沃金等强调法治的个人权利导向的学者，也至多凸显了法治约束

① 参见 Duncan Ivison, *Rights* (Montreal & Kingston: McGill-Queen's University Press, 2008), pp. 73 - 74。关于"基于权利的道德"是否成立，学界也有争议，参见 Joseph Raz, "Right-based Moralities", in Jeremy Waldron (ed.), *Theories of Rights* (Oxford: Oxford University Press, 1984), pp. 182 - 200。

② 〔法〕吉尔·利波维茨基:《责任的落寞——新民主时期的无痛伦理观》，倪复生、方仁杰译，中国人民大学出版社，2007，第 2 页。

③ 例如，梅因指出，在古代社会，"法律的统治尚未从宗教的统治中区分出来"，而在现代社会，"法律从道德中分离出来"，"宗教从法律中分离出来"。参见〔英〕梅因《古代法》，沈景一译，商务印书馆，1959，第 10、14 页。

④ 参见〔美〕富勒《法律的道德性》，郑戈译，商务印书馆，2005，第 55—107 页；John Rawls, *A Theory of Justice* (Cambridge, MA: Harvard University Press, 1971), pp. 206 - 213; John Finnis, *Natural Law and Natural Rights* (Oxford: Oxford University Press, 1980), p. 270; Joseph Raz, "The Rule of Law and Its Virtue", in Joseph Raz, *The Authority of Law: Essays on Law and Morality* (Oxford: Oxford University Press, 2009, 2nd edition), pp. 210 - 229。

政治权力和保障个人自由的方面，同样没有构建"道德的法治"理论或法治的"道德理论"的愿望和企图。看上去，对法律道德主义的拒斥构成了现代自由主义的基本特质，严守法律与道德的界限已成为现代西方法治理论的一种被广泛接受的成规。而且，如同通常所理解的法治与性恶之间的联系一样，现代西方法治也过多地针对并侧重于人性的"幽暗"面，而对人的道德善性表现出明显的不信任。例如，孟德斯鸠认为，"一切有权力的人都容易滥用权力，这是万古不易的一条经验。有权力的人们使用权力一直到遇有界限的地方才休止"。① 汉密尔顿、麦迪逊等人也说，"政府本身若不是对人性的最大耻辱，又是什么呢？如果人都是天使，就不需要任何政府了。如果是天使统治人，就不需要对政府有任何外来的或内在的控制了"。② 与基于"自然人"的平等博弈而形成社会的基本法律规范一样，这种立足人的生理本性乃至恶性来构建现代政治的理论看法，虽可用于打造旨在制约公共权力的刚性政制，但它也削弱了立足于社会治理的公共性质和权力运行的客观规律，来形成对公共权力的政治制衡和法律约束机制，并在之外通过将人的道德善性或道德人融入政治体制来实施道德对政治的影响的可能性。无论是从权力持有人和行使人的道德要求看，还是从君主、政府、官吏与人民的关系看，现代西方法治和法家法治不仅道德色彩淡薄，而且有意识地对道德以及道德人保持着很强的张力。"治国，不恃人之为吾善也，而用其不得为非也"（《韩非子·显学》），"仁义之不足以治天下"（《商君书·画策》），"国以善民治奸民者，必乱至削；国以奸民治善民者，必治至强"（《商君书·去强》），"以良民治，必乱至削；以奸民治，必治至强"（《商君书·说民》），"不务德而务法"（《韩非子·显学》），从这些话语，不难洞察法家拒斥仁义道德以及道德人在治理中发挥作用的鲜明态度，亦可清楚地看到法家法治的道德处境。从道德角度看，主要通过"庆赏之劝，刑罚之威"（《韩非子·难势》）、"以法为教"（《韩非子·五蠹》）、"以法教心"（《韩非子·用人》）以及人们基于生理本性的相互平等博弈，来形成社会公德、政治伦理的法家法治和所谓"最不坏"的近代政治，事实上并未堵塞人为恶的缺口。在此治理中，治理者

---

① 〔法〕孟德斯鸠：《论法的精神》上册，张雁深译，商务印书馆，1961，第154页。
② 〔美〕汉密尔顿、杰伊、麦迪逊：《联邦党人文集》，程逢如等译，商务印书馆，1980，第264页。

看上去可能是不得不守法的，但不必是道德的；人只要不惧法律追究也是可以自由选择违法的，而且，在法律禁止与逃避法律追究之间，会呈现出螺旋式的双增长趋势。由于人的道德善性不被广泛认可，道德律的作用空间受到限制，而建立在"人是人"这一自然事实基础上的人权论和死刑废除论，亦将因为缺乏根本的道德理据而面临挑战。就其治理逻辑而言，在认知理性而非道德理性的主导下，虽然最终不排除能够达致某种结束或中止争斗的默契或协定，但在平等博弈的过程中，亦可能如同军备竞赛一般，彼此以一种时刻提防、共损同毁的方式来保护和发展自己。在国际政治和经济中相互角逐的"自由国家"，至今远未突破现代发展的这一瓶颈。如果说"启蒙"运动开启了人依凭自己的经验和理性"勇于认知"的大门，那么，现代社会的这样一种强劲的认知理性路向，则使得人们越来越担忧理性的过度使用。① 经历了"启蒙"的世界，在外在方面可能处处看上去是理性的、光明的，但这并不足以保证人的道德世界是同样明白而确定的。在"启蒙"之下，光明与阴影可以同在共生。与中国文化传统的道德人文维度对照来看，沿着人的认知理性和自然本性而展开的现代人文主义，其道德界限不容忽视。

总体上，与其说现代政治和法治是道德的，毋宁说它是理性的。如果说"作为武功的法治"与"作为立宪的法治"旨在构建政治和社会的经验或理性基础，为政治设置法律正当性或权利正当性，那么，"作为文德的法治"则旨在构建政治和社会的道德基础，力图为政治设置道德正当性。作为基始点的人的自然权利、自然本性和认知理性，决定了现代政治和法治的理性的——而非道德的——发展路向。"现代性"的一个基本特征即经济、政治和社会的"合理化"。不仅"理性人"及其所衍生的行为定律，

---

① 福柯指出，"18 世纪以来的哲学和批判思想的中心问题，过去、现在和将来都是这样一个问题：我们运用的这种理性（reason）到底是什么？它的历史影响是什么？它的界限，它的危险又是什么？我们何以成为理性的人，幸运地致力于行使一种不幸地充满内在危险的理性（rationality）？……如果说理性是应该被消除的敌人，这是极端危险的，那么，对这类理性的任何批判质疑都冒着把我们带入非理性（irrationality）的风险，也是同样危险的。不应忘记——我这么讲不是为了批判理性，而是为了指出含混之所在——正是在社会达尔文主义的华美理性基础上，种族主义才得以形成，成为纳粹最持久和最有力的因素之一。当然，这是一种非理性，但是，别忘了，一种非理性同时也是理性的一种形式……"参见 Michel Foucault, "Space, Knowledge, and Power", in Michel Foucault, *The Foucault Reader* (New York: Pantheon Books, 1984), p. 249。

成为现代经济学、政治学、法律学和社会学的知识前设，政治、经济、法律、学术等分化为彼此相互独立的社会系统，并由此摆脱道德和宗教的束缚，也成为源于西方的"现代性"的重要表现。在现代语境下，经济、政治、法律、社会乃至道德等问题的解决，基本上是沿着认知理性的路径展开的。这附带着一些较为明显的"现代性问题"。例如，作为社会交往媒介的权利，在造就更为客观的现代非人格化体制的同时，也促成了生冷的人际关系；更重要的是，权利路向虽然看上去维护了社会公德底线，但它与道德也有着很大的张力——人权或权利通常并不以人是道德的以及促进人的道德完善为条件，事实上，人在现代被认为有权利做并不总是最好的事，甚至"有权利做错事"或道德败坏的事。由此看来，自然权利与"自然正当"（natural right）的分化在现代社会是明显的。再如，在传统社会，人的道义或道德自由被看得甚至比生命还重，正所谓"宁饥寒乘理而死，不愿饱暖违义而生"，① 而在现代体制下，人的包括人格在内的各种权利乃至人本身，主要通过人的认知理性和生理本性得以界定，人权更多地建立在"人是人"这一基本的自然事实基础之上，② 社会或政治自由因此被看得很重，以至于"不自由，毋宁死"③ 成为流行的现代话语。由此看来，现代社会也明显存在权利主体与德性主体的分化。又如，在现代民主体制下，人的不完善被认为是合乎情理的或可以接受的，被选举人并不必定要求是道德的，不仅"政治人"如同"经济人"一样也是"理性人"可以得到现代法理的支持，而且，通过多数表决的民主选举机制，意志自由的权利主体甚至可以表现出对道德以及道德人的排斥。由此看来，"自由意志"与"自然道义"的分化在现代社会亦是明显的。又如，权利自近代以来的发展史显示，"自由国家"的奴隶贸易、种族歧视、侵略战争等与人权的提出适相伴随，人权在国内政治和国际政治中所处的地位和作用并不完全一致，国际人权保护机制中的人道主义干预时常与人权侵犯纠缠在一起。由此看来，权利政治与仁义道德在现代社会也未必总是正相关的。所

---

① 《后汉书·文苑列传·赵壹》："宁饥寒于尧舜之荒岁兮，不饱暖于当今之丰年。乘理虽死而非亡，违义虽生而匪存。"

② 参见 Patrick Hayden（ed.），*The Philosophy of Human Rights*（St. Paul：Paragon House，2001），pp. xv，5，371。

③ Patrick Henry，"Give Me Liberty or Give Me Death!"，in Laura Hitt（ed.），*Human Rights：Great Speeches in History*（San Diego：Greenhaven Press，2002），pp. 23–26。

有这些，都透露出现代政治和法治在强化基于人的认知理性和生理本性的人文维度的同时，相对弱化乃至忽视了基于人的道德认知和道德理性的人文维度。鉴于"人文主义……依托于精神法则和身体法则的对立"，① 人文主义者白璧德指出了自然权利"削弱责任感并因此破坏真正自由的倾向"。② 他说，"自然权利理论……依赖'自然'和……'人为'之间似是而非的对立，这一对立促进了对于真正的精神二元论及其涉及工作特质的全面或部分压制……真正的自由不是按照个人喜好行事的自由，而是让自己适应某种意义上的律法……人权宣言……没有在人类和大猩猩之间建立起足够大的间距。我们只有在强调真正的自由是道德努力的回报时才能保持这一间距；如果人们将自由表述为'自然'的赠礼，这一间距就会趋于消失"。③ 还有学者说，"由于个人成为了民主文化的主要方向标，道德的第一要务便是捍卫和争取个人的主体权利……在主体权利获得认可后，紧接着享乐也被确认是自然权利之一，它与自由、平等一起被列为个人主义文化的核心。自启蒙时代起，享受生活与娱乐的观点便逐渐站稳脚跟，到了 18 世纪，伊壁鸠鲁享乐主义更是蔚然成风……为了追求物质享受，道德标准一降再降，对利益的诉求也渐渐变得自然合理起来……在政治、道德、经济领域内，到处充斥着人权、享乐权、自由追逐私利权等这种个人权利优先的现象"；④ "个人主义自立的价值观、大众消费型的享乐主义、近来的经济竞争以及劳工组织提出的诸多新要求等，它们一同创造出了一种文化，在该文化中，处处可见个人能力的展示，而对自己的责任却无处

---

① 〔美〕欧文·白璧德：《民主与领袖》，张源、张沛译，北京大学出版社，2011，第 146 页。
② 〔美〕欧文·白璧德：《民主与领袖》，张源、张沛译，北京大学出版社，2011，第 210 页。
③ 〔美〕欧文·白璧德：《民主与领袖》，张源、张沛译，北京大学出版社，2011，第 209—210 页。白璧德区分了道德自由与社会自由或政治自由，并由此对自然权利及与之相关的社会自由作了一种批判审视。他说，"人们也许不应在社会中寻找自由，而是在自身——他的道德自我中寻找自由；这个道德自我在经验中不是作为放纵的情感，而是作为内在制约……被说成是一种抽象的权利、一种先于履行任何确定义务存在的东西的自然权利，就内在生命而言总会成为一种慵懒的自由……在今天这个时代，我们听到有些人宣称所有人都具有抽象的自决（self-determination）权利，而这种权利是先于他们道德发展水平的某种东西。提出这样一种假想的权利作为世界和平方案的一部分，必将陷入人道主义自我欺骗的深渊"。参见〔美〕欧文·白璧德《民主与领袖》，张源、张沛译，北京大学出版社，2011，第 162—163 页。
④ 〔法〕吉尔·利波维茨基：《责任的落寞——新民主时期的无痛伦理观》，倪复生、方仁杰译，中国人民大学出版社，2007，第 3—4 页。

可寻了"；① "一个新的文明建立起来了，它不再致力于压抑人们的情欲，反而是怂恿并使之无罪化，于是要及时行乐，而结果便是由'我、肉体和舒适'构建起来的殿堂成为后道德时代新的耶路撒冷"。② 凡此都反映出从人的自然权利、认知理性和生理本性出发的现代道路的倾向、侧重和缺失，也衬托出延续和重新开掘人的德性认知和道德善性的历史必要。

综合起来，突破中西的分界，本着中西人文路向实际体现的是人的道德理性与认知理性的分歧，由此从普适的立场看，中西历史上的法治凸显出人文的两条路向。一是理性的，以人的生理本性为起点；二是道德的，以人的道德本性为起点。就前文表1而言，这两条路向大体也就是横向的功利和道德两个维度。尽管法家法治与现代西方法治在权利价值取向上存在差异，但就其对德性认知的阻隔、对生理本性的侧重以及某些客观的人道效果来说，二者可同归于功利或理性一路。结合前文提到的中西两种人文主义，从这两条路向可简约地提炼出理性人文维度和道德人文维度。由于理性人文维度终究要落实到人的生理欲望和世俗功利层面，它也可说是功利的，从而在学理上与不计个人得失、强调"所欲有甚于生者……所恶有甚于死者"（《孟子·告子上》）的道德人文维度形成对照。在道德人文维度上，人欲通常受到克制，但这一维度并不完全排斥人的生理本性和世俗生活，而是秉持"惟精惟一，允执厥中"的"中正仁和"态度。可以说，道德人文维度经过但并不停留于人的生理和世俗层面；基于德性认知以及"天人合一"乃至天人并立，人在这一维度上还有高于世俗功利的道德追求。在理性人文维度上，虽然人在"人是目的"这一人文要求下力图被塑造成有尊严的权利主体，人们客观上也可能达致人在道德人文维度上所能取得的某些实际效果，但由于受"闻见之知"的支配以及"闻见之知"对"德行之知"的制约，人在这一维度对于超验或超越层面的认知总体是被隔断的。就学理而言，理性人文维度并不以德性认知和德性生活为必需，但也未必与德性认知和德性生活完全不相容。这为权利与德性的现代结合提供了理据支持和实现途径。理性人文维度和道德人文维度，在现

---

① 〔法〕吉尔·利波维茨基：《责任的落寞——新民主时期的无痛伦理观》，倪复生、方仁杰译，中国人民大学出版社，2007，第129页。

② 〔法〕吉尔·利波维茨基：《责任的落寞——新民主时期的无痛伦理观》，倪复生、方仁杰译，中国人民大学出版社，2007，第36页。

代构成重开"内圣外王"的两个立足点。在历史上,这两个维度长期呈现紧张乃至对立。犹如在传统社会仁义道德对人的生理本性、"义"对"利"、"天理"对"人欲"的一定抑制那样,认知理性对于道德理性的挤压和张力在现代社会也是明显的。在立基于人的自然或生理本性而扩展的现代体制下,人的德性认知渠道可能受到蒙蔽而不得开通,甚至为科学认知所拒绝和堵塞,进而也阻碍人的道德本性和道德能力的生发。这是现代进程中能否实现道德与政治、"内圣"与"外王"新的统合的一个关键问题。重开德性之知,疏解德性认知与物理认知之间的隔阂,使人的德性之知与闻见之知、道德本性与生理本性相容并行,可谓现代中国开"新外王"并将"内圣"与"新外王"重新衔接起来的认识论前提。回到前文表1来看,确立这一认知的前提,才足以打开法治的道德之维,进而使得将道德与政治重新结合起来、构建"道德的民主法治"成为可能。在现代语境下,道德与政治的融通不必是美德的法律强制以及纲常伦理、等级秩序的重构,①而在于使人的德性认知在现代经济、政治、法律、社会和文化体制下仍得以开通和生发,由此为道德人文要素渗融于现代体制创造历史可能,从而弥补"现代性"之不足,达致仁义道德、道德本性、自然正当与民主法治、生理本性、自然权利相互融合的"仁内义外"、"内圣外王"状态。相对中国上千年的古代史和100多年的近代史而言,实现"内圣"与"新外王"的衔接,或者,实现仁义道德与民主法治以及现代经济和社会体制的融合,当代中国有必要尽可能避免理性人文主义与道德人文主义的直接对立。换言之,中国的道德和政治发展道路,应当兼顾理性人文主义和道德人文主义,不以仁义道德强行地抑制人的生理本性的伸展,也不以物理认知一意地扼杀人的德性认知和道德本性的生发空间。唯有立基认知理性造就民主法治以及现代经济和社会体制,同时立基德性之知培育道德主体,并由此赋予现代经济、政治、法律、社会和文化体制道德态度和导向,现代法治才足以既从理性人文主义那里获得民权民主维度,也

---

① 儒家所青睐的礼制适合用来说明道德与政治、情义与法制在传统社会的融合状态。"以四海之广,兆民之众,受制于一人,虽有绝伦之力,高世之智,莫敢不奔走而服役者,岂非以礼为之纪纲哉!是故天子统三公,三公率诸侯,诸侯制卿大夫,卿大夫治士庶人。贵以临贱,贱以承贵。上之使下犹心腹之运手足,根本之制枝叶,下之事上犹手足之卫心腹,枝叶之庇本根,然后能上下相保而国家治安。故曰天子之职莫大于礼也。"参见司马光《资治通鉴·周纪一》。

从道德人文主义那里获得仁义道德维度。总之，结合前文关于中西人文主义的分析以及关于法治的政治、行政、道德、功利四个层面的梳理，大体而言，同时从理性人文和道德人文两个维度来拓建中国的民主法治，是当代中国协调传统与现代、中国与世界的可供选择的发展路向。在此中国法治的人文道路上，会通古、今、中、外，融合道、德、政、法，特别需要从以下三个方面用心使力。

（一）沿着个人权利和社会秩序，从外在客观方面打造民主法治的理性基础

如前所述，"德"与"刑"在历史上构成了中国治道的两个基本方面。即使对道德推崇备至的儒家，也以"法制禁令"为政治之所必需。由始终不离人的道德善性而着意用工夫的中国文化传统审视，此种以"刑"或"法制禁令"为政治所不能废的看法，并非建立在人性恶的基础之上。从孔孟那里，很难发现关于刑、法据以存在的专门理论论证，更不用说像法家那样以人的趋利避害本性来支撑"以法治国"的政治企图，但就"刑罚不中，则民无所措手足"（《论语·子路》）、"徒善不足以为政，徒法不能以自行……上无道揆也，下无法守也，朝不信道，工不信度，君子犯义，小人犯刑，国之所存者，幸也"（《孟子·离娄上》）、"夫仁政，必自经界始"（《孟子·滕文公上》）等话语看，孔孟显然也不是法律虚无主义者。以人欲或"原罪"为法律存在的理据，在古今历史上甚为常见。柏拉图、亚里士多德就曾表现出因为权力主体的人性弱点和不可靠而最终选择"法治"的倾向。① 而此种倾向，是儒家所不具备的。即使法家关于法治的论说，也主要不是从权力主体可能滥用权力的道德缺陷切入的。不过，在儒学体系中，"德"与"法"的关系，看上去同"义"与"利"、"理"与"欲"的关系是相通的，"法"与"利"、"欲"之间因此也透显出某些内在联系。"富与贵是人之所欲也，不以其道得之，不处也"（《论语·里仁》），"民之为道也，有恒产者有恒心，无恒产者无恒心。苟无恒心，放辟邪侈，无不为已"（《孟子·滕文公上》），从孔孟的这些话语，可以看

---

① 参见〔古希腊〕亚里士多德《政治学》，吴寿彭译，商务印书馆，1965，第142、166—171等页；〔古希腊〕柏拉图《法律篇》，张智仁、何勤华译，上海人民出版社，2001，第120页。

出一种不完全否定"利"、"欲",同时又将"利"、"欲"统合于道德的立场和态度。儒家尽管以人的道德本性为根本出发点,但也并不排斥人的基本生理和物质需求。事实上,任何伦理教义,在倡导人成为道德主体的同时,也都必然要对他人或社会成员的物质生活需要给予合理承认或高度重视,这甚至是道德行为的主要目标。道德主体对自身的物欲克制与道德主体对他人的生活安适愿望以及相关施与帮助行为,实为道德实践的两个基本方面。由此看,"刑"、"法"的存在,与社会体制中众人的"利"、"欲"客观上需要适当的外在保护和协调,有着内在的关联。这一点,在荀子那里被表述得更为明晰。他说,"人生而有欲,欲而不得,则不能无求,求而无度量分界,则不能不争,争则乱,乱则穷。先王恶其乱也,故制礼义以分之,以养人之欲,给人之求,使欲必不穷于物,物必不屈于欲,两者相持而长,是礼之所起也"(《荀子·礼论》)。① 此种礼或法的源起论,与法家的法治论调不无相通之处。法家立论的基点在于人的"欲利之心",荀子立论尽管不脱离人的物欲,但其落脚点亦在于人们物质生活的社会性和公共性。② 这是社会治理无可回避的客观或自然方面。

可以说,在道德律以及人的道德本性上,儒法两家表现出极大分歧,但在法律与外在而客观的社会体制的联系上,儒家法治与法家法治、民主法治表现出较大的一致性。儒家的"外王",终究要落实到一套政治、经济、社会和制度体系之中。所不同的是,物欲或人的自然本性,在法家以及现代经验、情感、功利和理性主义者那里是开张甚至放纵的,并被用来作为治理的起点,而儒家则始终基于德性之知而对"人欲"保持着适当节制。由于坚持人的道德善性,在守法或预防违法上,儒家也积极倡导道德教化的社会作用,注重通过提升人的道德觉悟来避免违法犯罪,这也是法家法治和现代政治有所弱化的方面。在很大程度上,基于人性恶或"原罪"观念而展开的非人格化治理,忽视或遮蔽了更为主观的道德进路,法家法治与西方法治因此表现为一种鲜明的摆脱德性约束的自然政治。此种

---

① 《荀子·性恶》亦言:"人之性恶,必将待师法然后正,得礼义然后治……古者圣王以人之性恶,以为偏险而不正,悖乱而不治,是以为之起礼义,制法度,以矫饰人之情性而正之,以扰化人之情性而导之也,使皆出于治,合于道者也。"

② 《荀子·荣辱》有言:"夫贵为天子,富有天下,是人情之所同欲也,然则从人之欲,则势不能容,物不能赡也。故先王案为之制礼义以分之,使有贵贱之等、长幼之差、知愚能不能之分,皆使人载其事而各得其宜,然后使谷禄多少厚薄之称,是夫群居和一之道也。"

政治的"自然"特征主要体现为以下两点：一是以人的自然本性为出发点；二是建立在由此所形成的近乎自然演化的社会体系及其客观规律基础之上。法家以及现代理性人文主义大多从自然的眼光、自然律的角度看待这一近乎自然的体系，并任其客观扩展；而儒家则以"皇天无亲，惟德是辅"（《尚书·蔡仲之命》、《左传·僖公五年》）①、"大德必得其位"（《礼记·中庸》）之类的看法，赋予这一体系道德意义，并表现出以仁义道德或道德律来涵容这一"自然"体系的倾向。这里，如果将"道"理解为客观的自然过程，而将"德"更多地理解为人心向善的主观努力，那么，法家法治以及现代政治与儒家法治或"仁政"之间大体可以说存在"道"与"德"的区分。就道德律而言，"道"与"德"实难分开，而仅就自然律而言，在以"人"为自然生物乃至"机器"的近代潮流中，关于"德"的客观作用的认识明显淡化乃至被切断了。相对来说，中国文化传统高度重视人的仁德，但也从不忽视客观的"道"。古人以"阳"与"阴"、"春"与"秋"来比照"德"与"刑"，在一定程度上显示出传统道德政治中的自然或客观要素。而法家以及现代政治对客观自然之"道"的因循，弱化甚至排除了仁德在社会治理中的作用空间。就此而论，关于法家"原于道德之意"（《史记·老子韩非列传》）②、"有见于国，无见于人；有见于群，无见于孑"（章太炎：《国故论衡·原道》）的判断，可谓深切之见。经历了"启蒙"之后的理性人文路向，以人权和公民权利弥补了法家"无见于人"、无见于个体的不足，但在对客观之"道"或自然过程的推崇上，仍与法家的法治道路表现出高度一致。无论是围绕个人权利而展开的现代法治，还是围绕社会秩序和国家富强而建立的法家法治，都具有明显的自然政治特征。这样一种沿着自然之"道"向前发展的路向，虽然可能蒙蔽人的仁德，但相对传统社会中宗教和道德的形式化、外在化、强制化实践来说，它在现代对于仁德的自由开展仍具有别样的历史意义。

从近代以来自然政治的崛兴看，人们社会交往的相互性和公共性、基

---

① 《道德经》亦有言："天道无亲，常与善人"。

② 也有学者认为法家渊源于儒家。例如，钱穆指出，"人尽谓法家原于道德，顾不知实渊源于儒者。其守法奉公，即孔子正名复礼之精神，随时势而一转移耳。"参见钱穆《先秦诸子系年》，商务印书馆，2001，第264页。还可参见孙开泰《法家史话》，社会科学文献出版社，2011，第17—28、54等页。不过，就学理特别是就人际冷漠这一点而言，法家与道家更趋一致，而与儒家则存在难以消除的理论分歧。

于人的生理本性而展开的经济和社会体制以及政治权力运行的客观规律，更适合用来作为构建民主法治的着力点。在中国文化语境下，立足人性恶或"原罪"观念来建立法治将始终面临道德质问和文化隔阂。而完全从道德观念出发、抛开外在社会体制而在"大社会"构设法治也是不现实的，历史事实上并不是如此发生的，正所谓"德不可独任以治国"（《论衡·非韩篇》）。有法律史学者将法律的现代发展视为一个摆脱宗教和道德束缚的历史过程，① 随着这一历史进程的加深，法律以及相关的法律知识体系在现代社会越来越成为与经济、政治、社会和文化体制相互联系的并立体系。对此，有学者指出："在现代条件下，作为话语的法律应该只标出那些对'对'与'错'从技术上作了明确界定的领域。我们只应期待法律从其自身的标准得出是或不是的结论——决定一件事情要么合法，要么不合法。就此而论，努力从道德体验中找寻当前规则的基础是天真的。法律成了一个自我参照的交流系统：一种应对社会复杂性并为之提供便利的必不可少的特定工具。"② 还有法社会学者从行为预期和规范的角度，将法律视为社会系统的一种内生的、必不可少的机制和结构，③ 并由此认为，在现代社会，"法律改变了它的特性。我们对法律的界定可以不再从本体论上，而是从功能上去构思……法律不再只是那些应该成就的东西。这是自然法的失败之处……作为伦理原则的'正义'现在被放在了法律之外"。④ 从这些关于法律的现代处境的描述，不难洞察一种脱离宗教和道德而客观发展的现代世俗法律体制乃至现代经济、政治、社会和知识体制。由意志自由或道德留给个人自由决定这一点看，在形式法律、自由政治以及经济、社会和知识体制的此种现代发展过程中，人的仁"德"与自然之"道"的分化是明显的。尽管如此，只要将科学认知与德性认知的人为对立扭转过来，疏通德性认知途径，并由此达致对道德本性的自觉，自然之"道"与

---

① 梅因指出："把法律从道德中分离出来，把宗教从法律中分离出来，则非常明显是属于智力发展的较后阶段的事。"参见〔英〕梅因《古代法》，沈景一译，商务印书馆，1958，第10页。

② Roger Cotterrell, *Law's Community* (New York: Oxford University Press, 1995), pp. 289-290.

③ 参见 Niklas Luhmann, *A Sociological Theory of Law* (London: Routledge & Kegan Paul, 1985), pp. 77, 82, 105。

④ Roger Cotterrell, *Law's Community* (New York: Oxford University Press, 1995), pp. 289-290. 参见 Niklas Luhmann, *A Sociological Theory of Law* (London: Routledge & Kegan Paul, 1985), p. 174。

人的仁"德"在现代的重新结合仍是存在现实可能的。质言之，道德可能也需要融入基于人的自然本性而客观延展的现代政治、经济、法律和社会体制。而且，这样一种现代融合，比之传统的"由仁入礼"的道德强制路径，更有利于凸显道德的主体性和能动性。① 甚至可以说，沿着人的自然本性，围绕个人权利和社会秩序，着眼于现代经济、社会和权力体制及其运行规律，造就民主法治国家，构成了在现代重启德性之门的客观、历史和理性条件。

（二）存留德性认知的生发空间，实现自然权利与仁义道德的历史衔接

基于道德的角度审视，"作为武功的法治"和"作为立宪的法治"，都主要表现为循着经济和社会体制展开的自然政治，而对人的道德本性或置之不顾或有所淡化。相比受制于一套天人体系和道德观念的道德政治而言，此种自然政治虽具有外在而客观的特点，与人的意志却也密不可分，明显受到人的理智和自由意志的主导。一个立足于人的生理本性而拓展出的，完全由人自主判断、自主建构、自主支配的知识和社会领域，构成了自然政治的认知前提和物质基础。在这一点上，即使带有宗教背景的洛克的自然权利理论也表现得尤为充分。按照洛克的看法，自然法本质上是上帝对其创造物的自然权利，而在自然法所限定的范围内，人如同上帝一样具有创造能力，并对其创造物了如指掌、享有支配的自然权利。② 由此，不难洞察一个完全受人的理性掌控的世界，在其中，依凭经验、情感和理性，人可自主立法、自由创造乃至人为虚构。"启蒙"之后的现代进程，在很大程度上可被认为是这一受人的理性掌控的世界的成长和膨胀过程。此种理性的人文世界，为实证主义、功利主义、理性主义、情感主义开辟了知识道路，也在很大程度上隔断了德性认知途径，生理因素因而成为政治、法律乃至道德、宗教的基础。③ 从基点看，与内生于这一现代人文世

---

① 宋明理学，特别是其中旨在"发明本心"、"致良知"的心学，在很大程度上表现出使"仁"、"德"从形式化、外在化乃至强制化的伦理道路上重新挺立的道德努力。
② 参见〔美〕伊安·夏皮罗《政治的道德基础》，姚建华、宋国友译，上海三联书店，2006，第13—15、18—21、143、174页。
③ 参见〔美〕伊安·夏皮罗《政治的道德基础》，姚建华、宋国友译，上海三联书店，2006，第26页。

界的权利政治相比,中国传统的道德政治明显有着特殊之处。这至少有以
下三个表现,一是对人的道德善性的认可和张扬;二是基于德性认知的超
越道德追求;三是在政治和社会治理中重视发挥道德的积极功效。这三
点,在《孟子》中皆有体现。例如,孟子认为,"人之所以异于禽兽者几
希"(《孟子·离娄下》);"人之所不学而能者,其良能也;所不虑而知
者,其良知也"(《孟子·尽心上》);"辅世长民莫如德"(《孟子·公孙丑
下》)。这样一些判断,无不与人作为道德主体的特殊性和超越性相联系。
此类道德意识、态度、认知和判断,强化了中国传统治理的道德人文向
度。对于基于人的生理本性而形成的近乎自然的赏罚机制,儒家并非全然
无知,但儒家不是像法家那样,采取完全因循这一自然机制的治理思路。
贾谊说:"夫礼者,禁于将然之前,而法者,禁于已然之后,是故法之所
用易见,而礼之所为生难知也。若夫庆赏以劝善,刑罚以惩恶,先王执此
之政,坚如金石,行此之令,信如四时,据此之公,无私如天地耳,岂顾
不用哉?然而曰礼云礼云者,贵绝恶于未萌,而起教于微眇,使民日迁善
远罪而不自知也"(《汉书·贾谊传》)。[①] 这一段话,清楚地表明了儒家在
相对客观的非人格化治理机制之外生发扩展人的德性的姿态和努力,也显
露了一种兼容客观之"法"与主观之"德"的复合治理结构,以及由此对
纯粹法律治理或"一任于法"的文化排斥。正是因为人作为道德主体的特
殊道德本性,自然法则在中国文化传统中呈现一定的有限性,并由此需要
道德法则的融通补济。如果将道德律也视为可被认知、具有实效的"法"
或善恶法则,那么,中国文化传统在不抛开国家实在法体系的同时,其实
更为注重道德法则的深层而无形的作用。这看上去是法家法治所不能包容
的另一意义上的"法"治,中间蕴含着与西方自然法相近的内容。至于法
家的纯粹法律之治,有欧洲学者这样指出其在中国文化背景下的处境,
"中国哲学基本上始终为一有机哲学";[②] "自数学、几何学、度量衡学观
之,始察知法家思想在基本哲理上之缺点。彼等因力图统一制度,并将人
类个人之间之复杂关系化为几何式之简单公式,遂使彼等自身成为机械的
唯物主义之代表,而招致一致命伤,即未能计及宇宙间组织之层次是

---

① 《史记·太史公自序》:"礼禁未然之前,法施已然之后;法之所用者易见,而礼之所为
　 禁者难知。"

② 〔英〕李约瑟:《中国古代科学思想史》,陈立夫等译,江西人民出版社,1999,第254页。

也……'百度皆准于法'……'中程者，赏之；毁公者，诛之'……此等理论虽数见不鲜，自由于比拟不伦而成，盖以为人类行为与情感，亦可如盐一篓、布一匹之以量计算耳……良以低层次之现象，其确定性与可预测性，不能于高层次之'自由意志'的领域中觅得。因之梁氏乃将法家列为机械主义，而儒家则对人类与社会之真正生机体性质，直觉上亦计算在内";①"法家欲制定一种法律，不顾人民之是非观念，使其法之推行一如自动机械。此种办法，在中国文化环境中必然失败"。②

在现代条件下，如果说现代理性人文主义以对人权和公民权利的保护，为现代经济、社会、政治和法律体制设置了理性导向和人文维度，那么，结合近代以来的历史看，不仅现代体制中的权利主体、政治主体、经济主体、法律主体仍需要同时成为道德主体，而且，这样一套现代体制本身也有必要受到道德价值的调整。源于"启蒙"的现代发展进程，被认为实际包含着两个知识运动，一个坚持"科学至上"，另一个"以个人权利为中心"。③ 有学者指出，"作为一场哲学运动，启蒙运动旨在通过科学的原则，使得我们的社会生活变得理性化。在启蒙运动中，关于个人权利的政治学说描述了人类自由的理想状态，为人们严肃认真地考虑人类自由（的理想）提供了一个强大的规范性的原动力"。④ 依循"科学"和"权利"延展的现代实践，虽然通过将"理性"原则置于自然政治之上而使其成为具有人文向度的权利政治和民主法治，由此为人在现代社会中自由而富足地生活创造了历史可能，但在此过程中的道德责任衰败、行为缺乏内在道德价值以及某些"道德冷漠"、"道德盲视"现象也备受瞩目。一些围

---

① 〔英〕李约瑟：《中国古代科学思想史》，陈立夫等译，江西人民出版社，1999，第253—254页。
② 〔英〕李约瑟：《中国古代科学思想史》，陈立夫等译，江西人民出版社，1999，第257页。李约瑟还指出："法家之道，惟与儒家同属人类社会之道，所不同者，乃法家之道非一普通伦理原则，而系人类社会中一个侵略的专制单位之动力，以宰制天下为目的。孔子之人治主义，则系反对此种严峻的法治主义。"〔英〕李约瑟：《中国古代科学思想史》，陈立夫等译，江西人民出版社，1999，第254页。
③ 〔美〕伊安·夏皮罗：《政治的道德基础》，姚建华、宋国友译，上海三联书店，2006，第8—22页。
④ 〔美〕伊安·夏皮罗：《政治的道德基础》，姚建华、宋国友译，上海三联书店，2006，第4页。夏皮罗还指出，"对于知识的理性追求被认为是由科学作为媒介并通过科学而达到的；而人类进步则是以体现和保障人类自由的个人权利作为评判标准的"，〔美〕伊安·夏皮罗：《政治的道德基础》，姚建华、宋国友译，上海三联书店，2006，第9页。

绕世界大战、种族灭绝等展开的关于"现代性"的理论反思，指出了道德价值从现代官僚体制、实证法体制、生产体制和技术体制中脱落的现实状况，以及理性与暴力乃至残忍在现代社会的相容性。① 有学者说，"文明化进程是一个把使用和部署暴力从道德计算中剥离出去的过程，也是一个把理性的迫切要求从道德规范或者道德自抑的干扰中解放出来的过程。提升理性以排除所有其他的行为标准，特别是使暴力的运用屈从于理性计算的趋势，早已被认定是现代文明的一个基本因素……使道德保持缄默是理性化趋势主要的关怀"。② 这一点在集中营、大屠杀等现代事件上有极端显现。按照科学和认知理性逻辑，为生物学和进化论所支持的人种改良或优化，恰可为种族屠杀提供理据；而在实证法律体系下，形式上的法律执行或服从命令，亦使种族屠杀的具体执行者得以避开道德盘问和省思。同样的逻辑也存在于国内和国际的政治功利权衡和市场经济角逐之中。这样一种现代发展态势，客观上需要适当的道德制约、校正和补济。事实上，第二次世界大战之后，道德价值在西方政治和法律领域的出场几乎成为历史必然。这集中表现在自然法的一度复兴上。法院宣布极度不合理的纳粹立法和命令失效以及对恶法执行者的惩罚，是通过启用实在法体系之外的自然法原则来实现的，这也为执法者拒绝执行恶法留出了道德判断的空间。在一定程度上，与近代自然权利观念相比，《世界人权宣言》也表现出将人权与人的"良心"、道德责任、自然法衔接起来的努力。原本凌驾于实在法之上的自然法，在古典自然法理论中其实是屈从自然权利的，而鉴于世界大战以及现代某些史无前例的践踏人权事件，自 20 世纪中叶以来，重新融合自然权利与自然法或自然正当的道德企图亦有所彰显。如果将人的仁义道德与自然权利，或者道德理性与认知理性，视为古今之"道"以及现代条件下"内圣"与"新外王"的基点，那么，在理性化进程中涵容古今，培育道德价值，由此构建作为道德责任的人权，融通自然权利与仁义道德，可谓 21 世纪需要开拓提升的一个重要发展路向。

---

① 有学者指出，"正是现代文明化的理性世界让大屠杀变得可以想象"；"大屠杀在技术和管理上的成功要部分地归功于娴熟地运用了现代官僚体系和现代技术所提供的'道德催眠药'。其中最显著的两种情况是，在一个复杂的互动系统中自然而然地看不见因果关系，以及将行为的有碍观瞻或者道德上丑陋的结果'放远'到行动者看不到的那一点"。参见〔英〕鲍曼《现代性与大屠杀》，杨渝东、史建华译，译林出版社，2002，第 18、36 页。

② 〔英〕鲍曼：《现代性与大屠杀》，杨渝东、史建华译，译林出版社，2002，第 38—39 页。

无论是从历史上的"义"与"利"、"天理"与"人欲"之间的关系看，还是从现代"启蒙"运动基于经验、理性和情感而对超越或超验维度的隔断或挤压看，自然权利与仁义道德在现代的协调都存在一定困难。特别是，在物理认知的主导下，由于德性认知"不萌于见闻"、"不假闻见"，"内圣"在现代理性化进程中很容易遭受舍弃。尽管经验、理性、情感乃至功利也能带来一些道德效果，但它们终究受限于一个立足人的生理本性、受人的理性支配的平面世界，在此世界中，德性认知蒙蔽于经验、理性、情感乃至功利之下，人的道德善性、超越性以及相应的道德律因而难有广阔的生发和作用空间。在认知理性盛行的现代潮流下，立足"内圣"开"外王"、以仁义道德抑制自然权利的传统道路亦难再畅通无碍。尽管如此，就中国文化理路而言，实现自然权利与仁义道德的历史衔接，达致"内圣"与"外王"新的统合，不仅成为一种历史需要，而且存在现实可能。鉴于道德责任在现代的一定衰败以及"由仁入礼"在古代所致的某些道德缺失，在现代语境下协调融合仁义道德与自然权利，需要重新摆正"内圣"与"外王"的分合关系。这既不是舍弃"内圣"，也不是像传统道路那样完全从仁义道德而不从自然权利出发来开"外王"。融通"内圣"与"新外王"，关键在于，在物理认知、经验认知或科学认知之外存容德性认知渠道，由此为道德律和人的道德本性产生社会功效造就作用空间。德性之知与闻见之知、道德理性与认知理性、仁义道德与自然权利，在现代适合作为两个共立并行的系统对待，不以物理认知堵塞替代德性认知，也不以人的道德本性压制扼杀人的生理本性。由于德性认知的开通，这两个看上去分立的系统亦得以发生联系并最终统合起来。中国古人所讲的"果无功利之心，虽钱谷兵甲，搬柴运水，何往而非实学？何事而非天理"，[①] "果能于此处调停得心体无累，虽终日做买卖，不害其为圣为贤。何妨于学？学何二于治生"，[②] 最足以来说明功利系统与道德系统、自然权利与仁义道德的现代统合。以高尚美德而论，务农、经商、从政等世俗事业，皆可怀抱济世之心而为。以基本义务而论，德性认知的开张亦得为功利行为设置必要的道德限制。"明于庶物，察于人伦，由仁义行，非行仁

---

① 王守仁：《与陆原静·丙子》，载《王阳明全集》，上海古籍出版社，1992，第166页。
② 王守仁：《传习录拾遗》第14条，载《王阳明全集》，上海古籍出版社，1992，第1171页。

义"（《孟子·离娄下》），体现出世俗生活与道德心态的分立统合。"有德司契"、"执左契，不责于人"（《道德经》），则体现出内在道德系统与外在法律或规范系统的分立统合。中国文化传统中的这些智慧都适于在现代继续生发传承。从中国文化的这种世俗与道德的融合视角审视，基于人的生理本性而展开的自然权利体系，亦可能被容纳统合于仁义道德体系。人权，从主体自身眼光看是以死相争的"自然权利"，而从主体之外的其他人的眼光看，则是需要尊重和保护的人之基本要素，而此种对人权的尊重和保护正可谓人之德性、道德责任的外在彰显。就此而言，人权理论在中国文化语境下更适合沿着"民胞物与"、"万物一体"的理路展开，由此使作为自然权利的人权得以转变为作为道德责任的人权。按照中国文化传统中的"天地万物为一体"观念，此种道德责任并非源于权利与义务或权利与权利之间的交换或相互性，而是源于他人与自己的道德一体性、相关性或共通性，因此权利主体的人权才可能成为权利主体之外的人发自内心的道德责任。① 自然权利与仁义道德的这样一种现代融通，终将使现代权利政治和法治获得必要的道德维度和限度。

（三）构建道德的民主法治，开拓民主政治下的为民之道

历史地看，作为一种现代文明，民主法治构成了现代中国在政治层面需要着力达到的主要目标。尽管不能说中国文化中完全缺乏民主的精神要素，但民主作为一种政制在中国传统社会是长期缺乏的。从贵族封建政制，到君主郡县政制，进而在近100多间实现向民主法治的政制转型，可谓中国政治发展的一条历史线索。循此观察，在中国传统社会，作为现代政治构成要素的宪法、民主政治以及独立司法都未能得到充分发展。虽然君主事实上受到一定程度的道德和制度约束，但古中国并未出现专门用于控制皇权的"宪章"，不存在自下而上旨在制约皇权、保障民权的专门宪法和法律机制。皇权尽管时刻面临来自道德的训诫和警醒，但并不产生于普通民众的推选和商议，而是长期获得"受命于天"观念的维护，因此，一种建立在人的意志基础上、以民众意愿为转移、可以人为设计和控制的政治，不曾得到生发。在古代，国家自上而下有发达的行政管理，但自下

---

① 参见胡水君《法律与社会权力》，中国政法大学出版社，2011，第249—254页。

而上缺乏围绕政权而展开的常规政治活动和法律诉求机制。民众的政治活动因此多极端地表现为不诉诸法律或国家常规机制的暴力革命或起义，特别是在政权更迭时期。传统社会的司法，无论是在机构还是在职能上，都未从行政体系中完全独立出来。司法机构因此更主要地作为行政机构的一部分而起作用，未能发展成为用以将国家与公民整合为一体的法律机构以及用以审查制约政治权力、保障人权和公民权利的政治机构。独立司法以及民主法治，在传统治理方式下看上去并不是必需的，只是在"一合而一离，一治而一乱"（王夫之：《读通鉴论》卷十六）的王朝翻覆运动中才显出其历史意义。治乱相循、兴亡相仍的历史现象，在很大程度上映衬出传统治理在政治维度上的不足以及由此向民主法治方向拓展提升的历史必要。从政权角度看，"天下为公"的道德理想与"天下为家"、"天下为私"的政治现实之间的持久矛盾，为近代中国实现向民主法治的转变造就了历史动力。如果说，在传统治理下，围绕政权而展开的政治活动在体制上受到抑制，而不得不只以革命起义的方式时不时大规模爆发，那么，使社会中因为各种利益和价值分歧而产生的政治冲突，通过一定的法律渠道或制度形式得到合理疏通，从而不至于发生国家和法律损毁于反复的政治动荡或者政治势力长期逾越凌驾于国家或法律之上的政治局面，则是民主法治所要获致的政治功效。结合20世纪"大民主"实践所致的深重灾难而言，使政治活动在国家和宪法体制下依循权利形式和法律轨道合理展开，实现政治与国家或民主与法治的良性互动，避免上层之间以及上层与底层之间的政治斗争带给整个国家和民族大的动乱，仍是现代中国构建政制层面的民主法治的一个关键。以政治与法律的关系审视，使各种政治势力在国家体制下严格依循宪法和法律框架开展政治活动，同时，通过民主选举、言论、集会、游行、示威乃至社会运动等政治活动形式，形成对国家和法律的政治制约，推动权利和民主导向的法律变革和国家发展，这是将公民的自由权利体系融入国家和法律体系、构建民主法治国家的基本途径。①

从前文表1来看，在中国文化语境下，现代中国从政治层面完成构建"作为立宪的法治"的历史任务，仍需要达致与传统仁义道德的融通，进

---

① 参见胡水君《法律与社会权力》，中国政法大学出版社，2011，导论、第242—245页。

而使中国最终迈向一种"道德的民主法治"。此种道德向度的现代延展，主要不在于对民族历史上所形成的独特文化的刻意固守，而在于使现代政治获得普适法理的支撑，因此不仅在外在方面具有权利正当性和法律正当性，同时也在内在方面具有道德正当性。通过"外张权利，内固道德"，"道德的民主法治"才足以实现"内圣"与"外王"的新统合，由此奠定深厚的人文底蕴并展现充沛的人文力度。如果说，通过民主选举、人权保障和独立司法，民主法治从世俗利益层面获得足够数量的民意支持，并使政治活动在国家体制和法律框架下有序展开，保证政权的民主建立和平稳交接，那么，达成现代政治与道德系统的融合，则有助于从根本道理和价值源头上提升其人文品质，从而使民主法治不仅仅流于"势"的现实层面，也与"道"、"理"、"德"相贯通，尽可能做到"人的意志"与"自然正当"或"天理"的合一。"人文"，并不只是意味着隔断"天人"而将生存和关注领域限定于人的经验、理性、情感和意志，它还必须内在地包含诸如"人是目的"、"民胞物与"、"万物一体"这样的价值和道德要求。在中国文化传统中，人文精神的要义正在于通过人的道德主体性实现"天人合一"乃至对天人的超越。就此而言，"作为武功的法治"虽然在"一民使众"、"富国强兵"（《论衡·非韩》）上确有实效，但其强烈的"非仁义"（《韩非子·八说》）倾向以及基于趋利避害本性来调动并利用民众的积极性的实际做法，则明显反映出其价值和人文维度的不足。所以，长期以来，法家政治一直遭受诸如"无教化，去仁爱"（《汉书·艺文志》），"牛羊之用人"（《法言·问道》），"有无德之患"（《论衡·非韩》），"可以行一时之计，而不可长用"（《史记·太史公自序》）之类的批评。徐复观在评价法家政治时也指出："法家政治，是以臣民为人君的工具，以富强为人君的唯一目标，而以刑罚为达到上述两点的唯一手段的政治。这是经过长期精密构造出来的古典的极权政治。任何极权政治的初期，都有很高的行政效率；但违反人道精神，不能作立国的长治久安之计。"[①] 总体上，立足人的生理本性展开，只将政治关注集中于君权的维护和国家的富强，而置人的道德善性、"生活世界"和精神努力于不顾——法家法治的这些特征，虽然看上去与人文主义着眼于人和现世的特点存在

---

① 徐复观：《两汉思想史》第 2 卷，华东师范大学出版社，2001，第 31 页。

一致，但在人文价值和道德根基上显得很不完备。相比较而言，"作为立宪的法治"通过将政治权力与人的权利和自由糅合在一起，旨在使国家权力依循一定的程序法则而屈从于人的自由生活这一政治目标，由此从权利和法律方面为政治权力的存续谋得了更大的正当性，也提升了政治的理性价值和人文素养。① 尽管如此，从内圣与外王的关系看，沿着人的自然本性以及"自然权利"而展开的、作为"新外王"的民主法治，在很大程度上仍具有脱离仁义道德的特点，甚至与人的道德善性、德性认知、道德能力保持着较大的张力。就此而言，现代民主法治的人文侧重也是明显的，它更加偏向于理性人文主义而对道德人文主义有所弱化。"道德的民主法治"，旨在兼顾理性人文主义与道德人文主义、权利正当性与道德正当性，使外在权利政治与内在道德精神在现代条件下各自沿着人的生理本性和道德本性并行不悖，并最终通过人的德性之知实现道德系统对民主政治的涵容。在此现代建构中，生理本性与道德本性、自然权利与仁义道德、"闻见之知"与"德性之知"之间的极端对立是尤其需要避免的。换言之，如同"虽终日做买卖，不害其为圣为贤"话语所表明的那样，外在层面的民主政治、市场经济与内在层面的仁义道德，必须以圆融的观点而不是对立的观点看待，二者近乎"有形"与"无形"、"体"与"用"、"身"与"心"、"器"与"道"的关系。至于诸如"做错事的权利"、"自由国家主义"之类的现代现象，"道德的民主法治"则始终不放弃一种需要调整的道德态度，由此表现出适当的道德张力，并通过德性之知的开通以及作为道德主体的人的道德自觉，来提升行为的道德价值，直至自发地形成足够的道德制约或法律机制。一如有人文主义者所指出的，"一切事物最后必然诉诸的单位不是国家、人性或任何其他抽象物，而是有品格的人"。② 总之，尽管"道德的民主法治"最终并不仅仅停留于人的生理本性，但它也不排斥人的世俗功利，其所要达到的理想状态在于，无论是政治、法律和社会精英，还是普通民众，对于世俗功利事业最终皆得以秉持道德心而为，以他人的权利为自己的道德责任，以政治、经济和社会事功为完善个

---

① 沈家本在《寄簃文存·法学名著序》中指出："申韩之学，以刻核为宗旨，恃威相劫，实专制之尤。泰西之学，以保护治安为宗旨，人人有自由之便利，仍人人不得稍越法律之范围。二者相衡，判然各别。则以申韩议泰西，亦未究厥宗旨耳。"
② 〔美〕欧文·白璧德：《民主与领袖》，张源、张沛译，北京大学出版社，2011，第218页。

人道德的载体或"正德、利用、厚生"的形式。

就现实处境而言，中国构建"道德的民主法治"在道德和政治层面都还面临着一些需要跨越的障碍。在道德层面，尽管自20世纪90年代以来传统文化在持续平稳的社会环境中得到更大生发，但百年现代"新文化"与千年文化传统之间仍有待深入而合理的协调。因此，从基点上会通仁义道德与自然权利，兼顾理性人文主义与道德人文主义，直至形成"作为道德责任的人权"在理论和实践上都需要长期努力。而且，在现代经济浪潮和理性化进程中，传统道德也继续遭受着巨大冲击。在政治层面，民主法治的构建仍受制于形成门户稳固的现代国家或太平洋国家这一近代历史任务，在此条件下，稳固国家秩序和实现国家富强的现实政治目标，容易对民主化进程构成挤压，由此使得法治构建可能停滞于乃至滑向更有行政效率的法家法治路径，阻塞法治的政治和道德维度的充分展开。鉴于所面临的这些现实的政治、经济和文化环境，中国法治的构建需要厘清并处理好前文所提到的政治、行政、道德和功利四个层面的关系，特别是在道德层面作融会贯通的传承，在政治层面作前所未有的拓展。从道德与政治、天理与民意、内圣与外王相统合的角度看，中国法治既需要培植政治领袖和行政精英的人文素养和道德认知，也需要疏通和扩展德性之知在民众中的普遍生发渠道，发挥作为道德主体的人在民主法治实践中的积极作用。有学者说："法之大义，在求'人尽其才，官尽其职，事尽其理，物尽其用'……法治之美，有一言而可尽者，曰：'莫大乎使人之有才得以进，而不肖者亦得以退，又使人之才不肖易以显'，此最法之善者。"[①] 此种见解，正指出了沿着中国文化传统展开的民主法治所应具备的"德"与"刑"、"贤"与"法"并生共济的复合治理结构。从自然权利与仁义道德相融合的角度看，德性之知在政治精英与社会民众的普遍延展，将为民主法治开通灌注道德人文精神的途径，传统的民本治理因此在民主政治下仍通过政治领袖和行政官员的道德责任形式得以存续，而民众在权利生活、政治生活、经济生活以及社会生活的行为亦因此呈现更加深厚的道德自觉，从而使法治获得良好的人文底垫和道德环境。总之，中国的法治道路更适合吸收历史上"作为武功的法治"、"作为文德的法治"和"作为立

---

① 钱穆：《政学私言》，九州出版社，2010，第190—191页。

宪的法治"三种法治形态的优长，并在学理上融通自然权利与仁义道德，由此形成兼具理性人文和道德人文向度的"道德的民主法治"。具体来说，所谓"道德的民主法治"，就是在"外王"方面，立基人的自然本性，沿着公民权利保障和社会秩序维护两条线索，拓展中国法治的政治和行政层面，并将"作为武功的法治"置于权利取向和民主体制之下，达致民主与民本的衔接；在"内圣"方面，立基人的道德善性，疏通物理认知与道德认知的人为对立，提升人的"德性之知"，从而将"作为武功的法治"、"作为立宪的法治"涵容于道德系统，最终成就一种民主政治下的为民治道。这可谓现代语境中的"内圣外王"，也是契合中国文化传统的政治理想。

（胡水君：《中国法治的人文道路》，《法学研究》2012 年第 3 期）

图书在版编目（CIP）数据

迈向法理社会／胡水君主编． -- 北京：社会科学
文献出版社，2022.3
（法学所 60 年学术精品选萃）
ISBN 978 - 7 - 5201 - 9214 - 9

Ⅰ.①迈… Ⅱ.①胡… Ⅲ.①法理学 - 中国 - 文集
Ⅳ.①D920.0 - 53

中国版本图书馆 CIP 数据核字（2021）第 210936 号

法学所 60 年学术精品选萃

迈向法理社会

主　　编／胡水君

出 版 人／王利民
责任编辑／芮素平
责任印制／王京美

出　　版／社会科学文献出版社·联合出版中心（010）59367281
　　　　　地址：北京市北三环中路甲 29 号院华龙大厦　邮编：100029
　　　　　网址：www.ssap.com.cn
发　　行／社会科学文献出版社（010）59367028
印　　装／三河市尚艺印装有限公司

规　　格／开　本：787mm × 1092mm　1/16
　　　　　印　张：37.75　字　数：614 千字
版　　次／2022 年 3 月第 1 版　2022 年 3 月第 1 次印刷
书　　号／ISBN 978 - 7 - 5201 - 9214 - 9
定　　价／249.00 元

读者服务电话：4008918866